U0361996

求真之道，求美之路：徐淑英研究历程

徐淑英◎著

IN SEARCH OF TRUTH AND BEAUTY: THE RESEARCH JOURNEY OF PROFESSOR ANNE S. TSUI

北京大学出版社
PEKING UNIVERSITY PRESS

图书在版编目(CIP)数据

求真之道，求美之路：徐淑英研究历程 / 徐淑英著.—北京：北京大学出版社，2012.6
(IACMR组织与管理研究方法系列)
ISBN 978-7-301-20699-7

Ⅰ.①求… Ⅱ.①徐… Ⅲ.①管理学—文集 Ⅳ.①C93-53

中国版本图书馆CIP数据核字(2012)第108820号

书　　　名：求真之道，求美之路：徐淑英研究历程
著作责任者：徐淑英　著
策 划 编 辑：朱启兵
责 任 编 辑：朱启兵
标 准 书 号：ISBN 978-7-301-20699-7/F·3197
出 版 发 行：北京大学出版社
地　　　址：北京市海淀区成府路205号　100871
网　　　址：http://www.pup.cn　电子信箱：em@pup.pku.edu.cn
电　　　话：邮购部 62752015　发行部 62750672　编辑部 62752926
出版部 62754962
印　刷　者：北京大学印刷厂
经　销　者：新华书店
787毫米×1092毫米　16开本　36印张　682千字
2012年6月第1版　2015年5月第2次印刷
印　　　数：4001—6000册
定　　　价：88.00元

序 言

中国的管理学研究和教育在过去十多年的发展可以说是突飞猛进。具体表现有三：一是研究和教学队伍的总体水平显著提高；二是研究方法越来越规范化、实证化，与国际接轨，出现了一些高质量的研究成果；三是中国的管理问题已变成国际主流学术界的研究课题，吸引了国际一流学者参与。

如果你问我谁对这一发展的贡献最大，我会毫不犹豫地回答：徐淑英教授。

我这样说，不仅是基于徐淑英教授本人在过去十多年里发表的多篇有关中国管理的高水平学术论文，更是基于她在这个过程中所表现出的杰出的学术领导力。这里仅举几例：

· 2002年，她领导创办了中国管理研究国际学会（IACMR）,建立了研究中国管理问题的第一个国际学术交流平台。现在，这个学会已有六千多名会员，可以说囊括了全世界大部分研究中国管理问题的学者，其中包括多名国际著名的管理学家，每两年一次的年会已成为管理学界非常重要的国际学术会议之一。学会为从事中国情境下管理研究的学者提供了一个思想与经验交流的平台，推动了中国本土管理研究学者与国外管理研究学者间的国际合作，促进了中国境内管理研究能力的提升，促进了中国情境下管理研究的发展。

· 2004年，她创办了以发表中国管理研究成果为主的英文国际学术期刊《组织管理研究》（*Management and Organization Review*），并任主编至今。 短短几年，《组织管理研究》已正式入选美国科学信息协会（ISI）所辖的“社会科学期刊索引”（SSCI）。在2010年SSCI评估报告中，首次影响因子为2.806，已成为有广泛影响力的国际学术期刊。最近，她又创办了中英双语杂志《中国管理新视野》，为国内外的管理人创造了一个学习和了解管理学最新学术成果的平台。

· 1999—2002年期间，她以香港科技大学为基地，为中国管理学者连续举办了四期的研究方法培训班，每一期邀请大约四十位大陆的、几位台湾地区的年轻老师来参加。这四期培训班把西方先进的、科学的、正统的管理研究方法传授给中国管理院校的优秀年轻老师们，而在这之前，他们从来不知道研究是这样做的。最近几年，她又奔波于国内多所著名的管理学院讲学，向年轻学者传授研究方法和治学精神，为中国管理院校师资队伍的建设作出了重要贡献。

当然，这些事情并非她一人所为，但毫无疑问，她的贡献是最大的，甚至可以毫不夸张地说，她一个人的贡献超过了所有其他人贡献的总和。没有她，中国管理学研究的现状肯定与现在不一样。

我对徐淑英教授最要感激的，当然是她过去十多年里为北京大学光华管理学院的发展所作的贡献，这一贡献对于中国管理教育的意义已经远远超出了光华管理学院。

我第一次见到她是在1998年12月哈佛大学商学院香港研究中心的开幕式上，我应邀参加，刚好坐在她的旁边。短短的交流，对中国管理学现状和前景的共同关注，让我们两人都有一种一见如故的感觉。由此开始了我们之间十几年的友谊，也开始了她深度参与中国管理学教育和研究事业的人生历程。2001年，她利用学术休假来光华管理学院作访问教授，之后，她作为特聘教授每年在光华管理学院工作2—4个月就变成了一种制度性安排。她成为光华管理学院的一员。

对我来说，徐淑英教授是上帝派来的一位天使。如果说在担任行政职务12年期间（1999—2010年）我对光华管理学院的发展有什么贡献的话，这个贡献很大程度上要归于她的功劳。没有她，我们不可能有这么大的进步，更不可能成为国内其他商学院的楷模。她虽然在境外大学有正式教职，但我敢说，她操心最多的是光华管理学院的发展。

她认同我的理念，为我做了许许多多我自己和同事根本没有能力或精力做的事情。其中许多事情是那么平凡和琐碎，一般人很难想象，像她这样一位国际著名学者会心甘情愿地做这些事情。比如说，她曾自己安排在她主编的国际学术刊物《美国管理学会学报》刊登光华管理学院的第一个海外招聘广告，并且，广告词也是她自己亲手写的；她帮助我起草了引进海外教员聘任书的模板，这个模板一直用到我从院长位上卸任；她多次负责组织光华管理学院在美国管理学年会上的招待会，甚至负责发送邀请函；她起草了光华管理学院年轻教员年度业绩评审的规则和程序，并负责在她所在的组织管理系试验实施；为了说服我们选中的候选人来学院工作，她曾多次连续数小时与他们通电话，说服他们加入光华，而电话费也是她自己付的；她花大量的时间和精力指导年轻教员和博士生的研究工作，甚至帮助他们修改英文词藻；她利用自己的人脉关系和学术声誉邀请多位国际著名的学者来光华管理学院做访问教授，如果没有她，我们自己很难请到这些人；她用学院支付她的薪酬资助博士生的研究工作和到国外著名大学进修……

徐淑英教授对光华管理学院的最大贡献，是她为学院的学术水平的提升所作的努力。许多年里，她是几乎所有年轻教员的学术导师、主心骨。她的存在，成为我们对优秀的年轻教员最大的吸引力。正是在她的领导下，学院的管理学研究很快与国际接轨，受到国际学术同行的关注。

尤其值得一提的是，她在光华管理学院创办了国际博士项目，并长期担任该项目的学术主任，开创了博士生培养的新模式。这个项目的培养方式在有些方面与当时北大的博士学位教育规定存在冲突，学院内部也有意见分歧，但她呕心沥血，千辛万苦，把这个项目做起来了。由此，光华管理学院培养出了第一个在国外大学得到教职的博士，也为国内其他大学的教学岗位输送了优秀的博士毕业生。

徐淑英教授为光华管理学院的发展倾注了心血，学院的每一点滴进步都会令她高兴，学院发展受到任何挫折都会让她伤心。就我所知，至少有两次她因学院内部发生的风波流过泪。

徐淑英教授自己说，她最大的优点是勤奋。但在我看来，她最令人敬佩的是她的使命感，她对科学事业的执著，她对人类的爱心。

摆在读者面前的这本书，就是她的使命感和爱心的体现。她把自己三十年来从事学术研究的经验编撰成书，与读者分享，并不是为了炫耀自己，而是为了帮助年轻学者成长。她谈自己做某个研究项目的成功经验，也坦承自己失败的教训。她说出版这本书有三个目的：一是给广大中国高校的年轻学者及研究生提供一个便捷的途径来了解做学术的整个过程；二是让更多研究者了解科学研究和管理实践的重要关系；三是传播科学精神，激发年轻人的学术热情。我相信，任何阅读了这本书的人，都会在上述三个方面有所收获。

这本书，也许会改变一些年轻学者的一生。不仅管理学研究者，其他专业的学者也可以从这本书中得到一定的启发。

徐淑英教授是国际著名学者，被誉为全球最有影响力的华人管理学家。有机会为她的书写作序是我的荣幸。

徐淑英教授是学者的楷模，做人的榜样。向年轻学者推荐这本书，是我的责任。

张维迎

2012年3月5日 北京

致　谢[①]

很多人对这本书的内容本身以及这本书的准备工作作出了很大的贡献。我应该从我的父母说起，因为没有他们，我不可能在这里表达我的感谢。我七岁的时候，我的妈妈就教育我做事应该认真仔细，教我养成做事勤勉的习惯。记忆中我的第一份工作是用筷子从卷心菜里拣出小虫，然后把它们放到一个桶里。我和妈妈分工合作，妈妈为卷心菜浇水和施肥，我负责拿走小虫。这是有机耕种，不用农药杀虫。实际上，那时（大概1955年）的中国还没有杀虫剂。我的第二份工作是在我们刚到香港的那几年里（1958—1965年）帮助我的妈妈做手工活。我们把塑料的圣诞马槽和圣家庭（指圣婴耶稣、圣母玛利亚和圣约瑟）涂上颜色。这是我第一次接触耶稣、玛利亚以及圣约瑟。我慢慢学会了集中注意力去工作，忽略周围的任何干扰因素。妈妈38岁就去世了，那时的我19岁。至今为止，这是我第一次公开地感谢她对我生命的意义。妈妈，我深深地感谢您赐予我生命并教会我良好的工作习惯。我把我职业上的成功归因于我的勤奋和专注，正是你把这两样礼物赐予了我。

我把我教育方面的成长归功于那些给予我特殊关怀的老师。在我小学二年级的时候（我离开上海到香港的第一年），教我英语的王老师给我起了现在的英文名字Anne。我的父亲表示赞同，他说因为这是英国公主的名字。所以，我知道在我父亲的眼里，我是很特别的。在高中的时候，教授地理的贺老师鼓励我读大学，他说我将来一定会很成功。在德卢斯明尼苏达大学，有一次我的导师Kamal Gindy临时有事离开，让我替他教一节课，讲授如何用手工计算相关系数。当时我是外国留学生，几乎不会说英语，但他还是指定我做同班同学的老师。由于他对我的信任，我也增强了自信。在我读硕士期间，一个学期末的时候，我的父亲突然来到学校看我（我已有三年没见过他了）。当时我有一门功课的论文还没完成，我请求任课老师George Milkovich教授多给我一点时间。他却告诉我，应该好好和父亲团聚一下，不需要去

① 本书重印之际，来自复旦大学管理学院的五位博士生韩自然、刘旭、蔡建政、纪文龙、马文杰，对本书又进行了细致的校对工作，在此对他们表示衷心的感谢！——编者

写完这篇论文。论文虽然没有写完，但还得了A 。从 Milkovich教授那里我学会了应该仁慈地对待学生，帮助他们建立信心。在UCLA，我非常感谢William Ouchi 教授拒绝做我的论文指导委员会主席，因为他知道我不会对经济方向的管理（他的研究领域）产生兴趣。相反，他指导我去阅读Katz 和Kahn（1978）编著的《组织的社会心理学》一书，正是这本书成为了我做博士论文的“圣经”（具体内容见第一章）。我也感谢Bill McKelvey教授，是他教会了我如何建立理论。同时也感谢Tony Raia教授，他担任了我博士论文指导委员会的主席，是他给了我绝对的自由去探究自己的研究兴趣。Chet Schriesheim 教授（那时他执教于南加利福尼亚州立大学）教我严谨的研究方法和统计分析方法。Barbara Gutek 教授教我如何从一组数据中探寻人口特征多样化的研究主题，并且是她引领我初识多样性研究领域。后来她成了我那本人口统计学书的合作者。在UCLA，我上的第一堂博士课程是Charles O'Reilly教授讲授的。他教我如何用现有数据撰写实证论文，激发了我对研究的兴趣。我想对从中学到博士阶段我的所有老师说：谢谢你们教我养成了良好的学习习惯，提升了我的自信，并且培养了我对学习的热爱。

在我的研究生涯中有许多合作者，他们都是很优秀的学者。我永远相信要从最优秀的人身上学习。我真的很幸运有这些优秀的学者成为我的研究伙伴。除了上面提到的老师，我还要感谢Duke大学的同事们，是他们给了我一个温暖的、支持性的成长环境。我在加利福尼亚大学欧文分校的同事Lyman Porter教我如何从真实的世界中寻找重要的、值得研究的管理问题。我刚刚到香港科技大学的时候，对中国和中国文化一无所知，樊景立老师让我知道了关系人口特征（relational demography）和关系（guanxi）之间的区别和联系。他还鼓励我去创办一个新的期刊，专门发表中国管理研究的论文。没有他的支持和鼓励，《组织管理研究》（*Management and Organization Review*, MOR）是不会诞生的。

我很多的研究合作者是我的博士生。很幸运在我执教的每个学校我都能够带到优秀的学生。我从他们身上学到的比他们从我身上学到的多。例如，从我的学生忻榕那里学到了中国的关系概念，从肖知兴那里学到了社会网络研究，从陈镇雄那里学到了对主管的忠诚，从王辉那里学到了高管领导，从王端旭那里学到了中国环境下的雇佣制度，从吴斌那里学到了团队领导，从张燕那里学到了团队多样性，从Sushil Nifadkar那里学到了上级对新员工情绪的影响，从Atira Charles学到族群认同的过程和重要性，以及从宋继文那里学到了组织控制。最近，我从刚毕业的学生欧怡那里学到了谦卑（humility）——她的博士论文题目，这是值得我认真关注并牢记于心的美德。

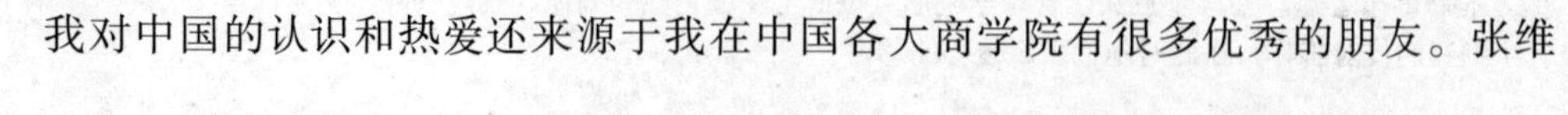
我对中国的认识和热爱还来源于我在中国各大商学院有很多优秀的朋友。张维

迎教授是使我对这片美丽的土地产生认识的最重要的人。第一次遇到他是在1998年，当时在香港哈佛研究中心开幕式上我们坐在彼此身旁，我相信是命运把我们安排到了一起。从那之后，他成了我很好的朋友并且为我从事中国管理研究提供了最强大的支持。没有张维迎教授，我对中国管理研究的涉猎不会发生。2000—2001年我在北大光华管理学院的学术休假（当时他是光华管理学院的执行院长）开启了我对中国的认识和热爱。他为我创办“中国管理研究国际学会”（IACMR）和《组织管理研究》（MOR）提供了精神和物质的双重支持。香港科技大学商学院前任院长陈玉树教授及现任郑国汉院长、光华的现任蔡洪滨院长也为我提供了同样重要的支持。香港科技大学和北京大学是《组织管理研究》（MOR）产生以来最主要的资助者。我代表中国管理研究的所有学者，感谢这四位院长具有如此远见卓识，认识到中国管理研究的重要性，并且信任我能够通过IACMR和MOR来发展此领域。我也希望向中国其他高校商学院的院长们致以最诚挚的谢意，包括南京大学商学院院长赵曙明教授、前西安交通大学和现上海交通大学的李垣院长、复旦大学陆雄文院长、中山大学李新春院长、电子科技大学井润田副院长，以及中国人民大学商学院伊志宏院长、劳动人事学院曾湘泉院长和公共管理学院董克用院长，感谢他们多年来的友好和支持。此外，一些其他的好朋友，他们中的一些也是我的研究合作者，激发并帮助我了解中国文化和中国制度，包括在中国生活的艺术。他们是张志学、张一弛、贾良定、张西超、阎海峰、谷里红、冯芷艳、李兰及贺国玉等。我不能在这里将他们一一列出，但是他们是我对中国如此热爱的原因。

对从事中国管理研究的学者们而言，IACMR与MOR无疑是两件十分珍贵的礼物。但其发展离不开很多同行的支持和共同努力，我个人的力量实在微不足道，没有他们，所有这一切是不可能发生和发展的。这里仅仅提及在初期作出过重要贡献的几位，包括陈晓萍、樊景立、李家涛、边燕杰、梁觉、赵曙明、陆亚东、刘忠明、鄭伯壎、周京、谢家琳、陈昭全、姚忻、由秀军，Max Boisot, John Child, Joseph Galaskiewicz, Michael Hitt, James March, Marshall Meyer, Michael Morris, 以及 Victor Nee等。还有更多的无名英雄，他们所作出的贡献同样非常重要。上面提及的和那些很多在此无法一一提及的人都在IACMR与MOR发展的过程中扮演了不可或缺的角色。除此之外，我还要感谢亚利桑那州立大学（Arizona State University）在2003—2012年对MOR的支持。也要感谢美国管理学会（Academy of Management）中许多朋友和同行对我事业成长的帮助与指导。

我也希望借此机会，对一些私交深厚的亲友表达我无尽的感激。在我的生命中，他们给予了无条件的支持与帮助。非常感谢汪悦、陈晓东、谭爱玲（Eileen Thom）、梁慈晖（Julita Leung）、苏家正、Keni Chow、Mary Carol Perrott、Ann

Smith和Neal Stoughton。虽然我们很少相聚，但每当我需要朋友倾听我的烦恼，或者助我解脱困境的时候，你们总是在那里。谢谢你们！还有徐神父和许多教会的朋友，他们在我的生命中，具有一个特殊的地位。我无法将这些年来给予我支持和鼓励的人的名字一一列出。但你们每个人在我心里都有一个特殊的位置。

现在我们回到这本书的准备部分。首先，我要感谢张志学和武亚军的鼓励，是你们让我认识到了这本书的价值。我希望这本书的内容不会辜负你们的期望。

本书的完成得益于很多人的努力和帮助。我想感谢本书中各篇论文的翻译者，他们是各大高校的研究生。迈阿密大学的博士生刘永虹（Tracy Liu）负责组织了这次翻译工作，她的导师是Chester Schriesheim（也是我在研究生时的老师）。贾良定教授的研究生们做了翻译后的校对工作。我非常感谢他们的帮助。文章翻译者和校对者的名单如下（按照姓氏先后）：蔡亚华（南京大学）、洪瑞（复旦大学）、侯立文（北京大学）、黄鸣鹏（北京大学）、黄勇（南京大学）、姜铠丰（Rutgers University）、卢军静（北京大学）、唐晓祎（北京大学）、王丹妮（Arizona State University）、王琳（北京大学）、王未（University of British Columbia）、王新超（北京大学）、杨鑫（南京大学）、姚晶晶（北京大学）、尤树洋（南京大学）、张好雨（北京大学）、张祎（南京大学）、章雯（北京大学）、张燕（北京大学）、张一弛（北京大学）和周燕华（北京大学）。以上各位同学和老师从自己异常繁忙的学习中抽出时间对文章进行了翻译，并对译稿进行了详细地校对和修改，我向他们致以诚挚的谢意。

本书的另一部分重要内容是每个章节前的导读部分。中国人力资源开发网的首席学习顾问June Qiao和北京大学的硕士研究生怀明云协助我完成了这部分内容。我把每一章节的介绍部分录音后，先由怀明云转为文字稿件，并做初步整理和编辑，然后June Qiao做第二遍的修改，最后结合她们两个人的意见，我对每篇文稿进行改进和充实。每个章节的导读部分都经过至少三四轮的循环修改过程。他们也把每篇翻译的论文再精细加工，保重质量。在此，特别感谢她们二位耐心细致的工作，也感谢她们为这部分内容的定稿提出的宝贵意见。

南京大学的贾良定教授对本书的所有文稿进行了详细的审阅，仔细推敲书中的每一句话，并对文稿和论文进行了多次或大或小的修改，其认真态度着实令我感动。我们也非常感谢北京大学出版社的林君秀女士和朱启兵先生在办理出版许可和文稿编辑中所进行的艰苦而富有成效的工作。我们还要感谢厦门大学的张攀在后期文字校对中付出的努力。这本书集合了很多人的力量，但我对其内容负责。有不当和错误的地方，都属于我的过失，希望读者原谅和批评指正。

我在开始的时候表达了对妈妈的感谢，却没有提到我的父亲。他在1949年我只有一岁的时候离开了我和妈妈。再一次见到他已经是1961年，那是我和妈妈到了香港的第三年，我已经十三岁了。见到父亲的两个星期内我都无法完全叫出“爸爸”。六个月之后他再次离开，两年之后才回来。我和他是一种微妙的父女关系，因为我从来不了解他，我也认为他不了解我。但是，他赐予我的礼物比其他礼物加起来还要多，因为他介绍我认识了天主教的信仰，为我安排了洗礼。我和妈妈都在1963年12月接受了洗礼。这种信念成为我生命中的核心组成部分，尤其是最近的三十年。它是我内心力量、专注和使命的源泉。耶稣告诉我们最大的戒律有两个：一个是用你全部的内心、灵魂和心灵去爱上帝；另一个是像爱你自己一样去爱你的邻居。我们怎么样去爱上帝呢？其实就是通过像爱自己一样去爱他人，不管是熟人、生人还是敌人。这似乎是一个不可能的期望，但我要努力去做到。我依靠这个信仰能使我成为一个更好的人。所以，最后，感谢上帝赐予我生命、智慧以及我生命的方向。

谨以此书献给我的女儿Amelia（徐晓梦），你是我生命中的阳光。

徐淑英（Anne S. Tsui）

2012年4月

美国亚利桑那州，凤凰城

目录

contents

第一章

三十年研究历程简介及本书出版目的

一、研究历程简介：1981—2012年

初出茅庐

1948年9月4日的早上，我出生在上海郊区一个村庄的茅屋里。出生后的9年零8个月，我一直生活在那个小茅屋里，睡在出生时的那张床上，直到1958年5月9日我随妈妈离开上海去了香港。妈妈坐一只小船偷渡到了香港，而我被一个陌生妇女带着过了澳门的边界（看起来我像她的女儿，这也是那时香港与澳门边界法律的一个漏洞）。中学毕业后，我进入一所师范学院求学。那时，妈妈已经去世了。1970年6月20日，我完成了师范学院的学业。由于不打算从事教学，我来到美国明尼苏达大学德鲁斯分校读本科。大四的毕业论文是我第一次接触并认识研究。我研究了婴儿对有胡子的和没胡子的陌生男人如何反应。当时我假设婴儿在见到有胡子的陌生男人时会大声哭，但在见到没有胡子的陌生男人时不会哭。论文的指导老师正好有胡子，他就在大学的托儿所里扮演了一个陌生人，看婴儿对他是如何反应的。这是我第一次感受到做研究的乐趣。

兴趣始成

从1973年到1975年，我在美国明尼苏达大学的明尼阿波利斯分校攻读硕士学位。我选的是需要做硕士论文的课程项目。利用劳资关系中心（Industrial Relations Center）收集的大量数据资料，采用因子分析方法（factor analytic methods），我试图了解员工工作态度与其工作绩效的关系。数据在IBM穿孔卡片上，总共有15盒。每当需要把这些卡片的信息输入计算机时，我就用小货车把这15盒卡片推到地下室的计算机中心。数据输完后，我即时分析，因为当晚数据便会被删除。要做新的分析时，我得重新把小货车推到计算机中心，重来一遍。在做数据分析的几个月里，计算机房的工作人员成为我最好的朋友。这段经历使我对研究有了一些更加深入的认识。我也认识到用速度非常慢的计算机分析数据时，得有耐心。这段经历虽辛苦并充满挑战，但我乐在其中。

攻读硕士的第二年，我开始在学校医院的人事部门工作。我的职位是“人事研究分析员”，可以自由地提出任何对医院管理有价值的研究项目。我分析了护士的离职率和原因，并用人力资源会计方法估计出自愿离职的成本。我把研究结果写成了文章，寄到一本叫《医院》（*Hospitals*）的期刊。一个月后，我惊喜地收到了文章的接收函。在我整个研究生涯中，这是唯一一篇首轮投稿后就被接收的文章。期刊还赠我一个精美的镇纸（paperweight）予以答谢。初战告捷，我很自信自己可以成为一名成功的研究者。

唯精唯诚

作为人事专员在控制数据公司（Control Data Company）工作了几年之后，1978年，我进入了加利福尼亚大学洛杉矶分校（UCLA）攻读博士学位。那时读博士的目的是学习更多关于组织、领导力及团队的知识，以更有效地帮助企业管理者。当时的打算是，完成博士学业后继续回到公司工作。博士学习的三年，小部分时间还在公司做培训工作，大部分时间当教授的研究助理。有位教授教我如何把自己的想法理论化，另一位教授教我严格的实证研究方法。我学习如何写作，渐渐喜欢那种心随己愿的学术自由；同时体会到研究对管理实践改善的价值。毕业后，我把自己的打算告诉控制数据公司的上司，想尝试做几年研究工作。我还问上司：“如果学术工作不适合我，我是否可以回到公司工作？”上司给了肯定的回答：“你当然可以再回来。”在我看来，如果成为一位研究者或者教授，我可以在教学和研究中帮助很多公司，但如果仅是一家公司的员工，我只能帮助一家公司。这在当时是一个很天真的想法，但正是这个想法引领我进入了学术研究领域，并使学术研究成为我毕生的事业。所以，之所以从事学术研究，既因为我对学术研究的热爱，又因为我坚信学术研究有益于实践，能够改善实践。

以上简单介绍了我是如何开始研究生涯的。从毕业于UCLA开始算起，到2011年6月，我已经从事30年的学术研究工作了。1981年8月15日，我在杜克大学开始第一个研究教授的职位，2011年6月26日，我从亚利桑那州立大学讲座教授的位置正式退休。30年间，我受聘担任的教职主要有：

1981—1988年，杜克大学，助理教授

1988—1995年，加州大学欧文分校，副教授

1995—2003年，香港科技大学，教授，系主任

2003—2008年，亚利桑那州立大学，摩托罗拉国际管理教授

2000年至今，北京大学，光华管理学院特聘教授，光华领导力研究中心研究主任

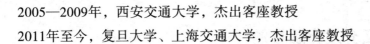

2005—2009年，西安交通大学，杰出客座教授

2011年至今，复旦大学、上海交通大学，杰出客座教授

乐此不疲

我现在是亚利桑那州立大学的荣誉退休教授，那里还有我的办公室。在亚利桑那州凤凰城的时候，我还去学校办公室工作。另外，我继续留任北京大学光华管理学院的特聘教授，并每年到复旦大学和上海交通大学讲学几周。除了这些学校的工作外，我继续作为中国管理研究国际学会（IACMR）的顾问以及《组织管理研究》（*Management and Organization Review*, MOR）的主编。最近，我还为学会创办了一本面向公司管理者的新期刊，取名《中国管理新视野》（*Chinese Management Insights*, CMI）。该期刊主要刊登选自《组织管理研究》（MOR）的精华文章中适合公司管理者阅读的内容，并解读其对管理实践的具体启示，同时开设企业家专栏，与读者分享中国成功领导者独特的管理理念与实践。

此外，我还是美国管理学会的一员，并且担任2011—2012年度主席。

欣然回首

我的一生从来没有一个明确的职业规划，也没有定什么事业目标。我只知道尽我所能把摆在我面前的事情做到最好。结果，越来越多的机会找到了我。有时我会面临很多选择，这时我想我应该以“为最大多数的人带来最大的福利”的原则来作决策。因此，我选择了学术研究的道路，而不是回到公司工作（虽然当时在公司的收入比在学校多）。这也使我决定成为香港科技大学组织管理系的创办主任，同时也引领我成立了中国管理研究国际学会（IACMR），创办了《组织管理研究》（MOR）。我在各大高校从事全职教学工作的时候，以上许多事情都是业余的职业志愿服务，这些事业增添了我在学校的全职教授工作之外的意义。

我是一个普通人，没有什么特殊的才能，唯一的优点是勤奋。我的主要缺点是，我一直天真地认为我的研究可以为知识领域及实践领域带来一些改变。北京大学的张志学教授在我2009年11月7日在光华三个小时的演讲结束时总结说：“徐教授是一个简单的人。”从专业性和个人角度讲，“简单”这个词确实把我总结得很好。这种意识使我认识到任何人，包括正在读此书的你，通过尽自己最大努力，专注地做自己从事的事情，一心一意地把它做到最好，你一定能在职业生涯中取得成功。

二、本书的内容简介及出版目的

很多次，人们鼓励我写一本关于自己研究生涯的书，但我都没放在心上。因为我发表的所有文章都可以从网络上得到。我没有看到重新把它们印刷成书的价值。我也没有看到自己的生命与他人有所区别。是什么改变了我的想法呢？2009年11月7日，我应邀为光华管理学院的老师和学生做一个演讲，特别是为新入学的博士生讲一下他们为什么应该对研究感兴趣，以及如何能够在学术事业中取得成功。同时最近几年，我发现学者面临的发表论文的压力越来越大，很多年轻的学者致力于发表文章，而不是去解决重要问题或者创造知识。他们看起来没有了我当年（包括现在）对学术研究的热情和热爱。我相信这种热爱是一种内在驱动力。如果一个研究者研究的是重要问题并且付出自己最大的努力，我相信结果定会成功发表。如果研究者看不到研究的真正意义，或认识不到科学的真正目标是追求真理，那他们就会被一些流行的话题所吸引并寻找捷径去发表文章。一旦学术工作失去意义，研究就变成了一种负担而不是一种乐趣。所以我决定把我的研究经历和大家分享，期望能给年轻学者和学生一些鼓励和启发。

本书出版主要有以下三个目的：

（1）给广大中国高校的年轻学者及研究生提供一个便捷的途径来了解做学术研究的整个过程。我在每个专题前介绍该研究主题从产生到成文的过程，以及过程中碰到的各种问题及应对策略，让读者在了解文章本身内容的基础上了解文章背后的故事。例如：有一次，我碰到一位极忙的合作者，当我写信与他探讨一篇论文的修改时，这位学者毫不理会；我一封接一封地给他写信，经过半年多，写了几十封邮件，终于等到这位学者，和他一起精心修改这篇论文，使论文最终获奖，这些经历会告诉广大年轻的研究者在研究中“坚持”的重要性。

（2）让更多研究者了解科学研究和管理实践的重要关系。我在研究过程中一直注重科研与实践相结合。我的研究课题主要产生于对管理实践的深入思考。我一直相信科学研究产生于实践，服务于实践。只有理解中国各种管理现象背后的一般规律，管理者才能正确地实践；只有了解环境变化对管理方法的影响，才能有效地管理。本书的内容不仅可以为与管理实践结合的研究提供一定的指导，还可以让管理者了解这些管理知识产生的过程以及应用条件，以使其更好地为管理实践服务。这本书可以让研究者更加明晰做研究的目的，这样研究者就会体会到研究本身的意义。

（3）**传播科学精神**。科学是对真理的纯粹追求。科学是一种自主探索，要听从内心的召唤。科学还要有人文关怀。因此，科学需要将追求真理置于个人利益之上，科学需要避开外界的干扰，科学需要浓厚的兴趣，科学还需要对人类境况的强烈同情。除此之外，严谨性和耐性也是做好科学研究的必备条件。本书的目的之三是将这些科学的精神传递给读者。不仅研究者，其他各行各业的人都可以从这些科学精神中得到一定的启发。

本书的第二章到第七章分别描述了我做过的六个研究领域。每一章都包括章节导读与两三篇相关论文。第八章主要讲述我是如何把国际上普遍使用的管理研究方法介绍到中国，这得到了香港科技大学很多同事及其他同仁的支持。在本书的最后一章，我提醒读者要关注研究的目的以及科学的精神。只有通过提高科学的精神，我们的研究才有意义、有贡献，我们才能体会到做学术的乐趣和骄傲。

学术生涯是崇高的，研究事业是神圣的。管理研究可以解释和解决管理世界的难题，帮助管理者生产高质量的产品，为顾客提供良好服务，以及为员工提供高质量的工作生活环境。是的，我们能够通过我们做的研究以及我们写的文章使这个世界变得更加美好。

第二章

1981—1995年：博士论文——中层经理的名誉绩效

导 读

围绕这个主题我做了两大部分的研究。第一部分是我的博士论文及相关的后续文章，第二部分是围绕如何提高中层经理名誉绩效做的相关研究。在这篇导读中我将分别讲述这两部分研究背后的故事。

第一部分：博士论文及其后续文章

一、想法起源

读博士前，我在控制数据公司做人事管理的工作。工作期间，我经常和部门经理进行交流，和他们一起做项目。在读博士期间我继续做兼职，给经理层做培训。我观察到中层经理们的工作环境很复杂且不稳定：他们需要承受来自上级、同事和下级各个方面的压力，于是能否维系好这些关系就变得很重要；经理们的工作绩效主要是看能否符合各方面的期望，但大部分的中层经理没有客观绩效指标，他们要同时得到多方的良好印象也不容易。

读博士第二年的1月完成博士综合考试后，我与一位老师讨论博士论文时，他介绍我去看一本书：《组织社会心理学》（*Social Psychology of Organizations*, Katz and Kahn, 1978）。看到第七章有关“角色理论”的时候，我豁然开朗。我似乎找到了一种研究中层经理工作和有效性的方法。中层经理处于一种角色群中，要面对来自上级、同事及下级的期望。不同组又用不同的标准去评价中层经理的有效性。每一组都像是一个利益相关者，他们对中层经理有所期望并且依赖中层经理的合作才能够完成他们的目标。中层经理的有效性处于“观察者的眼中”。这是一种基于利益相关者对于中层经理的期望和感知而做的主观判断。我提出了一个可以表达这个含义的概念——**名誉绩效**（reputational effectiveness）。它不是用客观的绩效标准来测量，而是用主观标准来评价。也就是说，你在别人心目中名誉好不好，在名誉上是不是一个有效的经理，故而称之为“名誉绩效”。例如，有位高级中层经理在他上级的眼中拥有“工作中的专家”的名誉，在他同事眼中拥有“纪律和职业化”的名誉，而在他下属眼中拥有“强硬和苛刻”的名誉。这表明这位经理没有同时在这三组评价者中达到同样的绩效。理想的情况下，因为每组都依赖中层经理完成他们自己的工作，一个面面俱到的中层经理应该从三组评价者中都获得有效性的名誉。

中层经理怎样才能同时从三组中获得有效性的评价？组织是否奖励这样的经理？为什么有些中层经理能够同时从三组评价者中获得有效性的评价，而有些却不能？我设计了我的博士论文来试图回答这些问题。

由于这些问题都围绕着中层经理的工作展开，我开始阅读有关中层经理工作的书和文章。我发现了两本非常有用的书。一本是《经理工作的本质》（Henry Mintzberg, 1973），另一本是《经理行为、绩效和有效性》（Campbell, Dunnette, Lawler, & Weick, 1970）。在20世纪80年代，很多好的著作都是以书的形式出版的。上面提到的这三本书为我提供了研究的理论基础。当然，我也阅读了很多期刊的文章，因为那时已有很多针对明茨伯格提出的十种经理角色以及角色理论的研究。

角色理论把每一个在职者定义为角色承担人。其他与角色承担人相联系者是角色发送者。角色发送者对角色承担者有期望。这种所期望的行为和实际行为之间的匹配就确定了角色发送者感知到的有效性水平。在我的研究模型中，我识别了一系列会影响角色发送者期望以及角色承担者行为的条件，这些条件分为个体、工作和组织层次。例如，上级会期望中层经理把组织作为一个整体来实施其领导行为，而下属期望中层经理，也就是他们的上司，能够领导团队，并为团队获取资源。有了这个理论框架后，我联系我工作过的控制数据公司作为该研究的地点。由于多年在这个公司工作获得的信任以及这个研究题目本身的实践价值，我很顺利地就被允许在该公司做此研究。

二、研究中遇到的问题及解决办法

在做这个研究的过程中我遇到了很多问题，概括起来主要有理论方面的问题，数据收集过程中遇到的挑战，以及写作方面的挑战。

理论方面来讲，当时我选用的角色理论在企业里的应用还不是很广泛，而且仅仅用这一个理论去支撑我的论文显得有点薄弱。另外，角色理论是一个个人层面的理论。在企业层面还有一个“多利益者的理论”（multiple constituency framework），于是我尝试综合这两个理论来理解和解释中层经理的角色、行为和绩效。为使这个研究在理论方面更完善，我还去请教了一位理论方面很强的教授，他给了我很好的指导。同时，我也到另外一所学校（同一个城市）找一位统计很强的老师来帮助我。我自己的导师研究的领域虽然和我不同，但他却给我绝对的自由，完全信任我有能力去发展这个论文，这给了我极大的信心。我那时的情况和现在很多同学的情况有点相似。主动去解决问题，主动去找人帮忙，这其实可以说是我学习和做事的特征。

数据收集方面，由于这个研究的性质，数据收集采用的是360度评价的方式，即从上级、同级、下级及自我方面收集数据。收集这种全方位的数据是比较困难的。当时我有一个好朋友，刚好也和我在同一所学校读MBA。她特别乐于助人，主动帮我打长途电话去催那些问卷还没寄回的经理。美国东西海岸之间有三个小时的时差，东岸的九点钟在西岸是六点钟。我们在西岸，所以她每天早上六点钟开始为我打电话。有了朋友的帮助，我更加体会到做研究的乐趣。在她的帮助下，我们顺利收到了数据。另外，有位研究性别心理的教授建议我，女性经理数量应该稍微多一点，因为男女经理的角色和绩效可能不一样。所以在抽样的时候，我就把女经理，还有少数民族的这些经理们（例如黑人和墨西哥人）的数量抽得多一点，比如说在公司里面全部的500个经理中，白人我就抽了2%，其他两组人我就抽了10%以保证他们有相当的数量，这样就保证了最后数据的质量。

写作方面我也遇到一些困难。博士论文的头几篇文章都很顺利地发表在当时最好的期刊里，但在做论文后续文章中的一篇时，我写好稿子投给期刊后，编辑虽然说蛮喜欢，但说在写作方面需要改善。那个时候我们计算机房里面有一位同事，我跟他讨论这篇文章时，发现他对我的文章很感兴趣。我就问他愿不愿意帮助我一起修改这篇文章，可以请他做第二作者。后来这篇论文成功发表了。这篇论文也提起了他对研究的兴趣，后来他也去读博士了。在这过程中，我学到很多写作技巧。

三、基于同一批数据的后续文章

在博士论文的主题之外，我还考虑到其他问题也可以一起研究。

在博士论文指导委员会里一位心理学老师的指导下，我做了一个男女经理的比较研究。考察男性经理和女性经理在名誉绩效方面哪个做得好一点。我发现，名誉绩效及其与升职、奖金这方面的关系，男女方面没什么差别。我的结论是，对男女经理的期望以及他们的表现已经没有什么差别了。那是什么因素促使我去做这个比较研究呢？在那个年代，男女事业发展的差别是一个很热门的研究领域，有很多争论，结果不一致。我的研究表明，在有些企业里男女平等是可以做到的。

那时我也带了一个博士生，我就跟她讨论研究问题，计划用我博士论文的数据写一篇文章。我们俩就一起考虑从三方面来评估中层经理的名誉绩效和他们自己的角色做得好不好有没有关系。角色量表用的是明茨伯格的，收集博士论文数据的时候我已经加上了这个量表。分析发现，上级、同事以及下级对他们角色的要求都不一样。我们就做了一些假设：上司比较注重哪方面的角色，下级怎么样，同事怎么样。这些假设都得到验证。这篇文章被《人事心理学》（*Personnel Psychology*）接收了。

总结来看，这几篇文章虽然是后来才写的，但在设计博士论文的时候，已经有些基本的想法。同时在这个阶段（助理教授），我的研究思路非常清楚，也没有什么其他杂事，所以对着这些数据，看了文献，然后再想一想自己的数据就会想到很多其他可以做的研究。所以早期我很会利用一套数据来解决一系列很有趣的问题。这些有趣的问题都跟实际非常相关，比如绩效评估，这在公司里是一个非常实际的问题，男女经理有什么不一样亦如此。这些实际问题没有一个是从文献里面找出来的。都是从思考公司里面的情况开始，然后看看我的数据，然后把文献再看一看，这样就把一个想法做出来、写出来了。

基于博士论文的数据，我总共发表了六篇文章。最核心的两篇是我自己个人写的：一篇是理论文章，以书中章节发表了（Tsui, 1984a）；另一篇是实证研究，检验理论框架里最核心的假设，在那时最好的学术期刊《组织行为和人员绩效》（*Organization Behavior and Human Performance*, OBHP）发表了（Tsui, 1984b）。其他四篇都是和老师、学生或同事合作。每篇文章的主题都不一样。写文章的过程，都是我重要的学习机会。

利用同一批数据做多篇文章是一个普遍的事情。在经济学领域（例如股票市场数据）及营销学领域（例如消费者购买行为），研究者经常使用同一套数据去探究不同的问题。只要每一个研究项目能够探索不同的问题或者为以前研究的问题提供新的见解和知识，用同一批数据去做多个主题的研究就是可以的。运用同一套数据去开发不同的问题可以使知识得到积累。同样的情况也适用于对于调查数据的利用。然而，如果两篇文章实质上解决的是同一个问题，这样做就存在一种潜在的败德行为。Kirkman和Chen（2011）在《组织管理研究》专文讨论如何使用同一套数据做出多篇文章，并使每一篇论文可以单独构成独特的贡献。

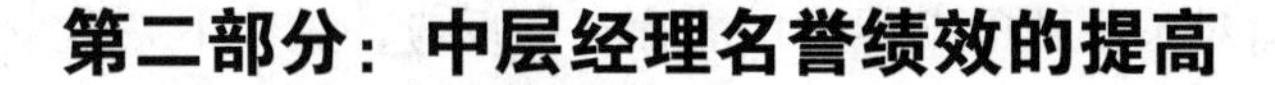

第二部分：中层经理名誉绩效的提高

一、想法起源

这一阶段的研究想法其实是继第一阶段博士论文后的一个细化和追问。博士论文的主题是“中层经理的名誉绩效的程度如何”，即中层经理有没有符合上级、下级及同事的期望。那很自然地我就想到了另一问题：这些中层经理们怎样才能增强他们的名誉绩效？就在计划这项研究的时候，我认识了我这个阶段的合作者Susan Ashford。当时是我在杜克大学任教的第三年，而Susan那年刚刚毕业，来杜克大学求职面试。她论文的主题是feedback seeking，就是主动寻求反馈。她当时的想法是研究新入职的员工，因为新员工刚开始不是很清楚怎样做才能符合企业的需要，他们要想做出符合企业文化和需要的行为，就要积极主动地去寻找反馈。我们在一起讨论彼此的研究时，发现其实我们的研究有很多共同点。比如，中层经理面临那么复杂的工作环境——上级、下级和同事对他们的期望都不一样，积极寻找反馈可能有利于他们去满足不同人的不同期望。基于对这些共同研究点的认识，我们决定一起合作去探讨这个问题。

二、三个研究

第一个研究是看中层经理积极主动地寻找反馈的行为是否真的像我们想的那样能够产生正面结果。中层经理们面对复杂多样的环境，主动去寻找反馈可以让他们了解自己在别人心目中怎么样，那他得到这些信息后就会去改正自己的行为，这样就能符合别人的期望。最终别人也会给予他们好的评价。这样他的主动寻找反馈就有两个积极的效果：第一，他可以更好地了解别人对他是什么看法，自我评估和别人评估是否一致。这样他的工作角色就会完成得好一点，错误会少一点。第二，这也会导致别人对他的印象好，欣赏他积极的工作态度，所以评价也会比较高。这篇文章的题目是“自我调节以追求管理有效性：积极寻求反馈的作用”（Self-regulation for managerial effectiveness：The role of active feedback seeking），1991年发表在《美国管理学会学报》（AMJ）上。

第二个研究是探讨中层经理们怎样处理不一致的期望。通过积极地寻求反馈，假如发现自己做得没有符合别人的期望，他们会怎么办呢？另外，上级、下级以及同事对他们的要求是不一致的，这是一个非常复杂的情况，那他们怎样去处理这些不一致的期望？第二个研究试图回答这些问题。利用自我调节理论（self-regulation theory），我们识别出中层经理在面对不一致的期望时可能存在的反应，这些不一致可能指不同期望者之间期望的不一致，以及经理自己与其他期望者之间期望的不一致。这篇文章主要讲了中层经理们的应对策略，题目是“应对不一致的期望：应对策略以及管理有效性”（Dealing with discrepant expectations：response strategies and managerial effectiveness），1995年发表在《美国管理学会学报》（AMJ）上。

第三篇文章是一篇理论性的文章。我们用自我调节理论来解释经理们会怎样看他们的环境；用什么方法去了解工作环境；如果工作环境对他们的要求和自己的行为不一致，他们怎样去修正，怎样把不一致的地方消除掉，进而把他们的名誉绩效提高。这是一个有关过程看法的理论框架。文章的题目叫“适应性自我调节：管理有效性的过程观点”（Adaptive self-regulation：A process view of managerial effectiveness），1994年发表在《管理学报》（*Journal of Management*, JOM）上。

三、数据来源

这个阶段两篇实证研究的数据都是来源于经理培训班。当时我才是第四年的助理教授，没有教授高级经理的经验，也没有兴趣去教短期经理的培训班（因为我把研究放在首位，并且我也不需要额外的收入）。但学校需要老师帮忙带领小组讨论，问我能不能帮忙, 我知道这个项目有几百个中层经理，是我研究的理想对象，我问项目主任可否在培训班中收集数据帮助我的研究，主任同意了，我就去帮忙了。这是很好的把研究和培训相结合的机会。我用360度的方法收集数据，因为中层经理来参加培训也是希望他们的绩效能够增强。他们也希望知道他们的上级、同事、下属对他们的看法，我就在培训班里收集数据，把数据的资料做成针对每个经理的个人反馈报告，其间我也跟每个经理咨询一些实际情况。这些经理的收益也是蛮大的。我就利用这个机会，发展出“主动寻找反馈”概念的量表。这次培训班给我提供了第一篇实证研究的数据（AMJ, 1991）。

1988年，我离开杜克大学，转到加利福尼亚大学欧文分校任教（我的博士是从UCLA 获得的，我怀念加州的太平洋海岸）。欧文分校的商学院也有经理培训的项目，邀请我去帮忙。那时候我正好还在做“主动寻找反馈”的研究，思考第二个研究的思路。项目主任同意我在这个培训班中收集数据，我就去参加了。这次我是主讲老师之一，讲课的主题是领导力。基于所有经理学员的研究结果，我做了一个综合报告。另外，我也为每位经理学员准备了一份个性化的报告。我在课堂上还展示了几个匿名的个性化报告的例子。之后，我和每位学员面谈15分钟，给他们个性化报告并回答问题。这次课程的数据用在第二篇文章中（AMJ, 1995）。

利用经理培训班收集数据有三大优势：第一，调查对象在完成问卷调查时很认真，他们知道这些信息将要用来帮助他们成为更好的领导者。第二，我们可以利用经理的真实姓名并且把其他对经理的评价和经理自己的评价进行匹配。非常重要的是，调查对象必须对调查信息的安全性放心。被调查的经理必须相信他们的上级或公司的高层管理者不会看到他们的个人报告。公司只会看到整合所有被调查者后的总体报告。其他的参与者（例如同级或下属）也必须相信中层经理不会看到他们的报告，他们的报告将会和其他参与者的报告整合后提供给中层经理。所以，我们至少要求三个同级和五个下级的数据来做成给中层经理的报告。例如，如果一个经理只有两个来自于下属的报告，我们将不会给这个经理提供来自于下属对他领导方式进行评价的报告。这对于保证数据的真实性以及整个研究过程的道德性都是非常关键的。第三，利用经理培训班进行研究的最大益处是它能够使研究和实践相结合。这些数据不仅用于研究，更重要的是，它们被用于提供给中层经理们个体化的报告。这些报告为他们提供了调整行为以及提高角色有效性的信息。

四、与合作者之间的任务分工

这是我第一次与一个比我晚三年读博士的同事Susan Ashford合作。我俩都是助理教授，都很渴望在研究中获得成功。这是一次非常令人激动和着迷的合作。有一次，我们从各自城市（她在密歇根州，我在北卡罗来纳州）到纽约见面两天，在一个旅馆中共同工作了一天半。我们很开心，我们的研究取得了进展后，就一起去购物。我和她各买了一条裙子，同样的款式、不同的颜色。之后我们都穿了好多年。我们试图在劳动分工和作者权享有中保持公平。因为我产生了最主要的想法，收集并且分析了两个实证研究的数据，我成为了三篇文章中两篇文章的第一作者，第三篇文章我们用姓名排序。然而，很多时候我们是共同进行研究并且在很多次反复中一起写这三篇文章。到我们一起进行第二个实证研究时，我和她都有一个博士生和我们一起工作。我们把这两个学生带入了我们的研究项目，他们的名字出现在了这篇文章中（AMJ, 1995）。

小结

到了这个阶段，我的关于中层经理角色和有效性的研究可以说告一段落了。我用角色理论和多利益者的观点来定义中层经理的工作以及有效性。由于工作本身的模糊性特征以及在组织内中层的位置，他们必须把公司的战略目标转化为可操作性的目标。他们在组织中面临来自于高层（上级）、同层（同级）以及低层（下级）不同的期望。这些不同层级的期望差异很大，中层经理很难满足所有期望者的期望。我引入了“名誉绩效”的观点来说明中层经理在满足不同期望时的有效性。1984年发表在《组织行为和人员绩效》（OBHP）期刊上的文章发现，那些能够从不同的期望者那里得到有效性感知的中层经理最有可能被晋升和加薪。寻求反馈的研究发现，那些主动从不同期望者那里寻求反馈的中层经理有更准确的自我感知（AMJ, 1991）。另外，那些觉察到自我评价与期望者评价不同后改变了自己行为的中层经理会比那些拒绝接受这种差别的经理管理更加有效（AMJ, 1995）。当然，中层经理可能会用其他方式去改变他们的有效性。根据自我调节理论，反馈寻求和对反馈做出反应是很重要的过程。除了实证研究外，我们还写了一篇理论性的文章以理清反馈寻求的过程以及在发现目标和行动间差别后的改正行为（JOM, 1994）。

中层经理如何以及为什么在工作中能够保持有效性？对这一问题的回答极大地满足了我的好奇心，之后我进入了另一个感兴趣的领域：人力资源部门的有效性。

参考文献

Campbell, J., Dunnette, M. D., Lawler, E. E., & Weick, K. E. 1970. *Managerial Behavior, Performance, and Effectiveness*. New York: McGraw-Hill.

Katz, D. & Kahn, R. L. 1978. *The Social Psychology of Organizations* (2nd). Wiley.

Kirkman, B. L., & Chen, G. 2011. Maximizing your data or data slicing? Recommendations for managing multiple submissions from the same dataset. *Management and Organization Review,* 7 (3): 433-446.

Mintzberg, H. 1973. *The Nature of Managerial Work*. New York: Harper & Row.

该主题的系列文章

1. Ashford, S. and Tsui, A. S. 1991. Self-regulation for managerial effectiveness: The role of active feedback seeking. *Academy of Management Journal*, 34: 251-280.

2. Tsui, A. S. 1984a. A multiple-constituency framework of managerial reputational effectiveness. In Hunt, J., Hosking, D., Schriesheim, C. and Stewart, R.（Eds.）, *Leaders and Managers: International Perspectives on Managerial Behavior and Leadership*: 28-44, New York: Pergamon Press.

3. Tsui, A. S. 1984b. A role set analysis of managerial reputation. *Organizational Behavior and Human Performance*, 34: 64-96.

4. Tsui, A. S. and Ashford, S. 1994. Adaptive self-regulation: A process view of managerial effectiveness. *Journal of Management*, 20: 93-121.

5. Tsui, A. S., Ashford, S. J., St. Clair, L., and Xin, K. 1995. Dealing with discrepant expectations: Response strategies and managerial effectiveness. *Academy of Management Journal*, 38: 1515-1543.

6. Tsui, A. S. and Barry, B. 1986. Interpersonal affect and rating errors. *Academy of Management Journal*, 29（3）, 586-599.

7. Tsui, A. S. and Gutek, B. 1984. A role set analysis of gender differences in performance, affective relationships and career success of industrial middle managers. *Academy of Management Journal*, 27（3）: 619-635.

8. Tsui, A. S. and Ohlott, P. 1988. Multiple assessment of managerial effectiveness: Interrater agreement and consensus in effectiveness models. *Personnel Psychology*, 41: 779-803.

一个关于管理声誉的角色群分析*①

徐淑英（杜克大学）

摘要： 本文为理解管理有效性提供了一种新视角。我们根据管理者在角色群（role set）中的声誉来分析管理者的有效性。本文认为，管理者通过满足角色群中成员利己的期望来获得有效性声誉。本文进一步认为，相对于有效性声誉低的管理者，那些有效性声誉高的管理者在他们的职业生涯中可能会更成功。我们针对这种声誉观点提出了五个假设，并通过一个由217名中层管理者、173名主管、387名下属和303名同事组成的样本检验了这些假设。分析结果证实了研究假设，并为管理有效性的研究提供了新的方向。

1. 引言

作为判断管理有效性的一个标准，声誉长期以来都没有得到理论家和研究者的重视。在以往文献中，仅仅只有一个研究使用了声誉来测量大学行政管理部门的有效性（Hemphill, 1957）。很多研究者提及了声誉，但是并没有将声誉作为管理有效性的一种形式来进行系统化测量（例如Kanter, 1977； March & March, 1978； Yukl, 1981）。声誉似乎更多地被当成一种流行元素，而不是一个科学概念。本文提出了一种关于管理声誉的观点，并提供了一些证据表明把管理声誉作为一种科学现象来研究的重要性。这种观点的概念基础源自以多利益相关者方法（multi-constituency approach）（Tsui, 1984）研究管理有效性。本文简要评述了一个管理者获得声誉的

* Tsui, A.S. 1984. A role set analysis of managerial reputation. *Organizational Behavior and Human Performance*, 34: 64–94.

① 作者感谢如下人士的建设性意见，他们是：John Anderson, Oscar Grusky, Barbara Gutek, Bill McKelvey, Anthony Raia, Charles O'Reilly, 和 Chester Schriesheim。同时，作者感谢Marian Burke和两位匿名评审者的有益评论。论文的部分在美国管理学会1982年年会上进行了报告。

基本条件，以及声誉为何是度量有效性概念可能的选项之一。最为重要的是，初步的证据很好地支持了这个概念上时髦但理论上欠发展的领域的效度，并且表明这个领域在未来可能成为非常有前景的研究方向。

2. 理论与假设

早在1960年，Turner（1960）就已经指出，管理者在其所在组织中有一个总体的有效性声誉，这种声誉可能与管理者的工作行为有系统性的关联。在本文，声誉被定义为一种感知到的有效性，这种有效性是由对被评估的管理者展现出来的工作行为与活动满意的个人或特定群体所感知到的。这种有效性的观点建立在角色理论（Katz & Kahn, 1978）和角色群分析（Merton, 1957）的假定之上。根据角色理论，组织结构中的每一个职位都被赋予了一系列的角色期望。这些角色期望是由多个角色发送者（multiple role senders）所规定的，包括令人满意的行为、规范、态度、价值或者其他与工作表现相关的标准。每个个体需要根据这些期望采取行动，以满足这些期望。有效性指个体的工作行为与角色发送者的期望相一致的程度。角色群由多个角色发送者组成，这些角色发送者的期望可能是相互背离的。一个个体可能具有或者不具有同时满足多个期望的能力。因此，任何个体都可能被一些角色发送者认为是有效的，即有声誉的，但同时被其他角色发送者认为是无效的。

一个管理者的角色群至少包含三个初始的角色发送者群体。这三个群体分别是上级、下属和平级同事。对处于组织边界的管理者来说，顾客、供应商、政府机构以及劳工代表等外部群体可能同样是重要的角色发送者。每一类的角色发送者都可能会是一个利益相关者（constituency），因为他们与管理者的权力结构、工作流程技术或者资源的交换关系，在一定程度上具有相互依赖性。这些利益相关者形成了一个以期望、需求、响应、评估、影响和反影响为特点的交互社会网络。一个管理者的有效性取决于角色群成员的期望本质以及他们相互之间的影响关系。实际上，管理者的任务不是个人活动，而是社会活动……并且（他）被放置于一个关系网络的中心，（他）必须用这个关系网络构造一个能完成（他的）目标的组织（Kanter, 1997, pp.55–56）。Kanter（1997）进一步在她的研究中总结：同事接纳有可能是管理者赢得有效管理者声誉的最重要条件。因此，她认为有效性可能更多地是一个政治上的而非科学上的概念（Kanter, 1981）。

来自于同级、上司、下属的期望根植于他们的个人利益当中。个人在工作中会追求个人利益（Argyris, 1964； Barnard, 1938； Williamson, 1975）。因此利益相关者对管理者行为的期望会有利于实现他们的自身利益和愿望。工作场所的个人利益包括个人的工作目标、角色要求、雇佣合同中的其他目标，以及职业生涯期望等私人目标与需要。根据不同利益相关者之间个人利益不一致的程度，他们对管理者的期望也会不同。很多理论家认为，目标的不一致性是所有社会系统的共同特点，在团体（March & Simon, 1957）和个人（Barnard, 1938； Roethlisberger, 1945； Whetten, 1978； Williamson, 1975）层次都是如此。一些理论家认为目标不一致本质上是由个体差异引起的（例如 Barnard, 1938； Williamson, 1975）。我们认同另一种观点，即目标的不一致性是差异化（Lawrence & Lorsch, 1969）或职能专业化（Dearborn & Simon, 1958； March & Simon, 1958）以及个人愿望的结果。对特定管理者期望的不一致性是由职位要求和角色发送者个人特质的不同而造成的。由此看来，不同利益相关者之间交换的社会政治基础会强化和丰富角色期望的功能性结构基础。

满足不同利益相关者对自己行为的期望是管理者获取和累积名誉绩效的基础。一个管理者可能会在一类利益相关者中累积较高的名誉绩效，但是在另一类利益相关者中则不能。只有能满足角色群中所有或者大部分利益相关者的期望的管理者才能获得最高的名誉绩效。相较于不能满足任何利益相关者的期望和只能满足少数利益相关者的期望的管理者来说，能满足全部或大部分利益相关者的期望的管理者会在组织中获得更多回报，并且得到更快的提升。拥有有效性声誉的管理者会受其他管理者的追捧，并且会比较容易地提升到更高的职位。这种快速升职的记录同样会提高其总体的名誉绩效。因此，我们认为，名誉绩效和升职速度之间存在正相关关系。研究假设如下：

H1：相较于只在一部分利益相关者中拥有名誉绩效的管理者，在所有利益相关者中拥有名誉绩效的管理者的升职速度更快。在所有的利益相关者中都不拥有名誉绩效的管理者的升职速度是最慢的。

组织中的权威系统决定了多数正式工作的要求是由上级界定的。上级对工作期望进行定义，评估个人绩效，并根据绩效来进行奖励或处罚。上级依据自己的期望得到满足的程度以及来自其他利益相关者团体的意见来评估特定管理者的绩效（Latham & Wexley, 1981）。因此，相对于只在一部分利益相关者中拥有名誉绩效和在所有的利益相关者中都没有名誉绩效的管理者，有能力从上级和其他利益相关者中取得名誉绩效的管理者更有可能在组织的正式绩效评估系统中获得更高的评价。进一步来讲，在依据成员绩效进行赏罚的组织中，名誉绩效最高的管理者会比部分有效的管理者得到更高的绩效奖励。因此有如下研究假设：

H2：相对于只在一部分利益相关者中拥有名誉绩效的管理者，在所有的利益相关者中拥有名誉绩效的管理者会获得更高的正式绩效评估水平和更多的绩效奖励。

名誉绩效取决于管理者满足特定的利益相关者的特殊期望的程度。因此，从一个利益相关者获得名誉绩效的行为可能对从另一个利益相关者获取想要的声誉并没有帮助。这说明对于不同的利益相关者，获得有效性的方法是不同的。因此，上级可能更强调企业家的角色。下属可能更重视领导者、资源分配者和环境监管者的角色。同级则更依赖工作协调中的信息交换。他们可能更倾向于让一个管理者扮演联络者和发言人的角色。以往的研究已经证实，上级对一个管理者的要求是不同于其下属的（Pfeffer & Salancik, 1975； Roethlisberger, 1945）。其他研究表明，同级的期望不同于上级和下属的期望（Landsberger, 1961； Sayles, 1964）。因此有研究假设如下：

H3：与名誉绩效相关的管理角色行为会随着利益相关者的不同而不同。具体来说，企业家角色对从上级获得名誉绩效有帮助；领导者、资源分配者和环境监控者角色对从下属获得名誉绩效有帮助；联络人和发言人角色对从同级处获得名誉绩效有帮助；最后，以上所有六个角色行为都对管理者的名誉绩效有帮助。

采用多评价者的研究发现，当评价者与被评价者在组织层级上更相近时，评价者间做出的评价一致度更高（Albrecht, Glaser, & Marks, 1964； Kavanagh, McKinney, & Wolins, 1971）。这个发现可能是由于两个上级在评价一个管理者时用的是相似的参照框架，而上级和同级则可能会使用不同的标准。另一种可能性是，两个上级持有的期望可能会比一个下属和一个同级持有的期望更相似。目前尚没有研究对不同利益相关者之间和利益相关者内部的期望的本质进行探讨。在以往多评估者初步研究（关于绩效评估和多利益相关者的管理者角色期望框架）的基础上，提出以下研究假设：

H4：在不同的利益相关者之间，对特定管理者角色行为期望的不一致比在同一利益相关者之间的不一致更大。

自从Lawler（1967）的研究以来，多评价者对特定管理者绩效评估的不一致得到了实证上的持续支持。一篇有关多评估者的评论文章发现，评估者间的平均相关系数小于0.3（Tsui & McGregor, 1982）。对于评估观点间不一致性的解释大多基于选择性的视角（Holzbach, 1978； Kavanagh *et al.*, 1971； Lawler, 1967）。这意味着评估观点间的不一致是由于他（她）们观察到的是同一行为的不同方面。这种选择性的视角或者信息受限偏差是不同评估者间低聚合效度的主导原因。最近，几个理论家认为，差别化期望看起来可能是差异性评价的一个替代（Kane & Lawler, 1979； Landy & Farr, 1980； Tusi, 1984）。这种多利益相关者框架强有力地证明差别化期望是名誉绩效不一致的主要原因。当两个利益相关者的期望不一致时，同一个管理行为会导致不同的有效性评价。选择性的视角可能并不像早期的研究者认为的那样具有说服力。然而，不同利益相关者的差别化期望观点仍然很受推崇。为了证明这个观点，本研究提出下面的研究假设：

H5：多利益相关者所期望的角色行为的差异性将比他（她）们实际观察到的差异性更大。

总体来说，五个研究假设是为了探索多利益相关者框架的基本构想（Tsui, 1984）和名誉绩效这个理论概念的效度而提出的。为了检验以上研究假设，本文针对中层管理者开展研究。该中层管理者群体是为了最大化角色群的复杂性而特意选择的（Katz & Kahn, 1978）。为了增加样本的同质性，我们只选择了白人男性管理者（McKelvey, 1978）。我们主要通过两种方法提高样本的同质性，一种方法是去除因受试者的性别和人种造成的潜在外生效应，另一种方法是聚焦于组织中的中层管理者。McKelvey（1978）指出，保持样本同质性是为了把研究发现向一个已知的、限定的群体进行推广。

3. 方法

3.1. 样本与步骤

本研究的初始样本是从一家事业部制的财富五百强公司中随机抽取10%的男性白人中层管理者组成的。这些管理者的职位介于二级部门经理和副总监之间（副总监至少比九个事业部的首席执行官低两个层级）。这个公司在计算机和金融这两个一级行业中经营。几个计算机事业部从事计算机产品的开发、制造和推广，以及相关的数据服务。几个金融事业部提供金融、教育和商业咨询服务。这个公司从简单的职能制一步步发展演变为股份制（holding）、矩阵制和事业部制结构。

这个公司一共有6000名管理者，其中4000人是中层管理者。男性白人管理者中的10%构成了本研究的330个受试者样本。这些管理者首先接到了一封来自人事与公共事务部副总监的信，请求参与本研究。接着，他们收到了一个装有六份调查问卷的包裹，包裹里还附上一封来自研究者的信详细介绍该研究的步骤。每一个管理者都按照指示亲自填写一份问卷，并且把其余的问卷发给他的三类利益相关者中的五个人。利益相关者的选择要遵循三个标准：首先，被评价管理者必须选择一个上级（直接上级或非直接上级均可）、两个下属（直接或非直接下属均可）和两个同级（在该管理者直接所属的工作组以内或以外均可）。由于这个公司采用的是矩阵制结构，被评价的管理者可以从非直接报告关系的群体中选择问卷填写人。这些管理者中的很多人与组织中的其他层级和部门中人的工作关系比与同工作单位中人的关系更密切。其次，被评价管理者必须选择在工作事务上跟他有频繁互动的利益相关者。最后，必须选择与自己合作得最好的一个下属和一个同级，以及与他合作得最差的一个下属和一个同级。这个标准是为了保证下属和平级这两类利益相关者的代表性。信中说明研究的科研目的并郑重承诺绝对保密所有回答。这些材料被发出去之后的一周，我们随机选取了45位管理者组成一个样本，由研究者通过电话与他们取得联系，以了解他们对本研究说明的理解程度。跟预期完全一致，这45位管理者无一例外地收到了材料，理解了研究的步骤，并且向研究者保证他们遵循了选择利益相关者的三个标准。初步分析显示，两个同级间和两个下属间在有效性评价（effective ratings）的11个条目上评估者间信度比较低（$\bar{r}$ 分别为0.12和0.14； Tsui, 1983a）。定性和定量的证据都显示，这些管理者们并没有全部把朋友当成他们的利益相关者。因此我们在某些程度上有理由相信，下属和同级这两种利益相关者的人选具有代表性。理想的研究设计应该是确定每一个管理者的真实利益相关者群体，研究者随机选择利益相关者样本。但是，确定217个管理者的角色群是非常困难的，甚至是不允许的，对矩阵制的组织尤其如此。因此，本研究的设计在选择利益相关者这个步骤上有一定的局限性。尽管存在这个局限，对这类探索性的研究来说，本研究的设计基本是可接受的。

每一份问卷都被装在了贴足邮票、写好收件地址的信封里。所有材料都印刷在研究者所在大学的专用纸张上，本研究的科研性质得到了重复的强调。我们把被评价管理者的姓名写在所有的问卷上以便能够对回答进行匹配，因此本研究具有绝对保密性。所有的利益相关者都按照指导，在被试接到研究材料后的两周内把填写好的问卷直接邮寄到研究者所在的大学。每位参与的管理者总共接到了来自研究者的两个邮件提醒和两个电话提醒。每位管理者基于研究者的要求对利益相关者进行提醒。217位管理者对本研究进行了回应（65.8%）。上级的回应率是79.7%（N=173），下属是89.2%（N=387），同级是69.8%（N=303）。本研究收集到了156位管理者的完整角色集，也就是说这些管理者的每一类利益相关者都有至少一个回应者。本研究的合计总样本量是1080。

这些管理者的平均年龄是43.2岁，与他们的同级同事相似。他们上级的平均年龄比他们大1岁，下属的平均年龄要小5—6岁。利益相关者主要为男性白种人，这表明组织结构中这一层级缺少女性和少数民族，也反映出管理者们更倾向于选择与自己的种族和性别相似的参照群体。在本公司内和本岗位上工作的年限与年龄的分布情况是一致的，上级资历最深，下属资历最浅。这些管理者在本公司中工作的平均年限是12.3年，在本岗位上工作的年限是3.1年。上级在本公司中和在本岗位上的平均工作年限分别是14.5年和3.4年。下属在本公司中和在本岗位上的平均工作年限分别是9.4年和3.2年。平级同事在本公司中和在本岗位上的平均工作年限与这些被评价管理者类似，分别是12.5年和3.1年。

3.2. 测量

本研究的理论构念包括：期望的和观察到的管理者角色行为、名誉绩效、正式绩效评估、薪酬上涨和升职率。下文列出了每一个构念的操作性定义。

3.2.1. 管理者角色行为

Mintzberg（1973）首先引入了管理者角色的概念。他采用广义的、定性的术语定义管理者角色。McCall和Segrist（1978）尝试用问卷法测量这些角色，这种方法对形成10个角色类别的特定行为或活动进行了定义。他们的研究发现这10个角色中的6个可通过跨管理层级和跨职能细分进行概括，因此是管理者群体的共有特征。这六个角色是领导者、联络者、创业者、环境监管者、资源分配者和发言人。McCall和Segrist（1978）开发的操作性定义在使用中被稍加调整。在本研究中，我们只采用了原来的46个条目中的40个。原始研究中的其他6个条目的因子载荷比较低（McCall & Segrist, 1978），所以我们删除了它们。这些条目的删除并没有导致任何构念内部一致性信度降低（Tsui & McKelvey, 1982）。

角色活动经由重要性（importance）和量级（magnitude）量表测量。重要性量表被用来测量角色期望。量级量表被用来测量观察到的角色行为。对于角色期望，回答者需要指出被评价管理者执行描述中的角色活动对回答者自己的重要程度。本部分使用了7点量表，1代表对自己完全不重要，7代表对自己极度重要。利益相关者和管理者自己观察到的角色行为同样用一个7点量表测量。回答者需要指出被评价管理者在多大程度上被观察到确实执行或完成了描述中的角色活动。7点量表中的1代表完全没有执行或完成，7代表最大程度地执行或完成。

我们针对40个角色活动进行了验证性因子分析。我们使用McCall和Segrist（1978）的斜交主成分旋转方法提取了六个因子。表1总结了40个条目在6个因子上的因子载荷。总体而言，预期的因子结构得到了确认。领导者、发言人和企业家角色得到了100%的预期条目的最高载荷。资源分配者角色的6个条目中的5个在该角色因子上载荷最高。环境监控者角色的9个条目中的7个在该角色因子上的载荷最高。联络者角色的确认度最低。6个条目中只有2个在该角色因子上的载荷最高，3个条目在发言人角色上载荷最高，1个条目在领导者角色上载荷最高。对条目定义的进一步检查发现，这个因子载荷结果是有意义的。这些条目描述了特定被评价管理者与其他利益相关者间的任务相关的互动和沟通。两个联络者条目与社交功能相关，并且可能与任务绩效不直接相关。总体来说，六因子结构得到了确认，但是因子载荷（主要为联络者角色）有一些调整。对重要性评价的因子分析得到了同样的结论。同样，六因素结构得到了确认。但是，条目载荷也与原始的量表有一些差别。这表明，要从这40个条目中得到一个更稳定的结构，我们还需要更深入的研究。为了达成本研究的目的，我们使用了最初始的量表。我们这样做是因为本研究的目的并不是为了提高这些量表的效度，而是为了分析差异化偏好以及观察被评价管理者们在角色中的行为。对因子结构的初步确认和高内部一致性信度系数为我们使用最初的量表提供了支持。

表1：观察到的行为条目在六个管理者角色上的因子结构

条目简要描述[a]	I[b]	II	III	IV	V	VI	公共因素方差
领导者							
3．评估下属的工作绩效	**69**	−14	−04	−14	−03	−06	62
7．按照公司需求整合下属的目标	**53**	−04	−09	−16	−10	−07	57
8．向下属传递重要信息	**59**	06	11	−16	03	01	45
14．指导下属工作	**68**	05	−06	06	−15	05	58
15．为任务分配人力资源	**54**	05	−26	07	−08	05	54
23．解决下属间的冲突	**67**	−03	−02	04	04	−04	50
24．促进下属的成长和发展	**73**	−05	07	−07	09	−06	63
29．给出负反馈	**50**	−08	−14	−02	−01	−07	50
34．提醒下属注意问题	**72**	08	−00	−04	−01	06	56
38．用权威确保下属完成任务	**64**	06	−13	08	−08	−02	47
44．培训新员工	**68**	−07	10	−04	15	02	46

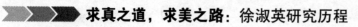

续表

条目简要描述[a]	I[b]	II	III	IV	V	VI	公共因素方差
发言人							
11．作为专家为部门外的人员服务	−03	**54**	−01	−09	02	−02	34
20．使他人了解部门未来计划	**32**	**33**	05	−21	18	13	39
27．回答关于部门的问题	04	**35**	−10	15	22	−07	37
31．代表部门在委员会服务	−06	**62**	−06	−08	01	−18	53
32．向他人提供部门活动的信息	09	**64**	01	−09	06	02	51
资源分配者							
6．分配预算资源	07	−11	**69**	−19	03	−12	42
13．做出关于时间的决策	20	26	**30**	−13	06	13	35
22．防止人力资源或资本损失	**40**	−02	13	−06	25	02	37
28．在部门内配置资金	−05	−02	**77**	−12	03	−07	43
33．决定向哪个项目提供资源	−02	21	**60**	−04	15	10	45
37．分配设备或材料	15	02	**65**	19	08	01	39
企业家							
5．计划并实施变革	17	08	−20	**−64**	03	−05	49
12．发起可控的变革	25	23	−22	**−50**	−05	−18	48
21．发起解决问题所需的变革	**37**	14	−10	**−41**	09	04	43
环境监控者							
4．提出关于业务或运作的新想法	−02	12	−10	**−38**	**44**	06	40
10．紧跟市场趋势	02	−08	08	−09	**73**	−18	56
17．紧跟公司的营运进展	08	20	04	−07	**36**	−23	39
26．紧跟技术进展	03	16	−05	03	**57**	01	39
30．审视环境以寻找机会	−02	−05	−15	−07	**77**	04	55
36．收集关于客户和竞争者的信息	03	−02	−02	13	**75**	−07	47
40．为观察目的而巡视设备	**33**	12	−16	11	01	−10	34
43．从部门外学习新观念	−07	27	−06	−04	**52**	−10	50
45．阅读关于本部门或其他部门的报告	28	24	01	05	24	−13	47
联络者							
9．参加社会活动以维护合约	08	−01	00	−04	03	**−82**	56
16．参加其他部门的会议	−12	**64**	−07	−03	−09	−24	51
25．作为代表参加社会活动	03	13	−03	04	04	**−73**	63
35．与非正式网络保持和谐	**37**	08	−00	06	16	−11	28
39．回应需求，开发或维护合约	18	**48**	−00	20	19	−03	43
42．与外部重要的人员开发合约	−13	**35**	−10	−02	20	−29	44
特征值（Eigen value）	12.3	4.1	2.0	1.6	1.4	1.2	

续 表

条目简要描述[a]	I[b]	II	III	IV	V	VI	公共因素方差
% 方差（合计 = 56.6%）	30.7	10.2	5.1	4.1	3.4	3.0	
% 项目在初始量表的载荷	100	100	83	100	78	33	

注：*a*. 在问卷中的实际编号。

b. 因子载荷在0.3或以上的以粗体显示，所有的小数点都省略了。

我们分别计算了每一类利益相关者六个角色的内部一致性信度，即共计算了四个群体（三个利益相关者和被评价管理者本身）的24个 α 系数。α 值在0.68和0.92之间，24个 α 系数中的23个超过了0.70。观察到的角色行为量表的内部一致性范围在0.71到0.93之间，24个系数中的67%超过了0.80。重要性评价的24个变量间的相关系数在0.17到0.73之间，中位数为0.47。观察到的行为评价变量间的相关系数在0.21到0.73之间，中位数是0.52。对多重条目的评估取均值来为每一个角色形成一个量表得分。

3.2.2. 名誉绩效

这个概念可以用三种方法进行操作化。首先是由利益相关者对六个管理角色的有效性进行直接评价。这种方式是对每一个角色用七个句子来进行宽泛的、定性地描述。这些角色描述是由Alexander（1979）开发出来的。为了对这六个角色进行综合性描述，我们要求回答者指出特定被评价管理者在执行描述中的角色时的有效性。我们使用了一个李克特7点量表对这些条目进行评估，1代表完全不是，7代表完全是。在调查问卷中，这些角色描述的位置与用来测量角色期望和角色观察反应的特定角色活动条目的位置不同。我们取六个评估值的均值，并分别计算了每一类利益相关者回答的内部一致性信度。被评价管理者的 α 系数是0.63，上级的 α 系数是0.79，下属和同级的分别是0.77和0.74。这种测量方式测量感知的角色有效性。

名誉绩效的第二个操作性定义是期望有效性。这个定义指利益相关者关于被评价管理者履行角色行为的程度的主观评价。它是被评价管理者按照利益相关者的期望来完成工作的情况。该量表包含三个条目，它们是：① 总体来说，你感觉该经理在多大程度上按照你所希望的方式来履行工作？② 他（被评价经理）在多大程度上满足了你对他的管理角色和责任的期望？以及 ③ 如果你可以不受任何限制，你会在多大程度上改变经理做工作的方式？这些问题是依照一个7点量表来回答的，1代表完全不是这样，7代表完全是这样。取三个条目的均值为量表得分。被评价管理者自己、上级、下属和平级的内部一致性估计分别为0.75、0.84、0.87和0.86。

名誉绩效的第三个操作性定义是测量特定管理者的相对声誉的一个单独条目。回答者依照一个9点量表来回答这个问题。相对于公司里你所知的管理者来说，你个人对于这位管理者作为一个管理者的整体有效性的看法是什么？该量表从1到9分布，1代表低很多，9代表高很多。这个量表被称为相对名誉绩效量表，同样也是经由各个利益相关者的视角获得的，包括被评价管理者自己的视角或观点。名誉绩效这个概念的三个操作性定义得到的评分之间的相关系数介于0.32和0.73之间，中位数为0.61。

3.2.3. 正式绩效评估

这是一个单条目量表，被公司用来根据工作的质和量以及特殊目标的达成情况来衡量一个管理者的整体工作绩效。这个绩效评价每年使用一次，并作为经理的每个满周年工作日报酬决定的依据。本研究在该部分使用9点量表，1代表低于预期，9代表超出预期。正式绩效评估多由组织层级中的上级来执行。对于在矩阵结构中工作的管理者来说（比如向两个或更多的上级汇报），在确定最终评估时，我们有时也会获取并考虑其他上级的评价。在本研究中，我们要求各位被评价管理者汇报他们最近收到的正式绩效评估值。所有这些正式绩效评估值都是在12个月内获得的。这个样本的评估值的均值是6.63，标准差是1.16。公司的人事研究经理评估了这个绩效评估值的情况，并且证实与该公司的所有管理者的评估值分布是一致的。因此，我们可以比较确信本研究的管理者准确地汇报了他们的绩效评估值。

3.2.4. 奖金提升

该公司有一套基于绩效的报酬政策。这意味着奖金是根据被评估者的绩效有效性来发放的。另外，根据具体财务目标的达成度，高级管理者能够获得奖金。奖金是适合所有管理者的一种常见奖励。它通常是底薪的一个百分比，百分比越高，奖励也就越高。我们要求参与的管理者们在调查问卷中汇报最近一次的奖金增幅（基于底薪的百分比）。奖金增幅的均值是9.98%，标准差是3.15%。同样地，我们这个数据得到了公司人事研究经理的核查，并且被评估为是准确的。

3.2.5. 升职率

这个变量由两种方法测量：第一种是自从该管理者加入该公司以来，他（她）获得的总升职次数除以在公司中的工作年限。第二种是从该管理者参加全职工作以来，他（她）获得的总共升职次数除以年龄。第一种测量方式被称为公司内升职率，第二种被称为职业生涯内升职率。两种测量方式都代表了控制了年龄和公司工作年限后的特定管理者职业生涯的成功程度。

3.3. 数据分析

前两个研究假设提出了对名誉绩效最高的管理者、具有部分名誉绩效的管理者

和名誉绩效最低的管理者进行区分的必要性。我们通过使用中位数分割法来选择同时满足了上级、下属和同级的期望的一群管理者（这群管理者从这三类利益相关者的视角评价的名誉绩效得分值大于或等于中位数）。该管理者群体是只按照期望有效性量表来选择的，因为三种有效性测量方式之间具有较高的相关性（r均值为0.56），并且期望有效性量表具有最高的内部一致性信度。同时，三类利益相关者评分的中位数分割被用来形成了三个组，而不是把三个利益相关者群体的评估求和以得到一个总体分布。这样做是非常必要的，因为一个管理者在三类利益相关者中获得的声誉是不能互补的。名誉绩效最高的管理者必须同时在三类利益相关者中获得高分。在一类利益相关者中获得的高分不能补偿在另一类利益相关者中获得的低分。

我们使用这种方法识别出24位名誉绩效高的管理者（占217位管理者的11%）。在三类利益相关者中得分低于中位数的管理者被归为最不具有名誉绩效的管理者。这些管理者中有28位被归入这一组，占217位管理者的13%。第三类，也就是具有部分名誉绩效的管理者（满足了三类利益相关者中的一个或两个群体的期望），有101名，在样本的217位管理者中占47%。剩余的64位管理者由于缺少一个或更多个利益相关者的回答而没有被归类。

如果同一利益相关者类别有两人（仅适用于下属与同级）回答问卷，我们对这两个回答取了均值以形成该类利益相关者对特定管理者评分的值。我们在对三类管理者的划分上就使用了这种利益相关者的平均分。使用平均得分不但在理论上是可行的，而且还得到了假设4的实证分析结果的支持。同一类利益相关者中两个成员之间的期望不具有相互间的显著区别。在其他的所有分析当中，为了增加样本量，同一类利益相关者的两个打分没有被取均值。

我们使用了简单的ANOVA和*t*检验来验证前两个假设。我们以三个名誉绩效分类为分组变量，对四个管理成功度的测量方式（正式绩效测评、奖金增幅、公司内升职率、职业生涯内升职率）做了一个总体MANOVA。第三个假设用回归分析和典型相关来检验，六个观察到的角色行为量表作为自变量，三个名誉绩效量表作为因变量。为了检验假设4，我们做了*t*检验（Ferguson, 1966, pp. 169–171）。我们对下属和同级的回答做了群体内分析（within-constituency analyses）。我们对两个利益相关者之间做了群体间分析（between-constituency analyses）。假设5用MANOVA和单变量ANOVA进行检验，六个角色量表的得分为因变量，四类利益相关者（被评价的管理者也作为一个利益相关者）作为分组变量。

4. 结果

表2显示了前两个假设的结果。总体的MANOVA结果是显著的（$F=4.31$, $p<0.001$）。所有的单变量F检验同样也是显著的。三组具有不同名誉绩效的管理者在四种成功度测量上得分的区别也很大。t检验结果进一步证明，名誉绩效最高的管理者在组织正式绩效评估上的得分高于具有部分名誉绩效的管理者（$t=2.86$, $p<0.01$），也高于名誉绩效最低的管理者（$t=4.63$, $p<0.001$）。具有部分名誉绩效的管理者和名誉绩效最低的管理者之间在该评估上得分的区别也是显著的（$t=3.28$, $p<0.01$）。因此，这三类管理者的名誉绩效与根据组织绩效评估系统而获得的有效性评价一致。名誉绩效最高和最低的管理者的奖金增幅之间有显著区别（$t=3.44$, $p<0.01$），具有部分名誉绩效和名誉绩效最低的管理者的奖金增幅之间的区别也是显著的（$t=2.48$, $p<0.05$），但是名誉绩效最高和具有部分名誉绩效的管理者的奖金增幅之间的区别不显著。名誉绩效最高和最低的管理者的升职率之间有显著区别（公司内升职率在该两组间的区别为$t=3.07$, $p<0.01$，职业生涯内升职率在该两组间的区别为$t=3.69$, $p<0.01$），名誉绩效最高和具有部分名誉绩效的管理者的升职率之间的区别也是显著的（公司内升职率在该两组间的区别为$t=3.35$, $p<0.01$，职业生涯内升职率在该两组间的区别为$t=2.75$, $p<0.05$），但是具有部分名誉绩效和名誉绩效最低的管理者的升职率之间的区别不显著。尽管如此，奖金增幅和升职率的得分方向与假设中是相一致的。基于以上结果，前两个假设均得到了支持。相较于具有部分名誉绩效和名誉绩效最低的管理者，名誉绩效最高的管理者在其所在组织中获得了更好的评估，并且在职业生涯中更成功。名誉绩效最低的管理者所获得的基于组织标准的评估是最低的，在职业生涯中也是最不成功的，这主要反映在奖金增幅、公司内升职率和职业生涯内升职率这些指标上。

表2：三类名誉绩效管理者的正式绩效评估和管理成功的概要分析

	经理的名誉绩效分类							
	名誉绩效最高 (N=24)		部分名誉绩效 (N=101)		最不具有名誉绩效(N=28)		ANOVA	
正式绩效评估得分和管理成功变量	$\bar{X}$	SD	$\bar{X}$	SD	$\bar{X}$	SD	F	ω^2
正式绩效评估得分	$7.29^{a,c}$	0.95	6.58^{b}	1.12	5.73	1.37	11.74^{***}	0.13
奖金提升（基于底薪的百分比）	10.63^{c}	2.32	10.11^{b}	3.56	8.27	2.51	4.13^{*}	0.04
公司内升职率	$0.47^{a,c}$	0.21	0.35	0.26	0.25	0.17	5.17^{**}	0.06
职业生涯内升职率	$0.21^{a,c}$	0.13	0.15	0.07	0.12	0.06	8.01^{***}	0.09
MANOVA $F=4.31^{***}$								

注：所有的统计显著性临界值均基于单尾检验，* 表示 $p<0.05$，** 表示 $p<0.01$，*** 表示 $p<0.001$。

a. 名誉绩效最高组和部分名誉绩效组存在显著差异（$p \leqslant 0.05$）。

b. 部分名誉绩效组和最不具有名誉绩效组存在显著差异（$p \leqslant 0.05$）。

c. 名誉绩效最高组和最不具有名誉绩效组存在显著差异（$p \leqslant 0.05$）。

假设3提出，对于不同的利益相关者而言，与名誉绩效相关的管理角色行为是不同的。使用六个观察到的角色行为变量作为预测指标，回归结果表明，四类利益相关者（被评价的管理者自身也被作为一类利益相关者）的回归模型在预测力（R^2）和预测变量（回归系数）上是有区别的。据表3所示，上司（三个名誉绩效测量的R^2分别为0.54，0.36和0.36）和同级（R^2分别为0.55，0.32和0.30）这两个群体的预测力是最强的，被评价管理者自身这个群体的预测力是最低的（R^2分别为0.32，0.07和0.12）。下属的R^2分别为0.54，0.37和0.22。因此，这六类管理角色中的行为对管理者从上级、同级和下属这三个群体处获得名誉绩效是有效的，对自我评价的有效性上最不具有预测力。与研究假设相一致，我们同样在三类利益相关者的六个角色行为变量的标准化回归系数上发现了区别。领导者和企业家角色的行为对于从所有三类利益相关者处获得名誉绩效都是很有帮助的。此外，与假设相一致，发言人角色在同级群体的所有三个回归方程中都是显著的。这个角色描述了适合于横向协调和沟通的行为，因此它对于同级来说很重要就不足为奇了。在下属群体的三个有效性测量中的两个中，该角色同样有显著的β系数。资源分配者角色在下属和被评价管理者自身这两个群体的有效性期望变量上的β是显著的。然而，下属的β是负值，管理者的β却是正值。这可能反映了管理者希望对钱财和人力资源进行更严格的控制，而下属则希望上级的资源分配方式更宽松。环境监控者角色在所有四个回归方程的感知到的角色有效性变量上的β系数是正的而且显著。

表3：不同利益相关者所观察到的角色行为来预测名誉绩效的回归模型

	利益相关者							
	自我		上级		下级		同级	
预测变量	β	r	β	r	β	r	β	r
感知到的角色有效性								
领导者	0.00	0.24	0.23^{**}	0.54	0.29^{**}	0.63	0.20^{**}	0.60
联络者	0.20^{*}	0.47	0.15	0.48	−0.01	0.51	−0.07	0.39
企业家	0.20^{*}	0.37	0.19^{*}	0.61	0.12^{*}	0.56	0.26^{**}	0.66
环境监控者	0.25^{**}	0.48	0.22^{**}	0.60	0.26^{**}	0.64	0.19^{**}	0.59
资源分配者	0.03	0.37	0.14	0.56	0.05	0.54	0.12	0.57
发言人	0.05	0.41	0.06	0.52	0.17^{**}	0.58	0.20^{**}	0.54

续 表

预测变量	利益相关者							
	自我		上级		下级		同级	
	β	r	β	r	β	r	β	r
F	15.87**		31.93**		73.80**		59.22**	
df	6,206		6,160		6,371		6,289	
R^2	0.32		0.54		0.54		0.55	
期望有效性								
领导者	−0.06	0.33	0.37**	0.52	0.34**	0.51	0.25**	0.49
联络者	−0.03	0.07	0.06	0.25	−0.17	0.23	−0.10	0.21
企业家	−0.02	0.11	0.35**	0.52	0.33**	0.53	0.31**	0.53
环境监控者	0.13	0.13	−0.04	0.33	0.03	0.37	−0.01	0.34
资源分配者	0.22*	0.10	−0.12	0.33	−0.13*	0.33	−0.03	0.36
发言人	0.02	0.13	0.08	0.34	0.21**	0.39	0.19*	0.36
F	2.46*		15.06**		35.79**		22.73**	
df	6,207		6,160		6,373		6,290	
R^2	0.07		0.36		0.37		0.32	
相对声誉绩效								
领导者	0.02	0.14	0.25**	0.48	0.22**	0.41	0.17*	0.45
联络者	−0.15	0.05	0.03	0.30	−0.13	0.20	−0.08	0.19
企业家	0.37**	0.33	0.25**	0.55	0.22**	0.41	0.37**	0.52
环境监控者	0.15	0.14	−0.03	0.37	0.13	0.34	−0.04	0.31
资源分配者	−0.10	0.17	0.07	0.44	0.01	0.31	0.00	0.36
发言人	0.03	0.13	0.17	0.43	0.06	0.29	0.16*	0.33
F	4.87**		14.76**		17.60**		20.36**	
df	6,207		6,160		6,375		6,291	
R^2	0.12		0.36		0.22		0.30	

注：（1）β为标准化回归系数，r为零阶相关系数。（2）* 表示 $p<0.05$，** 表示 $p<0.01$。

因此，观察到的角色行为预测名誉绩效变量的回归方程对于四个群体的有效性模型是不同的。为了验证四个回归模型是否有显著差别，我们做了一个F*检验（Neter & Wasserman, 1974, pp.160–167）。联合所有四类利益相关者群体的数据，我们推导得到了一个严格的回归模型。我们把这个模型与对四个模型误差项的平方和加总的全回归模型做了比较。感知到的角色有效性变量的F*值是2.99（$p<0.001$），期望的有效性变量的F*是4.5（$p<0.001$），相对的角色有效性变量的F*值是2.03（$p<0.001$）。这说明四个回归方程是不同的。然而，进一步的分析

显示，管理者群体的模型与其他利益相关者的模型之间存在显著差异（$F^*=7.52$, $p<0.001$；$F^*=12.98$, $p<0.001$；以及$F^*=3.44$, $p<0.001$）。三个利益相关者的三个回归方程模型之间没有区别。因此，对上级、同级和下级这三个利益相关者来说，能帮助管理者获得名誉有效性的角色行为是相同的，但是对这三个利益相关者群体与被评价管理者自身来说，能带来名誉绩效的角色行为是非常不同的。

模型间的β系数的显著性可以用与检验整体回归线（overall regression lines）相同的方法进行检验。我们检验了每一个单独的变量在被评价管理者的回归线和经过整合的利益相关者的回归线之间的显著性差异。我们把需要检验的自变量的回归斜率限制为相同，同时使其他自变量保持相对应的群体的斜率，如被评价管理者自身和利益相关者。两个回归的误差项（error term）的平方和就可以使用检验全回归模型的类似公式进行检验。如果F^*值显著，则接受检验的自变量的β系数就会在两个群体间显著不同。我们对所有六个角色执行了以上分析。结果显示，领导者、创业者、环境监控者和资源分配者角色在被评价管理者和利益相关者的模型的期望有效性这个变量上显著不同。联络者角色的β在感知到的角色有效性变量上不同。环境监控者角色在相对名誉绩效上同样有着显著不同的β系数。这些不同和β系数的趋势表示领导者和企业家角色的管理行为对从利益相关者处获取名誉绩效有帮助。联络者、环境监控者和资源分配者角色的行为对中层管理者关于有效性的自评有帮助。

基于回归分析结果，假设3得到了部分支持。利益相关者和被评价管理者自身的有效性模型存在显著差别。但是，各利益相关者群体的模型之间并不存在显著差别。

由于一共有三个因变量，进行典型相关分析较为合适（见表4）。每一类利益相关者都有两个显著的正则函数。与回归分析结果一致，相关分析的自变量集合解释了各利益相关者的校标变量（criterion variable）很大的方差，以及被评价管理者自身的小部分方差。方差在该多元实例中获得解释的比例可以用（1减去总λ）的方式来评估（Kerlinger & Pedhazur, 1973, p.381）。由此，自变量集合解释了被评价管理者的因变量集合的（1-0.61），即39%的方差。上级的两套变量的共同方差是（1-0.35），或65%。下属的是65%，同级的是60%。前两个正则根（canonical roots）是显著的。典型系数与它们各自在第一个根或函数上对应的变量之间的相关系数显示，所有六个角色都对名誉绩效的三种测量方式的典型相关有影响。第二个正则函数（canonical function）总结了第一个正则函数后的残差中蕴含的关系。这显示，对于管理者们来说，联络者角色和企业家角色与相对名誉绩效更进一步相关联。对上级，六个角色与期望的和相对的名誉绩效相关联。对下属和同级，六个角色中的五个（除领导者）与其中两个因变量存在多元关系。总体而言，典型相关分析结果支持了回归分析的结果，所有六个角色都与名誉绩效的三种测量方式相关联。然而，相对于管理者群体，该关系对各利益相关者群体来说要强很多。典型变量的相关形式显示，四个有效性模型之间存在不同。最大的区别存在于利益相关者和被评价管理者自身之间。这说明被评价管理者在形成有效性有用的因素上，与角色群中其他人有着不同观点。更进一步，六个角色行为的类别解释了利益相关者（相对于被评价管理者自身）的因变量中更多的方差。这说明管理者的有效性模型需要更深入的研究。

表4：管理者角色行为和名誉绩效的典型相关分析

利益相关者	总体λ	正则函数	典型相关系数	F
		1	0.56	6.01***
自身	0.61	2	0.30	2.50**
		3	0.17	1.43
		1	0.77	11.08***
上级	0.35	2	0.34	2.54**
		3	0.17	1.24
		1	0.75	23.86***
下级	0.37	2	0.36	5.58***
		3	0.11	1.04
		1	0.75	17.13***
同级	0.40	2	0.27	2.34**
		3	0.07	0.35

典型变量和其典型变异^{a}之间的相关系数

典型变量	自我		上级		下级			
	1	2	1	2	1	2	1	2
预测变量集合								
领导者	0.42***	0.18	0.74***	−0.45***	0.87***	−0.14	0.83***	0.18
联络者	0.80***	−0.42***	0.60***	0.39***	0.66***	0.55***	0.50***	−0.46***
企业家	0.69***	0.63***	0.87***	−0.22*	0.80***	−0.35***	0.90***	0.29***
环境监控者	0.85***	−0.18	0.78***	0.34***	0.85***	0.38***	0.76***	−0.55
资源分配者	0.62***	0.10	0.78***	0.31**	0.71***	0.29**	0.76***	−0.26**
发言人	0.72***	−0.16	0.73***	0.24*	0.79***	0.19*	0.72***	−0.27**
因变量集合								
感知到的角色有效性	0.99***	−0.06	0.96***	0.14	0.98***	0.18	0.98***	−0.17
期望有效性	0.35***	0.01	0.69***	−0.72***	0.75***	−0.67***	0.73***	0.52***
相对名誉有效性	0.40***	0.89***	0.76***	−0.31**	0.61***	−0.33***	0.70***	0.66***

注：*a.* 仅为显著的正则函数的相关系数。

* 表示 $p<0.05$，** 表示 $p<0.01$， *** 表示 $p<0.001$。

第四个研究假设陈述了对管理角色行为的偏好在不同利益相关者群体成员间比在同一利益相关者成员间存在更大不同。我们获得了154名管理者的两个下属的回答，以及112名管理者的两个同级的回答。两个下属群体是以半随机方式形成的。收到的第一份下属问卷被编码为第一个下属，收到的第二份下属问卷被编码为第二个下属。在同级问卷中使用了同样的分组步骤。与在方法部分提出的一致，一个被评价管理者只有一个上司的问卷。同一类利益相关者的成员和不同利益相关者的成员在六个管理角色上的偏好打分均值之间的差异使用相关t检验来分析，这种分析方法在来自两组的回答涉及相同的目标个人的时候是较为合适的。t检验的结果总结在表5中，这些结果支持了我们的预测。36个利益相关者间比较中28个的t值是显著的（78%）。它们都在$p<0.01$的水平上显著。从另一方面来说，利益相关者群体内的t值都是不显著的。这说明同一利益相关者群体的成员对六个管理角色的偏好或期望倾向于相同的水平，然而不同利益相关者的成员是处于不同水平的。因此假设4得到了支持。但是有意思的是，与这些角色相联系的重要性的平均水平在上司和下属之间是高度相似的。这可能对之前众所周知的夹心层人假设提出潜在挑战（Roethlisberger, 1945）。实际上，这个假设和假设3的结果显示中层管理者可能与Rieman（1950）所描述的孤独之众更相似。

表5：利益相关者组内和组间的管理者角色预期

	利益相关者组间比较						利益相关者组内比较	
偏好管理角色	自身—上级 (N=169)	自身—下级 (N=192)	自身—同级 (N=174)	上级—下级 (N=163)	上级—同级 (N=155)	下级—同级 (N=168)	下级1—下级2 (N=154)	同级1—同级2 (N=112)
领导者	−0.42	2.87^{**}	9.96^{***}	3.20^{***}	8.94^{***}	7.92^{***}	−0.12	−1.89
联络者	5.16^{***}	5.74^{***}	8.44^{***}	0.07	3.17^{***}	3.40^{***}	−0.94	−1.19
企业家	4.08^{***}	5.20^{***}	10.66^{***}	−0.12	4.50^{***}	5.05^{***}	−0.81	−1.63
环境监控者	5.34^{***}	7.46^{***}	9.61^{***}	1.03	3.85^{***}	3.16^{***}	−1.48	−1.85
资源分配者	1.47	4.54^{***}	8.84^{***}	2.28^{*}	5.92^{***}	4.30^{***}	−0.58	−1.03
发言人	2.51^{**}	4.93^{***}	4.28^{***}	1.46	1.24	1.20	−1.26	−1.64

注：**表示 $p<0.01$，***表示$p < 0.001$。

第五个也是最后一个假设代表了对广泛接受却鲜有系统化检验的选择性感知（selective perception）现象的一个间接解释。该假设阐述了管理者被各利益相关者观察到的角色行为的区别比他们陈述或声明的偏好之间的区别要小。为了检验该假设，我们首先对四类利益相关者群体的六个管理角色重要性评价和观察到的行为评价分别进行了MANOVA分析。然后，对每一个单独角色进行了单变量F检验。同样，我们绘制了平均得分的可视化图形。图1显示了分析结果。在重要性和行为描述评价的MANOVA中，F值都是显著的。但是，与重要性评价的F值相关联的R^2是观察到的角色评价的两倍（分别为22%和11%）。R^2或者四个群体的自变量获得解释的方差百分比是（1–λ），当因变量是类别变量时，R^2与典型相关系数是等价的（Kerlinger & Pedhazur, 1973, pp.372–381）。六个单变量F值的R^2在重要性评价上比在观察到的行为评价上都要高。此外，所有六个在重要性评价上的单变量F值均显著，而六个观察到的行为评价上的单变量F值中只有两个是显著的。进一步，重要性评价在各等级

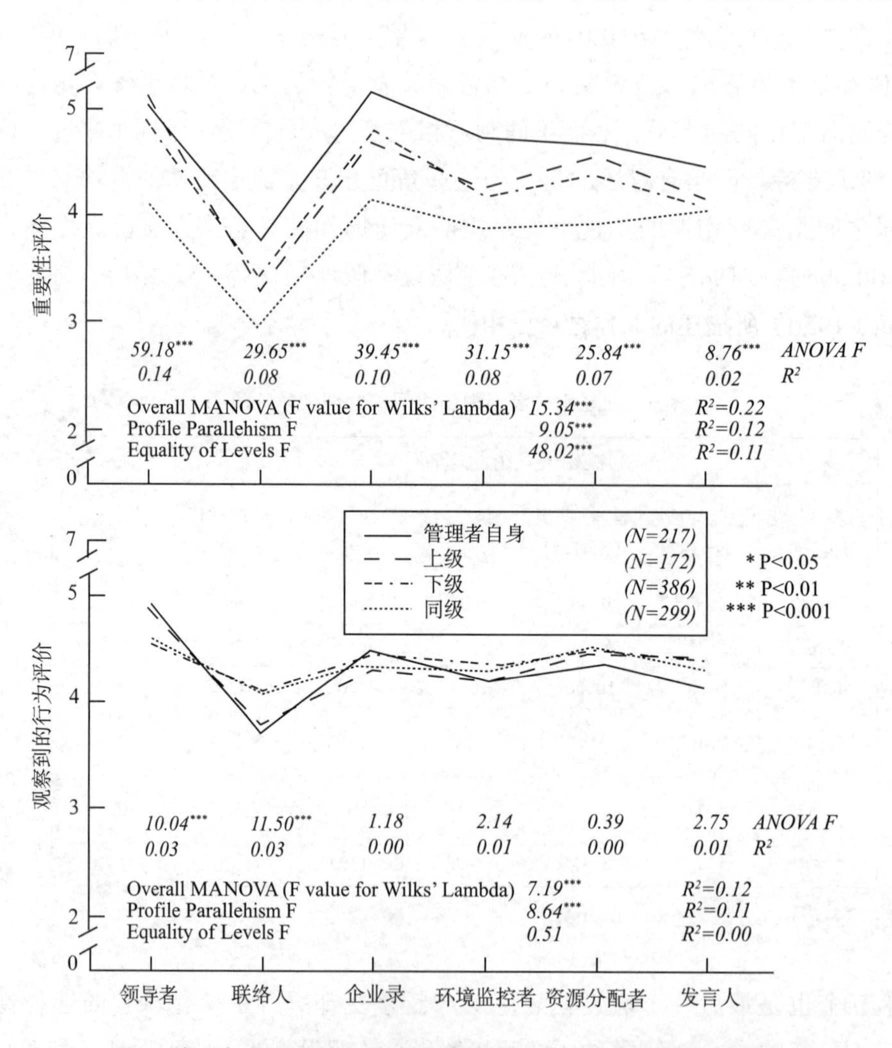

图1：管理角色重要性和观察到的管理角色行为评价的图形分析

的评价上的差别的F值十分显著（F=48.02, p<0.001），而观察到的行为评价不显著（F=0.51）。这两套评价都没有平行剖面，说明在重要性评价和观察评价上，六个角色的相对排列顺序在不同的利益相关者之间是不同的。由此假设5得到了支持。由被评价管理者自身报告的和由他们的利益相关者群体报告的观察到的角色行为的区别，比各利益相关者群体通过重要性评价表达出来的角色期望的区别要小。

总而言之，本研究的实证数据较好地支持了名誉绩效这一概念，以及有关该概念与管理角色行为关系的五个假设。通过名誉绩效指标和几个管理成功程度指标之间显示出来的系统化关系，这个概念获得了合理的效度。这些分析结果同样在总体上支持了管理者角色在从重要的他人（如上司、下属、同级和被评价管理者自身）处获得名誉绩效的差别化作用。最后，本研究清楚地表明，不同的角色发送者所期望的令他们满意的管理角色行为之间存在差异。实际上，这些不同的利益相关者所期望的行为的差别比他们实际观察到的行为的差别要大得多。

5. 讨论

作为管理者有效性的一个评判依据，名誉是一个在理论上有意义，在实证中有依据的评价管理有效性的指标。名誉绩效是从旁观者的视角进行定义的。这些旁观者成为了与特定管理者通过工作流技术、权威结构或者资源相互关联而产生联系的关键角色发送者。来自组织更高层级的角色发送者构成了特定管理者的高级利益相关者，这些成员的期望与同级和下属（管理者的角色群中的另外两个关键利益相关者群体）的期望存在区别。自从Merton（1957）以来，关于角色群的发现意义重大，且得到了广泛推广。角色理论本身是一个在概念上具有较强解释力，但是在研究中尚不成熟的领域。早在Merton研究的至少十年以前，关于管理者在由他人构成的社会网络中占据一席之地，并且他/她的行为受到这个社会网络限制的观点就已经得到讨论了（Newcomb, 1943）。不管在理论上得到的支持是结构化的、功能化的、社会化的，还是政治化的，管理者们在孤独的同时，不是、并且不能成为一个由他/她一个人构成的孤岛。他/她与社会网络中的其他人紧紧地联系在一起。为了理解和定义管理有效性，我们必须理解他人的期望和行为对管理者角色行为的影响和限制，并且把这种影响和限制纳入考虑。在Salancik及其同事的一个有关领导行为的社会结构多维测量的研究中，关于管理行为的此种观点被简明扼要地阐述为：

组织是由相互依赖性构成的，组织中的成员会依据他们相互之间的需求来调整他们的行为。这说明领导者会发展出与同他们有相互影响的人施加给他们的社会影响和压力有联系的领导行为。对于在组织中占据中层管理或监督职位的领导者，上面这种观点说明领导者会依据来自他们的下属、同级和上级的相互制约的压力和需求，来发展自己的行为方式（Salancik, Calder, Rowlan, Leblebici & Conway, 1975, p.83）。

我们发现，本研究中的中层管理者面临着来自上级、下属和同级的不同期望和要求。同样的，中层管理者的有效性必须从这些相关的角色发送者角度进行定义。这种研究有效性的途径部分地来自于从组织层次发展出来的视角。有很多理论家一致认为有效性不可避免地包含了价值判断（例如 Cameron, 1978； Campbell, 1976； Scott, 1977），而一个关键的问题是谁的价值判断定义了有效性（例如 Connolly, Conlon, & Deutsch, 1980）？因此，获得名誉绩效更有可能是一个社会政治的过程，而不是一个对经过功能化规定的角色和期望的理性反应。

在有不同选择，或者在关于手段和目的上缺少共识的情况下，当管理者需要参与活动以带来预期结果时，管理行为是政治性的。利益相关者群体的期望可能同时包括手段和目的。本研究聚焦于这些手段或方法，它们主要是依据对满足不同利益相关者群体的利益有帮助的角色行为来测量。从分析与声誉评价相关的角色行为而透露出来的有效性模型间存在不同来看，管理者在手段或方法上与其他所有的利益相关者群体明显不同。这个发现有可能是由于研究方法论（的缺陷）造成的一个人工制造的发现。描述和评价个人自身的认知过程可能与描述和评价别人的认知过程不同。但是，它可能同样反映了一部分现实。在对于有效性的看法和观点上，管理者们可能是与其他利益相关者不同的。同样的，管理者们并不将领导者角色与自我对于有效性的看法相联系，这个发现是具有扰乱性的。这个特别的发现值得我们进一步从理论和方法上进行研究。找出自我评价名誉绩效的关键预测因素，以及模型间的差异通过何种方式影响最终的管理有效性，具有重要的理论和实践意义。上级、下属和同级群体的基于六个管理角色的有效性模型相似，这可能在一定程度上是由所使用的因变量数目和性质所造成的。未来的研究应该扩展这些变量，以便能够在对多利益相关者的有效性模型进行的评估中同时包括手段和目的。

名誉绩效既可能与组织层面的成功相关，也可能不相关。很多理论家认为，组织层面的成功是由管理行为或行动以外的因素影响的（Lombardo & McCall, 1982）。实际上，管理者的一部分有效性可能归因于组织的绩效（Pfeffer & Salancik,

1978）。初步的证据显示，领导对组织绩效仅有较小的作用（Lieberson & O' Connor, 1972）。上级对一个管理者对组织贡献的判断可能是基于高度模糊的标准，而且可能受到来自他人的社会信息影响。因此，当组织层级内的上级主观判断是绩效评估的依据时，名誉绩效会对管理者的成功有帮助。更进一步地，当晋升和招聘决策是以决策者对管理者总体管理有效性的主观印象为依据时，声誉与管理者的生涯提升相关。这些假定在本研究中得到了初步支持。本研究的结果同样显示，只有一小部分的管理者（11%）能够从三类利益相关者处同时获得声誉上的有效性。因此，由于中层管理工作的复杂性以及不同角色发送者的期望不一致，获得有效性上的一致实属不易。正如Lombardo和McCall（1982）和Salancik等所述："作为关于领导或管理有效性的一种替代观点……我们认为有效的领导者是能够对社会系统中所有他（她）必须与其互动且进行行为上的协调的人的需求进行响应的……（他的）有效性可能不仅仅源自他相对于下属而言的位置，还可能源自他在一个超越了他的工作团队的社会化组织结构中的位置"（Salancik *et al.*, 1975, p. 100-101）。本研究的数据总体上支持了这些学者的观点。

Salancik等的叙述以及角色理论中的潜在信息是，利益相关者行为的决定方式要远比由领导理论或动机理论所描绘的要复杂得多。与领导理论的假定一样，管理者不仅仅对他们上级的期望或行为进行反应。与动机理论的假定一样，管理者可能不仅仅为了最大化他们的预期收益或满足他们的内部需求而进行活动。更有可能的是，管理者是为了满足角色群中所有人的需求而进行活动，这么做是为了影响角色群中成员的期望，并且向别人表达他们自己的期望。当资源匮乏时，管理者必须决定每个利益相关者群体的相对重要性，并且相对应地来分配他/她的时间和精力。管理者可能会同时提供实质性的和象征性的结果（Pfeffer, 1977）。象征性的结果会满足利益相关者的短期利益，当管理者拥有被利益相关者所欣赏的特质时尤其如此（Hollander & Julian, 1969）。最后，不同利益相关者群体希望得到来自管理者的实质性响应，以及管理者履行期望或诺言的能力，即有效的声誉。长期看来，声誉框架的观点是，有效的管理者行为是能与其他利益相关者的期望相一致的（Tsui, 1984）。

如果一个人确实倾向于根据他人的期望来行动（Livingston, 1969； Rosenthal & Jacobson, 1968），那么他人期望的性质对于管理者的成败就很重要。如果一个利益相关者对一个管理者执行某种行为或者取得某个水平的成效的期望是低的或负向的，那么这个管理者就有可能会满足这个预期。相反，如果一个利益相关者设置了高预期，对管理者满足这些预期的能力表达出了高度的信心，那么有可能这个管理者会视情况而进行回应。这个互动的过程会演化成一种自我实现预言（Hamilton, 1979；

Livingston, 1960），这会相当显著地影响管理者的有效性（或者无效性）声誉。这个过程甚至会产生一种难以磨灭的影响。因为困在一个角色群内（以低的或负的期望为特点的利益相关者关系）的管理者可能无法改变这些期望的性质（Weick, 1979），除非该管理者离开这个角色群，并建立一个新的互动网络或新的利益相关者群体。

名誉绩效可能不仅是满足他人期望的结果，它也可能是有利条件的结果。一个依靠公司的成长或他人的资助而获得快速升职的经理也有可能获得有效性的声誉。这种归因效应已经被一个有关团队绩效的研究证实（Staw, 1975）。但是，如果这类经理不能以一种满足他（她）的利益相关者自我利益的方式进行表现的话，这种归因声誉经不起时间的考验。例如，最近的研究发现有效的执行官如果在特定行为技能上欠缺（McCall & Lombardo, 1983）、横向关系（Kaplan & Mazique, 1983）以及横向网络（Kotter, 1982）比较弱的话，他们最终会失败。

名誉绩效可能同样是利益相关者群体所持有的潜在特征理论的结果（Schneider, 1973）。如果管理者拥有某些与理想化的管理者楷模相一致的特质或行为特征，评价者会对管理者的有效性有一种总体的印象或结论（Canter & Mischel, 1979）。如果上面这种归因会造成来自利益相关者的正向期望，那么该归因对管理者就有积极影响。从短期来看，即使管理者不能像角色发送者期望的那样，他/她还是会获得由疑虑带来的好处。然而，如果管理者持续地无法满足利益相关者的利益，他/她将最终失去由利益相关者的潜在有效管理者理论带来的名誉绩效。

似乎有很多种理论视角能够对声誉这一现象提供不同的见解，以及对获取、维持和失去名誉绩效过程存在不同的理解。角色理论的结构框架能在很大程度上，通过整合一个有关社会政治过程的演化模型而被提高、阐释和丰富。这个社会政治过程包含着基于角色的个人利益、管理响应、影响和管理者与各自利益相关者间的反影响尝试。处于多重利益相关者框架中心位置的名誉绩效这个概念（Tsui, 1984），同时有动态性和暂时性两个关注点。因此，对于管理有效性这个现象的观察肯定要依赖于一种方法论。这种方法论能揭示隐藏于社会线索中，经常表现为隐性的期望交换中，以及不同利益相关者要求的复杂且为主观评估的微妙之处。使用问卷的研究方法可能是捕捉这个丰富且复杂的互动方式最不充分的方法论。问卷法同样会因Nisbett和Wilson（1979）描述的言语汇报和思维过程之间可能存在的矛盾而受损。我们尚不清楚利益相关者对管理者有效性评估的言语报告多大程度上反应了他们内心消极的观点。为了准确地捕捉或描述包含在期望详述和有效性评估中的思维和社会过程，我们需要新的方法论。我们希望本研究为这条研究路线提供了一个起点。

6. 结论

总体来说，本文引入了关于管理有效性的一种看似与已有的定义和测量方法相去甚远的概念（见Tusi, 1983a, 1983b）。这个概念根植于角色理论和管理行为的社会结构视角。管理者通过满足各个利益相关者群体的期望来获得和积累有效性声誉。与此相反，如果管理者不能满足这些关键角色发送者的期望，他们就会失去或者不能获得这种声誉。这种有效性的视角开启了很多重要、有趣，而且未来可能很有前景的研究方向。在什么情况下不同利益相关者的期望之间会有较大的分歧？关键利益相关者是如何确定的？期望是如何表达和协商的？权力和影响力的关系如何影响期望以及管理者的行为？在管理者试图满足来自相关社会结构中利益相关者的多重的、互不一致的甚至常常模糊不清的要求时，管理者会使用什么样的决策规则和过程？与其他的绩效测量相似，声誉评价是一种判断性的测量，容易受到来自认知过滤过程的评估误差影响（Landy & Farr, 1980）。那么，一个重要的研究问题是：来自多个源头的声誉评价在晕轮效应、宽大效应、范围限制或他评者偏差等问题上的心理测量学质量是怎么样的（Saal, Downey, & Lahey, 1981）？声誉这个概念在理论上和实践中都是非常有意义的。未来我们需要基于声誉视角，对管理有效性的本质、决定因素和结果进行更深入的理论开发与研究。

参考文献

Albrecht, P. A., Glaser, E A., Glaser, E. M., & Marks, J. 1964. Validation of a multiple assessment procedure for managerial personnel. *Journal of Applied Psychology,* 48(6), 351-360.

Alexander, L. D. 1979. *The effect of level in the hierarchy and functional area on the extent to which Mintzberg's managerial roles are required by managerial jobs.* PhD dissertation, University of California, Los Angeles.

Argyris, C. 1964. *Integrating the individual and the organization.* New York: Wiley.

Barnard, C. 1938. *The functions of the executive.* Cambridge, MA: Harvard Univ. Press.

Cameron, K. 1978. Measuring organizational effectiveness in institutions of higher education. *Administrative Science Quarterly,* 23, 604-632.

Campbell, J. 1976. Contributions research can make in understanding organizational effectiveness. *Organizations and Administrative Science,* 7(1&2), 29-48.

Canter, N., & Mischel, W. 1979. Prototypes in person perception. In L. Berkowitz (Ed.), *Advances in experimental social psychology* (Vol. 12, pp. 3-52). New York: Academic Press.

Connolly, T., Conlon, E., & Deutsch, S. 1980. Organizational effectiveness: A multipleconstituency approach. *Academy of Management Review,* 5, 211-217.

Dearborn, D. C., & Simon, H. A. 1958. Selective perception: A note on the departmental identification of executives. *Sociometry,* 21, 140-144.

Ferguson, G. A. 1966. *Statistical analysis in psychology and education* (2nd ed.). New York: McGraw-Hill.

Hamilton, D. L. 1979. A cognitive-attributional analysis of stereotyping. In L. Berkowitz (Ed.), *Advances in experimental social psychology* (Vol. 12, pp. 53-84). New York: Academic Press.

Hemphill, J. K. 1957. Leadership behavior associated with the administrative reputation of college departments. In R. M. Stogdill & A. E. Coons, (Eds.), *Leader behavior: Its description and measurement.* Columbus Bureau of Business Research, Ohio State University, Research Monograph, No. 88, pp. 74-85.

Hollander, E. E, & Julian, J. W. 1969. Contemporary trends in the analysis of leadership process. *Psychological Bulletin,* 17, 381-397.

Holzbach, R. L. 1978. Rater bias in performance ratings: Superior, self and peer ratings. *Journal of Applied Psychology,* 63(5), 579-588.

Kane, J. S., & Lawler, E~ E. III. 1979. Performance appraisal effectiveness: Its assessment and determinants. In B. Staw, (Ed.), *Research in organizational behavior.* Greenwich, CO: JAP Press.

Kanter, R. M. 1977. *Men and women of the corporation.* New York: Basic Books.

Kanter, R. M. 1981. Organizational performance: Recent developments in measurement. *Annual Review of Sociology,* 7, 321-349.

Kaplan, R., & Mazique, M. 1983. *Trade routes: The manager's network of relationships* (Tech. Rep. No. 122). Greensboro, NC: Center for Creative Leadership.

Katz, E., & Kahn, R. L. 1978. *The socialpsychology of organization* (2nd ed). New York: Wiley.

Kavanagh, M. J., MacKinney, A. C., & Wolins, L. 1971. Issues in managerial performance: Multitrait-multimethod analysis of ratings. *Psychological Bulletin,* 75(1), 34- 49.

Kerlinger, E N., & Pedhazur, E. J. 1973. *Multiple regression in behavioral research.* New York: Holt, Rinehart & Winston.

Kotter, J. E. 1982, November-December. What effective managers really do? *Harvard Business Review,* 156-167.

Landsberger, H. A. 1961. The horizontal dimension in bureaucracy. *Administrative Science Quarterly,* 6, 298-333.

Landy, E J., & Farr, J. L. 1980. Performance ratings. *Psychological Bulletin,* 87, 72-107.

Latham, G., & Wexley, K. 1981. *Improving productivity through performance appraisal.* Reading, MA: Addison-Wesley.

Lawler, E. E. III. 1967. The multitrait-multirater approach to measuring managerial job performance. *Journal of Applied Psychology,* 51, 369-381.

Lawrence, E, & Lorsch, J. 1969. *Organization and environment.* Homewood, IL: Irwin.

Lieberson, S., & O'Connor, J. E. 1972. Leadership and organizational performance: A study of large corporations. *American Sociological Review,* 37(2), 117-130.

Livingston, J. S. 1969. Pygmalion in management. *Harvard Business Review,* 47(4), 81-89.

Lombardo, M. M., & McCall, M. W., Jr. 1982. Leader on line: Observation from a simulation of managerial work. In J. G. Hunt, U. Sekaran, & C. A. Schriesheim (Eds.), *Leadership: Beyond establishment views.* Carbondale, IL: Southern Illinois Univ. Press.

March, J, G., & March, J. C. 1978. Performance sampling in social matches. *Administrative Science Quarterly,* 23,434-453.

March, J. G., & Simon, H. A. 1958. *Organizations.* New York: Wiley.

McCall, M. W., Jr., & Lombardo, M. M. 1983. *Off the track: Why and how successful executives get derailed* (Tech. Rep. No. 121). Greensboro, NC: Center for Creative Leadership.

McCall, M. W., Jr., & Segrist, S. A. 1978. *In pursuit of the manager's job: Building on Mintzberg* (Tech. Rep, No. 14). Greensboro, NC: Center for Creative Leadership.

McKelvey, B. 1978. Organizational taxonomy: Lessons from biology. *Management Science,* 24(13), 1428-1440.

Merton, R. 1957. *Social theory and social structure* (2nd ed.). Glencoe, IL: Free Press.

Mintzberg, H. 1973. *The nature of managerial work.* New York: Harper & Row.

Neter, J, & Wasserman, W. 1974. *Applied linear statistical models.* Homewood, IL: Irwin.

Nisbett, R. E., & Wilson, T. D. 1977. Telling more than we can know: Verbal reports on mental processes. *Psychological Bulletin,* 84(3), 231-259.

Newcomb, R. M. 1943. *Personality and social change.* New York: Dryden.

Pfeffer, J. 1977. The ambiguity of leadership. *Academy of Management Review,* 2, 104- 112.

Pfeffer, J., & Salancik, G. R. 1975. Determinants of supervisory behavior: A role set analysis. *Human Relations,* 28(2), 139-154.

Pfeffer, J., & Salancik, G. R. 1978. *The external control of organizations: A resource dependence perspective.* New York: Harper & Row.

Roethlisberger, E J. 1945. The foreman: Master and victim of double talk. *Harvard Business Review,* 23, 283-298.

Rosenthal, R., & Jacobson, L. 1968. *Pygmalion in the classroom.* New York: Holt, Rinehart & Winston.

Saal, E E., Downey, R. G., & Lahey, M. A. 1981. Rating the ratings: Assessing the psychometric qualities of rating data. *Psychological Bulletin,* 88(2), 413-428.

Salancik, R. G., Calder, B. J., Rowland, K. M., Leblebici, H., & Conway, M. 1975. Leadership as an outcome of social structure and process: A multidimensional analysis. In J. G. Hunt & E. E. Larson (Eds.), *Leadership frontiers.* Columbus, OH: Kent Univ. Press.

Sayles, L. R. 1964. *Managerial behavior: Administration in complex organizations.* New York: McGraw-Hill.

Schneider, D. J. 1973. Implicit personality theory. *Psychological Bulletin,* 73, 294-304.

Scott, W. R. 1977. Effectiveness of organizational effectiveness studies. In E S. Goodman & J. Pennings (Eds.), *New perspectives on organizational effectiveness.* San Francisco: Jossey-Bass.

Staw, B. 1975. Attribution of "causes" of performance: A general alternative interpretation of cross-sectional research on organizations. *Organizational Behavior and Human Performance,* 13, 414-432.

Tsui, A. S. 1983a. *Assessing the quality of performance ratings by multiple rater sources.* Presented at *American Psychological Association,* national meeting, Anaheim.

Tsui, A. S. 1983b. *The concept and measurement of managerial effectiveness: Progress and problems.* Working paper, Fuqua School of Business, Duke University.

Tsui, A. S. 1984. A multiple-constituency framework of managerial reputational effectiveness. In J. G. Hunt, D. Hosking, C. A. Schriesheim, & R. Stewart (Eds.), *Leaders and managers: international perspectives on managerial behavior and leadership.* New York: Pergamon.

Tsui, A. S., & McGregor, J. 1982. The multiple-rater approach to measuring managerial performance: Further empirical evidence. In *Proceedings of the 14th Annual Meeting of the American Institute for Decision Sciences.*

Tsui, A. S., & McKelvey, B. 1982. Increasing measurement efficiency: An approach and an application. In *Proceedings of the 14th Annual Meeting of the American Institute for Decision Sciences.*

Turner, W. W. 1960. Dimensions of foremen performance: A factor analysis of criterion measures. *Journal of Applied Psychology,* 44(3), 216-223.

Weick, K. 1979. *The social psychology of organizing* (2nd ed.). Reading, MA: Addison-Wesley.

Whetten, D. A. 1978. Coping with incompatible expectations: An integrated view of role conflict. *Administrative Science Quarterly,* 23, 254-271.

Williamson, O. E. 1975. *Markets and hierarchies: Analysis and antitrust implications.* New York: Free Press.

Yukl, G. 1981. *Leadership in organizations.* Englewood Cliffs, NJ: Prentice-Hall.

适应性自我调节：管理有效性的过程观点* ①

徐淑英（加州大学）
Susan J. Ashford（密歇根大学）

摘要：本文描述了一系列与管理有效性相关的过程。这些过程构造了适应性自我调节框架，它们包含了通过标准设定、差距发现与差距缩减，而对组织成员的角色期望和绩效的主动管理。这些过程可以帮助组织成员提高对于管理有效性的评价。文章指出了一些促进或阻碍管理者自我调节的社会因素和情境因素，同时也提出了相应的假设以指导未来的实证研究。

当前，组织和管理者们都面临着各种问题和挑战。为了响应更加复杂、竞争激烈和国际化的市场，组织正在快速地缩小规模，进行融合和重组。伴随这些变化的是管理层级的缩减。在20世纪80年代上半叶，50万个管理和专业岗位被撤销（Buono & Bowditch, 1989），并且这个趋势一直在延续（Cameron, Freeman, & Mishra, 1991）。这些趋势所带来的影响之一就是管理工作的复杂性增加。如今，管理者肩负着比从前更广泛的任务，其中包括为了适应外部变革而做出快速的判断和决策。在这种环境下，组织想要依靠职位描述、标准操作流程和静态的绩效评价系统等传统的方式来控制管理者的行为既不可能也不受欢迎（Mills, 1983； Slocum & Sims, 1977）。相反，在上述复杂环境中所需要的过程应当是管理者的自我调节和自我控制。善于进行自我控制的管理者可以快速地对所面临的复杂的、动态的外部环境做出反应。在这些情况下，管理者的自我控制不仅仅是一种结构上的替代（Mills, 1983； Manz & Sims, 1980），它更是组织生存和发展的基石。强调管理者自我控制在当前情境中的意义，我们不是说这个过程与其他时代背景下的管理者无关或不重

* Tsui, A.S. and Ashford, S. J. 1994. Adaptive self-regulation: A process view of managerial effectiveness. *Journal of Management*, 20: 93–121.

① 两位作者贡献相同。感谢Craig Pinder, Jim Walsh和匿名审稿对论文初稿的评论。感谢Tuck School of Business, Dartmouth College和Fuqua School of Business, Duke University的学术座谈会成员，感谢他们的建议和指导。

要，相反，我们希望表明，当前环境所表现出的这种前所未有的变化大大提高了对管理者快速适应能力的要求。

当下管理工作中的另外两个现实问题也进一步指出了管理层自我控制的重要性和相关性。第一，管理者处于一个由各种组织成员或利益相关者（如同级、下属、上级和客户）组成的社会结构中，这些不同的利益相关者都对管理者有着不同的期望和反应（Salancik, Calder, Rowland, Leblebici, & Conway, 1975）。由于管理者在某种程度上依赖于这些利益相关者，管理者的行为会产生名誉后果（Tsui, 1984a, 1984b），他们使得关键利益相关者愿意给予或保留重要的资源，例如信息和合作。因而组织成员对管理者的感知和评价将对管理的成功发挥重要的作用。第二，随着管理者在组织层级中逐渐升高，管理者得到他们绩效反馈的时间也就越来越长（Jaques, 1961）。于是，管理者得到反馈的主要信息源也是这些关键利益相关者的主观评价。这些现状表明，管理者的自我控制是社会化过程的一部分，这个过程是指为达成组织目标，管理者试图理解和影响相关组织成员观点或期望。

本文中，我们提出了一个管理者的自我调节模型，以期对现有研究做出三点贡献。第一，与现今自我管理模型所不同的是，我们强调自我管理过程的适应性方面（Manz, 1986； Manz & Sims, 1980）。在这个模型当中，我们描述了管理者如何从寻找、理解和管理这些关键利益相关者的期望和评价中获益。第二，我们分析了促进管理者自我调节的个人和情境因素。如果组织真的面对新的外部环境并且越来越依赖于管理者的个人控制，那么促进或阻碍自我调节过程的个人和情境因素是什么？组织是否还会保留，譬如与自我调节相反的控制系统？最后，模型详述了管理者实现有效性的过程，从而为管理有效性的文献做出了贡献。从基于个人转变到基于过程来预测管理有效性虽然已被Campbell, Dunnette, Lawler和Weick（1970）所提倡，但是只有有限的理论和实证研究关注管理者提高有效性的特定过程。之前的大多数研究都专注于定义管理者从事的活动（参见Luthans, 1988； Morse & Wagner, 1978），以及对这些活动潜在维度或角色的分类（参见Minzberg, 1973）。然而，这些研究并没有注意到管理者提高有效性的顺序、步骤或过程。另外，针对这些行为描述的实证检验表明，不同的角色或多或少地对组织中不同层级的管理者有重要的作用（Morse & Wagner, 1978），对不同工作也具有重要作用（Stewart, 1982）。这些观察结果表明，相比角色履行，过程对管理有效性的影响更加重要。这个过程包括识别特定情况中的重要角色。换句话说，之前的研究有助于管理者识别特定角色，但本研究模型的核心在于帮助管理者识别与特定情境相关的角色。

与此相一致，Kenny和Zaccaro（1983）指出，有效性是指感知各类利益相关者需求和目标并根据情况而调节个人方法的一种能力，而非特定人格特性或行为。为了有效性而调节个人的方法是领导路径目标理论（House, 1971）的核心，同时也是多利益相关者理论（Tsui, 1984a, 1984b）的核心。类似的，近期关于策略的研究也发现那些根据情境需求和目标特性而使用多种策略的管理者比使用单一策略的管理者更有效（Kipnis, Schmidt, & Wilkinson, 1980）。

适应性自我调节过程简单地描述了上述关于管理者有效性的问题，管理者有效性是由社会结构中利益相关者来定义的。Tsui（1984a, 1984b）将这种有效性称之为名誉绩效（reputational effectiveness），这一概念虽与表征为加薪或升职的管理者成功不同，但对管理者成功很重要。本文的适应性自我调节框架关注管理者的名誉绩效，把名誉绩效当做适应性自我调节过程的结果。换句话说，本研究的基本观点是，那些根据适应性自我调节过程来调节行为的管理者会被组织成员认为更加有效。

我们首先描述自我调节过程的核心要素，接着，我们分析影响自我调节行为的各种因素，这些因素包括个人的、人际的以及情境因素，如某种工作和组织特征。

1. 适应性自我调节模型

自我调节或自我控制的概念起源于心理疗法（参见Kanfer, 1971； Kanfer & Karoly, 1972）。在医疗上，人们关注如何帮助人们进行自助；而对自我控制，人们关注，当存在一种更加诱人的选择（如巧克力圣代）时，如何让人们去选择那种不那么诱人的备选（如胡萝卜）。这些研究者发现，人们会根据如下闭环的自我调节过程来进行自我控制：设定目标，根据目标监控自我行为，自我评价和自我反馈（奖励或惩罚）（Kanfer & Karoly, 1972）。

应用于组织中，研究者称之为行为自我管理（Andrasik & Heimberg, 1982； Luthans & Davis, 1979），并且用它来规范控制打电话时间或文案工作等行为。自我管理（参见Andrasik & Heimberg, 1982； Luthans & Davis, 1979； Manz & Sims, 1980）一般包括“一系列旨在缩减与更高期望行为差距的策略”（Manz, 1986, p. 588）。因此，个体的自我管理包括运用自我目标设定、自我监控、自我奖励和自我惩罚来控制行为。Manz（1986）提出，可以把更高层次参照系来源、外部施加的价值观以及个人选择进一步纳入研究之中。我们响应他的提议，并旨在拓展自我管理过程：其一，将自我调节运用于更广泛的行为；其二，通过分析这些现实状况对管理者自我调节的影响，将组织情境因素纳入模型。

自我管理的已有研究仅仅专注于个体如何控制具体的、特定的、可客观度量的行为（如正确地回电话或填写费用报告），以达到特定的目标（Luthans & Davis,

1979）。然而，在组织中，自我调节的焦点常常比较模糊，除特定任务目标外，还包括管理者风格、可接近性和领导力等。这些特征刻画了更宽泛的行为模式：虽然对管理者有效性很重要，但常常难以客观测量，也就难以用于自我奖励或惩罚。评价这些特征重要性的唯一方法或许就是与管理者相关的利益者的主观判断了。

自我管理的研究将个体视为孤立的系统，他们唯一的任务就是观察自己的行为，提示并对自己进行正面或负面的反馈（Mahoney & Arnkoff, 1978）。这种观点与自我管理观念来源的治疗情境虽然相一致，但是组织情境更加复杂。因为管理者在一个社会结构中进行运作，处在一个拥有正式与非正式控制和奖励结构的情境之中，他们必须将他人的观点融入自己的自我调节的过程当之中。如果管理者不能够做到这一点，那么就有被组织庞大的控制体系排除（如被解雇、调任或不予升职）的危险。因此，典型的自我管理将这个过程描述为个体内的（intrapersonal），但在组织中，尤其是对管理者来说，这个过程需要拓展至人际的（interpersonal）。管理者的自我调节就必不可少地要和他人活动联系在一起。该观点发展了Manz（1986）和Mill（1983）的逻辑。他们提出，组织的控制系统影响个人的控制系统，我们认为管理者个体如果想要达到成功或实现有效性，就必须使个人控制系统和组织控制系统相匹配，这种匹配过程可以通过适应性的自我调节来实现。图1描绘了整个过程及其情境。下面我们讨论模型的各个部分。

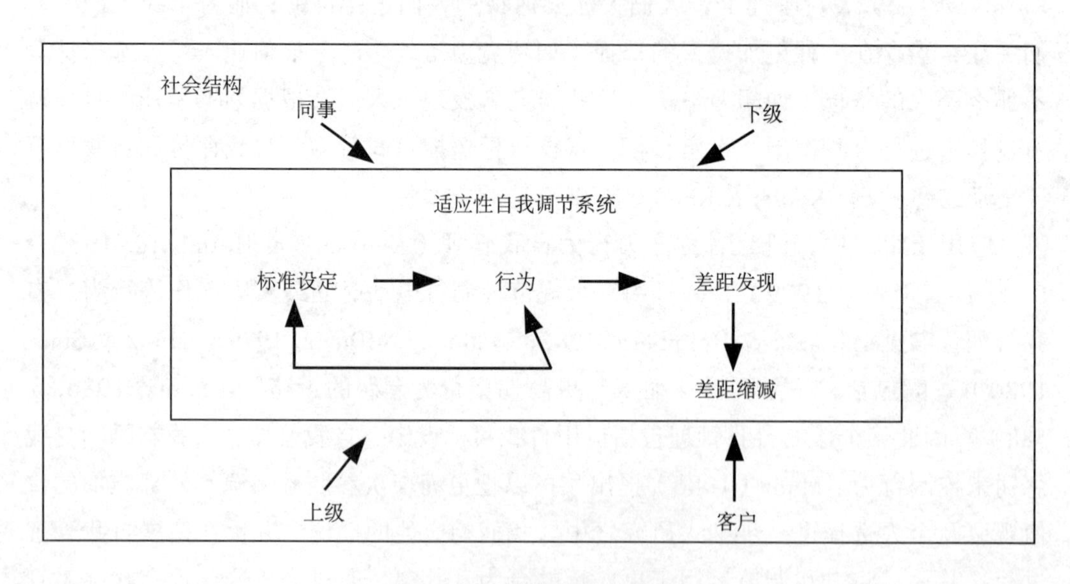

图1　适应性自我调节模型

1.1. 标准设定

管理者所用来调节自己行为的标准既包括特定角色的标准，也包括这些角色所采用的策略。通常，标准设定是直接的，一位管理者的上级将制定并明确给出需要达到的标准。然而，这个过程由于几个因素而变得复杂：第一，正式控制系统（如上级）所描述的角色很少是完整的。有时候上级会特意地留给管理者一些不明确规定的角色，并允许管理者拥有履行这些角色的自主权。有时候，设定特定角色所需的信息并不完整，这或者因为控制系统的不完善（Chase, 1990），或者因为组织环境的动态性。第二，除管理者的上级之外，组织的其他利益相关者也会规定管理者的角色。这些利益相关者也拥有对管理者的角色、行为、结果的期望，然而，他们可能不像管理者的上级那样明确地表达自己的想法。这些利益相关者的存在，管理者不得不从大量的直接和间接线索中推断标准。从这些线索中也许仅仅只能得到这些利益相关者实际要求的部分内容。第三，管理者也会根据自己的个人目标和政治意向设定标准（Manz, 1986； Stewart, 1979）。因此，他们也是组织中代表自己的利益相关者。Manz（1986）将自我领导的实质定义为个人设定自我目标。而适应性的观点认为，在社会结构中，这些自我设定的目标必须和他人要求相协调（Gabarro & Kotter, 1980； Kotter, 1982）。也就是说，管理者的自我安排可能与利益相关者的期望相一致，也可能相背离。与之类似，标准设定也因利益相关者同意或反对管理者的期望而变得复杂。正如Kahn, Wolfe, Quinn, Snoek和Rosenthal（1964）指出的那样，这些冲突使得管理者的标准制定变得模糊且复杂。

每一个变量（利益相关者期望的性质，这些期望的交流，管理者个人行为安排的清晰性，以及利益相关者要求的一致性程度）都影响标准设定的过程。起初的标准可能产生于自我领导过程中的个人价值观或个人需求（Manz, 1988）。这一标准产生于上面提到的直接沟通或者个人目标层级中更高层次的标准。然而，自我调节过程中的标准设定是一种适应性的动态过程。起初标准因适应社会结构的要求而得到修正。正式控制系统的要求以及社会结构性质的变化也预示着管理者目标和标准的变化。适应性自我调节涉及通过差距发现和差距缩减的过程对起初标准进行的修正。[①]

① 有关差距好坏与否以及个体是否通过行动来增加或减少差距等的争论一直存在。Locke和Latham（1990）指出，人们设定目标（创造差距）并实现它。差距缩减是目标实现过程的副产品，而差距本身并无好坏之分。Carver和Scheier（1981）认为，差距是负面的、坏的。我们认为，个体会兼做两事——设定目标，并激励自己去缩减现状与目标间的差距。因此，我们认为，差距是必须被管理着的。不管好坏与否，事实是管理者所想与利益相关者所想之间存在差距；这一事实表明，识别并缩减差距是管理的利益所在。

1.2. 差距发现

管理者必须尽量缩减或控制两种差距：第一，管理者和不同利益相关者对管理者应该承担的合适角色或绩效标准界定的差距。第二，管理者和不同利益相关者对如何评价管理者实际绩效的差距。

为了识别自我设定标准与利益相关者所持标准之间的差距，管理者要掌握有关利益相关者期望的信息。没有这种信息，管理者或许会做出与利益相关者期望不相符的努力，也就无法得到相应的评价。在某些组织情境下，如满足各类利益相关者的需求十分重要，以及利益相关者用自己的期望来衡量管理者有效性时，管理者为获取信息的这些努力十分耗时耗力（Tsui, 1984a）。如果管理者试图自己降低不同的标准之间的差距，那么不会得到名誉绩效。

因此，在大多数条件下，管理者对于利益相关者期望知道得越多，他们就越可能做出与这些期望相符的行为，或者采取措施改变这些期望。一种直接获取该类信息的方法是明确主动地从利益相关者处获得。在社会结构的复杂性这一给定条件下，管理者越广泛地搜集信息，他们越可能发现差距。这样做，他们将发现利益相关者间的差距，以及每个利益相关者与自身设定之间的差距。这种行为与激励和自我调节的社会认知理论（Wood & Bandura, 1989）中有关差距产生的观点一致。①

显然，管理者面对的最困难的情况是互斥的要求，即满足了部分利益相关者的要求势必将违背另一部分利益相关者的要求。角色冲突对有效性和士气所带来的负面影响已得到了广泛的研究（Gross, Mason, McEachern, 1958； Kahn *et al.*, 1964）。而管理者如何解决这些互斥要求的策略却没有得到很好的研究。管理者不可避免地需要做出选择，他们如何进行这些选择，将会在下面有关差距缩减的环节进行讨论。而做出这样的选择，需要准确地感知这些要求的差距。这种能力很大程度上依赖于信息搜寻的范围和方式。

第二类差距产生于管理者的行为和他们所采取的标准之间。管理者需要反馈（Carver & Scheier, 1981； Powers, 1973）来发现这类差距。管理者可以通过观察自己的行为和行为结果，并与标准相比较（Andrasik & Heimberg, 1982），来提供这种反馈。然而，有效性的社会性质，对管理者来说，了解他人对其行为的评价同样重要。利益相关者们对于管理者正在进行的行为和绩效的非正式观点是发现差距的重要信息来源。

① 在这种情况下，发现与产生的功能相同，都是意识到差距的存在。

传统上，反馈研究专注于直接给予个人的反馈（参见Ilgen, Fisher, & Taylor, 1979），如绩效年报、同级反馈或非正式交谈。然而，在大多数的组织中，通过这种形式得到的反馈并不足以进行持续的自我调节。例如，1984年管理学会的一项调查显示，75%的组织只按年度提供正式绩效年报。上级和同级的非正式反馈被限制。上级（Fisher, 1979； Ilgen & Knowlton, 1980）和其他成员（Larson, 1986； Tesser & Rosen, 1975）往往都不愿给出负面的评价，而且即使是正面的反馈也会被阻碍（Blumberg, 1972； Felson, 1980）。这些发现表明，管理者尤其是表现欠佳的管理者，得不到足够的反馈来指导其行为。庆幸的是，工作环境除提供直接的反馈之外，也能够间接地提供很多的反馈信息（Ashford & Cummings, 1983； Herold & Parsons, 1985）。例如，管理者可能会关注到其他管理者发生的事件，他们可以将自己的成功和同级进行比较，他们也可以密切关注其他人对自己的态度和方式（Ashford & Cummings, 1983）。管理者也可以直接向各类人员询问对自己行为的评价来获取信息。Ashford 和Cumrmngs（1983）指出，那些更多地寻求反馈的个体在工作中表现得更好。类似的，Ashford和Tsui（1991）发现，积极寻求反馈与发现差距的准确性相关，也与上级、同级和下属对其有效性的正面评价相关。

一个影响管理者成功发现差距的变量是他们对利益相关者理解的准确性，以及随时间和环境改变对其进行重新界定的灵活性。一些管理者将这个集合定义在狭窄的范围内（如只包括上级），有些管理者的界定不仅包括了三个最明显的利益相关者集合和（上级、同级和下级），还包括了一些边缘性的利益相关者（其他组织的高层、客户和管理者）。网络关系的研究表明，广泛地界定相关利益者十分重要（Kotter, 1982）。然而，一些管理者可能将这个集合定义得太宽泛，从而在不相关的利益者上花费了过多的时间和精力。除界定最初的利益相关者群体之外，管理者需要不断地花时间重新思考这个群体。例如，随着管理者在组织内的升迁，新的利益相关者会变得更相关，而其他的相关性可能减少。如果不能够准确地界定相关利益者（譬如那些对管理者的绩效起基础作用的），那么管理者会因追求不被重要利益相关者看重的目标而不能有效地进行自我调节。

基于上述论述，可以得出有关差距发现的两个假设。

假设1：致力于差距发现的管理者（如，从利益相关者处获得关于期望和非正式意见的信息），比不注重差距发现的管理者更有效。

假设2：在差距发现过程中，利益相关者定义集宽广的管理者比狭窄的管理者更有效。

积极地从利益相关者处获取他们的期望和反馈信息可以通过两种方式影响管理者的名誉绩效：其一是基于期望和绩效信息的工具性价值。积极获取信息和反馈的管理者有更多机会和更准确地知晓利益相关者的期望和意见，并意味着将会采取行动来满足或响应这些意见，因而这些管理者工作更加有效。其二是通过印象管理。如果管理者在组织中被认为是关注利益相关者意见的，管理者的形象将会得到提升。因此，抛开管理者对利益相关者信息所做的反应，简单地寻求信息和反馈行为就可以帮助管理者在印象管理上获得优势。这两条逻辑也支持假设1。

然而，寻求反馈和有效性之间并非直接相联。与定义标准不同，反馈是性质不同的一种信息。它是评价性信息，直接关联自身，所以本质上是感性的（Ashford & Cummings, 1983）。这些特性表明，个体在寻求信息的过程中并不是完全理性的。特别的，Ashford（1986）和其他学者（Jones & Gerard, 1967； Brickman & Bulman, 1977）提出，个体面对反馈时会有抵触。他们希望获得反馈以纠正错误并达到目标，并同时希望保持自己良好的感觉从而抵触那些可能有损自我概念的反馈。这种张力会影响个体处理负面反馈的方式。管理者可能会避免负面反馈以保持其自尊（Janis & Mann, 1977； Miller, 1976）。然而，由于负面反馈是就管理者个人目标或标准而指出管理者的那些“不恰当”行为，因此对绩效改善十分重要（参见Ashford & Cummings, 1985）。一些实验研究为这种张力提供了证据。例如，一些研究表明，为了发现存在的不足，人们会追求更高难度的任务，冒更高的负面评价风险（Trope, 1975； Zuckerman, Brown, Fox, Lathin, & Minasian, 1979）。其他的研究指出，人们会规避类似的反馈以保持自尊（Willerman, Lewitt, & Tellegen, 1960）。在组织情境中，个体认识到，自我认知不准确和暴露缺点是要付出代价的。尽管人们不情愿，但寻求负面的反馈信息是有价值的。最近的一项实地研究（Ashford & Tsui, 1991）发现，管理者倾向于寻求同等数量的负面和正面反馈。然而，负面反馈寻求对管理有效性有正面影响，而正面反馈则有相反的作用。研究同时发现，寻求负面反馈和自我评价的准确性相关。基于负面反馈寻求的诊断性价值和印象管理性价值，我们提出以下假设：

假设3：对反馈的积极寻求，尤其是对负面反馈的寻求，与名誉绩效之间会受下面两个因素中介：① 有关差距的准确认识；② 对管理者印象的喜爱。正面反馈的寻求和名誉绩效之间既没有直接关系，也没有中介关系。

这样描述适应性自我调节，似乎假定了管理者在认知上和行为上都具有高水平的理性。然而决策文献表明，这种理性假设并不总是有效的（参见Mintzberg,

Raisingham, & Theoret, 1976； Nutt, 1984）。所以，在适应周围社会环境时，我们会做出一些偏离理性的行为。例如，有些管理者并没有使用得到的信息，而另些人会根据行动进程做决策，只寻求与进程相一致的反馈。然而，这些“不理性”的行为并非与适应性自我调节的基本假设相背离。“不理性”的反馈寻求不会带来成功的适应，并且，会带来更低的名誉绩效。另外，即使管理者准确地认识到差距，如果没有缩减差距的有效行为，也不会产生高的名誉绩效。下面我们将讨论一系列缩减差距的策略。

1.3. 差距缩减

对差距本身的认识并不足以获得名誉绩效。然而这种认识可以让管理者采取行动来缩减差距，他们也必须通过差距缩减的过程来获得有效性。控制理论将差距缩减描述为一个相对直接的过程：被发现的差距促使人们改变自己的行为去改变它（Carver & Scheier, 1981）。例如，如果视觉的反馈告诉司机车偏道了，那么司机会转动方向盘使车辆保持在正道上。在目标层级的较低层，这种差距缩减的行为被认为是自发的（Carver & Scheier, 1981）。然而，在管理情境下，差距缩减的过程将更为复杂，涉及大量反应。Kahn等（1964）早期关于角色过程的研究为解决角色冲突提供了一些最早的看法。之后的研究则专注于角色冲突和绩效、压力、满意等之间的关系（Fisher & Gitelson, 1983； Jackson & Schuler, 1985）。相对而言，关于人们对角色冲突做出的可能的反应并没有太多的研究。基于角色冲突的相关文献，我们提出两大类反应：一是旨在缩减被发现的差距的有效性导向策略，二是旨在维护管理者自我和自尊的自尊维护型策略。

1.3.1. 有效性导向策略

至少有五种缩减标准和达到标准的行为之间差距的方法：

第一，Gross等（1958）提出，管理者可能改变行为，做出妥协，就像之前司机使汽车保持在道路上行驶的例子。所以，管理者可能会针对上级要求对行事风格做相应的改变，使行为与做个人性化的上级这个目标保持一致；或者，如果目标是“被看做团队成员”，管理者们会将同级纳入信息收集中来。管理者可以做出各种不同程度的调节，以使其行为与期望达到的标准相一致。然而，妥协并不只是管理者缩减差距而做出调节的唯一策略。大量使用这种策略，实际上会带来管理的无效性。正如Staw和Ross（1980）指出的，管理者如果太过频繁地改变其行为或途径，就会被认为是软弱的或者无明确目标的。这些管理者显得“太过于讨好”，也许不会被认为是有效的。

第二种缩减差距的策略是管理者不改变自身行为，转而试图改变利益相关者的期望（Kahn *et al.*, 1964）。于是，当管理者发现其行为和利益相关者期望有差距时，可能会用不同的方法影响利益相关者从不同的角度去看组织目标和理解个体。管理者的行为保持不变，但是利益相关者对绩效期望变化了，所以差距得到缩减，名誉绩效得到提高。在这种策略中，管理者试图让他人的期望和自己的规划保持一致。

第三种策略是改变利益相关者对其行为和绩效的看法。如果管理者可以影响利益相关者，使他们发现管理者的行为其实是和团队相一致的，那么也就不存在差距了。在该策略中，管理者的行为和标准保持不变，但是对其行为的评价变化了。这种适应性策略与Tetlock和Manstead（1985）所提出的“公众信念操纵”相似。这是个体用来提高公众形象的策略之一。角色冲突过程的已有理论并没有考虑这种方法。

第四种方法也来自于Gross等（1958）的思想。在这种策略中，管理者延续其行为路径并且将行为的原因解释给利益相关者。这些管理者对于什么是对组织和部门最好的行为方式有坚定的信念，并且愿意违背他人的要求和期望。这并不意味着他们对他人的需求和意见视而不见，他们只是不想盲目妥协，并且不惧怕那些持不同意见的人会远离他们。有效的管理者通过为他们的行为提供理性解释（Bies, 1987）来降低这种策略的代价。只有在管理者知道利益相关者的期望不会被满足，并且试图通过解释行为原因来影响利益相关者时，这种策略才可能提高管理者有效性。在这种策略中，行为或者期望都没有被改变，差距依旧存在，但是管理者付出了努力来提高成员对其行为的理解。我们预期这种策略可以随着时间的变化而显示出管理者行为的正确性，从而更加有效。但是如果管理者的行为一直不正确，继续使用这种策略对提高有效性没有任何作用。

最后一个策略是指，管理者以某种方式尝试改变其利益相关者集合，以使利益相关者的需求和其行为相一致。这个策略与上述第四种策略相类似，因为它也并不能够实际地缩减差距。管理者通过增加新的和强有力的利益相关者，或者通过剔除那些期望最难改造的利益相关者，来营造一个有利的环境。就像组织可以通过改变产品供给、目标地域等一样，管理者也可以改变其利益相关者结构（Zammuto, 1984）。因此，个人主义的管理者可以寻找对个人主义高度赞同的、有影响力的导师，并把其纳入利益相关者集合之中。另外，他们可以要求做一些独立完成的事情，这样就把同事从其利益相关者中剔除。在这种策略中，行为还是与先前一样，但是利益相关者群体变化了，所以管理者的行为就与群体的期望保持了一致。极端情况下，管理者可以改变其职位或者离开公司，因而完全改变了利益相关者的集合。像March 和Simon（1958，p.95）所观察到的，组织成员有一种“选择团队成员以使由不同要求而导致的冲突水平保持在低水平”的倾向。一种选择团队成员的方法就是通过工作调动来改变利益相关者群体。在讨论如何拒绝角色赋予者时，Kahn等（1964）虽然提出这种方法，但是我们在这里给该方法除简单拒绝外的更多内涵。例如，角色集也可能在增加过程中被改变。

上面关于差距缩减的策略清楚地显示，管理者并不是完全依赖其他利益相关者存在的——搜寻他人观点以相应地改变自身行为。相反，我们提出，有效的管理者通过搜寻他人的意见来获取有价值的信息。他们会将这些信息用在不同的途径上，包括影响利益相关者改变其观点，从利益相关者集合中剔除一些利益相关者，或者改变自身行为。我们认为，那些知道利益相关者期望并且尝试解释差距的管理者将获得更高的名誉绩效。

1.3.2. 自尊导向策略

上面列出的五种缩减差距的方法，其目标都是保持有效性。第二大类缩小差距策略的目标在于维护管理者自尊。这些策略只是在管理者的头脑中缩减了差距，以维持其自尊。然而，实际的差距并没有改变，从而也就不能达到名誉绩效。这种策略之一是人为地扭曲所获得的反馈，从而保证管理者为达到目标所付出的努力是成功的（Taylor *et al.*, 1984）。虽然这种策略降低了管理者心中的差距，但是利益相关者对管理者的评价并没有改变。因此，从长期而言，这种策略并不会提高有效性。Kahn等（1964, p.84）将这种扭曲叫做“防御机制”，认为这种策略会使管理者的行为变得越来越缺乏适应性。然而，这种策略也有些短期好处，因为它提高了管理者对自己达到标准的信念，从而促使他们长期地付出努力（Carver & Scheier, 1981）。

第二种自尊导向的差距缩减策略是简单地降低个人标准。如果管理者持有既定的标准，并且接收到他们并没有达到标准的反馈，那么降低这个标准是缩减差距的一种方法。按此策略，他们可以自认为达到了现已降低了的标准。Campion和Lord（1982）发现，重复的负面反馈促使学生们降低其标准。尽管这种策略仍然会降低管理者心目中的标准，因为它并不涉及实际的行为改变，所以它不能解决实际的差距。因此，名誉绩效也没有实现。

第三种策略是规避（Gross *et al.*, 1958； Moos & Billings, 1982），或者说解脱（Hyland, 1987）。Kahn等（1964）提出，采用这种策略，管理者可以从行为上避免获得有关差距的反馈，或者从认知上避免对差距反馈的思考。虽然这种策略可以作为一种自我保护的自尊维持措施，然而它显然对实际的差距没有一丝一毫的影响。

有关有效性导向型和自尊导向型策略与名誉绩效的关系，我们假设：

假设4：采用有效性导向型策略来缩减差距的管理者比自尊导向型管理者更加有效。

2. 影响自我调节的因素

到目前为止，我们的理论分析包含了两个隐含的假设：第一，所有管理者都有动力和有能力进行各种自我调节的活动。第二，自我调节是可取的，并且适用于各种组织情境。这两个假设可能并不合理。下面，我们将分析影响不同管理者自我调节行为的个人和情境因素。

2.1. 影响适应性自我调节的个人因素和人际因素

自我调节的动机既有内在的，也有外在的。内在动机的一个来源是管理者对自身的效能感（Bandura, 1988）。自我效能感高的管理者相信自己有能力控制各种情况并达到目标。这些个体会付出更多的努力并且坚持更长的时间来应对挑战。自我效能感也会影响其欲求。自我效能感感知越高，给自己设定的目标则越高，从而寻求绩效反馈的意愿就越强烈，采取有效性导向型缩减差距的策略就越可能。

Carver和Scheier（1981）就能力期望在自我控制过程中的作用进行了讨论。他们提出，个体的能力期望是个体对感知到的差距做出反应的重要决定条件。他们的分析指出，如果达到标准的可能性十分小，个体就会倾向于选择自尊导向型战略，即降低自己的目标，避免思考差距，或者曲解关于差距的反馈。如果可能性非常高，个体会持续向目标努力而不会改变自己的行为（Carver & Scheier, 1981, Taylor *et al.*, 1984）。处于此两极端值之间，个体会采取有效性导向型策略。因此，我们假设：

假设5：具有更高自我效能感的管理者更可能积极地寻求反馈并且运用有效性导向型策略来缩减所发现的差距。

第二个可能影响自我调节倾向的个人因素是自尊。已有研究发现自尊水平低的个体倾向于避免负面的反馈（如，Miller, 1976； Willerman *et al.*, 1960）。通过避免负面反馈，这些个体将不太可能发现差距。即使他们发现了差距，他们也会选择保持或者维持其自尊。由此，我们提出如下假设：

假设6：自尊水平低的管理者会更倾向于寻求积极反馈，避免消极反馈，并且更倾向于运用自尊导向型差距缩减策略。

我们已指出，印象管理在自我调节与名誉绩效的关系中起关键作用。第三个个人因素是自我监控（self-monitoring, Snyder, 1979），自我监控刻画了个体对印象管理的敏感性和能力。自我监控水平高的个体会对他人给出的行为暗示更加敏感，并且能够做出相应的调节（Snyder, 1979）。这种敏感性意味着一种积极的自我调节过程。研究人员提出，自我监控由三部分组成：社会呈现、他人向导和表达性自我控制（Briggs, Cheek, & Buss, 1980； Lennox & Wolfe, 1984）。然而Snyder和Gangestad（1986）提供了有关各个组成部分与自我监控构念之间关系的证据：在个人层面，在各个组成部分上均较高的个体将是更有效的自我调节者。自我监控水平高的管理者会积极主动地注意到利益相关者的期望并且随时发现期望和评价之间的差距。另外，自我监控水平高的管理者也有高的能力去根据这些线索改变其行为，他们也更可能采用有效性导向型策略，尤其将调节自己的行为以适应利益相关者期望作为其首要策略。Snyder（1979, p. 93）指出，这种策略会在所谓“变色龙”脑海中自然地出现，并被无意识地采用；这些变色龙式的人试图“建立一种适合特定背景的社会行为”。基于这种对自我监控的理解，我们假设：

假设7：相比自我监控水平低的管理者，自我监控水平高的管理者将会更加积极地进行适应性自我调节，并且更可能会采用行为适应的差距缩减策略。

一些因素会影响管理者对特定的差距缩减策略的选择。例如，Gross等（1958）提出了三个影响策略选择的因素：合法性（在位者是否认为提出声明的个体有权利要求达到一致性），约束力（抱有期望的个体是否对在位者有约束力），个人导向（在位者关注合法性期望和约束力的倾向性）。期望的合法性要求越高，约束力越强，角色在位者（管理者）越会妥协于期望。角色在位者的个人倾向决定了，在两个相冲突的期望中，他或她将对哪个做出反应（在此我们假定期望在合法性和约束力上存在差异）。

Gross等（1958）给出三种不同的人际因素：第一种影响管理者适应性自我调节的人际因素是，管理者和利益相关者间的权力关系。当利益相关者是管理者的上级而非下级时，妥协会更频繁地成为差距缩减的策略。相似的，在其他条件不变的情况下，某种“行为和解释”（如保持差距存在）策略会更广泛地在对待下属中采用。在这两种情况中，策略选择与合法性权力在管理者和利益相关者间的差异是一致的。当遇到同级时，管理者选择服从或非服从策略的倾向取决于同级及其权力的大小。这种权力可能基于同级在工作流程中的核心性和重要性（Hlckson, Hinings, Lee, Schneck, & Pennmgs, 1971），也可能基于其参照权或专家权。与管理者相比，同级所拥有的权力越大，管理者越容易采用妥协的策略，也越少忽略差距的存在。一般而言，针对有些利益相关者，某些方法会更经常地被采用。管理者会果断地纠正下级的期望。他们会顺应上级的标准，或者向同级妥协。这个分析与影响策略的有关研究是相一致的。该研究发现，管理者会对上级、同级和下级采取不同的策略（Kipnis *et al.*, 1980）。权力关系不仅会影响差距缩减策略的选择，也会影响有关期望和绩效反馈信息的搜寻。相比较同级和下属而言，管理者会更加积极地从上级处获取反馈。Ashford和 Tsui（1991）证实了这一倾向。下面的两个假设描述了权力对于自我调节的影响。

假设8：相比权力较低的利益相关者，管理者会更积极地从更有权力的利益相关者处搜寻反馈信息。

假设9：依据利益相关者与管理者间权力关系，管理者会对不同利益相关者采取不同的差距缩减策略。

第二种影响管理者差距缩减策略选择的人际因素是管理者的冲突导向。Thomas（1976）提出了五种行为导向：竞争、合作、分享、规避和妥协。他提出，尽管一些个体会从一种行为导向转到另一种行为导向，然而由于性格或者实践原因，大多数个体相比他人会更倾向于某些行为导向。一位妥协导向的管理者可能倾向于妥协式的差距缩减策略。而那些竞争导向的管理者可能会忽略差距而坚持他们的行为。合作和分享导向的管理者会尝试影响利益相关者期望，或者使这些利益相关者改变其对管理者行为的看法。最后，规避导向的管理者可能什么都不做，也可能退而采取自尊维持的策略，而非尝试改变存在的差距。因此，我们假设：

假设10：冲突导向不同的管理者在差距缩减策略的选择上存在差异，具体而言：

（1）高妥协导向的管理者倾向于采用妥协战略；

（2）高竞争导向的管理者倾向于采用“行为和解释”策略；

（3）高合作或分享（妥协）导向的管理者倾向于采用上文五种差距缩减策略中的第二种和第三种策略，即试图改变利益相关者的期望或改变利益相关者对管理者行为和绩效的看法。

最后一种可能影响自我调节程度和成功的因素是管理者和利益相关者之间的信

任水平。O'Reilly和Anderson（1980）在研究中指出，在不同的信任水平下，反馈与绩效和满意的相关性也不同。信任会影响反馈的程度和质量，同时影响两人之间的交流。在其他因素相同的情况下，管理者会更加频繁地向他们信任的利益相关者直接寻求负面反馈。与之类似，对管理者更加信任的利益相关者会给予管理者更加真实的反馈意见。因此，在高度相互信任的情况下，信息寻求会带来更准确的信息反馈。如上分析可得出下面的假设：

假设11：管理者会积极地从高信任度的利益相关者处寻求负面反馈，并更倾向于使用直接的方法。

假设12：当与利益相关者间具有高信任度时（与低信任度相比），管理者会获得有关利益相关者对绩效的期望和意见更准确的知识。

2.2. 情境因素对适应性自我调节的影响

上述讨论强调了一些对自我调节过程产生影响的个人和人际因素，下面我们将提出一些同样影响自我调节过程的工作和组织因素。这些情境因素可能会被认为是从事适应性自我调节的外部动力源。

个体的适应性自我调节努力会在工作的三种特性方面下产生很大的回报（表现为提高名誉绩效）：任务相依性、模糊性和直接或自动反馈的稀缺性。每一个特性都将影响组织的控制机制，同时提高了自我调节作为一种替代的控制过程的重要性。

管理者在相互依赖的工作中需要加强与其他工作的联系，并且做出调节（Thompson, 1967），信息搜索和反馈寻求等积极的自我调节行为将会得到更大的回报。工作的相依性对这种行为提出了需求，除上级以外的利益相关者在日常工作中起到很大的作用。协调需求的增加使得这些利益相关者变得更加重要，反过来，它提高自我调节活动的回报。

假设13：相比从事低相依性工作的管理者，从事高相依性工作的管理者会更加积极地进行适应性自我调节。

假设13与Cheng（1983）的研究在逻辑上是一致的，他指出，协调只影响高相依性任务中的单位绩效。类似的，我们只期望，在高相依性工作中，管理者的信息搜寻和反馈寻求能够得到有效性回报。

第二种工作因素是有关管理者工作产出和工作方法中的模糊性程度。Thompson（1967）将它们分别定义为输出标准（结果）和转换技术（手段）中的模糊性。在某种程度上，所有的管理活动都带有一些模糊性，手段和结果中模糊性的差异能够影响自我调节的结果。特别地，收集有关他人期望的信息将会对没有客观的、可度量标准的管理者工作带来更大的回报。在高度结构化和清晰界定的工作中，没有太大必要去进行有关绩效期望和意见的信息搜寻。

假设14：相比工作模糊性较低的管理者，工作模糊性较高的管理者会更积极地进行适应性自我调节。

任务模糊性也意味着由任务产生的反馈将不多。第三种工作情境因素是工作和其他参与到工作中来的角色所提供的反馈数量。环境中可得信息的数量在员工之间存在差异（Herold & Parsons, 1985），当管理者接收到大量的信息和反馈时，他们忙于搜寻自我调节的信息和反馈的需求就会低（参见Ashford, 1986）。所以，在反馈丰富的工作中，反馈搜寻的回报就会更少。

假设15：当从工作或其他处接受到的反馈很少时（相比大量时），管理者会更积极地进行反馈搜寻。

一些组织因素也会影响自我调节的回报。第一种组织因素就是环境的容忍度，特别是对平庸的容忍度（Ashford, 1989）。根据生物学的观点，所有环境都有某种选择机制，拥有特殊属性或者采取了某种特殊行动的组织会被“选择”并生存下来，所以维持与环境相匹配的控制系统就十分重要。然而，环境在这些选择机制的强度方面存在差异。Slovic, Fischoff和Lichtenstein（1977, p. 20）提出，很多环境并非结构性地表现出其缺点。成功识别了生存环境的决策者不需要进行严格的决策。相似的，组织环境也存在差异，如在评估个体的不足上以及基于评估来选择个体，这些程度上都存在差异。正如Shaw，Fisher和Randolph（1991）指出的，在过去，AT&T员工一般都是终身雇佣，并且根据公司的战略，一些平庸的绩效有时都是可以接受的。而现在，新的AT&T转换到一种更加严格的环境中去。如果表现很差，员工可能会被解雇，薪酬和绩效挂钩，内部善意性竞争也被提倡。我们预测，当环境的选择标准变得严格时，管理者的自我调节行为也会增加。当管理者重新认识到生存和成功的重要性时，以及错误的代价和绩效的价值时，这种自我调节的增加将会发生（McAllister, Mitchell, & Beach, 1979）。由此我们提出以下假设。

假设16：相比容忍性较高的组织，当在组织中人们要为差的绩效付出高代价时，管理者会更积极地进行适应性自我调节。

第二种组织因素是层级导向的程度。在一个严格按照自上而下的等级制组织中，除上级之外，其他利益相关者拥有高的名誉绩效显得并不是那么重要。在这些情况下，自我调节的中心集中于上级。在一个员工能够参与决策的去中心化的组织中，对同级和下级的信息反馈搜寻就会比较重要。

企业的补偿和控制系统可以反映层级导向的水平。在对管理者的评价完全依赖上级意见的组织中，他人对有效性的意见就不那么重要。相反，如果正式的评价系统需要同级和下级的参与，那么管理者就更可能进行与这些组织成员相关的适应性自我调节。下面的假设描述层级导向的作用。

假设17a：在层级结构化的组织中，管理者将适应性自我调节的中心集中于上级而不是同级和下级。

假设17b：相比层级结构化的组织，在水平结构或矩阵结构组织中的管理者会更积极地参照同级或下属进行自我调节。

假设17c：当组织将同级和下属的意见作为正式绩效评价和奖励系统中的一部分时，管理者会将积极自我调节的中心更多地放在同级和下属这二者身上。

第三种组织因素是组织中的沟通氛围。组织在人际沟通的频率和质量上都有所不同（Porter & Roberts, 1976）。沟通的质量会影响绩效的有效性。例如，O'Reilly和Roberts（1977）发现，群体的有效性与信息准确性感知和开放性沟通相关。在鼓励开放性沟通的组织中，管理者会更愿意进行积极的信息和反馈寻求。而在信息准确性感知程度较低的组织中，管理者则相对不那么积极地进行信息反馈的寻求。由此提出以下假设。

假设18：当组织的沟通更加开放和准确时，管理者会更加积极地进行反馈寻求；而当组织沟通的开放性和准确性较低时，管理者则不会积极地进行反馈寻求。

最后，一些组织流程也会影响管理者进行适应性自我调节的程度。第一种是社会化程度。如果一个组织对新进组织员工特别强调关注多利益相关者的重要性，那么这些新进员工就可能针对不同的利益相关者进行自我调节，比如说寻找目标和绩效的反馈。

这种定向（如入职教育等）和训练与典型管理训练在很多重要方面都有所不同：第一，在这种情况下，同级和下属将会成为管理者工作中重要的角色。第二，该情况强调过程（如标准的设定和差距的发现和缩减）而非特定的角色（如明茨伯格的管理角色）。新的管理者会被教导，组织并没有统一的角色设定，不同角色的重要性依赖于特定利益相关者。通过定义这些角色，他们需要认真地进行差距发现过程。第三，建立流程帮助管理者克服这三个过程中关于标准和组织成员缺失的潜在问题。新的管理者不知不觉地在标准和利益相关者都不甚明朗的一个环境中工作。

第二种过程因素是自我调节准则的特性。支持积极自我调节的规范，以及高级管理者的榜样作用都会对中低层的管理者有着极其有力的鼓励作用。支持这种行为的规范会帮助新进管理者克服印象管理与信息问询和反馈的相关问题。例如，Ashford和Cummings（1983）提出，管理者可能并不希望寻求反馈，因为这种寻求就暴露了他们的信息需求，而这种需求会被利益相关者认为是无力的标志。支持信息和反馈的规范可以帮助减少这些顾虑（Ashford & Northcraft, 1992）。下面两个假设描述了社会化程度和规范对适应性自我调节的影响。

假设19：强调自我调节的重要性以及自我管制方式的社会化实践和标准，与管理者进行积极的适应性自我调节过程相关。

假设20：由高级管理者示范的，以及明确支持自我调节的规范，与管理者积极的适应性自我调节过程有关。

综上所述，情境因素对管理者进行自我调节行为的普遍性，对自我调节行为的方式，以及对管理者名誉绩效，都起到重要作用。有效的管理者会识别这些与积极自我调节相关的重要因素，而有效性低的管理者对这些因素并不那么敏感。图2显示了包括个人、人际、情境因素以及相关假设的自我调节模型。

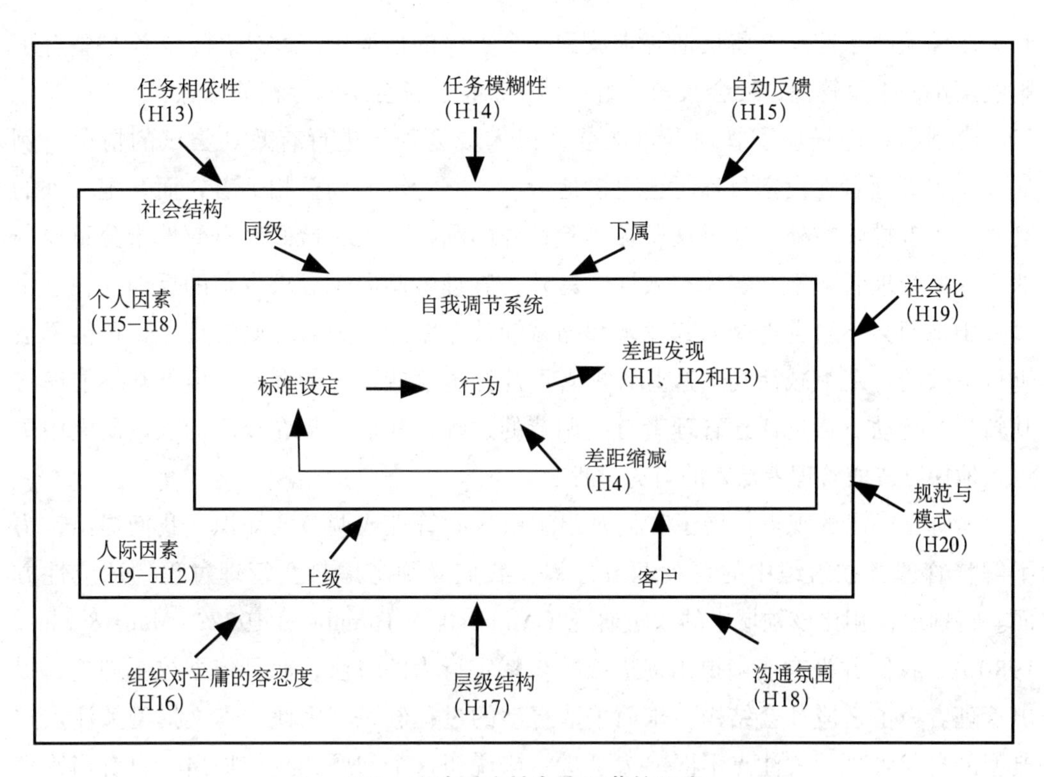

图2 影响适应性自我调节的因素

3. 结论及研究方向

管理情境越来越复杂和动态，这种现实对管理工作的控制和调节具有丰富启示意义。它表明个体的自我调节活动成为系统控制的重要替代。在动态的环境中，组织层面的控制系统不能够有效地提前定义合理的管理行为，在很多情况下，我们也并不希望有明确的定义。因此，发展自我控制系统的管理者会比没有进行类似活动的管理者更有效。这个论点强调了个体自我控制系统的重要性。到此为止，我们讨论了自我调节的过程，以及它与名誉绩效或者管理者社会结构中重要利益相关者评价有效性的关系。因此，尽管已有关于管理有效性的研究，将“角色履行”的程度视为与过程相关的重要变量，但是本文模型描述了管理者为履行角色而实际发生的过程。将有效性研究放到这个层面使得我们可以识别有效的管理者在不同情境中所采取的具有普遍性的活动。

在这个模型中，我们整合了不同文献中的过程研究。例如，Ashford和Cummings（1983）以及 Ashford（1986）讨论了反馈寻求的过程。本研究模型将这个过程放到一个更宽泛的管理者自我调节的情境中进行分析。它也通过把反馈寻求与信息寻求和差距缩减联系起来，将反馈寻求放到一个更大的情境中。此外，本文模型整合了影响策略、印象管理、社会认知、组织反馈过程、社会结构等相关思想。

模型中我们描述了管理者可能会“误入歧途”地进行有效性尝试的情况。例如，一些管理者在设定目标时会更多地考虑一些特定的利益相关者，而会把另外的利益相关者排除在外。如果这些被排除在外的利益相关者恰好对有效性十分重要，那么这些管理者就不会实现有效性。另外，管理者倾向于寻求肯定的反馈，在这个过程中他们会不自觉地减弱其发现和缩减绩效差距的能力。一些管理者也可能不会进行有效的差距缩减活动。这些管理者可能知道这些差距的存在，但是却不能够将其转化为行动。通过详述管理者自我调节的过程，我们希望在今后的理论研究中更深入地探讨造成管理者低效的行为过程。

本研究提出的观点扩展了我们对组织中自我管理或调节的知识。我们提出，为了解释管理者在组织中的自我调节过程，我们必须考虑自我管理过程的适应性方面。特别地，相比该领域中的大量研究（Andrasik & Heimberg, 1982； Manz & Sims, 1980），我们并没有明确提出促进或减少特定行为的方法，而是依据控制理论，提出管理者为了适应社会结构要求而采取行动的过程假设。因此，本文模型关注点与典型的自我管理的关注点不同。为了进一步说明这个问题，我们提出，只有当管理者决定改变其行为以缩减特定的差距时，自我管理的观点才会与其有关。尽管近年来自我管理研究（Manz, 1986）强调个体如何使自己关注具有内在激励的任务，而我们的关注点在于管理者如何处理其与利益相关者间的关系。他们可能会根据利益相关者的反应来选择目标，并可能采用影响策略去“推销”已选定的目标。因此，通过将特定自我管理技术融入更全面的自我调节框架，并将自我调节过程与社会和组织情境因素相联系，本研究模型弥补了自我管理研究中的不足。

3.1. 未来研究

本研究模型主要关注与适应性自我调节相关的概念问题。其中一些理论观点还需要进一步阐述和细化。第一个问题源于组织有效性的利益相关者模型（Keeley, 1984； Zammuto, 1984）。即，管理者如何解决来自不同利益相关者的冲突要求？解决该问题的第一步是，识别影响管理者如何处理利益相关者需求以及解决利益相关者间冲突的那些个人和人际因素。除利益相关者相冲突的需求之外，利益相关者的规模也将影响管理者的自我调节过程。在不同情境下（如当面对许多的同级或者下属，相比面对少数成员时），需要采取不同的利益相关者管理方法。

第二个问题是关于范围的问题。一个管理者是否需要对所有的利益相关者都要做出响应？具体而言，在一些情况下，组织并不需要管理者在目标设定和行动中考虑所有利益相关者的期望。例如，一个挽救失败企业的首席执行官可能并不会将濒危企业中员工的期望考虑在内，在这种情况下，这个首席执行官需要将新的观点和血液带入组织中来。与之类似，通过雇佣新的管理者来尝试变革文化的组织，可能也并不希望管理者在其新的工作中满足所有利益相关者的需求。这些例子表明，识别重要的利益相关者可能是自我调节中重要的一步。

不同的利益相关者可能对处于不同经济、法律和社会情境中的企业都重要（Tsui, 1990）。例如，劳工组织在汽车工业中很重要，而消费者的意见在消费者产品领域尤其重要。一位新的领导在重新设置组织的过程中可能会对利益相关者进行去除或增加，并削减部分利益相关者所拥有的权力。例如，近年来许多商学院的院长都增加了对商业领域的利益相关者的关注，以获得更多的经费和支持。不同利益相关者的相对重要性随着管理者的层级和职责的不同而不同。对于第一线的监管者来说，雇员和工会很重要。而对于矩阵结构中的中层管理者来说，其他职能单位中的同级可能就比上级和下属更重要。股东、监管机构和客户对高管有着特别的重要性。本文的模型主要关注利益相关者的范围（假设2），并将其作为自我调节有效性的一个重要因素。确定并刻画不同利益相关者群体的构成，以及不同利益相关者对不同组织和不同管理者的相对重要性，这将是对自我调节框架的重要拓展。

未来研究可以对有效性进行不同的概念化，并分析其与自我调节过程的关系。目前，我们将其定义为那些与管理者最近的利益相关者——上级、同级和下属——对管理者工作感知的有效性。研究者也可以用来自企业不同部门的信息提供者，让他们评价他们听到的关于管理者的有效性。这种操作更接近于政治与艺术领域中的信誉。分析有效性的一般名誉与管理者自我调节的特定方式之间的关系，也将更有意义。可能在上级、同级和下属的眼中，有效的行为过程是完全不同的，在不同组织中也是不同的。

同时，有关自我调节过程与通过其他方式测量的管理有效性（如自我调节的管理者所在部门的绩效）的理论与实证研究也值得进一步深入。逻辑上讲，积极地进行自我调节的管理者会取得更好的绩效。然而，一些研究者指出，管理者的行为与部门或组织绩效之间的联系非常薄弱（如Pfeffer, 1977； 1981）。因此，值得分析在什么情况下，管理者的自我调节与其单位或组织绩效的关系会变得强或弱。

另外一个重要的研究领域是管理风格。保持名誉绩效的过程发生在管理者和其利益相关者之间，因而是人际间的行为。这表明，考虑其他变量可能对有效性研究非常有价值。也就是说，仅仅积极地进行自我调节并不是有效性的重要决定因素。管理者在过程中采取的方法也同样很重要。例如，管理者如何进行差距发现和缩减会对随后名誉绩效产生重要影响。管理者在保持自信的同时，如何界定所面对的利益相关者并对他们的要求做出响应，也都是很有价值的研究方向。

最后一个研究领域是将本文提出的一些适应性自我调节的假设拓展到群体层面。最近的研究表明，群体同样也可以进行自我管理，我们的理论提出，这个研究可以进一步将群体的自我管理作为群体有效性的预测变量。因此，这样的研究将进一步推进Ancona（1988； 1990）的群体研究。

3.2. 实践意义

假定一定水平的模型效度下，我们可以得到一系列实践上的启示。第一，假设16到20提出了几种组织可以用来促进、提高或鼓励自我调节的方法。在假设19有关社会化实践的基础上，本研究提出通过使用定向（如入职教育等）和培训活动，以提高管理者对自我调节的重要性的意识，传授进行自我调节所需的技能。以美国运通和强生开展的定向和培训活动为例。前者提出一种360度的管理培训模式以改变传统的垂直导向的思路，后者在管理培训中推行了一系列涉及同级关系的项目。这些例子都与我们关于“在自我调节过程中关注各类利益相关者是重要的”这一观点相一致。在这类培训中，识别在不同组织情境下相关的利益者以及响应利益相关者的方法，也是需要进一步讨论的主题。培训同时可以使管理者识别什么情况下进行适应性自我调节是必要的或不必要的，这包括他们的工作性质以及组织结构。

本研究模型蕴含的第二个实践启示是，需要考虑管理者的印象管理问题。例如，管理者往往害怕暴露自己的缺点和短处，从而拒绝搜寻负面的反馈信息。组织可以通过制定准则和在高管中树立榜样来鼓励和加强自我调节行为。Ashford 和Northcraft（1992）指出，这种准则可以提高群体中个体的反馈寻求。高层管理者也可以树立期望行为典范，并对表现突出的管理者进行嘉奖。

最后，我们的理论观点也对组织控制系统的设计有所启示。控制机制包括人员指导、标准化操作流程、补偿系统、制定绩效标准的计划和目标设置系统、反馈、评价和测量。本文提出的管理有效性的自我调节模型关注控制论控制模型中的计划和反馈过程（Flamholtz, Das, & Tsui, 1985）。因此，自我调节不仅是领导力的一种替代（Manz & Sims, 1987），而且如Mills（1983）所言，它也是对其他难于创造和应用于不断变化的管理工作的外部控制的替代。自我调节作为替代控制机制的重要性，依赖于工作的技术，组织结构的性质，以及有关绩效和沟通的组织文化规范。通过理解这些情境因素，控制系统构造者可以决定何时进行自我调节是必要的，以及作为一种提高管理有效性的重要的控制机制。

参考文献

Ancona, D. 1988. Beyond task and maintenance: Defining external functions in groups. *Group and Organization Studies,* 13(4), 468-494.

——1990. Outward bound: Strategies for team survival in an organization. *Academy of Management Journal,* 33(2), 334-365.

Andrastk, F. & Heimberg, J. S. 1982. Self-management procedures. Pp 219-247 in L. W. Frednckson (Ed.), *Handbook of organzational behavior management.* New York: Wiley.

Ashford, S. J. 1986. The role of feedback seeking in individual adaptation: A resource perspective. *Academy of Management Journal,* 29, 465-487.

——1989. Self-assessments in organizations: A review and integrative model. Pp 133-174 in B. M. Staw & L. L. Cummings (Eds.), *Research in organizational behavior,* Vol 11. Greenwich, CT: JAI

Ashford, S. J. & Cummings, L. L.1983. Feedback as an individual resource: Personal strategies of creating information. *Organizational Behavior and Human Performance,* 32, 370-398.

—— 1985. Proactive feedback seeking: The instrumental use of the information environment. *Journal of Occupational Psychology,* 58, 67-79.

Ashford, S. J. & Northcraft, G. B. 1992. Conveying more (or less) than we realize: The role of impression management in feedback seeking. Forthcoming in *Organizational Behavior and Human Decision Processes,* 53, 310-334.

Ashford, S. J. & Tsui, A. S. 1991. Self-regulation for managerial effectiveness: The role of active feedback-seeking. *Academy of Management Journal,* 34(2), 251-280.

Bandura, A. 1988. Perceived self-efficacy: Exercise of control through self-belief. Pp 27-59 in J. P. Darwalder, M. Perrez, & V. Hobi (Eds.), *Annual series of European research in behavior therapy,* Vol 2. Lisse, Netherlands: Swets & Zeitlinger.

Bies, R. J. 1987. The predicament of injustice: The management of moral outrage. Pp 289-320 in L. L. Cummings & B. M. Staw (Eds.), *Research in organizational behavior,* Vol 9. Greenwich, CT: JAI.

Blumberg, H. H. 1972. Communication of interpersonal evaluations. *Journal of Personality and Social Psychology,* 23, 157-162.

Brickman, P. & Bulman, R. 1977. Pleasure and pain in social comparison. Pp 149-186 in J. M. Suls & R. L. Miller (Eds.), *Social comparison processes.* Washington: Hemisphere Publishing Corporation.

Briggs, S. R., Cheek, J. M., & Buss, A. H. 1980. An analysis of the self-monitoring scale.

Journal of Personality and Social Psychology, 38, 679-686.

Buono, A. F. & Bowditch, J. L. 1989. The *human side of mergers and acquisitions: Managing collisions between people, culture, and organizations.* San Francisco: Jossey-Bass.

Cameron, K., Freeman, S. J., & Mishra, A. K. 1991. Best Practices in white-collar downsizing: Managing contradictions. *Academy of Management Executive,* 5(3), 57-73.

Campbell, J. P., Dunnette, M. D., Lawler, E. E. III, & Weick, K. E., Jr. 1970. *Managerial behavior, performance and effectiveness.* New York: McGraw-Hill Book Company.

Campion, M. A. & Lord, R. G. 1982. A control system conceptualization of the goal-setting and changing process. *Orgamzational Behavior and Human Performance,* 30, 256-287.

Carver, C. S. & Scheier, M. F. 1981. *Attention and self-regulation: A control-theory approach to human behavior.* New York: Springer-Verlag.

Chase, J. 1990. The open-book managers. *Inc* (September) 104-113

Cheng, J. L. 1983. Interdependence and coordination in organizations: A role-system analysis. *Academy of Management Journal,* 26, 156-162.

Felson, R. B. 1980. Communication barriers and the reflected appraisal process. *Social Psychology Quarterly,* 43, 223-233.

Fisher, C. D. 1979. Transmission of positive and negative feedback to subordinates: A laboratory investigation. *Journal of Applied Psychology,* 64, 533-540.

Fisher, C. D. & Gitelson, R. 1983. A meta-analysis of the correlates of role conflict and ambiguity. *Journal of Applied Psychology,* 68(2), 320-333.

Flamholtz, E. G., Das, T. K., & Tsui, A. S. 1985. Toward an Integrative framework of organizational control. *Accounting, Organizations and Society,* 10(1), 35-50.

Gabarro, J. J. & Kotter, J. P. 1980. Managing your boss. *Harvard Business Review,* 58, 92-100.

Gross, N., Mason, W. S., & McEachern, A. W. 1958. *Explorations in role analysis: Studies of the school superintendency role.* New York: Wiley.

Herold, D. M. & Parsons, C. K. 1985. Assessing the feedback environment in work organizations: Development of the job feedback survey. *Journal of Applied Psychology,* 70, 290-306.

Hickson, D. J., Hinings, C. A., Lee, C. A., Schneck, R. E., & Pennings, J. M. 1971. A strategic contingencies' theory of intraorganizational power. *Administrative Sciences Quarterly,* 18, 216-227.

House, R. J. 1971. A path goal theory of leadership effectiveness. *Administrative Science Quarterly,* 16, 321-339.

Hyland, M. E. 1987. Control theory interpretation of psychological mechanisms of depression: Comparison and integration of several theories. *Psychological Bulletin,* 102(1), 109-121.

llgen, D. R., Fisher, C. D., & Taylor, S. M. 1979. Consequences of individual feedback on behavior in organizations. *Journal of Applied Psychology,* 64, 359-371.

llgen, D. R. & Knowlton, W. A. 1980. Performance attributional effects on feedback from

subordinates. *Organizational Behavior and Human Performance,* 25, 441-456.

Jackson, S. E. & Schuler, R. S. 1985. A meta-analysis and conceptual critique of research of role ambiguity and role conflict in work settings. *Organizational Behavior and Human Decision Processes,* 36, 16-78.

Jaques, E. 1961. *Equitable payment.* New York: Wiley.

Janis, I. & Mann, L. 1977. *Decision making.* New York: The Free Press.

Jones, E. E. & Gerard, H. B. 1967. *Foundations of social psychology.* New York: Wiley.

Kahn, R. L., Wolfe, D. M, Qumn, R. P., Snoek, J. D., & Rosenthal, R. A. 1964. *Organizationalstress: Studies in role conflict and ambiguity.* New York: Wiley.

Kanfer, F. H. 1971. The maintenance of behavior by self-generated stimuli and reinforcement. Pp 39-59 in A. Jacobs & L. B. Sachs (Eds.), *The psychology of private events.* New York: Academic Press.

Kanfer, F. H. & Karoly, P. 1972. Self-control: A behavioristic excursion into the lion's den. *Behavior Therapy,* 3, 398-416.

Keeley, M. 1984. Impartiality and participant-interest theories of organizational effectiveness Administrative *Science Quarterly,* 29, 1-25.

Kenny, D. A. & Zaccaro, S. J. 1983. An estimate of variance due to traits in leadership. *Journal of Applied Psychology,* 68(4), 678-685.

Kipnis, D., Schmidt, S. M., & Wilkmson, I. 1980. Intraorganizational influence tactics: Explorations in getting one's way. *Journal of Applied Psychology,* 65, 440-452.

Kotter, J. P. 1982. What effective general managers really do? *Harvard Business Review,* (November-December), 156-167.

Larson, J. R., Jr. 1986. *The impact of subordinate behavior on supervisors' delivery of performance feedback.* Paper presented at the meeting of the Academy of Management, Chicago.

Lennox, R. & Wolfe, R. 1984. Revision of the self-monitoring scale. *Journal of Personality and Social Psychology,* 46, 1349-1364.

Locke, E. A. & Latham, G. P. 1990. *A theory of goal setting and task performance.* Englewood Cliffs, NJ: Prentice-Hall.

Luthans, F. 1988. Successful vs effective real managers. *Academy of Management Executive,* 11(2), 27-132.

Luthans, F. & Davis, T. 1979. Behavioral self-management (BSM): The missing link in managerial effectiveness. *Organizational Dynamics,* 8, 42-60.

Mahoney, M. J. & Arnkoff, D. B. 1978. Cognitive and self-control therapies. Pp 689-722 in S. C. Garfield & A. E. Borgin (Eds.), *Handbook of psychotherapy and therapy change.* New York: Wiley.

Manz, C. C. 1986. Self-leadership: Toward an expanded theory of self-influence processes in organizations. *Academy of Management Review,* 11, 585-600.

Manz, C. C. & Sims, H. P., Jr. 1980. Self-management as a substitute for leadership: A social learning theory perspective. *Academy of Management Review,* 5, 361-367.

Manz, C. C. & Sims, H. P. 1987. Leading workers to lead themselves: The external leadership of selfmanaging work teams. *Administrative Sciences Quarterly,* 32(1), 106-128.

March, J. G. &Simon, H. A. 1958. *Organizations.* New York: Wiley.

McAllister, D., Mitchell, T. R, & Beach, L. R. 1979. The contingency model for selection of decision strategies: An Empirical test of the effects of significance, accountability, and reversibility. *Organizational Behavior and Human Performance,* 24, 228-244.

Miller, D. T. 1976. Ego involvement and attributions for success and failure. *Journal of Personality and Social Psychology,* 34, 901-906.

Mills, P. K. 1983. Self-management: Its control and relationship to other organizational properties. *Academy of Management Review,* 8, 445-453.

Mintzberg, H., Raisinghani, D., & Theoret, A. 1976. The structure of "unstructured" decision processes. *Administrative Science Quarterly,* 21, 246-276.

Mintzberg, H.1973. *The nature of managerial work.* New York: Harper & Row.

Moos, R. H. & Billings, A. G. 1982. Conceptualizing and measuring coping resources and processes. Pp 212-230 in L. Goldberger & S. Breznitz (Eds.), *Handbook of stress.* New York: The Free Press.

Morse, J. & Wagner, F. 1978. Measuring the process of managerial effectiveness. *Academy of Management Journal,* 21, 23-35.

Nutt, P. C. 1984. Types of organizational decision processes. *Administrative Science Quarterly,* 29(3). 414-450.

O'Rellly, C. A., III & Anderson, J. 1980. Trust and the communication of performance appraisal information: The effect of feedback on performance and satisfaction. *Human Communicattion Research,* 6(4), 290-298.

O'Rellly, C. A., III & Roberts, K. H. 1977. Task group structure, communication, and effectiveness in three organizations. *Journal of Applied Psychology,* 62(6), 674-681.

Pfeffer, J. 1977. The ambiguity of leadership. *Academy of Management Review,* 2, 104-112.

——1981 Management as symbolic action: The creation and maintenance of organizational paradigms. Pp 1-52 in L. L. Cummings & B. M. Staw (Eds.), *Research in organizational behavior,* Vol 3. Greenwich, CT: JAI.

Porter, L. W. & Roberts, K. H. 1976. Communication in organizations. Pp 1553-1589 in M. Dunnette (Ed.), *Handbook of industrial and organizational psychology.* Chicago: Rand McNally.

Powers, W. T. 1973. *Behavior: The control of perception.* Chicago: Aldne.

Salancik, G. R., Calder, B. J., Rowland, K. M., Leblebici, H., & Conway, M. 1975. Leadership as an outcome of social structure and process: A multidimensional analysis. Pp 81-101 in J.

G. Hunt & E. E. Larson (Eds.), *Leadership frontiers.* Columbus, OH: Kent University Press.

Shaw, J. B., Fisher, C. D., & Randolph, W. A. 1991. From maternalism to accountability: The changing cultures of MA Bell and Mother Russia. *Academy of Management Executive,* 5(1), 7-20.

Slocum, J. W. & Sims, H. P. 1977. The leader as manager of reinforcement contingencies: An empirical example and a model. Pp 121-139 in J. G. Hunt & L. L. Larson (Eds.), *Leadership: The cutting edge.* Carbondale, IL: Southern Illinois Umverslty Press

Slovic, P., Fischoff, B., & Lichtenstein, S. 1977. Behavioral decision theory. *Annual Review of Psychology,* 28, 1-9.

Snyder, M. 1979. Self-monitoring processes. Pp 86-124 in L. Berkowitz (Ed.), *Advances in experimental social psychology,* Vol 12. New York: Academic Press.

Snyder, M. & Gangestad, S. 1986. On the nature of self-monitoring: Matters of assessment, matters of validity. *Journal of Personality and Social Psychology,* 51(1), 125-139.

Staw, B. M. & Ross, R. 1980. Commitment in an experimenting society: A study of the attribution of leadership from administrative scenarios. *Journal of Applied Psychology,* 65, 249-260.

Stewart, R. 1979. Managerial agendas: Reactive or proactive. *Organizational Dynamics,* (Autumn) 34-47

——1982. A model for understanding managerial jobs and behavior. *Academy of Management Review,* 7, 7-13.

Taylor, M. S., Fisher, C. O., & Ilgen, D. R. 1984. Individuals' reactions to performance feedback in organizatlons: A control theory perspective. Pp 81-124 in G. Ferris & K. Rowland (Eds.), *Research in personnel and human resources management,* Vol 2. Greenwich, CT: JAI.

Tesser, A. & Rosen, S. 1975. The reluctance to transmit bad news. Pp 194-232 in L. Berkowitz (Ed.), *Advances in experimental social psychology,* Vol 8. New York: Academic Press.

Tetlock, P. E. & Manstead, A. 1985. Impression management versus intrapsychic explanations in social psychology: A useful dichotomy. *Psychological Review,* 92, 59-77.

Thomas, K. W. 1976. Conflict and conflict management. Pp 880-904 in M. D. Dunnette(Ed.), *Handbook of industrial and organizational psychology.* Chicago: Rand McNally.

Thompson, J. D. 1967. *Organizations in action.* New York: McGraw-Hill.

Trope, Y. 1975. Seeking information about one's own ability as a determinant of choice among tasks. *Journal of Personality and Social Psychology,* 32, 1004-1013.

Tsui, A. S. 1984a. A multiple-constituency framework of managerial reputational effectiveness. Pp 28- 44 in J. Hunt, D. Hoskmg, C. Schriesheim, & R. Stewart (Eds.), *Leaders and managers: International perspectives on managerial behavior and leadership.* New York: Pergamon.

——1984b. A role set analysis of managerial reputation. *Organizational Behavior and Human Performance,* 36, 64-96.

——1990. A multiple-constituency model of effectiveness: An empirical examination at the human resource subunit level. *Administrative Science Quarterly,* 35, 458-483.

Willerman, B., Lewitt, D., & Tellegen, A. 1960. Seeking and avoiding self-evaluation by working individually or in groups. Pp 42-64 in D. Wilner (Ed.), *Decision, values and groups.* New York: Pergamon Press.

Wood, R. & Bandura, A. 1989. Social cognitive theory of organizational management. *Academy of Management Review,* 14(3): 361-384.

Zammuto, R. F. 1984. A comparison of multiple constituency models of organizational effectiveness. *Academy of Management Review,* 9, 606-616.

Zuckerman, M., Brown, R. H., Fox, G. A., Lathin, D. R., & Minasian, A. J. 1979. Determinants of information seeking behavior. *Journal of Research in Personality,* 13, 161-174.

应对不一致的期望：应对策略及其管理有效性* ①

徐淑英（香港科技大学 加州大学欧文分校）
Susan J. Ashford（密歇根大学）
Lynda, ST. Clair（密歇根大学）
Katherine R. Xin（南加利福尼亚大学）

摘要：本研究检验了经理回应利益相关者期望差距的四种策略与上司、下属、和同事感知到的经理有效性之间的关系。所调研的两个样本包含410名经理、452名上司、1096名下属及1071名同事。结果显示，付出额外努力的策略和解释自己行动的策略与有效性评估呈正相关。试图改变他人期望策略和回避策略与有效性评估呈负相关。这些结果支持了经理适应性的自我调节的重要性，并突显了对利益相关者期望进行回应的价值。

研究组织层次和个人层次的研究者都会观察到经理和行政人员常常需要面对具有不同利益、需求和期望的各类利益相关者（例如，Gross, Mason, & McEachern, 1958； Kahn, Wolfe, Quinn, Snoek, & Rosenthal, 1964； Selznick, 1957； Wamsley & Zald, 1973； Whetten, 1978； Zald, 1970）。因此，应对冲突、处理矛盾的角色期望的能力是经理有效性的一个重要要求（Salancik, Calder, Rowland, Leblebici, & Conway, 1975； Tsui, 1984a； Whetten, 1978）。大量的研究已经关注了角色冲突和各种结果之间的关系，譬如绩效、压力及满意度（参见Fisher & Gittleson, 1983; Jackson & Schuler, 1985）。但经理具体会采取何种策略或行动去应对冲突的或矛盾的期望？近来已有研究（例如，Tsui & Ashford, 1994）开始解答这一问题，但是相对来讲概念上和实证上的研究工作还是太少。本研究要解决一个实质性的问题，就是关于经理有

* Tsui, A.S. Ashford, S. J., St. Clair, L., and Xin, K. R. 1995. Deal with discrepant expectations: Response strategies and managerial effectiveness. *Academy of Management Journal*, 38: 1515–1543.

① 感谢Katherine Beard, Regina O'Neill和Mary Tschirhart对论文初稿的有益评论，以及Jeffrey Edwards在统计分析方面给予的帮助。感谢Fuqua School of Business, Duke University以及Blair Sheppard为本研究提供了 一个样本。

效性和经理应对由期望差距所引起的角色冲突的策略之间的关系。利益的不匹配在本文中是指经理对于自身行为的期望和其所处环境中关键利益相关者对其行为期望之间的差距，关键利益相关者包括：上司、下属及同事。因此，我们重点关注的是个人–角色的冲突，而不是“不同来源之间”（inter-sender）的冲突（Katz & Kahn, 1966）。我们将这种特殊的角色冲突形式称为“期望差距”，并研究以下相关问题：① 经理通常采用什么策略应对来自上司、下属和同事对其的期望差距？② 利益相关者感知到的这些应对策略与经理的有效性之间是什么样的关系？

1. 概念背景和假设

保持利益相关者满意，至少在最低限度之上，是任何经理工作的一个重要组成部分。利益相关者决定给予还是保留对经理胜任工作所必须的资源，如信息、材料和自己的努力。这些决策部分取决于利益相关者对经理的主观评价。如果他们对经理的评价不错，则更可能提供支持。本文对经理有效性评估的处理，即突出了利益相关者主观评估的重要性，旨在强调印象管理在经理人员有效性评估中的重要作用。印象管理被定义为“试图控制别人对自己形成印象的过程”（Leary & Kowalski, 1990：34）。经理如果能够有效地呈现自己，相比那些不善于表现自己的经理，将得到更积极肯定的评价。Leary和Kowalski指出，人们通过展现那些自己觉得可以取悦他人的行为来创造一个良好的印象。与此相同，经理对利益相关者期望的回应可能被视为管理其印象的举动。

Tsui和Ashford（1994）提出了一个适应性的自我调节框架来描述一个经理如何“管理”利益相关者的需求和“应对”不匹配的角色期望。这种适应性的自我调节过程包括三个步骤：首先，经理对自己的行为建立一个标准。他们决定应该做什么，做多少。然后，他们通过搜集信息与寻求反馈来识别自己的行为与别人的期望之间存在的差距。最后，他们采取行动来缩减他们察觉的任何差距。在对此过程的初步研究中，Ashford和Tsui（1991）发现，识别差距的行为（通过主动地寻求反馈）和三类利益相关者——上司、同事和下属——评价的经理有效性相关。但是，在那个研究中，研究者假定的是：察觉了差距的经理有能力缩减这种差距，从而提高他们的有效性。本研究不会直接去评价这个缩减差距的过程。本研究重点关注的是经理在应对自己行为的期望（目标和标准）和利益相关者对他们行为的期望之间存在的差距时所采取的具体策略。

1.1. 缩减差距的应对策略

控制理论将缩减差距描述成一个比较简易的过程。识别到的差距会激励一个人改变自己的行为（Carver & Scheier, 1981）。然而，在管理情景下，缩减差距的过程可能要复杂得多，因为涉及了很多不同的回应策略。Tsui和Ashford（1994）描述了两种不同类型的缩减差距的策略。一种旨在提高经理的有效性，而另一种则旨在维护经理的自尊。Katz和Kahn（1966）将类似的类别称为“适应的”和“适应不良的”。这两种分类方法都是基于应对策略是指向利益相关者还是经理自身来进行分类的。那些直接应对由利益相关者引起的期望差距的策略，Tsui和Ashford（1994）将其称为“有效性导向的”，Katz和Kahn将其称为“适应的”。那些并不直接解决差距而只是暂时缓解经理人心理负担的策略，Tsui和Ashford将其称为“自尊导向的”，Katz和Kahn将其称为“适应不良的”。适应不良的策略是作为防御机制存在的，用以保护经理的自尊但并不处理识别到的差距。但是，这两种分类方法都存在一些问题。首先，任何应对策略都可能同时具有有效性和自尊两种结果。例如，一种缩减期望差距的策略不但与知觉到的有效性相关，而且同时也会提升经理的自尊。其次，适应的和适应不良的策略分类方法主要从评估者的角度来看待应对策略。有可能存在这样的情形，某些策略并不直接处理差距（所以从评估者的角度看并不是适应性的），但是从经理自己的角度却是适应性的。例如，忽略一个无理的利益相关者所提出的非常棘手的要求对经理来讲就是一个适应性的策略。从大局的角度看，当考虑利益相关者和经理自身的所有期望，不加区分地回应利益相关者所有的期望很可能会使经理严重地适应不良。

面对这些问题，我们对应对策略采取了一种稍微不同的分类方法，该分类既非从动机也非从结果角度出发。简单来说，我们采用“利益相关者导向”和“自我导向”两种类别。经理采取利益相关者导向的应对策略是希望直接应对期望差距，而自我导向的策略则关注经理自身的感受而非直接处理期望差距。这两种策略都是应对期望差距的合理方式。

1.1.1. 利益相关者导向的应对策略

我们识别出了三种此类策略，每一种都包含了在行为、期望或是评价方面的真实改变。首先，一名经理可以改变他自己的行为以便与利益相关者的期望更为一致。这样的变化可能包括做出额外的努力或改变行动。经理们可以做出不同程度的调节使得他们的行为变得更符合评估者期望其达到的绩效标准（Kahn *et al.*, 1964）。做出行为改变似乎是一种服从的策略，按照Staw和Ross（1980）的理论，这些服从性的行为可能会使得利益相关者觉得经理有效性低下。但是，我们认为，更努力地工作或是改变自己的行为显示出经理的迅速回应和灵活性，这个观点和经理效能的自我调节模型的观点是一致的。

缩减差距的第二种策略是通过影响评估者从而改变他们的期望（Kahn *et al.*, 1964）。例如，一名识别到自身行为和评估者对团队合作标准期望之间存在差距的经理可能会尝试说服评估者，让他们看到团队合作不好的一面。该策略试图改变评估者的期望使其更加符合经理自己的行为和标准。与之类似的策略是改变利益相关者对经理绩效或行为的观点的评价。在上例中，经理试图说服评估者，让他们相信自己的行为和团队合作不矛盾。在这种情况下，经理行为和评估者的期望都没有改变，但是对经理的评价或解释却改变了。这种策略类似于Tetlock和Manstead（1985）所说的印象管理中的“公众信念操纵”。显而易见，这种策略与印象管理中关于经理如何创造对自己有效性有利的评价观点是一致的。

第三个关于利益相关者导向的策略来自于Gross, Mason和McEachern（1958）曾提到的一个想法。在这种策略中，经理采取了一系列行动，同时为这样行动的原因向他们的利益相关者进行解释。也就是说，经理对自己已经采取或即将采取的行动提出一个社会性的解释，或是提供一个基本原理的解释（Bies, 1987）。采取这种策略的经理拥有强烈的信念，就是关于什么样的行动方针是最好的，什么样的是他愿意做的，即使这和利益相关者的期望有所出入。采取这种策略，经理并不指望改变行为或是影响利益相关者的期望；相反，如果经理的行为不能被接受时，这种策略旨在增加别人对自己行动的理解。虽然这种策略并未解决具体的差距问题，但是经理依然做出了自己的反应。因此，我们预期这种策略与感知到的有效性正相关。Staw和Ross（1980）在他们关于经理要有远见和采取独立行动能力的重要性的讨论中就突出了这种策略的价值。

1.1.2. 自我导向的应对策略

这类策略并不直接解决差距，但却从某种形式上保护了经理。这些策略可能并没有改变实际的差距，但却可能会减少经理心中的差距。一些经理并不立即或直接选择处理差距，其原因多种多样。这些策略可能从经理的角度来讲是适应性的，但是因为期望差距存在，所以也许并不能提高利益相关者对自己有利的评价。

一种自我导向的策略是扭曲现有的反馈，以此确认经理付出的努力依旧成功（Taylor, Fisher, & Ilgen, 1984）。这种策略从认知上减少了差距，但并未改变评估者实际的评价。类似的策略是扭曲那些包含不匹配的信息（“我认为我要的正是他们所要的”）。Katz和Kahn（1966）指出，使用这样一种“防卫机制”不可避免的结果就是经理的行为适应性变得越来越差。但是，这些策略也可能会有好处，那就是帮助经理保持自我效能感，这种自我效能感对于维持短期的持续努力是必不可少的（Carver & Scheier, 1981）。

第二种自我导向的、应对觉察到的期望差距的方式是降低个人标准，从而使得期望与结果一致（“不可能让每个人都满意”）。例如，Campion和Lord（1982）发现，不断重复的消极反馈可以降低学生对于成就的标准。再次强调，这种策略只是降低了经理心中的差距，并没有真正地解决经理和利益相关者期望之间的差距。所以，这个策略是适应不良的。

第三种自我导向的策略是完全避免对期望差距问题的处理或思考（Gross *et al.*, 1958； Moos & Billings, 1982）。Hyland（1987）将这种行为称为解脱。Kahn等（1964）描述了人们如何在行为上避免产生期望差距的反馈（如避免接触期望很高、很难应付的人）或是通过解脱的方法避免思考期望差距的问题（可能是抱有一丝希望，希望问题最终会消失或是利益相关者的想法会随着时间而改变）。经理也可能通过直接换工作来逃避产生所有问题的情境，行为上解脱自己。

换工作从根本上消除了由评估者造成的期望差距问题，所以被视为一种逃避。然而，也有一些其他的方式不用换工作而改变利益相关者的组成。例如，一名经理可以增加与自己标准相近的、有影响力的利益相关者。这种策略与建立合作关系的两步骤机制类似（Gargiulo, 1993）。通过这种策略，利益相关者的期望可以被其他经理关系网络中的利益相关者影响。经理们也可以通过排除期望高、难应付的利益相关者来进一步处理期望差距。通过消除或增加的办法来改变利益相关者组成的方法更适用于特定利益相关者（例如下属），而不太适宜另一些利益相关者（例如同事或上司）。然而，通过网络（例如, Kotter, 1982； Thomas, 1993），经理仍然可以影响同事或是上司的期望。

最后，经理也可以通过重新界定其“角色赋予者”群来阐释自己的工作，从而改变其评估者群体。经理可以将导致期望差距的评估者视为不属于角色赋予者的群体。这种方法类似于回避导致期望差距的评估者策略。在该策略下，经理的感觉会好一点，但期望差距本身依然存在。一般而言，这种调节评估者群的策略只有在不同评估者之间存在“人际的期望差距”时才有效（是适应性的），因为它调整了总体的期望，降低了群体内期望的异质性。但是它不是处理个体角色冲突的适应性策略，这种策略是无效的。因此，该策略不太可能与评估者感知到的有效性有相关关系，因为这些评估者的期望被忽略了或是他们被经理从其网络中除掉了。

1.1.3. 差距应对策略的总结和假设

借鉴和拓展现有文献，我们提出一系列旨在降低或解决期望差距的应对策略。其中的一些策略，例如改变利益相关者期望或解释所采取的行动，表明经理并不仅仅是被动的个体，总是通过改变自己的行为或付出更多努力来满足期望差距的行动者。相反，我们认为经理是具有主动性的行动者，他们通过影响利益相关者的观点和期望或是为自己的行动提供理论依据来管理自己的利益相关者。这里的基本论点是，那些了解利益相关者的期望并且致力于解决他们察觉到的期望差距的经理，比起那些避免去直接处理，或是完全忽视这些期望差距的经理，会得到更高的有效性评估。

那些重点关注经理自己的感受而非评估者期望的策略，对一些经理人员而言，只是一种暂时的心理应对机制，但并未真正处理察觉到的期望差距。因此，这些策略并不会与评估者感知到的经理有效性具有正相关关系，或者甚至会与之负相关。基于对差距—应对策略的分析，我们做出如下假设：

假设1：经理使用额外努力、影响期望以及解释他们行为的应对期望差距的策略，与利益相关者对经理有效性评价正相关。

假设2：经理使用解脱、避免处理期望差距的应对策略与利益相关者对经理有效性的评价负相关。

1.2. 差别应对策略和主动寻求反馈

通过主动寻求反馈以识别差距与后续差距缩减行为构成了适应性的管理者自我调节的完整过程。寻求反馈对有效性来讲是必要但不充分条件。为了获得适应性，经理需要基于反馈信息来采取正确的行动。因而，一个合理的论断是，差距缩减行动将中介寻求反馈与有效性之间的关系。因为，反馈提供了缩减差距的必要信息，而且缩减差距的行动会对有效性的感知产生影响。然而，上述中介关系，只关注了寻求反馈行为的信息诊断作用。Ashford和Cummings（1983）以及Morrison和Bies（1991）认为，寻求反馈还具有印象管理的目的——它传递出一种印象，那就是经理致力于自我提升，拥有自我效能感和自信心，以及重视他人。因此，寻求反馈应该也会对有效性产生直接的影响。Ashford和Tsui（1991）发现，主动地寻求反馈（定义为主动地且直接地寻找自己绩效的负面信息）与利益相关者评价的有效性正相关，即使控制了寻求反馈的信息诊断功能亦是如此。这种直接影响的关系是因为缩减差距的行动不太可能中介寻求反馈的印象管理功能。换句话说，寻求反馈，尤其是寻求负面的反馈，会提升感知到的有效性，即使当经理面对期望差距采取很少或没有采取行动，因为它表明了经理关心和重视利益相关者的意见。这些想法达成了如下假设：

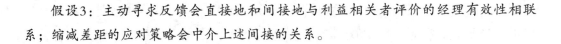

假设3：主动寻求反馈会直接地和间接地与利益相关者评价的经理有效性相联系；缩减差距的应对策略会中介上述间接的关系。

1.3. 对不同利益相关者期望差距的回应策略

面对复杂多样的利益相关者，并几乎无法同时满足他们的需求（Salancik *et al.*, 1975； Tsui, 1984b）的事实，经理应对某个给定的利益相关者的期望差距（个人—角色冲突）变得困难。权力和合法性理论以及印象管理文献，提供了预测经理面对多个个人—角色冲突将如何回应这些期望的理论基础。当面对上司的期望差距时，相比面对处于组织较低水平的、具有类似期望差距的评估者时，经理更有可能采取行动（Pfeffer & Salancik, 1978； Tschirhart, 1991； Tsui, 1990）。因为不能满足上司的期望，比起不能满足下属或同事的期望，经理可能会觉得自己会失去更多，至少在短期内如此。针对期望识别，Ashford 和 Tsui（1991）提出了关于差距缩减的相似论断。她们提出假设并发现，相对于从下属和同事那里，经理会更主动地从上司那里寻求反馈信息。这一逻辑也与印象管理的观点相符，因为人们会花更多工夫在那些有权力的“听众”面前管理自己的印象（Gardner, 1992； Gergen & Taylor, 1969）。在该情境中，权力通常被定义为观众能给予印象管理者奖励的能力（Arkin, 1981； Jones, 1964）。印象管理的动机理论指出，经理在处理来自上司的期望差距时，相对于面对下属或同事而言，更有可能运用诸如实际行为改变或者额外努力这样的策略。由于精力是有限的，经理必须权衡和取舍，同时基于对权力关系的分析，我们认为经理在面对下属时最不会使用这些适应性回应策略。根据上述推理，我们得出下面的假设：

假设4：相对于对下属或同事，经理对上司会更经常使用利益相关者导向的期望回应策略。他们对下属最不常使用这种策略。

1.4. 总结

显然，本文描述的适应性自我调节过程（包括期望差距识别和期望差距缩减）和关注的结果变量（感知到的有效性）都与印象管理密切联系。然而，这并不是说整个过程是要创造虚假的印象。感知到的有效性不但可以体现经理成功地操纵评估者对其有效性的评估，同时也可以反映出他们真实的绩效。有效的管理者将不断突出、强调他们认为可以取悦利益相关者的行为，或利益相关者往往会忽略的积极行为（Leary & Kowalski, 1990）。如Leary和Kowalski所言，“印象管理是一种策略，但不一定具有欺骗性”（1990：40）。在某个时间点，区分欺骗与真相并不容易，但我们相信欺骗不能在长期取得成功。所以，我们相信印象管理动机也可以扮演一定的威慑作用。经理将不会采取从他们的立场看好似具有吸引力的策略（比如回避），因为他们将顾虑该策略的未来影响，有损他们的形象。感知到的有效性是否是真实的有效性超出了本文的研究范围。我们采取的观点与其他主张采用主观评估有效性的研究者们一样，认为有效性的评价不可避免地是主观的（例如, Campbell, 1976； Scott, 1977； Steers, 1977； Tsui, 1984a），而且这些评价对经理的工作生活有重要的影响。这些评价决定了某个利益相关者愿意与经理共享的时间、资源和支持。因此，经理用来管理利益相关者的期望、知觉、观点以及主观评价的过程对他们的职业成功非常重要。识别和缩减差距就是经理用来管理由复杂多样的利益相关者所构成的环境的两个过程。

2. 方法

2.1. 样本

本研究包括两个样本。[①]关于差距回应策略和感知到的有效性之间关系的假设（假设1和假设2）以及关于每一种策略对三种不同利益相关者运用的程度（假设4）是用两个样本来检验的。主动寻求反馈和感知到的有效性之间的直接和间接关系只用了第二个样本进行检验。

第一个样本由一个公共服务部门的316名中层经理组成。这些经理都是诸如运营、支持服务、市场营销、财务以及人力资源这种职能部门的领导。他们的平均年龄是47.3岁（s.d. = 7.1），平均教育水平是16.1年（s.d. = 2.1），平均工作年限是20.7年（s.d. = 7.5）。女性占样本总量的13.4%，少数人种占样本总量的20.3%。

第二个样本由服务行业中一家私营的以营利为目的财富500强公司中的94名中层经理组成。这些经理都是项目经理或是诸如运营、市场营销以及工程这种职能部门的领导。他们的职责权限与第一个样本中的公共服务部门中的经理类似。此样本，

① 考虑到一个样本的局限性，我们决定用两个不同的样本来检验我们的假设，一个来自公共部门，另一个来自于私人部门。经理的绩效环境在这两种环境中至少有两点差别：第一，公共部门的绩效压力比私人部门更小。第二，在公共部门，相比私营的以营利为目的公司，对个人往往有定义得更好的规则、程序以及职位描述。所以，在这两种环境下，差距需求的程度和经理回应的程度在质量和数量上都会有差别。但两个样本都属于服务行业。

经理的平均年龄是44.4岁（s.d. = 5.4），平均教育水平是17.2年（s.d. = 1.4），平均工作年限是13.7年（s.d. = 6.9）。样本中女性和少数人种数量比公共服务部分更少，分别占了样本总量的7.4%和5.5%。

两个样本中的成员都参与了由公司赞助、与一所大学的商学院合作持续一周的经理培训课程。第一个样本中的经理参加了一所东海岸大学的商学院，而第二个样本中的经理参加了一所西海岸大学的商学院。课程主题都包含了战略、财务、市场营销以及人力资源管理。参与课程的经理是由上司提名并由高级经理选择出来的。绝大多数参与者都被认为拥有很高的潜力。但是，我们认为，即使是成功的经理也将以不同的方式应对期望差距，而且不同的利益相关者评判他们在处理期望差距上的有效性时也会存在差异。

2.2. 程序

数据收集了关于经理（后称“目标经理”）的领导风格、决策、沟通行为以及影响策略。本研究需要的变量嵌入在这些量表中。这些数据是在经理培训项目开始前不到一个月之内收集的。经理对问卷中的一些测量在项目进行过程中提供了反馈。

两个样本在程序上只有一点细微的差别。在第一个样本中，每一个目标经理都提供了他们的直接上司、五名同事以及七名下属的姓名和住址。研究人员从经理给出的名单中随机挑选了三名同事和三名下属。所以，在第一个样本中总共有七名利益相关者提供了目标经理的信息。在第二个样本中，每一名目标经理提供了我们需要人员的姓名和住址，这些人员是两名比自己级别高的经理（上司），三名与自己同级别的经理（同事），以及三名比自己级别低的成员（下属），八名利益相关者都提供了目标经理的信息。[②]

每一利益相关者和目标经理都完成了一个由研究人员直接用邮件寄出和直接接收的问卷。我们保证公司中没有任何人能够看到填好的问卷或个人反馈报告。反馈只提供给了目标经理一个人。从利益相关者收集的数据在个人反馈报告中被合并，所以保证了匿名性。我们对问卷进行了编码，以使目标经理的数据和利益相关者的数据进行匹配。回答率在两个样本中都非常不错：第一个样本总共有316名目标经理，回答率达到90%；利益相关者有272名上司（77%），826名下属（78%），以及

② 对于第二个样本，我们只能够得到三名同事和三名下属的信息是因为帮助我们抽样的公司代表坚持认为这样的数量足够获取对经理的反馈。我们随机使用三名下属之中的两名来检验假设，我们发现结果和使用三名下属的结果几乎一致。对于同事和上司我们也发现了类似的结果。在这里，我们报告的结果是使用所有的上司、下属和同事而得出的。

808名同事（76%）。第二个样本总共有94名目标经理，回答率达到95%；利益相关者有180名上司（96%），270名下属（96%），以及263名同事（93%）。

2.3. 测量

假设1到3都涉及同一个因变量——被每类利益相关者感知到的总体有效性——以及两组自变量，差距应对策略和主动寻求反馈策略。假设4只包括了差距应对策略。

2.3.1. 总体有效性

该变量使用名誉绩效量表测量，此量表由Tsui（1984b）开发，并由 Ashford和Tsui（1991）使用过。这一个由3个条目组成的有效性量表测量了目标经理在何种程度上满足了利益相关者期望的绩效。

2.3.2. 缩减差距

为了侧重在他人能观察到的策略上，我们主要选择了行为的方法。所以，诸如歪曲反馈信息和修改自己的内心标准这样的策略被排除在外。同样，真实的岗位改变也被排除在外，但是包括经理被利益相关者知觉到的尝试改变岗位的努力。针对Latack（1986）测量与角色冲突的行为和逃避策略量表，我们修改了其中一个子集的条目，并且加入了一些条目。总共16个条目来测量五种策略：付出额外努力（5个条目）、影响期望（3个条目）、解释自己的行动（2个条目）、感知到的解脱（4个条目），以及感知到的改变利益相关者组成的尝试（2个条目）。前三个是利益相关者导向的策略，后两个是自我导向的策略。利益相关者要评价目标经理在面对利益相关者的期望差距时使用这16种策略的频率。量表的回答分数从1“几乎从不使用”到5“近乎经常使用”。这些条目曾让30名MBA学生填写。他们完成了问卷并且对条目的用词提出了意见。条目分析显示，每一个条目都具有差异性，并且只有少量条目需要轻微修改。

第一个样本的316名经理的数据被用于探索性因素分析中，运用正交旋转和Kaiser的标准以识别16个条目的潜在维度。我们定义了5个先验因子，但是其中4个因子解释了61%的方差，16个条目中的14个明显负荷在这4个因子上。一个来自额外努力的条目和一个来自解释策略的条目同时负荷在两个因子上（负荷的差异小于0.10），而且这两个条目是所有条目中负荷最小的。所以，它们被剔除掉了。两种自我导向策略（感知到的解脱和工作变化尝试的感知）的6个条目清晰地负荷在一个因子上。这些条目显示了一个综合的回避策略。五个付出额外努力的条目中的4个清晰地负荷在第二个因子上。三个影响期望的条目全都清晰地负荷在第三个因子上。测

表1：对缩减差距和总体有效性项目的验证性因子分析结果

项目编号	项目	因子				
		1：回避	2：付出额外努力	3：影响期望	4：解释	5：感知到的有效性
8.	将他或她尽可能地与我或导致这一情境的人分开	0.78（0.66）				
13.	试图重新定义他或她的工作以避免与我的工作重叠	0.66（0.62）				
12.	等待并观察形势的变化	0.62（0.59）				
15.	如果可以的话，试图改变工作以改变当前局面	0.61（0.55）				
6.	尽最大努力改变当前局面	0.59（0.67）				
3.	如果可以的话，避免就当前局面进行思考	0.58（0.64）				
5.	贡献出更多的时间和精力以满足我的期望		0.83（0.84）			
3.	试图工作得更快、更有效来满足我对他的期望		0.76（0.80）			
1.	尽最大努力照着他或她所认为的我的想法行事		0.74（0.74）			
11.	试图从其他人那里得到帮助，来满足我对他或她的期望		0.49（0.58）			
7.	试图使我确信我对他或她的期望是不合理的			0.65（0.61）		
2.	试图改变或修正我的期望			0.59（0.58）		
14.	从他人处获取帮助，该人有能力使我确信我对该经理的期望应当修正			0.59（0.49）		
10.	决定他或她所想的是正确的，并向我解释				0.51（0.53）	
a.	总体上，该经理在多大程度上按照你所喜欢的方式做他/她的工作？					0.94（0.88）
b.	在多大程度上，他/她的管理角色及职责满足了你的期望？					0.88（0.87）
c.	如果你有方法，在多大程度上你会他/她做其工作的方式？（反向编码）					0.68（0.66）

注：（1）项目编号指该项目在问卷中的序号；（2）括号内的数字是该项目的负载，该负载是基于用样本一数据进行的探索性因子分析所得出的。

量解释的两个条目中只有1个负荷在第四个因子上。基于这些结果，我们保留了四因子14个条目。在另一项独立的因子分析中，我们将三个测量总体有效性的条目包含了进来。于是，出现了一个五因子的结构，三个有效性的条目非常高且清晰地负荷在一个因子上。在该分析中，缩减差距的负荷模式与没有三个有效性条目的因子分析非常类似。这一结果告诉我们缩减差距和总体有效性是不同的构念。

第二个样本94名经理14个回应的条目和3个有效性的条目的数据用于验证性因子分析（CFA）。验证性因子分析使用最大似然法生成的卡方是402.46，自由度为109，所以每一个自由度的卡方是3.69。拟合优度指数是0.91，残差均方根是0.065。这些结果显示，实证数据和因子结构的理论模型之间有很好的拟合（Wheaton, Muthen, Alwing, & Summers, 1977）。表1显示出使用样本2标准化后的验证性因子分析结果，还有使用样本1做的探索性因素分析的因子负荷。

2.3.3. 主动寻求反馈

这是用Ashford和Tsui（1991）开发的5条目量表测量的。寻求积极和消极反馈的倾向分别使用两个条目进行了测量。寻求反馈的方法，包括直接询问、跟踪收集直接线索、跟踪收集间接线索，分别用3个条目进行测量。这些量表的数据只从第二个样本中获得。验证性因子分析13个条目的五因子结构生成的卡方是135.56，自由度为55（每一个自由度的卡方是2.46）。拟合优度指数是0.96，残差均方根是0.048。这些结果显示，这一系列反馈量表可以应用到我们的样本中。

所有的多条目量表的α系数、均值、标准差以及相关系数显示在表2中。除了一个量表，其余的信度都可以接受。它们处于0.60 到0.90之间，中位值为0.78。影响期望量表的α系数界于0.54 到0.70之间，中位值为0.66。所以，此量表的结果应该谨慎对待。

2.4. 分析

我们使用多元回归分析来检验假设1到3。对于假设1和2，四种缩减差距回应策略是自变量，总体有效性评分是因变量。对于假设3，我们使用了分层分块回归分析。五个寻求反馈的变量作为分块变量首先放进回归方程。然后，差距回应的变量在第二步放进回归方程。为了检验假设4，我们把三类利益相关者作为一组变量，对四种差距回应策略做了一个总体的多变量方差分析（MANOVA）。如果总体的MANOVA显著，那么我们就进行单因素方差分析（ANOVA）和Duncan多范围检验，从而来识别出三个群体间每种策略特有的差别。

表2：均值、标准差和相关系数

	变量	样本1													样本2		
		均值	s.d.	α	Y	X_1	X_2	X_3	X_4	X_5	X_6	X_7	X_8	X_9	均值	s.d.	α
上级																	
Y	总体有效性	5.79	0.98	0.78							0.38***	−0.30***	0.27***	−0.57***	5.30	1.31	0.93
X_1	消极反馈	3.32	0.98	0.80	0.34***												
X_2	积极反馈	2.14	0.71	0.65	−0.16	−0.10											
X_3	直接询问	2.72	0.96	0.81	0.13	0.58***	−0.00										
X_4	收集直接线索	3.36	0.88	0.76	0.16*	0.23**	0.03	0.39***									
X_5	收集间接线索	1.96	0.94	0.82	−0.07	0.12	0.03	0.38***	0.42***								
X_6	付出额外努力	3.63	0.63	0.60	0.36***	0.29***	−0.04	0.22**	0.44***	0.19*		−0.3	0.35***	−0.26***	3.61	0.64	0.62
X_7	影响期望	2.40	0.65	0.54	−0.10	−0.05	0.15	0.10	−0.08	0.16	−0.15		0.15**	0.46***	2.27	0.72	0.65
X_8	解释	3.75	0.88		0.21**	0.10	−0.10	0.26***	0.31***	0.28***	0.24**	0.16		−0.11*	3.72	0.91	
X_9	回避	1.49	0.58	0.81	−0.44***	−0.39***	0.15*	−0.09	0.05	0.22**	−0.23**	0.27***	−0.06		1.56	0.61	0.81
下属																	
Y	总体有效性	5.52	1.18	0.85							0.18***	−0.23***	0.34***	−0.61***	5.31	1.44	0.90
X_1	消极反馈	2.57	1.09	0.81	0.34***												
X_2	积极反馈	1.98	0.87	0.79	−0.17**	0.09											
X_3	直接询问	1.86	0.86	0.80	0.26***	0.57***	0.11										
X_4	收集直接线索	3.12	0.92	0.72	0.23***	0.37***	0.06	0.44***									
X_5	收集间接线索	1.86	0.86	0.75	0.03	−0.16***	0.29***	0.19***	0.30***								
X_6	付出额外努力	2.70	0.77	0.76	0.30***	0.39***	−0.04	0.29***	0.25***	0.08		0.20**	0.27***	−0.01	2.19	0.86	0.79
X_7	影响期望	2.16	0.68	0.67	−0.30***	0.01	0.23***	−0.02	0.00	0.13*	−0.09		0.09*	0.38***	1.95	0.69	0.55

续 表

	变量	样本1 均值	s.d.	α	Y	X_1	X_2	X_3	X_4	X_5	X_6	X_7	X_8	X_9	样本2 均值	s.d.	α
X_8	解释	3.69	0.88		0.26^{***}	0.29^{***}	0.08	0.26^{***}	0.27^{***}	0.05	0.27^{***}	0.13^{*}		-0.26^{***}	3.64	1.02	
X_9	回避	1.65	0.60	0.80	-0.50^{***}	-0.16^{**}	0.22^{***}	−0.11	-0.12^{*}	0.09	−0.03	0.39^{***}	-0.13^{*}		1.71	0.72	0.83
同级																	
Y	总体有效性	5.43	1.16	0.88							0.19^{***}	-0.30^{***}	0.27^{***}	-0.49^{***}	5.15	1.31	0.88
X_1	消极反馈	2.96	1.01	0.84	0.29^{***}												
X_2	积极反馈	2.15	0.90	0.80	-0.17^{*}	−0.07											
X_3	直接询问	2.27	0.92	0.73	0.23^{***}	0.53^{***}	−0.02										
X_4	收集直接线索	3.15	0.89	0.77	0.20^{**}	0.19^{***}	0.14^{***}	0.46^{***}									
X_5	收集间接线索	1.89	0.88	0.69	0.06	0.18^{***}	0.15^{***}	0.36^{***}	0.38^{***}								
X_6	付出额外努力	3.21	0.78	0.73	0.32^{***}	0.34^{***}	−0.10	0.23^{***}	0.34^{***}	0.11		-0.08^{*}	0.14^{***}	-0.10^{**}	2.85	0.84	0.79
X_7	影响期望	2.56	0.75	0.63	-0.23^{***}	-0.18^{**}	0.19^{***}	−0.05	−0.00	0.06	-0.16^{**}		0.07^{*}	0.50^{***}	2.41	0.82	0.70
X_8	解释	3.86	0.84		0.19^{**}	0.09	−0.07	0.02	0.14^{**}	0.14^{**}	0.23^{***}	0.11^{*}		-0.19^{***}	3.72	0.86	
X_9	回避	1.71	0.63	0.77	-0.48^{**}	-0.27^{***}	0.25^{***}	-0.24^{***}	−0.11	0.01	-0.23^{***}	0.46^{***}	−0.06		1.78	0.70	0.83

注：（1）对角线上方的数字是样本1的，样本数量分别为，上级272，下属826，同级808；对角线下方的数字是样本2的，样本数量分别为，上级180，下属270，同级263。（2）* 表示$p<0.05$，**表示 $p<0.01$， *** 表示$p < 0.001$。

2.4.1. 验证模型同等性的假定和检查数据质量

在假设1和假设3中，我们假定经理会对所有下属在行为上完全类似，所以对自变量和因变量之间关系模型的回归对某一利益相关者群体内是相同的。这一假定可以用Chow检验（Greene, 1990）进行验证。结果支持了特定利益相关者组内同等性的假定，从而合理化了我们对每一类利益相关者内样本数据合并分析的做法。

我们对两个样本中三类利益相关者中的每一个的模型同等性并未做出假定。通过Chow检验，来自领导的数据模型在两个样本上存在差别（F = 5.87, p <0.05），但是同事和下属模型并无差别。结果显示，公司间在处理期望差距的不同策略的可用性上存在潜在的差别，这证明分别对待两个样本是正确的。①

我们在进行假设检验之前对数据的质量做了两个额外的检查：其一，检查了自变量之间的多重共线性，其二，检查了同源方差问题。表2显示的自变量之间的相关系数用来检查多重共线性。对于第一个样本，最大的相关系数是0.58，中值是0.13。对于第二个样本，最大的相关系数是0.58，中值是0.08。相关系数的数值表明，在自变量中不存在多重共线性的问题。②

我们也使用了很多程序来避免同源方差问题或是检验出其程度，这些方法是由Podsakoff和Organ（1986）以及Williams, Cote和Buckley（1989）建议使用的。第一，我们尽可能在问卷中将因变量放在自变量后面，避免和减少回答者内隐的有效性理论。第二，我们发现第一个没有旋转的因子解释了第一个样本中总共65%方差里面的28%，解释了第二个样本中总共67%方差里面的21%。第三，我们进行了验证性因子分析，发现先验的理论框架相对于较少因子结构具有更好的拟合优度。这些检验并未消除我们研究中的共同方法问题，但表明这并非一个严重的问题。

3. 结论

表3的模型A和模型B1提供了假设1和假设2的分析结果。两个样本的结果非常相似。两个样本的三类利益相关者模型中，额外努力策略和解释策略都与总体有效性评价正相关。第一个样本中的三类利益相关者模型中，影响期望的策略与总体有效

① 我们认为将两个样本合并起来，使用一个哑变量来检验样本是否存在差异是不正确的。因为一个哑变量只能显示这两个样本在因变量是否有差异。我们认为对两个样本分开来检验系数是非常重要的。这么做是一种更为保守的做法，因为第二个样本比第一个样本数量少很多。使用小样本更难发现显著的结果，所以对第二个样本的重复可以使我们的研究发现更有普遍推广能力。

② 对于多大的相关度构成严重的多重共线性并没有一个明确的准则。通常的指标是超过0.75。Green（1978：277）提供了一个检验方法，如果任何一个自变量和其他自变量之间的相关系数均没超过因变量和其对应的自变量之间的相关系数，多重共线性就并不是问题。两个样本都通过了这一检验。

表3：预测总体有效性的回归分析结果

自变量	上级				下属				同级			
	A	B1	B2	B3	A	B1	B2	B3	A	B1	B2	B3
寻求反馈行为												
寻求消极反馈策略			0.35***	0.17*			0.25***	0.13*			0.24***	0.12*
寻求积极反馈策略			−0.12†	−0.07			−0.21***	−0.07			−0.17***	−0.01
直接询问策略			−0.10	−0.04			0.09	0.03			0.03	0.01
收集直接线索			0.22***	0.12			0.16*	0.10			0.18**	0.09
收集间接线索			−0.14†	−0.10			−0.03	0.01			−0.04	−0.01
ΔR^2				0.04				0.04**				0.02
差距缩减方法												
付出额外努力	0.21***	0.27***		0.21**	0.15***	0.26***		0.18***	0.12***	0.22***		0.15**
影响期望	−0.11*	0.05		0.07	−0.06*	−0.12**		−0.13*	−0.11**	−0.03		−0.02
解释	0.17**	0.12†		0.11	0.16***	0.13**		0.09†	0.19***	0.12*		0.12*
回避	−0.45***	−0.35***		−0.27***	−0.54***	−0.42***		−0.37***	−0.39***	−0.39***		−0.36***
ΔR^2				0.13***				0.21***				0.17***
adjusted R^2	0.41	0.24	0.15	0.26	0.41	0.35	0.19	0.38	0.29	0.29	0.13	0.30
F	46.90***	15.39***	7.01***	7.86***	144.97***	35.90***	11.81***	18.47***	81.62***	26.70***	8.72***	12.92***
自由度	4,265	4,174	5,172	9,168	4,808	4,258	5,255	9,251	4,793	4,253	5,250	9,246
估计的标准误	1.01	0.85	0.90	0.84	1.10	0.98	1.10	0.96	1.11	0.96	1.06	0.96

注：（1）模型A是样本1的结果，模型B是样本2的结果，其中模型B1只包含差距缩减变量，模型B2只包含主动寻求反馈变量，模型B3同时包含了两类变量；（2）+ 表示$p<0.10$，* 表示$p<0.05$，**表示 $p<0.01$，*** 表示$p<0.001$。

表4：不同利益相关者的差异缩减策略

	样本1							样本2						
	上级		下属		同级			上级		下属		同级		
变量	均值	s.d.	均值	s.d.	均值	s.d.	F	均值	s.d.	均值	s.d.		s.d.	F
付出额外努力	$3.61^{a,b}$	0.64	2.19^{c}	0.86	2.85	0.84	332.63^{***}	$3.64^{a,b}$	0.61	2.68^{c}	0.74	3.17	0.78	95.86^{***}
影响期望	$2.27^{a,b}$	0.72	1.95^{c}	0.69	2.42	0.82	77.87^{***}	$2.36^{a,b}$	0.62	2.22^{c}	0.67	2.57	0.75	13.88^{***}
解释	3.72	0.91	3.64	1.02	3.71	0.86	1.50	3.73	0.92	3.67	0.90	3.81	0.82	1.59
回避	$1.56^{a,b}$	0.61	1.71	0.72	1.78	0.70	9.62^{***}	$1.45^{a,b}$	0.55	1.65	0.58	1.71	0.63	11.28^{***}
MANOVA F			99.29^{***}							30.69^{***}				
Wilks's λ			0.68							0.72				

注：*a*. 上级和下属之间的得分差异显著。

b. 上级和同级之间的得分差异显著。

c.下属和同级之间的得分差异显著。

* 表示$p<0.05$，**表示 $p<0.01$， *** 表示$p<0.001$。

性负相关，但是第二个样本只有下属模型中呈现负相关关系。因此，假设1中的三种适应性策略中的两种得到了支持。假设2得到了完全的支持。回避策略在两个样本三类利益相关者模型中都与感知到的有效性呈负相关。

模型B2和B3合在一起验证了假设3。在三类利益相关者模型中，反馈变量整体（模型B2）与总体有效性显著相关。最重要的变量是寻求负面反馈和跟踪收集直接线索。它们与三类利益相关者的有效性评价都显著。寻求积极反馈与下属和同事的有效性评价均显著（系数为负），但是与上司评价的有效性只是边际显著（$\beta = -.12, p < 0.10$）。模型B3包含了在第二步放进回归方程作为集区变量的差距回应策略。引入回应策略引起的增量解释度（ΔR^2）在三类利益相关者模型中都高度显著，对于寻求反馈的集区变量的拟合度大幅降低。但是，在模型中将回应策略加入到回归方程中后，寻求负面反馈与有效性评价的系数仍然保持显著相关。这一结果支持了假设3，因为主动寻求反馈与有效性感知之间直接的关系。同时，主动寻求反馈对于有效性评估的影响也被差距缩减回应策略所中介。此外，差距缩减回应策略作为集区变量（模型A和B1）解释了感知到的有效性评价的24%到41%的方差，主动寻求反馈集区变量（模型B2）解释了有效性评价3%到19%的方差。

表4中是假设4的结果。两个样本总的MANOVA均显著。样本1的Wilks λ是0.68（$F = 99.29, p < 0.001$）样本2的Wilks λ为0.72（$F = 30.69, p < 0.001$）。均值配对进行对比的单因素方差分析为假设4提供了支持。与假设4一致，当面对来自上司的期望差距时，经理更有可能会付出额外的努力。而他们面对下属的期望差距时最不常使用这一策略。配对对比都呈现显著。三个组在影响期望上的均值也同样有显著的差距。但是，差距的方向并不是完全与假设一致。与假设4相反的是，经理最常对同事使用这一策略而不是对上司。与假设4一致的是，经理最不常对下属使用这一策略。三个组之间在解释策略上并没有差距。经理对三类利益相关者使用这一策略的程度相差无几。结果还显示出一个没有预料的发现，即经理最不常对上司使用回避策略。他们对同事和下属使用回避策略的几率基本相同。

4. 讨论

本研究解答了两个相关的问题：经理如何处理来自多利益相关者的期望差距？哪种策略与上司、下属和同事感知到的经理的总体有效性密切相关？我们提出了一系列在应对期望差距时各有侧重的策略，它们要么侧重于利益相关者，要么侧重于经理自身。因子分析识别出四个不同的处理期望差距的策略。利益相关者能够区分三种利益相关者导向的策略及一种只关注经理自身导向的回应策略。后者涉及各种

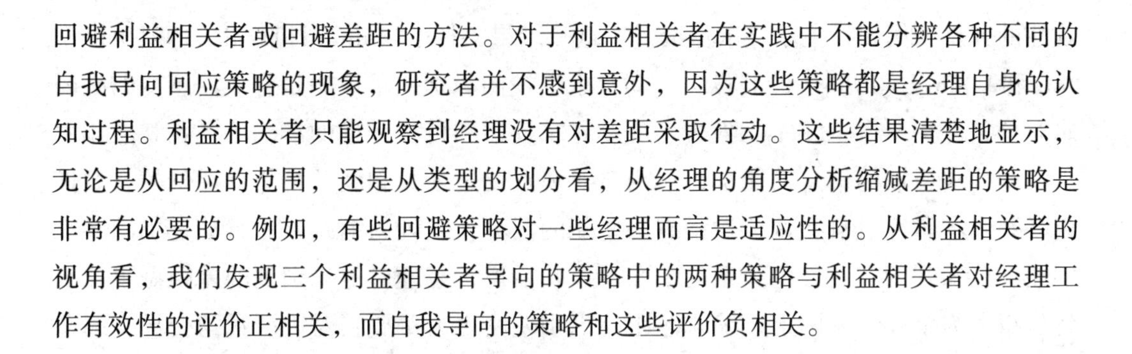

回避利益相关者或回避差距的方法。对于利益相关者在实践中不能分辨各种不同的自我导向回应策略的现象，研究者并不感到意外，因为这些策略都是经理自身的认知过程。利益相关者只能观察到经理没有对差距采取行动。这些结果清楚地显示，无论是从回应的范围，还是从类型的划分看，从经理的角度分析缩减差距的策略是非常有必要的。例如，有些回避策略对一些经理而言是适应性的。从利益相关者的视角看，我们发现三个利益相关者导向的策略中的两种策略与利益相关者对经理工作有效性的评价正相关，而自我导向的策略和这些评价负相关。

4.1. 差距回应策略和感知到的有效性

回归结果显示了，差距缩减回应策略和三类利益相关者评价的总体有效性之间的系统性关系。与假设1和假设2一致，我们发现付出额外努力和回避策略与有效性联系最强且关系稳定，前者呈现正相关，后者呈现负相关。解释自己的行动策略也与有效性正相关，虽然在三类利益相关者中的强度和稳定性存在一些差异。但是这一发现与 Staw和Ross（1980）对于强的和一贯性的领导概念一致。不过，很小的系数说明，对自己的行动提供解释只意味着有限的回应。评估者可能不能理解这个解释，或者即使可以理解，也不接受经理提供的解释。

影响别人的期望和有效性之间系数为负是出乎研究者意料的，基于控制理论提出的预测（假设1）。该系数应该为正。Kotter（1982）观察到有效的经理会主动地和他们的利益相关者就目标及进程进行协商。Kotter也指出，经理和他的利益相关者对目标和计划的协商与其有效性呈正相关。这样看来，我们的发现更让人惊讶。本研究的结果意味着，由于因变量测量的是感知到的有效性，因而尝试改变别人的期望将是非常难，并且是高成本的。即就进程和资源协商与影响进程和资源，是不同的两回事。另外，利益相关者可能会误解经理对他们的需求缺乏尊重或是把他们的期望视做不合理要求。这很有可能是，涉及的具体事件和期望的类型调节了回应策略与感知到的有效性之间的关系。此外，在两个样本中，经理对同事，比起其他两种利益相关者，更常使用期望影响策略。这一发现与之前一个对影响策略的研究结论一致，即经理更常对同事，比起对上司或下属，使用交换或是协商（讨价还价）的策略（Kipnis, Schmidt, & Wilkinson, 1980）。

4.2. 识别差距，缩减差距，以及感知到的有效性评估之间的关系

与假设3一致，在控制了识别差距对有效性作用的基础上，缩减差距还解释了有

效性的方差（例如，主动寻求反馈）。这一结果支持了 Ashford和Tsui（1991）以及Tsui和Ashford（1994）的假设，主动寻求反馈的识别差距策略是有效性感知的必要非充分条件。Ashford和Tsui发现，主动寻求反馈和目标经理的准确的自我观点相关（表明寻求反馈的信息功能），这个自我观点反过来又和利益相关者评价的有效性相联系。本研究对自我调节过程有一些新的洞见，经理的缩减差距行动是主动寻求反馈和感知到的有效性的关系的中介。换句话说，经理对他识别到的差距做了什么就显得尤为重要。实际上，缩减差距比识别差距更为重要：对因变量的变异，缩减差距解释了有效性评价的变异是识别差距所解释的两倍。

本研究的结果进一步证实：寻求负面反馈除了信息收集的功能外，还充当了印象管理的功能。当控制了差距回应行为的影响后，寻求负面反馈仍与有效性评价正相关。这说明一名乐意与利益相关者讨论其业绩问题及其弱点的经理往往能给利益相关者留下良好的印象。

关于寻求反馈策略的信息收集功能，需要指出的是，当控制了假设中提出的缩减差距行动的影响后，跟踪收集直接线索的影响消失了。这一发现与我们在假设提出的跟踪收集反馈线索策略的信息功能及其缩减差距的中介作用是一致的。

4.3. 另外的发现

研究结果也使我们可以对经理典型的回应模式与有效的回应模式（与有效性评分高相关的模式）进行比较。表4列举的是典型的回应模式，表3列举的是回应模式与有效性评估的关系。一般而言，经理最常使用解释策略，其次是额外努力策略，经理不太使用影响期望的策略，最不常用回避策略。如表3所示，付出额外努力与感知到的有效性的正向关系最强。解释策略次之。影响期望和回避的策略与有效性评价负相关。表2提供了典型的回应模式之间关系的更多信息。使用额外努力的经理同样也倾向于使用解释策略。然而，这两种策略的使用和影响期望与回避的策略负相关，后两种策略之间存在正相关关系。总结以上发现表明，有效的经理倾向于使用额外努力和解释的策略，而低效的经理倾向于使用影响期望和回避的策略。最后，三类利益相关者模型的回归系数和Chow检验的系数表明，三种回应模式都可以运用于三类利益相关者。识别—回应策略和有效性关系在不同利益相关者之间的一致性，与 Ashford和Tsui（1991）关于寻求反馈和有效性关系的一致性发现一致。

本研究的结果进一步表明，寻求反馈，作为一种识别差距策略与特定的缩减差距策略之间存在一些系统的关系。例如，寻求负面反馈和回避策略负相关，但是寻求正面反馈则与之正相关。这一发现表明，寻求正面回馈策略，如同回避策略，可能有利于保护经理的自尊。低自尊的经理相对更不太会去寻求负面反馈因为这会威胁到自我（自尊）（Janis & Mann, 1977； Miller, 1976）。低自尊的经理同样也会倾向于避免识别期望差距。此外，寻求负面反馈和额外努力的差距回应策略相关。这似乎意味着对负面反馈感兴趣的经理同样也愿意通过额外努力这样的行动去对利益相关者的期望负责。我们无法了解目标经理是否真正地满足了利益相关者的期望，但是利益相关者感知到他们的行为是有效的。可能利益相关者感知到目标经理在尽最大努力去做利益相关者希望他们做的。这一解释又与印象管理的观点相一致。

4.4. 局限与未来研究

本研究有以下局限：

第一，文中涉及的差距回应策略来自于Tsui和Ashford（1994）的适应性自我调节框架以及工作压力的文献。同时这些策略也主要来自于利益相关者的视角。现实中，经理可能使用一些目前的研究没有涉及的其他方法。未来后续要通过结合经理人及利益相关者的视角来做基础性研究以识别出更多的用来回应期望差距的策略。这可以采用对经理进行开放式问卷调查或是访谈。另外，也可以通过梳理现有理论来发现其他的策略。例如，印象管理的文献中涉及很多策略，例如伪善（告诉利益相关者他们的期望已经被满足但其实并没有）、恐吓（威胁利益相关者改变他们的期望）、祈求（恳求利益相关者改变他们的期望）。收集整理从多种视角定义的回应策略将对缩减差距的过程及其对经理有效性的影响提供更全面的理解。

第二，回应策略的测量在将来的研究中可以进行改善。本研究中期望影响策略的结果解释应该谨慎对待，因为量表信度很低。而且，对于解释策略的单条目量表的信度也未知。这一点是本研究的一个主要缺点应该在未来的研究中予以完善。

第三个局限是我们的研究问题有一些狭窄。这一领域的问题至少可以用两种方式来进行拓展。其一，本研究中的差距回应策略主要关注作为个体的利益相关者。从而，这些应对的策略是管理特定的角色赋予者期望的微观策略，将利益相关者作为整体来应对的宏观策略没有被纳入进来。经理需要权衡回应哪些利益相关者，改变利益相关者的构成或者使用两步的杠杆机制（Gargiulo, 1993）。识别出其他视角的策略并分析其对经理总体有效性的影响将是对本文的一个重要的扩展。其二，拓展本研究问题的方法是将压力的变量包括进来，以便评价其与期望差距和应对机制的关系。一些回应策略可能不但能解决差距的问题，而且还能减轻由角色冲突引起的压力。或者只有当期望差距不能被成功解决时压力才会产生。此外，与解释策略或回避策略相比，额外努力策略可能会引起更多的压力。例如，Kipnis和Schmidt

（1988）发现，相较只使用少量策略的经理，在各种影响策略上花费功夫的经理会感受到更多的职业压力和个人压力。使用差距回应策略一致的经理在评估者眼中更为有效，但是他们比起偶尔使用回避策略的经理可能也会体验到更多的压力。高水平的压力如果不能合理地管理好，长期可能使得这些有效的经理变得低效。这些动态的关系非常重要，并值得系统地研究。

本研究还局限于我们没有考虑到目标经理采取不同回应策略的动机。假设4只将印象管理作为经理使用一种策略的基本动机，而没有对经理对三类利益相关者使用不同策略的其他动机纳入研究。让自己在最有权力的利益相关者面前看起来不错或者是取得高的评分也是动机之一，但还有很多其他可能的动机。研究压力应对和印象管理的学者通常并不强调回应策略的动机性前因变量。这两个领域的研究者对个人选择哪种压力应对策略或印象管理手段的动机相对来说关注并不多。相反，他们主要关注压力应对或印象管理的一般方法及其对结果的影响。

在上述动机分析的研究中考虑权力的影响是很有裨益的。在本研究中，我们使用科层等级作为权力的代理变量。这样的预测在传统的权力和等级相联系的科层组织中或许有意义。但是在一些组织中，权力和等级并不匹配或是匹配得并不紧密。例如，在学术情景中，级别较低的职员可能会比高级别职位部门的领导、主任更有权力。后续研究可以通过测量感知到的权力在不同情境进行直接检验，以更普适地检验权力的作用。

最后一个缺陷，本研究是截面设计，自变量和因变量是同源收集的。使用截面数据，我们只能推断某种回应策略和某种程度的有效性知觉之间互相联系。我们不能说一些策略会提高有效性而其他的会降低有效性。对照试验和纵向设计会对建立和加强因果联系更为有用。

4.5. 现实意义

本研究的结果对那些对想提升利益相关者对自己有效性评估的经理具有一些现实意义。第一，从利益相关者那里寻求负面反馈是重要的第一步。经理应该知道是否在他们自己和利益相关者的期望之间存在差异。这种意识具有非常重要的正面象征意义，而非仅仅具有信息收集功能。第二，经理必须努力满足利益相关者的期望，即使这是不可能或是不情愿的，例如这些期望实际上非常不合理甚至可能会对组织有害，那么经理应该表明姿态并说明其行为的合理性。总的来说，经理不应该尝试去影响评估者的期望，也不应该使用回避策略。上述推荐的方法应该对提升利益相关者对经理的有效性评估非常有用。在感知到的有效性上的提升应该是事半功倍。一些研究者（例如，Bromley, 1993）认为，绩效和声誉很大程度上是相互独立的。其他研究者则（例如，Tsui, 1994）认为，对有效性的知觉可能会促进真实的绩效，因为满意的利益相关者将提供的额外支持和资源。因此，感知到的（声誉上的）有效性可能对经理的绩效很有帮助，并与真实绩效之间进行良性互动。

对组织而言，这些结果表明，组织应该创造一个很容易进行自我调节过程的氛围。这包括设置规范来支持寻求反馈，培训经理注重多种利益相关者并意识到该意识的重要性，以及制定支持这些培训和相关程序（例如，同事互评或"360度反馈"）的政策。当组织的经理们具有自我调节的能力，对该组织好处良多。例如，潜在利益不同的部门的员工将协调有序、通力合作。

5. 结论

总的来说，研究结果很大程度上支持了经理有效性的适应性的自我调节框架（Tsui & Ashford, 1994），也证实了回应策略（需求差距）对经理有效性评估的重要性（Tsui, 1994）。上述两大理论框架共同的重要前提是：利益相关者的意见将影响经理的有效性。因而印象管理也是自我调节过程的一个重要方面。本研究结果同时说明，经理有两种方式来影响利益相关者的意见：第一，付出额外努力来满足期望。第二，当他们不能或不愿顺从期望时，为自己的行动和决策提供解释。

本研究发现也对应对压力的文献有所贡献。以往的研究（例如，Latack, 1986）验证了应对策略和一些结果变量之间的关系，包括身心状况、工作满意度及离职倾向。但是有关应对策略对绩效作用的研究却不多。本研究发现表明，某些应对策略相比其他策略能更有效地提升绩效评估结果。此外，Latack和Havlovic在全面回顾应对策略的文献基础上，指出："对与工作相关的应对策略的测量，应该区分应对本身及应对策略作用有效性，并分别编制条目进行独立的测量。但现有的测量并不总是作此区分"（1992：493）。本文采取这一建议，将应对策略及利益相关者感知到的应对策略的有效性，即对经理的有效性评分联系起来。

本研究试图填补角色冲突领域研究中的空白，也尝试分析关于经理有效性评估的特定问题。我们在两个组织环境迥异的样本中得到了相似的结果，这些结果似乎对其他利益相关者群体也是基本普适。这说明即使角色期望可能很复杂、多样且不匹配，但回应的策略却可以很简单和直接。

参考文献

Arkin, R. M. 1981. Self-presentation styles. In J. T. Tedeschi (Ed.), *Impression management theory and social psychological research*: 311-333. New York: Academic Press.

Ashford, S. J., & Cummings, L. L. 1983. Feedback as an individual resource: Personal strategies of creating information. *Organizational Behavior and Human Performance*, 32: 370-398.

Ashford, S. J., & Tsui, A. S. 1991. Self-regulation for managerial effectiveness: The role of active feedback-seeking. *Academy of Management Journal*, 34: 251-280.

Bies, R. J. 1987. The predicament of injustice: The management of moral outrage. In L. L. Cummings & B. M. Staw (Eds.) *Research in organizational behavior*, vol. 9: 289-320. Greenwich, CT: JAI Press.

Bromley, D. B. 1993. *Reputation, image, and impression management*. Chichester: Wiley.

Campbell, J. 1976. Contributions research can make in understanding organizational effectiveness. *Organization and Administrative Science*, 71: 29-48.

Campion, M. A., & Lord, R. G. 1982. A control system conceptualization of the goal-setting and changing process. *Organizational Behavior and Human Performance*, 30: 256-287.

Carver, C. S., &Scheier, M. F. 1981. *Attention and self-regulation: A control-theory approach to human behavior.* New York: Springer-Verlag.

Fisher, C. D., & Gittleson, R. 1983. A meta-analysis of the correlates of role conflict and ambiguity. *Journal of Applied Psychology*, 64: 533-540.

Gardner, W. L., III. 1992. Lessons in organizational dramaturgy: The art of impression management. *Organizational Dynamics*, 21 (1): 33-46.

Gargiulo, M. 1993. Two-step leverage: Managing constraint in organizational politics. *Administrative Science Quarterly*, 38: 1-19.

Gergen, K. J., & Taylor, M. G. 1969. Social expectancy and self-presentation in a status hierarchy. *Journal of Experimental Social Psychology*, 5: 79-92.

Green, D. E. 1978. *Analyzing multivariate data.* Hinsdale, IL: Dryden Press.

Greene, W. H. 1990. *Econometric analysis.* New York: Macmillan.

Gross, N., Mason, W. S., & McEachern, A. W. 1958. *Explorations in role analysis: Studies of the school superintendency role.* New York: Wiley.

Hyland, M. E. 1987. Control theory interpretation of psychological mechanismsof depression: Comparison and integration of several theories. *Psychological Bulletin*, 102: 109-121.

Jackson, S. E., & Schuler, R. S. 1985. A meta-analysis and conceptual critique of research on role ambiguity and role conflict in work settings. *Organizational Behavior and Human Decision Processes*,

36: 16-78.

Janis, I., &Mann, L. 1977. *Decision making*. New York: Free Press.

Jones, E. E. 1964. *Ingratiation*. New York: Appleton-Century-Crofts.

Kahn, R. L., Wolfe, D. M., Quinn, R. P., Snoek, J. D., &Rosenthal, R. A. 1964. *Organizational stress: Studies in role conflict and ambiguity*. New York: Wiley.

Katz, D., & Kahn, R. L. 1966. *The social psychology of organizations*. New York: Wiley.

Kipnis, D., & Schmidt, S. M. 1988. Upward-influence styles: Relationship with performance evaluation, salary, and stress. *Administrative Science Quarterly*, 33: 528-542.

Kipnis, D., Schmidt, S. M., & Wilkinson, I. 1980. Intraorganizational influence tactics: Explorations in getting one's way. *Journal of ApplTied Psychology*, 65: 440-452.

Kotter, J. P. 1982. What effective general managers really do. *Harvard Business Review*, 60 (6): 156-167.

Latack, J. C. 1986. Coping with job stress: Measures and future directions for scale development. *Journal of Applied Psychology*, 71: 377-384.

Latack, J. C., & Havlovic, S. J. 1992. Coping with job stress: A conceptual evaluation framework for coping measures. *Journal of Organizational Behavior*, 13: 479-508.

Leary, M. R., &Kowalski, R. W. 1990. Impression management: A literature review and two component model. *Psychological Bulletin*, 1: 34-47.

Miller, D. T. 1976. Ego involvement and attributions for success and failure. *Journal of Personality and Social Psychology*, 34: 901-906.

Moos, R. H., & Billings, A. G. 1982. Conceptualizing and measuring coping resources and processes. In L. Goldberger &S. Breznitz (Eds.), Handbook of stress: 212-230. New York: Free Press.

Morrison, E. W., &Bies, R. J. 1991. Impression management in the feedback-seeking process: A literature review and research agenda. *Academy of Management Review*, 16: 522-541.

Pfeffer, J., & Salancik, G. 1978. *The external control of organizations*. New York: Harper & Row.

Podsakoff, P. M., &Organ, D. W. 1986. Self-reports in organizational research: Problems and prospects. *Journal of Management*, 12: 531-544.

Salancik, G. R., Calder, B. J., Rowland, K. M., Leblebici, H., & Conway, M. 1975. Leadership as an outcome of social structure and process: A multidimensional analysis. In J. G. Hunt & E. E. Larson (Eds.), *Leadership frontiers*: 81-101.Columbus, OH: Kent University Press.

Scott, W. R. 1977. Effectiveness of organizational effectiveness studies. In P. S. Goodman & H. Pennings (Eds.), *New perspectives on organizational effectiveness*: 63-95. San Francisco: Jossey-Bass.

Selznick, P. 1957. *Leadership in administration.* New York: Row, Peterson.

Staw, B. M., & Ross, R. 1980. Commitment in an experimental society: A study of the attribution of leadership from administrative scenarios. *Journal of Applied Psychology*, 65: 249-260.

Steers, R. M. 1977. *Organizational effectiveness: A behavioral view.* Santa Monica, CA: Goodyear.

Taylor, M. S., Fisher, C. O., & Ilgen, D. R. 1984. Individuals' reactions to performance feedback in organizations: A control theory perspective. In G. Ferris &K. Rowland (Eds.), *Research in personnel and human resource management*, vol. 2: 81-124. Greenwich, CT: JAI Press.

Tetlock, P. E., &Manstead, A. 1985. Impression management versus intrapsychic explanations in social psychology: A useful dichotomy. *Psychological Review*, 92: 59-77.

Thomas, D. A. 1993. Racial dynamics in cross-race development relationships. *Administrative Science Quarterly*, 38: 169-194.

Tschirhart, M. 1991. The strategic management of organizational legitimacy among multiple constituencies. Working paper, University of Michigan, Ann Arbor.

Tsui, A. S. 1984a. *A multiple-constituency framework of managerial reputational effectiveness.* In J. Hunt, D. Hosking, C. Schriesheim, R. Stewart, & G. R. Selznick (Eds.), Leaders and managers: International perspectives on managerial behavior and leadership: 28-44. New York: Pergamon Press.

Tsui, A. S. 1984b. A role set analysis of managerial reputation. *Organizational Behavior and Human Performance*, 36: 64-96.

Tsui, A. S. 1990. A multiple-constituency model of effectiveness: An empirical examination at the human resource subunit level. *Administrative Science Quarterly*, 35: 458-483.

Tsui, A. S. 1994. *Reputational effectiveness*: Toward a mutual responsiveness framework. In B. M. Staw & L. L. Cummings (Eds.), Research in organizational behavior, vol. 15: 257-307. Greenwich, CT: JAI Press.

Tsui, A. S., &Ashford, S. J. 1994. Adaptive self-regulation: A process view of managerial effectiveness. *Journal of Management*,19: 93-121.

Wamsley, G., &Zald, M. N. 1973. The political economy model of public organizations. *Public Administration Review*, 33: 62-73.

Wheaton, B., Muthen, B., Alwing, D., & Summers, G. 1977. Assessing reliability and stability in panel models. In D. Heise (Ed.), *Sociological methodology*: 84-136.San Francisco: Jossey-Bass.

Whetten, D. A. 1978. Coping with incompatible expectations: An integrated view of role conflict. *Administrative Science Quarterly*, 23: 254-269.

Williams, L. J., Cote, J. A., & Buckley, M. R. 1989. Lack of method variance in self-reported affect and perceptions at work: Reality or artifact? *Journal of Applied Psychology*, 74: 462-468.

Zald, M. N. 1970. Political economy: *A framework for comparative analysis*. In M. N.Zald (Ed.), Power in organizations: 221-261. Nashville, TN: Vanderbilt University Press.

第三章

1984—1994年：人事管理部门的有效性

导 读

一、想法起源

1981年我开始做助理教授。在把博士论文改写成文章的时候，我开始计划第二个研究项目。在博士论文中，“多利益相关者的理论”（multiple constituency framework）用于经理人员的个体层次。由于在人事部门工作过多年，我察觉到人事部门在企业内的角色与中层经理有很多相似之处。当时的初步想法是，人事部门在一个企业里要负责多方面的工作，与各方面的人群交流，为他们提供各种服务。服务的对象主要有五类：员工、经理、高管、工会以及政府。具体而言，服务员工主要包括制订员工招聘计划，了解员工需求，拟定员工薪酬制度，编制员工培训计划以及保证员工的满意度和高绩效；目的是使员工不仅能够胜任现在的工作，还能够胜任将来的工作。服务经理是指人事部门需要给每个部门的经理提供各方面的支持和服务以使他们管理好所在部门的员工；经理们对人事部门也有一定的期望，希望人事部门能满足他们的需要。服务高管既包括服务人事高管，也包括服务其他高层经理。人事部门首先要了解高层经理制定的企业战略，然后思考企业今天的人事需要和战略对未来的人事要求；这既包括人员数量的要求，还包括人员技术知识等方面的要求。除了这三组人以外，如果企业有工会的话，人事部门还要与工会打交道，与工会维系好关系，用一种合作的关系来处理员工各方面的问题。另外，人事部门要与政府搞好关系，了解整个行业的标准与行业发展的阶段。除此之外，人事部门还要服务社会上的其他人员，例如大学毕业生，人事部门要树立一个有利形象帮助公司争取到最好的员工。因此，人事部门也是处于一系列的角色群中，他们要同时满足多组人的需求。我的博士论文所用到的角色理论和多利益者理论很适合用来了解和解释人事部门的工作范围和绩效。

二、申请基金

有了上述想法，我就进一步思考到底人事部门在什么样的情况下进行工作，多组利益者对他们的期望是什么，要求是什么，人事部门在什么情况下能够满足和达到他们的要求。实质上，这是个绩效评估的问题。沿着这个思路我就写出了一个研究方案。当时有个隶属于美国海军研究室的基金项目——“组织绩效研究”（Organizational Effectiveness Research Program of the Office of Naval Research），当然研究对象不一定是海军组织，对其他组织的研究都可以。这个基金资助了很多管理研究项目。我提交了一个正式的研究计划，非常幸运地被批准了。该基金的部长还亲自来校告诉我这个好消息。我们花了一天的时间来讨论这个研究的执行方法，同时他给了一些反馈建议。我想，申请成功的一个很重要原因就是我研究的现象是非常实际的，有很高的实用价值。同时研究也有一个相当强的理论基础，再者我的指导老师是人事管理领域很有名的专家。有了这些条件，成功得到研究资助就是水到渠成的事了。

三、定义人事管理部门从事的活动以及绩效评价标准

以前人事管理的研究都是切块分部分的研究，例如招聘的研究、绩效评估的研究和培训的研究等。鲜有对整个人事管理部门进行研究，因此可借鉴的研究比较少。在这种情况下，我就用一种最基础的方法来了解各组人群对人事部门的要求以及评价人事部门绩效的标准。这种方法叫做“德尔菲法”（Delphi technique）（可从Tsui（1987）中了解这种方法）。具体做法是，我首先确定了人事管理部门的八组利益相关者，其中七组来自于公司，第八组是学术上的人事管理专家。每一组我邀请了2—5个人，这样总共有35个德尔菲委员会的“专家”。他们来自于4个公司、5所大学。德尔菲专家调查过程分为三个阶段：第一轮是这些专家就自己的经验分别告诉我人事部门需要做些什么样的活动。我主要问他们两个问题：一是人事部门需要做一些什么样的活动，二是用什么样的指标去测量人事部门的绩效。我根据这些专家的意见整理了两个列表。第二轮我就用邮件把两个综合的列表寄给每个专家。他们看到整个列表后会提出一些不同意见，甚至会加上一些新的条目。根据他们的意见我进行了第二轮的整理。整理完之后再寄给他们进行第三轮审核，这样三轮之后我就把人事部门的角色要求和绩效标准整理出来了。经过德尔菲专家调查所得到

的信息为之后两个旨在比较不同利益相关者对人事部门的不同要求的调查研究奠定了基础。第一个调研以经理和员工对人事管理部门的重要活动及绩效评价标准的看法为基础，比较了他们对人事管理部门不同的观点。总共来自5个不同公司的805名经理和员工参与了这次调查。第二个调研比较了运营经理（低层）与战略主管（高层）对人事管理部门的重要活动及绩效评价标准的不同看法。总共1143名经理参与了此次调研。

四、为检验假设而抽样

上面的研究属于“描述性”研究，因为它描述并且比较了不同组的不同观点。这些研究没有回答如下问题：从多组利益相关者的角度看，人事管理部门什么时候能够赢得高名誉绩效？为了回答这个问题，我吸收了不同的理论观点并对人事管理部门什么时候能够从高层管理者、运营经理以及基层员工那里获得好的评价做出了假设。我用一个由运营单位组成的大样本验证了这些假设，这些运营单位来自于三个公司／组织。你可能很感兴趣我是如何得到这个大样本的。

我首先想到的是以前工作过的控制数据公司，我问他们有没有兴趣参加这个研究。尽管它已经参与了我的博士论文的研究，还是非常乐意参与这次的研究项目。因为研究题目很实际，并且这个公司对我也很信任。第二个样本得益于我的指导教授，他在康奈尔大学有个研究中心，四十多家大公司的人事总监是这个研究中心的会员。我的老师叫我去参加研究中心一年一度的会议，会上我报告了我的研究以及初步结果。然后我说，若有哪位对我这个研究感兴趣，希望能够给予多多支持。纽约州精神病医院人事部的总监对我的研究很感兴趣。他们精神病医院的人事部也很想知道他们的绩效和工作范围，所以他有兴趣参加我的这个研究。整个纽约州有33家精神病医院，每个医院有几百个床位，这是一个相当大的组织。于是我就有了第二个公司的样本。这样我有一家高科技企业的样本以及一家服务行业的样本。之后我想找个制造型企业的样本。我选了一些在人事管理方面比较有名气的，同时也有很多部门的制造型企业，然后给他们的人事总监写信。非常幸运，3M公司的人事总监对我的研究非常有兴趣。他是一位来自英国的先生。他请我到他公司跟他谈一谈这个研究。谈过之后，他很快就答应参加研究了。所以这项研究就有三家公司，控制数据公司总共有76个部门，3M有44家工厂，再加上33家医院，这样总共是153个一线操作单位参加。平均每个公司有800多个员工。总体样本规模是相当大的。每家公司的人事部门也是从几人到几十人不等。有了这样的样本之后，我就开始计划收集资料。根据人口统计特征，每个部门我按5%随机抽样，但最少要有20个员工。比较有意思的是3M公司，当时该公司储存在电脑里的员工资料系统没办法做随机抽样。人事总监就把公司人员的整个名单给我，里面标明了员工的名字和岗位，我据此进行了手工随机抽样。我记得当时我在办公室外有张大桌子，我先把每个员工的序号写上，把这些名单铺在大桌子上，一页一页地数和抽样。手工抽样是相当复杂的，但我却乐在其中。经过随机抽样，该项研究的样本选择已经符合严谨性的标准了。

抽样完成后，我把问卷设计好。有的寄给普通员工，有的寄给人事部经理，有的寄给这个公司的总经理。由于我知道每个人的职位，我采用了不一样的问卷来获得他们对人事部门的要求和对人事部门的绩效进行评估的标准，并且我为每位参与调研者准备好了写上地址、贴足邮票的回寄信封。

五、一系列文章

在申请基金的同时我把研究思路写成了一篇理论性的文章。根据指导老师的建议，我投给一个那时相当好的期刊《工业关系》（*Industrial Relations*）（Tsui, 1984）。当时我们只是考虑哪个领域的期刊有适合的读者，没有考虑非要在主流期刊上发表。这篇理论文章很快被接收发表了，这极大地增加了我对这项研究的信心。

基于“德尔菲专家委员会”总结出的人事部门的角色任务以及绩效评价标准，再加上两个问卷调查研究，我又写了一篇文章，题为“基于多利益者视角定义人事部门的有效性”（Defining the activities effectiveness of the human resource department in multiple constituencies approach），发表在《人力资源管理》（*Human Resources Management*）上。

三个公司的数据收集完之后，我写了两篇文章，一篇是跟我的指导老师一起写的，在《人事心理学》（*Personnel Psychology*）上发表（Tsui & Milkovich, 1987）。另一篇是我自己写的，基本的理论框架是说人事部门作为公司的一个部门，在公司里面临各种角色的要求，要为各方面服务。例如公司的高管，比如厂长、总监等，对人事部门满意的因素有哪些，经理们对人事部门满意的因素有哪些，还有普通员工对人事部门满意的因素有哪些。非常幸运，这篇文章在ASQ发表了（Tsui, 1990）。总体来讲，从人事部门的角色角度我完成了四篇文章。这项研究的结果和理论框架也被引用在许多人事管理的教科书里。

六、研究中的疑惑

在这里我想讲一下发生在这个研究项目中的一件事情，希望它能够引起大家的一些思考。

在我调查问卷的最后一页是让填问卷者随意发表意见，表达对公司里面工作情况的看法。这件事发生在三个公司中的一个，它是一家很好的公司，市场的名誉非常好。但很大一部分员工寄回来的问卷里最后一页都写了很多文字，讲述他们在工作上有不愉快的事情：公司的制度对他们有多不公平，主管对他们非常地苛刻，工作上压力很大，有很多很痛苦的地方。我当时看了非常难过。关于这些信息应不应该反馈给公司，我思考了很久。我觉得这些信息公司上级可能不知道。人事部门的经理可能知道，但并没有反馈上去。也可能人事部根本不知道。这不是一两份问卷，而是几十份问卷，可能上百份。我调查的这些员工都不是普通工人，都是一些职业人员，起码是技术工人。他们非常不愉快的、压力非常大的反应是相当严重的。当时我咨询同事该怎么办，大家也不知道怎样去处理。因为我跟公司的合约就是做人事部门绩效的问题，我会给他们一个报告，讲他们公司人事部门的平均绩效是怎么样的，跟其他两个公司比较有没有差异。其他员工的满意度、承诺度和投入等我也都有一些汇报。但员工用语言写出来的这些话，我当时真的不知道应该怎么处理。最终我决定不去给公司报告这些问题，主要基于两个原因：第一，参与研究的公司只是关心人事部门的绩效问题，他们没有要求我去报告公司员工面临的各方面的问题；第二，这些员工可能只想借这个机会、这个渠道讲出来他们心里的不愉快，他们也没有期望我给公司讲一讲他们的情况。所以思考了很久之后，我决定对这些信息不做更多的处理。但是从研究者的角色来说，我认为还是要考虑一下我们对被研究者的心情有没有影响（Wright在MOR第7卷第3期里有一篇讨论把研究参与者看做利益相关者问题的文章，大家可以参考一下）。问卷里的问题和他们个人没有什么关系，只是评估人事部门绩效的问题。他们所说的话与人事部门没有直接的关系。尽管这是二十多年前的事情了，我今天还是记得很清楚。假如当时我真的和员工沟通的话，我就违反了他们匿名填问卷的承诺。尽管最终我没有与他们沟通，但我很希望他们把这个问题解决掉，能够寻找到他们工作上的意义并且有一个支持性的工作环境。一直到今天，我还是很想念这批员工。

七、一篇综合的理论文章

用多利益相关者理论对中层经理以及人事管理部门研究了十年之后，我对组织作为一个合作系统这一现象思考了很多。从定义上来讲，组织之所以会产生，就是因为没有一个个体可以把生产过程中的所有工作都做完。一个运转良好的组织需要参与单位的合作。每一个单位（一个员工、一个工作单位或者组织网络中的一个组织）依赖于其他单位来完成它的目标；其他单位也依赖本单位来达到他们的目标。我把一个单位满足其他利益相关者期望的有效性定义为名誉绩效（reputational effectiveness）。也就是说，一个单位通过为其他期望者提供信息、资源、服务或合作来满足他们的期望并获得有效性的评价。组织这个整体的系统由不同相互依赖水平的多组单位组成。一个由对彼此负责任的单位组成的组织将会比与之相反的组织更好地达成组织整体的目标。有了这些想法以后，我决定就这样一个合作的系统写一篇理论性的文章。我把这篇文章投到了《组织行为研究》（*Research in Organizational Behavior*）期刊的一个年度卷（annual volume）中。这个年度卷由两位在管理学领域非常顶尖的学者进行评审：Barry Staw 和 Larry Cummings。他们很喜欢这篇文章。经过两轮修改后，这篇文章发表在在1994年度卷中。这篇文章的题目是“名誉绩效：一个相互反应理论框架”（Reputational effectiveness：Toward a mutual responsiveness framework）。这是我最喜欢的文章之一。因为它描述了这样一个组织框架：个体是更加他人导向（other-oriented）的，而不是自我利益导向（self-interested）。这与建立在自我利益导向假设上的组织框架形成了很好的对比。相互负责的系统框架依赖于社会控制以及社会间的相互依赖。这篇文章提出了支持这个理论框架的一些假设并且提出当相互负责成为一种主导原则时，整个组织系统以及系统中的单位都会得到很好的服务。

这篇文章给了我很好的启示，有助于为我对中层经理以及人事管理部门的研究进行总结。我已经准备好进入新的研究领域。

参考文献

Wright, T. A. 2011. And Justice for All: Our Research Participants Considered as Valued Stakeholders. *Management and Organization Review*, 7: 495–503.

该主题的系列文章

1. Tsui, A. S. 1984. Personnel department effectiveness: A tripartite approach. *Industrial Relations*, 23 (2): 184-197.

2. Tsui, A. S. 1987. Defining the activities and effectiveness of the Human Resource Department: A Multiple constituency approach. *Human Resource Management*, 26(1): 35-69.

3. Tsui, A. S., and Milkovich, G.T. 1987. Personnel department activities: Constituency perspectives and preferences. *Personnel Psychology*, 40 (3): 519-537.

4. Tsui, A. S. 1990. A multiple-constituency model of effectiveness: An empirical examination at the human resource subunit level. *Administrative Science Quarterly*, 35: 458-483.

5. Tsui, A. S. 1994. Reputational effectiveness: Toward a mutual responsiveness framework. In Staw, B.M. and Cummings, L. (Eds.) *Research in Organizational Behavior*, 16: 257-307.

多利益相关者的有效性模型：一项基于人力资源部门的实证研究*①

徐淑英（加州大学欧文分校）

摘要：本文将人力资源部门作为分析的单元，检验了多利益相关者有效性模型的一些核心假设。结果支持了该模型的理论效力。主要表现在如下方面：首先，人力资源部门所报告的利益相关者在概念上是有意义的。其次，人力资源部门的有效性同时受到两方面的影响：① 适应性响应，例如对人力资源委员会的利用和对员工缺勤的控制；② 情境因素，例如人力资源总部的支持和利益相关者人口学特征的异质性。最后，人力资源部门的适应性响应会影响不同利益相关者对其有效性的评估，从而支持了关键假设，即多利益相关者的有效性并不对等。本文最后提出了多利益相关者模型未来可能的研究议题及理论拓展的方向。

1. 引言

作为目标方法和系统方法的替代，多利益相关者方法已经被当做研究和测评组织有效性的可行方法（Whetten, 1978； Connolly, Conlon, and Deutsch, 1980；Zammuto, 1982, 1984）。尽管多利益相关者模型存在多种形式（Zammuto, 1984），但其核心原理是一致的：组织有效性是指组织满足与其有关的一个或多个利益相关者利益的程度。近来，该方法已经成为组织有效性研究的基本主题（例如，Cameron, 1978, 1984； Whetten, 1978； Rohrbaugh, 1981；Jobson and Schneck, 1982； Miles and

---

* Tsui, A. S. 1990. A multiple-constituency model of effectiveness: An empirical examination at the human resource subunit level. *Administrative Science Quarterly*, 35: 458-483.

① 本研究受美国海军研究室的基金项目——“组织绩效研究”资助（项目编号：N 00014-84-K006），杜克大学的Fuqua商学院工商协会基金资助，以及控制数据公司（Control Data Corporation）的大力支持。感谢Susan Ashford, Larry Cummings, Michael Hitt, Mike Keeley, Lyman Porter, Keith Weigelt和Ray Zammuto对论文初稿的宝贵评论与建议。特别感谢ASQ副主编Marshal Meyer和三位匿名审稿人给予论文修改与完善的洞见与建设性建议。

Cameron, 1982； Wagner and Schneider, 1987； Ehreth, 1988）。Wagner和Schneider（1987）甚至认为这种方法可以成为一般性研究框架。尽管概念很诱人，但这种方法还有一些悬而未决的实证问题。例如，Salancik（1984）质疑基本利益相关者这一观点的有用性，他认为利益相关者的偏好本质上是不可测量的。本文对多利益相关者模型的核心前提和命题进行实证检验，从而增进其作为研究和测量组织有效性的可行框架的效用。

多利益相关者模型有两个基本组成部分：一个是描述性的（如何运作），另一个是规范性的（应该如何运作）。不同形式的多利益相关者模型含有不同数量的规范性组件。例如，相对主义模型（relativist model）（Connolly, Conlon, and Deutsch, 1980）倾向于纯描述性的，而社会公平模型（social justice model）（Keeley, 1984）则很大程度上是规范性的。其实，想要解决该模型基于价值的规范性方面争议，既不可能也没有意义。多利益相关者模型实证工作的重要议题是描述性方面的问题，即如何将多利益相关者模型操作化，从而为有效性的动态性提供一些解释。本研究关注多利益相关者模型的描述性部分，并探究三大问题：① 特定情境中的组织到底拥有哪些利益相关者？② 每个利益相关者会达成什么样的有效性评价？③ 哪些因素会影响上述评价？虽然还有其他许多相关的重要问题，上述三个应该是不同形式的多利益相关者模型最基本的也是共同要回答的问题。

对多利益相关者模型的系统性实证研究要求聚焦于某一组织单元；首先，在多利益相关者模型下，这一组织单元应是意义上可评价的；其次，该组织单元应能提供足够多的样本以进行比较分析。大型组织里的人力资源部门基本符合以上两个要求。从而，本研究选定大型组织中的人力资源部门为分析对象。这里的“部门”是指组织运营系统里的某一职能部门，而这里的运营系统可以指一个分支机构、一个制造车间或是某医疗组织下属的一家医院。举例来说，医院的部门包括护理部、放射科、药房；工厂的部门包括质量控制部、物料管理部或工程维护部。人力资源部门是组织运营系统里众多部门之一。

1.1. 人力资源部门

基于开放系统的逻辑，我们可以把组织内的部门看做微型的组织，它们必须适应外在环境以求生存。这里的外在环境可能包括组织内的其他正式部门或非正式团体，也包含组织本身的外部环境。基于利益相关者的理论框架，我们还可以把部门的外部环境看做一个利益相关者的网络，有些利益相关者需要依赖于该部门提供的资源，有些则控制了该部门所需要的资源，还有一些则直接与该部门竞争稀缺资源。部门作为该开放系统的一员，需要通过为外部环境，也就是这里说的利益相关者，创造价值来获得支持，从而确保其生存（Thomposon, 1967； Pfeffer and Salancik, 1978）。只有创造价值，该部门在利益相关者眼中才是有益处的，而这种有益的评价将增加其存活的几率。

Thompson（1967）在权变评估（contingency assessment）理论框架中明确地强调了利益相关者对部门评估的重要性。该理论框架提出不同的组织单元适用不同的评估流程与“测试”方法。Thompson认为，组织中有些部门无法用绝对的、客观的标准对其进行衡量，因为它们往往具有很强的技术依赖性，同时又缺少清晰可测的产出；对这些部门来说，社会性测试（social test）是最适用的。这些部门的有效性只能通过那些参照组（referent group）的意见来评价。参照组，或者称之为利益相关者，是指那些依赖于被评估部门的其他部门。评估是根据“该部门能满足与其相互依赖单元的需求”的能力做出的（Thompson, 1967：95）。其实，这种在部门层面使用的社会测试就是组织层面多利益相关者模型的一种类比。Thompson认为社会性测试特别适用于如护士服务、广告、法务及劳资关系等部门。

人力资源部门即从前的劳资关系部门的任务性质与其他部门不同，这主要体现在其利益相关者的类型及其所被期望达成的目标上。人力资源部门作为“员工性”部门服务于管理层，并间接服务于股东，但并不直接服务于最终产品。人力资源部要确保组织遵守劳动法和反歧视法的各项规定，它通过提供积极和有能力的员工来为管理者服务。此外，人力资源部门还通过组织培训、提供咨询来帮助员工提升绩效、进行职业规划，从而服务于员工。其他“员工性”部门，例如：公共关系部或会计部，也可能会有多利益相关者，但诚如上述，只有人力资源部门是同时服务于制度性的、工具性的及个体的目标。因此，对人力资源部门的绩效评价很困难，这并不是因为缺少评价目标，而正是由于存在多元目标，而这些目标往往差异很大并且具有潜在的不一致性（例如雇佣朋友还是遵守公平就业法令）。所以，正如Thompson（1967）指出，这样的绩效情境（存在有着多元目标的多元利益相关者），使得有效性的社会评价优于 “工具型”或者效率型评价。这样看来，我们采用人力资源部门，特别是大型机构中人力资源部门，来检验多利益相关者模型是十分切题的，因为它们面对着多样的“客户”或者说是利益相关者（Bowen and Greiner, 1986； Tsui, 1987），而且大型组织里通常有更多这样的部门。此外，将组织内的部门作为对比分析的焦点与考察部门技术（如Lynch, 1974）、设计（如Drazin and Van de Ven, 1985）以及效能（如Hitt and Middlemist, 1979）的研究传统是一致的。

2. 理论背景以及假设

2.1. 识别利益相关者

我们假设组织的存在是为了满足多元利益团体的需求，这与传统的有效性评价方法在概念上大相径庭。例如，系统方法（Bennis, 1966； Yuchtman and Seashore, 1967）与目标方法（（Perrow, 1961； Pennings and Goodman, 1977）都明确地或隐含地指出，组织唯一重要的利益相关者就是组织的所有者或高管团队（作为所有者的代理）。利益相关者学者则认为，除了组织的所有者与管理者之外，其他非所有者或管理者的相关者也同样重要，甚至更为重要。Rheman（1968）在其关于产业人口学的著作中首次提出利益相关者的概念，用以“指代那些依靠该组织实现目标，同时也被组织所依赖的个人或团体。从这个意义上说，雇员、所有者、供应商、外部审计师以及许多其他团体都可以被看做一个公司的利益相关者”。研究组织理论的一些学者也指称这样的一些团体为“利益相关者”群体（如Pfeffer and Salancik, 1978； Miles and Cameron, 1982）。在本研究中，“利益相关者”是指具有与目标组织活动相关的相似偏好或利益的一群个体。“利益相关者成员”是指利益相关者群体中的某一个体。Freeman（1984：54-56）识别出两种类型的利益相关者：一般的与特定的。一般的利益相关者是大多数组织都有的，例如所有者、管理者、员工以及顾客。特定的利益相关者群体可能只与一种组织有关，例如工会可能只存在于雇佣工会成员的组织之中。消费者维权机构也多见于食品或医药行业的组织中。总之，通过分析组织经营业务、所处行业、生产技术、外部劳动力市场以及法律环境，组织可以识别出与其相关的利益相关者群体，这些群体可能是一般群体，也可能是特定的群体。尽管这些利益相关群体的类型具有重要的理论意义，同时也是已有利益相关者研究的重心，但是目前还没有实证研究指出组织中实际存在着哪些利益相关者群体。

大型复杂组织中的人力资源部门要与很多利益相关者进行互动，其中有些是组织内部的（例如，其他职能部门的员工），有些是组织外部的（例如，求职者或就业中介）。环境变量，例如行业、技术、结构及员工的技能结构可以反映人力资源部门的利益相关者信息。最典型的情况是，人力资源部门，尤其是公司运营系统里的人力资源部门，需要与执行官、管理者、其他职能部门的员工、求职者、工会的管理者或是公司总部人力资源部门打交道。本研究的第一个目标是实际识别出这些利益相关者的类型，与之相关的实证问题是：在特定的运营环境下，哪些群体是人力资源部门感知到并会报告的利益相关者？

2.2. 有效性评价

本研究的第二个目标是，分析由一组给定的利益相关者作出的各种组织有效性评价方法的差异。该目标基于下述假设，即组织无法同时满足多个利益相关者的需求。现有的实证研究基本支持这一假设（Friedlander and Pickle, 1968；Cameron, 1978；Whetten, 1978；Jobson and Schneck, 1982）。不同的利益相关者会基于不同的原因给出不同的评价，然而令人惊讶的是，目前还没有研究直接检验这些不同层次的有效性评价。有效性评价存在差别的一种可能原因是，组织倾向于只对那些影响其存亡和成败的因素做出反应。

根据资源依赖理论，财务资源是影响组织的一种重要因素（Pfeffer and Slancik, 1978）。人力资源部门很可能争取首先满足那些控制其财务资源的利益相关者，然后再尽力满足那些控制力较弱，或没有财务资源控制能力的利益相关者。第二种重要资源来源于战略权变理论（strategic contingency）（Hickson *et al.*, 1971），该理论认为工作流中的中心性、重要性及不可替代性是部门在组织中权力的来源（Hinings *et al.*, 1974）。据此，Van de Ven和Ferry（1980）提出，组织成员是组织重要的利益相关群体，因为他们是决定组织绩效的核心元素。因此，人力资源部门应该先满足那些对产品和服务生产至关重要的利益相关者，而后满足那些处于生产流程以外的利益相关者的需求。这就意味着，生产部门的管理者与员工是比行政管理者更重要的利益相关者。总之，当不同的利益相关者控制着不同的重要资源，而部门无法同时满足所有利益相关者团体的所有需求时，那就必不可少地要排定优先次序，从而形成了各种差异化的有效性评估。那些被组织视为最重要的利益相关者会做出积极的有效性评价。基于资源依赖理论及战略权变理论，以下假设预测了特定的利益相关者满意度的差异：

假设1：基于资源依赖视角，我们预测，高层管理者将比普通经理和员工对人力资源部门更满意，即给予其更高的有效性评价。或者，基于战略权变视角，我们预测，普通管理者和员工将比高层管理者对人力资源部门更满意。

本研究第二个目的是实证检验上述假设，并通过分析利益相关者相对满意度来推测那些被人力资源部门视为最重要的资源。

2.3. 影响有效性评价的因素

本研究的第三个目标是识别影响有效性评价的因素。这些影响因素可以从其他研究组织适应与生存的理论视角中得出。多利益相关者的研究方法似乎采用了战略决策的视角（Hrebiniak and Joyce, 1985），该视角认为，组织应该并且有能力识别其核心的利益相关者，并应该能够采取行动使得利益相关者对其作出有利评估。然而，在多利益相关者模型中，考虑环境因素的影响也很重要。Zammuto（1982）详细地讨论了组织所处细分市场上的制约因素及其与利益相关者期望的关系。因此，利益相关者不仅可能对组织施加限制，同时也可能将环境中的机遇与挑战传递给组织，进而影响组织的生存和发展（Wagner and Schneider, 1987）。多利益相关者模型认为，组织能够通过与其利益相关者的战略性互动来管理环境中的机遇与挑战。这意味着利益相关者对人力资源部门的有效性评价受到两大因素的影响：① 该部门任务环境的性质，② 该部门对于利益相关者期望的回应。该观点与Hrebiniak和Joyce 的观点一致，他们也认为，对于一些组织而言，适应与生存能力是环境决定论与战略决策因素的函数。

2.3.1. 环境性情境变量

组织任务环境的性质将影响组织满足各利益相关者需求的难易程度。如果我们将外部环境视为一个资源池以及利益相关者期望和需求的集合，那么有两种环境维度与组织部门的有效性密切相关：资源丰裕程度及外部环境异质性（Aldrich, 1979）。两大维度都包含着潜在的机遇和约束。

丰裕环境的特点是：存在大量可供人力资源部门使用的财务资源和其他资源。财务资源是人力资源部门招聘员工提供服务、开发新项目以满足利益相关者需求的重要物质基础。较低的人事比率（人力资源部门的员工人数与部门任务环境中需要服务的利益相关者人数之比值）意味着该部门有着较为丰裕的资源环境，因为如果人力资源部门拥有大量员工，就能为利益相关者提供更多的服务，并更快地做出响应。一般而言，在大型的扁平化组织中，公司的人力资源总部也会给下属运营公司人力资源部门提供一些智力支持，例如提供决策建议、咨询、新项目。在同等条件下，外部环境资源越是丰裕，人力资源部门就能更容易地提供服务，进而获得多利益相关者对其有效性的积极评价。此外，可得资源的数量不仅可以提高了该部门的响应能力，而且可以反映其实际获取资源的能力。系统—资源理论（Yuchtman and Seashore，1967）认为，获取环境中资源的能力实际上就是一种有效性的度量。因此，环境资源丰裕度与部门的能力都将影响该部门的资源基础。本研究的目的就是检验资源丰裕度与利益相关者满意之间是否存在正向关系，而这些变量之间具体的因果关系将有待未来研究作进一步探究。

部门的有效性还会受到环境同质性或异质性特点的影响。同质性意味着只有少数类型的利益相关者影响着这一部门，并只有相对简单的期望（Thompson, 1967）。因此，同质性简化了部门的工作，因为“少量工作流程就能覆盖大量的服务需求”（Aldrich, 1979：66）。相反，异质性环境要求部门做出多样的反应。人力资源部门任务环境异质性的来源之一是利益相关者人口学特征的差异。不同年龄、种族或性别的员工可能会产生更多元的需求，而人力资源部门需要满足这些需求。研究发现，人口学特征的异质性与管理者的离职（O’Reilly, Caldwell, and Barnett, 1989）、绩效（Tsui and O’Reilly, 1989）或技术沟通等都相关（Zenger and Lawrence, 1989）。同等条件下，利益相关者的人口学特征的差异性将对人力资源部门的有效性产生消极影响。人力资源部门直接满足上述多样化的需求和期望，或者协助管理层处理与人口异质性相关的问题将变得更加困难。

2.3.2. 适应—响应变量

从理论上讲，部门可能会采用多种适应性策略来提高利益相关者群体的满意度。对于人力资源部门而言，两类适应性行为更为重要，即吸纳参与（co-optation）策略与快速响应（responsiveness）策略。吸纳参与策略是部门争取利益相关者支持的重要策略（Pfeffer and Salancik, 1978）。该策略将部门的工作重点从“影响利益相关者”转向“让利益相关者参与进来”（Freeman, 1984：38）。部门通过智库委员会或人力资源委员会等机制让利益相关者参与到对该部门日常事务的管理中来。快速响应则不同，该策略旨在以恰当的方式及时地响应利益相关者的需求。很多研究者都强调组织快速响应的能力对维护其与利益相关者关系的重要性（Freeman, 1984； Bowen and Greiner, 1986； Tsui, 1987）。总之，吸纳参与和快速响应是重要的适应性策略，并将影响利益相关者对人力资源部门的有效性评价。

尽管吸纳参与和快速响应反映了人力资源部门与利益相关者互动，或处理与利益相关者关系的方式，但是利益相关者还会对人力资源部门的工作结果有特定的预期。他们期望人力资源部门对员工结果负责任，如低缺勤率、高留职率、预防并解决抱怨、吸纳女性及少数民族员工并关注其职业发展等（Tsui and Gomez-Mejia, 1988）。利益相关者在评价人力资源部门是否很好地满足了其需求与期望时，可能

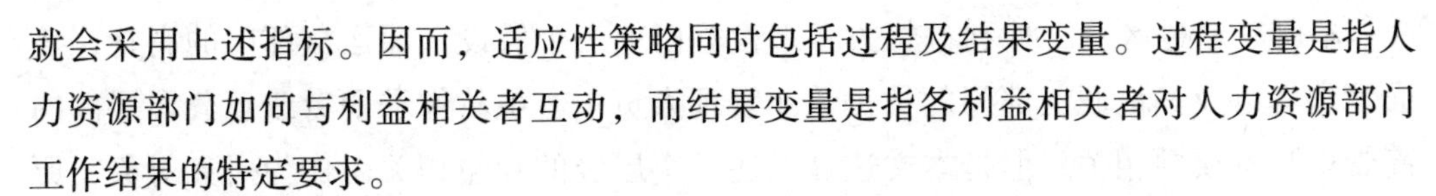

就会采用上述指标。因而，适应性策略同时包括过程及结果变量。过程变量是指人力资源部门如何与利益相关者互动，而结果变量是指各利益相关者对人力资源部门工作结果的特定要求。

从某种程度而言，对环境情境变量及适应—响应策略变量的分析已经基本涵盖了有效性研究中目标取向及系统取向的内容。例如：员工结果变量可以看做人力资源部门的绩效目标，资源丰裕度可以看做系统资源变量，快速反应策略可以被视做系统适应性能力的变量。本研究认为，这些变量将共同影响部门满足各利益相关者需求的能力：

假设2：人力资源部门的有效性与环境资源的丰裕度正相关，与利益相关者人口学特征异质性负相关，与其适应性策略（吸纳参与、快速响应）、员工结果变量（如低缺勤率、低抱怨水平、职业晋升）正相关。

显然，由于多元利益相关者的偏好各不相同，目标部门需要采用不同的适应性策略去满足不同利益相关者的需求。例如，如果人力资源部门对利益相关者中的管理者使用吸纳参与策略，那么这类人对人力资源部门的有效性评价就很可能是积极的。普通管理者相比高层管理者（CEO）更关心员工的缺勤和抱怨。但对于普通员工，尤其是少数群体，则比管理者和高层管理者更关注晋升机会。而高层管理者关心的是组织整体的运营状况，因而会更关注人力资源部门响应管理者和员工需求的能力。他们可能会采用所有适应—响应策略指标作为评价人力资源部门有效性的标准。总之，尽管适应—响应策略变量会影响人力资源部门的有效性，但具体哪种策略对有效性评价更关键则要根据具体服务的利益相关者而定。这一论点源于多利益相关者理论的核心观点，即不同的适应性策略与不同的利益相关者满意度之间关系不同，因此针对特定组织的有效性模型在不同的利益相关者心中不是对等的。虽然该假设对于多利益相关者理论具有重要意义，但目前还没有实证研究检验该非对等性假设。

假设3：不同的适应—响应变量分别对应于不同利益相关者的有效性评价。例如：吸纳参与策略、缺勤率、抱怨与管理者这类利益相关者人力资源部门的有效性评价相关；快速响应策略和员工晋升与一般员工这类利益相关者对人力资源部门的有效性评价相关。所有这些变量都与高层管理者这类利益相关者对人力资源部门的有效性评价相关。

本研究通过区分三种利益相关者来检验以上三个假设，即运营部门的高管，普通管理者以及其他职能部门的员工（非管理人员）。虽然像求职者或总公司层次的高管也与本议题相关，但是本文选择上述三个层级的利益相关者作为研究对象，原因有三点：① 这些利益相关者所拥有的正式权力不同，尤其是对组织内财务资源的控制力上存在差异。② 他们是部门直接任务环境中最主要的利益相关者。③ 相较于求职者或总公司高管，他们是人力资源部门日常工作中密切接触的利益相关者。此外，本文的研究假设只涉及一部分情境变量及适应—响应变量，虽然这些变量不能完全代表所有情境变量和适应—响应变量，但是总体而言，基于多利益相关者模型的视角，它们都基本能够反映有效性的动态过程，也为人力资源部门有效性的具体内涵提供了一些洞见。

3. 方法论

本实证研究在三家大型组织中的151个运营单位展开。每个运营单位中都设有一个人力资源部门，为其他职能部门的管理者及员工提供服务，并为运营单位的管理者提供人力资源政策和实践方面的建议。本研究的分析基于三家组织中最低一级的运营单位，有效性分析的核心单元是运营单位中的人力资源部门。我们特别选择运营单位是为了最大化人力资源部门主要工作任务的相似性，并最小化各人力资源部门在组织层级中正式权力的差异。

3.1. 三个组织

A组织是一家私有的营利性企业，拥有约5万名员工，其中12%为工会成员。该组织有四大业务部门（制图、工业产品、办公用品、电子产业）。在每个业务部门下面又设置了几个小的业务单元，其下还设47个运营分部及44家工厂，分布在美国境内的五个地区。本研究涉及的就是上文提到的44家工厂。每家工厂的员工人数介于125—2527之间，中位数为428，平均人数为548。所辖人力资源部门直接向工厂经理报告，该经理同时也是生产线管理人员，并为工厂里的所有部门提供财务资源或者分配预算额度。地区、分区以及总公司的人力资源部门也会为该工厂的人力资源部门提供一些资源支持（如建议、咨询、项目等非资金形式的）。这些人力资源部门有一定的工作自主性，他们可以自行设计项目以满足当地利益相关者的需求。

集团总公司人力资源部门负责制定整体的政策，而各地区的人力资源部门员工则主要负责提供建议。总之，工厂人力资源部门的任务环境包括：工厂所有的管理者和员工、工会代表、其他工厂及业务单元、地区和各分区的人力资源部门员工，同时也包含集团总公司的人力资源团队，包括劳工关系、招聘、培训、薪酬福利。工厂的外部环境因素则包括相关的劳动力市场、当地社区的各种文化、法律、商务团体等。

B组织是美国东部某州政府的下属机构。该机构下设31家心理健康医院，分布在5个地区，共有员工38000人。其中约80%为工会成员，分别隶属5个工会合约。各医院的员工人数介于145—3000之间，中位数为840，平均人数为961。每家医院都各由一位执行主管进行管理，下设一名行政副主任。人力资源部门向行政副主任报告，行政副主任又向执行主管报告。执行主管（即直线管理者）为人力资源部门提供财务资源，或划定财务预算。和A企业一样，B组织的人力资源部门也能从总公司的人力资源部门获得资源支持。他们负责落实常规的和行政性工作，并拥有一定的决策权力。当总部人力资源部门要在某一医院内开启一个新项目，医院的人力资源部门就要负责提供决策建议。总之，这些医院人力资源部门的任务环境包括：医院的所有管理者和员工、地区以及总公司的人力资源团队、该州的控制和预算办公室、五家工会的代表，病人以及当地社区。

C组织是一家产品事业部式的私有企业，共有员工55000名，未设工会。该企业的业务有四大类：电脑及其周边设备的生产、数据服务、金融行业。在每个业务下又设有几家公司。每个公司里又有多个分部，其中有些是自成一体的业务分部，另一些是按职能划分的分部，如营销、制造或是工程。我们把该企业的这些分部视做是最底层的运营单位。这些分部中的员工人数介于51—3864之间，中位数为450，平均人数为789。每个分部有一位总经理，负责给其下设各职能部门，包括人力资源部门，分配财务资源，即做预算。与A组织和B组织一样，这些分部的人力资源部门能从上属公司或总公司的人力资源部门获得资源支持，并为其发起的项目提供建议。总之，该分部人力资源部门的任务环境包括：所有该分部的执行官、经理和员工、上属公司及总公司的人力资源部门（如薪酬、福利、培训）、各地区的人力资源部门、其他分部，以及当地社区的文化与商业团体等。

虽然这151个人力资源部门的主要工作任务以及组织层级相似，但它们任务环境的构成还是存在一些小差异，即他们的利益相关者不同。图1是人力资源部门在大型组织环境中所处位置的简单图示。该图反映了三家样本组织中人力资源部门任务环境的共性。

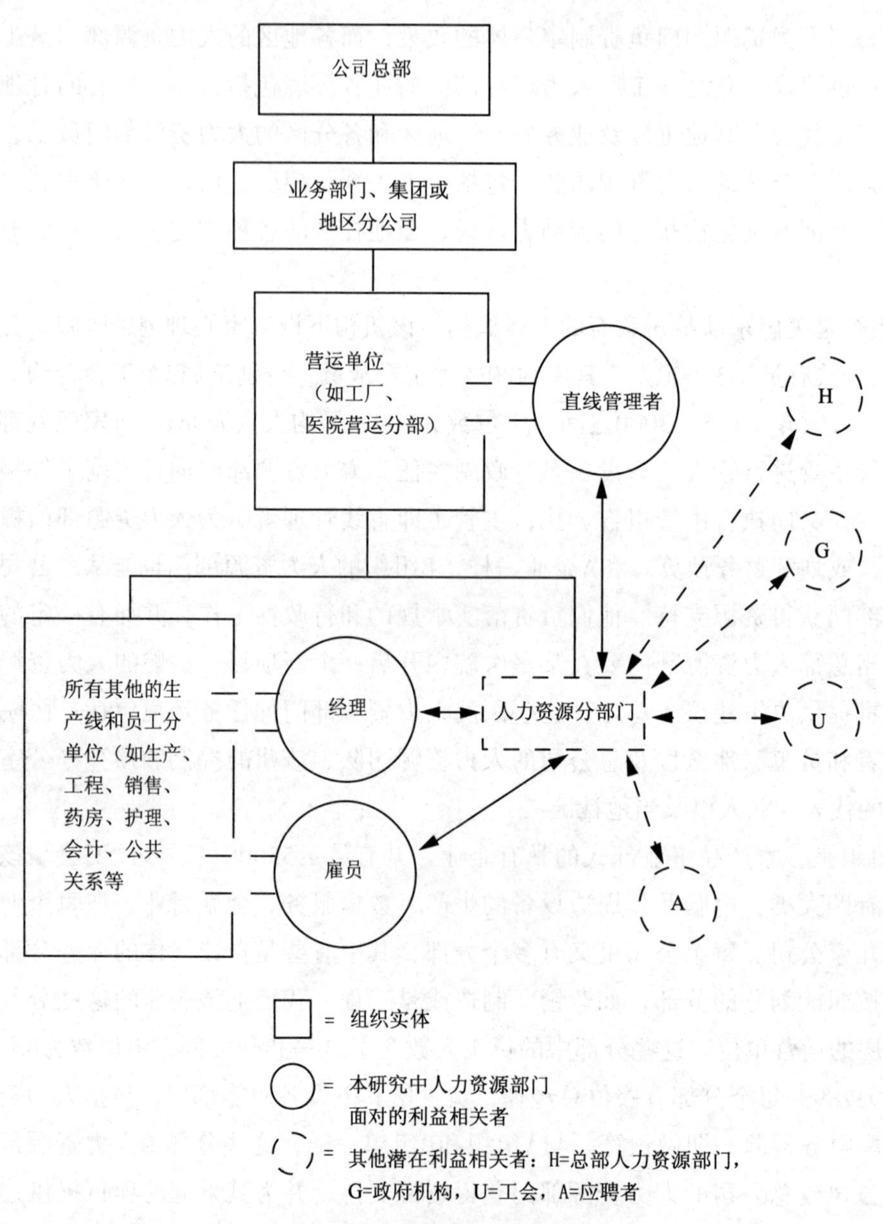

图1　人力资源部门的组织背景

3.2. 样本及利益相关者

本研究样本由人力资源部门及其直接任务环境（运营单位）中的利益相关者组成。由于把所有的员工都纳入本研究既不现实也没必要，所以我们对总体进行了抽样。抽样过程中，我们剔除了人力资源部门的员工，包含了所有利益相关者中的高层管理者（A组织中的工厂管理者，B组织中的执行主管，C组织中的分部总经理），5%的一般管理者（或每个运营单位至少8位），以及2%的非管理者员工（或每个运营单位至少12位）。整个抽样设计是为了保证在高层及中低层都有足够的样本。研究者运用计算机随机数字生成器，从每个组织中的员工总体中抽取一般经理和普通员工样本，并据此获得了邮件列表。最初的样本中包括184位高管、1624位一般管理者和3399位非管理职位的员工。146位高管（79%的回复率）、836位一般管理者（51%的回复率）和884位非管理职位的员工（26%的回复率）参与了最终的研究。对151个人力资源部门，平均每个都由1位高管、6位一般管理者以及6位普通员工参与了有效性评价。

关于最终样本的代表性问题，特别是非管理层的员工，研究者通过比较最终样本与总体人员的人口学特征进行检验。结果显示，两组数据在平均年龄、公司任职年限、教育程度、性别及种族方面高度相似。三家公司的代表也表示，两组人员的人口学特征结构是高度相似的。

3.3. 研究过程

研究者首先联系了三家组织总公司的人力资源副总监，并在他们的协助下，确定了合适的研究单元。其次，研究者在每个组织中走访了至少一个人力资源部门，初步的访谈使得对该部门工作任务及其工作环境性质有了初步了解。随后，研究者设计了问卷，并通过邮寄方式进行递送和回收，该方法适用于本研究，也具有可操作性。问卷共有三个版本，一份由高管填写，一份由一般管理者和普通员工填写，一份由人力资源部门（寄送给该部门经理）填写。所有问卷都被编码，以便匹配。研究者向参与者声明了研究的保密性，并直接将问卷邮寄给被试，并让他们把问卷直接邮寄回来。

3.4. 测量

本研究的第一个目的是辨识人力资源部门的利益相关者。研究者让人力资源部门报告其日常工作中所接触到的群体，所采用的问题为“在开展部门工作时，你们要与多少不同群体打交道（如管理者、求职者、总部等）？”该部门可以列出至多12个不同的群体。设定上限是为了鼓励参与者列举最相关的利益相关者，从而有利于数据分析。

为了检验三个假设，研究者测量了以下变量：① 利益相关者对部门有效性的评价；② 环境变量：资源丰裕程度以及利益相关者人口学特征的异质性；③ 适应—响应策略：吸纳参与策略、快速反应策略及员工结果变量。

3.4.1. 人力资源部门的有效性

本研究改编了一个基于多利益相关者研究方法得出的有效性度量指标（Tsui, 1984），最终采用三个条目对人力资源部门的有效性进行评定。该量表测量了利益相关者对人力资源部门绩效在三个方面的满意程度，具体条目如下：① 总体上，您认为人力资源部门在多大程度上按照您所期望的方式完成其工作？② 该人力资源部门在多大程度上满足了您对其角色与职责的预期？③ 如果可以的话，您有多想改变该部门现行的工作方式（反向计分）？每位利益相关者须在一个7点刻度上独立作答（1为“完全没有”，7为“完全有”）。研究者针对每个利益相关者群体计算了该量表的内在一致性，高管、一般管理者和普通员工量表的内部一致性分别为0.90, 0.91、0.89。

3.4.2. 环境情境变量

研究者从人力资源部门直接获取了资源丰裕度数据，该数据是通过部门所拥有的财务资源和从总公司人力资源部门所获支持来衡量的。具体而言，财务资源是通过人事比率测量，操作化为运营单位员工人数与其人力资源部门员工人数之比。从总公司人力资源部门获得的支持是通过两项内容来测量的：其一是公司发起新项目的频率，旨在获取集团总公司、分公司、地区人力资源部门为运营单位开发新项目频率的数据，由三个条目的7点刻度测量，1代表“极少”（几年一次），7代表“非常频繁”（一个月一次）；其二为所获总公司支持的小时数，测量的是每个月总公司、分公司或地区的人力资源部门对当前运营单位的人力资源部门给予支持协助的实际小时数，并根据每个运营机构的大小，即运营机构每百名员工，对该数据进行了调整。

利益相关者人口学特征的异质性由以下五个变量测量：年龄、教育程度、公司任职年限、性别、种族。这些数据直接从一般经理和普通员工处获得。针对每个运营单位，研究者都分别计算了年龄、教育程度、公司任职年限的差异。性别构成用50减去整个运营单位中女性的百分比的差值的绝对值来衡量。因此，0分（50%的男性、50%的女性）表示最大程度的异质性，而50分（100%的女性或100%的男性）则表示最大程度的同质性。如果有两个运营单位，女性员工的比例分别是80%和20%，但它们在性别异质性上的得分都是30分，意指相同程度的异质性。同样地，研究者也计算出了每个运营单位的种族构成异质性分数。

3.4.3. 适应性战略变量

研究者使用该运营机构中人力资源委员会的个数（每百名员工）来测量吸纳参与策略。响应策略则通过两个变量测量：① 人力资源部门填补一个空缺职位所需要的平均天数。② 人力资源部门解决利益相关者问题所需要的平均天数。这些数据从人力资源部门直接获得。

此外，研究者还收集了4个员工结果变量：缺勤天数，抱怨，女性，以及少数种族晋升机会。本研究只测量了女性及少数种族晋升机会，因为人力资源部门在帮助这两个群体的员工获得晋升机会方面比帮助白人男性员工获得晋升机会方面发挥了更大的作用。除了缺勤天数以外，其他数据都是从人力资源部门直接获得的。人力资源部门报告了过去一年收到抱怨和女性及少数种族晋升的次数，这些变量都根据运营单位的大小做了调整（每百名员工）。缺勤天数直接从一般管理者和普通员工处获取，原因有两点：① 缺勤天数的统计总体上并不完整，也没有可比性。② 很多公司对于管理层的员工不作缺勤记录。因而，研究者请参与者直接报告自己在过去12个月中的缺勤天数。

本研究在设计时就通过把分析的层次统一定在组织的运营层面来最小化研究目标部门在工作任务及组织层级上的差异。此外，研究者从不同的主体处获取数据并尽可能采用客观数据，从而避免了同源方差的问题。

3.5. 分析

由于分析单元是运营单位而非个体，研究者在数据收集过程中对于变量的度量与其分析层次的对等性问题应格外注意（Rousseau, 1985）。几乎所有客观数据都是整体性的、运营单位层面的数据（例如抱怨、晋升、所有环境变量及适应—响应策略），个体层面的变量只有两个：人力资源部门的有效性以及个体的缺勤天数。人力资源部门的有效性得分通过分别加总不同的利益相关者的评价获得。一般管理者有效性评价汇总得分是将同一运营单位的管理者分数求平均数而得。研究者运用了相同的方法获得了普通员工有效性评价的汇总得分。除了在C组织有个别不同情况以外，其他每个运营单位都只有一位高层管理者。运营单位中的总缺勤天数是其中所有一般管理者和普通员工缺勤天数的平均数。所有个体数据加总过程使用加权法（Perrow, 1970），在组织研究中，用加权平均数代表组织层面的数据是一种常用的有效方法（Lincoln and Zeitz, 1980； Van de Ven and Ferry, 1980）。

另一个使用加总数据的前提是组间方差要大于组内方差。研究者将运营单位作为类别变量，对加总后的人力资源部门有效性评价得分进行了方差分析。结果显示，人力资源部门的有效性评价得分的组间方差要大于组内方差，一般管理者评价（$F = 1.89, p < 0.001$）和普通员工评价（$F = 1.30, p < 0.005$）都符合要求。

为了辨识出相关的利益相关者，研究者整合并总结了人力资源部门所报告的最常打交道的对象。接着，为了检验假设1，研究者分别对高层管理者、一般管理者和普通员工做出的有效性评价进行了方差分析和t检验。

为了验证假设2，研究者对三大利益相关者群体分别进行了回归分析。第一个模型是将8个环境性变量对有效性得分进行回归。第二个模型是将7个适应—响应变量对有效性得分进行回归。第三个模型是将15个变量一起分别对三类有效性得分进行回归。

为了验证假设3，研究者使用了似不相关回归（seemingly unrelated regression）的方法（Zellner, 1962）。该方法适用于误差项之间相关的回归模型。在本研究中，因为子单元是将其有限的资源在三大利益相关者之间分配，所以三个方程之间是不独立的。此外，相同的自变量同时出现在三个回归中，自变量的值都是相似的，三个模型唯一的差别就是因变量是不同的（例如，有效性评价）。

似不相关回归实质上是最小二乘法的一种形式，即通过考虑各方程间误差项的相关性来估计整体模型的系数。使用广义最小二乘法必须首先获得各方程误差的协方差估计，这可以通过用最小二乘法估计单个方程的误差得出。残差估计的方差及协方差可以稳定地估计模型误差的方差与协方差。研究者使用了SAS SYSLIN程序中的F检验测试了三个多元回归模型的对等性。该过程涉及比较控制与非控制系统中误差的方差和协方差。控制系统是指三个方程中自变量的系数被设定为相同的。非控制系统是指允许三个方程中自变量的系数是不同的。研究者首先同时检验了三个评价模型的对等性，然后又分别进行了两两检验。在检验了总体模型后，研究者又对个体层面自变量的系数进行了对等性检验，即，使用限制系统模型但释放目标变量系数的方法。最后，研究者通过跨模型残差相关矩阵验证了三个利益相关者模型中误差项相关的假定。

本研究还检验了若干控制变量的影响，包括不同公司、运营单位的规模、人力资源部门的规模。公司编码为哑变量，规模大小则用员工数衡量。在所有回归中，在控制了上述变量后，主要自变量对结果的影响没有变化。为了更简洁地呈现数据结果，研究者在正文和图表中所报告的数据均是三个公司的加总数据，并不包含这些控制变量。

4. 结果

4.1. 人力资源部门的利益相关者群体

151个人力资源部门报告了100多个不同的利益相关者群体。很多都只被一个部门所提及。例如：A组织中某个人力资源部门提及了新闻媒体。B组织的某些人力资源部门提及了某个特定的工会组织，C组织的一些人力资源部门提及了就业中介。这些都是特定的利益相关者（Freeman, 1984）。表1陈列了12个被提及最多的利益相关者群体。表1显示的前5类被提及的利益相关者群体中包含了本研究假设选择的3类先验群体，即一般管理者、普通员工和高管。这些利益相关者群体都存在于部门的直接工作环境中，即运营单位的内部环境中。许多其他利益相关者群体，如求职者、总部、公司、地区以及分区的人力资源员工，都是处于运营单位的外部环境中。总之，该表反映了人力资源部门的主要任务及其在组织层级中的位置。平均每个人力资源部门报告了7个利益相关者群体，3个来自运营单位内部，4个来自外部。

表1：三个组织运营单位中人力资源部门的利益相关者

	组织A	组织B	组织C	三个组织合计
12个被人力资源部门最多提及的利益相关者群体				
1．经理和管理者	40	21	42	103
2．求职者	19	17	37	73
3．雇员（拿月薪和小时薪的）	19	12	38	69
4．总部	17	20	20	57
5．工厂经理/高管	9	10	15	34
6．公司职员	0	0	20	20
7．福利部门	10	0	5	15
8．工会会员	8	5	0	13
9．地区人力资源部门员工	2	0	10	12
10．分部人力资源部门员工	2	1	8	10
11．工资部门	4	1	4	9
12．其他人力资源管理部门	5	0	3	8
平均每个人力资源管理部门提及的利益相关者群体的数量	7.92	7.16	6.16	6.94
其中：营运单位内的利益相关者群体的数量	3.81（48%）	3.00（42%）	2.43（39%）	3.01（43%）
营运单位外的利益相关者群体的数量（如总部）	4.14（52%）	4.16（58%）	3.73（61%）	3.93（57%）

注：表中的数字是每个利益相关者群体被人力资源管理部门提及的次数。

4.2. 利益相关者群体对部门的满意度

表2显示了三大利益相关者群体对人力资源部门有效性的评价。高管组给出了最高的评分（平均分4.82），一般管理者次之（平均分3.93），普通员工最低（平均分3.65）。三大利益相关者的单因素方差分析的结果显著（F=37.90, p <0.001）。Scheffe检验显示，三大利益相关者两两之间的评分均值存在显著差异。高管是最满

表2　组织单元有效性、环境性情境变量和适应—响应变量的均值、标准差和相关系数

变量	均值	标准差	y_1	y_2	y_3	X_1	X_2	X_3	X_4	X_5	X_6	X_7	X_8	X_9	X_{10}	X_{11}	X_{12}	X_{13}	X_{14}
组织单元有效性																			
y_1高层经理	4.82	1.07	–																
y_2普通经理	3.93	0.81	0.33***	–															
y_3员工	3.65	0.77	0.07	0.27***	–														
环境性情境变量																			
X_1人事比例	116.27	76.17	−0.20**	−0.04	0.05	–													
X_2公司发起新项目的频率	4.19	0.96	0.06	0.08	0.16*	−0.01	–												
X_3所获总公司支持的小时数	6.89	10.07	0.10	0.16*	0.03	−0.21**	0.05	–											
X_4年龄差异	87.47	40.71	0.00	−0.01	0.16*	0.15	0.04	0.06	–										
X_5公司任职年限差异	6.55	5.94	−0.19*	−0.01	0.08	0.11	0.03	−0.1	0.26***	–									
X_6教育程度差异	49.97	34.14	−0.05	−0.07	−0.06	−0.02	0.11	−0.07	0.04	0.12	–								
X_7性别构成	21.65	14.52	0.04	0.22**	0.15	−0.05	−0.12	−0.21**	0.04	−0.03	−0.13	–							
X_8种族构成	40.25	12.75	0.13	0.26***	0.00	0.14	0.06	−0.15	0.00	−0.01	−0.34**	−0.1	–						
适应—响应变量																			
X_9人力资源委员会个数	0.65	0.66	0.14	0.17*	−0.06	−0.16*	−0.04	0.05	0.02	−0.02	0.02	0.21**	−0.6	–					

续 表

变量	均值	标准差	y_1	y_2	y_3	X_1	X_2	X_3	X_4	X_5	X_6	X_7	X_8	X_9	X_{10}	X_{11}	X_{12}	X_{13}	X_{14}
X_{10}填补空缺职位的平均天数	33.83	17.32	0.11	−0.11	−0.20**	−0.06	0.02	−0.01	−0.22**	−0.13	0.07	0.00	0.04	−0.09	–				
X_{11}解决问题所需的平均天数	4.41	2.61	0.01	−0.24**	−0.26***	−0.01	0.09	−0.03	−0.11	0.09	0.06	−0.21**	−0.23**	0.00	0.24**	–			
X_{12}缺勤天数	3.13	1.94	0.01	−0.34***	−0.22**	−0.13	0.20**	−0.07	−0.17*	−0.02	0.26**	−0.33***	−0.40***	−0.02	0.12	0.41***	–		
X_{13}抱怨	1.18	1.05	0.05	−0.18*	−0.20*	−0.04	0.13	−0.09	−0.03	0.01	0.08	−0.16*	−0.12	0.20*	0.11	0.65***	0.33**	–	
X_{14}女性晋升机会	3.83	2.94	−0.07	0.01	0.07	−0.03	0.08	−0.08	−0.04	−0.06	0.07	0.05	0.05	−0.12	0.03	0.00	−0.17*	−0.01	–
X_{15}少数种族晋升机会	1.59	1.38	0.05	−0.00	0.23**	−0.09	0.07	−0.03	0.12	0.05	0.01	0.10	−0.30***	0.02	−0.04	−0.04	0.13	−0.05	0.10

注：（1）* 表示 $p<0.05$，** 表示 $p<0.01$，*** 表示 $p<0.001$；（2）性别与种族构成中，数值越小表示异质性越强，数值越大表示同质性越强。

意的利益相关者群体，管理者次之，员工最不满意。因此，相比战略权变理论，该结果与资源依赖理论更一致。

4.3. 影响部门有效性评价的因素

表2也呈现了与假设2和假设3相关的变量的平均值、标准差及相关系数。但是自变量的平均值显现出有趣的样式，平均的人事比率为116，处于人事部门雇员水平研究所报告的合理范围内（Milkovich and Boudreau, 1988）。平均而言，总公司人力资源部门一年发起4个新项目，每个月为下辖人力资源部门提供7小时的支持时间。在人口学特征方面，运营单位员工的性别异质性略大于种族。

至于适应—响应策略，每160名员工就设有一个委员会（每100名员工0.65个）。人力资源部门需要约34天填补一个空缺职位，约4.5天来解决利益相关者的问题。平均每年每个员工有3天时间缺勤，每85个员工中有一次抱怨事件（每100人1.18个）。每33人中有一位女性（每100人3.83位）、每63人中有一位少数种族（每100人1.59位）每年得到提升。

自变量与三大利益相关者群体的相关系数也呈现有趣的现象。除两个变量（教育程度差异及女性晋升机会）之外，几乎所有自变量都与至少一个利益相关者的有效性评分显著相关，该结果基本支持了假设2。但是，没有哪一个自变量与三个有效性评分都显著相关，大多数变量都只与部分有效性评价相关。该结果初步支持假设3。

表3总结了关于假设2的回归分析。如表3所示，环境变量（模型1）以预期的方向与三大利益相关者群体的有效性评分均相关。适应—响应策略变量（模型2）以预期的方向与一般管理者和普通员工的有效性评分相关。然而，当环境变量与适应—响应策略变量同时加入回归模型时（模型3），三大利益相关者群体的评分之间却出现了有趣差异。高管模型中，在控制了适应—响应策略变量的影响后，环境变量能够解释高层管理者有效性评分方差中的更多部分（$\Delta R^2 = 0.10, p<0.05$）。但适应—响应策略变量却相反，在控制了环境变量后，它并不能解释高管有效性评分方差中的更多部分。员工模型中，当控制了适应—响应策略变量时，环境变量的作用就消失了。但当控制了环境变量时，适应—响应策略变量却依然有独特的解释力度（$\Delta R^2 = 0.13, p <0.01$）。一般管理者模型中，当控制了其他自变量的影响后，环境变量（$\Delta R^2 = 0.10, p<0.05$）与适应—响应策略变量（$\Delta R^2 = 0.11, p <0.05$）都能够解释因变量方差中的更多部分。

个体层面自变量的回归系数也与假设一致。低人事率、高频次启动公司层面新项目及公司支持的小时数（以上都意味着高资源充裕度）都与有效性评价正相关。公司任职年限、性别及种族比例都与有效性评价负相关。结果与假设2一致。

此外，结果还显示，人力资源委员会的数量（适应—响应策略）与一般管理者对人力资源部门的有效性评价正相关。填补空缺职位的天数（低响应）与普通员工对人力资源部门的有效性评价负相关（$p<0.07$）。[①]缺勤天数与一般管理者及普通员工对人力资源部门的有效性评价都呈负相关。少数民族晋升机会（积极的员工职业生涯结果）与普通员工对人力资源部门的有效性评价正相关。以上结果与假设3一致，但是这些关系只是在一般管理者与普通员工模型中成立，在高管模型中并不成立。

表3　由三个利益相关者评价的人力资源分部门的有效性模型

变量	高层经理			普通经理			员工		
	模型1	模型2	模型3	模型1	模型2	模型3	模型1	模型2	模型3
环境性情境变量									
X_1人事比例	−0.20***		−0.19**	−0.03		−0.04	0.05		0.13
X_2公司发起新项目的频率	0.09		0.09	0.15**		0.19***	0.20***		0.21***
X_3所获总公司支持的小时数	0.04		0.04	0.16**		0.11	0.04		0.03
X_4年龄差异	0.07		0.09	−0.03		−0.11	0.13		0.02
X_5公司任职年限差异	−0.18**		−0.17**	0.00		0.01	0.05		0.07
X_6教育程度差异	0.02		0.02	0.05		0.10	−0.07		0.02
X_7性别构成	0.02		−0.00	0.23***		0.11	0.19**		0.11
X_8种族构成	0.17**		0.22**	0.26***		0.23**	−0.03		−0.04
ΔR^2			0.10**			0.10**			0.06
适应—响应变量									
X_9人力资源委员会个数		0.13	0.11		0.18**	0.16**		−0.08	−0.10
X_{10}填补空缺职位的平均天数		0.13	0.09		−0.03	−0.09		−0.14*	−0.13
X_{11}解决问题所需的平均天数		−0.05	0.05		−0.06	−0.00		−0.14	−0.15
X_{12}缺勤天数		−0.02	0.01		−0.29****	−0.27***		−0.18**	−0.18*
X_{13}抱怨		0.05	0.00		−0.08	−0.10		0.00	−0.01
X_{14}女性晋升机会		−0.06	−0.07		−0.03	−0.06		0.01	−0.01
X_{15}少数种族晋升机会		0.06	0.08		0.02	0.08		0.25***	0.21***
ΔR^2			0.03			0.11**			0.13****
模型总体R^2	0.11	0.04	0.14	0.15	0.16	0.26	0.09	0.17	0.22
adjusted R^2	0.06	0.00	0.04	0.11	0.12	0.18	0.04	0.13	0.14
模型总体F值	2.14**	0.89	1.48	3.24****	3.94****	3.17****	1.89**	4.09****	2.62****

注：* 表示 $p<0.1$；** 表示 $p<0.05$；*** 表示 $p<0.01$；*** 表示 $p<0.001$，双尾检验。

① 由于假设具有方向性，所以此处0.10的显著水平是可接受的。

4.4. 有效性模型的对等性

假设3提出，三大利益相关者群体的有效性模型是不对等的。该假设关注的是适应—响应策略变量。因此，研究者对模型2进行了对等性检验，同时比较了三大利益相关者群体的模型，F值为10.90（$p<0.001$），这意味着三个模型是不对等的。[①]三个模型的所有成对比较结果均显著：其中高管与一般管理者模型的$F=15.05$，$p<0.001$；高管与普通员工模型的$F=18.68$，$p<0.001$；一般管理者与普通员工模型的$F=3.47$，$p<0.001$。上述结果支持假设3。

对个体层面自变量的F检验揭示了4个（一共7个）适应—响应策略变量之间的差异。与本文的研究假设一致，相较于另外两个利益相关者群体的有效性评价，人力资源委员会的设置和缺勤天数与一般管理者对人力资源部门的有效性评价之间有更强的相关关系。同样地，相较于高管和一般管理者的有效性评价，响应策略变量（至少是指填补空缺职位的天数）和职业晋升（在少数民族晋升方面）与普通员工对人力资源部门的有效性评价之间有更强的相关关系。这些发现都与假设一致。没有一种适应—响应策略变量与高管对人力资源部门的有效性评价显著相关。这些结果表明，假设3仅对一般管理者与普通员工成立，但对高管这个利益相关者群体不成立。

5. 讨论及结论

本文的实证结果验证了多利益相关者模型的理论功效及其在分析一个具体组织时的效用。运营单位层面的人力资源部门报告了其日常互动的利益相关者群体，这些群体因资源或工作任务的相互依赖而与人力资源部门发生联系。鉴于组织中特定的运营情境，这些从实证中得出的利益相关者群体类别具有显著的理论意义。

三种利益相关者群体对人力资源部门的满意度不同。相对于一般管理者和普通员工，高管层最满意人力资源部门的工作。这个发现似乎表明，资源这种权变因素对人力资源部门相当重要。其实，人力资源部门有这种导向并不意外，因为高管控制着许多对人力资源部门至关重要的资源，不仅包括财务资源，还包括他们对人力资源部门员工职业发展的控制权。对高管这类利益相关者群体权力的依赖是人力资

① 对模型1（仅包含环境情境变量）和模型3（包含环境情境变量和适应—响应变量）也做了类似分析。结果与假设3一致，即三个模型是不对等的。

源部门优先满足其需求的强大动机。不过很遗憾的是，本研究未调查人力资源部门采取了哪些行动来获得高管的正面评价，也未研究高管评价时所采用的具体标准。很有可能，高管并不关注部门的日常工作活动，例如填补空缺职位及控制缺勤。但他们关注部门对组织目标的贡献。因此，利润率、产品质量、维持无工会状态以及避免法律纠纷对高管来说可能比本研究所测量的那些变量更具有实际意义。另外，高管团队可能更关注人力资源部门满足运营单位经理需求的整体能力，而非任何单一的指标。这是很有可能的，因为表2显示，高管与运营单位经理对人力资源部门的有效性评价之间存在显著的正相关关系（$r = 0.33, p<0.001$）。第三种可以解释高管对人力资源部门的正面评价的原因在于他们的评价是有偏的，他们认为给出低有效性评分不是在否定人力资源部门的工作，而是反映了他们自身的管理能力问题，这种考虑导致了高管给出较宽容的评价。

另一个和高管这一利益相关者群体有关的有趣发现是：他们的满意度与人力资源部门预算（人事比率）之间正相关。有几种可能的解释：第一，“满意的”高管出于对人力资源部门的奖励，给他们分配了更多的预算，意味着有效性带来了资源。第二，部门也许通过与高管谈判争取到了更多的预算，这意味着资源获取有一个谈判协商的过程。第三，运营单位本身可能财力雄厚，因此所有的部门都能有充足的预算，这意味着充裕的外部资源。第四，每个人力资源部门所处的行业或企业有可能导致预算差异。本研究重点关注外部资源的充裕度（第三种解释），并排除了最后一种解释。因为即便控制了公司类别及其规模的影响，研究者还是能观察到高管有效性评价与人力资源部门预算之间的关系。前两种解释是否成立还有待后续研究进一步探究。

本研究结果提供了有关一般管理者和普通员工对人力资源部门有效性评价模型的有用信息。结果表明，资源充裕性对评价具有正向影响，人口学特征异质性对评价具有负面影响，适应策略则是获得有利评价的重要工具。特别是人力资源委员的设置，它可以有效地调动管理者的参与。管理者可能因为感受到人力资源部门主动地让其参与到解决问题，乃至设立目标的过程中，而形成了正面的有效性评价。此外，人力资源部门还能够通过委员会更深入地了解管理者的预期与需求，从而采用更恰当的适应性策略。本研究中，平均每个运营单位中约设立了5个委员会（这可以从每100员工0.65的比率及每个运营单位740个员工的数据中推算得出）。这表明，人力资源部门可以通过广泛地使用吸纳参与策略来获益。未来的研究可以继续探究人力资源部门如何通过委员会的渠道影响利益相关者对其有效性评价的具体过程。

对环境变量的分析验证了利益相关者人口学特征在部门有效性评价中的重要性和相关性。利益相关者在公司任职年限、种族及年龄方面的差异性对部门有效性评价似乎有负面作用。这给我们提供了一些其他关于人口学特征的研究问题，如，部门与其利益相关者群体在人口学特征方面的匹配，能否提高利益相关者对部门的有效性评价？特别的，当部门的员工都是白人男性时，由白人男性组成的利益相关者群体是否会比由异质人口组成的利益相关者群体（拥有大量的少数民族和女性员工）给出更积极的评价？检验这种利益相关者关系将是未来研究非常值得探索的议题。

综合本研究的结果，基于多利益相关者群体对人力资源部门的期望与评价，我们可以推断利益相关者群体之间存在下述的关系。首先，高管设立目标、分配资源。他们对人力资源部门有效性的感知将影响其能获取的资源数量。接着，部门基于其对其他利益相关者群体（如一般管理者和普通员工）期望与需求的理解来与高管层协商修改目标，争取预算。人力资源委员会在这一过程中能发挥积极作用。另外，利益相关群体的环境特点（如人口学特征异质性）或现存的人力资源问题（如不公平现象、高缺勤率）都有利于人力资源部门向人力资源总部争取支援。这些额外的资源都将提高人力资源部门满足利益相关者群体需求的能力。一般管理者最关注的可能是利益相关者的状况、外部任务环境以及人力资源部门适应—响应的能力。因此，相较于高管与普通员工，这些变量更多地解释了一般管理者对人力资源部门有效性评价的方差。总之，不同的利益相关者群体所采用的评价标准是不同的。最后，虽然人力资源部门不可能同时有效地满足三类利益相关者群体的需求，但至少在本研究中，满足其中一类并不意味着必然会使另一类利益相关者失望。

本研究并非要强调某一特定利益相关者的重要性，而是企图探究三大利益相关者群体眼中的部门有效性。至此，本研究已经得出了一些观点，包括：部门可以采用哪些适应性策略来获得管理层和员工积极的有效性评价；以及哪些环境因素会有利于或制约部门获得不同利益相关者的正面评价。本研究结果也引出了很多未来研究多利益相关者模型的可能路径，或针对整体而言，或特别针对人力资源部门。例如：不同利益相关者群体需求和期望的相互关系，其他可能相关的环境变量和适应性策略变量，人力资源部门与利益相关群体的人口学特征之间的关系，以及各利益相关者有效性评估中可能产生的偏见和误区。这些都是未来研究的重要议题。

5.1. 理论拓展

对多利益相关者研究方法的实证检验为其成为衡量组织有效性的有用理论框架提供了有力的支持。对组织有效性研究的争议不在于采用单一还是多元的标准，而在于采用一种还是多种研究方法（Cameron and Whetten, 1983）。如果仅从一类评价者的角度出发，任何单一的方法或多样化的标准都只能提供对有效性的有限理解。

多利益相关者模型强调采用多个评价者，这些评价者中有的关注结果，有的关注过程，这就使得它包含了目标方法及系统方法对组织有效性的观点。因此，这三种方法既互为补充又互相裨益。当然，同时采用多种方法自然能比单一的方法提供更为丰富的理解。

多利益相关者模型适用于任何拥有利益相关者关系的社会实体，该实体的有效性只有通过相关评价者的主观评价得出，或是采用重要性各不一致的客观绩效指标才有意义。研究者们已经在多种情境以及组织层级中运用多利益相关者模型。Tsui（1984）在个体层次上检验了中层经理的工作有效性。Cameron（1984）将该模型运用于29家教育机构的组织层次的有效性研究。Ehreth（1988）分别从政府与病人的角度比较了退伍军人医院与私人医院的有效性。这些研究基本证实了多利益相关者模型的适用性。后续的理论研究应该进一步思考如何进行跨层次的分析（Rousseau, 1985），包括同构现象（isomorphism）、跨层效应及多层模型。

多利益相关者模型的有效性不可避免地应通过利益相关者主观评价测量。而主观评价势必受到评价者认知偏差的意向甚或有意的扭曲。然而，“组织或组织内的任何行为都不可能在没有认知的真空中发生”（Schneider, Parkington, and Buxton, 1980：254）。有效性评价在本质上都是主观的（Campbell, 1977）。至于如何获取独立于评价者感知的有效性评价，我们还不清楚。因此，由于评价依赖于评价者的感知，研究者应该开发具有良好心理统计特性的量表，尤其对于那些主张并在使用多利益相关者模型的研究者来说，无论是致力于在理论构念还是实证检验上开发组织有效性测量的主观量表都是非常有意义的。

至此，无论在理论上还是实践中分析利益相关者眼中组织有效性，其前提假设都是，偏好满足是有效性评价的重要基础。然而，也有其他系统性的因素可能会影响有效性的评估，无论需求是否被满足。至少有两个因素应该考虑到，其一是认知过程，其二是与名誉相关的社会过程。

组织可以通过操控利益相关者的感知或是其对绩效信息的解读来改变他们对该组织有效性的判断。这可以通过操控利益相关者在评价绩效时所使用的信息来实现。例如，员工会可能因为工资低而认为其雇主差，但是雇主可以通过对比其他类似行业和组织中同类工作的薪酬和福利，并指出该组织的员工薪酬水平位于对照企业的前10%来改变员工的认知。结果是，虽然该员工可能还是会想要更高的待遇，但他对雇主的喜爱程度应该会提高。对于多利益相关者模型的发展而言，考察这些认知和印象管理的过程如何影响利益相关者判断将是对该理论模型的重要拓展。

最近关于“名誉效应”（Kreps and Wilson, 1982； Sobel, 1985； Wilson, 1985）的研究也可能为多利益相关者模型理论拓展提供另一有意义的借鉴。一开始，某一部门或组织可能已经通过满足利益相关者的偏好而积累了一定的名誉。其他的利益相关者也会依据名誉来预测该组织会做出相应的行为。那么在短期，无论实际绩效如何，积极的有效性评价还能持续。但从长期来看，利益相关者会根据组织的具体行为来修正他们对目标组织的有效性评价。这里名誉的概念类似于有效的领导者获得的“偶然的信用”（Hollander and Julian, 1969）。对于一个组织或部门而言，情况将会更加复杂。因为它们的名誉可能不是由其活动决定的，而是来源于历任的领导者；或是因为拥有一个胜任的员工，而非一个无能的领导。分析组织的名誉绩效如何建立、维持，并且消解，并探究名誉如何影响利益相关者的预期、知觉和判断将是对多利益相关者模型又一重要的理论拓展。

参考文献

Aldrich, Howard E. 1979. *Organizations and Environments*. Englewood Cliffs, NJ: Prentice-Hall.

Bennis, Warren G. 1966. *Changing Organizations*. New York: McGraw-Hill.

Bowen, David E., and Larry E. Greiner. 1986. Moving from production to service in human resources management. *Organizational Dynamics,* 15(1): 35-53.

Cameron, Kim. 1978. Measuring organizational effectiveness in institutions of higher education. *Administrative Science Quarterly*, 23: 604-632.

——1984. An empirical investigation of the multiple constituency model of organizational effectiveness. Working paper, National Center for Higher Education Management Systems, Boulder, CO.

Cameron, Kim, and David A. Whetten. 1983. *Organizational Effectiveness: A Comparison of Multiple Models*. New York: Academic Press.

Campbell, John P. 1977. On the nature of organizational effectiveness. In Paul S. Goodman and Johannes M. Pennings (Eds.), *New Perspectives on Organizational Effectiveness*: 13-55. San Francisco: Jossey-Bass.

Connolly, Terry, Edward J. Conlon, and Stuart Jay Deutsch. 1980. Organizational effectiveness: A multiple-constituency approach. *Academy of Management Review*, 5(2): 211-218.

Drazin, Robert, and Andrew H. Van de Ven. 1985. Alternative forms of fit in contingency theory. *Administrative Science Quarterly*, 30: 514-539.

Ehreth, Jenifer. 1988. A competitive constituency model of organizational effectiveness and its application in the health industry. Paper presented at the *Academy of Management Annual Meeting*, Anaheim, CA.

Freeman, R. Edward. 1984. *Strategic Management: A Stakeholder Approach.* Boston: Pitma

Friedlander, Frank, and Hal Pickle. 1968. Components of effectiveness in small organizations. *Administrative Science Quarterly*, 13: 289-304.

Hickson, David J., C. R. Hinings, C. A. Lee, R. E. Schneck, and J. M. Pennings. 1971. A strategic contingency theory of intraorganizational power. *Administrative Science Quarterly*, 16: 216-229.

Hinings, C. R., D. J. Hickson, J. M. Pennings, and R. E. Schneck. 1974. Structural conditions of intraorganizational power. *Administrative Science Quarterly*, 19: 22-44.

Hitt, Michael A., and R. Dennis Middlemist. 1979. A methodology to develop the criteria and criteria weightings for assessing subunit effectiveness in organizations. *Academy of Management Journal*, 22(2): 356-374.

Hollander, E. P., and J. W. Julian. 1969. Contemporary trends in the analysis of leadership process. *Psychological Bulletin*, 71(5): 387-397.

Hrebiniak, Lawrence G., and William F. Joyce. 1985. Organizational adaptation: Strategic choice and environmental determinism. *Admin istrative Science Quarterly*, 30: 336-349.

Jobson, J. D., and Rodney Schneck. 1982. Constituent view of organizational effectiveness: Evidence from police organizations. *Academy of Management Journal*, 25(1): 25-46.

Keeley, Michael A. 1984. Impartiality and participant interest theories of organizational effectiveness. *Administrative Science Quarterly*, 29: 1-25.

Kreps, David M., and Robert Wilson. 1982. Reputation and imperfect information. *Journal of Economic Theory*, 27(2): 253-279.

Lincoln, James R., and Gerald Zeitz. 1980. Organizational properties from aggregate data: Separating individual and structural effects. *American Sociological Review*, 45: 391-408.

Lynch, Beverly P. 1974. An empirical assessment of Perrow's technology construct. *Administrative Science Quarterly*, 19: 338-356.

Miles, Robert H., and Kim S. Cameron. 1982. *Coffin Nails and Corporate Strategies*. Englewood Cliffs, NJ: Prentice-Hal

Milkovich, George T., and John Boudreau. 1988. *Personnel/Human Resource Management: A Diagnostic Approach.* Plano, TX: Business Publication

O'Reilly, Charles A., III, David F. Caldwell, and William P. Barnett. 1989. Workgroup demography, social integration, and turnover. *Administrative Science Quar terly*, 34: 21-37.

Pennings, Johannes M., and Paul S. Goodman. 1977. Toward a workable framework. In Paul S. Goodman and Johannes M. Pennings (Eds.), *New Perspectives on Organizational Effectiveness*: 146-184. San Francisco: Jossey-Bass.

Perrow, Charles. 1961. The analysis of goals in complex organizations. *American Sociological Review*, 26(6): 854-866.

——1970. Departmental power and perspectives in industrial firms. In Mayer N. Zald (Ed.), *Power in Organizations*: 59-89. Nashville, TN: Vanderbilt University Press.

Pfeffer, Jeffrey, and Gerald R. Salancik. 1978. *External Control of Organizations*. New York:

Harper & Row

Rohrbaugh, John. 1981. Operationalizing the competing values approach: Measuring performance in the employment service. *Public Productivity Review*, 5(2): 141-159.

Rousseau, Denise M. 1985. Issues of level in organizational research: Multi-level and cross- level perspectives. In Barry M. Staw and L. L. Cummings (Eds.), *Research in Organizational Behavior*, 7(2): 1-37. Greenwich, CT: JAI Press.

Rhenman, Eric. 1968. *Industrial Democracy and Industrial Management.* London: Tavistock.

Salancik, Gerald R. 1984. A single value function for evaluating organizations with multiple constituencies. *Academy of Management Review*, 9(4): 617-625.

SAS/ETS. 1984. SAS/ETS Users Guide, Version 5. Cary, NC: SAS Institute.

Schneider, Benjamin, John J. Parkington, and Virginia M. Buxton. 1980. Employee and customer perceptions of service in banks. *Administrative Science Quarterly*, 25: 252-267.

Sobel, Joel. 1985. A theory of credibility. *Review of Economic Studies*, 52(4): 557-573.

Thompson, James D. 1967. *Organizations in Action*. New York: McGraw-Hi

Tsui, Anne S. 1984. A role set analysis of managerial reputation. *Organizational Behavior and Human Performance*, 34: 64-94.

1987. Defining the activities and effectiveness of the human resource department: A multiple constituency approach. *Human Resource Management*, 26: 35-69.

Tsui, Anne S., and L. R. Gomez-Mejia. 1988. Evaluating human resource effectiveness. In L. Dyer (Ed.), *Human Resource Management: Evolving Roles and Responsibilities*, Series 1: 187-227, Washington, DC: ASPA/BNA

Tsui, Anne S., and Charles A. O'Reilly IIIl. 1989. Beyond simple demographic effects: The importance of relational demography in superiorsubordinate dyads. *Academy of Management Journal*, 32: 402-423.

Van de Ven, Andrew H., and Dianne L. Ferry. 1980. *Measuring and Assessing Organizations*. New York: Wiley.

Wagner, John A, and Benjamin Schneider. 1987. Legal regulation and the constraint of constituency satisfaction. *Journal of Management Studies*, 24: 189-200.

Whetten, David A. 1978. Coping with incompatible expectations: An integrated view of role conflict. *Administrative Science Quarterly*, 23: 254-271.

Wilson, Robert. 1985. Reputations in games and markets. In A. Roth (Ed.), *Game Theoretic Models of Bargaining*: 27-62. Cambridge: Cambridge University Press.

Yuchtman, Ephraim, and Stanley Seashore. 1967. A system resource approach to organizational effectiveness. *American Sociological Review*, 32: 881-903.

Zammuto, Raymond F. 1982. *Assessing Organizational Effectiveness: Systems Change, Adaptation, and Strategy*. Albany, NY: SUNY Press.

——1984. A comparison of multiple constituency models of organizational effectiveness.

Academy of Management Review, 9: 606-616.

Zellner, Arnold. 1962. An efficient method of estimating seemingly unrelated regressions and tests for aggregation biases. *Journal of American Statistical Association*, 57: 348-368.

Zenger, Todd R., and Barbara S. Lawrence. 1989. Organizational demography: The differential effects of age and tenure distributions on technical communication. *Academy of Management Journal*, 32: 353-376.

名誉绩效——一个交互响应性框架*

徐淑英
（香港科技大学）

摘要：关于有效性研究的难题在管理者层面、部门层面和组织层面都十分普遍。以管理者层面的有效性为切入点，我们提出一个交互响应性框架作为对标准问题的一个可行解决方法。基于角色和关系网络理论，当管理者能够对交换关系网络中的成员需要、要求和期望做出响应时，那么管理者会被判断为是有效的，或者可以说具有名誉绩效。以往学者从结构、社会和个人等方面，提出了一系列可能促进或者限制管理者响应性行为和实现名誉绩效的因素。限定响应行为的相关边界条件也被逐渐识别出来。本文就组织层面的交互响应视角的适用性对以往文献进行了回顾。最后，本文分析了名誉绩效和交互响应对于目标对象（如管理者、部门或者组织）以及目标对象背后的更大系统的影响。本文的基本观点是，当这种双向的交互响应成为工作的指导原则时，那么整个系统（如组织、组织关系网络甚至整个社会）以及体系内的组成成员（如管理者、部门或者组织）都是相互受益的。

定义和测量管理者的有效性一直是挑战研究者和管理者最棘手的组织问题之一。[①]虽然一些学者利用管理者所在部门或者他们所负责的组织产出来定义管理有效性（如Wexley & Silverman, 1978； Yukl & Kanuk, 1979），但是，最普遍的方法是利用直接上级对感知到的管理者个人行为、活动质量做出的主观评价来测量管理者的有效性（如Hand & Slocum, 1972； Holzbach, 1978； Oldham, 1976； Tsui, 1985）。另外一些研究者（如Meindl, Ehrlich, & Dukerich, 1985； Pfeffer, 1977），以管理层的行为与部门或者组织的业绩表现的关系在实证研究中支持证据很弱为由，提出管理

* Tsui, A. S. 1994. Reputational effectiveness: Toward a mutual responsiveness framework. In Staw, B. M. and Cummings, L. (Eds). *Research in Organizational Behavior*, 16: 257-307.

① 管理者（manager）一词，在本文是指在组织内具有正式权力和责任的个体，他们通过权力和责任来管理一名或者更多其他组织成员的工作。对于那些拥有管理者（manager）的头衔，但是并不作为其他个体的主管的“经理”们，我们则认为是一般的非管理层员工。

者的角色从本质上来说象征性的意义大于实质作用。管理者对于组织的结果，如销售额、市场份额或者利润率几乎没有影响（Pfeffer, 1981）。对于究竟什么是管理有效性以及如何定义和测量这个概念，这些观点迥异的文献并没有提供很好的知识积累。我曾经在早期的一篇文献回顾中这样总结，“对有效性这个概念本身的混淆和测量问题……已经延误了……本应该实现的进步”（Tsui, 1984a：29）。现存的有效性研究依然没有解决几乎30年前Dunnette（1963）的经典文章就提出的“标准问题”。

本文旨在建议使用我早期文章中就评价管理者（Tsui, 1984a, 1984b）和近期文章中就评价部门（Tsui, 1984c, 1990； Tsui & Milkovich, 1987）而提出的名誉绩效观点来帮助解决这个标准问题。在以往的文章中，我将名誉绩效定义为一个利益相关者关于管理者的责任和角色多大程度上能够响应并满足他的期望做出的评价。以早期的成果为基础，本文描述了管理者的名誉绩效如何创造一个成员间相互响应的社会系统的理论框架。我进一步从概念上阐释，交互响应会如何与组织结果相联系，包括那些不论从组织还是成员看来都是非常理想的结果。我也回顾了可能促进或者限制管理者做出响应性行为的结构的、社会的和个人的因素，以及可能限定这一理论框架的适当性或普遍性的边界条件。我分析了这一框架从管理层面进一步拓展到部门和组织层面的应用性。最后，以该交互响应视角为基础，本文对未来研究提出了启示和建议。

从以上陈述的目标不难看出，本文不仅是关于管理有效性或者管理评价，也是关于一个社会体系中的成员行为和其他成员以及更大的社会系统整体的关系。使用管理有效性作为切入点和理论比喻，本文的最终目的是从概念上说明，当一个社会结构体中的构成元素（如经理人员、部门或者组织）彼此积极响应而不是麻木冷漠，这一社会系统（如部门、组织、组织关系网甚至整个社会）的整体福祉（健康、成功和生存能力）将会提高。更为重要的是，我说明了社会系统整体福祉的提高将会如何提高其内部成员的福祉。

1. 一个新的管理有效性框架的必要性

1.1. 从人到过程和结果

Campbell, Dunnette, Lawler和Weick（1970）最早试图通过提出一种将研究焦点由管理者是谁（例如，管理者的个性特征和性格特点），转向管理者在为组织或者部门产生绩效或者实现结果的过程中做什么的过程模型，来精确化管理有效性这一构念。这一基于过程的视角激发了关注管理者的角色（如Mintzberg, 1973； Morse & Wagner, 1978）、行为（如Kotter, 1982； Luthans, 1988）或者活动（如Yukl, 1989）的研究浪潮。

同时，另有一群学者分析了制约管理者影响组织产出或结果的限制性因素（如Lieberson & O'Connor, 1972； Lombardo & McCall, 1982； Pfeffer, 1977, 1981； Stewart, 1982）。例如，Pfeffer（1981）认为，管理者只能影响象征性的结果，而组织的实质性结果很大程度上是由公司的外部因素所决定的。沿着这一主题，Meindl, Ehrlich和Dukerich（1985）提出领导力是一种罗曼蒂克式的概念。它存在于组织成员的思想过程中，并主要被用来对组织的成败进行归因。在这些观点中，最为极端的是Weick和Daft（1983：90-91）主张的"管理者的任务不是要让组织的工作得到完成，而是得到诠释"。有关领导力影响的实证研究较少关注管理者具体的行为，而更为关心一个领导者[①]的出现或者领导风格的改变是否会产生作用或者影响部门或者公司层面的结果。以往的大多数研究使用了棒球队作为样本对象（如Allen, Panian & Lotz, 1979； Eitzen & Yetman, 1972； Gamson & Scotch, 1964； Grusky, 1963），并且这些研究得出了一个相似的结论：改变一个团队的教练对于团队有效性很少或者几乎没有影响。其他的研究则采用了一种管理工作度量来评价主要的管理层变更在产业公司（Lieberson & O' Connor, 1972）和市政当局（Salancik & Pfeffer, 1977）中的影响。这些使用组织样本的研究也产生了相似的结果。领导力概念几乎无法解释结果变量中的差异。

1.2. 现有关于管理效能知识的局限

尽管这些研究流派增加了有关管理者的角色、行为和管理者（或者缺乏管理者）对其所负责的组织影响的知识，进而推动了本领域的进展。但是他们设定了一些可能限制有关管理效能的知识发展的假设条件。关于管理者行为和活动的研究，假定管理者可以应用一套有限的行为应对不同的情景。换句话说，它假定同样一套角色、行为或者活动对各种各样情境下的管理者都是适用的。这种视角认为，是这套有限的活动中的行为解释了组织或者部门成功或者有效性的差异程度。例如，Kurke 和 Aldrich（1983）以及 Shapira 和 Dunbar（1980）的研究证实了Mintzberg

① 管理者（managers）和领导者（leaders），这两个名词在现存的大量文献之中经常出现，在本文中它们是同一概念。例如，Ohio State的学者们（例如Fleishman, 1973）所定义的领导行为种类是基于对不同组织内的主管和经理的研究。而关于高层管理者角色的研究则一致地把高层管理者作为企业领导人员（如Lieberson & O'Connor, 1972； Pfeffer, 1977）。

（1973）首次提出的十种管理角色的有效性。但只有这些角色在不同情境下的相对重要性或者出现频率得到了观察（如Alexander, 1979； McCall & Segrist, 1978）。大多数领导力方面的研究也采用了相似的假设。例如，几十年来关于领导力的研究产生了相对固定的一套领导行为（Bass, 1981； Yukl, 1989），但是不同领导行为的相对重要性可能还依赖于许多情境变量（如Fiedler, 1967； House, 1971； Vroom & Yetton, 1973）。无论是在管理角色还是领导力的文献中，领导/管理者的有效性都是领导者行为和情境特点契合程度的结果。更为重要的是，这些文献假定可能存在差异的一套行为和相关情境变量的类型都是事先确定的。这一研究流派并没有考虑管理角色和管理情境的非决定性和动态性。

另一方面，管理者对组织影响的研究假设无论管理者如何表现，他/她对其负责的组织结果的潜在影响是有限的。与这一假设相符合，关于领导者对组织结果影响的检验都采用残余方差的测量法来指代领导力变量（如Lieberson & O’Connor, 1972； Salancik & Pfeffer, 1977）。正如Weiner（1978）指出的，这种指代变量的方法是有问题的。她分析了Lieberson和O’Connor（1972）的研究，证实这两位作者发现的领导力影响不显著是由统计过程导致的假象。在另一个研究（Weiner & Mahoney, 1981）中，她多增加了几个高管行为变量，就可以比早期研究解释更多的组织绩效变异。

1.3. 重新燃起对领导力影响的研究兴趣

20世纪80年代中期，有关领导力对组织复兴的重要性的研究兴趣重新燃起。在政治史学家James MacGregor Burns（1978）的研究基础上，一些组织理论家提出了变革型领导相比交易型领导的重要性（如Bass, 1985； Conger & Kanungo, 1988； House, Spangler, & Woycke, 1991）。例如，Bass（1985）提出变革型领导与追随者努力水平、组织有效性是相关的。但是，这些结论大部分是理论性的、规范性的。对这些关系的实证支持主要来源于对像克莱斯勒的Lee Iacocca或者通用电气的Jack Welch的案例研究（Conger & Kanungo, 1988）。这些文章普遍给出指示性的结论，如“我们应该鼓励发展变革型领导”（Bass, 1990：25）。尽管这些经验概括的效度存在争议，最近对领导力研究兴趣的复兴却说明，学术界依然强烈相信管理效能或者说领导对组织结果有影响。

但是，系统性研究所积累的证据明确地显示，领导力变量和组织绩效间的关系却“令人惊讶的”微小（Meindl, 1990：160）。就领导者或者管理者对组织绩效影响的研究现状，一位学者这样总结到，“我们还需要相当多的研究才能就领导对组织绩效的影响提供一个概括性的评价”（Thomas, 1988：399）。

在领导力和组织结果间的这样令人无法相信的、微小且不显著甚至为负的关系，很可能是由自变量（领导力）和因变量（组织结果）概念空间“遥远”造成的。其间的关系很可能被大量的中介变量或者调节变量削弱了。而且，存在许多可能直接导致一个组织（或者部门）经营成败的其他因素。期待看到领导力或管理行为与组织结果间的显著关系，从概念上本身就是不合理的，实证上也是不可行的。

2. 构建一个交互响应的分析框架

针对上述领导力/组织绩效问题的一种可能的解决方法就是，使用管理有效性的概念将管理者行为与直接的社会结构连结起来。通过将管理工作嵌入到一个角色体系中，我们就可以跟踪管理者与该社会结构中的成员间相互交换的动态性，并评价其影响。管理者对其他人（例如，角色伙伴或者他们在社会单元内为完成工作而需要产生互动的利益相关者）的影响肯定是会对组织结果产生影响的一种方式。如果利益相关者与管理者之间的交换关系是积极的、有利的，那么他们会满意，进而会评价管理者的工作是有效的。我早期的文章（Tsui, 1984a, 1984b）中将这种类型的有效性定义为名誉绩效，是以管理工作的角色理论为基础的。在阐释作为基础的角色理论之前，我先介绍交互响应框架背后的几个隐含假设。

2.1. 交互响应框架背后的假设

该框架总共包含两套假设。第一套是自利性假设，它是普遍的，包含了个人的和以角色为基础的利益，并且是不稳定的。第二套是人际性假设，一个社会系统中人际交往，包括互惠规范、社会记忆和群体或者社区对于个人的重要性。

2.1.1. 自利性假设

大多数现代企业理论，无论是经济的（如Williamson, 1975）、心理的（如Katz & Kahn, 1978）或者社会政治的（如Keeley, 1988），都是以个人的利己主义假设为基础的。认为满足私利（食物、金钱、自尊或者自我实现）是人们加入组织或者团体最基本的动机。Barnard（1938）是首先认识到满足个体利益需求是管理层的一种重要功能的管理学家之一。想要激发员工对公司做贡献，就必须提供足够吸引人或者合适的“激励”。假定利己主义可以描绘每个人的基本动机，那么组织内两个个体间互动关系的建立，必须以双方都预期这种关系可以满足双方利益为前提，并且当双方的确感到满意时这种关系才能得到维持。

第二点假设有关利己主义的内容。对组织内的成员而言，既有基于工作角色的利益，也有个人的利益（Biddle, 1979）。签订一份雇佣合约，意味着个体理解他们需要完成一套角色责任。因为合约双方都知道不能完成角色将无法得到奖励或者甚至可能导致终止雇佣合同的惩罚，所以完成角色责任成为个体的自我利益的一部分。

第三条假设有关利己主义的动态性特点。我假定在社会结构中，个人的和以角色为基础的自利预期及其构成是会发生变化的。如果我们设想组织是开放的系统，那么组织的界限就具有可渗透性，继而这些变化就可能会发生。可渗透性的界限意味着，内部组织结构和过程需要根据外部力量进行适应性调整。为适应外部环境条件，组织可能会改变目标和活动（Child, 1972），并且有时还会存在组织成员的偶然的或频繁的变化（March & Simon, 1958）。反过来，目标和成员的变化意味着个体成员的某些自我利益，至少那些以角色为基础的自我利益是可变的。这进一步说明，任何个体都必须因角色预期或者交换伙伴的变化而进行调整。由于自利以及相关的角色预期具有不稳定性和非决定性，个体行为以及交换网络中成员间互动因此也具有了动态性。

2.1.2. 人际性假设

第四个假设是作为人际交换基础的互惠规范。Gouldner（1960）观察到这一规范是非常普遍的。因为有这一规范作为约束机制，以牺牲他人为代价的排他性地追求自利的行为才不会出现。换句话说，人们知道长期来看牺牲他人肯定会得到惩罚。相反，交换关系中的个体因为预期个人利益在长期的互惠交换中会得到满足，因此会愿意在短期内放弃自我利益。只有当个体预期未来还有交换关系，并且相信互惠规范被社会系统或网络中的成员观察到的情况下，这种为了社会系统中的他人利益暂时牺牲自我利益才可能会实现。

也只有当社会成员相信存在社会记忆的前提下，这种为了他人利益或者整个系统的利益而暂时放弃自我利益才具有可能性（Ouchi, 1984）。一个具有社会记忆的系统有能力记住“过去谁贡献了价值而谁没有”（p.26）或者“在过去，什么是团队可以灵活变通的，而什么是团队极其自私自利的……社会记忆早期曾被叫做社区感、责任感或者公民心”（p.8）。如果成员相信系统具有社会记忆的能力和互惠规范，他们就相信迟早有一天他们给予社会单元内其他成员的利益或者伤害都会得到回馈。

最后一个假设关于人的社会属性。社会学和心理学都已经建立起完善的理论说明所有人都有归属于团体或者社区的需要（Etzioni, 1991）。Berelson和Steiner

（1964：252）在回顾了1000个社会科学研究后总结到“对于一个成年人而言，即便生理需要得到了满足，完全地被隔离也是不可以忍受的”。生理健康的个体为了生存必须和他人保持深厚的关系。社会认同理论（Tajfel, 1982）和自我分类理论（Turner, 1987）近期的成果指向了相同的结论：个体追求群体成员身份并且通过这些群体得到自我认同。Granovetter（1985）观察到“与在社会情境之外的行动者不同，情境内的行动者特定目的的行动是嵌入在具体的、持续进行的社会关系体系中的”（p.487）。同样，Perrow（1986）指出，组织中的个体不仅仅会关注自己，有时也会关注其他人。因此，人类对于成为群体中的一员有种基本需求，违背了这种需求对于社会系统和个人心理健康都是有害的。但是，对于社区的强调并不意味着我在重申古典的社区主义观点（如MacIntyre, 1984； Sandel, 1982； Selznick, 1987），例如，认为人总是被社区联系所“拖累”，或者认为人性只有在考虑到个体作为公民的角色时才存在（Sandel, 1982； Selznick, 1987）。我的观点与Etzioni（1991）更为一致，他提出“我和我们”范式，强调个体和社区同等重要，二者都“具有基本的道德地位，没有哪一个是次等的或者是派生的”（p. 137）。我使用这些心理学、社会学和哲学中的成果来支持我以下的假设：人们作为社区中的一部分并承担与成员身份相应的职责，就像（或者说可以像）对自我利益的追求一样地自然。如果组织想要依赖个体作为社区的成员完成他们的职责，那么这一假设是十分必要的。“职责就是有关角色是什么和成员身份代表了什么”（Selznick, 1987：454）。这种对社区的责任感可能是解释为什么个体在没有额外奖励的情况下，会超出角色要求作出贡献或者在激励低于预期的情况下仍然维持努力的众多原因之一。

总的说来，这六个假设支持了核心假设：人既有个人导向也有集体导向（Schwartz, 1990）。个人的行动是为满足他/她个人的欲望（如自我利益），但是他/她只会在社区内自己特定位置的限制内这样做。与社区对个体的重要程度一致，个体受到激励履行自己的职责来赢得维持群体成员身份的权利。正如一位纯粹的经济学家会这样争论到，社会合作本身就反映了对自我利益的追求（例如，是因为合作使人们的利益最大化，所以他们才这样做）。这是使用“混合动机”的博弈论研究流派最基本的假设，特别是在囚徒困境的博弈中。但是，这一研究流派最近的文献综述（Dawes, 1980； Pruitt & Kimmel, 1977）已经明确地放弃了这一假设：只有以自利最大化为目标而相互依赖才会导致合作。相反，“参与者多大程度上将他们视为一个集体的、联合的单元，感受到一种面对同一问题、身处同一境遇的‘我们’感”对合作才是真正重要的，“社会合作并不是直接产生于追求个人利益的过程中”（Turner, 1985：88–89）。这些观察支持了我们的核心假设，人们同时具有个人的自我和集体的自我，并且努力同时满足个人的和集体的或者社区的利益。

2.2. 与以往的组织理论的不同

以往的组织理论都假设个体将自我利益置于首位，而低估了社区作为一种重要的身份认同来源来有效激励个体的重要性。这些传统的理论因此导致了主流的层级化组织结构和统一指挥的管理原则，而这二者都使组织成员更倾向于对社会结构中的直线上级而非其他成员负责（Ashford & Tsui, 1991； Tsui, 1990）。从传统组织理论中得出的管理实践方法因而也不会考虑交互响应框架中提出的各种响应性行为。利己主义占主导的假设带来了对建立控制和规则的需要，但是正如Merton（1940）和Gouldner（1954）观察到的，这样的控制措施又会导致行为的僵化进而产生更多控制，最终产生一种组织不希望发生的恶性循环。这样的行为倾向与响应框架并不冲突。它清楚地说明个体是预先被要求要积极响应社区（如社会情境）的期望。对于根据古典管理原则设计的组织结构中的大部分个体而言，直线上级通常是最重要的，因此即便不是唯一也是最重要的组织社区中的利益相关者。

但是，在过去十年间，出现了一些与层级结构理论明显不同的新的组织理论。例如，Ouchi（1984）描绘了一种M型社会，在这种公司（和M型公司中的管理者）里既有竞争也有合作。在M型的社会或者公司中，成员非常清楚，在任何时点并非所有参与者的利益都能同时得到满足，必须要进行困难的社会选择才能推动社会整体系统的进步。M型社会或者M型公司中的成员愿意在短期内选择自我牺牲的行为，因为他们相信由于社会记忆的存在，“他们现在的牺牲在未来会被记住并且得到补偿”（Ouchi, 1984：10）。

Kanter（1989）观察到“许多美国公司与其他组织签订了推动史无前例的合作和承诺的合作协议”（p.119），这表明了相似的观点。这种日益增多的合伙导向逐渐增加了组织间的相互依赖程度。这种公司间协议不仅违背了传统的经济原则，而且与著名的断言——组织追求不断降低对其他公司的依赖——的资源依赖理论（Pfeffer & Salancik, 1978）也不相符。Kanter（1989）认为这些合伙和联盟是组织对现代经济中竞争压力的反应。这些组织间的合作关系反过来改变了组织内的管理者行为，这些行为挑战甚至破坏了传统的层级结构。

最近许多学者（如Jarillo, 1988； Johanson & Mattson, 1987； Larson, 1992； Powell, 1990）描绘的网络关系型组织是另一种不同于传统层级结构的组织架构。“在资源分配的关系网模式下，交易不是在单独的交换或者行政命令下出现，而是通过在互惠、彼此偏好和共同支持的行动中的个体网络间出现”（Powell, 1990：303）。与市场和层级不同，在网络关系中管理的机制是相互依赖、合作、互惠、义务、长期关系和对声誉的考虑。

使用交互响应框架和名誉绩效观点来评估管理者的有效性与这些新型的组织形式普遍原则是一致的。虽然这些新型组织将焦点放在公司和公司间关系的层面，但是这些观点对于分析公司内管理者间的关系同样非常重要。重点在于将管理者和他们所在的部门作为一个相互依赖的关系网络中的成员来考虑，而不是作为下属和上级或者彼此独立的、竞争的个体或者群体来考虑。

最后，必须注意两点：其一，有必要预先承认本文描述的框架并不是基于对组织中实际行为的客观观察，而是对可能行为的概念分析——如果具备允许或者鼓励这种行为的条件而可能出现的行为。换句话说，这一框架讨论的是，当给定的一套假设或特定结构和社会条件满足时，组织可以产生的行为，而非目前已观察到的行为。其二，提出这一框架的动机既是纯知识性的，又是人性的。科学并非价值观中立，这一事实已经得到了广泛的认可。本文提出的交互响应框架一方面是基于一套假设的概念分析，其效度仍然存在争议，但另一方面反映了我对如何设计一个以合作和响应而不是竞争和剥削为社会交换的主要模式的组织的渴望。Mead（1961）很久以前就观察到，所有社会中的人际交换都同时具有竞争与合作两个维度。我坚持认为，在一个社会和国家、个人和团体主动合作并健康竞争的世界里，人性会得到更好的发展。我相信存在这种人性潜质，并希望利用交互响应框架来展示在组织世界中的这种可能性。

2.3. 管理工作的角色理论

有趣的是，这种新颖的网络关系型组织（Powell, 1990）与角色分析具有概念相似性，角色分析由Merton（1957）首先提出，后来由Katz和Kahn（1978）丰富并整合成组织理论。角色理论认为，组织成员具有一个特定职位，该职位包含了由角色制定者确定的一套角色要求。每一角色类别可以被视为一类利益相关者，由于权力结构、工作流程技术或者资源交换关系，其与管理者之间有一定程度的相依性（Tsui, 1984a, 1984b）。与同样级别的普通员工相比，管理者工作中的角色所涉及的利益相关者一般在数量上和种类上都要更多更丰富。正如很久以前Snoek（1966）所观察到的，在管理岗位上要比非管理岗位上更容易观测到角色要求的多样性。在那些边界桥似的岗位上能够发现最为多样性的角色要求（Kahn, Wolfe, Quinn, Snoek, & Rosenthal, 1964）。例如，在一项以边界性部门——人力资源部门的角色要求的研究中（Tsui, 1990），工作申请者是被最多提及的利益相关者，其被提及次数仅次于HR部门的直接上司。事实上，在该研究中，HR经理们指出的利益相关者中超过50%都是处于HR部门所隶属的部门、工厂或者医院之外。

管理工作的性质和内容反映出关系网中的成员间存在很高程度的彼此依赖性，并且除了他们的直线上级外，“角色群的成员”也是非常重要的。这些角色群的成员作为管理者的交换伙伴在互动中自然会产生预期。这些预期可能包括合适的行为、规范、态度、价值观或者其他工作标准，并且不可避免地要以利益相关者或交换伙伴的自身利益为基础。这些自我利益会反映出利益相关者自己的角色要求、具体的工作目标或者雇佣合约中的其他要求以及他们自己的个人目标和计划。这些个人利益的差异越大，那么这些预期彼此间的冲突越不可避免。管理者和利益相关者之间，以及不同利益相关者之间的预期可能产生冲突。很多文章都证明了管理者要接受冲突的角色要求（Kahn *et al.*, 1964； Roethlisberger, 1945； Salancik, Calder, Rowland, Leblebici, & Conway, 1975； Whetten, 1978）。Salancik等（1975：83）曾简明地把管理工作描述为角色群需求的函数：

> 很明显，组织包含彼此依赖的特点，组织成员为了满足共同需求会调整个人的行为……领导者会在互动中根据受到的社会影响和压力而发展出特定的领导行为。对于组织中的中层管理者或者主管，这就意味着主管会发展出符合他们的上级、同级和下属的共同要求的行为风格。

一项实证研究考察了217个中层管理者的主管、下属和同级对他们的角色期待，证实了角色期待的不一致性（Tsui, 1984b）。利益相关者很可能使用对目标部门的角色期待作为对其有效性的评价标准的基础。无独有偶，上面提到的近期的一项对151个人力资源部门所做的研究（Tsui, 1990）中也发现了有效性标准的差异性。

2.4. 组织层面采用的角色概念

以往文献也广泛地说明了组织要接受各种矛盾的角色期望（如Friedlander & Pickle, 1968； Miles & Cameron, 1982； Whetten, 1978）。例如，Friedlander和Pickle（1968）让5个利益相关者对97个小型企业的有效性进行评价。最后发现这些评价间的不一致远多于一致。其他使用多方评价框架所做的组织有效性研究也得出了相似的结果。一项对人力中介机构的研究（Whetten, 1978）发现了中介机构的主要产出（如人员就业安置的数量）与两种利益相关者对其有效性的评价间存在负相关关系（$r=-0.42, p<0.001$）。而且，这两种利益相关者在判断有效性时使用的是不同的标准。Rohrbaugh（1981）对于就业服务机构的有效性评价也揭示出相同的模式。机构内

部的利益相关者之间在一些标准上达成强烈共识，但在另一些标准上却观点迥异。

在一项对美国烟草行业的研究中，Miles和Sameron（1982）也发现对于烟草公司，不同的利益相关者持有不同的喜好程度和期望要求，进而产生了差异巨大的有效性评价。该研究特别揭示了在内部利益相关者（股东和所有者）与外部利益相关者（消费者）的偏好之间的权衡比较。烟草行业的公司被公众认为是无效的，但是股东和所有人却认为这些公司是非常有效的。Dubin（1976）指出内部利益相关者和外部利益相关者之间的偏好冲突是每一个组织中固有的，想要同时满足二者即便可能也是非常困难的。

一般而言，对目标部门具有期望要求的利益相关者似乎对不同层级而言都一样很重要。Evan（1966）在Merton（1957）提出的角色集合基础上，明确地在公司层面采用了角色理论，并且介绍了公司集合的概念。他讨论了组织的权力如何受到组织集合的结构和组织间关系性质的可能限制。在公司内部，个体和部门之间的交换和互动也很大程度上受到工作流程技术（Thompson, 1967）或者组织结构（Katz & Kahn, 1978）的限制。从根本上，角色概念在个人（管理者）和组织（如部门和公司）层面上，为描述目标对象和与之相联系的其他实体间的关系的性质提供了有意义的框架，并且可以用来定义系统尤其成员的“工作方式”。Biddle（1979）提出，社会系统是由角色期望来维持的。

假定其他条件相同，如果角色是安排组织内的任务和活动的首要基础，那么每个角色群成员应该对相应工作的承担者有相同的影响力，但现实却往往不是这样的。因为存在许多其他因素，包括正式的权威结构和资源依赖关系，都会增加不同角色伙伴间重要性和关联性的差异。后文将会继续描述这些有助于解释为什么管理者或者组织会更积极地响应一些交换伙伴的结构机制。

2.5. 作为衡量有效性的响应度

许多研究有效性的学者都在一点上达成共识，那就是有效性是一个很难把握的概念（Kanter & Brinkerkoff, 1981），缺乏客观的指示参照物（Scott, 1977），不可避免地要包含价值判断，并且只有首先明确了“用谁的判断来定义有效性”这一问题，才能得到有意义的研究（Campbell, 1977； Connolly, Conlon, & Deutsch, 1980； Dubin, 1976； Goodman & Pennings, 1977； Steers, 1977）。既然认为管理工作很大程度上是由不同角色制定者的期望决定的，那么很自然会想到，通过这些角色伙伴的观点来评价管理者的有效性。一些学者（如Campbell, 1977； Lombardo & McCall, 1982）提出，“被认为是有效的”可能是区分管理者优劣水平的最有效和最可靠的指标。最后，Lombardo和McCall（1982）认为，最好将管理有效性看做一种感知的一致性。Salancik等（1975）指出，“有效的领导是那些能够对社会系统中他必须与之进行互动和协调的所有个体的要求都进行回应的领导”（pp.99-100）。然而现实情况是，有效性评价的一致性或许只是一种我们追求的理想状态，由于社会结构中交换伙伴和期望的排他性和不稳定性的特点，这种理想状态是很难被实现的。

我将“名誉绩效”一词定义为每一利益相关者对管理者多大程度上响应了该利益相关者的期望的评价（Tsui, 1984a, 1984b）。在评价中，利益相关者可能选择使用绝对的或者相对的标准，或者两者同时使用。当利益相关者参照他/她对该管理者抱有的期望来评价管理者的角色表现时，使用的是绝对标准。当利益相关者参照自己之前或者现在接触的其他管理者的角色表现来评判管理者的角色表现时，使用的就是相对标准。评价的过程会比较目标管理者的行为与处于相似岗位上的其他管理者的行为，因此这是一种社会比较的过程。在任何一种情况下，评价都是每一个角色伙伴的主观性意见，缺少一套不同评价者间统一的标准和期望。因此，有效性只存在于观察者的眼中。

虽然我将有效性定义为管理者对期望的响应和满足的能力，我并不认为管理者是被动地反应，即只有通过迎合利益相关者的意愿和希望才能提高有效性。相反，我认为有效的管理者会积极地管理利益相关者，包括影响他们的期望或者在必要时说服他们接受管理者自己的目标、标准和行动（Tsui & Ashford, 1992）。在极端的情况下，管理者可能需要以不同的方式对待不同的人，或者使用印象管理，去迎合不同的利益相关者在判断管理者时使用的特殊标准。但是，响应性不仅仅是简单地顺从和屈服。例如，一个管理者可能的确无法满足某利益相关者（如一个希望请假的下属）的个人需要，但如果可以给出一个让人信服的理由依然要比一个总是对即便不合理的要求也一味顺从的管理者更加有效。响应性的建立需要能够理解利益相关者的需求和期望并且有效确定哪些行为是积极响应的，至少让人看起来是积极响应的。名誉绩效实质上很大程度上是对管理者的积极响应性的度量。

因为名誉绩效的评判具有排他性，所以很少有管理者可以同时被不同利益相关者认为是有效的就不足为奇了。我的一项研究（Tsui, 1984b）发现，一个217名中层管理者的样本中只有11%的人能够从上级、下属和同级三种利益相关者处都得到较高的评分，也只有13%的人同时得到较低的分数。217名管理者中的大多数人（76%）从三组利益相关者中既得到了较高的分数也有较低的分数。另一项研究（Tsui & Ohlott, 1988）表明，来自五组利益相关者评价之间的内部相关性在0.08和0.36之间，中位数为0.20。一项对采取传统的多方评价法评价管理有效性的回顾性研究进一步证实了，每种利益相关者对有效性观点的差异性。五项研究的评价者间相关性均值只有0.23。一项近期研究（Harris & Schaubroeck, 1988）发现，不断有证据证明自己、上级和同级的评价很少会趋于一致。前文提及的对人力资源部门的研究（Tsui, 1990）也得到了相似的发现。三种利益相关者对有效性的评分间的相关系数分别为0.07, 0.27和0.33。在组织层面的研究中也不断发现各种对有效性的评价间具有较低的一致性（如Friedlander & Pickle, 1968； Miles & Cameron, 1982； Whetten, 1978）。

这些实证研究的结果很有说服力地证明了，想要同时积极响应不同利益相关者是极其困难的。正是这些实证观察所揭示的理论问题激发我们构建交互响应框架。究竟什么因素影响了管理者响应行为的方向和强度？管理者如何决定某时点要更积极响应某利益相关者？虽然只有小部分管理者可以同时对几个利益相关者都做出同等响应，那么究竟这些管理者与那些只能响应一部分或者不能响应任何利益相关者的管理者有什么差异？以下，我将具体讨论一系列可能促进或者限制名誉绩效实现的因素，或者那些可能影响管理者、部门或者组织对一些或者全部利益相关者进行响应的能力和意愿的因素。这些因素或许一方面可以对以上问题给出解答，另一方面又可以帮助解释前文提到的不同利益相关者对有效性评价的较低的、甚至不显著的相关性。

现在读者应该很清楚，我并非将最有效的管理者定义为能够满足最多利益相关者的管理者。我只是建议将有效性定义为对利益相关者的响应程度。下文将会进一步展开，在一些条件下，具有响应性或许并不必要甚至不是理想的。我的目的只是展示这一系列结构的、社会的和个人的因素是如何提高社会系统中某个成员对其他成员或者整个社会系统的需求和期望的响应。

3. 促进和抑制名誉绩效的因素

在分析管理评价的评判者之间较低的一致性时，我们提供了三种可能的解释（Tsui & Ohlott, 1988），分别是：① 不同评价者的选择性认知或者可得信息的差异，② 个体评价者使用的绩效标准的差异，③ 评价者特有的评价取向或者风格。在以上三点原因中，标准差异是导致有效性评价不一致最主要的原因。自利期望是不同评价者使用不同标准的根本原因。实际上，大多数研究者同意，对于系统无法积极响应所有利益相关者来说，虽然冲突的需求和期望不是唯一原因但至少也是主要原因（如Salancik *et al.*, 1975； Tsui, 1984a； Whetten, 1978）。什么因素会通过影响期望的一致性而直接或者间接地限制或者促进名誉绩效呢？下文将一一讲解结构的、社会的和个人的因素。

3.1. 结构因素

能够提高不同利益相关者的计划和期望一致性的结构性因素可以增进名誉绩效。这些因素包括利益相关者背景的相似程度、奖励和测评制度的性质，以及期望管理者工作中实现的目标类型。奖励制度、测评制度和目标类型也有助于提升角色伙伴感知到的彼此间的信赖和相互依赖性，这种感知反过来又增进了响应性。而感知到的信赖和相互依赖性又是受到交换网络中的权力分布的影响。接下来将描述每一种结构因素的性质以及它们与响应性和名誉绩效之间的关系。

3.1.1. 利益相关者的背景

基于同质性假设（MacKinnon & Summers, 1976），具有相似背景和价值观或者是受到相似影响的个体对于组织的岗位将持有相似的定义。具有相似背景的个体在交往中倾向于选择彼此（Bryne, 1971），这又进一步增加了他们对情境定义的相似性。因此，利益相关者背景的异质性，包括他们的职能专业化将导致他们期望的不一致。这是由具有不同职能视角的个体的认知差异造成的（Dearborn & Simon, 1985），这也解释了为什么矩阵式组织中经常出现角色冲突（Davis & Lawrence, 1977）。那些处于边界性岗位上的个体或者部门因为经常要与具有不同背景的人互动，所以常常面临高度的角色冲突（如Miles, 1976；Miles & Perreault, 1976；Rogers & Molnar, 1976）。越来越大的组织规模特别是伴随而来的专业化间的差异性，也会降低期望的一致性。

如果将每一个目标对象视为一个对环境压力作出回应的系统，那么环境同质性或者异质性（Aldrich, 1979）的概念就具有重大作用。因为“少数的运营程序就可以满足广大的群体”（Aldrich, 1979：66），所以同质性意味着只有少数具有差异性的利益相关者会影响系统，并且同质性简化了系统的活动。相反，异质性要求系统做出多种多样的回应。研究发现，由利益相关者人口学特征所表征的环境异质性会导致目标对象的较低名誉绩效（Tsui, 1990），这支持了同质性假设（MacKinnon & Summers, 1976）。一般说来，任何能够为角色在职者减少不同利益相关者或者角色关系的数量，提高利益相关者背景或者观点的同质性，降低角色冲突程度的结构性因素都将促进目标对象的名誉绩效的实现，因为这些因素使积极响应变得更容易实现。

3.1.2. 奖励制度

一些结构因素可能会影响管理者具有响应性的能力，而另一些结构性因素可能会影响管理者对利益相关者进行积极响应的动机。影响动机最重要的结构因素之一是奖励制度。心理学（Skinner, 1953）和经济学（Von Neumann & Morgenstern,

1953）都很好地说明了奖励或者激励在引导个体行为方面的巨大作用。Skinner（1953）揭示了通过强化手段新的行为可以形成并维持，通过持续影响旧的行为可以改变。在企业中这样的行为改变原则得到了成功的应用（Luthans & Kreitner, 1975）。研究证据充分证实了，当激励与目标直接联系时（Lawler, 1981），员工会按期望（如高生产率或者出勤率）作出反应。Von Neumann和Morgenstern（1953）展示了在复杂动机的博弈中，不同的激励结构可以导致不同的竞争或者合作行为。

总的说来，对于管理者何时作出积极响应，以及管理者对何人作出积极响应，奖励都是一个重要的解释变量。例如，因员工发展而对管理者进行奖励，会使管理者对其下属的需求和期望更好地响应。因团队工作或者横向合作进行奖励会增进对同级或者同事的响应性行为。而层级型的结构中奖励是由上级单独决定的，所以，管理者最有可能将全部努力用于满足上级的期望。因此，奖励结构不仅起到引导行为的作用，而且可以将管理者的注意力集中到特定利益相关者上，而较少将注意力放到那些奖励方案中没有包含或者奖励分配决策中不涉及的利益相关者上。

在分析可选择的组织结构性质时，Mintzberg（1979）观察到，大型部门化的组织采用的控制系统通常会引导管理者"充其量对社会无反应，或最糟糕对社会不负责任"（p.424）这样的行为。这些控制系统中的激励结构鼓励管理者一味努力去实现部门的财务目标，忽视部门间合作，或者无视员工或社区公民等利益相关者的期望。理论上，我们可以设计出鼓励合作和响应性行为的奖励制度，并使之像引导竞争性和非响应性行为一样的成功。事实上，假设人们都是既具有自我导向也具有社区导向，促进合作和响应性行为的奖励制度要比排他性的、以自我导向为中心的奖励制度更有助于减少个体内心的角色冲突。一个兼具个人导向和社区导向的奖励制度具有什么样的特点呢？

一个最佳的既鼓励合作性行为又鼓励个体生产性行为的激励计划要属20世纪30年代一位工会领导——Joe Scanlon开发的斯坎伦计划。"斯坎伦坚信，典型的（层级的）组织没有激发员工——无论作为个体还是一个群体——的全部潜能。他不认为普遍接受的理念——'老板就是老板，工人就是工人'是在公司问题中激发员工兴趣的一个恰当的基础"（Lesieur & Puckett, 1969：112）。斯坎伦指出，大多数奖励制度不奖励个体的合作行为。他建议公司建立的奖金计划可以做到，让全部员工分享由于他们的合作和承诺而带来的产出提高或者成本降低所产生的利润。有关斯坎伦计划及其衍生形式的成功与否，研究证据错综复杂（Lawler, 1981）。研究者（如Frost, Wakeley, & Ruh, 1974； Lawler, 1981； McGregor, 1960）认为像斯坎伦计划这样的激励机制如果得到了恰当地执行，可以提高组织有效性和工作生活质量。这些结果同时满足组织目标和员工的期望和需要。一个现代的斯坎伦计划表现为高参与度的自我管理工作团队（Lawler, 1986）。在自我管理团队中，绩效奖金以团队产出而不是个人产出为基础，监督和控制职能由同级来执行。经济学家也发现了相似的结果。例如，Laffont（1990）的研究表明，有时候基于更广泛和更客观标准的薪酬方案，要比以上级报告为基础的个性化薪酬方案更优。

使用团队或者组织绩效作为奖励的基础，会使期望具有较高程度的一致性。因为组织或者团队的成功成为了每个个体的自我利益的重要组成部分。期望的一致性、作为高级目标的整个系统目标的明确阐述（Kramer, 1991），以及这一目标的内部化，都会促进管理者面向大量利益相关者时更好地实现名誉绩效。如果其他条件一定，基于团队或者组织层面的绩效激励更容易鼓励响应性和合作性行为，而基于个人绩效的激励更容易减少合作。只要个人利益能够通过实现集体目标而得到实现，人们一般愿意并且能够完成他们作为社区成员的职责和任务。如果组织保持了一种诸如谁现在作出了牺牲和由于过去的贡献该对谁进行奖励这样的社会记忆，这种奖励制度在引导合作方面的有效性会得到进一步强化。社会记忆是如何得到维持的呢？

如果社会系统中的每位成员都被期望或被激励去监控其他成员的贡献时，社会记忆就可以得到维持。这样，如果一个成员提出与系统整体目标不一致的、不切实际或者过分的要求，不仅会遭到对方的拒绝，同时也会被社会系统中其他成员所禁止。建立了这样的奖励或者激励结构，就可以不必仅仅依靠上级的记忆或者仅从他们的视角对每个成员的贡献进行评价，而且这种单纯依赖上级评价的结构也不理想。在这样的系统中，因为每个人都会参与评价和奖励分配决策，所以每个人都会受到激励去与其他成员合作，积极响应他人需求（Kanter, 1983）。

以团队或者组织绩效为基础的激励模式假定一定存在一种一致的方法来衡量团队或者组织的绩效。这一假设一方面具有其合理性，另一方面又不会威胁到交互响应框架的效度。因为基于团队的奖励制度本身就会增进成员对团队目标的接受程度（Lawler, 1981）。但是支持使用以团队为基础的激励的另外一条重要假设是，团队或者组织目标实际上能够保证系统有效性或者团队生命力。这一假设非常重要，因为不适当的团队目标可能会限制响应性行为的价值。

3.1.3. 测评制度

组织的测评制度与奖励制度紧密相连。Flamholtz, Das和Tsui（1985）描述了测评制度影响行为的多种方式。基于社会心理学中的互动/反应理论（如Kerlinger, 1973），人们倾向于关注结果会被测评的领域，而忽略不会得到测评的方面。因此，绩效评估和测量制度的性质会决定管理者将如何分配对不同的利益相关者的关注。管理响应性及其导致的名誉绩效会依赖组织控制系统使用的绩效测量的范围和重心而变化。如果测评制度包括更多更宽泛的不同利益相关者的期望，那么管理者就更有可能积极响应不同的利益相关者。绩效测评制度越排他或者狭隘（例如，将重心置于仅仅一个或者狭隘的一组利益相关者的期望上），那么管理者越不可能对广泛的利益相关者进行响应。

另外，学者们普遍认为测评制度中存在的一个主要问题是，信息系统中出现的无效数据（Lawler & Rhode, 1976）。很多因素都可能导致信息系统的无效性，但是评价者的效能和偏见（包含不可靠的记忆），可能是对个人业绩的主观评价误差的一种重要来源（Tsui & Ohlott, 1988）。有关绩效评估质量的研究发现了许多非常普遍的问题，例如，过于宽松、晕轮效应和范围限制（Saal, Downey, & Lahey, 1980）。对管理者的绩效评价中，相比于下属、同级或者管理者自己提供的评价，上级评价存在的问题最严重（Tsui, 1983）。研究发现，上级的评价受到晕轮效应和范围限制的影响最大。然而在大多数组织（Lazer & Wikstrom, 1979）和大多数研究中（参见Tsui, 1985），最多使用的绩效信息还是来自于上级的评价。意识到知觉偏见和个人记忆的易错性是非常普遍的，研究者（如Lawler, 1976； Miner, 1968）提议使用多方评价程序来评估管理绩效。一个要求不同角色伙伴提供评价信息的综合测评制度可以更好地积累集体社会记忆，并且为社会记忆提供一种结构，以更好地发挥其鼓励成员为社会系统作出牺牲的行为。这样的测评制度也可能包括对牺牲行为的测量，因为在一个交互响应的环境中，牺牲行为既是必要的也是非常有益的。

3.1.4. 目标类型

除了测评制度外，个人的注意和行动还受到目标的直接影响（Locke & Latham, 1990）。采用目标管理法，为管理者设定个人目标是一种最常见的对管理者的控制系统（Lazer & Wikstrom, 1979）。但是，如果以强调管理者工作相依性的角色概念为基础来考虑，个人目标可能是严重不合理的。正如Locke和Latham（1984）指出的，在任务相互依赖的条件下，“最优策略当然是为团队和团队内的每个人都设定相应的目标”（p.37）。近期的两项研究（如Mitchell & Silver, 1991； Saavedra, Earley, & Van Dyne, in press）支持了在团队任务和需要相互协调的任务中，团队目标的重要性以及个人目标可能带来不良影响。例如，Mitchell & Silver（1991）发现，相比于强调团队目标、个人和团队目标统一以及无目标这三种情况，强调个人目标会导致最差的绩效表现。另外，相比于其他三种目标情况，个人目标的突出会使人产生更多的竞争性感觉、策略和行为。Saavedra等（in press）指出，以互惠规范设立彼此依赖的团队目标，并对团队表现进行反馈，可以带来最好的绩效表现。正如Mitchell和Silver（1991）所解释的，需要彼此依赖来完成的任务可以促进合作性的策略，这些策略反过来又带来更强的合作感，继而产生实际的合作性行为，最终带来更高的团队绩效。对于个人目标的设定抑制了本该“自然发生”的合作。因为大多数的组织中的管理者都被给予个人目标，所以这些结果的启示意义十分深远（Lazer & Wikstrom, 1979）。这些个人目标可能才是管理者的响应性和合作性行为的真正阻碍。近期的这些研究也说明了结合使用个人目标和团队目标才是最优的策略，这样可以引导管理者在一些活动上提高竞争性，而在其他方面选择合作。这些实验室研究得出的观察与Ouchi（1984）对于M型社会的分析高度一致。在M型社会中，公司和管理者实际上是既彼此竞争又彼此合作的关系。同样，正如Kanter（1989）观察到的，许多美国公司既和一些利益相关者紧密合作，又和另外一些利益相关者高度竞争。

3.1.5. 权力分布

另外一种影响管理者对不同利益相关者的响应动机的结构性因素是不同利益相关者之间的权力状态。Merton（1957）将此称为“一个角色体系所包含的不同个体的权力差异机制”（p.372）。那些拥有垄断权力的个体，例如，在层级结构中的高层管理者，对角色主体可以施加最多的个人意志。因此，中层管理者将最为关注直线上级的意志。但是，其他的利益相关者，例如，同级和下属也不是完全没有权力。他们可能因为对享有某些资源的控制权而拥有一定的权力（例如，信息、专业知识、人脉或与权威人士的联系），这些资源是中层管理者所需要的（Mechanic, 1962； Pfeffer & Salancik, 1978； Strauss, 1962）。中层管理者或者控制了关键性资源的个体常常能够影响其他中层管理者或者个体的决策（如Salancik & Pfeffer, 1974）。因此，相比于其他人，中层管理者更倾向于响应那些控制了关键性资源的利益相关者。

基于这种资源依赖逻辑，管理者将最多地响应上级的需求，因为上级除了正式的权力外，一般也掌握了资金等关键性资源。就上级而言，不可能完全把合法性权力和资源性权力区分开来。其他利益相关者的权力（如下属的权力）可能更明确是资源型的。如果管理者认为下属是完成整个部门的生产目标所需要的控制性资源（如专业技能或者投入），那么他们会对下属的需求进行响应。已有的实证研究证实，中层管理者似乎同时对合法性权力和资源性权力进行响应。使用不同中层管理者样本的两个研究（Ashford & Tsui, 1991； Tsui & Ohlott, 1988）都发现，下属对中层管理者的名誉绩效评分和上级提供的评分一样高。这些结果说明两种利益相关者感知到的中层管理者的响应程度是一样的。也许存在其他原因可以解释中层管理者从这两种利益相关者得到的较高的有效性评价，但一个可能的解释就是管理者对这两方面资源的高度依赖性。

基于权力的分析可以得到一个很合乎逻辑的启示：改变社会网络关系中的权力

分布有助于改变其内部成员的响应性。一个要求总是被管理者所忽视的利益相关者，如果通过结构性重新配置或者资源重新分配增强了权力，那么就可以成功地得到管理者的关注。

3.1.6. 小结

至此，本文已经回顾了可能促进或者限制中层管理者实现名誉绩效的五种结构性因素。它们分别是：多种利益相关者的背景异质性程度、奖励制度的性质、测评制度、为管理者所设定的目标类型和社会关系网络中成员间权力分布。不同的结构配置会产生管理者不同程度的响应行为。那些提高期望相似性和感知到的可靠性或相依性的结构性因素，将会提高管理者响应不同利益相关者的能力，并且鼓励他们去关注不同的利益相关者。因此，期望相似性和感知到的可靠性或相依性，成为了联结结构性因素、响应能力和名誉绩效的中介机制。

3.2. 社会因素

由于他人的直接活动、一个或多个其他个体的出现或者与社会系统中其他成员关系的性质等原因，个体采取响应或者不响应的所有情境，都属于社会影响的范畴。这意味着即便和焦点人物没有直接交换关系的个体也可能会潜在地影响这个人采取响应或者不响应的倾向。团体规范（Shaw, 1971）、社会信息（Salancik & Pfeffer, 1978）、社会分类（Tajfel & Turner, 1986）和人际信任或者对信誉和声誉的顾虑（Kreps & Wilson, 1985； Sobel, 1985； Wilson, 1985）是一些主要的社会因素，可能促进或者限制社会系统内成员的响应性行为，进而影响名誉绩效。

3.2.1. 团体规范

心理学家很早就发现人们的行为和态度受到社会情境暗示的高度影响（Festinger, 1954）。几十年来，Sherif（1936）和Asch（1956）的经典研究一直是那些证明群体和群体规范影响个体的行为、态度和判断的社会心理学实验和研究的基础（如Cartwright & Zander, 1968； Shaw, 1971）。规范是群体内成员为维持行为一致性而建立起来的行为准则。正如Shaw所说的，“准则提供了预测其他人行为的基础，因此可以使人们预期到其他人的活动，以准备好合适的反应……社会规范代表了在对团队比较重要的事件中标准化的普遍的期望行为范式”（1971：247）。一般说来，人们对群体规范的遵从是一种已经得到普遍证实的现象。给定人们具有社区导向的假设，这一行为不足为奇。因此，如果社会群体中主流的规范是人与人之间竞争，那么成员间响应性和合作性的行为出现的可能性就比较小。另外，认可非响应性、非合作性或者自私自利行为的群体规范也会抑制其出现。当群体凝聚力较高时，规范的影响将得到进一步强化。在有凝聚力的团队中，人们认同团队，团队的期望主导着个人的利益或观点（Janis & Mann, 1977）。

3.2.2. 社会信息

除了规范，社会环境还包括其他众多可以被人们用来构建现实和理解周遭事件的社会线索（Salancik & Pfeffer, 1978）。社会环境提出了有关个人行为和这些行为逻辑后果的期望。与角色期望不同，这些社会期望可能是有关一个人如何与社会背景下的其他人发生联系，有关成功是如何界定的，有关在特定背景下谁是重要的。此外，工作要求越是模糊，人们越会依靠社会信息来决定合适的行为。这是Sherif（1936）的核心观点，后来由其他许多社会心理学家进行了丰富和证实（如Asch, 1956； Deutsch & Gerard, 1955； Festinger, 1954； Jones & Gerard, 1967； Thibaut & Strickland, 1956）。据此，信息影响对于高度不确定的新工作环境中的新入职员工具有最大的影响。这一现象解释了为什么社会化过程（Chatman, 1991； Van Maanen & Schein, 1979）在培养新员工建立合适的行为和态度方面发挥了巨大的作用。因此，在社会化过程中嵌入社会信息可以决定新上任的管理者的响应性行为程度。实际上，给定管理工作固有的模糊性（Katz & Kahn, 1978； Lombardo & McCall, 1982； Stewart, 1982），管理者群体可能在工作环境中受到社会信息的高度影响。

3.2.3. 社会分类

但是，个体所面对的信息并非同样显著。根据社会比较理论（Festinger, 1954），人们根据背景、岗位、抱负的相似性来决定优先关注谁提供的信息。那些背景与自己越相似的人，他们的观点对于理解自己的世界就越相关。这一社会比较不需要人际吸引或者互动就可以实现。此理论的扩展和延伸是侧重社会归类和认同过程的社会认同理论（Tajfel, 1982）和自我归类理论（Turner, 1985, 1987）。社会比较和社会认同过程的主要区别在于个体与对比或者参照群体的关系。在社会比较中，个体通过对比一个或者多个他人来测量估计自己的行为和态度，可以和对比人有心理卷入，也可以没有。在社会认同中，人们倾向于从心理上认同团队，并从团队认同中得出一个自我概念。Turner（1985）描述了一个人同参照群体的关系如何从一个连续体的一端，即完全独立（例如，感知到自我和圈内成员的差异最大），变化到另一端，即完全将自己融入圈内类别（例如，最大程度认同圈内的成员和与认为圈外的成员差异最大化）。在圈内认同最大化的情况下，一种去个性化的过程就会出现。人们"变得认为自己更多的是一个社会类别中可互换的样本，而不是由和他人的差异性所定义的独特个体"（Turner, 1985：99）。自我认知的去个性化成为理解"团队凝聚、种族中心主义、合作和利他主义、情绪感染和移情作用、集体性行为、共享规范和相互影响等"（pp. 99-100）现象的基本过程。一个人去个性化的程度也决定了他/她对个人利益的放弃。感知到的自己和圈内其他成员的相似性带来一种感知到的利益认同。“这样一种利益认同可能被假定暗示着，① 一种移情的利他主义，将其他圈内成员的目标视为自己的目标（Hornstein, 1972, 1976），② 一种移情的信任，假定其他圈内成员也有着与自己一样的目标。在圈内成员认为他们的利益是可以互换的情况下，相互合作行为自然是理所当然的（Turner, 1985：111）。”

按照这一逻辑，相比于那些没有心理纽带或者有名无实的群体（例如，成员不认同的群体），具有心理纽带群体的成员（例如，成员认同的群体）将更可能交互响应。正如Kramer（1991）描述的那样，“如果集体的或者组织层面的归类是明显的，一种普遍的互惠信任将得以发展，使人们志愿性的合作，因为它们对其他人也会做相同的事情充满信心”（p.217）。这种自我归类和去个性化过程或许可以解释像日本这样国家的公司中高水平的合作和利他行为。因为在日本，国家本身可能也是所有日本国民的一种最高级别的认同类别。相似的，日本的公司可能也是员工的一种高级自我归类的类别，使员工将个人利益融合到组织目标中。在美国，正如Kramer（1991）证明的，群体间的归类（例如，部门、单元或者职能）特别明显。这或许部分地解释了为什么这些组织中信任的水平较低，或者相反地，被以前的组织研究者广泛提及的“初期的敌对和竞争水平比较高”（Kramer, 1991：210）。

在一些美国公司，例如IBM或者Hewlett-Packard，都会广泛使用公司范围内的社会化项目来说服员工以更高水平的社会类别（如组织）来定义自己，而不是以诸如员工的职业或者工作部门这些较低水平的类别来定义自己。[①]这种集体性的社会化战略被证明与组织目标高度内部化程度是相关的（Van Maanen & Schein, 1979）。研究证据也支持组织认同和亲社会行为，即，针对他人或者整个组织的合作性和帮助性的行为之间存在正向关系（O'Reilly & Chatman, 1986）。因此，那些表现出更多组织公民行为或者亲社会行为的人应该比那些没有表现出这样响应性活动的人要拥有更高水平的名誉绩效。

3.2.4. 信任

以上的分析说明，心理群体中的成员源自自我归类过程的响应性和合作性倾向并不依赖于人际互动或者人际吸引，而是建立在信任的基础上。信任的发展源自共同的背景，正如Turner（1982）具体描述的，“因此，对人们作为个体的吸引并不会自发地产生一个群体，但是通过社会归类过程对人们作为群体成员的吸引，通过规定群体成员的共同特质的积极性来强化群体成员的社会认同（pp. 26-27）。”

① 关于在以社会分类为视角的基础上，采用什么方法来减少团体间的竞争，促进团体间的合作，更广泛的讨论请参见Kramer（1991：214-218）。

Aucker（1986）详细讲解了以特征为基础的信任的职能性角色，证实了共同背景对于培养信任的重要性。她发现当缺少共同背景时，“工人经常表达被剥削的感受；雇员经常会表达对于‘劳动质量’和生产率水平的担忧”（p. 76）。这种以特征为基础的信任与社会归类过程中的信任在性质上是十分相似的。

但是，信任的建立不仅需要有共同的背景，还需要一种对共同命运或者身处同一境遇的感知。一些学者已经发现在资源困境中信任是如何建立的以及这种信任如何推动群体间的合作行为（Brewer, 1979； Brewer & Kramer, 1984）。例如，Kramer（1991）发现在资源困境中，人们自愿地进行自我约束，因为他们相信其他人也会这么做。Kreps, Milgrom, Roberts和Wilson（1982）展示了在有限次数的重复囚徒困境博弈中的人们是如何实现理性合作的。这是因为当交换伙伴预期未来还会发生交易时，对于信誉、声誉或者可信赖性的担忧会使他们避免从事非合作性的、取巧他人的行为（Kreps & Wilson, 1985； Sobel, 1985）。

3.2.5. 小结

本文描述了可能直接或者间接影响响应性行为（进而影响名誉绩效）的四个社会和人际因素，这种影响主要通过 ① 对于心理群体的社会认同，和 ② 对社会单元内其他成员感知到的依赖性等两种机制发生作用。规范对于响应性具有直接影响，如果人们拥有对社会群体的强烈认同，这种影响将更为显著。相似的，社会信息对人们的影响也会因对群体的强烈认同而得到进一步强化。与社会认同相联系的去人格化过程被认为与高合作性、响应性、利他主义和低自利行为相关。最后，相信他人将会回馈以及对个人自身在交易对方眼中的声誉或者可信赖性的顾虑有助于促进自我牺牲和响应性行为的出现，进而提高个体的名誉绩效。

3.3. 个人因素

可不可能存在一些个人特质因素导致一些人更倾向于响应性的、为他人着想的和社区导向的，也就是说更容易实现名誉绩效呢？以下是几个可能与人们的响应性行为和名誉绩效有关的个性、能力和动机方面的因素。

3.3.1. 个性因素

有许多个性因素都说明了一种响应性倾向。例如，Hogan（1983）提出的“服务导向”描述了一种乐于助人、关切的、体贴的和合作的倾向。McCrae和Costa（1987）定义的大五人格中的两个因素，尽责性和随和性，指的也是一种类似的导向。自我监控（Snyder, 1979）指出了人们在印象管理方面的强度和能力的差异。自我监控程度高的人对于他人给出的有关合适行为的暗示更为敏感，并且能够相应调整自己的行为。自我监控程度高的管理者根据利益相关者期望的暗示积极地调整自己的行为或者方法以满足利益相关者的要求。Snyder（1979）将这些人称为能够积极地“构建一种在特定环境下合适的社会行为模式”的、有能力的“变色龙”（p.93）。

性格中可能与响应性相关的另一个维度是情绪或者情感。Organ（1988）回顾了大量的实验，发现这些实验一致地得出一种十分有趣的结论：当人们处于高兴的情绪状态或者积极的情感中时，更容易在他人要求合作时予以配合。虽然没有这么高的一致性，但是反过来也是成立的。消极的情绪状态抑制了利他的或者合作性的行为（Organ, 1990）。Isen和Baron（1991）也得出了相似的结论。他们在回顾了众多的文献后，发现在面对面的谈判中，积极的情感和助人与慷慨、合作与亲和以及一种立足于解决问题的、较少的敌对和竞争导向是相关的。

3.3.2. 能力因素

除了以上描述的个性因素外，个人的能力感知也可能产生影响。管理者对他/她的个人自我效能的感知（Bandura, 1988）可能与其对利益相关者的响应程度有关。自我效能高的管理者相信自己有能力掌控事态发展并且达成目标。当面对冲突和过分的要求时，他们将比那些自我效能低的管理者付出更多的努力，坚持更长的时间。因此，积极响应并实现名誉绩效的能力可能直接受到自我效能感的影响。

自我监控作为一种个性变量，指的是人们愿意按照感知到的社会情境的期望来调整自己行为的倾向。这种调整是目标明确的，与心理学中的控制理论（Carver & Scheier, 1981）和组织行为学中的自我管理视角（Luthans & Davis, 1979； Manz-Slims, 1980）相似。这些行为的调整是在个人头脑中进行自省。Ashford和我（Tsui & Ashford, 1992）将这种微观行为的控制视角进行延伸，提出了一种调整性的自我调节模型，关注管理者对由利益相关者所构成的环境的积极适应过程。这一模型通过聚焦于管理者如何努力理解和回应来自不同的交换对象或者利益相关者的集体需求，将自我管理活动延伸到了人际互动领域。

因此，自我调节包括了一系列亲社会的方式，而不是简单地对期望进行反应来管理社区环境的、并可以通过学习得以掌握的技能。因为管理者所处的环境中，对于管理者的活动和表现的期望不能提前得到完全清楚地说明，而且利益相关者的期望和观点实际上就是管理者所面对的社会现实。因此，管理利益相关者是实现名誉绩效的一种重要活动。

自我调节过程包括三个主要的方面：目标和标准设定、通过寻求反馈来发现差距，以及差距减少（Carver & Scheier, 1981）。管理者的响应性或者名誉绩效是有关管理者在寻求利益相关者期望的信息和利益相关者对于管理者目前的行为活动的积极反馈的程度。一项以387名政府官僚机构中中层管理者的实证研究证实了，积极寻求反馈在提高上级、同级和下属对于管理者的名誉绩效评价方面有重要作用（Ashford & Tsui, 1991）。

自我调节模型进一步明确了，管理者拥有许多可能的选择来减小检测到的实际表现和期望之间的差距（Tsui & Ashford, 1992）。例如，管理者可以更加努力地工作来满足各方的要求，他们可以说服利益相关者改变他们的期望，他们可以完全回避整个事件来忽略这些要求，或者他们可以采取自己认为合适的行为，并且给自己的行动作出很好的解释。最后一种策略类似于Bies（1987）所提出的提供一种社会账户来为自己的活动建立合理性。一项近期的研究（Tsui, Ashford, & St. Clair, 1992）发现，这些策略中的两种——投入额外的努力和为所采取行动的原因作出解释——与上级、同级和下属感知到的管理者的名誉绩效评分正相关。但是，逃避和影响期望的改变是与名誉绩效评分负相关的。从这些初步的结果来看，具有响应性不仅意味着按照预期去表现，还包括当出现与预期不一致的情况时要合理解释自己的行为。总的来说，目前的证据支持调整性自我调节对名誉绩效有正向影响。

3.3.3. 动机因素

除了个性和能力因素外，还存在内在的动机因素影响响应性。例如，需求理

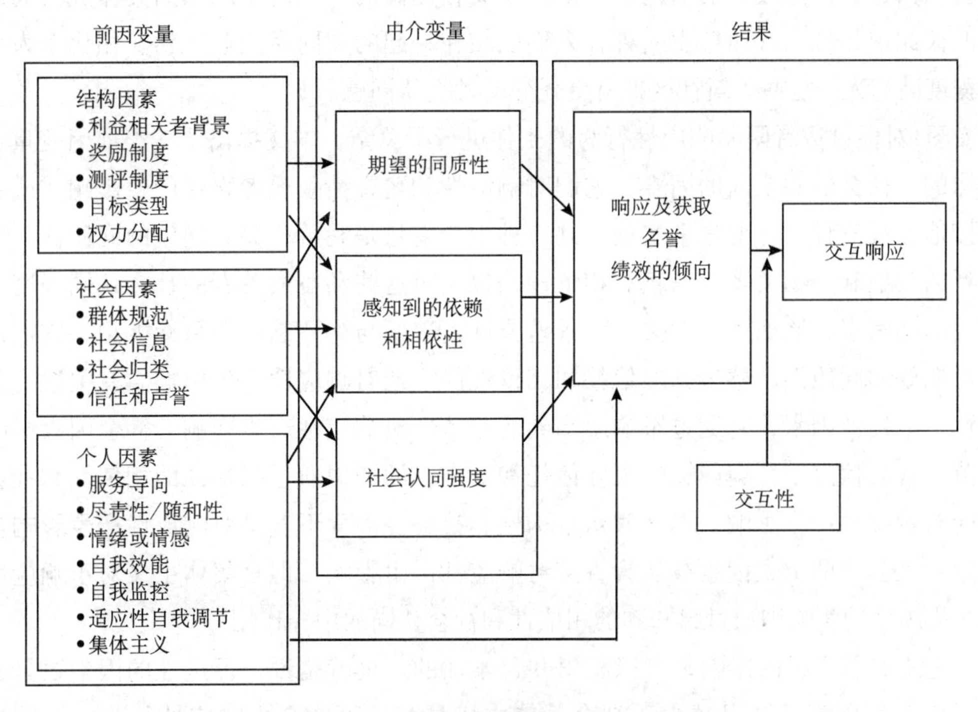

图1：促进名誉绩效和交互响应的条件

论假设人们有各种各样的需求，这些需求对于人们的动机和行动有重要影响。有许多需求可以将人们的社区导向程度区别开，心理依附需求就是其中一种。这被称为归属需求（McClelland, 1961）、从属需求（Maslow, 1954），或者称为关系需求（Alderfer, 1972）。对于归属需求高的人更可能表现出集体主义，而不是个人主义。虽然这一假设还需要实证检验，但已经有研究证实了人们的个人主义和集体主义程度是不同的（Schwartz, 1990）。Schwartz 认为，在一种文化背景下刻画个体行为时将个人主义和集体主义一分为二是远远不够的。因为一些价值观很可能具有两方面的特点。Schwartz的观点支持了本文提出的最基本的假设，即人们既受到个人方面的也受到集体方面的激励。因此，我认为，除了社会和结构的因素会影响到个人主义和集体主义的行为倾向外，个人差异也可能影响个人导向和集体导向的强度。对于一些人，个人利益占主导，而对于另一些人集体利益才是首要的。可以假定相比于对个人主义有较高需求的人们，那些归属、从属或关系需求或者集体主义需求较高的个人或者管理者更容易对其他人或者整个群体的期望进行响应。近期的一项研究（Cox, Lobel, McLeod, 1991）验证了集体主义导向的人在团队任务中比个人导向的人表现出更高的合作性。

除了直接影响，个人主义—集体主义维度也会通过影响感知到的彼此依赖性和社会认同过程来间接影响响应性。集体主义程度高的人倾向于感知到集体成员间高度的彼此依赖性，继而产生一种将人们联结在一起的“同命相连”感。相比个人导向程度高的人，这些人对社区拥有更强烈的社会认同感。

图1对促进或者限制响应性行为的条件进行了总结。本文提出了三类前因变量：结构的、社会的和个人的因素。它们对响应性和名誉绩效或者直接产生影响，或者间接地通过三种中介变量来实现。这三种中介变量是利益相关者期望的同质性，感知到的其他利益相关者的信赖和相依性，以及对这些利益相关者的社会认同强度。有关结构因素，诸如利益相关者背景差异性、奖励与测评制度和目标类型，它们通过对期望的同质性、感知到的信赖和相依性间接地对响应性产生影响。有关权力分布这一结构性因素，它通过影响感知到的相依性对响应性产生影响。社会因素中的规范、社会信息、社会归类、人际信任和对声誉的顾虑通过感知到的相依性和社会认同对响应性产生影响。本文假定结构性和社会性因素不直接对响应性产生影响。最后，大多数的个人因素被认为直接对响应性产生影响，但是集体主义对于响应性和名誉绩效的影响则通过感知到的相依性和社会认同的中介作用。

这些前因变量的影响是可以积累并且累加的。也就是说，促进性的因素数量越多，限制性因素的数量越少，社会系统中成员就越可能产生响应性行为。一个积极响应他人的人会慢慢积累自己的名誉绩效，而交互响应将在以下情况下出现：

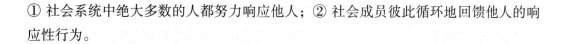

① 社会系统中绝大多数的人都努力响应他人；② 社会成员彼此循环地回馈他人的响应性行为。

4. 名誉绩效和交互响应的结果

已经解释了名誉绩效和交互响应何时会出现，接下来的问题就是说明名誉绩效和交互响应的效果。我认为这些因素会为个人和集体都带来积极的结果。在这部分，我首先会分析管理者和组织单元的响应行为可能产生的结果，然后我将把组织作为组织网络中或者利益相关者网络中的行动者来讨论响应性的意义。

4.1. 管理者和组织单元的名誉绩效的结果

名誉绩效是一种反映管理者响应或者满足利益相关者期望程度的变量。利益相关者期望包括利益相关者自己的角色要求和个人抱负。因此，管理者对利益相关者期望的响应关系到利益相关者的福祉。管理者的响应有助于利益相关者的角色实现以及满足个人需要。

被评价为具有响应性或者有效的管理者也会收到积极的结果。最为直接的结果可能就是职业的发展，特别是当被自己的上级认为是有效的情况下（Gabarro & Kotter, 1980）。通过实现上级的期望，管理者最有可能获得有利的正式绩效评估、慷慨的业绩奖励和/或职位晋升。管理者对同级的响应也可能促进其职业的成功。Kante（1977）探讨了同级认可作为在工业企业中个人获得职业晋升关键因素之一的重要性。在同级间获得有利的绩效声誉的管理者，比没有这样声誉的管理者，有更大的晋升可能。在下属方面获得的名誉绩效也可以进一步促进管理者的职业成功。这可能通过在组织内传播的关于该管理者领导员工方面有效性的“美誉”而得到实现。

在对278个中层经理的研究中（Tsui, 1984b），我发现相比那些得到部分名誉绩效评价或者完全没有得到名誉绩效评价的管理者，那些从三种利益相关者都得到名誉绩效评价的中层管理者，得到了更高的正式业绩评估分数、更大的涨薪幅度和更多的职位晋升机会。他们的职业成功高于那些仅从上级处得到同等程度的名誉绩效评价的管理者。Kenny和Zaccaro（1983）也发现了同样的现象。他们发现导致一个管理者的职业成功的关键是其感知各种利益相关者需要和目标的能力以及相应的适应性行为。

管理的名誉绩效也对组织单元的表现产生影响。假定组织单元的表现部分程度上受到下属动机和行为的影响，它就可能与管理者对下属的响应性有潜在关系。在名誉绩效框架中，面对下属的管理响应性行为与Fiedler（1967）的权变理论和House（1971）的领导者路径目标理论的主要观点相似。具有响应性的管理者会关注下属的需要、利益和期望，为下属提供支持或者减少他们实现绩效过程中的障碍。这样的响应性会提高下属的满意度和承诺，随后，他们反过来通过响应管理者的行为来给予回馈。下属的响应性行为很有可能包括实现组织单元的绩效目标来满足上级的期望。

中层管理者对于上级和同级的响应也能够促进部门的有效性。与上级建立的名誉绩效使管理者有更牢固的基础去争取更多部门所需要的资源，或者影响部门业绩目标的性质。这些管理者实质上变成了Graen和他的同事们（Graen, Novak, & Sommerkamp, 1982）所指的在上级面前享有特殊地位，能够比“圈外的”成员获得更多资源份额的“圈内”成员。与同级建立名誉绩效的效果和与下属建立的名誉绩效的效果相似。它有助于促进来自于同级的合作和响应。同级更可能为那些过去对自己的需要和期望进行响应的管理者提供所需资源和支持。

至此，中层管理者一直是我们评价名誉绩效效果的焦点。作为反应实体的部门也可能有这些结果，不仅仅是作为部门自身，还包括它所隶属的组织。例如，如果市场部因为对其他部门（如生产部或者工程部）的需求积极响应而建立了声誉，未来市场部就可能在争取资源支持的谈判中处于更有利的位置。这种现象是因为部门的声誉变成了一种权力来源，而且其他部门希望回馈。我的一项研究在部门层次上检验了多方利益相关者模型（Tsui, 1990），并且发现，人力资源部门掌握的资源与直线高管对其有效性的评价存在正向关系。虽然有可能是更多的资源使这一部门表现出更高的响应性，但同样也可能是由于响应性行为使部门获得了资源。

部门响应性行为的一个主要效果就是部门间协作水平的提高。当不同部门互相回馈，而且当这样的互惠对于实现组织协作是必要的时候，交互响应就会出现。对于部门间相互依赖、需要高水平的横向沟通和相互调整以实现组织产出的这样组织而言，部门间的合作性行为尤其重要（Thompson, 1967）。因此，只要假定组织不同部门间存在一定程度的彼此依赖性，其他部门评价某部门的名誉绩效将与组织的有效性是相关的。进一步解释就是，越多的部门对其他部门积极响应，组织有效性得到提高的可能性就越大。但是，部门单元的行为对组织有效性的影响程度受到其他因素的限制，例如组织业务战略的合理性和外部环境的性质。假定组织的战略和结构都是合理的，那么，相比响应性低的部门，那些能够响应其他部门的部门将为组织有效性作出更大的贡献。

总的说来，中层管理者的名誉绩效可能为管理者的职业成功带来积极的结果。它也可能通过提高部门获取资源和支持的能力来促进部门的有效性。通过改善协作，管理者和他们所在的部门可能会促进整个组织的有效性。因此，名誉绩效通过各种错综复杂的关系为管理者、部门和组织整体带来积极的结果。需特别注意这个一般命题中的两点：第一，尽管在一些文献中，职业成功变量，如薪酬水平或者职位晋升，以及部门和组织有效性变量，如生产水平或者公司利润率，被作为管理有效性可替代的标准；但是在我们的交互响应框架中，它们被认为是名誉绩效的结果变量。这种方法并不妨碍研究者使用这些变量作为管理有效性的标准，但是最近的一项元分析（Heneman, 1986）表明，主观评分（声誉指标）和客观的绩效结果是不可以相互替代的。

第二点值得注意的与名誉绩效和个人、部门以及组织结果间的关系有关。它们之间的关系可能是双向影响的，或者根据归因需要而定。那些拥有高水平绩效的部门管理者，无论部门成功的根源如何，都可能被他们的利益相关者归结为是有效的（Calder, 1977； McElroy & Hunger, 1988； Pfeffer, 1977； Philips & Lord, 1981）。同样地，Meindl和他的同事们（Meindl & Ehrlich, 1987； Meindl, Ehrlich, & Dukerich, 1985）认为，领导力可能是一种“罗曼蒂克”式的，实现一种“传奇式的，有英雄色彩的价值”，以至于领导会因组织的成功而得到赞美，因组织的失败而受到责备。另外，不论是由于幸运的环境还是实际的响应性行为，在建立了一种有效性声誉后，管理者即便短期内可能没有对期望作出响应，也依然会得到信任。但是，在长期来看，如果一个管理者总是不响应，利益相关者将会慢慢调整他们的观点。为了更好地梳理因果关系，并且更好地掌握这些关系潜在的循环性，将这些概念——名誉绩效、职业成功和部门与组织有效性——看做不同且独立，不仅十分重要且必要。

4.2. 响应性对组织的意义

对利益相关者期望的响应是组织有效性的多利益相关者模型中的核心观点（Connolly, Conlon, & Deutsch, 1980； Zammuto, 1984）。虽然多利益相关者模型存在多个变量（Zammuto, 1984），它们对于有效性的定义却是一致的：一个组织的有效性程度是它满足（也就是，能够响应）一个或者多个与组织利益相关者的利益的程度。多利益相关者模型将这种对有效性的主观看法视为最理想的目标状态，并没有明确考虑如果实现了这样一种有效性状态对于组织的启示或者结果。该模型简单地假定当组织响应时，利益相关者的福祉就得到了保证（如Keeley, 1984, 1988），并且当组织被环境元素判断为是有效的，组织存活的几率就得到了提高（Pfeffer & Salancik, 1978）。基于交互响应框架，这些结果并非是偶然的，名誉绩效对于组织的意义远远超出存活层面。即便失败或者不对环境的要求进行响应，组织依然可以存活（Meyer & Zucker, 1989）。因此，正如组织的利润或许不是组织管理者有效性的一个很好的指标一样，存活本身并不是组织有效性的一个很好的指标。那么究竟组织的这些响应性活动的直接和间接结果是什么呢？

相比于那些没有名誉绩效的组织，具有名誉绩效的组织可能更能够从它的利益相关者，如供应商、顾客、工会或者政府机构，获得资源、关注和合作。因此，名誉绩效可能改变特定组织和其所处环境的资源依赖关系。通过建立响应性，组织可能实际上提高了环境元素对它的依赖性，进而提高了它相对于利益相关者或交换网络关系中其他组织的影响力水平。影响力慢慢积累到具有名誉绩效的组织中。只要组织持续表现出响应性，这些影响力和声誉就将一直维持。只有重复的响应失败才可能最终导致组织的利益相关者调整对有效性的判断。

这一分析延伸了Pfeffer和Salancik（1978）提出的资源依赖观点。他们的重心是特定组织对外部环境的依赖性。交互响应框架说明了特定组织，通过响应性行为，不仅可能成功减少对环境的依赖性，而且也能够提高特定环境元素对它的依赖性。通过将资源依赖观点延伸为包括环境（如利益相关者）对特定公司的依赖性，特定公司的有效性就可以由它能够提供利益相关者渴望的资源的程度来决定。那些资源需求得到满足的利益相关者将视组织为有效的，而资源需求没有得到满足的利益相关者则将组织视为无效的。

多利益相关者模型和资源依赖观点都将分析的重心放在这样的行为及其带给组织的影响上。二者都没有明确考虑公司的响应性行为对于整个组织系统的影响。关系网观点将概念分析延伸到关系网自身的福祉（Powell, 1990）。该观点认为在关系网中的组织间的互惠互利、合作和相互性将对整个组织系统产生显著意义，经过一段时间又反过来会改善关系网中每一个组织的福祉。因为有这种长期回报的保证，关系网才有可能在短期内抑制自我利益。网络中的响应型组织意识到存在一些系统层面的考虑可能影响到彼此联系的组织的未来，从长期来讲将网络的福利放在自己的短期利益之上会使每一个组织都更好。这种一方主动放弃自我利益产生了一种“特殊的声誉”，并且使网络中其他成员感觉受到了恩惠。因为存在社会记忆和互惠的规范，这些牺牲性行为将被铭记，并在未来得到回报。

实质上，作为一种成功生产系统的网络，需依赖于不同成员间的资源互补性和对彼此要求的适应。网络整体的福祉是其成员响应性集合的函数。这些网络组织的行为特点与M型社会中的公司十分相似（Ouchi, 1984）。Ouchi认为正是这些特殊的公司间关系解释了日本这个国家所取得的经济成就。

4.3. 小结

本文描述了社会系统中一个实体的名誉绩效是如何不仅仅为实体自身（如中层管理者或者部门）获得积极的结果，而且还能够给整个社会系统（如组织或者网络）带来积极的结果。有趣的是，中层管理者在所有这些层面中都起着非常核心的作用。中层管理者既作为一种个体行动者发生作用，同时也作为公司内影响部门行为和方向的领导者而发挥作用。另外，高层管理者还需要代表组织与外部环境进行社会和经济交换。最后的分析说明，声誉方法要求中层管理者为自己的活动对社会结构的直接影响负责。因此，将中层管理者作为声誉分析的单元不仅是一种理论隐喻，而且具有实质性的重要意义。中层管理者，代表着自己、所在的部门或者他们背后的整个组织，通过交互响应的行为，可以对个人和集体利益作出贡献或促进个人和集体利益的满足，达成个人和集体的目标。

社会系统内不同元素间的交互响应是系统整体有效性的十分重要且必不可少的条件。但是，具备了交互响应是否就足够了呢？答案是否定的。下文将介绍可能会限定交互响应框架的效果的几种边界条件。

5. 限定交互响应框架的边界条件

社会系统中的特定单元的交互响应是重要而且必要的，但这必须以网络成员的角色责任和彼此依赖的性质为基础。为达到社会系统的有效性，前提是其内部的成员必须能够完成他们自己的角色任务。如果社会系统中的部分成员无法完成角色任务，那么会对其他成员完成其角色任务的能力造成一种“连锁反应”。因此，社会系统成员的交互响应是整体社会系统完成生产目标的重要且必不可少的条件。

但是仅有交互响应对于系统有效性还是远远不够的。即便假定结构的和社会的条件都支持响应性活动，仍然存在可能削弱响应性行为的影响的系统特点，或者可能对系统结果有独立影响的情境因素。前者的例子可能是给定外部竞争环境下的不适当的业务战略（Porter, 1980）。后者的例子可能是环境内资源的稀缺性，包括衰退行业或者萧条经济。

另外，还可能存在一些管理者的响应性行为对于系统而言并不是理想的情况。例如，一个衰败的组织可能引进一位新的CEO，寄希望于他能设定新的方向，而不要过多地响应该病态组织内的利益相关者的要求。在这种情况下，CEO被期望为组织带来新的观点和愿景，设定目标和采取行动时不要考虑内部利益相关者的看法。相似的，想要变革文化的那些组织可能也会聘任不同类型的新管理者，但是引进这些新管理者的利益相关者并不希望新管理者充分响应组织内部利益相关者的要求和期望。在这种情况下，组织内部的利益相关者代表了旧的组织文化。在商学院中也出现了类似的情景。对教员的排他性响应（例如，以研究为主导），已经不足以保证商学院在现代社会中的成功和存活。商学院院长必须以相关性和教学名义，分别对“工商”企业和“学生”的期望进行响应，以保证得到需要的资源和支持。在这种情况下，教员就代表了传统文化。这些例子说明，确定重要且相关的利益相关者和由于外部压力导致的利益相关者发生的变化，或许不仅是变得具有响应性的重要步骤，也是尽职尽责的重要步骤。在国家政治层面，例如，新上任的总统如果对民主党内的利益相关者都进行同样的响应，都将造成严重的后果，更不用说整个国家范围内的利益相关者了。①

在任何时点想要决定对哪些利益相关者给予更多的关注，都需要基于组织的战略目标和其他组织成员以及整个组织的需要，来进行价值判断和社会选择。这就不可避免地需要权衡自己和他人的目标，以及在多种目标间进行取舍。另外，在可以观测到结果前不存在一个外部的参照来确定这些判断的质量如何。因此，是否缺少一种普遍接受的标准来确定什么人的利益应该首先得到满足成为了限制交互响应框架发挥作用的一个边界条件。但是，我的基本论点是，因为处于一个社会系统中，不同的交换伙伴常常拥有非互补性的甚至是彼此竞争的目标，一个实体正是因为缺少一个可以引导决策制定的目标和外部标准，才更加需要交互响应框架来发挥作用。我认为，当交互响应成为指导原则后，人们更有可能按照整个系统的需要而不是个人的利益来指导决策或者行为。

在社会层次上（例如，组织间领域），Nord（1983）充分地讨论了组织有效性和其所在社区的福祉间的关系，以及哪些情况下组织有效性可能并不会对整体系统的福祉作出贡献。结合了Weick（1977）和Pondy（1977）最初的想法，Nord着重强调了个体组织有效性的简单加总不一定能使整个系统的福利得到实现。微观指标（如效率、灵活性、生产率）有效的组织可能有助于社区层次的资源最佳使用，也可能不会。Nord建议，在使用传统微观标准的同时结合使用宏观标准，例如失业率、消费者福利和环境保护作为组织有效性的指标。这种结合微观和宏观标准的思路和交互响应框架非常一致。宏观标准表明了那些与组织的行动和选择利害攸关的

① 感谢Lyman Porter对这一类比的建议。

各种利益相关者的期望和需求。因此，名誉绩效标准和强调对社会期望进行响应都会强化组织有效性和社会福祉的关系。

但是，关于究竟应该由谁来决定组织采用哪种宏观标准依然是一个问题。在缺乏外部客观标准来指导这样的社会选择的情况下，交互响应框架再一次地为解决这些社会困境提供了另一种观点。毕竟，国家方案在部分程度上是众多利益群体或联合体谈判协商的结果。为整个社会确定合适的社会和产业政策超出了本文的讨论范围。本文想要强调的基本观点是当交互响应成为指导原则时，在进行社会选择的过程中，整个社会的需求将优先于任何单个组织的利益。

6. 结论和未来的研究方向

本文由讨论在传统文献中发现的评价管理有效性的难题入手。正如分析所示，分析管理有效性的问题和分析组织层面的有效性在性质上是十分相似的。二者都缺少定义有效性的一种普遍标准。Hannan和Freeman（1977）认为组织有效性问题很难科学地得到解决，他们建议“放弃任何试图科学分析组织的相对有效性的做法”（p.131）。他们主张由于缺少普遍标准致使在不同的组织间进行有效性的对比研究变得不那么有意义。他们的观点显然不是普遍原则，而只是一种例外。大部分的组织理论不论是在个人层次还是组织层次仍然认为有效性是一种可以预测和理解的组织结果。我认为嵌入在交互响应框架中的名誉绩效观点可能是一种解决“管理行为与组织结果间连结的脆弱性”问题的可行方法。本文的概念分析显示，对普遍标准的缺乏是由于对普遍目标的缺乏，也就是说利益相关者具有不一致的目标。我建议使用名誉绩效来测量响应性可能成为一种方便对比不同类型的管理者和组织的有效性的“普遍的”标准。响应有效性说明了特定实体对于交换网络中成员的直接影响。

本文提出的框架延伸到经济学之外的领域。想要被认为是有效的，响应实体必须关注交换伙伴的社会心理需求以及交换伙伴对于可信赖性、依赖性和友谊的期望。因为交换伙伴间的关系不是仅仅以经济问题为基础，所以这种类型的响应性是十分重要的。甚至连经济学家（如Williamson, 1991）也意识到当考察公司内部或者公司间的交换时，必须考虑到不能完全由经济合同覆盖的社会维度。Powell（1990）发现交换和控制的网络形态一般出现在那些交换很难明文规定，交换的商品包括知识密集型技术的情况下。基于信任和交互性的合作和公开的信息交换非常重要，以至于它们引出了“关系契约”这一概念。为了检验这些观点，Larson（1992）在一项有关创业型企业的研究中发现，在解释交换对象间的控制和合作时，声誉、信任、互惠性和彼此依赖的社会维度远比经济内容更重要。在心理学研究中，大量证据证明，员工除了经济回报还希望得到其他方面的回报（Kotter, 1973； Renwick & Lawler, 1978）。这些证据基本符合人们同时受到自我利益和社区利益的激励的基本假设。

由于资源有限的现实条件，人们发现社会系统中每个成员在对不同的利益相关者进行资源分配决策时，绝对的公平并不是一种可以实现的状态而只是一种追求的目标。因此，响应性行为是受到对接受他人恩惠和对集体的一种责任感而激发出来的。这样的分析说明了，我们并不需要将某种行为解释为是完全利他主义的，因为响应实体有充分理由相信自己可以得到回馈，或者以实物的形式，或者以情感的形式。[①]如果要求个体总是对各种需求同等对待甚至可能会低估或者降低基于交互响应原则建立起来的交换关系。

6.1. 对后续研究的启示

就图1中所描述的变量之间关系而言，其大部分是基于逻辑的或假设的以及间接的证据，而这些证据尚需进一步的实证研究。实验室的研究以及现场实地研究对于确定那些结构化的社会因素都是必要的，而这些因素在个体管理者层面、业务单元层面、组织层面以及最终在整个社会层面对于名誉绩效都有很强的关联性。

如何设计检验本框架中各种观点的一个主要挑战就是，我们的分析关系跨越了不同的层次。这一模型预测到一个层面的变量影响同一层面或者不同层面的特定实体。例如，图1中所示的许多结构和社会变量都是在群体或者单元层面定义和测量的。个人因素以及社会认同的调节机制却属于个体层面的概念。虽然名誉绩效是一个个体层面的概念，但是交互响应则指的是社会系统作为一个整体的聚合行为。跨层面研究中的一个主要问题在于类质同象（isomorphism）是否存在于不同层面的类似概念之中。在这一模型中，我们假设主要的变量具有类质同象。例如，名誉绩效和交互响应，在模型中它们被定义为在所有层面的都是同一概念。不少学者（如Mossholder & Bedeian, 1983； Roberts, Hulin, & Rousseau, 1978； Rousseau, 1985）都详细描述了关于进行跨层面研究的要求和方法。我们需要注意这些设计问题，不过具体的实施途径本文将不详细列举。

对本框架的概念进一步延伸也是有益的。例如，感知到的公平也应当考虑加入

① 像特雷莎修女（Mother Teresa）一样的在世的圣徒的利他主义行为，可以认为是一种微弱的欲望，即希望在她步入天堂时能够得到上帝的赞许。或许她自己不这么期望，但是其他人肯定会站在她的立场上作此推测。

模型中。对于公平的感知可能会影响到个体的响应动机。如果个体在与他人的交换中感到不公平（如没有互惠），或者如果系统内部的资源分配不公平（如不记得以往的牺牲），该个体可能会抑制其响应性行为。Kramer（1991）观察发现，“来自不同群体的成员在分享资源时的合作意愿，和/或他们接受既定的资源分配方案的意愿，不仅取决于对于资源的实际分配结果（给他们实际分配了多少），而且还取决于分配程序是否公平”（p. 213）。尽管分配公平和程序公平都是相关的，但程序公平可能在眼下显得更为重要，而分配公平则可能在长期来看更为重要一些。基于互惠规范，人们将假定如果短期内决定资源分配的程序是公平的，那么在长期分配公平就可以得到维护。这一假设会一直得到持续，除非重复交易能够提供了分配公平不可能发生的证据。

我们还可以通过扩展那些能够促进或者限制组织的响应性行为的前因变量来进一步完善本框架。例如，我们可以用不同的结构的、社会的和个体的因素集合来研究一个企业的行为。还可以考虑一些结构的和社会的因素可能包括，如国家产业政策、产业特征、社会文化背景、流行的社会规范等。企业特征，包括其成立时间、规模、内部结构、高管层的价值观等，同样可能影响企业的响应行为。显然，本框架能够也应该加入更多的概念。本文只是一个起点，希望能够促进后续的探讨和对话。

6.2 结论

在此我想引用温斯顿·丘吉尔的话来结束本文——“这不是终点，甚至不是终点的起点，但可能是起点的终点”（Beck, 1980：746）。无可否认，本文提出的框架仍待进一步进行概念性和实证性研究。如果这一框架能够经受住后续研究的检验，我希望本文就如下问题提供一些粗浅见解：人类社会如何通过交互响应原则来管理其成员行为，从而改善人类福祉。

7 致谢

在此感谢Christopher Earley, Robert Gephart, Lyman Porter 和 Barry Staw对本文初稿提出的非常有价值的建议。

参考文献

Alderfer, C. 1972. *Existence, relatedness and growth.* New Yark: Free Press.

Aldrich, H.E. 1979. *Organizations and environments.* Englewood Cliffs, NJ: Prentice-Hall.

Alexander, L.D. 1979. The *effect of level in the hierarchy and functional area on the extent to which Mintzberg's managerial roles are required by managerialjobs.* Ph.D. dissertation, University of California, Los Angeles.

Allen, M.P., Panian, S.K., & Lotz, R.E. 1979. Managerial succession and organizational performance: A reluctant problem revisited. *Administrative Science Quarterly.* 24, 167-180.

Arrow, K. 1974. *The limits of organizations.* New York: Norton. Asch, S.E. 1956. Studies of independence and conformity: A minority of one against a unanimous majority. *Psychological Monographs, 70,* Whole #16.

Ashford, S.J., & Tsui, A.S. 1991. Self-regulation for managerial effectiveness: The role of active feedback seeking. *Academy ofManagement Journal.* 34, 251-280.

Bandura, A. 1988. Perceived self-efficacy: Exercise of control through self-belief. In J.P. Dauwalder, M. Perrez, & V. Hobi (Eds.), *Annual series of European research in behavior theropy* (Vol. 2, pp. 27-59). Lisse, Netherlands: Swets & Zeitlinger.

Barnard, C. 1938. *The functions of the executive.* Cambridge, MA: Harvard University Press.

Bass, B. M. 1981. *Stogdill's handbook of leadership.* (Rev. ed.). New York: Free Press.

Bass, B. M. 1985. *Leadership and performance beyond expectations.* New York: Free Press.

Bass, B. M. 1990. From transactional to transformational leadership: Learning to share the vision. *Organizational Dynamics,* 18, 19-31.

Beck, E. M. (Ed.). 1980. *Familiar quotations* (15th ed.). Boston: Little Brown.

Berelson, B., & Steiner, G. 1964. *Human behavior: An inventory of scientific findings.* Orlando, FL: Harcourt Brace Jovanovich.

Biddle, B. J. 1979. *Role theory: Expectations, identities, and behaviors.* New York: Academic Press.

Bies, R.I. 1987. The predicament of injustice: The management of moral outrage. In L.L. Cummings & B.M. Staw (Eds.), *Research in organizational behavior* (Vol. 9, pp. 289-320). Greenwich, CT: lAI Press.

Brewer, M.B. 1979. In-group bias in the minimal intergroup situation: A cognitive-motivational analysis. *Psychology Bulletin,* 86, 307-324.

Brewer, M.B., & Kramer, R.M. 1984. *Subgroup identity as a factor in the conservation of resources.* Paper presented at the American Psychological Association annual convention, Washington, D.C.

Bryne, D. E. 1971. *The attraction paradigm.* New York: Academic Press.

Burns, J. M. 1978. *Leadership.* New York: Harper & Row.

Calder, B. J. 1977. An attribution theory of leadership. In B.M. Staw & G.R. Salancik (Eds.), *New directions in organizational behavior* (pp. 179-204). Chicago: St. Clair.

Campbell, J.P. 1977. On the nature of organizational effectiveness. In P.S. Goodman & J.M. Pennings (Eds.), *New perspectives on organizational effectiveness* (pp. 13-55). San Francisco, CA: Jossey-Bass.

Campbell, J.P., Dunnette, M.D., Lawler, III, E.E., & Weick, K.E. 1970. *Managerial behavior, performance. and effectiveness.* New York: McGraw-Hill. Cartwright, D., & Zander, A. (Eds.). (1968). *Group dynamics: Research and theory* (2nd ed.). Evanston, IL: Row, Peterson.

Carver, C.S., & Scheier, M.F. 1981. *Attention and self-regulation: A control theory approach to human behavior.* New York: Springer-Verlag.

Chatman, J.A. 1991. Matching people and organization: Selection and socialization in accounting firms. *Administrative Science Quarterly.* 36. 459-494.

Child, J. 1972. Organizational structure, environment, and performance-the role of strategic choice. *Sociology.* 6. 1-22.

Conger, J.A., Kanungo, R.N. 1988. *Charismatic leadership.* San Francisco, CA: Jossey-Bass.

Connolly, T., Conlon, E.J., & Deutsch, S.J. 1980. Organizational effectiveness: A multiple constituency approach. *Academy of Management Review,* 5, 211-217.

Cox, T.H., Lobel, S.A., & Mcleod, P.L. 1991. Effects of ethnic group cultural differences on cooperative versus competitive behavior on a group task. *Academy of Management Journal.* 34. 827-847.

Davis, S.M., & Lawrence, P.R. 1977. *Matrix.* Reading, MA: Addison-Wesley.

Dawes, R.M. 1980. Social dilemmas. *Annual Review of Sociology,* 31. 169-193.

Dearborn, D.C., & Simon, B.A. 1958. Selective perception: A note on the departmental identification of executives. *Sociometry,* 21. 140-144.

Deutsch, M., & Gerard, H. 1955. A study of normative and informational social influence upon individual judgment. *Journal of Abnormal and Social Psychology,* 51. 629-636.

DUbin, R. 1976. Organizational effectiveness: Some dilemmas of perspective. *Organization and Administrative Sciences,* 7.7-14.

Dunnette, M.D. 1963. A note on *the* criterion. *Journal ofApplied Psychology.* 47. 251-254.

Eitzen, R., & Yetman, N. 1972. Managerial change, longevity, and organizational effectiveness. *Administrative Science Quarterly. 17, 110-116.*

Etzioni, A. 1991. *A responsive society.* San Francisco, CA: Jossey-Bass.

Evan, W.M. 1966. The organizational-set: Toward a theory of interorganizational relations. In J.D. Thompson (Ed.)., *Approaches to organizational design* (pp. 173-191). Pittsburgh: University of Pittsburgh Press.

Festinger, L. 1954. A theory of social comparison. *Human Relations.* 7, 117-140.

Fiedler, F. 1967. *A theory of leadership effectiveness.* New York: McGraw-Hill.

Flamholtz, E., Das, T.K., & Tsui, A.S. 1985. Toward an integrative framework of organizational control. *Accounting, Organizations and Society, 10, 35-50.*

Fleishman, E.A. 1973. Twenty years of consideration and structure. In E.A. Fleishman & J.G. Hunt (Eds.), *Current developments in the study of leadership* (pp. 1-37). Carbondale: Southern Illinois University Press.

Friedlander, F., & Pickle, H. 1968. Components of effectiveness in small organizations. *Administrative Science Quarterly, 13.289-304.*

Frost, C.F., Wakeley, J.H., & Ruh, R.A. 1974. *The Scanlon Planfor organizational development: Identity, participation, and equity.* East Lansing: Michigan State University Press.

Gabarro, J.J., & Kotter, J.P. 1980. Managing your boss. *Harvard Business Review,* 58, 92-100.

Gamson, W.A., and Scotch, N.A. 1964. Scapegoating in baseball. *American Journal of Sociology. 70. 69-72.*

Goodman, P.S., & Pennings, J. M. (Eds.). 1977. *New perspectives on organizational effectiveness.* San Francisco, CA: Jossey-Bass.

Gouldner, A.W. 1954. *Patterns afindustrial bureaucracy.* Glencoe, IL: Free Press.

Gouldner, A.W. 1960. The norm of reciprocity: A preliminary statement. *American Sociological Review,* 25, 161-179.

Graen, G., Novak, M., & Sommerkamp, P. 1982. The effects of leader-member exchange and job design on productivity and job satisfaction: Testing a dual attachment model. *Organizational Behavior and Human Performance,* 30, 109-131.

Granovetter, M. 1985. Economic action and social structure: A theory of embeddedness. *American Journal of Sociology,* 91(3),481-510.

Grusky, O. 1963. Managerial succession. *American Journal of Sociology,* 49, 21-31.

Hand, H.H., & Slocum, J.W.Jr. 1972. A longitudinal study of the effects of human relations training on managerial effectiveness. *Journal of Applied Psychology,* 56(5),412-417.

Hannon, M.T., & Freeman, J. 1977. Obstacles to comparative studies. In P.S. Goodman & J.M. Pennings (Eds.), *New perspectives on organizational effectiveness* (pp. 106-131). San Francisco, CA: Jossey-Bass.

Harris, M.M., & Schaubroeck, J. 1988. A meta-analysis of self-supervisor, self-peer, and peersupervisor ratings. *Personnel Psychology, 41, 43-62.*

Heneman, R.L. 1986. The relationship between supervisory ratings and results-oriented measures of performance: A meta-analysis. *Personnel Psychology,* 39, 811-826.

Hogan, R. 1983. A socioanalytic theory of personality. In M. Page (Ed.), *Nebraska symposium on motivation.* Lincoln: University of Nebraska Press.

Holzbach, R.L. 1978. Rater bias in performance ratings: Superior, self and peer ratings. *Journal of*

Applied Psychology, 63(5), 579-588.

Hornstein, H.A. 1972. Promotive tension: The basis of prosocial behavior from a Lewinian perspective. *Journal ofSocial Issues,* 28, 191-218.

Hornstein, H.A. 1976. *Cruelty and kindness: A new look at aggression and altruism.* Englewood Cliffs, NJ: Prentice-Hall.

House, R.J. 1971. A path goal theory of leadership effectiveness. *Administrative Science Quarterly, 16, 321-339.*

House, R.J., Spangler, W.D., & Woycke, J. 1991. Personality and charisma in the U.S. presidency: A psychological theory of leader effectiveness. *Administative Science Quarterly,* 36, 364-396.

Isen, A.M., & Baron, R.A. 1991. Positive affect as a factor in organizational behavior. In B.M. Staw & L.L. Cummings (Eds.), *Research in organizational behavior* (Vol. 13, pp. I-54). Greenwich, CT: JAI Press.

Janis, I., & Mann, L. 1977. *Decision making.* New York: Free Press.

Jarillo, J.C. (1988). On strategic networks. *Stralegic Management Journal,* 9, 31-41.

Johanson, J., & Mattson, L.G. 1987. Interorganizational relations in industrial systems: A network approach compared with the transaction cost approach. *International Studies of Management and Organizations,* 18(1), 34-48.

Jones, E.E., & Gerard, H.B. 1967. *Foundation of socialpsychology.* New York: Wiley. Kahn, R.L., Wolfe, D.M., Quinn, R.P., Snoek, J.D., & Rosenthal, R.A. 1964. *Organizational stress: Studies in role conflict and ambiguity.* New York: Wiley.

Kanter, R.M. 1977. *Men and women ofthe corporation.* New York: Basic Books. Kanter, R.M. (1983). *The change masters.* New York: Simon and Schuster.

Kanter, R.M. 1989. *When giants learn to dance.* New York: Simon and Schuster.

Kanter, R.M., & Brinkerkoff, D. 1981. Organizational performance: Recent developments in measurement. *Annual Review of Sociology,* 7, 321-349.

Katz, D., & Kahn, R.L. 1978. *The socialpsychology of organization.* (2nd ed.). New York: Wiley.

Keeley, M.A. 1984. Impartiality and participant-interest theories of organizational effectiveness. *Administrative Science Quarterly,* 29, 1-25.

Keeley, M.A. 1988. *A social-contract theory of organizations.* Notre Dame, IN: University of Notre Dame Press.

Kenny, D.A., & Zaccaro, S.J. 1983. An estimate of variance due to traits in leadership. *Journal of Applied Psychology,* 68(4), 678-685.

Kerlinger, F. 1973. *Foundations of behavioral research* (2nd ed.). New York: Holt, Rinehart and Winston.

Kotter, J.P. 1973. The psychological contract: Managing the joining up process. *Califorina Management Review,* 15(3),91-99.

Kotter, J.P. 1982, November-December. What effective managers really do? *Harvard Business*

Review, pp. 156-167.

Kramer, R. M. 1991. Intergroup relations and organizational dilemmas: The role of categorization processes. In B. M. Staw & L. L. Cummings (Eds.), *Research in organizational behavior* (Vol. 13, pp. 191-218). Greenwich, CT: JAI Press.

Kreps, D. M., Milgrom, P., Roberts, J., & Wilson, R. 1982. Rational cooperation in the finitely repeated prisoner's dilemma. *Journal of Economic Theory,* 27, 245-252.

Kreps, D. M., & Wilson, R. 1985. Reputation and imperfect information. *Journal of Economic Theory,* 27, 253-279.

Kurke, L. B., & Aldrich, H.E. 1983. Mintzberg was right: A replication and extension of the nature of managerial work. *Management Science,* 29. 975-984.

Laffont, J. J. 1990. Analysis of hidden gaming in a three-level hierarchy. *Journal of Law, Economics, and Organzation,* 6, 310-324.

Larson, A. 1992. Network dyads in entrepreneurial settings: A study of the governance of exchange relationships. *Administrative Science Quarterly,* 37. 76-104.

Lawler, E.E. III. 1967. The multitrait-multirater approach to measuring managerial job performance. *Journal of Applied Psychology,* 51, 369-381.

Lawler, E.E. III. 1981. *Pay and organizational development.* Reading, MA: Addison.Wesley.

Lawler, E.E. III. 1986. *High involvement management.* San Francisco, CA: Jossey-Bass.

Lawler, E.E. III, & Rhode, J. 1976. *Information control in organizations.* Santa Monica, CA: Goodyear.

Lazer, R.I., & Wikstrom, W.S. 1979. *Appraising managerial performance: Current practices and future directions.* New York: The Conference Board.

Leiseur, F., & Puckett, E. 1969. The Scanlon Plan has proved itself. *Harvard Business Review,* 47. 109-118.

Lieberson, S., & O'Connor, J.F. 1972. Leadership and organizational performance: A study of large corporations. *American Socioloigical Review.* 37. 117-130.

Locke, E.A., & Latham, G.P. 1984. *Goal selling: A motivational technique that works.* Englewood Cliffs, NJ: Prentice-Hall.

Locke, E.A., & Latham, G.P. 1990. A theory of goal setting and task perfotmance. Englewood Cliffs. NJ: Prentice-Hall.

Lombardo, M.M., & McCall. M.W., Jr. 1982. Leader on-line: Observation from a simulation of managerial work. In J.G. Hunt, U. Sekran. & C.A. Schriesheim (Eds.), *Leadership: Beyond establishment views* (pp. 50-67). Carbondale, IL: Southern Illinois University Press.

Luthans, F. 1988. Successful versus effective managers. *Academy of Management Executive,* 2. 127-132.

Luthans, F., & Davis. T. 1979. Behavioral self-management (BSM): The missing link in managerial effectiveness. *Organizational Dynamics.* 8, 42-60.

Luthans, F., & Kreitner, R. 1975. *Organizational behavior modification.* Glenview, IL: Scott, Foreman.

MacIntrye, A. 1984. *Alter virtue* (2nd ed.). Notre Dame, IN: Notre Dame University Press.

MacKinnon, N.J., & Summers, G.F. 1976. Homogeneity and role consensus: A multivariate exploration in role analysis. *Canadian Journal of Sociology.* 1(4), 439-462.

Manz, C.C., & Sims, H.P., Jr. 1980. Self-management as a substitute for leadership: A social learning theory perspective. *Academy of Management Review.* 5. 361-367.

March, J.G., & Simon, H.A. 1958. *Organizations.* New York: Wiley.

Maslow, A.H. 1954. *Motivation and personality.* New York: Harper.

McCall. M.W., Jr., & Segrist. S.A. *1978. In pursuit of the manager's job: Building on Mintzberg.* (Technical Report no. 14). Greensboro, NC: Center for Creative Leadership.

McClelland, D.C. 1961. *The achieving society.* New York: Van Nostrand.

McCrae. R.R., & Costa, P.T. Jr. 1987. Validation of the five-factor model of personalty across instruments and observers. *Journal of Personality and Social Psychology, 52,81-90.*

McElroy, J.C., & Hunger, J.D. 1988. Leadership theory as causal attribution of performance. In J.G. Hunt. RR. Baliga, H.P. Dachler, & C.A. Schriesheim (Eds.), *Emerging leadership vistas* (pp. 169-182). Lexington, MA: Lexington.

McGregor, D. 1960. *The human side of enterprise.* New York: McGraw-Hill.

Mead, M. 1961. *Cooperation and competition in primitive groups.* Boston: Beacon Press.

Mechanic, D. 1962. Sources of power of lower participants in complex organizations. *Administrative Science Quarterly.* 2. 349-364.

Meindl, J.R. 1990. On leadership: An alternative to the conventional wisdom. In B.M. Staw & L.L. Cummings (Eds.), *Research in organizational behavior* (Vol. 12. pp. 159-204). Greenwich, CT: JAI Press.

Meindl. J.R., & Ehrlich, S.B. 1987. The romance of leadership and the evaluation of organizational performance. *Academy of Management Journal.* 30, 91-109.

Meindl, J.R., Ehrlich, S.B. & DUkerich, J.M. 1985. The romance of leadership. *Administrative Science Quarterly.* 30, 78-102.

Merton, R. 1940. Bureaucratic structure and personality. *Social Forces,* 18, 560-568.

Merton, R. 1957. *Social theory and social structure* (2nd ed.). Glencoe, IL: Free Press.

Meyer, M.W., & Zucker, L.G. 1989. *Permanently failing organizations.* Newbury Park, CA: Sage.

Miles. R.H. 1976. Individual differences in a model of organizational role conflict. *Journal of Business Research,* 4, 87-102.

Miles, R.H., & Cameron, K.S. 1982. *Coffin nails and corporate strategies.* Englewood Cliffs, NJ: Prentice-Hall.

Miles, R.H., & Perreault, W.D., Jr. 1976. Organizational role conflict: Its antecedents and consequences. *Organizational Behavior and Human Performance,* 17, 19-44.

Miner, J .B. 1968. Managerial appraisal: A capsule view and current practices. *Business Horizons,* 11(5),83-96.

Mintzberg, H. 1973. *The nature of managerial work.* New York: Harper and Row.

Mintzberg H. 1979. *The structuring of organizations.* Englewood Cliffs, NJ: Prentice-Hall.

Mitchell, T.R., & Silver, W.S. 1991. Individual and group goals when workers are interdependent: Effects on task strategiges and performance. *Journal of Applied Psychology,* 75, 185-195.

Morse, J., & Wagner, F. 1978. Measuring the process of managerial effectiveness. *Academy of Management Journal,* 21, 23-35.

Mossholder, K.W., & Bedeian, A.G. 1983. Cross level inference and organizational research: Perspectives on interpretation and application. *Academy of Management Review,* 8, 547-558.

Nord, W.R. 1983. A political-economic perspective on organizational effectiveness. In K.S. Cameron & D.A. Whetten (Eds.), *Organizational effectiveness: A comparison of multiple models* (pp. 95-134). New York: Academic Press.

Oldham, G.R. 1976. Motivational strategies used by supervisors: Relationships to effectiveness indicators. *Organizational Performance and Human Performance,* 15, 66-86.

O'Reilly, C.A. III, & Chatman, J. 1986. Organizational commitment and psychological attachment: The effects of compliance, identification, and internalization on prosocial behavior. *Journal of Applied Psychology,* 71, 492-499.

Organ, D. W. 1988. *Organizational citizenship behavior: The good soldier syndrome.* Lexington, MA: Lexington Books.

Organ, D.W. 1990. The motivational basis of organizational citizenship behavior. In B.M. Staw & L.L. Cummings (Eds.), *Research in organizational beavior* (Vol. 12, pp. 43-72). Greenwich, CT: JAI Press.

Ouchi, W.G. 1984. *The M-form society.* New York: Avon Books.

Perrow, C. 1986. *Complex organizations* (3rd ed.). New York: Random House.

Pfeffer, J. 1977. The ambiguity of leadership. *Academy of Management Review.* 2, 104-112.

Pfeffer,J. 1981. Management assymbolicaction:Thecreationandmaintenanceoforganizational paradigms. In L.L. Cummings & B.M. Staw (Eds.), *Research in organizational behavior* (Vol. 3, pp. I-52). Greenwich, CT: JAI Press.

Pfeffer, J., & Salancik, G.R. 1978. *External control of organizations.* New York: Harper and Row.

Philips, J.S., & Lord, R.G. 1981. Causal attributions and perceptions of leadership. *Organizational Behavior and Human Performance.* 28, 143-163.

Pondy, L.R. 1977. Effectiveness: A thick description. In P.S. Goodman & J.M. Pennings (Eds.), *New perspectives on organizational effectiveness* (pp. 226-234). San Francisco, CA: JosseyBass.

Porter, M.E. 1980. *Competitive strategy.* New York: The Free Press.

Powell, W.W. 1990. Neither market nor hierarchy: Network forms of organizations. In B.M. Staw & L.L. Cummings (Eds.). *Research in organizational behavior* (Vol. 12,pp. 295-336). Greenwich, CT:

JAI Press.

Pruitt, D.G., & Kimmel, M.J. 1977. Twenty years of experimental gaming: Critique, synthesis and suggestions for the future. *Annual Review of Psychology.* 28. 363-392.

Renwick, P.A., & Lawler. E.E. III. 1978. What you really want from your job. *Psychology Today,* pp. 13-24.

Roberts, K.H., Hulin, C., & Rousseau, D.M. 1978. *Developing an interdisciplinary science of organizations.* San Francisco, CA: Jossey-Bass.

Roethlisberger, F.J. 1945. The foreman: Master and victim of double talk. *Harvard Business Review,* 23. 283-298.

Rogers, D.L., & Molnar, J. 1976. Organizational antecedents of role conflict and role ambiguity in top-level administrators. *Administrative Science Quarterly, 21. 598-610.*

Rohrbaugh, J. 1981. Operationalizing the competing values approach. *Public Productivity Review,* 5. 141-159.

Rousseau, D.M. 1985. Issues of level in organizational research: Multi-level and cross-level perspectives. In B.M. Staw & L.L. Cummings (Eds.), *Research in organizational behavior* (Vol. 7, pp. 1-37). Greenwich, CT: JAI Press.

Saal, F.E., Downey, R.B., & Lahey, M.A. 1980. Rating the ratings: Assessing the psychometric quality of rating data. *Psychological Bulletin,* 88. 413-428.

Saavedra, R., Earley, P.e., & Van Dyne, L. (in press). Complex interdependence in taskperformance groups. *Journal of Applied Psychology.*

Salancik, G.R., Calder, B.J., Rowland, K.M., Leblebici, H., & Conway, M. 1975. Leadership as an outcome of social structure and process: A multidimensional analysis. In J.G. Hunt & E.E. Larson (Eds.), *Leadership frontiers* (pp. 81-101). Columbus, OH: Kent University Press.

Salancik, G. R., & Pfeffer, J. 1974. The bases and use of power in organizational decision making: The case of a university. *Administrative Science Quarterly.* 19. 453-473.

Salancik, G.R., & Pfeffer, J. 1977. Constraints on admininstrator discretion: The limited influence of mayors on city budgets. *Urban Affairs Quarterly, 12(4),475-498.*

Salancik, G.R., & Pfeffer, J. 1978. A social information processing approach to job attitudes and task design. *Administrative Science Quarterly,* 23, 224-253.

Sandel, M.J. 1982, February 22. Democrats and community. *The New Republic,* 198, 20-23.

Schwartz, S. H. 1990. Individualism-Collectivism: Critique and proposed refinements. *Journal of Cross-cultural Psychology,* 21(2), 139-157.

Scott, W.R. 1977. Effectiveness of organizational effectiveness studies. In P.S. Goodman & J.M. Pennings (Eds.), *New perspectives on organizational effectiveness* (pp. 63-95). San Francisco, CA: Jossey-Bass.

Selznick, P. 1987. The idea of a communitarian morality. *California LAw Review,* 75(1), 445-463.

Shapira, Z., & Dunbar, R.L.M. 1980. Testing Mintzberg's managerial roles: Classification using an in-basket simulation. *Journal of Applied Psychology,* 65, 87-95.

Shaw, M.E. 1971. *Group dynamics: The psychology of small group behavior.* New York: McGraw-Hill.

Sherif, M. 1936. *The psychology of social norms.* New York: Octagon.

Skinner, B.F. 1953. *Science and human behavior.* New York: Macmillan.

Snoek, J.D. 1966. Role strain in diversified role sets. *American Journal of Sociology,* 71(4).363 372.

Snyder, M. 1979. Self-monitoring processes. In L. Berkowitz (Ed.), *Advances in experimental social psychology* (pp. 86-128). New York: Academic Press.

Sobel, J. 1985. A theory of credibility. *Review of Economic Studies,* 22, 557-573.

Steers, R.M. 1977. *Organizational effectiveness: A behavioral view.* Santa Monica, CA: Goodyear.

Stewart, R. 1982. A model for understanding managerial jobs and behavior. *Academy of Management Review,* 7, 7-13.

Strauss, G. 1962. Tactics of lateral relations: The purchasing agent. *Administrative Science Quarterly,* 2, 161-186.

Tajfel, H. (Ed.). 1982. *Social identity and intergroup relations.* Cambridge: Cambridge University Press.

Tajfel, H., & Turner, J.C. 1986. The social identity theory of intergroup behavior. In S. Worchel & W.G. Austin (Eds.), *Psychology of intergroup relations* (pp. 7-24). Chicago: NelsonHall.

Thibaut, J.W., & Strickland, L.H. 1956. Psychological set and social conformity. *Journal of Personality.* 25, 115-129.

Thomas, A.B. 1988. Does leadership make a difference to organizational performance? *Administrative Science Quarterly,* 33, 388-400.

Thompson, J.D. (1967). *Organizations in action.* New York: McGraw-Hili.

Tsui, A.S. 1983. *Psychometric quality of data by multiple raters.* Paper presented at the 91st national meeting of the American Psychological Association, Anaheim, California.

Tsui, A.S. 1984a. A multiple-constituency framework of managerial reputational effectiveness. In J.G. Hunt, D. Hosking, C. Schriesheim, & R. Stewart (Eds.), *Leaders and managers: International perspectives on managerial behavior and leadership* (pp. 28-44). New York: Pergamon Press.

Tsui, A.S. 1984b. A role set analysis of managerial reputation. *Organizational Behavior and Human Performance,* 36, 64-96.

Tsui, A.S. 1984c. Personnel department effectiveness: A tripartite approach. *Industrial Relations,* 23, 184-197.

Tsui, A.S. 1985. The measurement of managerial effectiveness: Progress and problems. *American Institute for Decision Sciences Proceedings,* pp. 676-678.

Tsui, A.S. 1990. A multiple-constituency model of effectiveness: An empirical examination at the human resource subunit level. *Administrative Science Quarterly,* 35, 458-483.

Tsui, A.S., & Ashford, S.J. 1992. Adaptive self-regulation: A process view of managerial effectiveness. *Journal of Management.*

Tsui, A.S., Ashford, S.J., & St. Clair. 1992. *Coping with role conflict: How response strategies affect reputational effectiveness.* Paper presented at the Academy of Management national meeting, Las Vegas, Nevada.

Tsui, A.S., & McGregor, J. 1982. The multitrait-multirater approach to measuring managerial effectiveness: Further empirical evidence. *American Institute for Decision Sciences Proceedings.* pp. 508-510.

Tsui, A.S., & Milkovich, G.T. 1987. Personnel department activities: Constituency perspectives and preferences. *Personnel Psychology,* 40, 519-537.

Tsui, A.S., & Ohlott, P. 1988. Multiple assessment of managerial effectiveness: Interrater agreement and consensus in effectiveness models. *Personnel Psychology,* 41, 779-803.

Turner, J.e. 1982. Towards a cognitive redefinition of the social group. In H. Tajfel (Ed.), *Social identity and intergroup relations* (pp. 15-40). Cambridge: Cambridge University Press.

Turner, J.e. 1985. Social categorization and the self-concept: A social-congitive theory ofgroup behavior. In E.J. Lawler (Ed.), *Advances in group processes: Theory and research* (Vol. 2, pp. 77-121). Greenwich, CT: JAI Press.

Turner, J.e. 1987. *Rediscovering the social group: A self-categorization theory.* Oxford: Blackwell.

Van Maanen, J., & Schein, E.H. 1979. Toward a theory of organizational socialization. In B.M. Staw (Ed.), *Research in organizational behavior* (Vol. I, pp. 209-264). Greenwich, CT: JAI Press.

Von Neumann, J., & Morgenstern, O. 1953. *Theory of games and economic behavior* (3rd ed.). Princeton, NJ: Princeton University Press.

Vroom, V.H., & Yetton, P.W. (1973). *Leadership and decision making.* Pittsburgh, PA: University of Pittsburgh Press.

Weick, K.E. 1977. Re-puntuating the problem. In P.S. Goodman & J.M. Pennings (Eds.), *New perspectives on organizational effectiveness* (pp. 193-225). San Francisco, CA: Jossey-Bass.

Weick, K.E., & Daft, R.L. 1983. The effectiveness of interpretation systems. In K.S. Cameron & D.A. Whetten (Eds.), *Organizational effectiveness: A comparison of multiple models* (pp. 71-93). New York: Academic Press.

Weiner, N. 1978. Situational and leadership influences on organizational performance. *Academy of Management Proceedings,* pp. 230-234.

Weiner, M., & Mahoney, T.A. 1981. A model of corporate performance as a function of environmental, organizational, and leadership influences. *Academy of Management Journal,* 24, 453-470.

Wexley, K.N., & Silverman, S.B. 1978. An examination of differences between managerial effectiveness and response patterns on a structured job analysis questionnaire. *Journal of Applied Psychology,* 63, 646-649.

Whetten, David A. 1978. Coping with incompatible expectations: An integrated view of role conflict. *Administrative Science Quarterly,* 23, 254-271.

Williamson, O.E. 1975. *Markets and hierarchies: Analysis and antitrust implications.* New York: Free Press.

Williamson, O.E. 1991. Comparative economic organization: The analysis of discrete structural alternatives. *Administrative Science Quarterly,* 36, 269-296.

Wilson, R. 1985. Reputations in games and markets. In A. Roth (Ed.), *Game theoretic models of bargaining* (pp. 27-62). Cambridge: Cambridge University Press.

YukI, G.A. 1989. *Leadership in organizations* (2nd ed.). Englewood Cliffs, NJ: Prentice-Hall.

YukI, G.A., & Kanuk, L. 1979. Leadership behavior and effectiveness of beauty salon managers. *Personnel Psychology,* 32, 663-675.

Zammuto, R.F. 1984. A comparison of multiple constituency models of organizational effectiveness. *Academy of Management Review,* 9, 606-616.

Zucker, L.G. 1986. Production of trust: Institutional sources of economic structure, 1840-1920. In B.M. Staw & L.L. Cummings (Eds.), *Research in organizational behavior* (Vol. 8, pp. 53-III). Greenwich, CT: JAI Press.

第四章

1989—2002年：关系人口学特征研究

导　读

超越简单人口学特征的作用：

　　关系人口学特征在上下级关系中的重要性

存在差异：关系人口学特征与组织依附

导 读

围绕这个主题，我总共做了三个实证研究，写了五篇文章和一本书。在第一章中已经提到了男女经理绩效的比较研究，所以这一章我主要介绍其他两个研究和相关写作。这个主题其实并不是我最初的研究兴趣。我做这部分研究的数据都来自于其他研究的数据，并没有特意为了本研究去收集数据，因为员工人口统计特征数据（demography data）几乎每个研究中都会收集。在做博士论文期间，论文指导委员会的一位老师提出了做男女经理绩效比较的研究，我当时觉得这个想法蛮不错的，所以就跟她合作写了这篇文章，最后在《美国管理学会学报》（AMJ）上发表了。完成这篇文章后，我对该领域有了初步了解，但还是搁置了，直到后面的一些机会才让我重新对这个领域进行思考和研究。

一、上级与下属的关系人口学特征研究（Relational demography in supervisor-subordinate dyads）

1984年秋天，我到伯克利的加州大学去做半年的访问学者，与Charles O’Reilly老师谈起研究兴趣和合作。他提出了员工多样性的研究领域。他说组织的员工人口统计特征（demography）是当时刚开始的一个题目。他为我介绍了一篇理论性的文章（Pfeffer, 1983）。我读完之后启发很大。我告诉他，我的博士论文数据可以用于研究上级与下属在人口统计特征上的差别对于下级有什么影响。我们每周都见面开一次会。我每周都有新的想法，Charles O’Reilly总会回应我的想法。我们就这些想法进行讨论和辩论。我还记起那个时候，Charles O’Reilly总是走到黑板前画出关于上下级之间什么类型的不同会产生什么类型的结果的图。我们识别出了所有的上下级之间可能存在的有意义的不同，并就什么结果可能受哪种类型的不同影响进行了讨论。三个月过后，我们有了一个用我的博士论文数据进行研究的很好的想法，包括研究问题、研究模型以及用到的分析。我回到了杜克大学开始进行数据分析以及文章的撰写。第一稿在六个月之后完成了。我们修改之后把它投到了1985年美国管理学会（Academy of Management, AOM）的会议上。在1986年初投到了《美国管理学会学报》（AMJ）。经过三轮的修改之后，文章在1988年被接受，1989年发表了。“关系人口学”（relational demography）的概念被这篇文章正式引入文献。这篇文章受到了很大的关注，在其发表后不久就有了上百次的引用。

二、关系人口学与组织依附（Relational demography and organizational attachment）

第三章导读中提到我做人事部门绩效的研究时，收集了比较多的数据。在人事部门绩效方面的文章写得差不多之后，我也在思考可以利用这些数据里做什么其他的研究。当我修改《美国管理学会学报》（AMJ）的文章时，我想人事部门的数据可以用来继续探讨人口特征多样性的问题。这个数据中有150多个部门，这些部门不是小部门，而是运营单位，比如医院或者工厂等。平均每个单位有800多人。每个单位抽样5%并且不少于20位员工，这样每个部门都有20个以上的样本，这里面包括经理和员工。这样的数据可以很好地探讨人口特征多样性的问题。

于是我开始思考值得探讨的具体问题。我了解到人口特征多样性在企业里面是很复杂的情况，美国白人与其他少数民族之间、男女之间的交流有很多问题，比如有色人种（colored people）与白人之间存在显著的文化差异。一般情况下，人们会以为少数民族和女性处于不利位置，所以大多数文章都是关注这些人在企业的情况，例如他们对老板、企业、工作等的满意度。但我觉得人口特征多样性不一定仅仅使一部分人不舒服，可能使每个人都觉得不舒服。我觉得不应只关注女性和少数民族。

带着这个想法，我与Charles O’Reilly 老师联系，问他有没有兴趣再合作一次。他表示非常乐意，于是我们就开始计划这个研究。当时我还带一个博士生，所以我也带她一起参与。我们的基本问题是，如果一个人跟其他人不一样，那这种不一样的程度是否影响这个人对企业的承诺与投入感，这可能表现为上班不够努力，或者出现请假、迟到等行为，在行为和态度上会有见外的感觉。我们就想到了研究关系人口学和组织依附（relational demography and organizational attachment）的关系。

数据分析出来的结果非常有趣。我们发现假如一个员工是白人，那他与别人越不一样，他的组织依附度就越低。但假如员工不是白人，那他跟别人不一样，他的组织依附度不一定低。也就是说，与别人很不一样这一点对白人的影响比对其他肤色人的影响要大。另外，假设男性员工与别人很不一样（例如，有个男性员工在一个男女员工都有的组织中工作，而另外一个男性在一个都是男性的组织工作），他的组织依附也会越低。但这对女性员工则是没有影响的。所以你可以想象一条回归线，描述关系不同的人口统计学得分和组织依附的关系，对男性员工和白人，这是一条向下的斜线；而对于女性员工和少数民族而言，这条线则是平直的。这种结果相当有趣，与那时候我们看的相关文献讨论很不一样。之后我们就思考为什么会如此。基于社会认同理论（social identity theory）和自我分类理论（self categorization theory），我们提出了相关假设。文章写完就投到了《管理科学季刊》（ASQ），评审者蛮喜欢这篇文章。经过修改之后，1992年这篇文章成功地发表了。

1992年发表之后，有很多报纸陆陆续续对这篇文章进行报道。华尔街日报（*Wall Street Journal*）刊登了这篇文章，说它对实践有很重要的意义。当时大家看到这篇文章感到特别有趣的是，人口多元化对白人和男人反而是最不利的，多元化使他们感觉不好，所以工作就不投入，也会有一些迟到、请假等行为，好像他们被伤害了。有些人告诉我，你这篇文章可以说是"政治不正确"（politically incorrect）。一般的研究都会说多元化对少数民族，像墨西哥人、黑人等的影响是最不良的，对女性也是不好的，而现在你却说对男性员工不好，对白人不好。这样的结果导致大家对人口多元化产生了不一样的看法。我想说的是，我们做研究要用科学的方法去做，只有不抱什么政治目的去做，才可能做出一些真实的结果。这篇文章后来引用率是非常高的。我们在这个领域也是作了一个贡献。

《管理科学季刊》（ASQ）有个最佳论文奖，评审委员会评审五年前发表的论文，看哪一篇文章在五年后看来还是最好的、影响力是最高的。我们非常幸运，在1998年评审中获得了ASQ最佳论文奖。

三、其他相关著作

还有一篇实证研究用的是第五章中关于员工与组织关系的文章中的数据，其中也有主管和下属背景的相关数据。我和一位同事、一位博士生合作写了一篇文章，在《人事关系》（*Human Relations*）上发表了（Tsui, Porter & Egan, 2002）。员工与组织关系的数据（EOR dataset）包含每一个研究参与者的人口学背景信息。这些信息既可以构成工作部门的数据，也可以构成领导与下属配对的数据（dyadic data）。之前的相关研究主要探讨了上下级之间人口统计学上的差异性带来的负面影响，很少研究去探讨差异性可能带来的积极的结果。我想上下级之间的相似或差异都可能会导致一些好的结果。因此我开始思考同时关注上下级之间的相似性和差异性带来的影响。根据相似吸引理论（similarity attraction theory），在通常情况下，上下级的差异会产生负面的影响。因为相似意味着他们拥有一些共同的东西。例如，年龄相似意味着他们大概生长在相似的时间背景内。但是，在上下级之间，相似并不一定是好事。下属会期望上级“年长并且更有智慧”（older and wiser）。一个与下属年龄相似的上级或许能够使下属产生不舒服的感觉并产生嫉妒心理。下属也希望上级有更高的教育程度。为了同时探讨上下级之间相似性和差异性对下属的影响，在这个研究中我同时加入了上级—下级之间在人口统计数据上的相似性和差异性。在结果上不仅探讨了下级的基本任务绩效，还探讨了角色外绩效。我们同时加入了上下级之间多种类型的相似性和差异性（例如年龄、工作年限、教育水平、性别）。结果发现上级对下级的绩效评价与上下级之间的相似性和差异性都有关系。但上级与下级在人口学上的相似性（例如年龄、性别、民族、教育水平及工作年限）更多地与下属的角色外绩效有关，而与角色内的任务绩效无关，而上下级之间的差异性则与任务绩效和角色外绩效都有关。这篇文章的贡献是，更清楚地解释和验证了背景差异的本质及其影响。

在这期间，因为两篇该主题的文章发表在《美国管理学会学报》（AMJ）和《管理科学季刊》（ASQ）上，我就应其他学者之邀写了五篇理论上的文章，分别是五本书里面的章节。这些理论文章给了我一个机会去思考这个领域的问题。不单单是自己做的研究，还阅读和总结别人做的研究。

撰写这些理论文章，不仅有助于我把员工多样性的问题思考得更加深入，而且也让我对员工人口多样性这个主题有了一定的了解。我就想写一本书，于是我开始设计这本书。我先把书的大纲写出来，然后就慢慢地一章一章地写。那是我写的第一本书，我的英语水平也需要提高。为了增加我对这本书的信心，增强写作的乐趣，我邀请那位与我合作写男女经理文章的老师和我一起写这本书。我把大纲寄给她并邀请她合作，看了大纲后她欣然同意。我们花了两年的时间完成了这本书。她负责几章，我负责大部分内容。书稿完成后，我们把它寄到一家出版社，1999年该书顺利出版了。书名叫《组织中的人口学差异：现状与未来》（*Demographic Differences in Organizations*：*Current Research and Future Directions*）。2000年美国管理学会（AOM）开会时有个奖，这个奖从1997年和1998年两年内出版的书中评选一本最好的，我们的这本书入选了最好的三本书提名。这本书对这个领域也算是个贡献。

四、研究中需要的恒心与信心

有一个经验我跟大家分享，就是做研究一定要有恒心，不要因为其他的因素轻易地放弃。上面提到的1998年获奖的那篇ASQ文章的合作者是加州大学伯克利分校的一位老师。他是一位非常优秀的学者。我从他身上学到很多做研究的方法，特别是写作的技巧。那时，我们已经完成第二稿、第三稿，需要再整篇琢磨美化。引言那几页我觉得还是不够好，需要他来加工润色一下。我把文章寄给他，请他来帮忙修改前面这几页。可是，自那之后却至少半年杳无音信。我发邮件，打办公室电话，都联系不上。我发传真，他还不在。那时，我没有他的家庭电话号码，也不好意思要他家的号码，所以就一直往办公室打电话；差不多一个礼拜给他发一封邮件。三个月后还是没有回音，好像石沉大海一样。到了第四个月，我想该怎么办呢。我和我的学生都不知所措。我想，这篇文章难道就这样放弃吗？我不忍心这样放弃。把他的名字去掉，我们自己投出去吗？也不行，因为他是我们研究队伍的重要成员之一。我们不能去掉他。从合作的角度来看，这是不能接受的一件事情。没有他的同意，我们也不能把文章寄出去。另外，我的学生在这篇文章上也花了好多时间，为了她我也不能放弃这篇文章。所以我只有耐心等待。我每周继续发邮件给他。两三周打一次电话给他。至少六个月过后，有一次他打电话给我："Anne, I' m ready。"我高兴得不得了，也没问为什么不理我，只是说谢谢你。一周后他把文章寄回来。他的文笔很好，经他改过之后，前两三页念起来就不一样了。我又改了一次，再寄给他看了一次，这样我们就投出去了。编辑和评审者都感觉非常好。我们就顺利地完成了这篇文章。

我讲这个故事主要是想告诉大家：第一，对一篇自己有信心的好文章不能放弃。第二，自己对合作者要有责任心，不能轻易地放弃一位合作者和一篇文章。每位合作者都有自己的原因（如工作上特别忙的时候），大家要相互体谅，这样合作才能成功。如果别人不能很快地提供反馈，不管是你的同事、老师还是学生，我们都应该设身处地地理解别人。这样的话，合作就比较好。同时恒心也是非常重要的。我非常高兴我当时没有放弃他（合作者）和它（文章）。这篇文章可以说是我所有研究中最重要的文章之一。

写完《组织中的人口学差异：现状与未来》之后，我感觉对这个领域的好奇也差不多得到了满足，之后我的研究就转移到另外一个方向。当时我在思考社会的改变，看有没有什么重大的问题发生，从中找到我感兴趣的研究话题。那是20世纪90

年代初的时候，在美国企业界有个很大的变化，就是员工与组织关系。我就把这个变成我研究的主题。下一章我就谈这个主题。

参考文献

Pfeffer, J. 1983. Organizational demography. In L. L. Gummings & B. M. Staw (Eds.), *Research in Organizational Behavior*, vol. 5: 299-357. Greenwich, Gonn.：JAI Press.

该主题的书

Tsui, A.S and Gutek, B.A. 1999. *Demographic Differences in Organizations: Current Research and Future Directions*. Lanham, Maryland：Lexington Press. (Finalist, Terry Book Award, Academy of Management, 2000)

该主题的系列文章

1. Ellis, A. & Tsui, A.S. 2007. Survival of the fittest or the least Fit? When psychology meets ecology in organizational demography, in Ostroff, C. & Judge, T. (Eds.), *Perspectives on Organizational Fit*: 287-315. SIOP Organizational Frontiers Series.

2. Tsui, A.S. and Charles, A.B. 2008. Demographic processes. In Clegg, S. & Bailey, J.R. (Eds.), *International Encyclopedia of Organizational Studies*. Thousand Oaks, CA: Sage.

3. Tsui, A.S., and Ellis, A. 2006. Organizational demography. In Nicholson, N. Audia, P. & Pillutla, M. (Eds.), *Blackwell Encyclopedic Dictionary of Organizational Behavior*. London: Blackwell.

4. Tsui, A. S., Egan, T., and O'Reilly, C. A., III. 1992. Being different: Relational demography and organizational attachment. *Administrative Science Quarterly*, 37: 549579. (1998 ASQ Best Paper Award).

5. Tsui, A.S., Egan, T.D., and Porter, L.W. 2002. When both similarity and dissimilarity matter: Extending the concept of relational demography. *Human Relations*, 55: 899-930.

6. Tsui, A. S., Egan, T. and Xin, K. 1995. *Diversity in organizations*: Lesson from demography research. In Chemers, S., Oskamp, S. and Costanzo, M. (Eds.), *Diversity in Organizations*: 191-219. San Francisco: Sage Press.

7. Tsui, A.S and Gutek, B.A. 1999. *Demographic differences in organizations*: *Current research and future directions*. Lanham, Maryland: Lexington Press. (Finalist, Terry Book Award, Academy of Management, 2000).

8. Tsui, A. S. and O'Reilly, C. A., III. 1989. Beyond simple demographic effects: The importance of relational demography in superior-subordinate dyads. *Academy of Management Journal*, 32: 402-423.

9. Tsui, A. S., Xin, K. and Egan, T. D. 1995. Relational demography: The missing link in Vertical Dyad Linkage. In Jackson, S., and Ruderman, M. (Eds.), *Productivity and interpersonal relations in work teams characterized by diversity*: 97-130. Washington, D.C.: American Psychological Association.

超越简单人口学特征的作用：关系人口学特征在上下级关系中的重要性[*]

徐淑英（加州大学欧文分校）
Charles A. O'Reilly Ⅲ（加州大学伯克利分校）

摘要：以往关于个体人口学特征的研究主要关注其对工作态度和行为的直接影响。本研究探讨了六个人口学变量（年龄、性别、种族、受教育程度、公司和工作任期）对上级对下属的绩效评定、喜爱程度以及下属角色模糊性和冲突的多元影响。272对上下级匹配样本的结果显示，当上下级间人口学特征（关系人口学）差异增大时，上级对下属的绩效评估会降低。下属对上级的吸引力也会减少，同时下属感知到较高的角色模糊。当控制了简单的人口学特征后，这些效应仍然存在。

在心理学研究中，个体的人口学特征，例如年龄、性别、种族、工作年限和受教育程度等，一直都被视为非常重要的变量（例如，Zedeck & Cascio, 1984）。比如，最近的研究探讨了个体人口学特征对诸如工作绩效、满意度、离职率、选拔和领导力等结果变量的影响（Blau, 1985； Parsons & Liden, 1984； Steckler & Rosenthal, 1985）。这一系列研究表明人口学特征变量与特征感知、工作态度及工作结果密切相关。例如，一项年龄差异对工作绩效影响的元分析表明，上级对年长者的绩效评分绩效比较低（Waldman & Avolio, 1986）。Duchon, Green和Taber（1986）在关于领导力的研究中发现了性别能有效地预测一个人的外群地位。另外，还有大量的研究探讨了其他人口学特征的影响，其中包括种族对员工选拔决策（McIntire, Moberg, & Posner, 1980）、工作年限对离职率（Mitchel, 1981）以及资历对工作绩效的影响（Gordon & Fitzgibbons, 1982）。这些传统研究主要关注一个或多个相关的人口学特征对个体水平结果变量的独立影响。但是，这些研究是否涵盖了人口学特征

---

* Tsui, A. S. & O'Reilly, C. A., III. 1989. Beyond simple demographic effects: The importance of relational demography in superior-subordinate dyads. *Academy of Management Journal*, 32: 402-423.

产生的全部潜在影响呢?

组织可以看做多种关系的组合，这意味着组织的人口学分布特征对理解人口学对组织的影响是非常关键的。因此，采取可以获得组织中的人口学分布状况的研究方法则非常重要（Pfeffer, 1982：278）。比如说，一个人的年龄大小可能与其工作绩效和离职率相关（Cleveland & Landy, 1981； Mobley, Griffeth, Hand, & Meglino, 1979； Waldman & Avolio, 1986），但这不能说明在一个社会群体中，年龄的分布情况所产生的构成上的影响。以前的相关研究发现，在不考虑其他人口学特征的条件下，年龄较长者或者工作年限较长者与离开组织的可能性呈负相关关系（Rhodes, 1983）。有研究发现，如果在一个组织中，年轻人位于主导地位，年长者的离职率会增加（McCain, O' Reilly, & Pfeffer，1983），而且，在高管团队中，是团队成员年龄的相对差异而不是个体实际的年龄能够预测员工的离职意愿（Wangner, Pfeffer, & O' Reilly, 1984）。

已有的文献对组织人口学的定义是，一个组织中独立个体的年龄、性别、工作年限、种族、受教育程度等因素的组合情况（Pfeffer, 1983）。在本文中使用的关系人口学特征指的是，日常互动的一对工作伙伴或一个群体中的成员具有的相对人口学特征。或者可以说，我们认为了解上下级之间或者一个互动的工作团队成员之间某些人口学特征的相似性与差别，我们就可以获得关于组织成员的工作态度和行为的更多信息，最重要的是，我们可以了解这些人口学变量影响工作结果的过程。因此，这些关系人口学特征对诸如工作态度、流动率和工作绩效等工作结果产生影响的机制是什么?目前看来，关系人口学特征产生影响的原因是很多因素的综合，它们是基于相似的工作态度、价值观和工作经验形成的吸引力（Byrne, 1971； Byrne, Clore, & Smeaton, 1986），另外还有成员之间充分的交流（Robert & O' Reilly, 1979）。Byrne（1969, 1971）把吸引力和相似性的联系归结为“相似性—吸引力”模型。

1. 概念背景

1.1. 人口学和相似性—吸引力模型

已有不同学者对“相似性—吸引力”模型进行了大量的探讨和研究（Berscheid & Walster, 1969； Byrne, 1971； Harrison, 1976）。这些研究为人口学特征的相似性与人际吸引的强相关关系提供了样本范围跨度很大的大量证据。尽管相对较早的研究的关注点主要在态度相似性上，但目前越来越多的研究指出，任何一方面的相似性都会增加人际吸引力（Baskett, 1973）。例如，Werner和Parmelee的研究显示，人们业余爱好的相同或相似都能增进他们之间的友情或者提高相互之间的吸引力。他们指出，拥有共同的爱好在友情建立的“最初阶段是至关重要的”（1979：65）。目前还有更多的研究指出，人口学特征的差异会导致排斥（Rosenbaum, 1986），因为不同的人口学特征会造成人与人之间关系日渐生疏，以及相互之间缺乏交流和好感。换一种说法就是，人们更倾向于受到那些与他们拥有相似的人口学特征、拥有共同的活动爱好或者态度的其他个体所吸引（Byrne, Clore, & Worchel, 1966）。

除去增加人际吸引力外，特征相似还有助于组织成员之间的交流以及促进整个社会群体的整合。举例来说，Lincoln和Miller（1979）分析了性别、种族和受教育程度对于工作关系或者友谊关系的影响。他们发现，人口学特征的相似程度的增加会对人与人之间的交流产生积极影响。其中，种族和性别影响友谊链中人数的多少，而受教育程度更多影响工作关系。另外，最近Zenger和Lawrence（1989）还发现在合作项目团队中，成员间年龄和工作年限的相似性会促进团队中技术方面的交流。O’Reilly, Caldwell和Barnett（1989）也指出组织成员之间工作年限差异的增大会降低组织的社会整合，从而导致较高的人员流动率。

因此，理论上讲关系人口学特征可以通过影响组织成员之间的人际吸引和交流频繁程度来影响工作感知和态度。这种影响是上述变量综合影响的结果，但却超越了这些变量的简单影响。尽管在组织情境中很少关于关系人口学特征影响的研究，但关系人口学特征在婚姻（Guttentag & Secord, 1983）、公众态度（Glenn, 1969）、犯罪率（Maxim, 1985）以及移民行为领域（Stewman & Konda, 1983）的相关研究早有论述。除了在纵向配对个体关系的研究中（Graen, 1976； Liden & Graen, 1980），学者们几乎没有注意对关系人口学特征在配对水平的研究。另外，即使已经存在大量的文献分析了个人多元人口学特征，诸如年龄（Giniger, Dispenzieri, & Eisenberg, 1983； Waldman & Avolio, 1986）、工作年限（Gordon & Fitzgibbons, 1982； Mitchel, 1981）、种族（Kraiger & Ford, 1985； Moch, 1980）、性别（Terborg, 1977； Tsui & Gutek, 1984）和受教育程度（O’Reilly, Parlette, & Bloom, 1980）等的重要性，但研究者们并没有调查这些特征的变化，以独立的或者是关联的方式，如何综合地影响工作绩效和态度。大多数关系人口学特征的研究倾向于关注年龄以及进入组织的时间。因为这两个因素是影响流动率的最重要的人口学变量。然而，社会比较过程显然不能仅仅局限于年龄，因为个体之间在人口学特征上差异很大。在分析人口学特征的影响时，我们必须充分考虑个体各种人口学特征的综合影响，而不应仅仅关注一个或两个特征。根据Landy和Farr（1983）的观察，关于评估者与被评估者特征的研究往往关注年龄一个因素，或者种族和性别两个因素，这些作者认为这一系列的研究是零碎而含糊的，呼吁有更多的研究探讨“可能影响绩效判断的变量组合”（Huber, Neale, & Northcraft, 1987：154）。本研究同时检验了六个人口学变量的影响。

1.2. 上级—下属关系中的关系人口学特征

在可能受到人口学特征影响的结果中，绩效评价在以往的研究中最受关注（Kraiger & Ford, 1985； Mobley, 1982； Pulakos & Wexley, 1983）。与相似性—吸引力模型一致，在上下级关系中相似的人口学特征也能够自然产生相互的好感或喜欢。除此以外，这种关系人口学特征也会对下属的角色模糊性和角色冲突产生潜在的影响，但目前对于这方面的研究很少。如果人口学特征的差异导致该配对成员之间交流不足，下属角色的模糊性则会较高。如果不同的特征导致了配对成员之间态度、价值观和信仰的不同，则组织中角色冲突会增加，因为这种情况下成员对于各自角色的要求可能会有不同的概念。即使不是领导者一方产生角色模糊和冲突的影响，我们仍然假设人口学特征在上下级关系中的影响是显著的，因为领导者是对下属做出工作期望以及对工作要求作出命令的主要对象。对于其他的配对来说可能存在其他影响结果。例如，在同事—同事关系中，相互之间的好感就是一个特别有意义的结果。本研究主要关注上级—下属关系，并且从四个结果来分析关系人口学特征的影响：① 上级评价的下属的工作绩效；② 上级对下属的好感程度；③ 下属感受到的角色模糊性；④ 下属感受到的角色冲突。

我们得出一种普遍意义上的假设和四条推论。假设是关于多种人口学特征如何对上述四种结果产生综合影响。我们发展了四条推论假设以阐明每种关系人口学特征对结果变量的影响。

假设1：上级和下属之间的人口学特征背景差异越大，就会产生越负面的工作结果，例如上级对下属的绩效评价降低，上级对下属表达的喜爱程度降低，以及下属感受到的角色模糊性和角色冲突提高。

这是一个有方向性的假设，我们预计，人口学特征的差异会降低绩效评分和喜爱评分，增加角色模糊性和角色冲突。我们进一步将每一种关系人口学特征对于结果的影响进行了具体化，如下所示：

假设1a：上级和下属在性别和种族上的差异与上级对下属的绩效评价和喜爱程度负相关。

目前为止的研究显示了较弱但一致的结论：绩效评估中的同种族（Kraiger & Ford, 1985）和同性别群体（Mobley, 1982）偏好，即评估者通常给予同种族、同性别的被评估者更高的评价。基于相似性—吸引力模型，我们预计这两个人口关系变量对上级对下属的喜爱程度的影响，比对绩效评估的影响更大。这个预期与Lincoln和Miller（1979）的研究发现相一致。在他们的研究中，种族和性别与友谊关系的数量有关，但与工作关系无关。

假设1b：上级和下属在年龄上的差异与下属的角色模糊性正相关，与上级对下属的绩效评价负相关。

此假设部分来源于老化递减理论（Giniger *et al.*, 1983），另一部分源自最近关于年龄相似性和技术性交流频率的关系研究（Zenger & Lawrence, 1989）。具体而言，人们年龄方面的差异会减少他们在工作方面的交流，进而降低了下属绩效目标以及绩效策略的清晰性。不管是由于实际绩效还是上级的偏见，我们预期上级，尤其是年轻的上级，将会给年长的下属较低的绩效评价。

假设1c：上级和下属在受教育程度上的差异与下属的角色模糊性以及角色冲突正相关，与上级对下属的喜爱程度负相关。

如果一个上级—下属关系中两人之间的受教育水平有很大差异，他们往往会在信仰、价值观等方面也表现不同，也就是说他们没有与相同教育水平紧密联系的共同语言，进而可能会降低上下级之间的交流频率（March & Simon, 1958：167）。这样一来，上级和下属对工作需求可能会产生不同的理解，进而增加下属的角色模糊性和角色冲突。总而言之，对工作期望的不同，加上与受教育程度紧密相关的声望的不同（至少会被下属感知到不同），会增加上级—下属之间的认知和情感距离。

假设1d：上级和下属在工作年限上的差异与下属感知到的角色模糊性正相关。

同一上下级关系中成员之间接触该工作的时间长短差异会影响下属的角色模糊性。一个工作新手往往比一个资历较深、工作经验较多的员工感受到更大的角色模

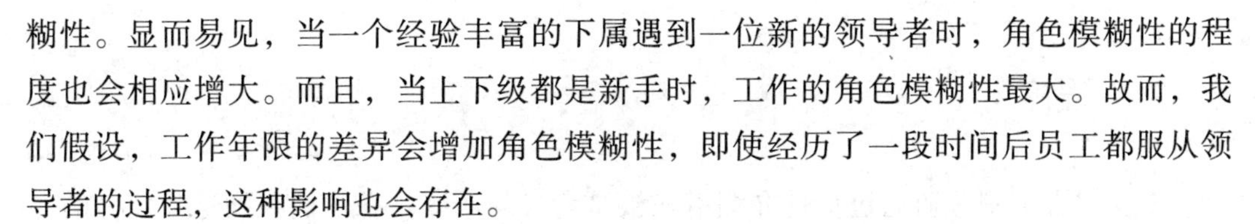

糊性。显而易见，当一个经验丰富的下属遇到一位新的领导者时，角色模糊性的程度也会相应增大。而且，当上下级都是新手时，工作的角色模糊性最大。故而，我们假设，工作年限的差异会增加角色模糊性，即使经历了一段时间后员工都服从领导者的过程，这种影响也会存在。

最后，我们的分析中引入了公司年限，因为它是预测员工离职率的一个重要变量，并且年限也是描述组织成员多元人口学特征的一个重要组成因素。我们认为，在上级—下属关系中，工作年限比公司年限更能有效预测一些具体的工作结果。

2. 方法

2.1. 样本

我们选取了由中层管理者与他们上级组成的配对样本。这3000个中层管理者来自财富500强的一家跨国公司。这些管理者的职位不一，涵盖范围从地区经理到企业的副总裁。为了更好地观察到性别和种族这两个维度的影响，我们有意增加了女性管理者和少数种族成员的比例。因此，最初的随机样本中，白种男性占10%，白种女性占50%，少数种族经理占50%。通过这个步骤，共计包括558个经理，其中总共344个管理者参与了我们的研究，回复率为61.6%。同时，在344个管理者中，我们得到了272个管理者的上级的回复。因此，这个研究的回复率是49%。

通过将这344个中层参与者的平均年龄、受教育程度、任期和正式绩效评估与企业中所有员工的上述变量的平均值进行比较，发现我们所选取的样本具有一定的代表性。分析表明，这344个参与者在上述四个维度的人口学特征上与企业中所有员工的平均情况具有高度的相似性。因此，在包括种族和性别的所有六个维度的人口学特征上，本研究选用的样本具有代表性。

与Dansereau, Alutto和Yammarino（1984）的研究相似，我们同样采用上级—下属配对数据。配对数据来自一个管理者及其上级（Graen, 1976）。尽管我们关注了个体水平上的因变量，但我们的分析是针对上级—下属配对关系的，而不是针对领导者—下属团队关系。最终我们获得了272组配对数据。为了检验样本的代表性，我们将本研究的样本与其他72个没有获得上级数据的管理者样本进行比较。比较的内容涉及三个人口学特征（员工的年龄、公司年限和参与者的受教育水平）和上级对下属的绩效评估。结果显示，我们的样本与另外72对样本没有显著差异。由此也验证了我们的样本是具有代表性的。

2.2. 程序

企业的人事副总监通过信件介绍潜在被试者参与研究。在他们收到这封信件的一周之内，我们给每个管理者邮寄了调查问卷。我们要求下属员工完成调查并将一份不同的问卷交给他的上级填写。同时，我们告知中层员工调查的目的是为了明确上级对下属的角色期望以及与管理成功紧密联系的因素。完成调查后，中层人员和他们的上级通过信件的方式直接把问卷邮寄给我们。因此，虽然中层员工看到了其上级的调查内容，但他们并不知道其上级是如何作答的。这两份调查涵盖了管理角色和管理活动方面的问题，这些问题是一个规模更大的关于管理有效性研究的一部分。

2.3. 测量方法

2.3.1. 自变量

我们分别对中层管理者及其上级的六个人口学特征（年龄、性别、受教育程度、种族、公司年限、工作年限）进行测量。年龄以年为衡量单位。性别采用编码的方式，用1代表男性，2代表女性。受教育程度被划分为9个等级，等级数值越高表明受教育水平越高。种族同样采用编码的方式，用1代表白种人，2代表非白人。以往关于种族作用的文献研究一般只关注黑色和白色人种的差异。我们所参阅的关于种族文献中，9/10的研究分析了黑色人种的工人，另外1/10关注的是位于新墨西哥的奇卡诺人。以往关于种族的研究趋势表明，研究者应该避免采用混合的种族，但为了更清楚地解释研究中所观察到的种族效应，我们排除了非黑色人种的少数种族下属样本。样本中，有49人是非白色人种，其中有20人是亚洲或者西班牙人，而非黑人。在对其他五个人口特征变量的分析时，我们包含了这20个个体。同时，上级中有10人属于黑色人种，但是上级中没有非黑色人种的少数种族样本。

我们通过将上级和下属在人口学变量上的得分之差进行平方从而得到我们关系人口学特征的分值。这一距离测量的方法是*D*分数方法在配对关系中的应用，这一方法曾被先前的研究用来测量团队之间的人口学特征差异（Wagner *et al.*, 1984: 80-81）。[①]这种划分得到一个完全的特征差异，并由此可以提出一个关于差异和工

① Wagner, Pfeffer和O' Reilly（1984：80-81）用距离来测量隔离性。这是个个体层面的变量，其把诸如出生日和进入企业的日期等人口学变量转化成数值，用以刻画一群人的组群程度。定义数值的一种方法是，两个人中的任一人与总体内其他人之间的欧氏距离。高分值表明与群体联系较弱。这种测量方法类似于网络中的社会相似性。我们采取该距离（*D*）分值来测量两人成组间或成对间的社会相似性。因此，这类似于Wagner及其同事所采用的刻画组内某个体与其他个体间的社会相似性的距离分值。

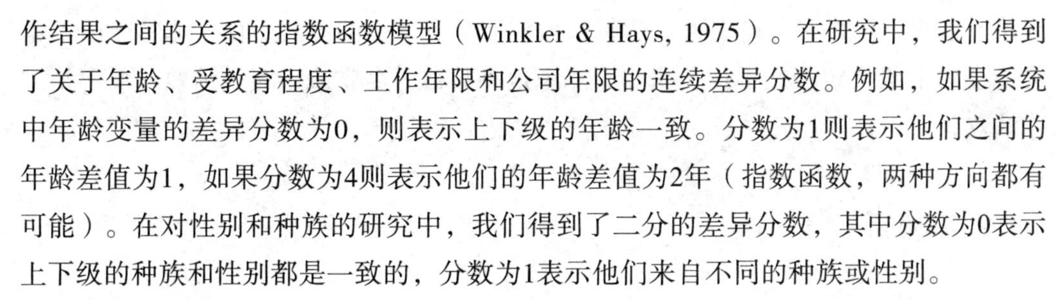

作结果之间的关系的指数函数模型（Winkler & Hays, 1975）。在研究中，我们得到了关于年龄、受教育程度、工作年限和公司年限的连续差异分数。例如，如果系统中年龄变量的差异分数为0，则表示上下级的年龄一致。分数为1则表示他们之间的年龄差值为1，如果分数为4则表示他们的年龄差值为2年（指数函数，两种方向都有可能）。在对性别和种族的研究中，我们得到了二分的差异分数，其中分数为0表示上下级的种族和性别都是一致的，分数为1表示他们来自不同的种族或性别。

2.3.2. 因变量

我们测量了四种结果变量。两种来自上级调查：上级对下属的绩效有效性评估及对其的喜爱程度。在本文接下来的部分，我们把这两个变量分别称为名誉绩效和上级情感。名誉绩效是一个由3个条目组成的量表（Tsui, 1984），具有高度的内部一致性（α=0.90），可以用来衡量员工在角色和责任方面达到上级期望的程度。

上级情感也是一个由3个条目组成的量表（Tsui & Gutek, 1984），具有较高的内部一致性（α=0.69）。我们采用了Kahn, Wolfe, Quinn和Rosenthal（1904）曾经使用过的人际情感测量方法，这种方法衡量了评价者对受评者的喜好程度，分数越高表明好感程度越强。这种测量中的喜爱成分包括乐于与受评者一起工作、尊敬受评者的意见、相信受评者可以做好自己要求其完成的任务。

Rizzo, House和Lirtzman（1970）发展了8个条目的角色冲突量表以及6个条目的角色模糊性量表。Schuler, Aldag和Brief（1977）对量表进行了重新验证。我们采用了后者14个条目的版本。下属报告角色冲突（α=0.85）和角色模糊性（α=0.84）情况。

2.3.3. 控制变量

为了探讨人口学特征在上级对下属进行绩效评估时所起的影响，而不受员工本身实际绩效水平限制，我们将员工最近的实际绩效评分作为控制变量。在本研究中，这个测量工具是9点刻度，这些样本公司只用了一个条目，是在结果导向的目标和有效性的12个行为维度上综合绩效的测量。

关于本研究中的绩效测量，我们采用的是名誉绩效，即领导评价分数，而不是员工的实际绩效。这有以下几个原因：第一，研究评级量表由三个条目组成并具有高度的内部一致性，但单条目的员工实际绩效测量信度未知；第二，研究评级相对员工实际绩效有更大范围的方差。前者在7点量表上的标准差为1.07，后者在9点量表上的标准差为1.15。研究评级的方差系数（s.d./x）比官方绩效的方差系数大22%。先前的研究（Wherry & Bartlett, 1982）证实以研究为目的获得的绩效评估比以管理为目的获得的绩效评估具有更高的信度和效度。在分析中，我们假设被评估者绩效以外的其他因素可能会对下属正式绩效评估产生偏差。采用偏程序（partialing procedure）产生的残差测量了独立于正式评估的、上级对下属绩效的评价。上级评价是一种研究人口学特征效应非常有意义的方式。由于非绩效因素也可能会对上级评定产生干扰，我们有意识地将其称为名誉或者名誉绩效，而不是工作绩效。

2.4. 分析

我们采取了多元回归分析方法探讨人口学特征变量对上述四个结果的影响。自变量包括上级下属自身的关系人口学特征以及它们的关系形式（上下级人口学特征差异的平方）。我们针对四种结果变量分别采取了回归分析方法。同时，名誉绩效模型和上级情感模型也包括了作为控制变量的中层经理的实际工作绩效。

通过分块回归（blocked regression）（Cohen & Cohen, 1975）对各人口学特征变量和对员工绩效的分析，我们分别得出了不同因素对结果造成的影响。这种方法中，其他所有自变量都进入回归后，将变量分块进入回归，通过去除共同方差，可以看到分块变量的独立影响。如果一组自变量很大程度上增加了对变异的解释，那么该组变量可以解释先前变量所不能解释的变异。我们所探讨的是关系人口学特征对四个结果变量的独立影响，在控制了上下级简单人口学特征后，我们认为这种程序是可行的。在以往的研究中，也有研究者用同样地方法分析过类似的问题（例如Huber *et al.*, 1987）。我们采取这种区块式增加的回归方法，即控制其余两个系列特征，增加另一个系列特征，这样有效衡量了每一组的人口学特征（下属员工的人口学特征、上级的人口学特征，以及关系人口学特征）对结果所造成的独特影响。

由于我们对关系人口学特征作用的假设是有方向的，我们采用了单尾显著性检验。所有的简单人口学变量都可以采用双尾检验。结果与假设一致，关系人口学特征跟名誉绩效和上级情感呈负相关，而与角色模糊和角色冲突呈正相关。

另外，为了更深入地探究人口学特征对结果的影响以及为了得到更多预期之外的发现，我们采取了更多的分析方法。例如我们采用了两因素方差分析法来探究种族和性别效应。另外，通过将所选样本分成三个部分，我们采用单因素方差分析法进行检验。比如说，如果年龄差异显著，我们对比分析了下属比上级年长、下属与上级年龄相同、下属比上级年轻的三个分组的结果，以此来明晰年龄差异的具体影响。在对名誉绩效的研究中，我们同样采取了方差分析的方法，并将员工的实际工作绩效作为协变量。最后，我们采用Green（1978：226-228）建议的方法检验自变量的多重共线性问题。

3. 结果

表1描述了所选样本的人口学特征的描述性统计。一般来说，相对于中层员工，他们的领导者年龄要略大一些，并且领导者绝大部分为男性（94%），有3%的领导者是黑色人种。另外，上级的受教育程度和公司年限也都高于员工。表1同时还指出了配对样本具有一致和不一致的人口学特征。

表1：样本的人口学特征

			关系人口学特征	
人口学特征变量	下属	上级	相同	相异
年龄均值	41.5（8.2）	44.1（7.5）	14（5%）	256（95%）
性别				
男性	256（74%）	261（96%）	197	74
女性	88（26%）	10（4%）	（73%）	（27%）
种族				
白人	295（91%）	258（97%）	233	20
黑人	29（9%）	7（3%）	（92%）	（8%）
教育程度				
高中以上	23（7%）	8（3%）	61	210
高中	33（10%）	11（4%）	（23%）	（77%）
学习过大学课程	20（6%）	10（4%）		
技术学位	44（13%）	55（20%）		
学士学位	110（32%）	94（35%）		
学习过研究生课程	49（14%）	55（20%）		
硕士学位	56（16%）	52（19%）		
硕士后继续进修	2（1%）	4（2%）		
博士学位	6（2%）	4（2%）		
工作年限均值	2.9（2.9）	3.6（4.1）	62（25%）	182（75%）
在公司内的工作年限均值	10.3（6.5）	13.0（7.3）	31（12%）	234（88%）

注：样本包括334名下属和272名上级。由于缺乏数据，部分观测未进入样本。测量值的均值后面的括号内是标准差。除了均值和括号内的百分比外，其他值为相应的样本数。

表2呈现了所有变量间的相关系数。从表中可以看出，实际绩效与名誉绩效、上级情感都相关，但其与两种角色变量不显著相关。实际绩效与名誉绩效间相关系数

表2：各变量之间的相关系数

	均值	标准差	1	2	3	4	5	6	7	8	9	10	11	12	13	14	15	16	17	18	19	20	21	22
			因变量与控制变量					下属的人口学特征					上级的人口学特征						关系人口学特征变量					
上级的得分																								
1、名誉绩效	5.03	1.07																						
2、上级情感	4.13	0.59	0.70																					
下属的得分																								
3、角色模糊性	3.20	1.06	−0.24	−0.15																				
4、角色冲突	3.99	1.09	−0.14	−0.11	0.46																			
控制变量																								
5、实际绩效评分	6.60	1.15	0.46	0.32	−0.07	0.02																		
下属的人口学特征																								
6、年龄	41.54	8.21	−0.06	−0.00	−0.18	−0.17	−0.04																	
7、性别	1.26	0.44	0.09	0.03	−0.01	−0.15	0.01	−0.27																
8、种族	1.09	0.29	−0.20	−0.21	0.07	0.00	−0.12	−0.08	−0.02															
9、教育程度	4.76	1.84	−0.01	−0.06	0.11	0.16	0.10	−0.09	−0.10	0.06														
10、工作年限	2.88	2.85	0.07	0.10	−0.16	−0.06	0.02	0.42	−0.21	−0.00	−0.05													
11、公司内的工作年限	10.29	6.52	0.04	0.12	−0.10	−0.15	−0.03	0.29	−0.12	−0.14	−0.26	0.13												

续 表

	均值	标准差	因变量与控制变量					下属的人口学特征						上级的人口学特征						关系人口学特征变量				
			1	2	3	4	5	6	7	8	9	10	11	12	13	14	15	16	17	18	19	20	21	22
上级的人口学特征																								
12、年龄	44.13	7.45	0.06	0.19	−0.15	−0.20	0.01	0.29	0.03	−0.06	−0.10	0.24	0.22											
13、性别	1.04	0.19	0.14	0.09	0.04	−0.02	−0.02	0.03	0.10	0.09	0.05	−0.08	0.04	−0.10										
14、种族	1.03	0.16	−0.04	−0.04	−0.00	0.01	−0.03	−0.08	0.06	0.30	0.03	−0.10	−0.09	−0.06	0.09									
15、教育程度	5.25	1.55	0.04	0.06	−0.03	0.03	0.04	0.01	0.02	0.13	0.32	−0.03	−0.09	−0.15	0.02	0.03								
16、工作年限	3.61	4.09	0.02	0.09	−0.16	−0.20	0.01	0.24	0.10	0.01	−0.05	0.26	0.04	0.45	0.02	−0.09	−0.04							
17、公司内的工作年限	13.00	7.32	−0.01	0.05	−0.06	−0.08	−0.09	0.12	−0.07	−0.10	−0.12	0.03	0.36	0.35	−0.17	−0.11	−0.17	0.21						
关系人口学特征变量																								
18、年龄	92.84	165.43	−0.02	−0.02	0.06	−0.04	−0.02	−0.14	0.22	−0.04	0.05	−0.01	−0.15	0.34	0.01	0.02	−0.10	0.12	−0.00					
19、性别	0.27	0.45	0.05	−0.01	0.05	−0.08	0.06	−0.28	0.91	−0.03	−0.07	−0.20	−0.10	0.01	0.10	0.00	−0.05	0.07	−0.06	0.27				
20、种族	0.08	0.27	−0.17	−0.14	−0.00	−0.05	−0.12	−0.08	0.01	0.82	0.02	0.03	−0.12	−0.06	0.02	0.22	0.05	0.01	−0.07	−0.00	0.05			
21、教育程度	4.25	6.08	−0.02	−0.11	−0.15	−0.11	−0.06	0.16	0.05	−0.05	−0.35	0.06	0.16	0.07	−0.00	−0.07	−0.05	0.00	0.07	0.05	0.07	−0.05		
22、工作年限	19.93	62.03	−0.01	−0.02	−0.03	−0.18	0.01	0.28	0.14	−0.04	−0.14	0.24	0.07	0.35	0.11	−0.05	−0.11	0.76	0.20	0.06	0.07	−0.03	−0.03	
23、公司内的工作年限	68.92	128.52	0.00	−0.01	−0.02	−0.07	−0.07	0.07	−0.05	−0.00	0.03	0.09	−0.09	0.27	−0.08	−0.07	−0.09	0.11	0.37	0.16	−0.04	−0.00	−0.04	0.19

注：大于等于0.19的相关系数在$p<0.05$或更低的水平上显著。

仅为0.46，这表明公众和私人意见之间的差异，同时这两种测量不是冗余的。名誉绩效和上级情感间相关系数为0.70，这表明上级对员工绩效的评价与他对员工的喜爱程度紧密相关（Latham & Wexley, 1979； Tsui & Barry, 1986）。尽管这两种测量在实证上相关，但我们不能确定它们是否在概念上冗余。在本研究中，我们对它们分别进行研究，因为事先我们假设有几项人口学特征从不同程度上与这两个因变量密切相关。

接下来研究配对关系中每个成员的六个人口学特征间的相关情况。在大多数情况下，这些变量是不相关的。其中，年龄和工作任期间相关最高，下属中两者的相关系数是0.42，上级中两者的相关系数是0.45。六个人口学特征的总体相关性也非常小而且不显著。上级与下级员工的简单人口学特征的相关性或者非常小，或者不显著。接着，我们研究了简单的人口学特征和及其关系形式相关。结果显示大多数的相关系数很小（中位数为-0.01），所研究的72组相关系数中只有3组相关系数超过了0.7。根据Green的分析方法（1978：226-228），我们没有发现多重共线性问题。而且，分区块回归分析方法可以用来处理自变量的多重共线性问题。在回归分析中，我们删除具有高度相关的两个变量（下属的性别与性别差值）中的一个，总体模型的效应降低。因此，我们得出，具有相关性的两个变量在回归分析中都有很显著的t值，这表明它们分别对结果都有各自的影响。总之，多重共线性并未威胁到研究结果的有效性。

表3呈现了回归分析的结果。四个区块的回归分析结果都很显著，这表明了人口学特征在预测名誉绩效、好感度及角色问题中的重要性。首先，我们讨论了与假设一致的关系人口学特征的结果。接着，我们阐述在简单人口学特征研究中获得的新发现。

表3：关系人口学特征对结果变量的回归分析结果

人口学特征变量	结果变量			
	名誉绩效	上级情感	角色模糊性	角色冲突
控制变量				
实际绩效评分	0.46^{**}	0.31^{**}		
R2变化	0.20^{**}	0.09^{**}		
下属人口学特征				
年龄	$-0.13^{\dagger}$	$-0.12^{\dagger}$	−0.08	−0.13
性别	0.43^{**}	$0.27^{\dagger}$	-0.40^{**}	-0.45^{**}
种族	-0.24^{*}	-0.34^{**}	0.27^{*}	0.12
教育程度	−0.06	-0.14^{*}	0.06	0.07

续 表

人口学特征变量	结果变量			
	名誉绩效	上级情感	角色模糊性	角色冲突
工作年限	0.13*	0.12†	−0.10	0.04
公司内的工作年限	0.05	0.08	−0.04	−0.12
R2变化	0.07**	0.09**	0.07**	0.06*
上级人口学特征				
年龄	0.06	0.21**	−0.07	−0.07
性别	0.19**	0.18**	−0.02	−0.02
种族	0.01	0.02	−0.06	0.00
教育程度	0.04	0.12†	−0.04	0.01
工作年限	0.10	0.16	−0.34**	−0.17
公司内的工作年限	0.02	−0.02	0.03	0.05
R2变化	0.04†	0.08**	0.06*	0.02
关系人口学特征				
年龄	−0.05	−0.07	0.10†	−0.00
性别	−0.38**	−0.28*	0.37**	0.32*
种族	0.08	0.17†	−0.22	−0.18†
教育程度	−0.01	−0.16**	−0.11†	−0.05
工作年限	−0.19*	−0.24**	0.33**	0.06
公司内的工作年限	0.07	−0.01	−0.07	−0.08
R2变化	0.04*	0.06**	0.08**	0.03
总体R2	0.32	0.27	0.16	0.14
调整后R2	(0.26)	(0.21)	(0.09)	(0.07)
总体F值	5.15**	4.10**	2.22**	1.89*
自由度	19,207	19,207	18,208	18,208

注：（1）表格中的数字为标准化回归系数。对于关系人口学特征变量的偏回归系数，我们使用了单尾检验；对于所有简单人口学特征变量，则使用了双尾检验。（2）+表示$p<0.10$，*表示$p<0.05$，**表示$p<0.01$。

总体来讲，关系人口学特征对四个结果中的三个都有显著的影响，在24个可能的系数中，有13个是显著的。六个人口学特征中的五个对四个结果中的至少一个也产生一定程度上的影响。唯一不显著的变量是公司年限。有趣的是，这恰恰也是我们未作任何与之相关的假设的唯一变量。这种结果支持了一般假设，上下级之间人口学特征的差异会对绩效评估、上级情感以及员工的角色感知等结果产生重要影响。在我们控制了简单人口学特征、实际绩效评定后，上下级人口学特征的差异解释了角色模糊的8%变异，上级情感的6%变异，名誉绩效的4%变异，角色冲突的3%变异。

为了解释假设1a到假设1d的结果，我们集中探讨了关系人口学特征变量。接下来我们依次对每个假设进行讨论。因此横向浏览表3更易于理解接下来的讨论。

假设1a表示的是种族和性别差异与工作绩效以及上级情感相关。表3显示的结果支持性别差异的假设。结果显示，与同性别上下级配对相比，在不同性别的上下级配对中，下级会得到更低的绩效评估，较低的上级好感，同时表现出更高水平的角色模糊性和角色冲突。通过更深入的分析，我们得出，当上下级都为女性时，下级的角色模糊性最低，绩效评估最高，最受上级喜爱。而当上级为女性，下级为男性时，下级的角色模糊性程度最高。而当上级是男性，男性下级和女性下级在四个结果测量上没有表现出明显的差异。

但是，我们没有发现关于种族差异效应的证据。在绩效评估方面，种族不同的下级与种族相同的下级并没有表现出明显的差异。另外，通过回归分析我们还得出，与上级种族不同的下级比与上级种族相同的下级更容易得到上级的好感（$p<0.10$）。进一步分析表明，白色人种的下级得到黑色人种上级的绩效评价最高，黑色人种下级得到黑色人种上级时的绩效评价最低。另外，我们还发现了假设中没有提到的种族差异对角色模糊和角色冲突的影响。但是它们之间的相关性与现实经验并不一致。深入的分析发现，当下级为白色人种，上级为黑色人种时，下级的角色模糊性和角色冲突最高。而当下级为黑色人种，上级为白色人种时，下级的角色模糊性程度最低。这种发现很大程度上丰富了我们对种族效应的认识（Kraiger & Ford, 1985）。

上级—下属关系中年龄差异对角色模糊性产生的影响（假设1b）得到部分地验证。在年龄差异很大的配对关系中，下属会产生较高程度的角色模糊（$p<0.10$）。进一步分析发现，比上级年龄大或者小的下级都会表现角色的模糊性，而与上级年龄一致的下级很少出现角色模糊性。与假设不同的是，年龄差异与上级对下级的绩效评价并没有直接的相关性，因此假设1b得到了部分验证。

与之类似，假设1c也是得到了部分验证。我们的研究结果显示，与假设一致，受教育程度的差异与上级对下级的好感程度呈负相关。然而，与假设相反，这种差异与员工的角色模糊性也呈负相关。进一步分析表明，当下级的受教育水平低于上级时，他更易获得上级的好感，而且表现降低的角色模糊感。但受教育程度差异与角色冲突之间没有固定的相关关系。

假设1d指出，工作年限的差异与下级的角色模糊性呈正相关。我们的研究结果验证了这一假设。另外，我们还发现，工作年限的差异与绩效评价及上级情感都呈负相关。进一步分析发现，相比于工作时间与上级有差异的下级（无论工作时间比上级长还是短），工作时间与上级相差无几的下级更容易获得上级较高的评价。但是，相对于与自己工作时间相同或者工作时间长于自己的下级，上级更会对工作时间短于自己的下级员工产生好感。另外，任期时间较短的下级角色模糊性最高，而任期时间长的下级角色模糊性最低。这些结果完全验证了1d的假设。

综上所述，我们关于关系人口统计变量的分析结果与假设基本一致。我们在假设中提到，性别和种族的差异与上级情感以及绩效评价呈负相关（假设1a）而且对情感和角色模糊性也有显著作用。在假设1b中，我们提出年龄的差异与角色模糊性和上级对下级的绩效评估相关，我们的研究证实了前者，后者没有得到验证。在假设1c中，关于教育水平差异的影响得到了比较充分的证实。我们同时观察到了关于角色模糊和绩效评价之间的关系，但是没有发现教育水平差异和角色冲突之间的关系。假设1d中，我们预期工作年限差异与角色模糊性相关。但是研究发现，工作年限不仅与角色模糊性相关，还会影响上级对下级的绩效评价和喜爱程度。最后，正如我们假设的那样，公司年限对四个结果变量都不会产生影响。总而言之，我们通过实际研究验证了10个预期结果中的7个。通过进一步分析，我们得到了与假设一致、但未预期的结果。这些新发现更加坚实了本文的理论基础，即与简单人口学特征相比，关系人口学特征将对工作结果产生更大得影响。

尽管，本文的研究只是将简单的人口学特征作为控制变量，但几个有趣的新发现也值得一些讨论。例如，下级的关系人口学特征会对四个工作结果都产生一定程度的影响。上级对比自己年龄小的下级持有更高水平的评价和好感。女性下级往往会获得较高水平的评价，并且更受上级喜欢，同时角色模糊性和角色冲突程度都比较低。相对于白色人种的下级，黑色人种的下级获得的绩效评价较低，同时也往往不受上级喜欢，角色模糊性较高。在受教育程度方面，领导者往往更喜欢受教育水平不如自己的下级而不是那些学历比自己高的下级。有较长工作年限的员工往往能得到比较高的评价和受到上级更多的好感。通过对上级的人口学特征研究发现，年长上级比年轻上级对下级表达更多的积极情感。相对于男性上级，女性下级往往会给予下级更高的绩效评估和更高的喜爱程度。最后，我们还发现，如果上级的工作年限较短，其下级角色模糊性会更高。大多数（尽管不是全部）的简单变量效应都证实了并丰富了现有对下级特征的研究。而且，这些结果是每一对上下级关系中另外一个成员的人口学特征以及他们之间这些特征差异产生的净影响。

4. 讨论和总结

本文旨在阐明关系人口统计对下级工作结果的重要影响。在上下级关系中，我们通过控制单个人口学特征不变的方法得到了领导者和下属的关系人口学特征的综合影响。结果发现，在上下级性别差异和任期时间差异比较大的配对关系中，人口学特征的影响更加强烈。当前的研究结果证实了性别效应的存在。在对上下级都为女性的配对关系中，我们观察到了有利的结果。然而，这个结果并不完全支持Mobley（1982）提出的同性偏好理论，因为相对于女性下级，男性上级并没有表现出对男性下级的特别偏好。关于工作年限差异的研究与现有的研究也不一致（Giniger *et al.*, 1983； Mitchel, 1981）。在我们的研究中，比上级工作年限短的下级获得的评价最高。这可能是由于这些下级是上级在目前刚刚提升或者选拔的，造成下级的工作年限比上级短。Arvey和Campion（1982）在雇佣选择理论中提到，领导者往往更倾向于雇佣工作态度和人口学特征与自己相似的员工。因此，这种较高的情感评价不仅反映了领导者选择决策的证实偏好，也表明了人口学特征的相似性—吸引力。

角色模糊和工作年限的研究结果也值得探讨。下级本身的工作任期与角色模糊性并不相关。然而，上级的年限较短会使员工的角色模糊性程度增强。另外，对于下级工作年限长于上级或是下级年限短于上级，年限差异的影响也不相同。与我们预计一致，比上级年限长的下级的角色模糊性程度较低，而比上级短或与上级年限一致的下级的角色模糊性反而较高。上下级不同的工作经历可能会带来交流沟通障碍（Roberts & O' Reilly，1979），进而影响下级的角色模糊性。

关于工作年限和公司年限不同的研究结果充分阐明"年限"（tenure）的概念性定义和操作化定义非常重要。我们的研究显示，在分析上下级关系时，工作年限比公司年限更为重要和更具相关性（McCain *et al.*, 1983）。

本研究中关于年龄差异的分析很明显地丰富了以往的发现。Waldman和Avolio（1986）通过元分析得出，年长的下级比年轻的下级得到更低的绩效评价。在我们的研究中，与年轻下级相比，上级不仅对年长下级的绩效评价较低，并且对他们表现出的好感也较低。然而，我们并不能通过这个研究结果来推断年长下级较低的绩效评定反映了其实际绩效还是仅仅一种偏见。更有趣的发现是，无论下级的年龄高于或低于其上级时，他们都会表现出比较强烈的角色模糊性，而当下级和上级的年龄一致时，这种模糊性的程度就会降低。尽管这种影响非常微弱，但通过探讨相对年龄差异所得到的新的发现也非常重要并值得关注。

关于种族差异的研究发现也同样丰富了以往在绩效评定方面存在的虽小但有意义的同种族偏见的研究（Kraiger & Ford, 1985）。本研究结果可以从一个方面解释在上下级混合种族配对中存在的较低绩效评定的现象。在上下级混合种族配对中，尤其当上级为黑色人种，下级为白色人种时，下级表现出较高的角色模糊性和角色冲突，进而对工作绩效产生不利影响。这可能由于种族差异系统中人与人之间的交流

困难和身份地位不一致。

最后，我们关于受教育水平差异的研究进一步深化了人口学特征变量的重要性。无论是上下级各自的受教育水平还是他们之间受教育水平的差异都不会对角色冲突产生影响。然而，我们发现受教育水平影响上级情感和角色模糊感。并且，在上级受教育水平低于下级或与下级一致的关系中，这种影响是消极的。

尽管大部分关于关系人口学特征影响的假设都得到了验证，进一步分析发现，这些影响在一些特定的情境中是积极的而不是消极的。例如，我们发现，当下级比上级年轻，并且受教育程度和年限都低时，工作绩效评定往往更好。在这种上下级配对关系中，上级会更有安全感，对自己的角色更有信心。由此可得，人口学特征不仅表明了与人们相互理解和互相接纳紧密相关的目标、价值观的相似性与社会距离，而且也指出了上级的心理安全感，包括感知到更高水平的自信和权威。

本研究即使存在一些局限，但还是对人口学的研究做出了一定贡献。它把人口学特征的定义扩展到了两人配对关系的层面。而在现有的文献中，研究者倾向于关注代表社会状况的组织层次或者代表工业—组织心理状况的个体层次。关系人口学特征的定义强调了与上下级人口学特征差异紧密相关的动态的交互作用。这有助于进一步研究人口学特征对共同协作的小规模组织的影响。

本研究还强调了研究多元人口学特征变量的重要性。因为个体都是由多个人口学特征共同组合的构型，而不是仅仅只有一或两个人口学特征。相比于已有关于人口学特征相关变量的研究，我们的研究结果表明多种人口学特征的集合更有助于解释这些变异。传统上，这些变量只解释了结果变量中少于5%的变异（Cleveland & Landy, 1981； Mobley, 1982）。本研究中所选取的样本大小合适，因此研究结果不仅仅体现在小范围的数据，更能代表一定范围的现象。

我们针对关系人口学特征的研究很显然超越了以往关于简单的或直接的人口学特征研究。而且，关系人口学特征可以对此方面的研究作出不可忽视的贡献。通过研究简单人口学特征变量及其关系模式，我们对因变量变异的解释功效超过了不止两倍，这表明研究这些变量的构成及非线性作用的重要性。即本研究指出需要探讨人口学变量总体作用。然而，尽管关系人口学特征的解释变异超过了人口学特征本身，但这种增加的解释变异相对较小，尤其在对两种角色变量的解释上。解释功效虽然有限但并不能降低人口学特征在研究中的重要性，因为角色模糊和角色冲突很大程度上受到工作场所其他非人口学特征的影响（Jakson & Schuler, 1985）。

重要的是，我们做出的关于人口学特征的预期与作为理论基础的“相似性—吸引力”模型是一致的。我们认为，关系人口学特征相似性与价值和态度的一致性紧密相联，进而增进人们之间的吸引及交流频率。交流则会一定程度上降低角色模糊性。本研究表明了人口学特征相似性和人际吸引力的直接关系，即使我们仅仅衡量了上级对下级的吸引。我们并没有直接评估作为中间过程的态度或价值观的一致性或者交流频率。尽管以前已有学者对关系人口学特征与交流频率间的直接关系做过研究（例如Zenger & Lawrence, 1989），但我们仍需要进一步探讨人口学特征相似性和工作结果之间的联系的态度和认知过程。最后，本文也提出了关于关系人口学特征与工作结果未来研究方向。

基于这项研究，我们该对管理者提出何种建议呢？Pfeffer（1985）曾提出了在团队和组织层面上人口学特征效应的几条管理建议。这些对于上下级关系也是适用的。例如，六个人口学特征中有五个可以影响到角色模糊性，这种影响可能会为管理者指出不应被忽视的、潜在的情境。当上级与下级人口学特征背景差异较大时，上级可能更倾向于与下级增加交流，特别是当有很多人口学特征都存在差异时。我们的研究发现，在六个人口学特征变量中，至少有四个影响到了上级对下级的好感。因而，得到上级的好感会给下级带来在心理上有帮助的价值和意义，个体可能会表现得与上级的人口学特征更为接近（例如接受工作安排以及调遣）。意识到人口学特征的相似性会导致上级对下级的偏好，那么上级在做工作判断或者雇佣人员时应尽量小心地避开这种私人情感上的偏好。

显然，在本文中，我们并没有建议公司在招聘时尽量雇佣与现任管理人员人口学特征最为匹配的员工。如果一个组织的领导者是一名白人，并不简单地意味着雇佣更多的白人。这是一种涉及价值立场和法制法规的管理决策。本研究只是简单地指出了人口学特征的差异对工作结果的影响。在应用该结果时，也需要考虑管理决策和实用性。

尽管关系人口学特征所能解释的变异并不大，但本研究明显地提出了在配对水平（dyadic level）的变量研究时，我们不应该像以往的研究那样，仅仅局限于针对一个或两个人口学特征。关系人口学特征研究更全面地探讨了人口学特征的影响，并且为个人水平和组织水平的研究之间建立起一座沟通的桥梁。

参考文献

Arvey, R. D., & Campion, J. E. 1982.The employment interview: A summary and review of recent research. *Personnel Psychology*, 35: 281-322.

Baskett, G. D. 1973. Interview decisions as determined by competency and attitude similarity. *Journal of Applied Psychology*, 57: 343-345.

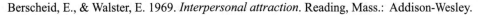

Berscheid, E., & Walster, E. 1969. *Interpersonal attraction*. Reading, Mass.: Addison-Wesley.

Blau, G. 1985. Relationship of extrinsic, intrinsic, and demographic predictors to various types of withdrawal behaviors. *Journal of Applied Psychology*, 70: 442-450.

Byrne, D. 1969. Attitudes and attraction. In L. Berkowitz (Ed.), *Advances in experimental social psychology*, vol. 4: 35-89. New York: Academic Press.

Byrne, D. 1971. *The attraction paradigm*. New York: Academic Press.

Byrne, D., Clore, G. L., Jr., & Smeaton, G. 1986. The attraction hypothesis: Do similar attitudes affect anything? *Journal of Personality and Social Psychology*, 51: 1167-1170.

Byrne, D., Clore, G. L.,Jr., & Worchel, P. 1966. The effect of economic similarity-dissimilarity as determinants of attraction. *Journal of Personality and Social Psychology*, 4: 220-224.

Cleveland, J. N., & Landy, F. J. 1981. The influence of rater and ratee age on two performance judgments. *Personnel Psychology*, 34: 19-29.

Cohen, J., & Cohen, P. 1975. *Applied multiple repression/correlation analysis for the behavioral sciences*. Hillsdale, N.J.: Lawrence Erlbaum Associates.

Dansereau, F., Alutto, J., & Yammarino, F. 1984. *Theory testing in organizational behavior: The varient approach.* Englewood Cliffs, N.J.: Prentice-Hall.

Duchon, D., Green, S., & Taber, T. 1986. Vertical dyad linkage: A longitudinal assessment of antecedents, measures, and consequences. *Journal of Applied Psychology*, 71: 56-60.

Giniger, S., Dispenzieri, A., & Eisenberg, J. 1983. Age, experience, and performance on speed and skill jobs in applied settings. *Journal of Applied Psychology*, 68: 469-475.

Glenn, N. 0. 1969. Aging, disengagement, and opinionation. *Public Opinion Quarterly*, 33: 17-33.

Gordon, M. E., & Fitzgibbons, W. J. 1982. Empirical test of the validity of seniority as a factor in staffing decisions. *Journal of Applied Psychology*, 67: 311-319.

Graen, G. 1976. Role-making processes within complex organizations. In M. Dunnette (Ed.), *Handbook of industrial and organizational psychology*: 1201-1245. Chicago: Rand Mc- Nally & Co.

Green, P. E. 1978. *Analyzing multivariate data*. Hinsdale, Ill.: Dryden Press.

Guttentag, M., & Secord, P. 1983. *Too many women? The sex ratio question.* Beverly Hills: Sage Publications.

Harrison, A. A. 1976. *Individuals and groups: Understanding social behavior.*Belmont, Calif.: Wadsworth.

Huber, V. L., Neale, M. A., & Northcraft, G. B. 1987. Judgment by heuristics: Effects of ratee and rater characteristics and performance standards on performance-related judgments. *Organizational Behavior and Human Decision Processes*, 40: 149-169.

Jackson, S. E., & Schuler, R. S. 1985. A meta-analysis and conceptual critique of research on role conflict in work settings. *Organizational Behavior and Human Decision Processes*, 36: 16-78.

Kahn, R., Wolfe, D., Quinn, R., Snoek, J., & Rosenthal, R. A. 1964. *Organizational stress: Studies in role conflict and ambiguity.* New York: John Wiley & Sons.

Kraiger, K., & Ford, J. K. 1985. A meta-analysis of ratee race effects in performance ratings. *Journal of Applied Psychology*, 70: 56 -65.

Landy, F. J., & Farr, J. L. 1983: *The measurement of work performance*. New York: Academic Press.

Latham, G., & Wexley, K. 1979. *Increasing productivity through performance appraisal.* Reading, Mass.: Addison-Wesley.

Liden, R. C., & Graen, G. 1980. Generalizability of the vertical dyad linkage model of leadership. *Academy of Management Journal*, 23: 451-465.

Lincoln, J. R., & Miller, J. 1979. Work and friendship ties in organizations: A comparative analysis of relational networks. *Administrative Science Quarterly*, 24: 181-199.

McCain, B. E., O'Reilly, C. A. III, & Pfeffer, J. 1983. The effects of departmental demography on turnover: The case of a university. *Academy of Management Journal,* 26: 626-641.

McIntire, S., Moberg, D. J., & Posner, B. Z. 1980. Preferential treatment in preselection decisions according to sex and race. *Academy of Management Journal,* 26: 626-641.

March, J., & Simon, H. 1958. *Organizations*. New York: John Wiley & Sons.

Maxim, P. S. 1985. Cohort size and juvenile delinquency: A test of the Easterlin hypothesis. *Social Forces*, 63: 661-681.

Mitchel, J. 0. 1981. The effects of intentions, tenure, personal, and organizational variables on managerial turnover. *Academy of Management Journal*, 24: 742-751.

Mobley, W. H. 1982. Supervisor and employee race and sex effects on performance appraisals: A field study of adverse impact and generalizability. *Academy of Management Journal,* 25: 598-606.

Mobley, W. H., Griffeth, R. W., Hand, H. H., & Meglino, B. M. 1979. Review and conceptual analysis of the employee turnover process. *Psychological Bulletin,* 86: 493-523.

Moch, M. K. 1980. Racial differences in job satisfaction: Testing four common explanations. *Journal of Applied Psychology,* 65: 299-306.

O'Reilly, C. A. III, Caldwell, D., & Barnett, W. 1989. Work group demography, social integration, and turnover. *Administrative Science Quarterly,* 34: in press

O'Reilly, C. A. III, Parlette, G. N., & Bloom, J. R. 1980. Perceptual measures of task characteristics: The biasing effects of differing frame of reference and job attitudes. *Academy of Management Journal,* 23: 118-131.

Parsons, C. K., & Liden, R. C. 1984. Interviewer perceptions of applicant qualifications: A mutivariate field study of demographic characteristics and non-verbal cues. *Journal of Applied Psychology*, 69: 557-568.

Pfeffer, J. 1982. *Organizations and organization theory.* Marshfield, Mass.: Pitma Publishing.

Pfeffer, J. 1983. Organizational demography. In L. L. Cummings & B. M. Staw (Eds.), *Research in organizational behavior*, vol. 5: 299-357. Greenwich, Conn.: JAI Press.

Pfeffer, J. 1985. Organizational demography: Implications for management. Californial *Management Review*, 28 (1): 67-81.

Pulakos, E. D., & Wexley, K. N. 1983. The relationship among perceptual similarity, sex, and performance ratings in manager subordinate dyads. *Academy of Management Journal*, 26: 129-139.

Rhodes, S. 1983. Age-related differences in work attitudes and behavior: A review and conceptual analysis. *Psychological Buttetin*, 93: 328-367.

Rizzo, J. R., House, R. J., & Lirtzman, S. I. 1970. Role conflict and ambiguity in complex organizations. *Administrative Science Quarterly*, 15: 150-163.

Roberts, K. H., & O'Reilly, C. A. III. 1979. Some correlations of communication roles in organizations. *Academy of Management Journal,* 22: 42-57.

Rosenbaum, M. 1986. The repulsion hypothesis: On the nondevelopment of relationships. *Journal of Personality and Social Psychology,* 51: 1156-1166.

Schuler, R. S., Aldag, R. J., & Brief, A. P. 1977. Role conflict and ambiguity: A scale analysis. *Organizational Behavior and Human Performance,* 20: 111-128.

Steckler, N. A., & Rosenthal, R. 1985. Sex differences in nonverbal and verbal communication with bosses, peers, and subordinates. *Journal of Applied Psychology,* 70: 157-163.

Stewman, S., & Konda, S. L. 1983. Careers and organizational labor market: Demographic models of organizational behavior. *American Journal of Sociology,* 88: 637-685.

Terborg,J. R. 1977. Women in management: A research review. *Journal of Applied Psychology,* 62: 647-665.

Tsui, A. S. 1984. A role set analysis of managerial reputation. *Organizational Behavior and Human Performance,* 34: 64-96.

Tsui, A. S., & Barry, B. 1986. Interpersonal affect and rating errors. *Academy of Management Journal,* 29: 586-599.

Tsui, A. S., & Gutek, B. A. 1984. A role set analysis of gender differences in performance, affective relationships and career success of industrial middle managers. *Academy of Management Journal,* 27: 619-635.

Wagner, W. G., Pfeffer, J., & O'Reilly, C. A. III. 1984. Organizational demography and turnover in top management groups. *Administrative Science Quarterly,* 29: 74-92.

Waldman, D. A., & Avolio, B. 1986. A meta-analysis of age differences in job performance. *Journal of Applied Psychology,* 71: 33-38.

Werner, C., & Parmelee, P. 1979. Similarity of activity preferences among friends: Those who play together stay together. *Social Psychology Quarterly,* 42: 62-66.

Wherry, R. J., & Bartlett, C. J. 1982. The control of bias in ratings. *Personnel Psychology,* 35: 521-551.

Winkler, R. L., & Hays, W. L. 1975. *Statistics Probability, inference and decision* (2d ed.). New York: Holt, Rinehart & Winston.

Zedeck, S., & Cascio, W. F. 1984. Psychological issues in personnel decisions. *Annual Review of Psychology,* 35: 461-518.

Zenger, T. R., & Lawrence, B. S. 1989. Organizational demography: The differential effects of age and tenure distributions on technical communication. *Academy of Management Journal,* 32: 353-376.

存在差异：关系人口学特征与组织依附*①

Anne S. Tsui（加州大学欧文分校）
Terri D. Egan（加州大学欧文分校）
Charles A. O' Reilly III（加州大学伯克利分校）

摘要：自我归类理论（self-categorization theory）认为人们会使用年龄、种族或是否是组织成员等社会特征来定义心理群体（psychological groups），并进而形成一种正面的认同感（positive self-identity）。我们使用这一理论提出并检验了组织中人口统计方面的多样性影响个人对组织的心理依附和行为依附的假设。本文检验了个体层面的组织承诺、出勤情况和留任意愿与员工个人在年龄、服务年限、教育水平、性别和种族等方面与他人的差异程度之间的函数关系。我们预计这些差异对于少数群体（女性和非白人）和多数群体（男性和白人）的影响是不同的。本研究的样本包括151个群体，共计1705名员工。分析结果表明工作群体较高的多样性与群体成员较低的心理依附相对应。在性别和种族方面存在着非对称性，这表现为工作群体异质性的增加给白人和男性带来的负面影响比给非白人和女性带来的负面影响更大。本研究结果说明支撑大多数关于组织中的种族和性别研究的基本假定——异质性的影响总是针对少数群体的——是需要商榷的。

仔细阅读关于社会群体和多样性的不同流派的研究后，我们发现了一个令人困惑的省略和一个严重的矛盾之处。第一，学术界和新闻期刊都已经注意到美国劳动力中女性和少数群体的迅速增长（如Ahlburg & Kimmel, 1986； Johnston & Packer, 1987； Offerman & Gowing, 1990）。管理多样性劳动力成为经理们在90年代一直面

* Anne S. Tsui, Terri. D. Egan and Charles A. O'Reiuy III. 1992. Being different: Relational demography and organizational attachment, *Administrative Science Quarterly*, 37(4): 549-579. 本文译稿曾发表于徐淑英、张维迎编，《〈管理科学季刊〉最佳论文集》，北京大学出版社，2005年。

① 作者感谢Rod Kramer, Barbara Gutek, Barbara Lawrence, Laurie Morgan, Karlene Roberts和Margarethe Wiersema对论文初稿的建设性意见，感谢三位匿名审稿人，以及Bob Sutton和Linda Pike对论文的修改和完善所提出的重要评论和建议。

临着的挑战。这种劳动力队伍异质性的提高明显意味着越来越多的人可能会同那些在年龄、性别、种族和国籍等人口特征方面存在差异的人一起工作。多样性程度的提高和全球化竞争显然是下一个十年的管理主题（Thomas, 1990），但几乎没有什么管理研究来探讨这种多样性的全面影响。绝大多数已有研究分析的是对工作群体中少数群体的影响。Kanter（1977b）的理论分析认为不平衡的子群体（subgroup）成员人数会突出成员之间的差异并将注意力集中在那些少数群体成员上。少数群体成员可能感到社会隔离和敌视（O' Farrell & Harlan, 1982）。尽管作为少数群体成员所带来的影响已经得到一定程度的研究（如Konrad & Gutek, 1987），尽管有大量社会学文献讨论了多数群体对少数群体进入和继续存在于某一社会情境的反应（如Pettigrew, 1980），组织研究中一个令人费解的省略是极少关注多样性的提高对多数群体的影响。值得一提的一个例外是Wharton和Baron（1987）的研究，他们分析了职业性别歧视的取消对男性的影响。他们发现，无论是与主要由男性还是主要由女性构成的工作环境相比，在男女搭配的环境中工作的男性表现出显著较低的工作满意度和自尊以及显著较高的工作压抑感。这一证据表明有必要对工作场所的多样性的全面影响进行深入的研究。

第二，虽然有证据表明多样化的工作团队对于需要创新和判断的任务是有益的（Jackson, 1991），但是也有许多证据表明人们习惯性地将自己和他人按照年龄、性别、种族和地位等社会类别进行分类，并表现出对这些基于社会类别的各种群体的强烈好恶（Tajfel & Turner, 1986）。研究结果一致表明人们愿意更多地与他们自己所在的社会群体而不是其他群体中的成员交往（如Stephan, 1978）。而且，与异质性群体相比，同质性群体更可能团结在一起并表现出较高的满意度和较低的离职率（如O' Reilly, Caldwell, & Barnett, 1989）。同质性群体的绩效有时也会高于异质性群体（如Fenelon & Megargee, 1971； Clement & Schiereck, 1973； Jackson, 1991）。鉴于这种个人喜好同质性的倾向与劳动力人口特征朝多样化发展的结构性变动之间的冲突，理解在组织环境下人口特征的差异对个人和团队结果的影响将具有重要的理论和现实意义（Pfeffer, 1983； Thomas, 1990）。

1. 理论背景

在工业和组织心理学中分析人口统计变量与员工行为和态度的关系的研究传统由来已久（Schreiber, 1979）。年龄、服务年限、教育程度、种族和性别等人口特征被用来解释诸如绩效（Waldman & Avolio, 1986）、雇佣和提升决策（McIntire,

Moberg, & Posner, 1980）、离职（Mobley, Horner, & Hollingsworth, 1978）等结果变量。关于组织人口学的近期研究已经不仅仅是检验简单的人口统计效应，而是开始研究人口特征对社会单位的分布或构成效应（Pfeffer, 1983； Jackson *et al.*, 1991）。这些研究发现年龄的异质性与高层管理团队中的离职相关（Wagner, Pfeffer, & O'Reilly, 1984），服务年限的异质性影响学术机构中的离职（McCain, O'Reilly, & Pfeffer, 1983）和医院护士的离职（Pfeffer & O'Reilly, 1987）。这些研究通过测量单位内人口统计特征的方差把人口统计特征作为群体或单位的构成方面的特性（compositional property），然后将这种单位特性与单位的结果变量相联系。

近年来，研究者提出除了对单位或群体层面的影响外，还应该在个体层面上分析人口特征差异的影响。Tsui和O'Reilly（1989）使用关系人口学特征（relational demography）这一概念，区别于构成或分布人口学，来描述这种个体层面的差异。她们发现，上下级关系中，主管和下属在教育、性别和种族方面的差异与下属较高的角色模糊感、不利的绩效评价和较低的主管对下属的吸引力相关。Zenger和Lawrence（1989）发现，项目团队中，在年龄和服务年限方面与他人不同的工程师与其他项目团队成员进行的技术交流明显较少。O'Reilly, Caldwell和Barnett（1989）发现，人口特征除了在单位层次影响离职外，在人口特性方面与他人相差很大的个人最难融入群体，同时最可能离职。Jackson和她的同事们（1991）报告了相似的发现。

几乎所有组织人口学研究的理论基础都是相似—相互吸引范式（Byrne, 1971）。相似—相吸假说认为态度的相似性是个人之间相互吸引的主要原因。很多身体的、社会的和地位的特点都可以用来作为依据推断态度、信仰或个性方面的相似性。例如，有研究表明人际吸引与社会经济背景（Byrne, Clore, & Worchel, 1966）、能力（Baskett, 1973）甚至休闲活动方式（Werner & Parmelee, 1979）的相似性相关。较高水平的人际吸引导致的结果可以包括频繁的沟通、高度的社会整合和保持与团队关系的愿望，这些会导致低离职。

相似—相吸假说认为个人之间存在互动。虽然人际互动是社会整合发生的必要条件，但是人们可能在根本不存在社会互动的情况下表达对某一群体的偏好。例如，某些员工可能在没有与其他员工进行广泛交往的情况下就接受组织的价值观或产生对组织的忠诚（如Chatman, 1991）。这表明相似—相吸范式不能解释所发现的全部人口特征效应，特别是当成员之间不太可能发生实际互动时就更是如此（如Pfeffer & O'Reilly, 1987）。在一个大的社会单位如组织中，某一个人不太可能与组织中所有其他人发生互动。除了人际互动和吸引，还有哪些方面可以解释在组织情境中观察到的人口特征效应呢？社会认同理论（Tajfel, 1972）和更具体一些的自我归类理论（Turner, 1982, 1985）都认为个人的自我评价在一定程度上受到其群体成员身份的影响。这两个理论可以为研究个人没有参与人际互动时存在的人口特征效应提供重要的启示。

1.1. 自我归类理论和关系人口学特征

人们被认为愿意来维持一个高水平的自尊（如Brockner, 1988）和一种正面的自我认同（Tajfel & Turner, 1986）。人们为了知道如何感知其他人，他们必须首先定义他们自己。他们是通过一个自我归类的过程来达到这一点的（Turner, 1987），在这一过程中他们按照诸如组织成员身份、年龄、种族、地位或宗教信仰等特征将他们自己和别人划分为不同的社会类别。这些类别让一个人可以根据一种社会身份来定义自己（Tajfel & Turner, 1986； Ashforth & Mael, 1989）。正是这种自我归类过程让个人具有一种正面的自我认同，他或她会由此设法最大化不同群体之间的独特性并感知其他群体成员的吸引力较小（Kramer, 1991）。Brewer（1979）发现将人们划分为不同的群体，即使是按照任意的标准，也能使群体成员感到其他群体成员不如自己所属的群体（任意的）可信、诚实、具有合作性。Tajfel（1982）在文献回顾中发现有三十多项研究使用了最低限度的或者近似最低限度的分类，而所有这些研究都表明存在着内群偏差（in-group bias）。因此，在组织中，对他人和自己的定义很可能在很大程度上是“关系型的和比较性的”（Tajfel & Turner, 1986：16），使得一个人的自我形象是建立在团队成员身份和自己的群体与其他群体之间的差异之上的。自己所在的群体很可能被认为是特别的和正面的。这种自我归类的过程对于内群（in-groups）的形成和被广泛证实的个人具有喜欢由与自己相似的其他人组成的同质性群体的倾向的观点是非常重要的（如Schneider, 1987； Messick & Mackie, 1989）。因此，正如Stephan和Stephan（1985：163）所说，“那些认为自己优越的人在与那些被认为低劣的人交往时会产生焦虑。”这种焦虑会对自尊构成威胁，并使人们试图避免接触外群（out-group）的人，同时使人们增加刻板化行为，并强化心目中与外群成员的差异。这种倾向与劳动力队伍的多样性的提高之间具有直接的冲突，会对群体过程和绩效带来损害。

显然，在个人偏好同质的工作群体与促进多样性的愿望之间存在着冲突。很多研究已经证实，让工作继续保持隔离——比如说按照性别——的倾向与维护同质性的愿望相一致（Schreiber, 1979； Baron & Bielby, 1985； Konrad & Gutek, 1987）。Baron和Bielby（1985）估计在美国为了实现性别的职业分布的对等性，60%—70%的男性（或女性）不得不改变职业类别。Pfeffer和Davis-Blake（1987）发现随着某一工作类别中女性比例的上升，这一类别中男性和女性的薪酬水平都下降，即使在剔除了职位、任职者和组织的特征等的影响后也是如此。这些研究指出，传统上占据较高地位的职业的白种男性会有很强的动机通过把工作划分为不同的群组来帮助他们维持一种有利的个人身份，从而使他们自己与众不同。

自我归类理论对于理解群体对个人的影响的一个主要贡献可能是心理群体的概念。Turner（1984：530）将心理群体定义为“一群具有相同的社会身份或按照相同的社会类别成员身份来定义自己的人”。心理群体的一个重要特征是个人能够认同它，并且不必与那个群体的所有甚至任何成员发生人际互动就可以形成认同感。根据这一心理群体的定义，工作情境中的很多社会类别，包括组织的和人口特性，都可以用来进行自我分类。与由非管理职务的员工组成的团队相比，一个经理人的自我身份可能部分地基于管理团队中的成员这一身份。员工倾向于将自己归入各种不同的职业群体。工程师更可能对其他的工程师而不是会计师或律师有认同感。在一个更广的层面上，员工可能将组织作为自我归类的一种社会类别（如“我是一名IBM的员工”）。在这些情况下，一个人不需要了解那个类别中的所有其他成员以及也不需要与他们发生交往，就可以形成自己对这一群体的正面的认同感。而且，只要来自这些心理群体成员资格的社会身份是正面的，个人就会愿意维持他们的成员身份并且愿意保护他们的群体不受其他被认为是缺乏吸引力的群体的破坏。

心理群体的思想与关系人口学的概念是一致的。两个概念都关注个人的态度，而且这种态度受到对别人的相似或不相似的感知的影响，其中的相似或不相似是用人口学特征来表示的。于是，自我归类过程可以这样来定义群体——这种群体的吸引力和重要性并不以群体间（intergroup[①]）的互动为基础而是基于成员的人口学特征。这些人口学特性可以包括年龄、教育程度、服务年限、种族和性别以及职业和职能的类别。正如Baron和Pfeffer（1990：14）所指出的，“组织毫无疑问是用来创造类别的，……（因此）很可能正是这些在组织的意义上定义和建立的类别主宰着人群社会，决定着社会比较和交往的边界，并影响着可以观察到的报酬分配的规范。”

我们可以用性别作为一个明显的例子来说明自我归类是如何提高或降低一个群体对个人的吸引力（Hoffman & Hurst, 1990）。如果一个人用性别作为自我认同的分类标准，那么当组织是由所选定的这种性别的成员构成时，他对这个作为一个心理群体的组织的满意度将是最高的。由于人们认为同质性好于异质性，因此随着群体的实际性别构成偏离同质性，个人对这一群体的满意度将会降低。类似的，如果一个人按照年龄进行自我分类，那么当群体是由某一特定年龄段的成员构成时，他对作为这一群体一员的满意度将是最高的。组织中存在的群组效应（cohort effects）

① 原文如此。疑应为intragroup，群体内。——译者注

（如Ryder, 1965； McCain, O’ Reilly & Pfeffer, 1983）可以解释为基于进入组织的日期或服务年限的自我归类的结果。

总的来讲，这些人口学特征可以被个人用来在一个特定的组织情境中形成他们的自我身份的分类依据。在组织或单位的其他成员的人口学特征与一个人为自己选定的类别一致的情况下，组织或单位对这个人是一个有吸引力的心理群体。对个人而言，核心的认同问题可能是“这是我这种人的组织吗？” 如果现实与为使类别具有吸引力所需要的同质性不一致，这个人可能会问， “我属于这里吗？” 这样的身份评价可能导致不相似的个人对群体的依附降低。

虽然自我归类理论为人口学因素在非互动群体中的影响提供了一个可能的解释，任何对人口统计影响的经验考察都不排除互动以及相似—相吸也在产生作用的可能性。这两个理论应该被认为是互补的。总的来说，对于那些与他人在独特的和相关的人口特征方面存在着差异的个人，较低程度的组织依附可能是以下两个可能的过程的结果：① 与人口学特性的不一致相联系的态度的差异导致的社会孤立和低人际吸引，② 一个人的自我群体归类与组织实际的人口构成的不一致。

1.2. 组织依附：存在差异的结果

组织依附被定义为一个人对自己所在的社会群体或单位的心理和行为参与。低水平的组织依附是人口学特性的异质化所导致的众多可能结果之一。如Turner（1987：30）所说，“当群体成员身份方面的社会身份不令人满意时，成员将试图离开那一群体（心理上或实际上）”。离职是近来对组织人口学研究中最经常分析的结果变量之一。虽然离开是表现低水平组织依附的方式之一（Whithey & Cooper, 1989），但这不可能是所有人的选择。感知到的或实际的其他工作机会、外部劳动力市场的情况或个人条件的限制都可能影响着一个人离开组织的能力（Mobley, Horner, & Hollingsworth, 1978； Carsten & Spector, 1987）。当离开不是一个可行的选择时，人们可能转向低水平依附的其他方式，例如对组织心理上的疏远。如缺勤等行为（Rhodes & Steers, 1990）、低心理承诺等态度（Mowday, Porter, & Steers, 1982）以及离开社交群体的认识或想法（Rusbult *et al.*, 1988）都可能是行为上和心理上对某一特定的社会类别作为心理群体的吸引力降低所产生的反应。

1.2.1. 缺勤

以往的研究提供的大量证据表明缺勤与性别、种族、教育程度、服务年限和家庭规模等人口学特性相关（Hackett, 1989； Rhodes & Steers, 1990）。缺勤率较高的员工是那些年轻的（Farrell & Stamm, 1988）、服务年限少的（Chadwick-Jones,

Nicholson, & Brown, 1982）、女性（Johns, 1978）、已婚的（Garrison & Muchinsky, 1977）、受教育程度低的（Taylor, 1979）和非白种人（Flanagan, Strauss, & Ulman, 1974）。这些研究的结果表明表现为缺勤的低依附水平可能是很多简单的人口学特性的结果，同时这种效应可能是由于大量的个人和情境因素造成的。例如，女性的高缺勤可能是因为需要照顾孩子。根据自我归类理论，我们认为除了简单的人口特征效应，缺勤还可以通过考察一个人在工作单位中与他人在年龄、教育程度、性别、种族或服务年限等方面的特征差异来解释。

1.2.2. 心理承诺

与缺勤研究类似，承诺研究一直关注着简单人口学变量的影响。例如，已有研究发现年龄和在组织的服务年限与承诺有正向关系，而教育水平的提高则表现出负向影响（Morris & Sherman, 1981）。不过，性别和承诺关系的研究结果却是混合的。一项最近的元分析（Cohen, Lowenberg, & Rosenstein, 1988）的结果是，在性别与组织承诺之间存在着非常低的平均负相关系数（r=–0.04），而另外两项研究（Hrebiniak & Alutto, 1972； Aranya, Kushnir, & Valency, 1986）也得到了看起来相互矛盾的结果。关系人口学特征对承诺的作用可以通过检验后两项研究中相互冲突的结论来说明。Hrebiniak和Alutto（1972）的研究表明女性比男性的承诺水平高，但是Aranya, Kushnir和Valency（1986）的结论刚好相反。有趣的是，第一个研究的样本绝大多数是女性，而第二个研究的样本绝大多数是男性。假设性别是个人用来将自己归类的一个相关和有意义的社会类别并由此形成他们的社会身份，对女性而言，与第二个样本（主要是男性）相比，第一个样本（主要是女性）显然意味着一个更令人满意的心理群体。反之，对于男性而言，第一个样本比第二个样本显然意味着一个更不令人满意的心理群体。与一个社会单位的一部分人而非大多数人存在差异似乎直接影响对那个社会单位的心理承诺水平。将自我归类理论的逻辑延伸，我们认为，除了简单人口学因素的影响外，心理承诺会进一步受到一个人与社会单位中的其他人在人口学特性方面的差异程度的影响。

1.2.3. 留职倾向

第三种测量组织依附的方法是基于以下想法：如果一个人发现作为某一社会单位内的成员是令人满意的，他或她将很愿意保持这种成员身份。留职倾向被认为是行为承诺的一种表现形式（Mottaz, 1989）。作为组织依附的一种测量，它已经被证实是实际离职行为的一个有力的预测变量（Kraut, 1975； O' Reilly, Chatman, & Caldwell, 1991）。现有研究还表明它与很多人口学变量具有直接的关系。Mobley, Horner和Hollingsworth（1978）发现年龄和服务年限都与离职倾向存在负相关关系。Hrebiniak和Alutto（1972）发现在男性、年轻和单身的员工中，留职倾向（用对改变雇佣机构的兴趣来测量）较低。这些结果说明一个人的个体特征对留职倾向具有一个主效应，这是独立于这个人与他人的关系的。运用自我归类理论的逻辑，我们预期对于在一个社会单位中那些与他人在人口学特征方面差异较大的个人比差异较小的个人具有较低的留职倾向。例如，一个受到良好教育的员工会感到一个员工教育程度较低的组织不如一个其他员工与自己一样受过良好教育的组织更有吸引力。我们预期，甚至在控制了简单的或直接的人口统计效应后，这种关系型效应还可以观察到。这一逻辑引出下列的一般性假设：

假设1（H1）：个人和组织单位中其他人之间的人口学特征差异越大，个人对组织的依附越低，这反映在更频繁的缺勤，较低水平的心理承诺和较低水平的留职倾向。

1.3. 评估人口学特征效应的相关变量

近年来对组织人口学的实证研究在评估人口学特征效应时通常是将年龄和服务年限作为主要变量（McCain, O' Reilly, & Pfeffer, 1983； Wagner, Pfeffer, & O' Reilly, 1984； Zenger & Lawrence, 1989）。但是，Pfeffer（1983）指出，人们在描述一个组织时可以使用很多方面的人口分布特征，包括性别和种族构成、年龄或服务年限分布以及劳动力的教育水平。Tsui和O' Reilly（1989）指出在说明人口学特征的全面影响时，只关注年龄和服务年限会限制人口因素的解释能力。她们发现用来评价关系效应的六个人口统计变量中有五个具有显著影响。Stangor等（1992：215）最近的一项对自我归类理论的实验研究发现，五个实验的结果都“支持实验被试者立刻将人们按照其最明显的身体特征进行分类的假设。这些特征包括种族和性别……”。Turner（1987）发现个人在组织中经常有多重的（有时是冲突的）身份。例如，在主要由年老的男性组成的工作单位，一个年轻的男性雇员可能发现这个单位作为一个心理群体既有吸引力（根据性别做自我归类）又不吸引人（根据年龄做自我归类）。单独以其中一个变量进行分析会导致对人口统计全面影响的不全面理解。与Tsui和O' Reilly（1989）的研究相一致，我们认为重要的是评价人口学因素的整体性因素的影响而不是一两个人口学特点的影响。我们认为影响依附的相关人口学变量应该包括年龄、公司服务年限、教育程度、性别和种族。如前所论，这五个人口统计特点与自我归类潜在相关。我们的预期（假设1）是在社会单位中与他人在这些方面中的任何一个差异较大的个人会表现出（态度上或行为上）对该社会单位的较低水平的依附。

尽管所有这些人口学特征都潜在相关，但是对自我归类来讲有一些因素可能比另一些更突出。所谓突出指的是，那些“某种特定的群体成员身份在自我感知过程中变得在认知上更具影响，从而对感知和行为施加直接的影响的情况”（Turner, 1987：54）。这既受类别的可理解性（accessibility）的影响，也受在刺激输入（stimulus input）与类别具体内容之间的匹配度的影响。与教育程度和服务年限相比，年龄、性别和种族因为更容易观测，所以是更容易被采用的特征。社会类别越容易被理解，它就越容易被用作自我分类的类别。不“匹配”的情况对于那些容易理解的类别也是最容易确定的。这些想法得到了Stangor等（1992）的实验结果的支持，他们发现了性别和种族作为社会分类的独立类别的有力证据。因此，基于可理解性和匹配的标准，提出下面假设：

假设2（H2）：与在教育和服务年限方面存在差异相比，在年龄、性别和种族方面存在差别更可能影响个人的组织依附。

这五个人口统计特点对一个人来说各自的重要性可能是不一样的。对一些人来讲，教育可能是一个自我认同的重要社会类别。对于另一些人，年龄或种族可能重要一些。年龄作为一个社会类别标准对年龄大的人还是对年轻的人更重要呢？性别对于男性或者女性是一个更重要的认同依据吗？并不存在先验的依据来确定，在一个年轻人为主的群体中的年长者是否会比在一个年长者为主的群体中的年轻人更多地感到心理上的疏远。现有的经验证据显示所存在的影响对于这两个群体应该是相似的。Wagner, Pfeffer和O’Reilly（1984）发现年龄的差异对离职的影响对年长者和年轻人是相同的。并没有明显的依据来推断在一群新员工中的老员工会比在一群老员工中的新员工更感到孤独。总的来说，我们预计年龄、服务年限和教育程度方面的差异所产生的影响是线性的和对称的——对这些因素的分布区间上的任何水平的人都是相似的——因为大多数人口学特征研究都假设存在差异的效应是简单的线性关系。由于这种研究的焦点是年龄和服务年限，这个假设可能是合适的。但是，教育程度、性别和种族很少被关注，而且对性别和种族关系的研究表明这两个变量对群体依附的影响很可能是非对称性的或非线性的（Wharton & Baron, 1987）。

1.4. 性别和种族的非对称影响

大多数性别和种族的研究集中在面临多数群体（如男性和白人）时，少数群体（女性和非白人）的反应上。[①]但是，有证据表明当传统上处于多数群体位置的成员处于少数群体的位置时，多数群体的反应与少数群体的反应是不对等的（如Schreiber, 1979； O’Farrell & Harlan, 1982； Fairhurst & Snavely, 1983； Wharton & Baron, 1987, 1989）。O’Farrell和Harlan（1982）发现女性在男性主导的工作中会受到男性同事的敌视，而Schreiber（1979）发现男性在女性主导的工作中几乎不会受到女性的任何敌视。Kanter（1977b）发现象征性的女性（在主要是男性的组织中）被孤立，而Fairhurst和Snavely（1983）发现象征性的男性则会很好地融合到女性工作群体中。对Kanter象征性成员的假设（Spangler, Gordon, & Pipkin, 1978）的实证检验发现了非对称影响的直接证据。在女生比例很小（20%）的法学院，曾经认真想过退学的女生多于男生。而在女生比例较大（33%）的法学院中，有这种想法的女生和男生的比例没有差别。这些结果表明作为少数群体的成员，特别是如果这个人显然是象征性的，对女性的负面影响比对男性的要大。

近来对职业分立的研究进一步说明男性和女性在谁都不是少数群体时的平衡情境中二者不同的感受。在一项研究中，在混合或平衡的情景中工作的男性比在男性主导或者女性主导的情境中有更低的工作满意度和自尊以及更高的工作压抑感（Wharton & Baron, 1987）。在另一项研究中（Wharton & Baron, 1989），在平衡的情境中工作的女性比在女性主导的情境中工作的女性有更高的满意度，不过最满意的是那些在男性主导的情境中工作的女性。这两个研究都说明在平衡情境中工作的女性比相似情境中的男性更满足："在其他条件相同的情况下，男性在平衡情境下和在包含小比例女性的情境下的满意度明显低于在女性在这些情境下的情况（Wharton & Baron, 1989：21）。"

是什么导致了这种非对称效应？尽管Wharton和Baron（1989）指出可能是因为性别组合对男性和女性来说具有不同的含义，但是他们并没有阐明不同性别会对不同的性别组合赋予什么含义。社会归类理论可能为这一现象提供一些启示。对于男性的自我归类而言，性别可能是一个重要的社会分类标准，由此也就成为某些职业或者组织情境的代表性标识的主要特征。传统上，很多地位高的职业几乎没有例外地一直被男性占有。类似的，很多组织由男性统治，特别是有权力的职位。女性在传统上由男性主宰的情境中出现会削弱其作为一个心理群体对男性的吸引力。因此，Stephan和Stephan（1985：164）发现当使用自我归类时，"对成员地位平等的偏离

① "非白人"这一词在文章中指的是美国的黑人、亚洲人和西班牙人，他们在传统上是组织中代表性的少数民族。将多个不同的种族群体划分成一类是为了便于说明在本样本的组织中白人是主要的种族类别的情况，同时这也说明我们对缺少一个更合适的方式来表达这一现实的感受。关系人口学变量测量种族差异时并不是把所有非白人放在一起，而是对每个种族类别单独处理。我们同意Nkomo（1992）关于在组织中研究种族的方式的很多想法，并希望我们的工作能促进对话而不是强化已有的沉默和忽略。

会增加焦虑”。这反过来可能威胁到一个人的自尊，从而增加退出的可能性。对于女性，典型的情形是组织既包括男性也包括女性；因此，她们对组织的依附独立于性别构成；也可能是出现在男性主导的职业或工作单位中，对于女性是一种职业地位和社会地位的提高。这有助于说明为什么女性在男性主导的情境中具有积极的反应（Wharton & Baron, 1989）。

由于男性仍然在美国劳动力中占多数（Johnston & Packer, 1987），大多数的组织环境还会由男性主导。尤其是很可能会存在比同质的女性工作群体更多的同质的男性工作群体，尽管这会随着行业和职业的不同而不同。鉴于男性仍然是大多数组织中的多数群体，因此可能的情况是劳动力多样性的提高将使得越来越多的男性处于平衡的情境中。因此，我们假设：

假设3（H3）：与女性相比，性别差异对组织依附的影响对于男性会更大。

组织中种族关系方面的文献（如Konrad & Gutek, 1987； Cox & Blake, 1991）关注的主要是，如果不是唯一的，少数种族成员的感受和反应。有些学者，即使不是直白地也是含蓄地，认为对构成少数种族的非白人的影响类似于作为少数群体的女性的影响（如Blalock, 1957； Blau, 1977； Kanter, 1977a）。Blau（1977）和Kanter（1977a）都认为随着少数种族人数比例的增加，种族关系会改善。根据Kanter（1977a：283）所言，“那些成员构成比较平衡的组织更能够容忍成员之间的差异。”Blau的观点是，与那些异质性较低的各个群体相比，群体之间关系的质量对于那些异质性程度高的群体更高。这可能是由于多数种族和少数种族接触的增加会改善多数群种族对少数种族的态度。但是Blalock（1957）认为多数种族对少数种族的歧视会随着少数种族的比例的上升而上升。对组织情境中的种族关系的实证研究很有限。为数不多的已有研究得到的证据和Kanter 与Blau的观点相左，但是与Blalock的结论更一致。Hoffman（1985）的研究侧重于种族构成，发现少数种族增加时，主管人员之间的人际沟通频率呈现下降的趋势。Blalock的观点与很多社会学对种族关系研究的结论是一致的，这些研究表明随着少数种族人数的增加，多数种族的反应增强，于是不平等群体之间的接触不可避免地导致冲突（Pettigrew, 1980； Messick, & Mackie, 1989）。

多数种族（即白人）对少数种族（如美国黑人、亚洲人、西班牙人）的反应可能是人们为了保持和提高他们赋予了内群（相对于外群）的正面价值的独特性从而来谋求一种正面的社会身份的需要所导致的结果（Tajfel & Turner, 1986）。社会身份理论认为“社会可以分解为反映彼此之间权力和地位关系的不同成员类别”，而且“某些类别比其他类别具有更高的权力、声望和地位等”（Hogg & Abrams, 1988: 14）。保持正面的社会身份的需要对那些在权力和地位较高的类别中的人们（如白人和男性）会比那些在权力和地位较低的类别中的人们（如非白人和女性）更加强烈。多数种族成员保护他们正面的社会身份和相应的社会地位的需要与很多社会学家的研究结果是一致的。例如，Pettigrew（1980）发现种族摩擦的特点和激烈程度受到一个群体相对于另一个群体的优越感的影响，同时如果少数种族公开承认低劣，那么种族摩擦的外在表现将会较少。

这就提出了被Messick和Mackie（1989）称为令人讨厌的种族主义的可能性，其表现形式为多数种族可能对少数种族持有负面看法，但是这些看法受到其他观点的调和，例如偏见是不好的、明显的种族主义行为是不允许的。因此，在多数种族主导的环境中表现对少数种族的敌意会受到个人和组织的约束。在一个社会单位中多数种族成员对少数种族成员一个可能的反应可以是行为上或心理上的退出。这形成了以下假设：

假设4（H4）：与非白人相比，种族上存在差异对组织依附的影响对于白人会较大。

上述四个假设是用来自一个政府机构和两个财富100公司的工作单位的数据来检验的。

2. 方法

2.1. 样本

研究是在三个大型组织的151个工作单位进行的。这些工作单位包括来自组织α的44个制造工厂，来自组织β的31间医院，组织δ的76个运营分支机构。所有的群体样本都是实际生产产品或者直接向顾客提供服务的最低层次的运营单位。选择最低层次的运营单位是为了确保在三个组织中所有员工的组织层次的标准化程度。

组织α是一家财富100的制造企业，生产工业品、绘图产品、办公用品和电子产品。44个制造工厂的规模从125人到2527人，中位数为428人，均值为548人。组织β

是一家管理31家精神病院的政府机构。规模从145人到3000人，中位数为840人，均值为961人。组织δ也是一家财富100的公司，经营计算机和外部设备生产、数据服务和金融业务。分支机构中的员工数量从51到3864人，中位数是450人，均值为789人。151个工作单位的平均规模为834人（标准差=730）。

由于我们的研究经费有限，同时我们要最小化参与研究的公司员工填写问卷的时间，我们的抽样计划是使每个工作单位至少有20名员工参加。我们随机选取了5%的主管人员（或每个工作单位最少8人）和随机抽取2%（或每个工作单位最少12人）的非主管人员。对主管层级抽样较多是为了确保主管和非主管层次都有足够的被试者。这个抽样计划产生了5033个被试者（每个工作单位大约33人）。其中，1705人实际参与了本研究（每个工作单位大约12人），问卷回复率为34%。

问卷填写人的平均年龄为40岁（标准差=10），平均的服务年限为11年（标准差=9）。平均受教育年限为15年（标准差=3）。全部样本中，33%为女性，10%是少数种族成员。样本的代表性是通过比较如上所述的样本人口特征和每个公司雇员总体的人口特征来决定的。虽然样本的代表性不能经验地证实，但公司的代表们证实本研究样本的人口统计分布与他们各自公司的员工总体特征是高度相似的。[①]

2.2. 步骤

我们给初始样本中的每个人邮寄了调查问卷了解关于人口学变量、组织依附的水平和一些控制变量的信息。我们对问卷进行编码以使得来自同一工作单位的个人的问卷可以被识别出来。个人回答的保密性是有保证的。问卷寄出和寄回的地址都是一所大学，使用自己写好回信地址的信封。

2.3. 因变量

2.3.1. 组织依附

我们测量了3个因变量，分别是心理承诺、缺勤和留职倾向。心理承诺是用一个1到5级的10个题目的价值观承诺指标（value commitment index）（Angle & Perry, 1981）来测量的，它源于15个题目的组织承诺量表（Porter *et al.*, 1974）。这个指标

① 选择另一随机样本或使用每个公司的所有员工样本对代表性作统计检验是最理想的。这将需要公司提供大量的额外信息。因为样本规模已经很大，公司不愿意接受这一额外的要求。于是，我们计算了这151个单位的被试人数与初始样本中的人数之间的相关性。相关系数是0.89（$p<0.001$），表明大样本来自规模大的单位。

包括测量一个人对组织的心理依附的所有题目。[①]这一测量的分值是这10个题目的平均分（信度为0.88）。这个测量的具体题目见附录。

缺勤是用员工自我报告的在过去的12个月中的缺勤频次来测量的。研究者们（如Chadwick-Jones, Nicholson, & Brown, 1982； Scott & Taylor, 1985）建议用缺勤的频率比用缺勤持续时间或其他测量都好。使用自我报告的缺勤是因为多数组织都没有保存对经理和专业人员的缺勤记录，较低层次的员工的缺勤记录大多也不完整，或在不同的公司之间不可比。尽管自我报告的缺勤可能受社会称许性偏差的影响，但是如果所有人都发生这种偏差，那么这种倾向会降低测量的均值，并可能影响这一变量的值域，使其变窄。均值变化不会影响缺勤测量和自变量之间的关系。值域的变化会降低这个测量和自变量之间的相关程度。净效应是低估这一关系。社会称许性如果存在的话，将减弱而不是加强这一结果。虽然我们无法使用公司的记录核对实际的缺勤，但是公司的代表感觉这些数据是符合实际情况的。

留职倾向用两个题目来测量，分为1—5级，详见附录。这两个题目（信度为0.71）的均值被用作留职倾向的指标。

2.4. 自变量

2.4.1. 关系人口学特征

我们根据每个工作单位样本的简单人口学变量计算出五个关系人口学统计测量。这些测量是在年龄、公司服务年限、教育程度、性别和种族方面的差异。关系人口学特征分数是就某一特定的人口学特征，工作单位（即样本）中的一个人与所有其他人的差异，使用的计算公式与O' Reilly, Caldwell和Barnett（1989）及 Tsui和 O' Reilly（1989）所使用的相似。计算方法是，在某工作单位的样本中，计算一个人S_i在某一特定人口学变量上的值与该样本中每一个其他人S_j在同一变量上的差的平方和，再除以该单位中的被试人数，然后取其平方根。所使用的计算公式如下：

① 文献中有两种不同的测量组织承诺的方法。第一种方法如Porter等（1974）发展的承诺量表，是侧重在依附的心理方面的。它包括15个题目，其中10个题目评价态度承诺的两个因素—额外的努力和价值观的相似性，还有5个题目测量继续留在组织的意向（Angle & Perry, 1981）。第二种方法也是通过自我报告，但是关注的是行为方面。一个例子是Hrebiniak和Alutto（1972）使用的离职倾向（propensity-to-leave）量表。Porter等（1974）测量的心理承诺中的留职倾向（intent-to-remain）因素与留职倾向（intent-to-stay）的测量在概念上是相似的。因为我们把离职（或留职）倾向作为一个独立的依附测量，所以我们仅用了10个题目的组织承诺版本，不包括5个留职倾向的题目。将心理承诺和留职倾向作为两个独立的构念与文献中对这两个概念的使用方法是一致的（如O' Reilly, Chatman, & Caldwell, 1991）。

$$\left[\frac{1}{n}\sum_{j=1}^{n}(S_i-S_j)^2\right]^{\frac{1}{2}}$$

每个人口学变量都得到一个关系的测量。年龄、公司服务年限和教育的差异用年表示。性别和种族的差异用一个从0到无限趋近于但永远不会达到1的分数来测量。例如，在一个由两名男性和三名女性组成的工作单位，一名男性在性别上的关系分数是0.77（其与另一名男性性别相同，所以总差异为0；其与三名女性中均不同，所以总差异为3）。然后我们用整个分数3除以5，再取平方根即得0.77。接下来，两位女性[②]中的每一位的关系分数为0.63。当有人在一个极大的群体中是唯一的少数群体成员（不管是性别还是种族），其关系分值将为0.999。[③]

种族的关系分数的计算考虑了工作单位中所有种族群体之间的差异。在由一个美国黑人、一个亚洲人和两个白人组成的工作单位中，美国黑人和亚洲人的关系分数各自都是3（1对应两人彼此不同，2对应与两个白人中每一个都不同），每个白人的关系分数都是2（1对应与美国黑人不同，1对应与亚洲人不同，0对应彼此没有差异）。[④]

在所有的关系测量中，数值越大意味着差异越大。在某一关系测量上分数高的一个人，就这种特定的人口特征而言，他/她与工作单位即样本中的别人的差异要大于在这种关系测量上分数低的人。在年龄和服务年限上，观察到的实际关系分值从0到30；在教育上，关系分值从0到15；在性别和种族上，关系分值从0到0.99。

2.5. 控制变量

本研究使用了三组控制变量。第一组包括导出关系分数的5个简单人口学变量。这些控制变量是为了确保在考察关系人口学效应时剔除简单人口学因素的影响所必需的。前文谈到，已有研究发现，简单人口学因素中有很多是与一个或多个依附变量相关的。年龄、公司服务年限和教育是用年数来衡量的。性别和种族是用二分变

② 原文如此；应为“三位女性”。——译者注

③ 公式中使用的*n*是指单位中的个人总数，包括所有正在为其计算差异分数的员工i。使用*n*而不是*n*-1可以让我们得到一个同时反映规模和构成效应的测量。例如，一个与9位男性组成一个群体的女性其差异分值为0.95（9/10的平方根）。一位与99位男性组成一个群体的女性的差异分数是0.99（99/100的平方根）。在两种情况下，分母都是*n*，如果使用*n*-1，在这两种情况下的单一女性的分数将会是1.00（第一种情况下是9/9的平方根，第二种情况下是99/99的平方根）。我们想让测量能说明那位在第二种情况中（99个男性）的女性比在第一种情况中（9个男性）的女性更与众不同。使用*n*作分母使他们各自的差异化分数（0.99 对0.95）反映了差异的相对程度。

④ 本段落中的“关系分数”实际上指的是计算关系分数过程中的平方和。最终关系分数分别为，一位美国黑人和一位亚洲人均为0.87，两位白人均为0.71。——译者注

量测量的，1代表男性或白人，2代表女性或非白人。

第二组控制变量包括那些文献指出的最经常与三个依附变量相关的那些变量。这包括工作满意度、个人的职位级别和组织单位的规模。近期的元分析（Scott & Taylor, 1985； Hackett, 1989）表明，工作满意度和缺勤之间存在着一种稳定的负相关。满意度被发现与留职倾向和组织承诺存在正相关（Mowday, Porter, & Steers, 1982），而且Mathieu（1991）对工作满意度和组织承诺因果次序进行的非递归检验支持了Williams和Hazer（1986）的早期结论，即组织承诺的很多前因变量通过影响作为中介变量的工作满意度而对组织承诺只有间接影响。其他研究（如Hrebiniak & Roteman, 1973）发现在组织中较高职级的员工比较低职级的员工更不易缺勤。Porter和Steers（1973）发现组织规模和缺勤之间是负相关的。Hodson和Sullivan（1985）发现小型组织中员工的承诺水平比大型组织中的承诺要高。因此，这些变量被作为控制变量，以确保在考虑了组织依附的最常见的相关因素之后，余下的是关系人口学特征的潜在影响。

工作满意度由六个题目构成的指标测量（Schriesheim & Tsui, 1980），信度为0.73。附件包含构成这一测量的具体题目。工作层次由二分变量来测量，1表示主管，2表示非主管。这一信息由填写者在问卷上提供。组织规模由工作单位的员工实际人数测量（单位规模）。这个信息是从工作单位的人事部门得到的。

最后一组控制变量是样本中所包括的公司的虚拟变量。这很重要，因为这三个组织不但在结构方面存在差异（如处于不同的行业，有不同的所有权结构），而且在管理风格和组织文化上也不同。强调一下，包含这些控制变量是为了能够在考虑了公司结构和文化对依附所可能产生的任何影响后，考察关系人口学特征对组织依附的影响。虽然我们没有直接测量结构或文化，公司虚拟变量反映了它们对员工组织依附的影响。

2.6. 数据分析

回归分析是本研究用来检验假设的主要统计方法。我们对三个因变量分别进行回归分析。我们对变量组进行逐步分层回归，放入的第一组变量是五个关系人口学统计变量（模型1）。第二步放入五个简单人口统计变量（模型2）。第三步放入与依附测量的三个相关因素（模型3）。第四步也是最后一步放入两个公司的虚拟变量（模型4）。基于第一个假设，我们预期，关系人口学变量与各个被解释变量之间的关系在将控制变量加入回归模型后仍然显著。这一回归步骤和那些在放入解释变量之前放入控制变量的方法（如Tsui & O’Reilly, 1989）是不同的。在本研究中，我们先将自变量放入模型，然后加入各组控制变量。我们感兴趣的是，在加入各组控制变量后关系人口学统计变量的回归系数的稳定性。H1是通过考察关系人口学变量的系数直接检验的。在任一人口学变量上存在差异与结果变量之间的关系预计是：对心理承诺和留职倾向具有负的β系数说明，一个人与单位中其他人差异越大，其心理承诺水平和留职倾向越低；对缺勤频率具有正的β系数说明，一个人与工作单位中其他人差异越大，那个人的缺勤频率越高。如果关系型变量的系数的显著性在加入控制变量后不改变，这个假设即得到支持。

H2假设在年龄、性别和种族方面存在差异比在教育程度和公司服务年限存在差异更可能对依附变量（承诺、缺勤和留职倾向）产生影响。对这个假设的一种检验是，计算依附和年龄、性别和种族之间的简单相关系数与依附和教育、服务年限之间的简单相关系数两者差异的统计显著性。每个依附变量都有6组相关性差异，于是共有18对相关系数需要分析。我们对相关系数进行Fisher的z转换（Ferguson, 1966：188-189）来计算这18对相关性差异的显著性。我们还预计年龄、性别和种族的回归系数显著大于教育和服务年限的系数。

H3和H4用同样的方法检验。根据假设，性别的关系型差异的系数在统计上将是男性大于女性（H3）；种族的关系型差异系数在统计上则是白人的高于非白人（H4）。研究采用了子群体分析，因为简单人口统计测量和与其对应的关系型分数之间的交互项与构成交互项的两项测量中的任何一个的相关性都太高（r的范围是从0.84到0.93），因此不能使用生成交互项的方法来构造一个检验调节效应的回归方程。

对于H3，先分别对男性和女性的子样本进行回归，然后对整体样本进行回归。对于两个子样本中性别的关系型分数的回归系数之间的差异的检验采用F^*检验（Neter & Wesserman, 1974），这种方法是计算完整模型的残方差（SS误差）（男性和女性子样本的残方差SS之和）与限制性模型（两个子样本合并）的残方差的差异的显著性，其中对样本量进行了调整。相同的步骤也用于H4的检验。

3. 结　果

表1报告了变量的均值、标准差和因变量、自变量以及控制变量之间（不包括两个公司的虚拟变量编码）的相关系数。自变量与控制变量之间的相关系数说明不存在多重共线性问题。相关系数的中位数是r=0.03，只有一个相关系数超过0.70（种族的关系型分数与简单种族变量之间，r=0.74）。

表1：变量的均值、标准差和相关系数

变量	均值	标准差	y_1	y_2	y_3	x_1	x_2	x_3	x_4	x_5	z_1	z_2	z_3	z_4	z_5	z_6	z_7
因变量																	
y_1：心理承诺	3.51	0.74															
y_2：缺勤频率	3.00	3.69	−0.22														
y_3：留职倾向	3.79	1.22	0.63	−0.13													
自变量																	
x_1：年龄差异	12.02	4.12	0.06	−0.00	0.02												
x_2：公司服务年限差异	9.15	4.02	0.11	−0.07	0.09	0.34											
x_3：教育程度差异	3.13	1.31	0.00	0.06	0.02	0.04	0.08										
x_4：性别差异	0.57	0.21	−0.18	0.18	−0.14	0.06	0.02	0.11									
x_5：种族差异	0.26	0.28	−0.09	0.17	−0.10	0.01	−0.01	0.24	0.08								
控制变量																	
z_1：年龄	39.83	9.74	0.23	−0.09	0.30	0.19	0.24	0.10	−0.13	−0.02							
z_2：公司服务年限	10.96	7.87	0.19	−0.09	0.29	0.06	0.41	−0.00	−0.21	−0.09	0.58						
z_3：教育程度	15.10	2.61	−0.10	−0.10	−0.19	−0.14	−0.04	0.14	−0.08	0.03	−0.11	−0.16					
z_4：性别	1.33	0.47	−0.10	0.21	−0.07	0.04	−0.07	0.04	0.56	0.06	−0.17	−0.23	−0.21				
z_5：种族	1.10	0.50	.0.01	0.14	−0.02	−0.01	−0.04	0.15	0.05	0.74	−0.03	−0.10	−0.05	0.07			
z_6：工作满意度	3.51	0.69	0.56	−0.13	0.43	0.04	0.08	0.04	−0.06	−0.10	0.13	0.09	0.02	−0.03	−0.08		
z_7：职位级别	1.51	0.50	−0.10	0.13	−0.07	0.08	−0.04	0.00	0.16	0.02	−0.21	−0.26	−0.17	0.22	0.08	−0.14	
z_8：组织规模	833.53	730.17	−0.03	0.05	0.01	0.04	0.20	0.03	0.07	−0.06	0.06	0.07	−0.04	0.03	−0.04	−0.02	−0.05

注：大于0.06的相关系数在$p<0.05$的水平上显著，大于0.07的相关系数在$p<0.01$的水平上显著。

3.1. 假设1：关系人口学变量的主效应

假设1的回归结果总结在表2中。五个关系型分数中的三个（服务年限、性别和种族）与所有三个因变量具有系统性的关系（模型1）。在性别和种族方面的差异与依附变量之间的关系与假设的方向相同，即差异越大，个人的心理承诺水平和留职倾向越低，缺勤频率越高。但是，服务年限方面的差异与依附之间的关系和假设相悖。这一人口变量的差异越大，个人的心理承诺越高，缺勤率越低，留职倾向越高。另外，在教育程度方面存在差异与留职倾向有关，可是这一关系的方向也与假设相反。个人在教育水平上与单位中的其他人差异越大，个人越可能表现出留职意向。这些结论支持了所提出的关于性别和种族的假设，但是不支持关于其他三个关系型变量影响的假设。

当把简单人口学变量引入模型后，这些关系型测量与依附之间的关系基本上没有变化（模型2）。还是那三个关系型测量对心理承诺和缺勤的影响显著，但是服务年限的关系型变量对留职倾向的影响变得不显著。引入依附变量常见的三个相关变量也没有改变在性别和种族上存在差异的影响（模型3），尽管服务年限上的关系型分数对心理承诺变量的影响变得不显著了。在引入简单人口学特性和依附变量的三个相关变量之后，年龄上存在差异与留职倾向显著相关，但是之前并不是这样。当把两个公司的虚拟编码加入回归模型之后，它仍然是显著的（模型4）。引入公司虚拟编码改变了性别差异的影响。这一变量与三个依附变量的关系不再显著。在种族方面的差异性对三个依附变量的影响一直是显著的。另外，在服务年限的差异性对缺勤频率的影响一直是显著的。

总体结果表明，种族的差异性与组织依附之间具有稳定的关系。这种影响在考虑了所有控制变量后仍然没有变化。其系数的符号表明，一个人与单位中所有其他人在种族上的差异越大，这个人对组织的依附水平越低。这一发现支持了H1。在性别上存在差异与组织依附有关，即使考虑了简单人口统计因素和三个常见的依附相关变量的影响后仍然如此，但是这一关系在控制了公司因素的影响后不再成立。最后，考虑了所有控制变量的影响后，似乎那些在年龄上与别人差异最大的人最不愿意继续留在组织里。这一发现也与H1一致。

3.2. 假设2：关系人口学变量的差异化影响

对H2，我们首先检验了五个关系型分数和每个依附变量之间的相关系数。如表1所示，性别的关系型分数与依附的相关性是最高的。次高的相关性出现在种族的关

表2：差异对组织依附的效应

变量	心理承诺				缺勤频率				留职倾向			
	模型1	模型2	模型3	模型4	模型1	模型2	模型3	模型4	模型1	模型2	模型3	模型4
自变量												
年龄差异	0.04	0.01	0.00	−0.02	0.01	0.00	0.00	0.03	0.00	−0.04	−0.05*	−0.05*
公司服务年限差异	0.09***	0.05*	0.03	0.02	−0.07**	−0.06*	−0.07*	−0.05*	0.09**	0.00	−0.03	−0.04
教育程度差异	0.03	0.03	0.00	0.02	0.01	0.03	0.03	0.00	−0.06*	0.06	0.04	0.01
性别差异	−0.18***	−0.17***	−0.13***	−0.04	0.17***	0.09**	0.08**	0.00	−0.14***	−0.11***	−0.08***	0.00
种族差异	−0.09***	−0.21***	−0.15***	−0.09**	0.15***	0.14**	0.14***	0.07*	−0.10***	−0.16***	−0.11***	−0.08**
控制变量												
年龄		0.17***	0.11***	0.13**		−0.06*	−0.05	−0.07*		0.19***	0.15**	0.16***
公司服务年限		0.02	0.02	0.01		0.02	0.04	0.05		0.14***	0.15***	0.14***
教育程度		−0.17***	−0.09***	−0.06**		−0.09***	−0.07**	−0.09***		−0.16***	−0.16**	−0.14***
性别		0.02	−0.00	0.01		0.12***	0.11***	0.10***		0.02	0.00	−0.01
种族		0.17***	0.17***	0.14**		0.01	0.01	0.03		0.10**	0.10**	0.08**
工作满意度			0.53***	0.50**			−0.09***	−0.06**			0.40***	0.39***
职位级别			−0.01	−0.02			0.06*	0.08			0.04	0.03
组织规模			−0.02	0.02			0.05*	0.02			0.02	0.04
组织A				0.20**				−0.15***				0.21***
组织B				−0.11**				0.16***				0.06**
模型总体F值	17.59***	18.74***	72.52***	76.67***	19.85***	13.86***	12.76***	17.02***	12.36***	27.93***	52.80***	53.47***
调整后R^2	0.05	0.10	0.37	0.42	0.06	0.08	0.09	0.14	0.04	0.15	0.30	0.34
（R^2变化）		(0.05***)	(0.27***)	(0.05***)		(0.02***)	(0.01***)	(0.05***)		(0.11***)	(0.15***)	(0.03***)
标准误	0.72	0.70	0.58	0.56	3.58	3.54	3.52	3.43	1.20	1.13	1.02	1.00
自由度	5,1553	10,1548	13,1545	15,1543	5,1531	10,1526	13,1523	15,1521	5,1553	10,1548	13,1545	15,1543

注：* 表示$p<0.05$，**表示 $p<0.01$， *** 表示$p < 0.001$。

系型分数与依附之间。这些相关性都与假设的方向相同。其他三个关系型测量（年龄、教育和服务年限）上的差异与依附的相关程度不是不显著就是与假设的方向相反。经Fisher的z转换后，检验表明，种族和性别变量与依附的相关程度显著高于教育和服务年限与依附的相关程度。这些结果支持假设2中对种族和性别的假设，但不支持关于年龄的假设。表2中的回归结果进一步支持了这一假设。性别和种族的回归系数不但比服务年限和教育的回归系数大，而且与假设方向也一致，但其他两个系数或者不显著或者与假设的方向相反。另外，当把控制变量包括在回归中，年龄的关系型分数也在与假设一致的方向上显著（模型3和模型4）。

3.3. 假设3和假设4：性别和种族差异的非对称影响

对于H3，以性别的差异分数作为自变量，我们分别用男性和女性子样本以及总样本，分别对每个因变量进行回归。相同的分析步骤用于检验H4。该关系型分数的回归系数在每个样本中和对每个因变量的情况都显示在表3中。如表3所示，用于比较所有子样本的回归系数的差异的F值是显著的。这些结果支持了H3和H4。就性别上的差异对依附的负向影响而言，男性大于女性；就种族上的差异对依附的负向影响而言，白人大于非白人。[①]

对于男性来讲，表3的结果说明群体中性别构成差异性的增大与较低的心理依附、较高的缺勤和较低的留职倾向相关。对于女性，与单位其他人在性别上的差异增加与较高的组织依附相关。类似地，对白人来讲，与工作单位其他人差异的增加与低水平的依附相关，但是对非白人来讲，种族上的差异性对组织依附没有影响。

表3：性别和种族差异对少数群体和多数群体的非对称效应

	心理承诺			缺勤频率			留职倾向		
	Beta	SS	样本数	Beta	SS	样本数	Beta	SS	样本数
性别差异									
男性子样本	−0.25***	551.86	1086	0.13***	10642.40	1068	−0.19***	1465.17	1083
女性子样本	0.13**	276.49	520	−0.05	9949.01	516	0.07	838.64	525
混合样本	−0.18***	849.29	1608	0.18***	20893.72	1590	−0.14***	2354.48	1610
F^*	20.50***			12.02***			17.64***		

① 通过包括所有的其他关系型测量和控制变量，我们也进行了对性别和种族差异的子群体分析。在不包括公司虚拟变量时，性别或种族关系型分数的回归系数的大小和方向在两个子群体中的差异情况与在正文中报告的相似。包含公司虚拟变量时，性别的关系型分数的系数对于男性和女性子群体的差别下降了。在包括公司虚拟变量和所有其他控制变量后，种族的关系型分数的回归系数在数值上的差异对于白人和非白人仍然存在。

续 表

	心理承诺			缺勤频率			留职倾向		
	Beta	SS	样本数	Beta	SS	样本数	Beta	SS	样本数
种族差异									
白人子样本	-0.16^{***}	768.38	1457	0.12^{***}	15448.10	1443	-0.13^{***}	2116.61	1462
非白人子样本	-0.01	88.38	151	-0.04	5667.81	146	-0.11	232.24	150
混合样本	-0.09^{***}	870.64	1609	0.17^{***}	21009.38	1590	-0.10^{***}	2381.98	1613
F^{*}	12.99^{***}			3.99^{*}			11.34^{***}		

注：（1）SS即残差平方和；（2）* 表示$p<0.05$，**表示 $p<0.01$，*** 表示$p < 0.001$。

3.4. 控制变量的结果

关于简单人口学特性的结果绝大部分与过去的研究相一致并有所扩展。例如，年龄大的员工表现出较高水平的组织依附；服务年限长的员工比服务年限短的员工表现出更高的留职倾向；高教育程度的员工的心理承诺和留职倾向较低，尽管他们比低教育程度的员工报告了较低的缺勤频率；女性比男性缺勤更频繁；非白人员工心理承诺水平更高也更愿意继续留在组织中，但是他们与白人在缺勤方面没有差别。

关于工作满意度的结果也印证了以前研究的结论。满意度与心理承诺和留职倾向正相关，与缺勤频率负相关；非主管人员比主管人员缺勤次数更多，但在其他两个依附变量上两者没有差别；用工作单位员工人数衡量的单位规模基本上与任何依附变量都不相关。唯一例外的是在模型3中单位规模与缺勤相关。

两个公司虚拟变量与三个依附变量都有显著关系。对三个公司之间在每个依附变量上的均值差异进行的补充分析发现，α公司的员工比β或δ公司的员工具有较高的心理承诺和留职倾向，以及较低的缺勤频率。尽管β公司的员工比α或者δ公司的员工具有较低的心理承诺水平和较高的缺勤频率，但是他们报告了比δ的员工更高的留职倾向。在这三个组织中，δ公司的员工表现出了最低的心理承诺和留职倾向，尽管这些员工的缺勤频率要低于β公司的员工。总的来说，很明显，α公司员工的组织依附水平最高。

4. 讨　论

4.1. 非对称效应

这个研究最有趣的发现是关于性别和种族变量的关系型分数的。这种影响在控制了简单人口学变量和依附变量的三个相关变量后仍然没变。但是，在把公司虚拟变量引入回归模型后，关系型性别的影响消失了。为理解这种公司效应的内在本质所作的进一步分析揭示出有关样本公司的三个有趣的现象：第一，α公司的员工是最满意的（α公司=3.65，β公司=3.38，δ公司=3.48，F=14.80，$p<0.001$），承诺水平也最高（α公司=3.92，β公司=3.17，δ公司=3.42，F=112.84，$p<0.001$）。他们的缺勤频率也最低（α公司=1.55，β公司=5.03，δ公司=3.11，F=73.86，$p<0.001$），留职倾向也最高（α公司=4.40，β公司=3.71，δ公司=3.55，F=78.88，$p<0.001$）。第二，在α公司中女性占员工总数比例（17%）低于β公司（48%）和δ公司（36%）。第三，α公司有16%的男性工作在同质性的男性单位中，而δ公司这一水平只有2%，而β公司则没有男性工作在没有女性的单位中。这意味着三个组织或者是男性主导的或者是平衡的情况。性别差异与承诺之间对男性的负向关系和性别差异与承诺之间对女性的正向关系出现在这些男性占多数或平衡的情境下，这与Wharton和Baron（1987, 1989）的结果一致的，当时发现了男性的满意度低而女性的满意度高。最有意思的发现是在同质性单位工作的男性（几乎所有这样的群体都出现在α公司）的承诺水平在所有群体中最高。

尽管三个公司性别构成的差异可以在一定程度上解释依附水平的不同，但是同样有可能α公司员工报告的高水平的依附是由于有效的公司文化。α公司是一家以管理卓越著称的公司（如Peters & Waterman, 1982）。α公司的员工很高的承诺分数可能强化了性别的关系型分数与承诺之间的关系，对男性关系是负向的，而对女性是正向的。因此，性别构成和公司文化或其他的公司特征可能提高了α公司作为一个心理群体的吸引力。要分离出这两种潜在的影响需要作进一步的研究。

种族差异的影响和性别差异一样，在考虑了简单人口学因素和依附的三个相关因素后仍然没变。但是，与性别的关系型分数不同，种族关系型分数的效应在控制了公司变量后仍然存在。种族的差异性与低水平依附之间的关系对白人是一致的，但对非白人则不然（表3）。这种种族效应的反弹可能是由于样本中非白人比例小的缘故。α、β和δ公司中非白人员工在总员工人数中所占的比例分别为只有7%、

22%和8%。而且，工作在同质性的白人员工组成的工作单位的员工比例在α和β分别多达62%和40%（δ公司这一比例为18%）。种族关系文献（Pettigrew, 1980）表明，当少数种族仅构成群体中的一个小部分而非大部分时，他们更可能被多数种族接受。但是，本研究发现，即使在当少数种族比例很小的情况下，多数种族也可能开始表现出心理上的不舒服，如低水平的依附。这里发现了一个线性函数关系，即白种人在（白人）同质性群体中表现出最高水平的依附，随着少数种族比例的增加，他们的依附水平系统性地降低。而且，多数种族对少数种族的存在所做出的反应似乎不受公司特征的影响。控制公司效应并没有改变种族的关系型变量对依附分数的影响。看来，对白人来说，在种族上的差异对他们所感知到的工作单位作为一个心理群体的吸引力的影响可能独立于其他的工作态度。

总的来讲，在平衡的而非男性占多数或全男性的环境中男性和白人的低依附水平并不支持Kanter（1977a）或Blau（1977）提出的假设。Kanter和Blau都认为群体间的关系在这些群体更异质化时会更好。这一观点，即所谓的接触假说，认为在对抗性的群体的成员之间直接的人际接触将会减少负面态度（Allport, 1954），但是关于这一假设效度的证据充其量是混合的（Messick & Mackie, 1989）。相反，Hewstone和Brown（1986）注意到同质化是不可能的，因为像种族或性别这样的基础类别的影响是固有的。

要让接触假设来发挥作用以减少群体紧张程度，某些辅助条件是必要的（Kramer, 1991）。这些条件可能反映在那些被称为“组合式教室”（jigsaw classroom）的社会的和结构的因素中（Aronson *et al.*, 1978）。在综合性学校进行了大量的试验，在这些实验中，学习方式的安排使学生们为了成功必须合作，并且彼此将对方作为资源。Kramer（1991）提出了类似的一组结构性干预措施，例如超常的目标、工作轮换和形式化管理（symbolic management），目的是减少自我归类的影响。

女性和少数群体的反应一般不受他们在工作单位中的人口学状况的影响。一个可能的原因是职业和社会地位的交互作用。女性和非白人对存在的差异缺乏反应有可能与他们不断变化的社会地位有关。这个样本中女性和少数种族员工可能在从事历史上由男性和白人占据的地位较高的工作。这种职业地位的提高，对于相对不那么如意的、作为一个象征的情形可能是一种补偿。相反，男性和白人的负面反应可能反映了他们感知到由于女性和非白人进入传统上只有白人或男性才能从事的职业而引起的自己地位的下降（Stephan & Stephan, 1985）。因此，男性和白人不再工作在性别或种族同质的工作群体反映了其社会地位的下降，而这对于女性和非白人则刚好相反。

在组织单位中，对单位作为一个心理群体感知的变化可能不只是因为感知到的地位方面的得失。占主导地位的同质性文化的动摇也可能是一个原因。女性出现在从前是全男性的群体中会需要男性调整他们的语言和交往方式。Trice和Beyer（1992：347）发现在很多男性主导的职业中，带有鲜明性别特征的社会化仪式是很普遍的，其中很多人都“经受对身体隐秘明目张胆而粗俗的侵犯”。类似的，非白人出现在以前是全白人的群体也会需要同样的语言或行为上的调整。不论多数种族成员有没有真正的调整，实际情况是“外来因素”（女性或非白人）可以改变一个原来的同质群体的旧有规范。

对异质性增加带来的扰动所引起的挫折感，存在着三种可能的反应方式：反击（fight）、回避（flight）或心理上后退（Hirschman, 1970； Messick & Mackie, 1989； Baron & Pfeffer, 1990）。在现代组织中对反击型的反应有很多制度上和法律上的限制。劳动力市场状况或其他个人原因可能使回避型反应很难实施或不切实际（Rusbult *et al*., 1988）。剩下的唯一可行的选择，至少在短期内，可能是心理上疏远以及有限度的行为背离，如缺勤。

关系人口学特征对少数群体的影响不足的另一个可能的原因可能是组织依附理念具有不同的含义。对于不同的群体，组织依附有可能意味着不同的事物。这说明尽管自我分类的倾向可以用来描述所有的人，但是在某一类别标准的突出性和在对某一特定类别作为心理群体的吸引力降低的感知的反应两方面，都存在个体差异。例如，如果一个人的主要身份是在与工作不相关的群体中（例如家庭），那么在工作中将自我归类到同质性的心理群体对他的社会身份可能就不那么突出或重要。

年龄差异的影响虽然没有性别和种族差异影响那么大，但它与本文的一般性假设相一致，也与低留职倾向相关。与Wagner, Pfeffer和O’Reilly（1984）的发现一致，对这一发现的进一步分析表明，这种影响对年长和年轻的员工是对称的，说明存在差异的心理效应对于不同年龄段中的人是相似的。

假设1中关于教育水平的差异部分在本研究中没有得到支持。这并不令人非常惊讶。我们已经指出教育程度由于比较不容易观察，因此与其他特征相比会是一个比较不突出的自我分类的依据。

在公司服务年限方面存在差异对缺勤频率的正效应出乎意料，这促使我们进一步探索这一影响。在服务年限上最大的差异分数主要出现在那些公司服务年限短的人身上。这些人与所有其他人相比，其缺勤的次数也最少。可能是这些新近招聘的服务时间短的人，尤其是那些工作在主要由服务年限长的员工构成的单位中的人，正处于那个“新员工出勤好”的阶段。

4.2. 总体影响

总的来讲，本研究的主要结果与自我分类理论的观点相一致，即个人 ① 倾向于将自己归类入不同的心理群体中，② 有动力维持一个正面的身份，③ 试图最大化群组之间的差异以维持一个正面的社会身份（如Messick & Mackie, 1989； Kramer, 1991）。我们认为，在组织内部，一个人的工作单位会需要任务的相互依赖、共同的目标、彼此接近和分享奖励，因此单位很可能会成为身份的核心（Ashforth & Mael, 1989）。我们还认为这个社会身份的基础不需要隐含着互动的相似—相吸过程。相反，社会身份可能源于使用突出的人口学特征进行的自我归类。例如，Allen和Wilder（1975）直接研究了相似—相吸与内群和外群成员身份之间的交互关系。他们发现即使当内群成员并没有相似—相吸效应的共同基础时，源于一个最低限度的分类过程的内群偏差也会持续。

本文提出的理论和报告的实证发现的一个基本假设是人们倾向于和与自己相似的人在一起。因此，成为一个独特的人不如成为群体的一员。这一假设也说明个人为什么要遵从群体规范（Shaw, 1981）。但是，这一假设与Fromkin（1973）提出的独特性理论（unique theory）并不一致。Fromkin讨论了一种独特性的需要，认为人们希望有别于别人，他们通过诸如姓名、服装、约会对象和配偶、信仰或行为表现等特点来实现这种差异。大概是与众不同会带来更高的自尊和地位。如果对大多数人来说独特性是一个比相似性更强的偏好，我们就应该得到一个差异性，即独特性，与依附之间的正向关系。我们所发现的负向关系表明对相似的需要比对独特的需要更强烈。不过，独特性能够解释女性在男性占多数的环境中的满意态度。在这些情境中，女性的独特性至少表现在两个类别：性别和职业。职业的独特性能够给人带来高的地位。成为多数群体主导的社会群体中的成员，能够使这个少数群体成员不仅满足对独特性的需要，而且还可以享有群体的社会回报。在某些维度相同又在其他维度不同的交互效应所导致的社会心理动力学很可能成为未来研究的有趣话题。

5. 结　论

那些研究性别和种族在组织情境中的影响的学者们在很大程度上忽略了多数群体对群体中存在少数群体的反应。尽管Kanter（1977a：242）指出“只是那么几个

O就能使占大多数的X们不舒服”，但是她的分析和讨论的主要侧重点与其他学者一样，基本上是针对少数群体而非多数群体的反应和调整。但是，本研究发现的多数群体成员的负面反应表明，多数群体的反应需要更多的关注。未来的研究应该将研究的重点从分析女性和有色人种如何适应主流文化，扩展到理解主导群体面对多样性和异质化的现实的调整过程。还有，尽管这些个人层次的反应很重要，但是同样重要的是在人口特征方面存在差异的个人之间的相互影响。这是异质性组织中日常生活的实际情况。而且，我们对异质性群体和同质性群体在沟通模式、冲突与影响方式以及决策方法方面的异同知之甚少。如果我们要接受下一个十年的挑战，研究人口学特征差异的过程与结果，以及研究如何最好地应对和减少异质性群体的负面影响是非常关键的。

大量证据表明异质性群体有利有弊（Jackson, 1991）。它们对需要创造性和判断的任务是有利的，而它们也会降低凝聚力和增加离职率。因此，经理人员面临着一个困难的平衡过程，既要关注多样性对个人依附和离职产生的负面影响，同时还要尽力获取异质化的好处。

参考文献

Ahlburg, Dennis, and Lucinda Kimmel. 1986. Human resource management: Implications of the changing age structure of the U.S. labor force. In Kendrith M. Rowland and Gerald R. Ferris (eds.), *Research in Personnel and Human Resource Management*, 4: 339—374. Greenwich, CT: JAI Press.

Allen Vernon L., and David A. Wilder. 1975. Categorization, belief similarity, and group discrimination. *Journal of Personality and Social Psychology*, 32: 971—977.

Allport, Gordon W. 1954. *The Nature of Prejudice.* Cambridge, MA: Addison-Wesley.

Angel, Harold L., and James L. Perry. 1981. An empirical assessment of organizational commitments and organizational effectiveness. *Administrative Science Quarterly*, 26: 1—14.

Arany, Nissim, Talma Kushnir, and Aharon Valency. 1986. Organizational commitment in a male-dominated profession. *Human Relations*, 39: 4323—4448.

Aronson, Elliot, N. Blaney, Cookie Stephan, J. Sikes, and Mary B. Snapp. 1978. *The Jigsaw Classroom*. Beverly Hills, CA: Sage.

Ashforth, Blake E., and Fred Mael. 1989. Social identity theory and the organization. *Academy of Management Review*, 14: 20—39.

Baron, James N., and William T. Bielby. 1985. Organizational barriers to gender equality: Sex segregation of jobs and opportunities. In Alice Rossi (Ed.), *Gender and the Life Course*: 233—251. New York: Aldine.

Baron, James N., and Jeffrey Pfeffer. 1990. The social psychology of organizations and inequality. Working paper, Graduate School of Business, Stanford University.

Baskett, Glen D. 1973. Interview decisions as determined by competency and attitude similarity. *Journal of Applied Psychology*, 57: 343—345.

Blalock, Hubert M., JR. 1957. Percent non-white and discrimination in the South. *American Sociological Review*, 22: 677—682.

Blau, Peter M. 1977. *Inequality and Heterogeneity*. New York: Free Press.

Brewer, Marilynn B. 1979. In-group bias in the minimal intergroup situation: A cognitive-motivational analysis. *Psychological Bulletin*, 86: 307—324.

Brockner, Joel. 1988. Self-Esteem at Work: *Research Theory and Practice.* Lexington, MA: D.C. Heath.

Byrne, Donn E. 1971. *The Attraction Paradigm.* New York: Academic Press.

Byrne, Donn E., Gerald L. Clore, JR., and Philip Worchel 1966 The effect of economic similarity-dissimilarity as determinants of attraction. *Journal of Personality and Social Psychology*, 4: 220—224.

Carsten, Jeanne M., and Paul E. Spector. 1987. Unemployment, job satisfaction, and employee turnover； A meta-analytic test of the Muchinsky model. *Journal of Applied Psychology*, 72: 374—381.

Chadwick-Jones, John K., Nigel Nicholson, and Colin Brown. 1982. *Social Psychology of Absenteeism.* New York: Praeger.

Chatman, Jennifer A. 1991. Matching people and organizations: Selection and socialization in accounting firms. *Administrative Science Quarterly*, 36: 459—494.

Clement, David E., and Joseph J. Schiereck., JR. 1973. Sex composition and group performance in a visual detection task. *Memory and Cognition*, 1: 251—255.

Cohen, Aaron, Geula Lowenberg, and Eliezer Rosenstein. 1988. A re-examination of the side-bet theory as applied to organizational commitment: A meta-analysis. Unpublished manuscript, *Faculty of Industrial Engineering and Management*, Technion-Israel Institute of Technology, Haifa.

Cox, Taylor H., and Stacy Blake. 1991. Managing cultural diversity: Implications for organizational competitiveness. *Academy of Management Executive*, 5: 45—56.

Fairhurst, Gail Theur, and B. Kay Snavely. 1983. A test of the social isolation of male tokens. *Academy of Management Journal*, 26: 353—361.

Farrell, Dan, and Carol Tamm. 1988. Meta-analysis of the correlates of employee absence. *Human Relations*, 41: 211—277.

Fenelon, James R., and Edwin I. Megargee. 1971. Influence of race on the manifestation of leadership. *Journal of Applied Psychology*, 55: 353—358.

Ferguson, Georg A. 1966. *Statistical Analysis in Psychology and Education*. New York: McGraw-Hill.

Flanagan, Robert J., George Strauss, and Lloyd Ulman. 1974. Worker discontent and the work place behavior. *Industrial Relations*, 13: 101—123.

Fromkin, Howard L. 1973. The psychology of uniqueness: Avoidance of similarity and seeking of differences. Institute for Research in the Behavioral, *Economic, and Management Sciences.* Paper No. 438, Purdue University.

Garrison, Kathleen R., and Paul M. Muchinsky. 1977. Attitudinal and biographical predictors of incidental absenteeism. *Journal of Vocational Behavior*, 10: 221—230.

Hackett, Rick D. 1989. Work attitudes and employee absenteeism: A synthesis of the literature. *Journal of Occupational Psychology*, 62: 235—248.

Hewstone, Miles, and Rupert Brown. 1986. *Contact and Conflict in Intergroup Encounters.* New York: Basil Blackwell.

Hirschman, Albert O. 1970. *Exit, Voice and Loyalty*: *Responses to Decline in Firms, Organizations, and States.* Cambridge, MA: Harvard University Press.

Hodson, Randy, and Teresa A. Sullivan. 1985. Totem or tyrant? Monopoly, regional, and local sector effects on worker commitment. *Social Forces*, 63: 716—731.

Hoffman, Curt, and Nancy Hurst. 1990. Gender stereotypes: Perception or rationalization? *Journal of Personality and Social Psychology*, 58: 197—208.

Hoffman, Eric. 1985. The effect of race-ratio composition on the frequency of organizational communication. *Social Psychology Quarterly*, 48: 17—26.

Hogg, Michael A., and Dominic Abrams. 1988. *Social Identification*: *A Social Psychology of Intergroup Relations and Group Processes.* New York: Routledge.

Hrebiniak, Lawrence G., and Joseph A. Alutto. 1972. Personal and role-related factors in the development of organizational commitment. *Administrative Science Quarterly*, 17: 555—572.

Hrebiniak, Lawrence G., and Michael R. Roteman. 1973. A study of the relationship between need satisfaction and absenteeism among managerial personnel. *Journal of Applied Psychology*, 58: 381—383.

Jackson, Susan E. 1991. Team composition in organizational settings: Issues in managing an increasingly diverse workforce. In S. Worchel, W. Wood, and J. Simpson (Eds.), *Group Process and Productivity*: 138—173. Beverly Hills, CA: Sage.

Jackson, Susan E., Joan F. Brett, Valerie I. Sessa, Dawn M. Cooper, Johan A. Julin, and Karl Peyronnin. 1991. Some differences make a difference: Individual dissimilarity and group heterogeneity as correlates of recruitment, promotions and turnover. *Journal of Applied Psychology*, 76: 675—689.

Johns, Gary. 1978. Attitudinal and nonattitudinal predictors of two forms of absence from work. *Organizational Behavior and Human Performance*, 22: 431—444.

Johnston, William B., and Arnold H. Packer. 1987. *Workforce 2000: Work and Workers for the 21st Century.* Indianapolis: Hudson Institute.

Kanter, Rosabeth Moss. 1977a. *Men and Women of the Corporation.* New York: Basic Books.

Kanter, Rosabeth Moss. 1977b. Some effects of proportions on group life: Skewed sex ratios and responses to token women. *American Journal of Sociology*, 82: 965—990.

Konrad, Alison M., and Barbara A. Gutek. 1987. Theory and research on group composition: Applications to the status of women and ethnic minorities. In Stuart Oskamp and Shirlynn Spaca pan (Eds.), *Interpersonal Processes*: 85—121. Newbury Park, CA: Sage.

Kramer, Roderick M. 1991. Intergroup relations and organizational dilemmas: The role of categorization processes. In B. M. Staw and L. L. Cummings (eds.), *Research in Organizational Behavior*, 13: 191—228. Greenwich, CT: JAI Press.

Kraut, Allen. 1975. Predicting turnover of employees from measured job attitudes. *Organizational Behavior and Human Performance*, 13: 233—243.

Mathieu, John E. 1991. A cross-level nonrecursive model of the antecedents of organizational commitment and satisfaction. *Journal of Applied Psychology*, 76: 607—618.

Mccain, Bruce E., Charles A. O'Reilly III, and Jeffrey Pfeffer. 1983. The effects of departmental demography on turnover: The case of a university. *Academy of Management Journal*, 26: 626—641.

Mcintire, Shelby, Dennis J. Moberg, and Barry Z. Posner. 1980. Preferential treatment in preselection decisions according to sex and race. *Academy of Management Journal*, 23: 738—749.

Messick, David M., and Diane M. Mackie. 1989. Intergroup relations. In Mark r. Rosenzweig and Lyman W. Porter (Eds.), *Annual Review of Psychology*, 40: 45—81. Palo Alto, CA: Annual Reviews.

Mobley, William H., Stanley O. Horner, and A.T. Hollingsworth. 1978. An evaluation of precursors of hospital employee turnover. *Journal of Applied Psychology*, 63: 408—414.

Morris, James H., and J. Daniel Sherman. 1981. Generalizability of an organizational commitment and behavioral commitment. *Academy of Management Journal*, 24: 512—528.

Mottaz, Clifford J. 1989. An analysis of the relationship between attitudinal commitment and behavioral commitment. *Sociological Quarterly*, 30: 143—158.

Mowday, Richard T., Lyman W. Porter, and Richard M. Steers. 1982. *Employee-Organization Linkages*. San Francisco: Academic Press.

Neter, John, and William Wesserman. 1974. *Applied Linear Statistical Models: Regression, Analysis of Variance and Experimental Design*. Homewood, IL: Richard D. Irwin.

Nkomo, Stella M. 1992. The emperor has no clothes: Rewriting "race in organizations". *Academy of Management Review*, 17: 487—513.

O'Farrell, Brigid, and Sharon L. Harlan. 1982. Craftworkers and clerks: The effect of male coworker hostility on women's satisfaction with nontraditional jobs. *Social Problems*, 29: 252—264.

Offerman, Lynn R., and Marilyn K. Gowing. 1990. Organization of the future: Change and challenges. *American Psychologist*, 45: 95—108.

O'Reilly Charles A., III, David F. Caldwell, and William P. Barnett. 1989. Work group demography, social integration and turnover. *Administrative Science Quarterly*, 34: 21—37.

O'Reilly, Charles A., III, Jennifer Chatman, and David F. Caldwell. 1991. People and organizational culture: A profile comparison approach to assessing person-organization fit. *Academy of Management Journal*, 34: 487—516.

Peters, Thomas J., and Robert H. Waterman, JR. 1982. *In Search of Excellence: Lessons from America's Best-run Companies.* New York: Harper and Row.

Pettegrew, Thomas F. (ed.) 1980. *The Sociology of Race Relations: Reflection and Reform.* New York: Free Press.

Pfeffer, Jeffrey. 1983. Organizational demography. In L.L. Cummings and B.M. Staw (Eds.), *Research in Organizational Behavior*, 5: 299—357. Greenwich, CT: JAI Press.

Pfeffer, Jeffrey, and Alison Davis-Blake. 1987. The effect of the proportion of women on salaries: The case of college administrators.*Administrative Science Quarterly*, 32: 1—24.

Pfeffer, Jeffrey, and Charles A. O'Reilly III. 1987. Hospital demography and turnover among nurses. *Industrial Relations*, 26: 158—173.

Porter, Lyman W., and Richard M. Steers. 1973. Organization, work and personal factors in employee turnover and absenteeism. *Psychological Bulletin*, 80: 151—176.

Porter, Lyman W., Richard M. Steers, Richard T. Mowday, and Paul V. Boulian. 1974. Organizational commitment, job satisfaction, and turnover among psychiatric technicians. *Journal of Applied Psychology*, 59: 603—609.

Rhodes, Susan R., and Richard M. Steers. 1990. *Managing Employee Absenteeism.* Reading, MA: Addison-Wesley.

Rusbult, Caryl E., Dan Farrell, Glen Rogers, and Arch G. Mainous III. 1988. Impact of exchange variables on exit, voice, loyalty and neglect: An integrative model of responses to declining job satisfaction. *Academy of Management Journal*, 31: 599—627.

Ryder, Norman. 1965. The cohort as a concept in the study of social change. *American Sociological Review*, 30: 843—861.

Schneider, Benjamin. 1987. The people make the place. *Personnel Psychology*, 40: 437—453.

Schreiber, Carol T. 1979. *Changing Places: Men and Women in Transitional Occupations.* Cambridge, MA: MIT Press.

Schriescheim, Chester, and Anne S. Tsui. 1980. Development and validation of a short satisfaction instrument for use in survey feedback interventions. Paper presented at the Western Academy of Management meeting.

Scott, K. Dow, and G. Steven Taylor. 1985. An examination of conflicting findings on the relationship between job satisfaction and absenteeism: A meta-analysis. *Academy of Management Journal*, 28: 599—612.

Shaw, Marvin, E. 1981. *Group Dynamics: The Psychology of Small Group Behavior*, 3rd ed. New York: McGraw-Hill.

Spangler, Eve, Marsha A. Gordon, and Ronald M. Pipkin. 1978. Token women: An empirical test of Kanter's hypothesis. *American Journal of Sociology*, 84: 160—170.

Stangor, Charles, Laure Lynch, Changming Duan, and Beth Glass. 1992. Categorization of individuals on the basis of multiple social features. *Journal of Personality and Social Psychology*, 62:

207—218.

Stephan, Walter G. 1978. School desegregation: An evaluation of predictors made in "Brown v. Board of Education". *Psychological Bulletin*, 85: 217—238.

Stephan, Walter G., and Cookie W. Stephan 1985 Intergroup anxiety. *Journal of Social Issues*, 41: 157—175.

Tajfel, Henri. 1972. Social categorization. English manuscript of "*La categorisation sociale*". In Serge Moscovici (Ed.), *Introduction à la psychologie sociale*, vol.1, Paris: Larousse.

Tajfel, Henri (Ed.) 1982. *Social Identity and Intergroup Relations*. Cambridge: Cambridge University Press.

Tajfel Henri, and John C. Turner. 1986. The social identity theory of inter-group behavior. In S. Wrochel and W. G. Austin (Eds.), *Psychology of Intergroup Relations*: 7—24. Chicago: Nelson-Hall.

Taylor, Daniel E. 1979. Absent workers and lost work hours, May 1978. *Monthly Labor Review*, 102（August）: 49—53.

Thomas, R. Roosevelt, JR. 1990. From affirmative action to affirming diversity. *Harvard Business Review*, March-April: 107—117.

Trice, Harrison M., and Janice M. Beyer. 1992. *The Cultures of Work Organizations*. Englewood Cliffs, NJ: Prentice Hall（forthcoming）.

Tsui, Anne S., and Charles A. O'Reilly III. 1989. Beyond simple demographic effects: The importance of relational demography in superior-subordinate dyads. *Academy of Management Journal*, 32: 402—423.

Turner, John C. 1982. Toward a cognitive redefinition of the social group. In Henri Tajfel (Ed.), *Social Identity and Intergroup Relations*: 15—40. Cambridge: Cambridge University Press.

Turner, John C. 1984. Social identification and psychological group formation. In H. Tajfel (Ed.), *The Social Dimension*: *European Developments in Social Psychology*, 2: 518—540. Cambridge: Cambridge University Press.

Turner, John C. 1985. Social categorization and the self-concept: A social-cognitive theory of group behavior. In Edward J. Lawler (Ed.), *Advances in Group Processes*: Theory and Research, 2: 77—121. Greenwich, CT: JAI Press.

Turner, John C. 1987. *Rediscovering the Social Group*: *A Self-categorization Theory. Oxford*: Blackwell.

Wagner, W. Gary, Jeffrey Pfeffer, And Charles A. O'Reilly III. 1984. Organizational demography and turnover in top-management groups. *Administrative Science Quarterly*, 29: 74—92.

Waldman, David A., and Bruce J. Avolio. 1986. A meta-analysis of age differences in job performance. *Journal of Applied Psychology*, 71: 33—38.

Werner, Carol, and Pat Parmelee. 1979. Similarity of activity preferences among friends: Those who play together stay together. *Social Psychology Quarterly*, 42: 62—66.

Wharton, Amy S., and James N. Baron. 1987. So happy together? The impact of gender segregation

on men at work. *American Sociological Review*, 52: 574—587.

Wharton, Amy S., and James N. Baron. 1989. Satisfaction? The psychological impact of gender segregation on women at work. Paper presented at the annual meeting of the American Sociological Association.

Whithey, Michael J., and William H. Cooper. 1989. Predicting exit, voice, loyalty, and neglect. *Administrative Science Quarterly*, 34: 521—539.

Williams, Larry J., and John T. Hazer. 1986. Antecedents and consequences of satisfaction and commitment in turnover models: A reanalysis using latent variable structural equation methods. *Journal of Applied Psychology*, 71: 219—231.

Zenger, Todd R., and Barbara S. Lawrence. 1989. Organizational demography: The differential effects of age and tenure distributions on technical communication. *Academy of Management Journal*, 32: 353—376.

附录：本研究中使用的主观测量

心理承诺

（回答者使用的量级是从1=“强烈不同意”，到5=“强烈同意”）

1．为了帮助这个组织成功我愿意付出超出正常预期的努力。

2．我告诉我的朋友们，这个组织是个工作的好地方。

3．我发现我的价值观和这个组织的价值观是相似的。

4．我很自豪地告诉别人，我是这家公司的一分子。

5．这个组织确实能激发我工作中的最大潜能。

6．我真高兴当初选择了这个组织来工作，而没有去当时也在选择之内的其他组织。

7．我经常感到很难同意这个组织在事关员工的重要问题方面的政策（反向题）。

8．我确实关心这个组织的前途。

9．对我来说，这是所有可能去为之工作的组织中最好的。

10．决定来这个组织工作对我来说是一个明显的错误（反向题）。

缺勤

在过去12个月中，您缺勤多少次？（只计算事先没有请假的缺勤，如生病、小孩子问题、车的问题、葬礼等）

留职倾向

1．多大程度上您同意这句话：“我希望并打算继续留在［公司的名字］”？

（回答者使用的量级是1=“强烈不同意”，到5=“强烈同意”）

2. 您打算继续在［公司的名字］工作多长时间？

（回答使用的量级如下：1=1年及以内；2=5年及以内；3=10年及以内；4=11年及以上；5=直到退休）

工作满意度

（回答者使用的量级是1=“强烈不同意”，到5=“强烈同意”）[①]

1. 您对您所从事的工作的性质有多满意？

2. 您对管理您的那个人（您单位的主管）有多满意？

3. 您对组织中您和他们一起工作的人（您的同事）的关系有多满意？

4. 您对您工作得到的报酬有多满意？

5. 您对组织中存在的晋升机会有多满意？

6. 综合考虑，您对您目前的工作状况有多满意？

① 原文如此。疑应为：1（非常不满意）到5（非常满意）。——译者注

第五章

1997—2007年：关系—社会网络

导　读

关系的力量：中国情境下的关系人口学特征和关系

当经纪人不奏效时：中国高科技公司中社会资本的文化权变

导 读

一、关系人口学与关系的比较研究

1995年我到香港之后，在香港科技大学做的研究主要围绕两个主题：一个是关系人口学（relational demography），另一个是中国的关系（*guanxi*）概念。当时我的几篇关系人口学的文章都已经发表出来了，例如1992年《管理科学季刊》（ASQ）的文章，以及1989年《美国管理学会学报》（AMJ）的文章，还有几篇其他文章。我的同事樊景立老师对关系这个题目很感兴趣，我们就一起讨论关系和人口学的异同之处。那个时候，我连关系是什么意思都不知道，所以我就向他学习。我感觉关系这个概念与我一直在做的关系人口学有重复的地方，因为这两个都是关于人与人背景相似情况和现状的描述。基于这些初步的认识，我就开始读这方面的文献，然后开始思考到底中国的关系和西方的关系人口学在哪些方面是一样的，在哪些方面是不一样的。在学习和思考的过程中，我认识到"关系人口学"的背景主要指个人的背景，例如年龄、性别、教育等。但中国情景下的"关系"指的不是个人背景，而是社会背景，例如他是从哪里来的、在哪里读书、在哪里工作过等。也就是说，关系的背景强调的是与别人有相似的经历，例如来自同一个地区的人有很多经验相似的地方。这些相似的地方使他们对事情有很多共同的认识，对家乡有共同的热爱，甚或在同一所学校共同学习过，大部分人都认识，是同学或老师的关系。关系人口学与关系的主要区别在于个人特征，例如，同一性别的人有很多相似的地方，女孩子跟女孩子之间有很多相似的地方，男孩子跟男孩子之间有很多相似的地方。此外，同一个民族的人也有很多相似的地方。这里民族主要是以肤色作为主要的分别，但肤色又是和地域相关的。所以，关系人口学与关系既有共同点，也有不一样的地方。更重要的是，两者产生影响的原理也不一样。在这个思考之下，我就与樊景立老师一起写了一篇文章，阐述关系人口学和中国关系两个概念之间的异同，以及产生影响的不同原理。这篇文章发表1997年的《工作与职业》（*Work and Occupation*）上。

这篇文章写完之后，我发现我对关系的认识与现有文献对关系的解释是有差距的。文献中对关系的解释相当复杂和多元化。有些是基于经济学的考虑，有些是基于心理上的考虑，还有些是基于社会关系的考虑。相比而言，我是完全根据个人背景进行考虑，然后再推论出来可能由于感情上的因素导致有共同背景的人更乐于互相沟通和帮助。但事实上，或许也有可能不是出于个人喜欢或个人感情，而是出于一种责任感的考虑，这种责任感是由“五伦”所导致的。有了这些初步认识后，刚好樊景立老师有这方面的数据。由于数据是他和郑伯埙老师一起收集的，此外当时忻榕在我们系里做老师，于是我们几个就一起很顺利地进行了一项实证研究。我们的样本都是CEO或者公司高层经理。我们假设人口背景相似性对中国人之间的信任不会有很大的作用，但关系却会有很大的作用。研究结果证实了我们的研究假设。这篇文章很成功地在1998年《组织科学》（*Organization Science*）上发表了。

这两篇文章不仅使我对关系有了初步的认识，还让我学到非常多的东西。我开始从各方面了解中国社会。不单单从学术上，我还通过了解中国的社会现象进行学习，这对我很有帮助。

二、一篇未发表的研究

这个研究也是和樊老师、忻榕合作的，虽然没有发表，但我仍然认为它是一个非常好的研究。在这个研究中，我们把各种关系，例如师生关系，以前的同学、同事关系等，作为自变量，然后看它对经理的名誉绩效（reputational effectiveness）有没有帮助。我们收集了各种企业的总经理与其同事相似的数据，并让他的同事对这位总经理的名誉绩效做一个评价（本书第二章对名誉绩效有详细的介绍），看前面的各种相似关系对总经理的名誉绩效是否有影响。这篇文章1998年开始收集数据，2000年我到北京大学做一年的学术休假，花了一整年的时间写这篇文章。这篇文章写得很困难，因为关系这个概念实在是太抽象、太复杂了。但是从这个过程中我学到了很多东西。文章写完后，我就投到美国管理学会（AOM）的会议。在AOM年会做了报告后，我们先后将这篇文章投到《美国管理学会学报》（AMJ）、《组织科学》（Organization Science）、《应用心理学》（JAP），但都没有成功；最后投到《国际商务研究学报》（*Journal of International Business Studies*），结果到了第二轮的修改再提交时，刚好赶上主编换届。在第三轮的时候，换届后的主编表示不能再考虑这篇文章了，因为这是仅仅针对一个国家的研究，一定要两个以上国家的比较研究才可能被发表（该期刊现在已没有这个要求）。我们当时非常失望，也觉得非常不公平，但是也没有办法。我没有想到投诉，因为我自己作为主编，知道他们一定有他们的道理。因为四个期刊都不接收，那大约已经是2004年了，我们的数据已经收集了六七年，文章也改了七八次，真的是筋疲力尽了，没有精力再继续改下去，然后就放弃了。

其实，虽然这篇文章没有一个好的结果，但并不妨碍我对它的喜欢。这篇文章的结论很有意思，我发现总经理和他老师关系的好坏直接影响同事对这个总经理工作的评价结果。我们用社会资本（social capital）理论来解释。老师是一个资源，老师可以介绍总经理给其他好的学生，他们之间有些问题可以互相交流和帮助。那这个学生的老师对他很好的话就也表示他是一个非常好学的学生，能力高。这里面有多种很好的解释，但是不知道为什么我们没办法说服西方的审稿人。可能他们对这个社会现象不了解，也不认同，所以觉得这个结果不是可以接受的。另外，我们的因变量是我提出的名誉绩效（reputational effectiveness），这是一个主观的变量。评审们对这个变量的测量有很多意见。多种因素导致这篇文章没有被接收，最终只能放弃。

从这段经历中，我认识到以下几点：第一，数据收集上，当初我们没有考虑到因变量的测量需要用其他方法进行验证；第二，理论上，我们没有找到更深的理论去解释；第三，写作上，我们没有考虑到那个时候西方的编辑和审稿人对中国的现象不了解，对这方面的研究不是很认同，我们认为理所当然的事，他们可能觉得是天方夜谭，所以写作上要充分考虑这些隐性的沟通交流障碍。所以很惭愧，虽然我发表了这么多的文章，但写作方面还不能说我拿起笔来就能写出好的文章。这其实是个很普遍的现象，很多一流的学者都被一流的期刊拒绝过，不是只有我一个。所以这件事对我的信心打击不是很大。因为我知道有很多比我好的学者都被AMJ、ASQ拒绝过，所以被拒绝往往是多种原因导致的，并不表明你的能力很差。

三、中国情境下社会网络的研究

这篇论文也是我非常骄傲的研究之一。我觉得很幸运能参与这个研究。在1999年的时候，关于关系的文章我已经发表两篇了。那个时候有个中国男生，他的名字叫肖知兴，写邮件给我：“徐老师，我在中国的诺基亚工作，看到你写的关于关系的文章觉得很有启发。我对关系的概念思考得也非常深刻，有些想法想跟你分享。”他的邮件写了很长很长，我看的时候觉得非常兴奋，因为我觉得他不仅观察能力好，思考能力好，而且写作能力也非常好。所以我跟他在邮件上来来去去很多次一直讨论关系这个问题。到了2000年我去北京开会就跟他约好见面。他是中国人民大学的毕业生，我去中国人民大学做讲座的时候，他就到中国人民大学跟我见面。这样我们就正式认识了。一两年之后他到法国的INSEAD去读博士了。我有一次去他的学校做讲座，他与他的夫人Annie招待我和我的女儿。我们对彼此了解得更加深入了。后来他做博士论文的时候，请我做他的博士论文委员会委员，我也很高兴地接受了他的邀请，给他一些指导。其实也不算指导，因为我从他那学到的也很多。

他的博士论文就是有关关系的研究。但他是从社会网络（social network）这个角度去做的。社会网络有很多种，其中一个很出名的是Ronald Burt提出的结构洞（structure hole）理论（Burt, 1992）。Burt教授那一年正好在他学校做访问学者，肖知兴上了他的课，所以对他的结构洞理论非常熟悉。他思考到结构洞理论在中国的表现有可能与西方国家尤其是美国不一样，所以他就在结构洞理论的基础上，思考结构洞是不是对中国人的事业发展有不一样的影响。他从中国社会与西方社会最大的不同点出发进行思考，即美国社会是个人主义，中国社会是集体主义。在集体主义的环境下，大家会注重合作、分享，不注重竞争、自私自我。他在这种文化差异之下做了假设，即结构洞理论是提倡个人竞争，个人自私地把资源留作自己用。这种现象虽然西方社会可以接受，但在中国情境下就不能接受。他假设在中国，结构洞对职业生涯有负面影响。他的数据有四个公司，三百多个员工。他的抽样都是非常地小心谨慎，与西方做这方面研究的行业是一致的。职员的工作方面也有相似之处，这样就可以与现有的文献做作比较。这个研究做得非常扎实，他很顺利地完成了毕业论文，毕业之后就到上海的中欧国际工商学院工作了。

有一天他给我发邮件说：“您跟我一起改写我的毕业论文，我们投到ASQ去好不好？”我说：“好啊，我当然很高兴了”。但我又说，“我跟你写，那你的导师呢？”他说他的导师不会参加。我说不可以啊，导师怎么可以不参加。他说他的导师认为这不是他的领域，他也不懂中国，所以觉得他不应该参加，也不想参加。我说，“这不太好吧，导师花了这么多心思来指导你，怎么能够不参加呢？”他说他第二天再跟导师确认一下。等他确认好后，我就接受了他的决定。2004年秋天，他跟他夫人Annie到亚利桑那州立大学访问了两个月，我们在这两个月中就把初稿写出来了，并把它投到美国管理学会（AOM）的会议上。之后继续修改好后，投到了《管理科学季刊》（ASQ），最后成功地发表了。肖知兴的这篇文章给我提供了对社会网络进行学习的机会。同时这也是在关系的基础上，能够有机会做这个题目，我觉得我非常幸运。

我的整个研究过程是从关系人口学到关系再到社会网络这样发展过来的。后来

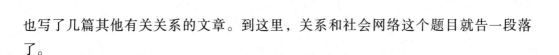

也写了几篇其他有关关系的文章。到这里，关系和社会网络这个题目就告一段落了。

该主题的系列文章

1. Farh, J. L., Tsui, A. S., Xin, K., and Cheng, B. S. 1998. The influence of relational demography and guanxi: The Chinese case. *Organization Science,* 9: 471-488.

2. Fu, P.P., Tsui, A.S. and Dess, G. 2006. The dynamics of guanxi in Chinese high-tech organizations: Implications for knowledge management and decision-making. *Management International Review,* 46 (3), 1-29.

3. Tsui, A. S. 1997. The HR challenge in China: The importance of guanxi. In Ulrich, D., Losey, M., & Lake, G. (Eds.), *Tomorrow's HR management,* 337-344, New York: Wiley.

4. Tsui, A. S. and Farh, L.J. 1997. Where guanxi matters: Relational demography and guanxi in the Chinese context. *Work and Occupations,* 24: 56-79.

5. Tsui, A.S., Farh, L.J., and Xin, K. 2000. Guanxi in the Chinese context. In Li, J.T., Tsui, A.S. and Weldon, E. (Eds.). *Management and Organizations in the Chinese Context,* 225-244, London, UK: Macmillan Press.

6. Xiao, Z.X. & Tsui, A. S. 2007. Where brokers may not work: The culture contingency of social capital. *Administrative Science Quarterly,* 52: 1-31.

关系的力量：中国情境下的关系人口学特征和关系* ①

徐淑英（香港科技大学）
樊景立（香港科技大学）

摘要：本文探索“关系”的本土概念及其在中国情境下的应用。关系的定义为：一种存在于两个及两个以上人们之间直接的特殊连带。本文将关系与西方的关系人口变量的观点相联系。近年来，美国学者使用关系人口学特征解释并预测在美国情境下多种个人、团队和组织层面的效果。本文旨在通过比较和对比关系与关系人口学特征概念，建立一个综合的理论框架，相对于只依赖关系或关系人口学特征两个概念其中之一的研究方法，为理解在中国情境下人与人之间人口学与背景变量的相似特点的动态关系提供更加广泛的解释。本文提出了若干假设，主要针对关系人口学特征和关系在何时及通过何种机制对中国组织的工作效果影响最大。

近十年来，有关组织人口学的研究层出不穷。众多实证研究已经证实在两个或两个以上的群体成员的人口学变量的差异会影响沟通（Zenger & Lawrence, 1989）、离职（Wagner, Pfdffer, & O’ Reilly, 1984）、社会整合（O’ Reilly, Caldwell, & Barnett, 1989）、组织依附（Tsui, Egan, O’ Reilly, 1992）、人际关系魅力（Tsui & O’Reilly, 1989）、绩效评估（Tsui & Egan, 1994），甚至公司战略（Bantel & Jackson, 1989）或者公司绩效（Murray, 1989）。在此领域的研究最基本的就是探索关系人口学特征（譬如，两个或更多人之间的人口学特征的相似点和差异）是否会影响人们对彼此的态度和行为，以及是否会影响在个人、团队和组织层面上的工作表现，并揭示这种影响的内在机制。

有些关于关系人口学特征研究的观点是根据澳大利亚或者英国的公司现象发展

* Tsui, A. S., and Farh, L. J. 1997. Where guanxi matters: Relational demography and guanxi in the Chinese context. *Work and Occupations*, 24: 56-79.

① 感谢Dan Cornfield, Anne Lytle, Catherine Tinsley 和一位匿名审稿者的有益评论。感谢“Organizations in Global Settings”研讨会参与者的建议和反馈。我们尤其感谢Kenny Law的睿智和挑剔的问题帮助我们理清了许多思路和想法。

而来。可是当今在关系人口学特征方面的研究主要是以美国公司为样本。鉴于在任何社会背景的人们都会拥有年龄、性别、种族、宗教、社会经济或者家庭起源等特点，人口学特征也许可以作为一个通用的概念帮助人们理解在不同文化背景下的不同工作行为。本文旨在中国情境下探究关系人口学特征概念，值得一提的是，个人的社会经济背景和家庭起源在中国人的人际交往过程中至关重要（Bian, 1994；Chiao, 1982；Hwang, 1987；Jacobs, 1979；King, 1991；Yang, 1993）。具有相似背景的人们之间的关系体现了本文所说的"关系"概念。"关系"被定义为一种存在于两个及两个以上人们之间直接的特殊连带（Jacobs, 1979, 1980）。众所周知，在中国商业世界里，关系扮演着独特的角色（Alston, 1989；Hall & Xu, 1990；Jacobs, 1980；King, 1991；Lockett, 1988；Yang, 1994）。关系对当事人具有工具性价值（Hwang, 1987；Xin & Pearce, 1994）。在本文中，我们比较关系人口学特征的西方概念和关系的中国本土化概念，探究两者如何以及何时能够最为深刻地影响中国社会的人际关系，具体来说，影响中国组织的工作效果。

1. 西方情境下的关系人口学特征

自从Pfeffer（1983）的著作发表以来，西方管理文献将注意力从关注员工自身的简单人口学特征（例如年龄、工作年限、种族或者性别这些变量），转到关注员工之间人口学特征的相似性和差异。一个人的人口学特征和与其他人的关系（譬如关系人口学特征）是研究的关注点。Tsui, Egan和Xin（1995）一篇回顾人口学的文献中提到了具有相同或不同人口学特征的人们的不同工作经历。比如，那些与其他人在年龄、工作年限、种族或者性别存在差异的员工社会整合度低，对组织的忠诚度低，离职倾向程度高，并且他们也较少地受到其管理者和工作同伴的青睐。

1.1. 关系人口学特征和人际关系

社会分类和社会认同过程能够较好地揭示以上观察到的人口学特征的影响（Tajfel, 1982；Turner, 1987）。人口学属性通常是对一个人第一印象的基础。换句话说，人口学特征提供了一个人最基本的信息。人们依照人口学上的特征被分配到不同的社会群体中。根据人们被分配到的社会群体特征，人们的态度、行为、信仰和行动就被定型。一些固定的印象是正面的，但是另外的可能是非常负面的。

人口学特征除了具有提供信息的功能外，还构成人们自我认识的基础。Brewer

和Miller（1984）提出了以人口学特征为基础的社会分类在人们自我认识中的作用："一个人对自身的认识部分基于其所在的某个社会类别以及其对这个类别的价值和情感取向的程度"（p.184）。人们属于众多不同的社会类别，因此可以借鉴对不同类别社会群体的综合理解。那些对人们自我认识至关重要的人口学因素很有可能成为他们将自己和他人进行分类的标准。如果人们拥有相似的人口学特征，他们就会被分到相同的社会群体中（内群）；而那些具有不同人口学特征的人们就会被分到另外的社会群体中（外群）。因此，知晓一个人的核心身份可以帮助预测这个人会更倾向于属于哪个群体。

当社会类别成为衡量社会身份的重要标准时，一个人就会对某个群体抱有很强烈的认同感，这个群体就成为了一个重要的心理群体（Turner, 1987）。内群成员的互相吸引可能是更多的互动、沟通和建立友谊的基础。所以说，认同感由人与人的吸引相伴而生。这种情况往往在人际交往密集的小型群体里常见。但是，即便是成员之间不存在频繁的人际交往，人们也倾向对与其具有相似人口学特征的对象有好感。换言之，即便群内成员互相没有建立友谊，只要他们都属于某个类别，人与人之间的吸引也会存在。这种以非人际和组织类别为基础的吸引明显与人际交往建立的互相吸引不同，因为这种喜爱是建立在某个群体的身份而非人们之间友谊的基础上。譬如，面试官会因为申请者与自己上同所学校这个事实对这位申请者有偏爱（往往是潜意识层面）；反之，如果这位申请者不具备这个特征，面试官就会把他当做一个陌生人。

总的来说，人口学特征的相似点和差异会通过社会分类和认同过程影响人际关系和个人反应，同时人口学特征的相似点可能会帮助人们建立友谊。在同一个群体的人们之间的互相吸引程度更大。研究表明，关系人口学特征会影响各种工作结果，例如绩效评估、离职倾向、旷工以及组织承诺（Tusi, Egan, & Xin, 1995）。

2. 中国情境下的关系

中外文献对于关系的定义众说纷纭。Bian（1994）的文章认为关系指以下三方面的某一种：① 在某一群体具有相同地位或者与同一个人均有联系，② 人们之间的真实交往以及频繁联系，③ 一个没有直接交往的联系人。其他人认为关系是一种人们相互联系的网络（Redding, Norman, & Schlander, 1993）或是基于特殊标准或连带的人际情感的一种形式（Jacobs, 1979； King, 1991）。能够明确的是，在中国语言情境下的"关系"一词涵义极其广泛。各种释义的共同点是，关系指一种特殊的人与人之间的情感，这种情感是属于个人并且基于某种特殊的标准。Jacobs（1979）的文章指出，当两个或两个以上的人们具有共同的禀赋、身份或者起源，关系便存在于他们之中。Jacobs还发现中国台湾地区某个乡镇的居民之间关系最重要的基础是亲属、同乡、员工、同学、姓氏以及老师学生之间的关系。

与一些人口学上的属性一致，某些关系可能是先天所有和与生俱来的（父子关系），另一些关系可能是后天获得（配偶或者同学关系），或是地位使然。与此同时，一些共同的属性会变化。以同乡为基础的关系为例，这个同乡可以指一个小乡村、乡镇、城市、省、甚至几个省组成的一片区域。即便以亲属为基础建立的关系也涉及亲属的范围，亲属可以指三口之家，也可以指远房亲戚。关系基础的这种伸缩性使得人们可以按照自己的意愿建立人际关系网络。

本文依照Jacobs（1979）研究对关系的定义。关系是指两个或两个以上的人们之间存在直接的特殊连带。在中国情境下，这些连带就是衡量人们之间关系亲密程度以及牢固与否的决定因素。这种关系的定义不包含通过某种媒介建立的间接连带。这种间接连带将关系的概念延伸至关系网络的范围。所以，本文不把这种间接连带纳为研究内容。采用基于某种背景因素产生的直接连带，我们可以将关系和关系人口学特征做直观比较。

2.1. 关系和人际关系模式

理解关系为何重要以及它如何在中国社会中起作用，首先我们要了解中国儒家思想。在儒家思想意识体系里，“伦”就是“关系”。孔夫子认为人是存在于社会或关系中的个体。社会法规和稳定依靠于不同人们之间的具有适度差别的角色关系（King, 1991）。孔夫子定义了五种最重要的关系（“五伦”）：君臣、父子、夫妇、长幼和朋友。Yang（1993）将“五伦”描述为：

> 作为一个高度正统的文化体系……（要求）每个人言出必行。想要成为一个扮演自身的角色，人们通常不得不隐藏自己的意愿……这就是中国人被认为是以环境导向或受环境影响深的原因（第29-30页）。

受儒家影响极为深厚的中国人经常认为，他们周遭的社会环境是相互依存的，并且人与人的关系成为了个人经历的焦点。这种彼此依附的观念与西方独立个体的观点对比鲜明。西方观点视每个人为独立的、自我管理的和自治的个体，每个人都具有独特的天生禀赋（例如，特征、能力、动机和价值），每个人的行为因这些天生的禀赋差异而不同（Markus & Kitayama, 1991）。这种对于自身不同的看法对众多基本的心理过程具有指导意义（心理过程包括认知、情感和激励），并且这也是东、西方在社会关系方面最基本的差异。

在以关系为中心的社会里，社会关系的重要性显著。关系常被认为是目的本身，而不是实现各种个人目标的手段。在中国，人们会选择性地对他人关注，这种关注是群内成员之间最为显著的特点。很多研究者在观察中国社会关系时发现（例如 Butterfield, 1983； Parsons, 1949）：相比西方人，中国人习惯于人以群分，并且对待不同群体的人会有相应的态度。这种以和自己关系深浅为标准，用不同态度对待不同人的倾向，是关系在中国社会如此重要的原因。

Yang（1993）的文章描述存在于中国关系的三种主要类别：家人（家庭成员）、熟人（例如亲戚、邻居、朋友、同事或同学）和生人（几乎不认识或完全陌生的人）。这三种关系类别依照个人习惯和准则而决定，并且对不同人有着不同的社会和心理涵义。

家人关系的特点相对永久、稳定而深远。家人之间要把谋求彼此的福利当做自身的责任。家人关系的交换准则为一个人必须尽其所能、不求回报地照顾到其家人的需求。在传统中国社会中，忠义首先存在于家庭中，包括嫡系亲属和远房亲戚等（Redding *et al.*, 1993）。许多作者（例如Bond & Huang, 1986； Yang, 1993）提出，中国社会一个显著特点就是人们以家庭为导向。以亲情为基础钟爱圈内人的习惯源于牢固的家庭认同感和角色责任感，它们都渗透在中国社会的各种社会准则当中。换言之，对家庭忠义是一种职责，并且这种职责不求回报。

生人这个类别包含所有在家庭之外和当事人未建立起深厚感情的个体。生人可能是某个地方社区的成员、在（大型）公司一起工作的同事或者参与某项业务的顾客。生人之间的交往通常是暂时性的泛泛之交，并且是基于功利方面的考虑，即关注个人的得失。相比包含情感的家人关系和兼有工具性和情感成分的熟人关系，此种关系是完全不掺杂情感并且带有工具性特征。

从定义来讲，熟人既不是家人也不是生人，但是这种关系介于表面以及亲密关系之间。一起共事的同事或者下属属于此类别。所以说，熟人之间的关系介于家人和生人之间，并且兼有功利和情感模式。人情（社会责任或者个人帮助和施舍）的原则告诉我们，人们强烈期望偏爱是互相的（Hwang, 1987； King, 1989）。培养人情是建立或者维持友谊的先决条件（Hwang, 1987； King, 1989, 1991）。[①]

总的来说，基于关系，个人交往关系可以成为以上三种关系的任何一种。在每

① 人情是一种中国社会的规范，遵守这个规范可以建立和谐平稳的人际关系。一些普遍有关人情的例子包括：①礼尚往来（互相到家里做客、送礼物或定期问候）；②患难之中伸出援手；③知恩图报；④基于与对方的关系为基础提供帮助。

个类别中，关系的远近和深浅都不同。譬如，如果你的同事和你曾是大学同学，你和他的关系就比和其他没有同学这层关系的人更加牢固。对传统的中国人来说，关系主要对家人和熟人这个类别具有重要意义。但是，随着中国从一个传统的农业社会逐渐转型为多元的工业社会，人们的自由程度增高，并且集体的影响降低。所以说，在生人这个类别中成员之间的吸引也逐渐变得更加重要。背景关系和其相关的社会分类和认同过程可以解释在生人类别中成员之间的交往。在此一个相关问题就是，社会认同过程在中国情境下是否具有重要作用？一些研究提出在中国社会认同也起作用。

2.2. 中国的社会认同过程

Li和Hsu（1995）通过以台湾地区学生为样本的一项研究证实了社会身份理论的基本原则，即随机将人分配到任意群体中，偏爱出现在组内成员之间。实验参与者被要求给两个人分配奖励。奖励分配者和奖励接收者的群体身份和友情程度被控制，身份被分成群内和群外两种，友情程度被分为朋友和陌生人两种。在实验一中，共有四种实验情境。参与者要为这两个人分配奖励：（a）一个人既是朋友又是群内成员，另一个是陌生人但也是群内成员；（b）一个人即是朋友又是群内成员，另一个同样是朋友但是群外成员；（c）一个人是陌生人但是群内成员，另一个是朋友但是群外成员；（d）一个是陌生人但是群内成员，另一个是陌生人也是群外成员。这种群体身份的分类方法是按照Tafjel（1982）的名义组间方法（即参与者被随机分配到红队或绿队）进行的。友情程度的控制是通过请一些参与者带上自己的朋友共同参与此实验。另外一些参与者被随机指定一个同伴，即陌生人。结果显示，群体身份和友情程度都会对奖励分配的偏差产生影响。另一个在不同场景下的实验也显示了相同的结果。这个实验的结论就是社会认同模型在中国人中同样适用。

Li（1993）的另一项研究证明家庭是中国人自我认识的最重要或主要的基础。Li（1993）以中国台湾地区和美国的大学生作为样本，询问他们对一位造成连环事故并逃逸的肇事司机的反应。参与者被问到他们如何评价这位司机的行为并且应该缴纳多少金额的罚款。肇事司机跟参与者的关系被随机指定。肇事司机是（a）参与者本人；（b）参与者的父亲；（c）陌生人。结果显示，相比情景（c），中国学生在（a）和（b）两种情景下的情感偏袒程度是相同的。相反，美国学生只对自己是肇事司机时有特殊的偏袒，对于（b）和（c）两种情况的反应没有显著差别。作者在接下来的实验中，只将中国学生作为样本，研究表明，随着与自己关系越疏远，这种偏袒程度越低，即配偶之间偏袒度最高，兄妹关系、同学关系以及陌生人偏袒程度依次降低。这些结果表明，美国人认为自己是独立的个体，而中国人认为自己是依附于他人的个体，这种依附不仅包括自己还包括他们的亲人。这些发现进一步说明了美国人和中国人在公正和社会关系两者之间有着不同的优先考虑。对于美国人来说，除自己以外的任何人都应该依照相同的公平公正标准，社会关系在这个体系中没有任何作用。而对于中国人来说，人们会优先考虑社会关系再考虑公平公正的标准，而这种标准的实施还要考虑到与当事人的关系程度而发生改变。这些研究结果揭示了在中国情境下，至少在台湾大学生这个群体中，社会认同和分类过程影响了人际关系。

3. 关系和关系人口学特征的理论框架

至此，我们回顾了有关关系和关系人口学特征的文献，了解了中国的人际交往模式。我们发现关系和关系人口学特征这两个概念既有联系又有区别。我们认为，通过整合关系背景下的心理过程和相关概念，可以丰富和完善关系的概念。接下来我们会提出一个完整的理论框架，揭示中国工作情境下关系和关系人口学特征的角色。

3.1. 比较关系和关系人口学特征

关系是通过寻找共同点触发人们建立某种特殊连带的信号。从这个意义上来讲，关系的概念和关系人口学特征互相联系但并非等同。两个概念都强调了这种共同点或联系的涵义，但是也有一些不同点。首先，共同点的基础不同。关系是基于个人本土的社会经济起源而非像年龄或性别这样的物理属性。这些起源一般不会直接被观察到，而只会通过第三方直接的介绍或交谈才得知。通过回顾关系和关系人口学特征的文献，[①] 表1总结了一系列关系和关系人口学特征的组成因素。从表中我们可以看到，只有三项类似。其中关系中的同乡或者同胞和关系人口学特征中的国

① 表1中列出的关系基础源于传统中国文献或近期的人类学研究。Jacobs（1979）发现本土性（在相同区域或相同省份）是“在马祖岛建立关系的最重要以及政治相关的因素”（p.244）。亲情、同事、同学、拜把兄弟、姓氏和师生关系都没有本土性那么重要，但是也与关系建立过程相联系。Chiao（1982）研究了中国现代社会的关系和社会生活，他发现关系的基础也同样包含亲情、本土起源、同学、同事和相同爱好，这些基础贯穿于家长、师生、上下级、共同政治信仰和友情等关系中。因为我们只关注直接连带关系，在表1中没有列出父母情感（parental friendship）。我们也排除了朋友这一项，因为它不能表示一个具体的特征。King（1991）回顾了近期有关关系的文献，并且赞同Jacobs和Chiao有关中国社会中重要的关系基础。关系背景的基础是同组织人口学研究一致（Tsui, Xin, & Egan, 1995），大多数研究都关注表1中的下半部分。

籍类似。曾经的同事（关系基础之一）和以往的工作经历（关系人口学特征基础之一）意义相同。曾经的同学（关系基础之一）和具有相同母校（关系人口学特征基础之一）意思相近。

从表1中，我们可以看出另一个重要的区别是这些基础的类型不同。关系的基础多数包含人际交往和友谊发展。这包含以前一同共事（工作同伴或者上下级），一起学习（曾经的同学），曾为邻居、师生或者家庭成员（包含近亲或远亲）。唯一例外就是相同的故乡和家庭姓氏。相反，关系人口学特征的基础多数是人们具有相同的特征，例如年龄、种族、性别、宗教或职业，而这些人们并不一定要有彼此交往的机会。这些相同物理特征也许会导致彼此交往。这些物理特征在关系研究中很少提及。[②]另外，关系的基础多数会涉及过去的交往经历。但是关系人口学特征的基础多数会涉及现阶段的特征。

表1：关系和关系背景的基础

关系	关系人口学特征
近亲	
远亲	
同姓	
曾经的邻居	
曾经的师生	
曾经的上下级	
曾经的同事	当前或曾经的工作地点
曾经的同学	母校
同乡或同胞	国籍或民族
	种族
	性别
	年龄
	教育背景
	宗教
	专业领域
	军队经历
	工作经历
	公司工作年限
	团队工作年限
	职业

② 这并不表示它们在中国情境下不重要。只是因为还未对它们的影响进行系统地分析。事实上，Bong和Hwang（1986）总结道，多数西方心理学理论在中国人身上依旧适用（例如Byrne, 1971）。譬如，在一项有关中国女大学生的研究中发现，人际吸引和特征相似性存在正向线性关系（Bond & Hwang, 1986）。虽然东西方的基本理论有重叠，但是影响人际吸引程度的个人特征可能不尽相同。

关系和关系人口学特征的不同基础表明它们影响人际交往和工作效果的过程也可能不尽相同。这种内在过程可能是关系和关系人口学特征最主要的区别。传统中国社会受儒家思想影响深厚，所以互助思想、角色责任和人情观念极重。关系人口学特征的观点还包含与陌生人之间交往，这种交往建立于社会认同和友情建立的过程中。所以说，通过基于相同身份的认同，生人类别又可以分为两种：拥有共同身份的生人和拥有不同身份的生人。

3.2. 关系、关系分类和交往模式

表2总结了四种关系下的人际交往模式，以及与其相关的关系和人口学基础。在每种类别下的主要交往原则和社会对待模式是沿袭Yang（1993）的研究。他们都提供了连接关系、关系人口学特征和人际交往、工作表现的潜在过程。

表2：中国情境下的关系基础和人际联系

关系的类别	主要交往原则	社会对待模式	关系或共同身份的基础
家庭（家人）	责任或义务	无条件保护	近亲
熟人	礼尚往来（人情）	信任和社会适应	远亲，以前的同窗、师生、上下级、同事或邻居
有共同身份的陌生人（生人）	带有非个人情感的功利交换	偏爱	同乡，同姓或具有其他相同的人口学特征（年龄、性别、教育程度、母校）
无共同身份的陌生人（生人）	无情感的功利交换	判断和谨慎	无

如表2所示，家人类别中关系的基础是家庭连带。责任和义务是这种交往的主要原则，并且伴随着无条件保护彼此的利益以及忠诚度。虽然这种思想被所有中国人知晓，但是受到西方价值观影响的当代中国人对这种责任和义务的意识有所减弱。熟人类别中的关系可能存在各种不同的基础。礼尚往来（人情）是这种交往的主要原则。朋友之间会建立一定的准则，因为互惠原则不需要在短时间实现，彼此信任便会建立起来。总体来说，熟人关系既有工具性的成分又有情感性的成分（Hwang, 1987）。社会认同虽然存在，但友谊的牢固程度是影响人们态度和行为的主要因素。

与拥有或没有共同身份的生人交往方式取决于人们是从中国传统文化模式还是基于社会认同过程来分析这个问题。根据中国传统价值观，人们应该平等对待拥有或没有共同身份的生人，在交往过程中主要关注个人的得失。但是，根据社会认同过程，只要拥有共同的身份，人们就会对这样的人（即便是陌生人）偏爱有加。以

下是从关系人口学特征的角度来丰富关系的理论。目前，我们可以预测生人是会受到偏爱还是会得到公平待遇。人们会偏爱拥有共同身份的生人：人们与拥有共同身份的生人的功利性交换便会包含非个人的情感因素，人们与没有共同身份的生人交往会是完全工具性的交换。在生人这个类别中，共同身份的基础有可能是某种特殊连带，也有可能是年龄、性别或教育程度这样的人口学变量。

基于前人研究，我们提出联系关系、关系人口学特征和人际交往、工作表现的三种中介过程。这三种中介过程就是角色义务、友谊和社会认同。图1表示通过这三个中介变量，关系和关系人口学特征如何影响众多工作表现。随后，我们将会解释为什么这些工作表现对关系和关系人口学特征如此重要，同时我们也针对此理论框架提出了阐释性的假设。

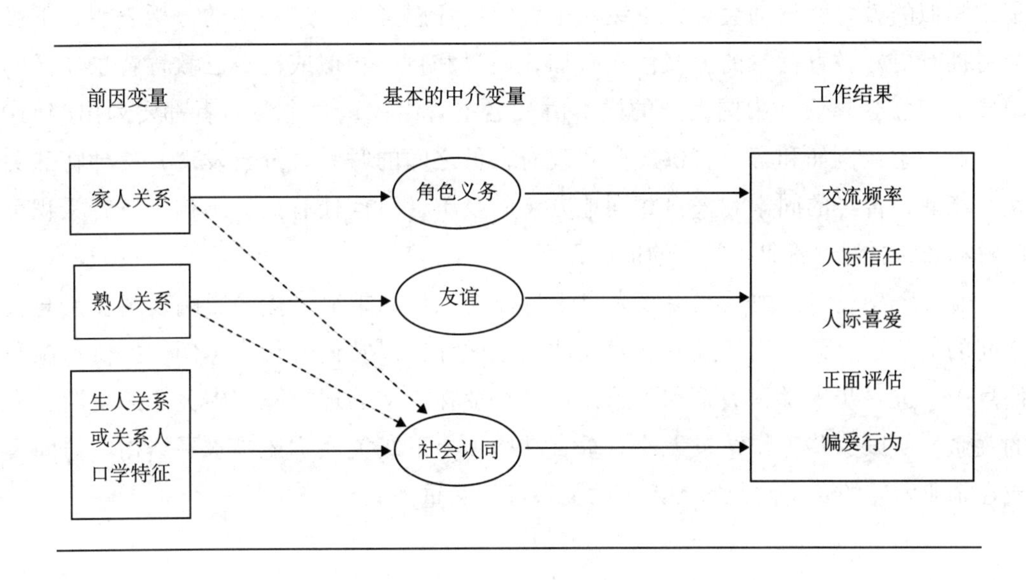

图1：中国组织中关系、关系人口学特征和工作结果的一个理论框架

3.3. 关系和关系人口学特征影响工作表现

美国研究发现，关系人口学特征和众多工作表现有着直接联系（Tsui, Egan, & Xin, 1995）。譬如，Zenger和Lawrence（1989）的研究发现，当项目小组成员的年龄和工作年限相似时，团队成员的交流频率更高。Tsui和O' Reilly（1989）的研究指出，相比成员年龄和工作年限差距较大的公司，成员年龄差距和工作年限差距较小的公司更具有凝聚力，并且员工的离职倾向也较低。Kanter（1977）的研究虽然没有用“关系人口学特征”这个概念，但是她观察到某个公司的员工工作表现都是基于相似性吸引、社会认同和分类过程。

有关关系和工作表现的研究甚少。Xin和Pearce（1994）采访了来自中国国有企业、合资企业和民营企业的经理。他们发现关系对这些中国经理们，特别是对那些来自民营企业的经理的事业和成就来说至关重要。他们解释道：关系可以代替制度结构，帮助民营企业经理获得所需的资源、人力、信息以及其他支持。

Farh, Tsui, Xin和Cheng（1995）进行了也许是至今为止第一个将关系和关系人口学特征放在中国情境下的一项研究。他们分别在中国台湾地区和中国大陆选取样本，台湾地区的样本有超过500对上下级关系。在这个样本中，他们发现，基于家庭和邻里连带的关系会使得下级对上级表达出更多的信任。他们还发现上下级如果有相似的教育背景（一个关系人口学特征变量），上级会给下级更高的工作评价。但是，相似的教育背景却会导致下级对上级的信任感降低。进一步的分析表明，下级会对拥有更好教育背景的上级信任有加，而对和自己相似或比自己教育背景还低的领导的信任会降低。中国大陆的样本由32名主管组成，每个参与者都要列出8到10个商业关系，例如和客户、供应商和政府官员之间的联系。分析发现，三种特殊关系：亲戚，曾经的同学和来自相同地方（同乡），对信任有显著影响，三者累积可以解释43%主管对商业相关人的信任程度。

前人研究表明，关系和关系人口学特征对工作结果最直接的影响表现在人与人之间的信任、喜爱、沟通频率、对彼此的正面评估以及偏爱行为（例如提供资源和信息）。进一步来说，关系和关系人口学特征在本文的理论框架中关注的是两个人的关系。所以这些工作结果无论对垂直结构（上下级关系）还是水平结构（与同事或在企业内外的商业伙伴的关系）的关系都意义重大。

3.4. 假设

基于以上的理论框架，我们提出了若干假设。我们先阐释之前列出的联系关系、关系人口学特征和人际交往、工作表现的三种中介过程。然后我们会针对在中国工作情境下关系和关系人口学特征如何影响这些工作结果提出相应假设。

3. 4.1. 中介过程的角色

联系关系和这些工作结果的过程会根据关系的本质和基础不同而有所差异。虽然社会认同对这三种人际关系都会有影响，但它是影响生人关系最主要的机制。除了认同外，基于亲情的家人关系主要通过角色责任这一机制。鉴于人们都有角色责任，人们便会更加偏爱家人。例如，经营一家公司的叔叔会为自己的侄子提供暑假实习，一个和侄子具有相同资格或更加优秀的年轻人可能不会得到这份实习。所以，角色责任是连接家人关系和人际交往的主要因素。

我们并不认为所有中国人对家人的角色责任感都保持不变，这是由于快速的工业化和西方影响普遍弱化了传统中国家庭的观念。Yang（1986, 1988）通过对台湾地区大学生的研究发现，社会现代化进程弱化了传统价值观，例如，尽孝道和尊重权威。这种变化特别是在大学生中间更为明显。随着现代中国社会逐渐复杂化和多元化，对家人负责任这样基本的社会价值很有可能在每个人心中的份量不同。

除了认同，熟人关系还被友情和人与人之间的吸引机制所中介。朋友之间你来我往、互相帮助是维持友谊的必要条件。但是，也会有一些人，他们秉承传统的价值观，认为忠于朋友是自己的职责所在。根据传统儒家思想体系，友情是五种主要角色关系中的一种。如果把朋友定义为一种角色，一个人对朋友的特殊照顾是源于自己主观的责任和义务。事实上，这样的朋友关系蕴含了“家人”层面的含义。因此，角色义务和友谊都可能在熟人关系和工作结果变量中起中介作用。但是，通常来说，我们预测友情的中介作用比角色义务的强。

与生人拥有相同背景而产生的关系涉及社会认同过程。虽然人们和生人没有个人吸引，但是这种相同的身份会让人们对生人产生熟悉感。这也表明身份对人们是非常重要的。如果一个家族姓氏意味着一种荣耀，这个姓氏会影响这个家族对与自己同姓氏人的态度和行为。如果同一母校是一种身份的重要象征，在此基础上建立的关系和两人间的交往息息相关。

基于以上分析，我们提出如下假设：

H1a：角色责任主要中介家人关系（家庭成员）和工作结果之间的关系。

H1b：友情主要中介熟人关系和工作结果之间的关系。

H1c：社会认同主要中介拥有共同身份的生人关系和工作结果之间的关系。

H1d：家人关系对工作结果影响最强，其次是熟人关系，最后是生人关系。

这些假设表明这三种中介过程理论上有差别，并且这种差别在实证研究中得到了证实。已有研究揭示了家人角色责任的影响。譬如，Chang和Farh（1996）的研究开发了家庭观念的测量方法。主要内容包括家庭的和谐稳定、扩展亲属范围、家庭兴旺、归属感、责任感和安全感。具有强烈家庭观念的人在工作中对待家人和非家人的区别可能更大。另外，每个人的友谊深度都可能不同，友谊可以从人际关系的亲密程度来判断。譬如，由Aron, Aron和Smollan（1992）开发的“Inclusion of Other in the Self Scale”量表就是测量关系亲密程度。最后，一些研究测量了存在于某些社会群体中人们的社会认同变量，比如，亚洲人的自我意识（Suinn, Richard-Figueroa,

Lew, & Vigil, 1987）或者墨西哥裔美国人的自我意识（Cuellar, Harris, & Jasso, 1980）。基于其他方面（例如校友、性别或本土起源）的社会认同也可以用类似的方法测量。

简言之，我们强调三种中介过程在理论上的不同点，并且相关的研究也表明这三种中介过程相互独立。更重要的是，这三种中介过程要求必须分开测量关系基础和两个人的人口学特征变量的相同点。

3.4.2.多重基础的影响

两个人之间可以存在很少或多种关系基础。在多方面的相同点可以增加他们进行社会交往的机会。这些相同点让两个人清楚意识到彼此的共性。同样，两个人之间的人口学特征相同点越多，他们互相认同的程度就会越高。所以，我们提出以下假设：

H2a：两人关系基础的数量越多，他们之间的沟通频率、信任、对彼此的正面评估以及偏爱行为程度越高。

H2b：人口学特征相似点越多，对这些工作效果的影响越大。

3.4.3. 现代化的影响

无论在中国传统社会还是经济腾飞的现代社会，关系是中国社会构造中的一个重要组成部分（Chiao, 1982； King, 1991）。但是，关系在中国现代社会（例如台湾地区）的雇佣关系中是否变得更加重要了呢？中国人的文化价值观是否逐渐趋近于西方，这是一个值得探讨的问题。随着中国社会的结构变化，一些研究者发现人们的价值观和态度也在发生相应的变化（例如，Ralston, Gustafson, Terpstra, & Holt, 1995； Yang, 1986, 1988）。这种社会转变也意味着传统价值观的更迭，也可以叫做个人现代性（Inkeles & Smith, 1974）。现代性强调平均主义、开放主义、男女平等和自力更生这些普遍的价值观（Erez & Earley, 1993； Triandis, 1990）。Yang（1986, 1988）的研究记录了台湾地区民众在价值观和态度上的逐渐改变。他发现，一般来说，现代性特征越明显，在个人成就、平等、公开示范和自主权方面的需求越强烈。Ralston等人（1995）发现具有2.5年（跨越1989年6月政治风波）经验以上的年轻中国管理者在工作价值观方面有明显的改变。他们发现这些管理者在管理价值观方面看重个人主义。Farh, Lin和Earley（1995）发现，墨守传统程度的差异会调节公正和员工工作效果间的关系：对于保持较少传统价值观的中国员工来说，两者关系更强，相反，关系更弱。

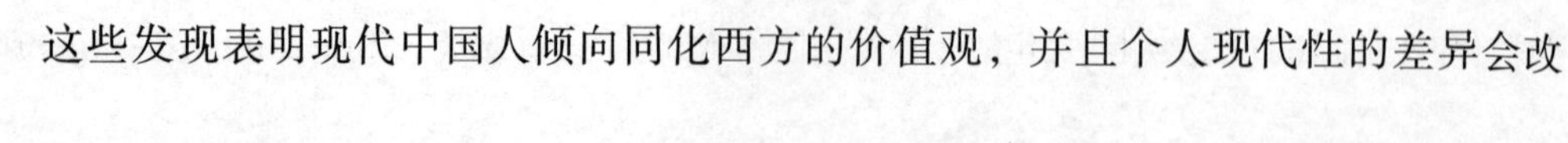

这些发现表明现代中国人倾向同化西方的价值观，并且个人现代性的差异会改

变当代中国人的行为模式。大体来说，我们假设，相比传统的中国人，接纳更多现代观点的中国人会更少地认同家庭群体，更多地认同其他社会群体。所以，在现代中国人的工作关系中，认同的作用会更加重要，而责任的重要性会逐渐减弱。但是，我们期望对于现代和传统的中国人，熟人关系都是同等重要。基于上述阐释，我们做以下假设：

H3a：人们的现代性特征会调节家庭关系和工作结果之间的关系，即现代性特征越明显，两者关系越弱；现代性特征越不明显，两者关系越强。

H3b：人们的现代性特征调节关系人口学特征和工作结果的关系，即现代性特征越明显，两者关系越强；现代性特征越不明显，两者关系越弱。

3.4.4. 任务不确定性的影响

任务不确定性指缺少行为与工作结果之间关系的完美信息。这种不确定性也包含缺少客观的工作评估测量标准（Kanter, 1981； Ouchi, 1980）。在这种情况下，员工甄选和工作评估也没有客观的测量标准。监督者的评价是进行这些工作的主要途径。在缺少客观测量方法的情况下，评估员工是否适合组织以及工作是否成功，上级必须要依据其他关于工作能力和可信度的指标。譬如，Tsui, Xin和Egan（1995）的研究表明，人口学特征可以预测一个人的态度、信仰和行为。如果上下级的人口学特征相似，上级在评估预测态度、信仰和行为时就会更加有信心。进一步来说，基于人口学特征上的相似点进行的社会分类会导致圈内人强调彼此的正面特征。因此，在人口学特征有相似点的人们比较倾向信任对方并且更支持他们的行为（Kanter, 1977； Tsui, Xin, & Egan, 1995）。

当任务不确定程度高时，人们发现关系在中国企业的组织行为中发挥更大的作用。在我们观察中国家族企业招募新人时，关系的影响最为明显。总的来说，组织中职位越高，任务不确定性越高，评估客观性越低；相反，职位越低，任务不确定性越低，评估客观性越高。在雇佣主管时，由于工作的任务不确定性高，雇佣者对应聘者的信任程度便成了是否雇佣的重要因素（Kao, 1990）。雇佣者往往会信任并雇佣他们关系最亲密的亲人或朋友（Farh, 1995）。在中国的文化背景下，因为这样的选择降低企业所有者的风险，所以人们会认为这是一种理性选择。基于这些观点，我们提出以下假设：

H4a：当任务不确定性高时，关系和关系人口学特征对工作结果（上级评价和工作评估）的影响更为强烈。

H4b：职位等级越高，关系和关系人口学特征对工作结果（上级评价和工作评估）的影响更为强烈。

4. 结论

本文所探讨的关于“关系”及“关系人口学特征”的理论框架仅是一个起点，用以理解在中国背景下人口学特征相似性和背景相似性的作用。研究框架意在抛砖引玉，引发未来关于此论题的更多研究。本文的研究假设也仅是解释性地对基本研究过程予以说明。本文研究的焦点是探索有关系的两个人所展现的有限的工作表现。

明显地，本文的研究框架可以被进一步扩展和提炼。举例来说，它可以从研究一对关系拓展到研究工作组的水平。“关系”及“关系人口学特征”的存在如何影响组织内部的凝聚力？大量的研究发现工作组的工作效果受小组内人口学变量构成的影响（Tsui, Egan, & Xin, 1995）。“关系”，即在组织成员之间存在的特殊连带，又是如何影响组织进程、组织表现或是职工流动率的呢?

我们也说明了研究框架将可以应用于所有关于中国的情境。我们使用现代化程度的差异来识别关系的重要性在不同社会，如中国台湾、香港地区和中国大陆之间潜在的不同。这些经济体的中国人的现代化程度很可能不同。然而，其他社会、文化及经济因素也可能会影响在这三个社会当中进行研究时，关系的重要性或是关系人口学特征的重要性。举例来说，社会制度化程度（法律规则）将很有可能削弱或是替代无处不在的关系的影响。在未来，针对本框架的精炼化，需要进行更多概念性或是实证性的工作。

最后，本文假设着眼于中国情境下的过程研究。我们还没有尝试就这些研究过程进行跨文化的比较研究。然而，这个综合性的构架与跨文化研究可能也有一定的相关性。尽管特殊连带的类型随文化不同而有所差异，他们在所有文化中的人际关系方面都扮演一定角色。也就是说，特殊连带对人际关系的影响是一个普遍存在的现象。同样本文的一个基本假设是，人口学特征也是一个广泛存在的概念。任何文化当中所有的个体都可以用人口学特征和背景变量进行描述，一些变量可以被直接观察到（如年龄、性别），其他变量也可以较容易地被发现（如出生地、宗教、职业、教育背景与母校）。

尽管关系与人口学特征相似性的影响可能普遍存在，不同基础的重要性还是会随着文化的不同而有所差异。例如，在肯尼迪执政期间，哈佛大学的校友关系作用显著，在英国，与悠久历史的学校有连带是非常重要的（Jacobs, 1979）。即使在当代，亲属关系在中国远比在美国、英国、澳大利亚甚至是日本发挥更大的作用（Pelzel, 1970； Redding *et al.*, 1993）。相反地，与中国、英国、澳大利亚或美国相比，同事关系在日本显得更加重要（Pelzel, 1970； Redding *et al.*, 1993）。Potter（1976）观察到，与中国大陆相比，特殊连带在台湾地区显得并没有那么重要。

在未来对不同人际互动及不同文化背景下雇佣关系的研究中，以及对有关多样的关系基础及与不同人口学特征相似性的重要性进行研究时，这些早期人类学的观察结果将发挥重要的基础性作用。我们希望本文在关系人口学特征的概念、中国情境下关系的定义等方面做出清晰的阐释和明确的贡献，并能够引发未来对这一重要论题的概念性、实证性讨论。

参考文献

Alston, J. P. 1989, March-April. *Wa, guanxi,* and *inhwa*: Managerial principles in Japan, China, and Korea. *Business Horizons.* pp. 26-31.

Aron, A., Aron, E. N., & Smollan, D. 1992. Inclusion of Other in the Self Scale and the structure of interpersonal closeness. *Journal of Personality and Social Psychology*, 63, 596-612.

Bantel, K. A., & Jackson, S. E. 1989. Top management innovations in banking: Does the composition of the top team make a difference? *Strategic Management Journal*, 10, 107-124.

Bian, Y. 1994. *Work and inequality in urban China.* Albany: SUNY.

Bond, M. H., & Hwang, K. K. 1986. The social psychology of Chinese people. In M. H. Bond (Ed.), *The psychology of Chinese people* (pp. 211-266.) New York: Oxford University Press.

Brewer, M. B., & Miller, N. 1984. Beyond the contact hypothesis: Theoretical perspectives on desegregation. In N. Miller & M. B. Brewer (Eds.), *Groups in contact* (pp. 281-302). San Diego: Academic Press.

Butterfield, F. 1983. *China: Alive in bitter sea.* London: Coronet.

Byme, D. E. 1971. *The attraction paradigm.* New York: Academic Press.

Cheng, B. S., & Farh, J. L. 1996. *Traditional Chinese values among workers in Taiwan and mainlan China: Impacts of age, education, gender, and employment status.* Working paper, Hong Kong University of Science and Technology.

Chiao, C. 1982. *Guanxi*: A preliminary conceptualization. In K. S. Yang & C. I. Wen (Eds.), *The sinicization of social and behavioral science research in China* (pp. 345-360). Taipei, China: Academia Sinica.

Cuellar, I., Harris, L., & Jasso, R. 1980. An acculturation scale for Mexican American normal and clinical populations. *Hispanic Journal of Behavioral Science*, 2, 199-217.

Erez, M., & Earley, P. C. 1993. *Culture, self-identity, and work.* New York: Oxford University Press.

Farh, J. L. 1995. Human resource management practices in Taiwan. In L. F. Moore & P. D. Jenning (Eds.), *Human resource management on the Pacific Rim: Insititutions, practices, and attitudes* (pp. 263-294). New York: Aldine.

Farh, J. L., Lin, S. C., & Earley, P. C. 1995, June. *Impetus for extraordinary action: A cultural analysis of justice and extra-role behavior in Chinese society.* Paper presented at the Inaugural Conference of the Asian Association of Social Psychology, Hong Kong.

Farh, J. L., Tsui, A. S., Xin, K. R., & Cheng, B. S. 1995, October. *The influence of relational demography* and guanxi: *The Chines case.* Paper presented at the Hitotsubashi-Organizational Science Conference on Asian Research in Organizations: Emerging Paradigms in Organization Studies. Tokyo, Japan.

Hall, R. H., & Xu, W. 1990. Run silent, run deep: Cultural influences on organizations in the Far East. *Organization Studies*, 11, 569-576.

Hwang, K. K. 1987. Face and favor: The Chinese power game. *American Journal of Sociology*. 92, 944-974.

Inkeles, A., & Smith, D. H. 1974. *Becoming modern: Individual change in six developing countries.* Cambridge, MA: Harvard University Press.

Jacobs. J. B. 1979. A preliminary model of particularistic ties in Chinese plitical alliances: Kan-ching and Kuan-hsi in a rural Taiwanese township. *China Quarterly*, 78, 237-273.

Jacobs, J. B. 1980. The concept of *guanxi* and local politics in a rural Chinese cultural setting. In S. L. Greenblatt, R. W. Wilson, & A. A. Wilson (Eds.), *Social interaction in Chinese society* (pp. 209-236). New York: Praeger.

Kanter, R. M. 1977. *Men and women of the corporation.* New York: Basic Books.

Kanter, R. M. 1981. The definition and measurement of system and individual effectiveness, productivity and performance in organizations: Critical issues, dilemma an new directions. *Annul Review of Sociology*, 7, 321-349.

Kao, C. S. 1990. The role of personal trust in large business in Taiwan. In G. G. Hamilton (Ed.), *Business groups and economic development in East Asia* (pp. 66-76). Hong Kong: Center of Asian Studies.

King, A. Y. 1989. An analysis of renqing in interpersonal relations. In K. S. Yang (Ed.). *The psychology of the Chinese.* Taipei, China: Kui-Kunan Books.

King, A. Y. 1991. Kuan-hsi and network building: A sociological interpretation, *Daldalus*, 120. 63-84.

Li, M. C. 1993. Analysis of Chinese self-other relations: A fairness judgment perspective. *Indigenous Psychological Research in Chinese Societies*, 1, 267-300.

Li, M. C., & Hsu, C. S. 1995. In-group favoritism and development of communal identity: The case of college students in Taiwan. *Indigenous Psychological Research in Chinese Societies*, 4, 150-182.

Lockett, M. 1988. Culture and problems in Chinese management: A preliminary study. *American Sociological Review*, 28, 55-69.

Markus, H. R., & Kitayama, S. 1991. Culture and the self: Implications for cogition, emotion, and motivation, *Psychological Review*, 98, 224-253.

Murray, A. I. 1989. Top management group heterogeneity and firm performance. *Strategic Management Journal,* 10, 125-141.

O'Reilly, C. A., Ill, Caldwell, D. F., & Barnett, W. P. 1989. Work group demographys, social integration, and turnover. *Administrative Science Quarterly,* 34, 21-37.

Ouchi, W. G. 1980. Markets, bureaucracies and clans. *Administrative Science Quarterly, 25,* 129-141.

Parsons, T. 1949. *The structure of social action.* New York: Free Press.

Pelzel, J. C. 1970. Japanese kinship: A comparison. In M. Freedman (Ed.), *Family and kinship in Chinese society* (pp. 227-248). Stanfor, CA: Stanford University Press.

Pfeffer, J. 1983. Organizational demographys. In L. L. Cummings & B. M. Staw (Eds.), *Research in organizational behavior* (Volume 5, pp. 299-357). Greenwich, CT: JAI.

Potter, J. M. 1976. *Thai peasant social structure.* Chicago: University of Chicago Press.

Ralston, D. A., Gustafson, D. J., Terpstra, R. H., & Holt, D. H. 1995. Pre-post Tiananmen Square: Changing values of Chinese managers. *Asian Pacific Journal of Management*, 12(1), 1-20.

Redding, S. G., Norman, A., & Schlander, A. 1993. The nature of individual attachment to the organization: A review of East Asia variations. In M. D. Dunnette & L. M. Hough (Eds.), *Handbook of industrial and organizational psychology* (Volume 4, pp. 647-688). Palo Alto, CA: Consulting Psychology Press.

Suinn, R. M., Richard-Figueroa, K., Lew, S., & Vigil, P. 1987. The Suinn-Lew Asian self-identity acculturation scale: An initial report. *Educational and Psychological Measurement,* 47, 401-407.

Tajfel, H. (Ed.). 1982. *Social identity and intergroup relations.* Cambridge, UK: Cambridge University Press.

Triandis, H. C. 1990. Cross-cultural studies of individualism and collectivism. In J. Berman (Ed.), *Nebraska symposium on motivation* (pp. 41-133). Lincoln: University of Nebraska Press.

Tsui, A. S., & Egan, T. D. 1994, August. *Performance implications of relational demography in vertical dyads*. Paper presented at the National Academy of Management Meeting, Dallas, TX.

Tsui, A. S., Egan, T. D., & O'Reilly, C. A., III. 1992. Being different: Relational demography and organizational attachemnt. *Administrative Science Quarterly,* 37, 549-579.

Tsui, A. S., Egan, T. D., & Xin, K. R. 1995. Diversity in organizations: Lessons from demography research. In M. M. Chemer, S. Oskamp, & M. A. Costanzo (Eds.), *Diversity in organizations: New perspectives for a changing workplace* (pp. 191-219). Thousand Oaks, CA: Sage.

Tsui, A. S., & O'Reilly, C. A., III. 1989. Beyond simple demographic effects: The importance of relational demography in superior-subordinate dyads. *Academy of Management Journal,* 32, 402-420.

Tsui, A. S., Xin, K. R., & Egan, T. D. 1995. Relational demography: The missing link in vertical dyad linkage. In S. Jackson & M. Ruderman (Eds.), *Work team dynamics and productivity in the context of diversity* (pp. 97-130). Washington, DC: American Psychological Association.

Turner. J. C. 1987. *Rediscoversing the social group: A Self-categorization theory.* Oxford, UK: Blackwell.

Wagner, W. G., Pfeffer, J., & O'RReilly, C. A., III. 1984. Organizational demography and turnover in top management groups. *Administrative Science Quarterly,* 29, 74-92.

Xin, K. R., & Pearce, J. L. 1994, August. Guanxi: *Good connections as substitutes for institutional support.* Paper presented at the Natitional Academy of Management Meeting, Dallas, TX.

Yang, K. S. 1986. Chinese personality and its change. In M. H. Bond (Ed.), *The psychology of Chinese people* (pp. 106-170). Hong Kong: Oxford University Press.

Yang, K. S. 1988. Will societal modernization eventually eliminate cross-cultural psychological differences? In M. H. Bond (Ed.), *The cross-cultural challenge to social psychology* (pp. 67-85). London: Sage.

Yang, K. S. 1993. Chinese social orientation: An integrative analysis. In L. Y. Cheng. F.M.C. Cheung. & C. N. Chen (Eds.), *Psychotherapy for the Chines: Selected papers from the first international conference* (pp. 19-56). Hong Kong: The Chinese University of Hong Kong.

Yang, M. M. 1994. *Gifts, favors and banquets: The art of social relationships in China.* Ithaca, NY: Cornell University Press.

Zenger, T. R., & Lawrence, B. S. 1989. Organizational demography: The differential effects of age and tenure distributions on technial communication. *Academy of Management Journal, 32,* 353-376.

当经纪人不奏效时：中国高科技公司中社会资本的文化权变* ①

肖知兴（中欧国际工商学院）
徐淑英（亚利桑那州立大学 北京大学 西安交通大学）

摘要：本文将结构洞理论应用于不同的文化情境之中，通过对中国四家高科技公司的分析，研究结构洞在中国情境中的作用，并验证占据职业网络结构洞位置的个体是否享有在西方情境下所拥有的收益。在国家文化层面上，我们认为中国典型的集体主义文化会抑制结构洞的作用。在组织层面上，我们认为在具有高承诺文化（强调成员之间的相互投资）的组织中，结构洞的控制作用与组织所强调的合作精神相互冲突，而结构洞所带来的信息优势也会被组织中"共享"价值观所削弱。社会网络的实证研究结果证实了本文提出的假设，访谈数据则进一步深化了对其的解释。经纪人与中国的集体主义价值观并不吻合。此外，即使控制了影响职业成就的其他因素，一个组织的宗派文化、承诺文化越强，结构洞对雇员的职业成就（譬如工资和奖金）的负面作用越大。在高承诺的组织中，那些能够将组织成员凝聚在一起填补结构洞的整合者将获得更大的职业发展。

社会网络理论的一个重要观点是，个人在社会关系网络中所处的位置能够预测其行为和结果。社会资本作为一种隐喻，是指个体能够从自身所处的特定社会关系网络中获得的优势（Bourdieu, 1980； Coleman, 1988； Burt, 1992）。作为社会关系网络的衍生理论，结构洞理论（Burt, 1992, 1997, 2000）认为，相较于不占据"经纪

---

* Xiao, Z. X. & Tsui, A. S. 2007. When brokers may not work: The cultural contingency of social capital in Chinese high-tech firms. *Administrative Science Quarterly,* 52: 1-31.

① 感谢Martin Gargiulo, Quy Huy, Fabrizio Castellucci, Jonghoon Bae, Charles Galunic, Bruce Kogut, Herminia Ibarra, Steven White及2004年AOM年会的分会参会者，2005年IACMR在西安交通大学举办的研究方法研讨班参加者，以及University of Texas at Dallas, University of Kansas, Georgia State University和Cornell University所做的研讨会参会者，感谢他们对论文初稿的建设性评论和建议。第一作者尤其感谢Martin Gargiulo教授对其博士课题研究所提供的指导。感谢Linda Johanson, Dan Brass和ASQ的匿名审稿人所给予的建设性反馈和建议。

人”位置的个人而言，能够连接两个或者更多不相关个体的个人拥有更多的社会资本。经纪人能够从结构洞中获得的社会资本有两种形式，即信息优势和控制优势。信息优势源于占据结构洞的个体所得到更多不冗余的信息和机会。控制优势源于占据结构洞的个体可以决定为哪些能够提供回报的人服务。

然而，目前学者们并不清楚这些优势是否在所有条件下都能够实现。最近，学者们提供了研究的证据，并提醒研究者关注结构洞理论的边界。譬如，研究表明结构洞能否形成社会资本取决于社会关系网络的内容（Podolny & Baron, 1997）。结构洞能够在资源网络而不是认同网络中创造社会资本，后者只是行为规范和角色期望的传递渠道（Ibarra & Smith-Lovin, 1997）。其他影响结构洞作用的情境因素包括同龄群体的数目（Burt, 1997）、组织变革（Gargiulo & Benassi, 2000）、社会网络的情境和目标（Ahuja, 2000），以及社会网络的时间维度（Soda, Usai, & Zaheer, 2004）。但是到目前为止，社会资本的实证研究仍然局限于开放市场、自由竞争和个人主义倾向的西方情境之中，而这种情境恰恰是结构洞理论的支柱（Burt, Hogarth, & Michaud, 2000）。社会资本在其他文化准则和市场机制下的运作机制仍尚未被充分探究。学者们已研究了文化对一些相近的现象的影响，譬如社会性懈怠（Earley, 1989），合作（Chen, Chen, & Meindl, 1998），或者机会主义（Chen, Peng, & Saparito, 2002）。这些研究成果表明了文化对结构洞的潜在抑制作用。

文化不仅存在于国家层面，也在组织层面上发挥作用（Schein, 1985；Martin, 1992； O'Reilly & Chatman, 1996）。个人层面的社会资本的研究往往关注单个组织内的雇员（如Burt, 1992； Podolny & Baron, 1997； Mehra, Kilduff, & Brass, 2001），或诸如某所大学的校友等社会样本（Siebert, Kraimer, & Liden, 2001）。但是在这两类分析结构洞收益的研究中，忽略了组织文化作为结构洞的边界条件的作用。不同的组织文化能够影响经纪人是否能够从结构洞中获益，尤其是在高承诺的组织文化中——该种文化更看重成员间的合作而非竞争。高承诺组织这一概念（Walton, 1985）已被研究者广泛应用于产业和劳动关系（Osterman, 1988； MacDuffie, 1995）、人力资源管理（Huselid, 1995；Becker & Huselid, 1998； Baron & Kreps, 1999）和组织理论（Pfeffer, 1997）的研究之中。这些研究领域的共识是，高承诺组织通过采用系统化的人力资源管理实践（譬如员工参与、内部晋升、团队奖励、利润分享、广泛培训与奖励、工作保障）向组织成员传达组织对他们承诺的信号，并期待组织成员能够向组织作出回应性的承诺。在注重合作和奖励团队绩效的组织中，结构洞为成员带来的利益可能比较少。

将国家和组织文化纳入考虑之后，在集体主义文化和高承诺的组织情境（集体主义文化在组织层面的表现）下，结构洞带来的好处也许不能被实现（Earley,

1993； Chatman & Barsade, 1995； Chatman *et al.*, 1998）。尽管经纪人可能在市场化的情境中获得更好发展，但是在集体主义社会中，尤其是在高承诺的组织文化中，可行的职业发展战略必须考虑注重合作的情境。本文通过收集中国高科技公司的数据来验证上述观点，中国是一个具有高度集体主义传统的国家（Earley, 1989, 1994； Chen, 1995），是组织和管理研究的沃土（Peng *et al.*, 2001； Leung & White, 2003； Tsui *et al.*, 2004； March, 2005； Tsui, 2006）。她为本文检验文化对结构洞的约束作用提供了理想的情境。

1. 文化对社会资本的作用

1.1. 集体主义国家文化

文化研究领域的学者往往将个人主义和集体主义作为区分不同文化类型的标准（Hui & Triandis, 1986； Triandis, 1989, 1995； Triandis & Gelfand, 1998）。Triandis（1995）总结了个人主义—集体主义文化的四种特征：① 独立的自我与相依的自我；② 优先考虑个人目标与优先考虑集体目标；③ 社会规范为先与个人价值观和利益为先；④ 强调维系关系与强调完成任务。在中国，集体主义带来的文化后果在一系列广泛的研究中得以体现，包括降低工作团队的社会性懈怠（Earley, 1989），提高自我效能培训的作用（Earley, 1994），影响报酬分配的偏好（Chen, 1995），决定合作机制（Chen, Chen, & Meindl, 1998），降低群体间交换的机会主义倾向（Chen, Peng, & Saparito, 2002），避免冲突中的敌对安排（Leung, 1987），降低分配过程中物质利益的重要性（Liu, Friedman, & Chi, 2005），将成就归因于团队（Morris & Peng,1994； Choi, Nisbett, & Norenzayan, 1999），影响决策过程（Weber & Hsee, 2000； Weber, Ames, & Blais, 2005）。

正如Burt, Hogarth和Michaud（2000：124）所指出的，“网络经营者们努力钻研以获利益的形象具有美国经济的市场化意味”。基于个人主义—集体主义的定义（Triandis, 1995），我们不难发现占据结构洞这一行为本身就是个人主义化的，因为① 它的大前提是独立的自我，② 强调个人目标而非集体目标，③ 注重满足个人利益而非顺从社会规范和义务，④ 强调完成任务而非维系和谐关系。因此，个人主义的文化不仅容忍经纪行为，更鼓励人们采取这种行为，因为经纪行为与注重独立、自我的自由的个人主义价值观相吻合。

Adler和Kwon（2002）在对社会资本的讨论中发现了同样的问题。在结构洞理论中（他们称之为社会资本的“架桥”视角），社会资本被认为是目标行动者外部网络中固有的优异竞争者的资源。与此相反的是封闭的网络，或者是Adler和Kwon提出的社会资本的“粘合”视角（Coleman, 1988, 1990），关注“看重集体凝聚力和集体目标实现”（Adler & Kwon, 2002：21）的集体中个人间或团体间的连结。与这种强调集体利益相同的是，Putman（1993）和Fukuyama（1995）将社会资本定义为团体中的信任和合作规范。

结构洞理论的个人主义色彩在结构洞的控制功能方面体现得尤为明显。正如Burt（1992：34）所描述的，占据结构洞的人，也就是第三方（连结两方的经纪人），“在彼此冲突的需求和偏好之间游走，并从这种分裂中获得价值”，同时“经纪人在不同联系人之间展现不同的信仰和身份”（Burt, 2000：354）。这种“以自我为中心、不对他人承担责任”的形象，与在封闭的关系网络中限制自我诉求的形象大相径庭；就后者而言，互惠原则使得行动者成为“拥有共同利益、共同身份和忠于集体利益的团体成员”（Alder & Kwon, 2002：25）。

1.2. 中国文化情境下的社会资本

在中国文化中，与社会资本最相近的概念是关系，它意味着信任、义务和互惠在中国人社会互动中的重要性：“关系是工具性人际联系，从强烈的个人忠诚一端，到仪式性贿赂的另一端”（Wald, 1986：19）。在这种特殊的关系中，工具性元素和表达性—道德性元素交织在一起（Tsui & Farh, 1997）。在对中国社会关系的研究中，Yang（1994）通过个案研究分析了在中国当代社会中关系的重要性。她将关系定义为“涉及礼物、恩惠和宴会的互换，私人关系和相互依赖的关系网络的培养，义务和债务的制造”等情况（p.6）。Wank（1996）对中国企业家的研究发现，他们往往依赖关系来获得政府资助、市场信息、稀缺资源和必要的行政庇护。最近，Guthrie（1998）指出，随着控制和指导市场交易的理性—法制系统的出现，关系行为会不断减少，但是他的企业家调查发现，关系依然非常重要。事实上，尽管中国在努力完善法律基础，中国在很大程度上仍是依赖嵌入在关系中非正式关系的社会。管理者仍将关系作为中国社会组织的重要组成部分，它也是管理者无法忽视的有效因素（Tsui, 1997； Y. Luo, 2000； J.-D. Luo, 2005）。

与此相关的另外一个反映中国社会交换性质的概念是“自己人”（the in-group）（Leung & Bond, 1984； Redding & Wong, 1986）。在集体主义的文化情境中，人们基于亲属关系、共同的家乡、校友以及共同的经历等形成“自己人”网络。与个人主义社会中基于共同信仰或共享利益而形成的暂时的可变的群体不同，作为集体主义社会中的基本连结，“自己人”通常是永久的、固定的群体（Triandis, 1995）。大量的资源在“自己人”内部以馈赠和回报的形式进行流通（Walder, 1986； Yand, 1994）。而在群体边缘或外人则无法得到这些资源，因而处于不利位置。

在中国文化中，建立良好的关系、成为“自己人”网络中的成员对职业发展和经营成败具有至关重要的作用。处于两个群体交界位置上的人往往不被两个群体信任——双方都会将他们视为外人，不值得享受内群待遇。跨越结构洞，正如中国谚语所说，脚踏两只船，是备受蔑视和惩罚的社会行为。与布满结构洞的社会网络相比，简单而浓密的社会网络能够代表清晰的群体成员身份、带来更多的社会资源。这些论断表明，在像中国这样的集体主义文化情境中，封闭性网络（Coleman, 1988, 1990）而非结构洞，更能有效地创造社会资本。在组织情境中，这意味着按照工资和奖金来衡量的话，占据较多结构洞的员工可能无法获得好的职业绩效。因此，在控制其他影响职业绩效的因素的情况下，我们假设：

假设1：在集体主义文化情境（中国）下，结构洞与员工的职业绩效之间呈负相关关系。

在某些组织中，结构洞被发现对个体的职业绩效有促进作用（Burt, 1992, 1997），但在其他组织内则没有（Podolny & Baron, 1997）。正如Podolny 和 Baron所指出的，组织的差异性是造成这种差异的原因之一。例如，尽管结构洞在“传统科层企业中非常有效”，但在“十分注重归属感和组织认同的强势组织文化中”，它的作用可能并没有那么强（Podolny & Baron, 1997：690）。其中，一种强势的组织文化类型就是高承诺的组织。

1.3. 高承诺的组织文化

近年来，关于强文化的组织研究集中在所谓的“高承诺组织”领域，例如组织推行旨在提高员工组织承诺的工作实践（Walton, 1985； Pfeffer, 1997； Baron & Kreps, 1999）。学者们就高承诺组织的文化与组织绩效之间的正向关系进行了持续不断的研究（例如，Arthur, 1994； Huselid, 1995； Youndt *et al.*, 1996； Appelbaum *et al.*, 2000； Guthrie, 2001）。高承诺这一概念也构成雇员关系的基础。Tsui及其同事（1995, 1997）注意到两种基本的雇佣方式：一是准现货契约型的（或者说，以工作为中心的）途径，二是相互投资型的（或者说，以组织为中心的）方式。准现货契约型的方式基于纯粹的经济交换模型。通过赋予雇主雇佣和解雇员工的相对自由的权力，这种方式试图创造一种类似于市场特性的灵活性。而相互投资的方式则是将经济交换与社会交换相结合的模型。经济交换中涉及的行为是明确的，而社会交换中涉及的义务则是不明确的，并且伴随强烈的信任与互惠意识。通过鼓励员工承担工作角色之外的责任来换取雇佣关系的稳定性，相互投资的方式是为了创造一种类似于家族的灵活性（Ouchi, 1981）。在人力资源管理的现有文献中，Delery和Doty（1996）区分了内部型的雇佣体制和市场型的雇佣体制。内部型雇佣体制强调与员工的长期关系，与相互投资的雇佣关系类似。与之不同，市场型雇佣体制建立在现货契约型的雇佣关系之上。这两种组织最基本的区别与早期的理论研究中所阐释的一致，譬如Blau（1964）对经济交换和社会交换的区分，以及Etzioni（1961）对功利性投入和规范性投入的区分。

不同的组织对员工提供的承诺和期待从员工身上获得的承诺不同。在组织管理的基本原则上，家族式的、高承诺的组织与市场化的、低承诺的组织是两个极端。低承诺的组织依赖于正式合同，与市场规则中组织与组织之间订立的合同并无不同。而在高承诺的组织中，雇主和雇员之间存在很强的信任关系。尽管低承诺组织以类似于市场交易的方式处理组织—员工关系，但是高承诺组织更强调类似于家族内部关系的合作规范。这种根本的不同对于组织的结构洞理论具有重要意义。如果结构洞能够为组织成员提供社会资本，那么结构洞在市场式的、低承诺的组织与家族式的、高承诺的组织中的功能应该有所不同。

1.3.1. 高承诺组织中的结构洞

承诺程度对组织成员的行动和互动具有直接影响。在高承诺组织内，信息分享范围广、决策参与程度高、言语和行为上的平等主义较强（Baron & Kreps, 1999）。各种社会化机制，譬如聚会、员工俱乐部、典礼等都能够增强员工对组织的认同（Watson & Petre, 1990； Packard, 1995）。管理层和员工之间相互信任，但强社会规范和同事压力使得员工为组织投入大量精力并取得良好绩效（Kreps, 1990； Miller, 1992）。员工的行为通过文化和角色期望来塑造，而非他们工作章程中的具体条款（Schein, 1985； Van Maanen & Kunda, 1989）。工作绩效通常是在团队、部门或公司层面进行衡量的。在组织内部，员工互相帮助解决问题，应对环境的不确定性，并服从组织内部的规范和有效的社会制裁。

作为高凝聚力的团体，高承诺组织的形象与Coleman（1988, 1990）对社会资本的描述一致，它的核心机制包括义务、信任和对不合作行为的有效惩罚。经纪人在这种高承诺的组织中不太可能扮演关键角色。首先，典型的高承诺组织会导致社会网络的封闭，包括雇佣关系的稳定、雇佣内部人员、工作以外的高度社会化等。

其次，作为员工对组织和彼此高度认同（March & Simon,1958； Ashforth & Mael, 1989）的结果，组织内不同部门的成员能够因为共同身份而自发形成合作关系。此外，在高承诺的组织中，员工本身就填补了结构洞。如果团队之间、派系之间、部门之间仍有间隙，那么合作性的规范则会使得这些间隙被迅速消灭，而不需要一个经纪人站在各方之间来掌控互动的机会。换句话说，结构洞一旦出现就很快被填补了。与高承诺的价值观一致，员工会为了组织的利益而共同寻求解决问题的方法。

对结构洞的信息优势和控制优势的进一步分析能够更好地认识高承诺组织中经纪人的局限性。Brass, Butterfield和Skaggs（1998）在关于非伦理行为的研究中指出，在其他条件不变的情况下，结构洞的存在会为失职行为提供更多机会。这一点与Burt（2000：354）的论述一致——他认为，控制行为的目的就在于保证经纪人拥有“不均衡的发言权来决定保证哪些人的利益”。为了达到那个目的，“第三方会策略性地将准确的、模糊的或扭曲的信息向各方传递”（ Burt, 2000：355）。通过这些控制行为，第三方而非团体的利益得到增强，有时组织的利益也会被牺牲。尽管在市场型的组织中这种操纵会被允许或普遍存在，但在高承诺的组织中，这种行为往往被视为政治斗争的源头或者管理低效的表现。因此，追求自我的本性与无私地寻求共同利益的组织价值观相背离。此外，由于社会网络密度高，在高承诺组织中，通过控制机会来获利的行为更有可能被发现并受到同事的惩罚。因此，在高承诺的组织中，通过控制结构洞来获得利益将被降低。

尽管结构洞所获得的控制收益被限制，上述已说明其原由，但结构洞的信息收益并没有完全消失。在大型组织中，尤其是多国公司或跨国企业中，不同机构之间缺乏协作性是长久以来存在的问题（例如，Kogut & Zander, 1992； Ghoshal, Korine, & Szulanski, 1994）。因此，实现机构之间的完美沟通是有难度的，这一点已经被大量关于公司内部知识传递的最佳网络结构的研究所证实（例如：Tsai, 2001, 2002；Reagans & McEvily, 2003；Oh, Chung, & Labianca, 2004）。在此种意义上，没有公司能够完全避免组织内部的派系划分。组织内部依然需要员工来承担信息和资源流通责任，以保证组织内部相分离的同部门之间相互连结。这些跨越不同边界的员工对组织而言具有重要价值，他们的行为也应该受到组织的奖励。但是，产生价值并不等同于占有价值（Blyler & Coff, 2003； Ahuja, Coff, & Lee, 2005）。当经纪人是一回事，但是从中牟利则是另一回事。组织结构洞信息优势的存在，并不等同于担当经纪人角色的员工实际上能够获利并取得比同辈更好的业绩。考虑到高承诺组织的共同价值观，结构洞所带来的收益很有可能被结构洞周围的人共享；与市场型的组织相比，经纪人未必能够享受结构洞所带来的信息优势。

另外，由于高承诺组织是集体主义文化的类型之一，分享信息的价值取向被一种认知机制所强化。集体主义者更倾向于将成就归因于团体而非个人（Morris Peng, 1994； Menon *et al.*, 1999）， 因此，同事并不会将经纪人的贡献归因于个人。然而，个人主义者则倾向于将代理人的角色归因于个人，并将收益的大部分归功于经纪人的贡献。由于高承诺组织中的集体主义文化同时影响员工的价值观和认知模式，经纪人在他们的组织中无法完全利用结构洞带来的信息优势来获得职业上的发展。

因此，在高承诺组织中，结构洞作为一种社会资本的来源，其收益仅限于两种形式。首先，由于高承诺组织中存在惩罚机制，控制结构洞本身所带来的优势大大受限。其次，即使占有结构洞能够为个人增加价值，组织中特有的共享价值观和行为归因倾向使得经纪人无法利用这种价值。惩罚机制限制了经纪人获得高于他/她个人“应分得”的价值，而归因机制则限制了经纪人利用和实现他/她创造的价值。在这两种机制的作用下，结构洞在高承诺组织中的比较优势被大大削弱。另外，由于惩罚机制能够有效地限制控制结构洞的行为，因此结构洞甚至会带给经纪人不利影响，这将对高承诺组织中的员工职业绩效产生重要影响。

假设2：组织文化能够调节结构洞和员工职业绩效之间的关系，即相对于低承诺的组织，高承诺的组织中结构洞和员工职业绩效之间的负向关系会更强。

2. 方法

2.1. 实证情境

我们选取了推动中国经济发展的重要领域——信息技术行业作为研究情境。该行业是中国最大的出口行业之一，占中国总出口额的28%（工信部，2003）。尽管中国本土企业占据重要份额，但境外直接投资仍是该行业发展的核心动力——外商投资企业约占行业总收益的68%和行业总利润的64%。近年来，由于加大在研发领域的投资、大量招聘优秀工程师等，本土企业已经开始在技术上追赶跨国竞争者。信息技术行业是高度竞争的行业，充斥着创新、不确定性和剧烈变革。这种高度竞争创造了组织内部高度的相互依赖性，并将高承诺文化等“软实力”变成企业重要的竞争力之一（Burt *et al.*, 1994； Burt, 1999）。另外，研究高科技企业也有利于将我们的研究结果与有关该行业的其他研究相比较（例如，Burt, 1992； Podolny & Baron, 1997； Mehra, Kilduff, & Brass, 2001）。

2.2. 步骤

首先，为了选择具体的研究对象，我们征求了六位信息行业专家的建议。其中三位是某中国领先的IT杂志的资深编辑——该杂志覆盖了中国IT业的热点问题，并且与主要的IT公司保持密切联系。另外三位是来自全球领先的、关注中国IT业的猎头公司的咨询师，他们长期关注IT业的发展信息，并能够作为业内人士来提供建议。

我们的样本库包括计算机硬件、软件、电信和互联网设备的供应商，其雇员规模大于1000人。另外，样本库涵盖了跨国公司和中国本土企业。同时，我们为六位行业专家提供了一组体现高承诺文化的工作实践行为范例，以此作为分类指导。随后，我们邀请他们提名一组具有高承诺文化的公司和一组具有较低承诺文化的公司，以确保这一变量能够获得足够的方差。

我们下一步的工作是确保被提名的公司愿意参与研究。在接下来的六个月，我们通过各种途径来接近这十六家公司并最终获得四家公司的允许。他们分别是一家中国领先的软件供应商（下文中称之为“软件”），一家中国领先的硬件供应商（下文中称之为“硬件”），一家跨国电信设备供应商（下文称之为“电信”），一家跨国无线和移动设备供应商（下文称之为“移动”）。表1 列举了四个公司的简要描述，通过这些描述我们可以看出它们在组织承诺上的不同：硬件的承诺文化最强，软件的承诺文化最弱，移动和电信居中。

我们分别于2002年10月和11月在软件和硬件两家公司收集数据。每家公司参与调查的员工约为200至300人。首先，我们通过员工总数来产生随机数，以抽取样本。在软件公司，我们从总部1000名员工中抽取了200名调查参与者（20%）。在硬件公司，我们从总部4000名员工中抽取了300名调查参与者（7.5%）。公司的人力资源经理向上述员工发送邮件邀请其参加职业关系网络的研究。调查问卷并不是匿名的，但我们通过采用以下措施来解决社会期望效应（Arnold Feldman, 1981）带来的偏差：① 问卷参与者可以不需要使用他们的真实姓名作为联系人，② 我们承诺每份问卷都高度保密，仅用于总体水平的研究分析。我们请求公司在第一次邀请之后的两星期和四个星期向员工先后发送两次邮件。从软件公司，我们回收了88份完整的问卷，回复率为44%。从硬件公司，我们回收了117份问卷，回复率为39%。如果问卷中有缺失数据，那么我们通过邮件、电话、面谈等方式请调查参与者填补。

我们就公司的核心人力资源政策和指标访谈了人力资源经理。另外，我们还深度访谈了14位经理，每家公司7位。访谈的话题是“社会网络如何影响职业发展”。访谈持续时间为1至2小时不等，平均为90分钟。我们现场笔录，并进行了录音。

表1　四家公司的描述

	硬件公司	软件公司	移动公司	电信公司
基本描述	由来自国家级研究机构的研究人员于1984年成立；是中国目前最大的个人电脑制造商，也是最受尊敬的本土公司之一	是中国领先的会计和企业资源计划系统软件的制造商	累计投资为50亿美元；是目前中国最大的外国投资	是该行业第一家在中国的跨国公司；掌握世界领先的电信技术
规模	营业额：40亿美元；16000名员工	营业额：1.21亿美元（在中国仅次于微软公司）；4000名员工	营业额：57亿美元（中国）；12000名员工	营业额：12亿美元（中国）；3000名员工
领导风格	现任CEO，36岁，从创立者手中继任2年之久，提倡平均主义	创立者是典型的中国企业家，以低调、务实的风格闻名	致力于中国市场	是全球网络中必不可少的一部分
人力资源政策	内部提拔；谨慎的选拔程序；大量的培训和社会化活动；共享所有权，股权较分散	创立者拥有公司55%的股份，最近以500万人民币高薪聘请了美籍华裔担任CEO	倾向于雇佣中国员工；薪水较高，工作环境质量好，大量的培训，但面临不断涌现的中国本土竞争者	对工程师制定较好的发展规划，尽管最近缩减了培训和海外出差（大部分是前往美国）方面的预算
环境和氛围	总部为玻璃—钢筋建筑物，充满阳光，整体氛围开放、友好、愉快	高级经理有很大的个人办公室。其他职员坐在小格子间里，隔板高、天花板低	工作空间非常大、安静、整洁、充满绿色植物。但是有福利感，被称为“资本主义的铁饭碗”	专注技术和科研，务实，以处于电信创新的核心位置而自豪

六个月后，我们收集了职业绩效的数据。软件公司在2003年1月和2月份进行了职业绩效年度评估，而我们在3月份从人力资源部门获得了数据。硬件公司在2003年3月份进行了上一年度的财务评估，4月份得到评估结果，而我们5月份收集到了数据。

2003年3月和4月份我们在电信和移动公司重复进行了上述数据收集过程。在移动公司，我们从总部1500名员工中抽取了300名（20%）员工参与调查。而在电信公司，我们仅在研发部门进行了调查。该部门拥有407名工程师和经理。我们没有进行抽样，而是邀请全部雇员参与调查。在移动公司，我们收集了102份问卷，回复率为34%。在电信公司，我们回收了128份问卷，回复率为31%。

我们分别访谈了公司的人力资源总监和9位经理（电信公司2位，移动公司7位）。同时，我们搜集了调查参与者自2002年3月至2003年3月的职业绩效数据。因此，对于这两家公司，职业绩效数据并没有时间差，尽管正如下文所解释的那样，我们采取某些措施来确保社会网络数据先于职业绩效数据。

总而言之，我们从上述四家公司获得了435份问卷。除去18份不完整的问卷，共有417份问卷被用于最终的数据分析中。在这417份问卷中，26%的回答者为经理，其余的是没有直接下属的员工。从职能角度来讲，74%为工程师，12%在销售、市场和公共关系部门工作，8%承担行政事务，6%从事其他业务。在所有的回答者中，63%为男性， 92%拥有学士或更高学位。他们的平均年龄是29岁，在公司的平均工作年龄为3年。四家公司的人口特征基本相同。他们的平均年龄为28—32岁，工作年龄为2—4年，大部分为男性（57%—76%），80%—99%拥有学士或者更高学位，大部分拥有工程学学位（59%—97%）并且处于非管理者位置（55%-92%）。在假设检验分析中，我们控制了这些人口学特征。

此外，基于从人力资源部门获得的人口学信息，我们进行了响应—偏差分析（因变量是虚拟变量：1=回答，0=未回答）。分析结果显示，员工是否选择回答某一问题与他/她的性别、年龄、教育程度、经验、资历或者组织等级没有关系。我们同样从两家公司中收集了员工的工作职能信息，并且没有发现工作职能的分布和公司员工人口特征之间的关系。

2.3. 控制因果倒置

研究表明，人们能够极其准确地回忆典型互动行为和长期关系（Freeman, Romney, and Freeman, 1987）。然而，由于利己的关系网络是基于互惠性的回忆，事件的因果关系是关键性问题。因此，我们需要确保职业绩效不是影响社会网络的前因变量。Burt（1992）在他的研究设计中没有考虑到这一问题。Brass（1984）在收集社会网络数据之后的第三年才收集了员工的职业绩效数据（升职）。在Burt（1997）关于投资银行家的研究中，社会网络数据的收集和职业绩效数据的收集相隔六个月。Podolny和Baron（1997）通过控制收集职业绩效（绩效评分的改变）的时间直接排除了这可能倒置的因果关系。我们采用了两种方式来解决这一问题。

对于软件和硬件公司，我们在2002年10月进行了社会网络调查，并在半年后，也就是在年度评估之后，收集了工作绩效数据。换句话说，我们在t_1时间点收集了社会网络信息，而在t_2时间点检测它的影响。尽管六个月不足以充分观察譬如升迁、离职等职业转变，但它与目前我们在研究中所使用的其他衡量业绩表现的变量（工资、奖金和满意度）密切相关。对于电信和移动公司，我们询问了参与者何时认识该联系人（他们是否已经认识联系人一年以上），以及他们的联系人何时认识彼此（他们是否已经相互认识一年以上）。通过获得这些信息，我们将因变量测量时间点发生前的社会网络联系也囊括在内。我们排除了不在因变量测量前的参与者—联系人或联系人—联系人之间的联系。[①]

2.4. 测量

2.4.1. 结构洞

在收集员工以自我为中心的社会网络数据时，我们首先请参与者列出自己职业网络中的成员名单，然后请参与者列出自己—联系人、联系人—联系人之间的关系强度。值得注意的是，以自我为中心的社会网络数据是员工所感知的社会网络而非真实存在的网络（Krackhardt, 1987）。而且，以自我为中心的社会网络易受偏见的左右（Krackhardt & Kilduff, 1999），例如对强关系的偏见（人们倾向于少报弱关系）。即使这些偏见存在，它们也会存在于所有的被调查者身上，因此这不会影响我们对个体间的比较。另外，我们沿用了Burt（1992），Podolny和Baron（1997）的方法，以便于不同研究之间的比较。

为了扩大不同研究之间的可比性，我们沿用了Burt（1992）以及Podolny和Baron（1997）的提名法。提名的第一个问题是关于参与者的职业发展。参与者可以最多列举五个人名。另外，我们询问了导师（第二）、任务指导者（第三）、战略信息提供者（第四）、不合作者（第五）、支持者（第六）、政治援助者（第七）和社会支持者（第八）。针对每个问题，参与者最多可提供三个人名。最后两个问题涉及正式关系，也是员工职业网络中的重要部分：上级（第九）和上级的上级（第十）。对于这两种网络，我们要求参与者分别提供一个人名。大约72%的参与者将上级的上级作为他们社会网络中的一员。

我们通过将这十个问题获得的人名结合起来分析参与者的职业网络。关系的强度由0—3点量表衡量（0=疏远的，你不认识或不喜欢这个人，你会避免见到他/她；1=不太亲近，与他/她相处不错，但是没有私人关系；2=亲近，与他/她相处很好，但没有很强的私人关系；3=非常亲近，有很强的私人关系）。我们使用了Burt（1992）的约束方程（c）来计算结构洞。在自我为中心的社会网络中，联系人j在多大程度上约束参与者i, 是：（a）i对j的投资，以及（b）j周围的结构洞的缺乏的乘数。即

$$c_{ij}=(p_{ij}+\sum_q p_{iq}p_{qj})^2, \text{对于 } q\neq i, j,$$

p_{ij}是i在联系人j身上的关系投资所占的比重，而$\sum_q p_{iq}p_{qj}$则是i在联系人q身上的关系投资、而q则反过来投资在联系人j身上的部分。

① 我们同样检验了不排除建立时间不足一年的联系的模型，结果本质上完全相同。

将所有联系人加总，$\sum_j c_{ij}$就是社会网络约束的测量标准。它是社会网络的大小、密度和层级（在网络中，所有的联系人都由一个核心联系人连结）的方程。这个方程用于衡量行动者的社会网络在多大程度上存在结构洞。一名行动者的约束分数越高，那么他/她的社会网络中的结构洞就越少。因为约束分数处于0到1之间，为了便于解释，我们用1-约束分数来测量结构洞。我们使用UCINET6（Borgatti, Everett, & Freeman, 2002）来进行计算。

2.4.2. 职业绩效

职业绩效包括目前每月的薪水和奖金。在目前的研究中，薪水被广泛用于职业成功的度量（例如，Burt, Hogarth, & Michaud, 2000； Siebert, Kraimer, & Liden, 2001）。鉴于员工的社会关系网络的形成贯穿其整个职业生涯并保持相对稳定（Burt, Jannotta, & Mahoney, 1998），薪水能够反映社会资本的累积作用，因此是衡量员工职业绩效的较好指标。而一年期内的奖金则能够直接衡量该员工在一年内的职业绩效（Burt, 1997）。我们通过标准化这两个变量来衡量每家公司员工的相对职业绩效（Burt, 1992, 1997）。

另外，在问卷中我们用李克特七点量表测量了员工的工作满意度，即职业成功的主观感觉（“你对目前工作的满意程度是？”）。由于问卷长度较长，为了避免参与者疲劳，我们只选择了一个条目来测量工作满意度，而组织学研究者发现用一个条目和多个条目测量工作满意度的效果是一致的（Scarpello & Campbell, 1983；Gerhart, 1987； Trevor, 2001）。

2.4.3. 高承诺

基于现有文献，我们使用十五个条目来测量高承诺的组织（Delery & Doty, 1996；Youndt *et al.*, 1996； Pfeffer, 1997； Baron & Kreps, 1999）。我们进行了主成分分析并采用了Kaiser标准（特征值大于1）来界定需要保留的因子数目。表2是分析结果。基于Kaiser标准，保留的5个因子能够解释61%的方差。

在这15个条目中，有10个条目落在因子1上（占总方差的28%），且这是唯一可解释的因子。因此，我们用这10个条目作为量表来测量员工所感知到的组织对员工的承诺。该量表所测得的信度系数是0.81。我们估计了每家公司参与者的组内一致性。软件公司的rwg值（James, Demaree, & Wolf, 1983）是0.85，硬件公司是0.83，电信公司是0.83，移动公司是0.84。而ICC（1）和ICC（2）分别是0.14和0.95，这表明组内（公司内）信度较高。对两个中国本土公司而言，硬件公司比软件公司的承诺文化要强（F=59.8，p<0.001）。对两个跨国公司而言，电信公司比移动公司的承诺文化要强（$F = 5.33, p < 0.05$）。

表2：组织对员工承诺题项的因子分析结果

题项	1	2	3	4	5
1．从内部而非从外部提升				0.56	
2．招聘过程中仔细的选择程序	0.66				
3．广泛的培训和社会交往	0.62				
4．解雇员工时斟酌再三		0.77			
5．职位扩展和职位轮换	0.57				
6．评估团队绩效而非个人绩效	0.49				
7．行为导向评估而非结果导向评估		0.77			
8．出于发展而非评估的目的而寻求反馈	0.55				
9．令人满意的薪酬（包括薪水和福利）				−0.50	
10．股权、期权或利润分享等形式的股权分享	0.50				
11．促进收入、地位和文化上的平等主义	0.58				
12．建议、投诉体系和士气调查等形式的参与	0.72				
13．开放的沟通和广泛的信息共享	0.71				
14．强调强的、有挑战性的目标			0.67		
15．团队工作，称颂团队而非个人的成功	0.55				
Eigenvalue	4.15	1.70	1.17	1.13	1.01
被解释的方差百分比	0.28	0.11	0.08	0.08	0.07
Alpha 系数	0.81				

2.4.4. 控制变量

我们控制了与职业绩效相关的其他因素，包括年龄（按年计算）、性别（虚拟变量，男性为1）和教育程度（1=高中，2=大学肄业，3=学士学位，4=硕士学位，5=博士学位）。通过调查员工在加入目前公司前曾就职的公司数目，我们控制了员工的工作经验。另外，我们也控制了与公司相关的特定经验，包括公司资历——员工在本公司的工作年数，以及工作资历——员工在该职位上工作的年数。我们使用虚拟变量来控制员工的组织层级和工作职能：经理1（基层管理人员）、经理2（中层管理人员）、经理3（高层管理人员）、销售人员（销售部门、市场部门和公共关系部门）、技术人员（工程师）和行政人员（人力资源部、财务部、一般管理职员）。非管理员工和其他员工作为这两类虚拟变量进行赋值时的参照群体。最后，为了保证员工所感知到的组织对员工承诺不是由于员工对组织的承诺的归因偏差，我们控制了员工对组织的情感承诺。我们采用了Tsui等（1997）开发的5条目量表。这个量表的验证性因子分析结果符合心理测量学的各项指标，CFI为0.97，RMSR为0.05，信度系数为0.81。

3. 结果

统计结果表明，在每个社会关系网络中，寻求职业建议的联系人（第一）平均为3.9个，导师（第二）为1.6个、任务指导者（第三）为2.1个、战略信息提供者（第四）为1.8个、不合作者（第五）为0.48个、支持者（第六）为2.2个、政治援助者（第七）为1.6个、社会支持者（第八）为2.1个、上级（第九）为1个、上级的上级（第十）为0.93个。这十个姓名发生器产生了一个3—19位、平均9.4位联系人的社会网络。

表3展示了描述统计的结果。我们发现结构洞与员工的年龄、性别、教育程度、工作经验、曾就职的公司数目、在该职位上的工作时间、组织层级和工作职能等没有关系。它们仅仅与资历或在公司的任职时间有关（–0.09, $p<0.10$），这也就意味着员工在公司的工作时间越长，他的社会网络约束越大。这与直觉判断相一致：工作时间越长的员工，越有机会与同事建立更密集的社会网络。

假设1认为结构洞和职业绩效之间存在负向关系。表4中的分析结果证明约束分数能够很好地预测薪水。在模型1中，结构洞和薪水显著负相关。结构洞越多，员工的薪水相对越低。结构洞也能够预测奖金：模型2中，结构洞和奖金也是显著负相关的。员工社会网络中的结构洞越多，他们的奖金也越低。结构洞和工作满意度的模型中，二者系数的关系方向符合我们的预测，但并不显著。作为职业绩效的两个重要指标，奖金数量和薪水水平的数据证明了假设1。整个模型解释了薪水的65%的方差，以及奖金的34%的方差。

我们用三种不同的方式检验了假设2。首先，我们将具有高承诺文化的公司（硬件和电信）合称为高承诺组，将具有低度承诺文化的公司（软件和移动）合称为低度承诺组，然后进行子群体分析。表5是统计分析结果。在高承诺的公司里，结构洞与模型1中的薪水和模型2中的奖金具有显著的负相关关系。相比之下，在低承诺的公司里，结构洞和薪水、奖金的相关关系并不显著。因此，就薪水和奖金而言，子群体分析支持了假设2。[①]

验证假设2的第二种和第三种方法是分别在公司和个人层面运用结构洞和高承诺的交互作用。在这两种分析中，在进行交互作用分析前，我们分别进行了均值中心化以避免多重共线性（Aiken & West, 1991）。另外，我们测量了所有模型中所有变量的方差膨胀因子（VIF），均小于阈值5.0（Neter, Wasserman, & Kutner, 1990），这表明模型中的多重共线性问题并不严重。

① 为节省版面，表4至表6没有显示VIF值，但可以直接从作者获得。

表3：描述性统计和相关系数矩阵

变量	均值	标准差	1	2	3	4	5	6	7	8	9	10	11	12	13	14	15	16	17	18	19	20	21	22	23	24
1. 年龄	29	4.3																								
2. 性别	0.63	0.48	−0.01																							
3. 教育程度	3.4	0.73	0.15	0.07																						
4. 曾就职的公司数量	1.5	1.4	0.36	−0.01	−0.29																					
5. 公司资历	3.0	2.3	0.60	−0.12	−0.08	0.04																				
6. 工作资历	1.8	1.4	0.32	−0.13	0.04	−0.01	0.48																			
7. 技术人员	0.74	0.44	−0.12	0.17	0.25	−0.19	−0.18	−0.00																		
8. 销售人员	0.12	0.33	0.12	−0.11	−0.17	0.16	0.17	0.00	−0.62																	
9. 行政人员	0.08	0.27	0.03	−0.10	−0.13	0.07	0.03	−0.06	−0.50	−0.11																
10. 其他员工	0.06	0.24	0.01	−0.04	−0.10	0.05	0.06	0.07	−0.42	−0.09	−0.08															
11. 经理1	0.09	0.28	0.16	−0.03	−0.03	0.07	0.28	−0.02	−0.16	0.20	0.00	0.03														
12. 经理2	0.04	0.19	0.18	0.04	−0.00	0.05	0.13	−0.01	−0.06	−0.03	0.08	0.06	−0.06													
13. 经理3	0.02	0.14	0.15	0.11	0.07	0.00	0.16	−0.03	−0.04	0.00	0.02	0.04	−0.04	0.03												
14. 非管理员工	0.85	0.35	−0.28	−0.04	−0.00	−0.08	−0.36	0.04	0.18	−0.14	−0.06	−0.07	−0.76	−0.46	−0.34											
15. 硬件公司a	0.27	0.44	−0.20	0.01	−0.30	−0.08	−0.07	−0.26	−0.20	0.00	0.23	0.10	0.06	0.12	0.11	−0.16										
16. 软件公司a	0.21	0.41	−0.14	0.13	−0.23	0.21	−0.18	−0.08	0.04	0.04	−0.11	−0.00	−0.03	0.03	−0.03	0.02	−0.31									
17. 移动公司a	0.24	0.45	0.36	−0.07	−0.04	0.20	0.29	0.14	−0.19	0.20	−0.00	0.07	0.15	−0.08	0.00	−0.08	−0.34	−0.29								
18. 电信公司a	0.29	0.43	−0.02	−0.06	0.54	−0.30	−0.04	0.20	0.34	−0.24	−0.13	−0.16	−0.18	−0.07	−0.09	0.21	−0.38	−0.32	−0.35							
19. 高承诺文化	4.1	0.87	−0.07	0.06	−0.05	−0.11	0.02	−0.10	−0.04	0.04	0.04	−0.02	0.03	0.04	0.09	−0.08	0.30	−0.27	−0.11	0.06						
20. 结构洞	0.66	0.11	−0.02	0.03	0.02	−0.01	−0.09	−0.03	0.01	0.03	−0.05	−0.01	−0.02	−0.05	−0.01	0.05	−0.15	0.01	0.05	0.09	0.01					
21. 薪水b	0	1	0.43	0.12	0.26	0.07	0.38	0.08	−0.04	−0.00	0.01	0.06	0.21	0.49	0.45	−0.61	0.01	0.00	0.00	−0.01	0.06	−0.16				
22. 奖金b	0	1	0.22	0.05	0.10	0.02	0.27	0.12	−0.03	−0.03	0.03	0.05	0.07	0.40	0.34	−0.40	0.01	0.00	0.00	−0.01	0.04	−0.21	0.70			
23. 工作满意度	4.6	1.1	0.01	0.10	−0.07	0.04	−0.01	−0.14	−0.07	0.05	0.07	−0.01	0.11	0.13	0.08	−0.19	0.10	0.08	−0.01	−0.16	0.43	−0.05	0.10	0.08		
24. 情感承诺	5.5	0.91	0.09	0.09	−0.12	0.06	0.05	−0.18	−0.09	0.07	0.13	−0.08	0.13	0.11	0.12	−0.21	0.19	0.01	0.00	−0.20	0.50	0.02	0.08	0.08	0.66	

注：所有大于0.17的相关系数在$p < 0.001$水平上显著，大于0.13的在$p < 0.01$水平上显著，大于0.10的在$p < 0.05$的水平上显著，大于0.08的在 $p < 0.10$的水平上显著。

a. 组织虚拟变量被包括进来，以显示组织之间的差异。

b. 在公司间做了标准化处理。

表4：结构洞对职业绩效的影响（N=417）

变量	薪水（模型1）	奖金（模型2）	工作满意度（模型3）
常数项	−1.559*** (0.306)	0.326 (0.422)	4.987*** (0.574)
年龄	0.019 (0.010)	−0.005 (0.014)	0.006 (0.019)
性别	0.133* (0.061)	0.053 (0.085)	0.189 (0.115)
教育程度	0.348*** (0.046)	0.121 (0.064)	−0.100 (0.086)
曾就职的公司数量	0.056* (0.025)	0.019 (0.034)	−0.005 (0.047)
公司资历	0.071*** (0.019)	0.043 (0.027)	−0.024 (0.037)
工作资历	−0.006 (0.025)	0.069* (0.034)	−0.081 (0.047)
技术人员[a]	−0.095 (0.123)	−0.026 (0.170)	0.074 (0.231)
销售人员	−0.166 (0.144)	−0.114 (0.199)	0.225 (0.270)
行政人员	−0.161 (0.154)	−0.040 (0.213)	0.288 (0.289)
经理1[a]	0.702*** (0.111)	0.302* (0.153)	0.491* (0.208)
经理2	2.457*** (0.159)	2.081*** (0.220)	0.830** (0.299)
经理3	2.932*** (0.218)	2.399*** (0.300)	0.682 (0.408)
结构洞	−1.017*** (0.254)	−1.531*** (0.351)	−0.423 (0.477)
F值	60.22***	17.29***	2.47**
R2	0.660	0.358	0.074
调整后R2	0.649	0.337	0.044

注：（1）* 表示$p<0.05$，**表示 $p<0.01$， *** 表示$p<0.001$，双尾检验；（2）括号内是标准差。

a. 其他员工和非管理员工为参照组。

表5：高承诺组织和低承诺组织中的职 业绩效的子样本分析

	高承诺组（*N*=231）			低承诺组（*N*=186）		
	薪水	奖金	工作满意度	薪水	奖金	工作满意度
变量	（模型1）	（模型2）	（模型3）	（模型4）	（模型5）	（模型6）
常数项	−1.123* (0.466)	1.323* (0.591)	4.787*** (0.907)	−1.839*** (0.419)	−0.049 (0.671)	5.972*** (0.809)
年龄	0.010 (0.018)	−0.049* (0.023)	−0.029 (0.035)	0.016 (0.012)	0.004 (0.019)	0.020 (0.022)

续 表

变量	高承诺组（N=231）			低承诺组（N=186）		
	薪水	奖金	工作满意度	薪水	奖金	工作满意度
	（模型1）	（模型2）	（模型3）	（模型4）	（模型5）	（模型6）
性别	0.044 (0.082)	−0.067 (0.104)	0.125 (0.160)	0.193* (0.088)	0.162 (0.140)	0.225 (0.169)
教育程度	0.398*** (0.067)	0.287*** (0.085)	0.089 (0.130)	0.248*** (0.069)	−0.070 (0.110)	−0.333* (0.133)
曾就职的公司数量	0.025 (0.045)	0.036 (0.057)	0.024 (0.087)	0.081** (0.028)	0.025 (0.045)	−0.020 (0.054)
公司资历	0.100** (0.031)	0.082* (0.039)	0.075 (0.060)	0.064** (0.024)	0.051 (0.038)	−0.103* (0.045)
工作资历	0.045 (0.042)	0.116* (0.053)	−0.145 (0.082)	−0.022 (0.029)	0.062 (0.047)	−0.049 (0.056)
技术人员[a]	−0.423* (0.191)	−0.218 (0.243)	0.372 (0.372)	0.237 (0.154)	0.189 (0.246)	−0.353 (0.297)
销售人员	−0.438 (0.244)	−0.107 (0.309)	0.407 (0.474)	0.126 (0.167)	−0.103 (0.268)	−0.095 (0.323)
行政人员	−0.243 (0.220)	0.119 (0.287)	0.578 (0.426)	−0.119 (0.213)	−0.441 (0.346)	0.172 (0.417)
经理1[a]	0.750*** (0.176)	0.119 (0.223)	0.634 (0.342)	0.707*** (0.132)	0.380 (0.211)	0.490 (0.254)
经理2	2.335*** (0.207)	2.382*** (0.263)	1.091** (0.403)	2.980*** (0.243)	1.824*** (0.390)	0.269 (0.470)
经理3	2.331*** (0.281)	1.949*** (0.356)	0.297 (0.547)	4.183*** (0.324)	3.394*** (0.519)	1.346* (0.625)
结构洞	−1.223*** (0.351)	−2.090*** (0.446)	−0.372 (0.684)	−0.468 (0.370)	−0.759 (0.592)	−0.493 (0.714)
F值	30.48***	13.10***	1.93*	40.73***	7.18***	1.82
R2	0.646	0.440	0.104	0.755	0.370	0.121
调整后R2	0.625	0.406	0.050	0.736	0.319	0.054

注：（1）* 表示 $p<0.05$，**表示 $p<0.01$，*** 表示$p < 0.001$，双尾检验；（2）括号内是标准差。
a. 其他员工和非管理员工为参照组。

在公司层面，我们使用四个公司加总的承诺分数（硬件：4.55，软件：3.65，移动：3.95，电信：4.20）。表6中薪水（模型1）和奖金（模型3）的数据分析结构显示了结构洞和组织承诺之间的显著的交互作用——在高承诺文化的组织中，这种负向关系更强。

到目前为止，我们已经讨论了公司层面的文化差异，例如公司是否具有高承诺组织及其对员工的社会资本的影响。但是在同一组织内部，由于职能背景或产品线的不同，不同部门之间可能存在显著差异（Schein, 1985； Martin, 1992； Trice & Beyer, 1993）。即使在同一部门，由于不同管理风格，不同员工之间也存在差异。由于较低分析层面上差异的存在，学者已经在工作或个人层面上进行组织研究（Tsui *et al.*, 1997； Lepak & Snell, 1999）。个人对组织承诺水平描述反映了周围员工的文化氛围。由于人际和情感的偏见会影响评价，因此我们在分析中控制了员工对组织的情感承诺这一变量。在个人层面上与在公司层面一样、结构洞和高承诺之间的交互作用检验依然显著。

表6展示了模型2、模型4和模型6的分析结果。在个人层面上，就模型2中的薪水和模型4中的奖金而言，个体层面的组织对员工的承诺与结构洞之间的交互作用和薪酬负相关。因此，假设2在个人层面上也被证实。这些结果与在公司层面上进行分析的模型1、模型3和模型5的结果一致。

表6：结构洞与组织承诺对职业绩效的交互作用（N=417）

变量	薪水		奖金		工作满意度	
	模型1	模型2	模型3	模型4	模型5	模型6
常数项	−0.918 (0.528)	−1.420*** (0.355)	1.213 0.730	0.359 (0.494)	5.614*** (0.999)	0.756 (0.512)
年龄	0.016 (0.010)	0.021* (0.010)	−0.010 (0.014)	−0.008 (0.014)	0.005 (0.019)	−0.016 (0.015)
性别	0.116 (0.061)	0.131 (0.061)	0. 030 (0.085)	0.046 (0.085)	0.181 (0.116)	0.072 (0.088)
教育程度	0.357*** (0.046)	0.342*** (0.046)	0.132* (0.064)	0.127* (0.064)	−0.099 (0.087)	0.052 (0.067)
曾就职的公司数量	0.057* (0.026)	0.064* (0.025)	0.020 (0.036)	0.026 (0.035)	−0.012 (0.049)	0.038 (0.036)
公司资历	0.072*** (0.019)	0.064** (0.019)	0.044 (0.027)	0.040 (0.027)	−0.023 (0.037)	−0.027 (0.028)
工作资历	−0.007 (0.025)	−0.006 (0.025)	0.067 (0.034)	0.075* (0.035)	−0.085 (0.047)	0.020 (0.036)
技术人员[a]	−0.095 (0.123)	−0.086 (0.123)	−0.028 (0.170)	−0.039 (0.171)	0.067 (0.232)	−0.159 (0.177)
销售人员	−0.188 (0.143)	−0.149 (0.143)	−0.143 (0.198)	−0.117 (0.199)	0.211 (0.271)	−0.070 (0.206)
行政人员	−0.157 (0.154)	−0.154 (0.155)	−0.033 (0.213)	−0.077 (0.215)	0.307 (0.292)	−0.206 (0.223)
经理1[a]	0.693*** (0.110)	0.727*** (0.111)	0.291 (0.152)	0.296 (0.154)	0.493* (0.209)	0.194 (0.160)
经理2	2.459*** (0.159)	2.448*** (0.159)	2.085*** (0.219)	2.048*** (0.221)	0.842* (0.300)	0.455* (0.229)
经理3	2.981*** (0.217)	2.949*** (0.217)	2.464*** (0.300)	2.388*** (0.302)	0.709 (0.411)	0.050 (0.313)
情感承诺		−0.078* (0.038)		0.010 (0.053)		0.714*** (0.055)
结构洞	−0.975*** (0.256)	−1.027** (0.252)	−1.482*** (0.354)	−1.555*** (0.351)	−0.447 (0.484)	−0.628 (0.364)

续 表

变量	薪水		奖金		工作满意度	
	模型1	模型2	模型3	模型4	模型5	模型6
高承诺b	−0.142 (0.095)	0.038 (0.041)	−0.196 (0.131)	0.000 (0.053)	−0.138 (0.179)	0.174** (0.055)
结构洞×高承诺（H2）	−1.607* (0.751)	−0.794** (0.304)	−2.034* (1.038)	−0.828* (0.423)	−0.202 (1.419)	−0.596 (0.439)
F值	53.22***	50.59***	15.52***	14.33***	2.18**	21.85***
R2	0.666	0.669	0.367	0.364	0.075	0.466
调整后R2	0.653	0.656	0.344	0.339	0.041	0.445

注：（1）* 表示$p<0.05$，**表示 $p<0.01$， *** 表示$p < 0.001$，双尾检验；（2）括号内是标准差。

a. 其他员工和非管理员工为参照组。

高承诺指模型1、3、5中的组织评分，以及模型2、4、6中的个人评分。

3.1. 定性资料：从经纪人到整合者

通过访谈，我们进一步丰富了定性资料来验证假设2。定性数据表明，在高承诺组织中，与经纪人相类似的角色是整合者。在社会关系网络中，整合者往往被定义为那些拥有大规模且相对浓密的以自我为中心的社会网络、并拥有较少结构洞的人。正如经纪人所做的，整合者能够将互不联系的团体连结在一起。但是，他们行事的程序不同、方式不同，所带来的结果也不同。经纪人寻求、保护并维持他们作为第三方的位置——有时他们甚至故意采取某些行动来创造这样的位置——以从中获利。然而，整合者则为了公司的利益而将分割的同事联系起来，在结构洞出现时立即将其填补。经纪人从“掌控分配权”中获利，而整合者则铭记公司的集体利益高于自己的个人利益。后者是组织内促进跨界沟通的真正桥梁。因此，组织内的信息和资源能够在第一时间被传递到需要它们的位置。通过这种方式，整合者扮演了tertius iungens（参与的第三方）的角色，而非tertius gaudens（享受的第三方）——Obstfeld（2005）在对一家汽车制造厂部门的研究用此来描述工程师对创新的投入程度。①

整合者通过在组织中发挥整合作用来创造价值（Lawrence & Lorsch, 1967），作为回馈，组织适当地认可他们的贡献并给予奖励。信任、互惠和信誉，即Coleman（1988）所定义的社会资本的核心要素，对整合者而言是必不可少的。我们的访谈对象也多次提到这个问题。例如，移动公司的物流经理承担了典型的跨越边界的工作，每天协调十多个部门。她强调了信任、信誉和互惠的重要性：

① 正如一位审稿人所提出的，实践者逐渐使用“netweaving”（织网）一词来指代这类整合行为。

公司中有很多程序和政策。你能否完成一件事，以及多快完成这件事取决于你的信誉。有些程序，如果按照正式的要求去做，可能要花一整天的时间。但是如果你的信誉很好，也许只需要打一个电话就可以立刻完成了。这些关系都是相互的。如果一个人不着急做这件事，那么他就不会找我。如果他来找我，那他一定着急要完成这件事。如果这次我帮了他，那么下次他就会来帮我。我们彼此建立了信任。由于这层信任关系，很多事情都能够做完。你在这点上建立了好的信誉，很快会扩散到其他点上（MO 18）。

硬件公司的一位高级产品经理在日常工作中也需要协调不同部门，他对此也有相似的观点：

这些部门需要对你树立正面评价。你必须建立一种影响力。这种合作的氛围是非常重要。这也是个人发展的基本要求。如果这些人（联系人）相隔很远，但是彼此认识，那我们的第一反应就是这种情况很好；如果他们相隔很远却互相不认识，那就取决于你自己的个人魅力了——这种情况对个人职业发展的影响还不清楚。但是如果他们相隔很远但彼此认识，那么在公司里、甚至行业里很容易形成对你的一致性的评价。那你的职业发展的推动力就有了（HD 11）。

以信任为基础的关系纽带是重要的，它们不仅能够促进跨界合作，更有利于内部合作——也就是说，围绕核心行动者的支持团队也是非常重要的。具体而言，一些访谈对象提到工作团队的凝聚力对于传递隐性知识——包括那些与具体情境密切相关的知识（下文第一段引言）或者个人难以学习到的操作技术知识（下文第二段引言）：

当老板给你分配任务时，他没有时间和精力告诉你这项任务的背景信息。对你来说，这是非常困难的，因为你只能去猜测背景信息。但是如果你跟老板有很好的关系，那你就能够了解他思考问题的方式，并迅速明白他为什么让你做这件事。所以你就不会出错，不会轻易误解他的意思（MO 18）[②]。

现在电脑软件越来越复杂了……比如说，你想使用一条代码，你大概知道这条代码是你所需要的，但是你仍然需要问别人，“这条代码有需要特别注意的地方吗？”很多工程师之间的沟通都是：针对具体问题，找对的人……你需要请教他们

② 在报告访谈数据时，我们给每位被访者编码：公司加上序号（HD代表硬件公司，SF代表软件公司，MO代表移动公司，TE代表电信公司）。

如何使用这条代码（MO 19）。

这位被访者很警惕那些社会网络中有较多结构洞的人。移动公司的一位经理评论了拥有这种社会关系网络的人：

你对他的第一印象是很好的。但是，随着时间的流逝，你会感受到他缺乏合作精神。你确实会有这种感觉。这并不是说他做错了什么事。只是觉得人们并不喜欢公司里的这样的人，他们最终都会离开。他们非常想当领头羊，或者说一把手。但是公司里并没有多少一把手的位置，所以他不会得到他想要的东西。这种人非常积极，但是他的晋升却非常慢（MO 19）。

访谈者们也清晰认识到并警惕结构洞的风险——隐瞒信息（下文第一段引文，来自移动公司）或者缺乏核心团队（下文第二段引文，来自电信公司）：

通常情况下，做这种事情（当经纪人）的后果并不好，因为就公司高层而言，他们之间有很好的关系，很难将信息仅仅攥在个别人手中，尤其是信息非常重要的时候……你永远无法看清办公室内部的关系，因为从表面上看，他们之间并没有很好的关系（MO 17）。

你拥有很开放的社会关系网络，但你未必拥有具有核心竞争力的社会关系网络。你需要一个核心团队。你为了连结而连结，你成为唯一的信息接收者，但你并没有创造价值……一个封闭的关系网络可以创造贡献，但一个开放的关系网络却没有产出。它是为了关系而制造关系（TE 15）。

一位刚刚获得MBA学位的经理阐述了自己对高承诺公司的经纪人的不利之处的看法。

我们是一个团队，所以最重要的事情是让团队一起做，否则的话，你自己去做。这不应该是团队成员的目标，重要的是高效地把事情做完，这样就提高了效率。在第一种类型（开放的关系网络）中，因为你是经纪人，能够控制很多事情，……但是，你在公司内部可能有信誉问题……最大的问题是，你压制别人的发展，而这也压制了自己的发展。这导致的结果就是：人们不信任你（MO 21）。

有趣的是，结构洞的优势只有在我们访谈软件公司的时候才被提及，也就是在

低承诺公司里。下面两段引文表明了较大的、开放的关系网络中的信息优势。

> 技术人员和管理人员面临截然不同的发展路径。对技术人员来说，只要我有几个很好的朋友、能够互相交换技术观点就可以了。对管理人员而言，这是非常不同的。你必须建立人际关系网络，至上而下、覆盖不同部门。你需要采用不同的策略来应对这些彼此不认识的人（SF 4）。
>
> 他们向我提供了各种各样的关于公司内部和外部环境的信息和建议。我希望了解这些人。他们可以说是公司的中流砥柱。譬如说，我们公司最近经常进行结构调整，而当公司进行整组时，他们会给我很多建议——待在原来的部门更好，还是去新的部门更好；换个位置是否更好；这将如何影响我的职业发展，等等（SF 5）。

这些定性的资料印证了我们的定量分析结果：结构洞理论适用于市场竞争和个人主义情境下的公司和个人，但在看重合作和集体的情境中，理论的适用性则需要重新考虑。确实是这样，特别当公司为高承诺的组织时，公司的运营高度依赖信任和合作等非正式机制。整合者往往比经纪人更能获得职业优势。

4. 讨论和结论

通过研究中国四家公司的社会资本机制，本文将塑造个人行为的国家文化和组织文化考虑在内，建立了更加情景化的社会资本理论。实证研究数据表明，在集体主义文化中，员工职业关系网络中的结构洞不利于员工的职业发展。另外，在组织层面的研究表明，社会资本的作用在不同组织有所不同。尽管在市场化、低承诺的组织中，结构洞能够为个人行动者带来正面的回报，但在家族化、高凝聚力的强文化的高承诺组织中，封闭的关系网络有利于建立信任、互惠和信誉，进而为行动者带来优势。此外，在高承诺、集体主义的组织中，经纪人的行为有可能是冒险行为。

在本研究中，集体主义是用于描述在国家层面和组织层面具有强凝聚力的文化的情境”（如Earley, 1993； Chatman & Barsade, 1995； Chatman *et al.*, 1998）。尽管基于经济交换原则、有较少社会性义务的组织被视为个人主义的组织，但是高承诺组织具有更多集体主义的特征。高承诺和集体主义在社会资本模型中的作用力方向一致性表明，它们都具有抑制结构洞和增强封闭网络的作用。

尽管理论上的推断能够简化不同文化情境下的社会资本理论，但是我们必须关注国家层面的集体主义和组织层面的集体主义存在的差异。国家层面的集体主义是针对内群（而非国家），而组织层面的集体主义则是对组织而言。因此，在国家层面的集体主义和组织层面的集体主义是两类截然不同的现象。国家层面的集体主义下，内群是决策制定的参照点，而组织层面的集体主义则关注组织本身。尽管在抽象意义上，两种集体主义是一样的，但它们的分析单位是不同的。

本文的分析结果表明，在中国的组织中，结构洞对员工的职业发展是有害的。这一点与西方情境下的研究结果截然相反。西方学者认为，结构洞与组织层级（Burt, 1992, 1997）、奖金（Burt, 1997）、薪水（Burt, Hogarth, & Michaud, 2000）具有正向关系。联结中心性（betweenness centrality，与结构洞相关的概念）能够预测管理者的级别（Brass, 1984）和管理者的绩效评分（Mehra, Kilduff, & Brass, 2001）。尽管这些研究使用了不同的方法，不论被研究的关系网络是以自我为中心的、还是整体的，不论这些研究的因变量是什么，研究的结论都是结构洞能够提供社会资本。然而，本文研究表明，结构洞理论未必能够推广到所有文化情境中。尽管在个人主义文化中，结构洞能够为员工带来信息和控制优势，但在中国文化中，封闭的关系网络能够为个人带来内群的信任和互惠。

尽管中国和西方文化的不同相对容易理解，但更重要的是将文化作为社会资本的权变因素。结构洞理论是深深根植于市场经济体制之中的（Podolny & Baron, 1997）。经纪人在联系人互不认识的事实基础上来谋求发展。例如，他们能够阻止上游的信息流动到下游。类似的，产业组织或公司战略的文献里也有“垄断”或“合谋”等概念。理想的结构自主性与垄断是一致的（Burt, 1980, 1992），根据波特五力模型（1980），能够占据很多结构洞的行业往往更具有吸引力。Burt将结构洞理论推广到组织内部，并强调结构洞对于个体员工的作用。尽管将不同分析层面（从市场中的公司到公司中的员工）的关系网络理论放在较高抽象层面上讨论具有重要的优势，但是不同层面的现象的本质也是不同的，这提醒我们在作出跨层结论时要极为谨慎。

组织领域的学者提醒研究者要关注将市场体制中的理论推广到组织内部时可能出现的问题（Goshal & Moran, 1996； Podolny & Page, 1998）。研究者已经指出，市场和公司是两种截然不同的治理形式（Coase, 1937； Williamson, 1975, 1985； Kogut & Zander, 1992； Zander & Kogut, 1995），并且公司不能完全被市场机制所替代（如 Holmstrom & Milgrom, 1994；Williamson, 1994； Baker, Gibbons, & Murphy, 2001）。我们的研究表明，结构洞作为以市场为基础的概念，对低承诺的组织中的经理而言，是重要的社会资本（譬如投资银行的股票经纪人）。但是，对于强调合作和社会惩罚的高承诺的组织而言，追求私利、机会主义的行为往往会成为职业发展的障碍。在高承诺的组织中，集体主义的规范会导致组织在进行奖励分配时倾向于采用平均原则而非公平原则，而在薪水或奖金分配时更是如此（Chen, Chen, & Meindl, 1998）。

本研究有两个地方可能会引起争议。第一，我们的样本来自IT行业。IT公司通常更需要隐性知识的传递，这就要求封闭的关系网络而不是充满结构洞的关系网络（例如，Hansen, 1999； Reagans & McEvily, 2003）。然而，这个重要的因素已经被控制了，考虑到我们所参照的前人的研究也选取了IT行业作为研究对象（Burt, 1992；Podolny & Baron 1997； Mehra, Kilduff, & Brass, 2001）。第二，Burt所论证的结构洞的正面作用是在高级管理人员中发现的。为了验证研究结论所发现的负向作用是否是由于研究样本的组织级别较低所致，本文检验了结构洞和组织级别交互作用的影响（控制变量不变）。结果显示，就薪水而言，二者的交互作用是-1.38（$p<0.001$），而就奖金而言，交互作用为-1.58（$p<0.001$）。这表明，对高级管理者而言，结构洞和薪水、奖金之间的负向关系更加明显。这些分析结果表明，我们研究中所发现的负向作用并非由于样本的组织层级较低所致。

本研究仍有局限。首先，由于时间所限，研究中所采用的衡量职业绩效的指标被限制在薪水和奖金两项上。在今后的研究中，研究者可以将其他变量考虑在内，譬如晋升次数（组织层级的变动次数）和离职，获得这些数据则需要更长的时间，并能够更好地消除因果关系倒置的问题，以及关系网络的影响和声誉，而处理这些数据需要更复杂精细的网络分析方法（Brass, 1984； Kilduff and Krackhardt, 1994）。其次，由于我们采用了以自我为中心的社会网络，除这种方法潜在的偏差之外，我们并没有获得关系网络的完整信息。因此，我们并不了解员工在整体关系网络中所处的位置。譬如说，员工位于关系网络的中间位置还是边缘位置，以及结构洞是否只是人们在完整关系网络中的间接体现。另外，在选取样本时，本文所采用的不同的抽样方法可能会带来未被察觉到的样本间的异质性。譬如说，电信公司的样本主要来自研发人员，而这些人的职业流动的条件和类型可能与管理人员和市场人员不同。最后，本文采用了单一条目来测量工作满意度，因而难以保证其信度。这也许可以用来解释这个变量存在大量不显著的结果的原因。

在对高级管理人员的关系网络的研究中，Burt（1997）发现，结构洞对职业绩效具有正向作用。实际上，由于高级经理在市场中需要代表公司，他们的关系网络包含了很多外部联系人，而这些人员关系网络大量存在的结构洞对于公司的成功具有正面的价值。然而，在高承诺的社会情境中，这种效应是否会被消除尚没有定论。在今后的研究中，研究者需要将结构洞理论扩展到集体主义情境下的组织间的关系网络。

另外一个可能的理论研究方向是关系网络的时间维度（或者关系网络的演化）。尽管我们在研究中尽力避免因果倒置，但实际上绩效和关系网络的建立都是持续发展的过程，这使得其更像是一种结构效应，即关系网络影响绩效，而绩效也会影响关系网络（Brass & Burkhardt, 1993； Brass, 1995）。这是未来值得研究的方向之一，也要求研究者获得绩效和关系网络方面的时间序列的数据。

Burt（2002）分析了关系纽带如何随着时间的流逝而衰落。在本文的研究中，由于采用截面数据，所以没有考虑已经被整合者填补的结构洞。因此，可能会低估了结构洞的重要性，因为结构洞带来的信息优势已经融入了封闭的关系网络之中。换句话来说，有两种形式的封闭。在第一种封闭形式中，联系人—联系人之间的纽带是结构洞被填补后所呈现的结果（“达成的封闭”）。在第二种封闭形式中，联系人—联系人之间的连结是从一开始就存在的（“获得的封闭”）。很有可能，达成的封闭网络比获得的封闭网络更能够给主体带来回报。用这种角度来看的话，另一个重要的问题就是谁开启了填补结构洞这一过程。如果单个个人开启了这个过程，那么大部分增加的价值都会归于他/她——这也解释了为何单个个人愿意去填补结构洞。然而，如果这个过程是由联系人开启的，那么其导致的结果就会不同。这种结果会是什么呢？这种演化视角将是未来研究的很有潜力的方向。

在集体主义文化中，整合者不但有利于个人取得好的职业绩效，而且也可能是组织成功的关键因素。当整合者同时也是边界跨越者时，他们如何扮演两种角色以及这对组织间关系的影响有待进一步思考，尤其是与处于类似位置的经纪人相比。一方面，经纪人往往扮演“守门人”的角色，通过控制信息和建议甚至信任的流入和流出以谋求自身在组织中利益的最大化。另一方面，整合者也可能会打开大门，将门外人介绍给同事，扮演“探路者”或“领航员”的角色。尽管这可能会削弱他们占有的位置所带来的名声和优越性，但是组织却获得了收益。对需要建立亲密关系的组织而言，整合者的功能是必不可少的，这一点在东方和西方的许多公司都适用。文化，包括国家文化和组织文化，如何影响这一过程，及其对于公司的竞争力具有怎样的影响依然需要进一步探索。

参考文献

Adler, P. S., and S. Kwon. 2002. Social capital: Prospects for a new concept. *Academy of Management Review*, 27: 17–40.

Ahuja, G. 2000. Collaboration networks, structural holes, and innovation: A longitudinal study.

Administrative Science Quarterly, 45: 425–455.

Ahuja, G., R. W. Coff, and P. M. Lee. 2005. Managerial foresight and attempted rent appropriation: Inside trading on knowledge of imminent breakthroughs. *Strategic Management Journal*, 26: 791–808.

Aiken, L. S., and S. G. West. 1991. *Multiple Regression: Testing and Interpreting Interactions*. Thousand Oaks, CA: Sage.

Appelbaum, E., T. Bailey, P. Berg, and A. L. Kalleberg. 2000. *Manufacturing Advantage: Why High Performance Work Systems Pay Off.* Ithaca, NY: Cornell University Press.

Arnold, H. J., and D. C. Feldman. 1981. Social desirability response bias in self-report choice situations. *Academy of Management Journal*, 24: 377–385.

Arthur, J. B. 1994. Effects of human resources systems on manufacturing performance and turnover. *Academy of Management Journal*, 37: 670–687.

Ashforth, B. E., and F. A. Mael. 1989. Social identity theory and the organization. *Academy of Management Review*, 14: 20–39.

Baker, G., R. Gibbons, and K. J. Murphy. 2001. Bringing the market inside the firm? *American Economic Review*, 91: 212–218.

Baron, J. N., and D. M. Kreps. 1999. *Strategic Human Resources: Frameworks for General Managers*. New York: Wiley.

Becker, B. E., and M. A. Huselid. 1998. High performance work systems and firm performance: A synthesis of research and managerial implications. In G. R. Ferris (Ed.), *Research in Personnel and Human Resources Management*, 16: 34–64. Greenwich, CT: JAI Press.

Blau, P. 1964. *Exchange and Power in Social Life*. New York: Free Press.

Blyler, M., and R. W. Coff. 2003. Dynamic capabilities, social capital, and rent appropriation: Ties that split pies. *Strategic Management Journal*, 24: 677–686.

Borgatti, S. P., M. G. Everett, and L. C. Freeman. 2002. *UCINET for Windows: Software for Social Network Analysis*. Cambridge, MA: Analytic Technologies.

Bourdieu, P. 1980. Le capital social: Notes provisoires. *Actes de la Recherche en Sciences Sociales*, 3: 2–3.

Brass, D. J. 1984. Being in the right place: A structural analysis of individual influence in an organization. *Administrative Science Quarterly*, 29: 518–539.

Brass, D. J. 1995. A social network perspective n human resources management. In G. R. Ferris （Ed.）, *Research in Personnel and Human Resources Management*, 13: 39–79. Greenwich, CT: JAI Press.

Brass, D. J., and M. E. Burkhardt. 1993. Potential power and power use: An investigation of structure and behavior. *Academy of Management Journal*, 36: 441–470.

Brass, D. J., K. D. Butterfield, and B. C. Skaggs. 1998. Relationships and unethical behavior: A social network perspective. *Academy of Management Review*, 23: 14–31.

Burt, R. S. 1980. Autonomy in a social topology. *American Journal of Sociology*, 85: 892–925.

Burt, R. S. 1992. *Structural Holes*. Cambridge, MA: Harvard University Press.

Burt, R. S. 1997. The contingency of social capital. *Administrative Science Quarterly*, 42: 339–365.

Burt, R. S. 1999. When is corporate culture a competitive asset? *Financial Times*: *Mastering Strategy*, 1: 14–15, August 5.

Burt, R. S. 2000. The network structure of social capital. In R. I. Sutton and B. M. Staw (Eds.), *Research in Organizational Behavior*, 22: 345–423. Greenwich, CT: JAI Press.

Burt, R. S. 2002. Bridge decay. *Social Networks*, 24: 333–363.

Burt, R. S., S. M. Gabbay, G. Holt, and P. Moran. 1994. Contingent organization as a network theory: The culture-performance contingency function. *Acta Sociologica*, 37: 345–370.

Burt, R. S., R. M. Hogarth, and C. Michaud. 2000. The social capital of French and American managers. *Organization Science*, 11: 123–147.

Burt, R. S., J. E. Jannotta, and J. T. Mahoney. 1998. Personality correlates of structural holes. *Social Networks*, 20: 63–87.

Chatman, J. A., and S. G. Barsade. 1995. Personality, organizational culture, and cooperation: Evidence from a business simulation. *Administrative Science Quarterly*, 40: 423–443.

Chatman, J. A., J. T. Polzer, S. G. Barsade, and M. A. Neale. 1998. Being different yet feeling similar: The influence of demographic composition and organizational culture on work processes and outcomes. *Administrative Science Quarterly*, 43: 749–780.

Chen, C. C. 1995. New trends in rewards allocation preferences: A Sino-U.S. comparison. *Academy of Management Journal*, 38: 408–428.

Chen, C. C., X.-P. Chen, and J. R. Meindl. 1998. How can cooperation be fostered? The cultural effects of individualism-collectivism. *Academy of Management Review*, 23: 285–304.

Chen, C. C., M. Peng, and P. A. Saparito. 2002. Individualism, collectivism, and opportunism: A cultural perspective on transaction cost economics. *Journal of Management*, 28: 567–583

Choi, I., R. E. Nisbett, and A. Norenzayan. 1999. Causal attribution across cultures: Variation and universality. *Psychological Bulletin*, 125: 47–63.

Coase, R. H. 1937. The nature of the firm. *Economica*, 4: 386–405

Coleman, J. S. 1988. Social capital in the creation of human capital. American Journal of Sociology, 94: S95–S120. 1990. *Foundations of Social Theory.* Cambridge, MA: Harvard University Press.

Delery, J. E., and H. D. Doty. 1996. Modes of theorizing in strategic human resources management: Tests of universalistic, contingency, and configurational performance predictions. *Academy of Management Journal*, 39: 802–835.

Earley, P. C. 1989. Social loafing and collectivism: A comparison of the United States and the People' s Republic of China. *Administrative Science Quarterly*, 34: 565–581.

Earley, P. C. 1993. East meets West meets Mideast: Further explorations of collectivistic and individualistic work groups. *Academy of Management Journal*, 36: 319–348.

Earley, P. C. 1994. Self or group? Cultural effects of training on self-efficacy and performance. *Administrative Science Quarterly*, 39: 89–117.

Etzioni, A. 1961. *A Comparative Analysis of Complex Organizations*. New York: Free Press.

Freeman, L. C., A. K. Romney, and S. C. Freeman. 1987. Cognitive structure and information accuracy. *American Anthropologist*, 89: 310–325.

Fukuyama, F. 1995. *Trust*: *The Social Virtues and the Creation of Prosperity*. New York: Free Press.

Gargiulo, M., and M. Benassi. 2000. Trapped in your own net: Network cohesion, structural holes, and the adaptation of social capital. *Organization Science*, 11: 183–196.

Gerhart, B. 1987. *The prediction of voluntary turnover using behavioral intentions, job satisfaction, and area unemployment rates.* Paper presented at the annual meeting of the Academy of Management, New Orleans.

Ghoshal, S., H. Korine, and G.Szulanskil. 1994. Interunit communication in multinational corporations. *Management Science*, 40: 96–110.

Ghoshal, S., and P. Moran. 1996. Bad for practice: A critique of transaction cost theory. *Academy of Management Review*, 21: 13–47.

Guthrie, D. 1998. The declining significance of Guanxi in China's economic transition. *China Quarterly*, no. 154: 254–282.

Guthrie, J. P. 2001. High-involvement work practices, turnover, and productivity: Evidence from New Zealand. *Academy of Management Journal*, 44: 180–190.

Hansen, M. T. 1999. The search-transfer problem: The role of weak ties in sharing knowledge across organizational subunits. *Administrative Science Quarterly*, 44: 82–111.

Holmstrom, B., and P. Milgrom. 1994. The firm as an incentive system. *American Economic Review*, 84: 972–991.

Hui, C. H., and H. C. Triandis. 1986. Individualism-collectivism: A study of cross-cultural researchers. *Journal of Across-culture Psychology*, 17: 225–248.

Huselid, M. A. 1995. The impact of human resource management practices on turnover, productivity, and corporate financial performance. *Academy of Management Journal*, 38: 635–672.

Ibarra, H., and L. Smith-Lovin. 1997. New directions in social network research on gender and organizational careers. In S. Jackson and C. Cooper (Eds.), *Handbook for Future Research in Organizational Behavior*: 361–383. Sussex, U.K.: Wiley.

James, L. R. 1982. Aggregation bias in estimates of perceptual agreement. *Journal of Applied Psychology*, 67: 219–229.

James, L. R., R. G. Demaree, and G. Wolf. 1983. Estimating within-group interrater reliability with and without response bias. *Journal of Applied Psychology*, 69: 85–98.

Kilduff, M., and D. Krackhardt. 1994. Bringing the individual back in: A structural analysis of the internal market for reputation in organizations. *Academy of Management Journal*, 37: 87–108.

Klein, K. K., and S. W. Kozlowski. 2000. *Multilevel Theory, Research, and Methods in Organizations: Foundations, Extensions, and New Directions.* San Francisco: Jossey-Bass.

Kogut, B., and U. Zander. 1992. Knowledge of the firm, combinative capability and the replication of technology. *Organization Science*, 3: 383–397.

Krackhardt, D. 1987. Cognitive social structures. *Social Networks*, 9: 109–134.

Krackhardt, D., and M. Kilduff. 1999. Whether close or far: Social distance effects on perceived balance in friendship networks. *Journal of Personality and Social Psychology*, 76: 770–782.

Kreps, D. M. 1990. Corporate culture and economic theory. In J. Alt and K. Shepsle (Eds.), *Perspectives on Positive Economics*: 90–143. New York: Cambridge University Press.

Lawrence, P., and J. Lorsch. 1967. Differentiation and integration in complex organizations. *Administrative Science Quarterly*, 12 (1): 1–30.

Lepak, D. P., and S. A. Snell. 1999. The human resource architecture: Toward a theory of human capital allocation and development. *Academy of Management Review*, 24: 31–48.

Leung, K. 1987. Some determinants of reactions to procedural models for conflict resolution: A crossnational study. *Journal of Personality and Social Psychology*, 53: 898–908.

Leung, K., and M. H. Bond. 1984. The impact of cultural collectivism on reward allocation. *Journal of Personality and Social Psychology*, 47: 793–804.

Leung K., and S. White. 2003. The Handbook of Asian Management. Boston: Kluwer Academic.

Liu, L. A., R. Friedman, and S. C. Chi. 2005. "Ren Qing" versus the "Big Five": The role of culturally sensitive measures of individual differences in distributive negotiations. *Management and Organization Review*, 1: 225–247.

Luo, J.-D. 2005. Particularistic trust and general trust: A network analysis in Chinese organizations. *Management and Organization Review*, 1: 437–458.

Luo, Y. 2000. *Guanxi and Business.* Singapore: World Scientific Publishing.

MacDuffie, J. P. 1995. Human resources bundles and manufacturing performance: Organizational logic and flexible production systems in the world auto industry. *Industrial and Labor Relations Review*, 48: 197–221.

March, J. G. 2005. Parochialism in the evolution of a research community: The case of organization studies. *Management and Organization Review*, 1: 5–22. March, J. G., and H. A. Simon 1958 Organizations. New York: Wiley.

Martin, J. 1992. *Cultures in Organizations: Three Perspectives*. New York: Oxford University Press.

Mehra, A., M. Kilduff, and D. J. Brass. 2001. The social networks of high and low self-monitors: Implications for workplace performance. *Administrative Science Quarterly*, 46: 121–146.

Menon, T., M. W. Morris, C.-Y. Chiu, and Y.-Y. Hong. 1999. Culture and construal of agency: Attribution to individual versus group dispositions. *Journal of Personality and Social Psychology*, 76:

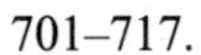

701–717.

Miller, G. J. 1992. *Managerial Dilemmas: The Political Economy of Hierarchy*. New York: Cambridge University Press.

Ministry of the Information Industry (MII). 2003. *Statistics Report of the Information Industry in* 2002. Beijing: MII.

Morris, M. W., and K. Peng. 1994. Culture and cause: American and Chinese attributions for social and physical events. *Journal of Personality and Social Psychology*, 67: 949–971.

Neter, J., W. Wasserman, and M. H. Kutner. 1990. *Applied Linear Statistics Models*. Homewood, IL: Irwin.

Obstfeld, D. 2005. Social networks, the tertius iungens orientation, and involvement in innovation. *Administrative Science Quarterly*, 50: 100–130.

Oh, H., M. H. Chung, and G. Labianca. 2004. Group social capital and group effectiveness: The role of informal socializing ties. *Academy of Management Journal*, 47: 860–875.

O'Reilly, C. A., and J. A. Chatman. 1996. Culture as social control: Corporations, cults, and commitment. In L. L. Cummings and B. M. Staw (Eds.), *Research in Organizational Behavior*, 18: 157–201. Greenwich, CT: JAI Press.

Osterman, P. 1988. *Employment Futures: Reorganization, Dislocation, and Public Policy*. New York: Oxford University Press.

Ouchi, W. G. 1981. *Theory Z. Reading*, MA: Addison-Wesley.

Packard, D. 1995. *The HP Way*. New York: Harper Business.

Peng, M. W., Y. Lu, O. Shenkar, and D. Y. L. Wang. 2001. Treasure in the China house: A review of management and organizational research on Greater China. *Journal of Business Research,* 52: 95–110.

Pfeffer, J. 1997. *New Directions for Organization Theory.* New York: Oxford University Press.

Podolny, J. M., and J. N. Baron. 1997. Relationships and resources: Social networks and mobility in the workplace. *American Sociological Review*, 62: 673–693.

Podolny, J. M., and K. L. Page. 1998. Network forms of organization. *Annual Review of Sociology*, 24: 57–76.

Porter, M. E. 1980. *Competitive Strategy*. New York: Free Press.

Putnam, R. D. 1993. *Making Democracy* Work: Civic Traditions in Modern Italy. Princeton, NJ: Princeton University Press.

Reagans, R., and B. McEvily. 2003. Network structure and knowledge transfer: The effects of cohesion and range. *Administrative Science Quarterly*, 48: 240–267.

Redding, S. G., and G. Wong. 1986. The psychology of Chinese organizational behaviour. In M. H. Bond (Ed.), *The Psychology of the Chinese People*: 267–295. London: Oxford University Press.

Scarpello, V., and J. P. Campbell. 1983. Job satisfaction: Are all the parts there? *Personnel Psychology*, 36: 577–600.

Schein, E. 1985. *Organizational Culture and Leadership.* San Francisco: Jossey-Bass.

Siebert, S. E., M. L. Kraimer, and R. C. Liden. 2001. A social capital theory of career success. *Academy of Management Journal*, 44: 219–237.

Soda, G., A. Usai, and A. Zaheer. 2004. Network memory: The influence of past and current networks on performance.*Academy of Management Journal*, 47: 893–906.

Trevor, C. O. 2001. Interactions among actual ease-of-movement determinants and job satisfaction in the prediction of voluntary turnover. *Academy of Management Journal*, 44: 621–638.

Triandis, H. C. 1989. The self and social behavior in differing cultural contexts. *Psychological Review*, 96: 506–520.

Trice, H. M., and J. M. Beyer. 1995. *Individualism and Collectivism*. Boulder, CO: Westview.

Triandis, H. C., and M. Gelfand. 1998. Converging measurement of horizontal and vertical individualism and collectivism. *Journal of Personality and Social Psychology*, 74: 118–128.

Trice, H. M., and J. M. Beyer. 1993. *The Culture of Work Organizations.* Englewood Cliffs, NJ: Prentice Hall.

Trice, H. M., and J. M. Beyer. 2001. Knowledge transfer in intraorganizational networks: Effects of network position and absorptive capacity on business unit innovation and performance. *Academy of Management Journal*, 44: 996–1004.

Trice, H. M., and J. M. Beyer. 2002. Social structure of "coopetition" within a multiunit organization: Coordination, competition, and intraorganizational knowledge sharing. *Organization Science*, 13: 179–190.

Tsui, A. S. 1997. The HR challenge in China: The importance of guanxi. In D. Ulrich, M. Losey, and G. Lake (Eds.), *Tomorrow's HR Management*: 337–344. New York: Wiley.

Tsui, A. S. 2006. Contextualization in Chinese management research. *Management and Organization Review*, 2: 1–13.

Tsui, A. S., and J. L. Farh 1997. Where guanxi matters: Relational demography and guanxi in the Chinese context. *Work and Occupations*, 24: 56–79.

Tsui, A. S., J. L. Pearce, L. W. Porter, and J. P. Hite. 1995. Choices of employee-organization relationship: Influence of external and internal organizational factors. In G. R. Ferris (Ed.), *Research in Personal and Human Resources Management*, 13: 117–151. Greenwich, CT: JAI Press.

Tsui, A. S., J. L. Pearce, J. W. Porter, and A. M. Tripoli. 1997. Alternative approach to the employee-organization relationship: Does investment in employees pay off? *Academy of Management Journal*, 40: 1089–1121.

Tsui A. S., C. B. Schoonhoven, M. W. Meyer, C. M. Lau, and G. T. Milkovich. 2004. Organization and management in the midst of societal transformation: The People's Republic of China. *Organization Science*, 15: 133–144.

Van Maanen, J., and G. Kunda. 1989. Real feelings: Emotional expression and organizational culture. In L. L. Cummings and B. M. Staw (Eds.), *Research in Organizational Behavior*, 11: 43–103.

Greenwich, CT: JAI Press.

Walder, A. G. 1986. *Communist Neo-traditionalism: Work and Authority in Chinese Industry*. Berkeley: University of California Press.

Walton, R. E. 1985. From control to commitment in the workplace. *Harvard Business Review*, 63 (2): 76–84.

Wank, D. L. 1996. The institutional process of market clientelism: Guanxi and private business in a south China city. *China Quarterly*, no.147: 820–838.

Watson, T. J., and P. Petre. 2000. *Father, Son and Co*. New York: Random House.

Weber, E. U., D. R. Ames, and A. Blais. 2005. 'How do I choose thee: Let me count the ways': A textual analysis of similarities and differences in modes of decision- making in China and the United States. *Management and Organization Review*, 1: 87–118.

Weber, E. U., and C. K. Hsee. 2000. Culture and individual judgment and decision-making.*Applied Psychology: An International Review*, 49: 32–61.

Williamson, O. 1975. *Market and Hierarchies*. New York: Free Press.

Williamson, O. 1985. *The Economic Institutions of Capitalism*. New York: Free Press.

Williamson, O.1994. Transaction cost economics and organization theory. In N. J. Smelser and R. Swedberg (Eds.), *Handbook of Economic Sociology*: 77–107. Princeton, NJ: Princeton university Press.

Yang, M. 1994. Gifts, Favors, *and Banquets*. Ithaca, NY: Cornell University Press.

Youndt, M. A., S. A. Snell, J. W. Dean, Jr., and D. V. Lepak. 1996. Human resource management, manufacturing strategy, and firm performance. *Academy of Management Journal*, 39: 836–866.

Zander, U., and B. Kogut. 1995. Knowledge and the speed of transfer and imitation of organizational capabilities: An empirical test. *Organization Science*, 6: 76–92.

Cambridge, MA: MIT Press.

Walder, A. G. 1986. *Communist Neo-traditionalism: Work and Authority in Chinese Industry*. Berkeley: University of California Press.

Whitley, R. [illegible]. [illegible] *[illegible] Review* [illegible]: [illegible].

Wank, D. L. 1996. The institutional process of market clientelism: Guanxi and private business in a South China city. *China Quarterly*, no. 147: 820-838.

[illegible] 2000. [illegible]. New York: Random House.

[illegible] 2001. [illegible] the way [illegible] analysis [illegible] the United States. *[illegible] Management and Organization Review* [illegible].

[illegible], and C. [illegible]. 2000. [illegible]. *[illegible] Review* 47: 32-38.

Williamson, O. 1975. *Markets and hierarchies*. New York: Free Press.

Williamson, O. 1985. *The economic institutions of capitalism*. New York: Free Press.

Williamson, O. 1994. Transaction cost economics and organization theory. In N. Smelser and R. Swedberg (eds.), *Handbook of Economic Sociology*, 77-107. Princeton, NJ: Princeton University Press.

Yang, M. 1994. *Gifts, Favors, and Banquets*. Ithaca, NY: Cornell University Press.

Youndt, M. A., S. A. Snell, J. W. Dean, Jr. and D. P. Lepak. 1996. Human resource management, manufacturing strategy, and firm performance. *Academy of Management Journal* 39: 836-866.

Zander, U., and B. Kogut. 1995. Knowledge and the speed of the transfer and imitation of organizational capabilities: An empirical test. *Organization Science* 6: 76-92.

第六章

1992年至今：员工与组织关系

导　读

如何处理员工—组织关系：对员工的投入能带来回报吗？

中国管理者为什么留职？从社会交换和工作嵌入视角解释雇佣关系

导　读

一、研究主题起源

1988年，我从杜克大学转到加州大学欧文分校（University of California, Irvine）。到了那边的第二年，我就跟两个同事一起讨论1988年到1990年初的时候美国企业界的一些大的改变。市场竞争非常激烈，很多传统的成功企业都遇到了巨大的竞争挑战。突然之间组织有很大的改变，很多原来在保护员工方面做得很好的企业为了让企业持续下去，不得不开始裁员。报纸上也有一些相关报道，说现在企业面临的情况非常紧张，只能通过裁员维持下去。我们观察到当时企业与员工间的关系有了变化。在这之前，企业对员工有很多承诺与投资，是一种长期的关系。现在员工不能再依靠企业给予他们很多保障。但同时这些企业还要求员工关心企业，更加努力地去把工作做好。在这样一种矛盾的情况下，我们思考了一个很基本的问题：企业是否能够对员工既不提供保障又要求员工对企业投入？有了这样的思考，我们就开始计划这个研究。

二、研究计划与执行过程

在观察到企业界新的变化后，我和我的同事，Lyman Porter和Jone L. Pearce，还有三位博士生，就每周花两三个小时讨论这个问题。我们既看文献，又看报纸，了解实际情况。这样讨论了六个月后，得到了一个可以接受的员工与组织关系的模型。我们准备申请美国国家自然科学基金（National Science Foundation）资助。这个项目申请相当顺利，第一次申请就被批准下来了。项目的时间是两年：从1990年到1992年。得到基金批准后，我们开始设计并执行这个研究。这是一个非常严谨的研究设计。我们考虑到抽样一定要选择那些竞争相当激烈的行业，以至于企业不能维持以前的那种雇佣关系，需要一些改变来应对竞争环境。基于这样的思考，我们选取了10个竞争比较激烈的行业，在这10个行业里我们又找了很多企业，这些企业的员工规模至少1000人以上。之后我们写信给这些企业的人力资源总监，邀请他们参加我们的研究。我们大概写了三十多封信，最后有10家企业表示有兴趣参加我们的研究。我想他们的兴趣来自于对这个研究问题重要性的认同和对我们研究能力的信心。

得到10家企业的同意后，我们组织队伍到每个企业去跟他们面谈大概一天的时间。我们跟人力资源总监谈论他们的各项制度，然后请他们找10个不一样的岗位出来，比如说营销、会计、行政、研发等。每个岗位内员工的工作是一样的，即企业对每个岗位上的所有员工一视同仁地对待，之后请他们把所有员工的岗位名单给我们，以便抽样。我们系统地抽取样本。接下来把几种问卷发下去，主管填一份问卷，员工填另一份问卷，同时还从员工名单中随机抽三个员工把他们的名字写在主管的问卷里面，请主管对这些员工的基本工作绩效表现和组织公民行为（organizational citizenship behavior, OCB）进行评价。每家企业有各自的问卷，每份问卷需要编码，所以准备问卷的工作量相当大。每份寄出去的问卷里附有贴足邮资和写好地址的回寄信封，员工填完之后不需要经过人力资源部门就可以直接寄回我们，这样可以争取员工对我们研究的信心，使他们放心地填写。差不多在一年的时间里，我们收集好了数据。我们答应给每家企业做一份报告，报告有两部分内容：一部分是比较它们跟其他企业有什么不同，哪些方面比其他企业做得更好，哪些方面做得不够；另一部分是每家企业的专门报告，就如何改进企业人力资源措施提供一些参考。

1992年数据基本收集完了。我们一边处理数据，一边写文章。写了一篇理论文章，我们投到一本人力资源管理的专门期刊（*Research in Personnel/Human Resource Management*），于1995年出版发表。实证文章完成后，我们就投稿《美国管理学会学报》（AMJ）。1993年初我们收到了修改再投稿（revision and resubmission, R&R）的邀请。那年暑假我正好受邀到香港科技大学教授一门课程，同时我决定休一个学期的学术假，利用这个假期修改这篇文章。从9月到12月的四个月里，我和合作者通过无数地邮件讨论修改，我大部分的精力基本上都花在这篇文章的修改上，挑战相当大。三位审稿人中一位有很多批评意见，一位蛮喜欢，另一位处于中间态度。

我们面临的最重要的一个挑战就是自变量的测量方法不是很好。我们起初的想法是把员工与组织关系分为两类：工作导向和企业导向。“工作导向”指员工来企业工作，企业就付薪水，企业对员工没有长期的投入与保障，也没有给员工更多关心。企业只要求员工把工作做好，不需要员工对企业有很多关心，喜欢来就来，喜欢走就走。“企业导向”就是互相投资。这些企业希望员工能够关心企业，对企业长期发展作出贡献，也给予员工更多的投资、工作保障和福利等。我们用三道题项测量雇佣关系：一是企业对员工是长期还是短期考虑，二是企业对工作要求的高低，三是企业对员工投入的多少。以三个题项的平均数为分割点，一端的是工作导向（job focused），另一端则是企业导向。但测量方法的内部信度（internal reliability）不是很好。审稿人对这个测量方法颇有微词，于是我就思考如何改进。我发现问卷里还有一个部分是测量企业的人力资源措施，这些措施既包括工作要求的措施（例如以单位的绩效为标准来评价员工），也包括工作激励的措施（例如培训发展、职业发展）。我就进一步思考是否可以从实际的人力资源措施来判断员工和企业的关系是工作导向还是企业导向。经过深入地思考后，我放弃了原先三道题项的做法，转而从人力资源措施里重新看能不能够测量员工与组织关系。这个想法并不是在研究设计时就想到的。在做因子分析的过程中，我发现了两个很清楚的维度：一个是企业对员工的要求，另一个就是企业对员工的投入。这两个维度出来之后，我就开始思考员工与组织关系很可能并不仅限于原先我们想的那两种。因为实际的观察告诉我，有些企业对员工要求很多，但投入很少，也就是说两个维度可能会有交叉点。有些企业这两个维度都高，有些企业都低，但有些企业是一高一低，这样就会有四种类型的雇佣关系。我把这个想法告诉我的同事后，他们觉得很好，于是我们就在这个基础上继续思考下去。

我之所以讲这么多，是因为我觉得这个过程真的很重要。在发现当初的测量方法有问题的时候，如果研究数据允许，研究者应该想办法把测量做得更好一些。我在这篇文章中就用了一个与原先那种直接测量完全不一样的方法去思考。用人力资源实践措施的两个维度合并起来去看雇佣关系的种类。这篇文章（Tsui, Pearce, Porter, & Tripoli, 1997, AMJ）的表3列示了两种人力资源实践措施：把员工的注意力集中到企业和工作上；对员工的投入。前者是企业对员工的期望贡献（expected contributions），后者是组织给员工提供的报酬（provided inducement）。两个维度交叉就会产生四种雇佣关系。然后我就把所有的工作单元分为四组：一组是高高型，即相互投资型（mutual investment）；一组是低低型，即市场交易型（quasi-spot contract）；一组是高低型，即投资多，要求少，又称为慷慨投资型（over investment）；最后一组是低高型，即投资少，要求多，又称为投资不足型（under investment）。在这四种雇佣关系的基础上我们做了很多假设，如这四种雇佣关系对员工的工作满意度、组织承诺、忠诚、工作绩效，以及组织公民行为的影响。

这次投稿后，主编反馈很喜欢我们的文章，但是那位有负面意见的审稿人还是不喜欢这篇文章，另外一位审稿人非常喜欢。主编认为这篇文章还是值得发表的，所以给我们一个有条件接受（conditional acceptance）的决定。让我们再修改一遍，就可以发表了。主编看到我们的研究对文献有一定的贡献，所以文章在1997年发表出来了。文章发表一年后，该篇论文荣获1998年AMJ最佳论文奖（best paper award）。我们非常感谢主编对这篇文章的信心和坚持。这也是对我们这个研究的理论框架和质量的认可。另外，这篇文章还获得了管理学会人力资源分部（human resource division of academy）颁发的年度最佳论文奖。所以，这篇文章在1998年荣获了两个最佳论文奖。这篇文章后来被引用非常多，对这个领域后来的发展有很大影响。

1997年这篇文章发表时我已经离开了加州大学欧文分校，来到了香港科技大学。这个研究也告一段落。就这些数据其实我还有很多文章可以写。但因为到了香港科大之后，工作特别紧张，而且我对中国研究也开始感兴趣，注意力开始转移到做中国国内的研究；所以，我就没有再去看这些数据还有没有别的文章可以写了。当时我觉得有点可惜，因为这个数据非常好，量也很大。不过在加州后来有一位博士生用了这些数据，写了她的博士论文，所以这些数据也是起了相当大的作用。

三、中国雇佣关系研究

1998年，我就已经开始注意到中国雇佣关系的发展。香港科技大学有一位博士生叫王端旭，他是从内地来的，做我的研究助理。我就跟他一起讨论这个问题，他也觉得这个问题很好，有兴趣拿它做他的博士论文，并请我做他的博士论文指导委员会主席。之后在设计博士论文时，他把重心放在了公司对中层经理的雇佣关系制度上。另外，我也开始跟中国几个学者一起合作做一些这方面的研究。一位是北京大学的张一弛老师，另一位是清华大学的马力老师（现在是北京大学光华管理学院老师），加上王端旭和另一位博士生王辉，这样我们就有了一个研究队伍。我们假设中层经理的工作在本质上是差不多的，无论你是怎么样的背景，比如营销的、行政的，还是其他方面的，根据角色理论，工作的本质是一样的，即公司对中层经理的期望和对他们回报的措施都是差不多的。所以我们就把中层经理看做一个工作岗位。这是在企业层面进行研究，因为企业里的所有中层经理是同一个工作岗位。之后我们就开始设计测量中层经理雇佣关系的量表。

当初在美国用的量表是用于底层职员，不适合中层经理。所以我们需要重新开发量表。遵循量表开发应有的程序，我们发展了新的量表，例如写条目包括让专家写出更多的条目，审核条目，初测试和验证分析等步骤。其中最大的挑战是，评分尺度的选择。在美国，评价人力资源措施我们用的是0—7的评分尺度，0代表没有措施或措施极少，7代表措施极多。但在中国的文化下，员工对0—7的反应可能不一样，因为不同的文化对于措施的极少到极多可能理解不一样。不能因为文字的问题使得所有的企业都回答得很相似，这样即使收集了数据也无法产生好的研究成果。所以我们需要调整问题的表达方法，使样本的回答能够产生足够差异，即有些企业有很少措施，有些有很多。王端旭前后对问卷做了三次修正，每次都重新抽取几百个样本，工作量相当大。每次我们都逐条逐字修正。第三次测试数据回来后，条目的得分分布终于呈现钟形（bell shape）。量表发展初步完成。之后我们发展研究假设，并且重新抽样用以假设检验。2001年成功完成。王端旭顺利毕业回到浙江大学当老师，同时他的博士论文被整理成一篇论文，在《组织行为学报》（*Journal of Organizational Behavior*）上成功发表。这是在国际期刊上发表的有关中国企业雇佣关系的第一篇研究。

与此同时，王端旭还和我合作完成了一篇综述文章，发表在《工业组织心理学综述》上（*Review of Industry Organization Psychology*, 2002）。这篇文章的被引次数相当高。在此基础上，我又应邀写了两篇文章，一篇是实证的，和北大的张燕合作，发表在《人力资源管理》（*Human Resource Management*, HRM）上。另一篇是应用的，和吴斌（Joshua Wu）合作，也发表在HRM上。

四、近期的研究

2003年我从香港科技大学来到美国亚利桑那州立大学（ASU）工作。那时我继续在中国的各种研究项目。回到美国后，我开始重新思考员工雇佣关系这一话题。当时除了社会交换理论外，我还想到雇佣关系其实也是一种结构的问题。某一种雇佣关系，比如说互相投资型关系，其员工可能会参加各种委员会，常常调动岗位。那么员工在企业里面各方面的投入可能更多。所以除了交换之外，员工可能对工作的嵌入也更多。文献中有“工作嵌入”（job embeddedness）的概念，可以作为一个结构原因来解释员工为什么在某一雇佣关系下会有不一样的反应。最初引入工作嵌入这个概念的是华盛顿大学的Tom Lee。我和他蛮熟的，所以就请他到ASU来，一起探讨这个问题。我的同事Peter Hom是员工离职方面的专家，我也请他参与这个研究。此外还有我的博士生吴斌。我们几个就一起讨论和撰写这篇文章，Peter Hom和吴斌负责处理数据，我负责整体策划，Peter Hom主笔，最后结果非常好。与交换概念相比，在解释员工与组织关系（EOR）和结果变量之间的关系时，工作嵌入是一个解释力更强的中介变量，文章最终发表在《应用心理学学报》（*Journal of Applied Psychology*，2009）上。

关于这个主题，目前我正在做的还有两个研究：一个是同样的员工与组织关系（EOR）是不是对所有的员工都是一样有效。面对同样的EOR，有些员工可能反应好，有些可能反应不好，他们的传统性特征可能会影响他们的反应。在中国的环境下，有的员工很传统，老板让做什么就做什么。有很多学者已经证明了对企业各方面不公平的对待，传统性高的员工对与传统性低的员工的反应是不一样的。所以我们就用员工传统的价值观作为一个调节变量，看传统性不同的员工面对企业同样的要求和企业提供的回报有没有不一样的反应。结果变量是工作绩效和忠诚度。另一个是和南京大学的贾良定老师合作的。以前对雇佣关系的研究我们关注的结果变量都是绩效和忠诚度。但由于雇佣关系还会影响员工间互相交流以及员工对企业的参与，从而可能进一步影响员工的创新。所以这个研究探讨不一样的EOR对一个组织的员工创新能力是否有不一样的影响，并且进一步探究为什么会有不同的影响，其内在机制是什么。我们的解释是：员工之间互相沟通多，刺激了新的想法，从而有利于激发创造力。这篇文章目前正在AMJ第二轮的修改再投稿之中。

五、总结

雇佣关系是我做的时间最长的一个研究主题，从1990年至2010年前后大概有20年的时间。所以到今年已经发表四篇期刊论文、五篇书的章节，并且还有两篇新的文章正在进行。我至今还在做这方面的研究，因为这个研究与实践结合很紧密，还有很多可以做的空间，所以我的兴趣没有减少。以后我可能还要探讨，在四种雇佣关系中，为什么有些企业会倾向于采取某一种雇佣关系，是行业需要，还是企业总经理的价值观导致，还是人事总监的影响？希望在将来做这些研究。我会在这些方面继续努力。

该主题的系列文章

1. Hom, P.W., Tsui, A.S., Wu, J.B., Lee, T.W., Zhang, A.Y., Fu, P.P., & Li, L. 2009. Why do Chinese managers stay? Explaining employment relationships with social exchange and job embeddedness. *Journal of Applied Psychology*, 94 (2): 277-297.

2. Tsui, A. S., Pearce, J.L., Porter, L. W., and Hite, J. 1995. Choice of employee-organization relationship: Influence of external and internal organizational factors. In Ferris, J. (Ed.). *Research in Personnel and Human Resource Management*, 13, 117-151, JAP Press.

3. Tsui, A. S., Pearce, J. L., Porter, L. W., and Tripoli, A. M. 1997. Alternative approaches to employee-organization relationships: Does investment in employees pay off? *Academy of Management Journal*, 40: 1089-1121.（1998 AMJ Best Paper Award）

4. Tsui, A. S., & Wu, J. B. 2005. The "New Employment Relationship" versus the "Mutual Investment" approach: Implications for human resource management. *Human Resource Management,* 44 (2): 115-121.

5. Tsui, A.S., & Wu, J.B. 2005. The new employment relationship versus the mutual investment approach: Implications for human resource management, in Ulrich, D., Losey, M., & Meisinger, S. (Eds.). *The future of HR: 50 thought leaders call for change*, 44-54. New York: Wiley.

6. Tsui, A.S., Wang, D., and Zhang, Yichi. 2002. Employment relationship with Chinese middle managers: Exploring differences between State owned and non-State owned firms in the People Republic's of China. In Tsui, A.S., and Lau, C.M. (Eds.) *Management of Enterprises in the People's Republic of China*: 347-374, Boston, MA: Kluwer Academic Press.

7. Tsui, A.S., and Wang, D. 2002. Employment relationships from the employer's perspective: Current research and future directions. In Cooper, Cary L. and Robertson, Ivan T. (Eds.), *International Review of Industrial and Organizational Psychology*, 17: 77-114. Chichester, England: John Wiley & Sons.

8. Wang, D.X., Tsui, A.S., Zhang, Y. and Ma, L. 2003. Employment relationship and firm performance: Evidence from an emerging economy. *Journal of Organizational Behavior*, 24 (5): 511-535.

9. Zhang, A.Y., Tsui, A.S., Song, L.J.W., Li, C.P., & Jia, L.D. 2008. How do I trust thee? The employee-organization relationship, supervisory support and middle managers' trust in the organization. *Human Resource Management*, 47 (1): 111-132.

如何处理员工—组织关系：对员工的投入能带来回报吗？*①

Anne S. Tsui（香港科技大学）
Jone L. Pearce（加州大学欧文分校）
Lyman W. Porter（加州大学欧文分校）
Angela M. Tripoli（爱尔兰都柏林大学）

摘要：本文从雇主的角度出发，描绘了员工—组织之间存在的4种不同类型的关系。通过对10家公司员工进行的调查，证实了以下的研究假设：身处不同关系模式中的员工，其反应模式也表现出不同的特点。一般而言，在（雇主对员工）充分投资或双方相互付出的关系模式中，企业员工在核心业务上会取得更好的业绩，表现出更强的组织公民行为，对雇主也更忠诚。相比之下，在“准现货契约”或（雇主对员工）投资不足的关系模式中，情况则截然不同。但考虑到员工的工作表现和工作态度有可能受到某些因素的影响，我们也在检验中对这些因素进行了控制，然而结论并没有发生变化。

“国际竞争的日益激烈，以及科学技术的快速发展，都要求组织结构应该变得更加简约、快速和灵活”（Miles, 1989: 9）。Osterman观察到，“这几年来，已经有越来越多的迹象表明，组织的内部人力资源市场结构正在发生变化。并且，这可能是自大萧条时期以来，从未有过的一种变化”（1988：68）。外界因素正在迫使企业改变其内部治理机制和管理机制，具体而言，这些变化体现在：大规模削减管理和专业化的职位（Buono & Bowditch, 1989）、组织机构日趋扁平化（Harrison &

* Tsui, A. S., Pearce, J. L., Porter, L. W., and Tripoli, A. M. 1997. Alternative approaches to the employee-organization relationship: Does investment in employees pay off? *The Academy of Management Journal,* 40: 1089-1121. 译稿曾发表于徐淑英、张维迎主编，《<美国管理学会学报>最佳论文集萃》，北京大学出版社，2006年。

① 该文由AMJ前主编Angelo DeNisi接受发表。当开展本项研究时，第一作者还在加州大学欧文分校任教。作者感谢Brenda Callahan, Terri Egan, Jennifer Hite, and Edward Hernandez对本研究所提供的支持，并感谢Lynn Shore, John Slocum, and Hal Gregersen有益评论和建议。该研究受美国国家自然科学基金资助（SES-892123）。

Bluestone, 1988）、组织内部工作的外包服务（Pfeffer & Baron, 1988），以及新型产业结构（Arthur, 1992）、新型管理结构（Lawler, 1986, 1988）和员工治理体系（Mahoney & Watson, 1993）的提出和发展等。

上述种种变化的结果之一，就是促进了一些新的雇佣关系模式的出现（Arthur, 1992；Atchison, 1991; Lawler, 1988; Osterman, 1988; Walton, 1985），它们一方面要使组织机构能保持最大限度的灵活性，另一方面又要求能维持或者提高员工的绩效。我们依据诱因—奉献理论（Barnard, 1938; March & Simon, 1958），进一步发展了Tsui, Pearce, Porter和Hite（1995）提出的理论框架，阐述了雇主可以选择的处理雇佣关系的四种基本模式。其中，两种模式强调创造灵活多变的组织机构类型。其中一种模式完全以经济交换模型为基础，试图建立类似市场的灵活机制，雇主从而可以自由聘用或解雇员工。还有一种模式是建立在经济和社会交换相结合的基础上，更强调培养员工的技能，以及鼓励他们在岗位上表现出更强的适应与多面性，创造一种灵活的家族式机制。作为交换，雇主也能在一定程度上保证员工不被轻易解聘。这两种模式与近年来许多文章中提到的雇佣关系模式是有异曲同工之处的（如Arthur, 1992; Lawler, 1988; Mahoney & Watson, 1993; Osterman, 1988, Tsui *et al*., 1995）。

上述两种对立的员工—组织关系模式采用了均衡交换的原型，双方的义务无论窄或宽、模糊或精确，在尺度上必须都是一样的。然而，许多组织在实际操作时采用一种混合的，或者说“非均衡”的模式，它们结合了上面两种模式的成分。在此类“非均衡”模式中有一种情况是，雇主既希望员工能成为适应性强的多面手，同时又希望尽可能多地保有任意决定员工去留的权力。在另外一种情况中，雇主并不随意解雇员工，但作为交换，希望员工的角色被狭窄地限定。

这些模式在改进企业的灵活性方面是不是真能达到预期的效果呢？这需要更全面地探讨这些模式可能造成的影响，并认识员工的工作性质、绩效以及员工对组织的态度等，是怎样因此而发生改变的。本研究的目的正是为回答这些问题做出努力。我们选取了10家来自竞争性产业的公司，并对它们的员工进行了大规模的抽样调查。我们假设，即使在同一个公司中，雇主也会在不同职位的雇佣关系处理上采取不同的方法，以此来保证整个组织能达到最大的灵活性（Tsui *et al*., 1995）。鉴于此，我们在分析数据时并没有强调公司之间的区别，而是更多地关注职位和个人层面的差异。我们认为，在公司内的某一特定职位上，雇主采取不同的雇佣策略会造成员工绩效和员工态度的不同结果。

1. 员工—组织关系：概念性分析

Tsui及其同事（1995）曾使用员工—组织关系战略这一术语来描绘雇主眼中的雇佣关系。员工—组织关系战略的内容包括两方面，一方面是雇主期望员工对组织做出何种贡献，另一方面是雇主将采用何种诱因去促使员工做出这些贡献。员工—组织关系与心理契约（Levinson, Price, Munden, Mandl, & Solley, 1962; Kotter, 1973; Rousseau, 1995; Rousseau & Parks, 1993）有所不同，后者还包括雇主和员工双方在交换时各自所持的期望。尽管员工对这一关系的影响力和期望值也很重要，但我们选择把本次研究的重点放在雇主上，理由是：① 在大多数情况下，观察到的变化更多发生在雇主一方；② 尽管有时会进行协商，一般来说，雇佣合同中的大部分条款都是由雇主确定的。

员工—组织关系架构的主要概念基础是交换理论，更准确地说，是一系列有关交换的理论观点（参看Blau, 1964; Ekeh, 1979; Pearce & Peters, 1985）。虽然不同的交换理论观点的主旨和方法各不相同，但它们都有一个共同的假设，这就是对交换关系进行深入研究将有助于我们进一步了解各种社会过程的实质。在对雇主眼中的种种员工—组织关系进行讨论时，我们是以Goodman（1974）提出的“系统”均等理论（“system” equity idea）为基础，而不是依据“内部”或“外部”均等理论（“internal” or “external” equity）。因为，在内外部均等理论中，用于比较的对象分别是一个给定的组织内部和外部的员工。而根据Goodman（1974）提出的理论，系统均等所指的正是组织本身。因此我们重点研究的是员工和组织之间存在的各种交换的均衡程度。此外，我们偏向于“均衡”而非“均等”的概念，这是由于均等这个词，也包含了员工的看法和态度。但我们更关注从雇主的角度看问题，即雇主给予的诱因和他期望员工所作的贡献之间如何达成平衡。

下面，我们将具体描绘四种不同的员工—组织关系模式。在其中的两种模式中，交换双方具有大致均衡的关系性质。对此，Tsui及其同事（1995）曾有详细的阐述，其他学者也曾提出过类似的模型（如Arthur, 1992; Lawler, 1988; Mahoney & Watson, 1993; Osterman, 1988）。另外两种关系模式则具有不均衡的特征。我们正是根据这四种关系模式，以及与其相应的员工绩效和员工态度之间的关系，提出了本研究的若干假设。

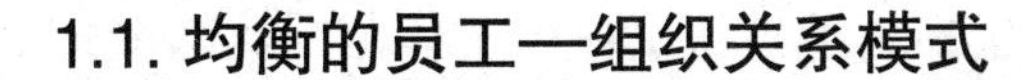

1.1. 均衡的员工—组织关系模式

Tsui及其同事（1995）在对雇佣关系的分析中提出过两种均衡的员工—组织关系，在这两种关系中，员工和雇主之间的交换是处于一种相对均衡的状态的。这两种关系中的一种是纯经济的交换关系。其中雇主给予员工短期的纯经济诱因，作为一种交换，员工也将为雇主作出被具体界定的贡献。股票经纪公司和股票代理人之间的关系就是这种关系的一个典型范例。在这种员工—组织关系中，特定的行为是按一定标准得到相应补偿的，除此之外，双方并不期望会有其他的贡献或奖励。比如说，股票经纪公司并不期望手下的股票经纪人去帮助其他员工，或者去操心公司的整体表现。同样，雇主对员工承担的职责也仅限于经济上的补偿奖励。雇佣双方，尤其是雇主方，并没有维持长期关系的义务。我们所说的均衡，并非指双方交换物在经济意义上价值相等，而是指此类交换对双方而言同属短期行为，而且交换内容都较为明确固定。我们称此类高度清晰规整的员工—组织关系模式为准现货契约模式。

与此相仿的还有Osterman（1988）提出的产业模型和Walton（1985）提出的成本控制战略。正如Osterman所说，“在本模型中，工作被划分为一系列职责明确、规则清晰的职位，工资与职位挂钩”（1988:64）。同样，在成本控制战略中，“员工只要做好本职工作就行了”（Walton, 1985:81）。与此类员工—组织关系模式类似的一些早期理论还可以包括功利投入理论（Etzioni, 1961）和市场机制理论（Ouchi, 1980）等。

有些学者（如Davis-Blake & Uzzi, 1993; Osterman, 1988; Tsui *et al.*, 1995）指出，准现货契约型的员工—组织关系并非在所有工种上都适用。它特别适合那些可以明确规定和计量工作绩效的职位，但其他某些职位或许更合适较为模糊宽泛的关系，而不是准现货契约型关系。例如，Davis-Blake和Uzzi（1993）认为，相对其他工种而言，那些信息和技术复杂程度高的工种不太可能被外包出去（用承包商取代员工）。在复杂多变的环境中，雇主很难预测未来将会出现何种困难。有鉴于此，至少是出于对工作复杂程度和企业外部适应性的考虑，雇主有意在某些职责上应用相对宽松模糊的尺度，倾向于采用把经济和社会交换相结合的关系模式，而不是采用单纯的经济交换模式。

经济交换和社会交换之间有一个根本而明显区别，即后一种交换关系对双方的责任规定得比较宽泛，并没有做出清晰的界定（Blau, 1986）。在社会交换关系中，雇主对员工的激励手段已经超出了短期货币报酬的范畴，延展到对员工福利的种种考虑，以及旨在帮助员工在本企业中进一步拓展其职业生涯的各种投入。作为回报，员工应当承担的职责和作出的贡献包括：承担超出原定工作范围或超出其专业领域的任务；帮助新来的同事；根据雇主的要求改换工作岗位；并且，一般来说，员工要把维护单位或者组织的利益视为与自己的核心岗位职责同等重要的事。此外，这种关系中的员工也愿意主动学习公司内的一些特定技能，哪怕这些技能在其他公司并不适用，而只符合本公司的需要。他们相信在这方面的时间和精力的投入是一种长期投资，总有一天会得到组织的回报。这也是一种均衡的交换关系：雇主和员工双方共同形成一种互相长期投资的关系，而且彼此投入的内容都没有明确的界定，我们称之为相互投入型员工—组织关系模式。

与这种员工—组织关系模式类似的还有Osterman（1988）提出的工资模型、Lawler（1986, 1988）提出的高投入模式、Walton（1985）提出的承诺策略以及Arthur（1992）提出的员工承诺系统。更早一些提出的类似概念包括Etzioni（1961）的规范性投入概念和部族中的雇佣关系理论（Ouchi, 1980）等。

1.2. 非均衡的员工—组织关系模式

在上面描述的两种员工—组织关系模式（双方责任明确且时间较短的经济交换模式，以及双方责任不明确且为期较长的经济及社会性交换模式）中，双方各自承担的责任义务是相匹配的，所以被称为一种均衡的交换关系。然而，在现实环境中，还可能存在着另外两种非均衡的员工—组织关系模式。在某些情况下，员工承担的职责宽泛而且没有明确界定，但雇主只需要给予员工短期的货币回报，并不需要致力于长期雇佣关系的培养，也不需要在员工培训或员工个人职业生涯方面做出投入。我们称这种不均衡的关系模式为投资不足型。与之相反，在另外一种非均衡态的员工—组织关系模式表现中，员工的工作范围明确、职责清晰，但雇主却给员工提供宽泛而且丰富的回报，包括员工培训以及向员工提供个人职业发展的机会等。我们称这种非均衡的员工—组织关系模式为过度投资型。

在竞争激烈的行业中，许多雇主要求员工尽职尽责，但同时又希望能拥有随心所欲解雇员工的权力，因此他们选择投资不足型的员工—组织关系模式。相对雇员而言，雇主在这种模式中占据更为有利的地位。与此同时，也会有其他组织采用一种看起来对雇员更为有利的模式，比如某些在工会协议制约下的企业以及一些政府机构。它们在管理其员工时大都采用过度投资型的关系模式。这些组织中的一些员工享受相对较高的就业保障，并且雇主还为他们提供相当程度的培训，而这一切并不意味着他们必须要为雇主做出超越当前工作范围的额外贡献。

1.3. 不同员工—组织关系模式对员工绩效的不同影响

在准现货契约模式中，员工关注的重点落在清晰明了的工作任务和同样明确的报酬上，并且报酬多少完全是取决于工作任务的执行情况的。雇主不期望——甚至还不鼓励——员工承担任何分外的工作，这也确保员工能把注意力集中在主要任务上。因此在这种员工—组织关系模式中，那些界定清楚的工作任务可望达到非常高的绩效水平。在此，我们假设的前提条件是，雇主可以清楚地界定主要工作的任务内容或者产出，这一点是非常重要的。

然而，在过度投资型的员工—组织关系模式中，虽然也要求员工把大部分甚至是全部注意力放在主要工作上，但我们并不预期会有类似的高绩效出现。这种情况有些类似于Adams（1965）描绘的"过度报酬"。尽管组织对员工的投入额高于准现货契约模式中的投入，但受惠的员工更倾向于为自己找理由，把它视为自己应得的报酬并坦然接受。因此，员工虽然在交换中占了便宜，但并未因此而产生在业绩上不断突破的动力。对比之下，在投资不足型关系模式中，员工在主要工作任务上常常表现不佳，原因如下：首先，雇主希望员工能把一部分精力花在那些没有明确界定的工作任务上；其次，员工看不到任何就业保障的希望。员工绩效低下，或者是因为报酬低，或者是希望由此在心理上获得一些平衡（Adams, 1965）。最后，在相互投入的员工—组织关系中，员工既要关注自己在主要工作上的绩效，又要关心对自身所属组织有利的事务。由于这些员工更广泛地参与到组织中来，很显然，他们在基本工作任务上的贡献，要比准现货契约型员工—组织关系模式的员工低。然而，由于雇主对绩效的期望较高，相互投入模式中的员工在主要工作任务上的表现要比过度投入型中员工的表现好。

在上述分析的基础上，我们针对四种员工—组织关系模式与基本工作任务上的员工绩效之间的关系提出以下理论假设：

假设1：从员工在核心业务上的表现来看，绩效水平最高的是准现货契约关系模式，其次是相互投入型关系模式，然后是过度投资型关系模式，在投资不足型员工—组织关系模式中的绩效水平最低。

尽管在准现货契约型关系中，核心业务的绩效水平最高，但我们认为在此关系模式中，员工较少表现出组织公民行为。因为，此类行为既没有被明确规定，也不受到鼓励。同样，在过度投资型员工—组织关系模式中，组织公民行为也并不受到鼓励，所以员工也较少表现出此类行为。在投资不足型关系中，雇主希望员工关注集体或组织的长远利益，但同时员工又可能随时遭到解雇，在这种“报酬不公”的情况下，员工为了恢复心理平衡，除了眼前的工作之外，不太愿意参与其他的活动（比如组织公民行为）（Adams, 1965）。只有在互相投入型员工—组织关系模式中，员工的组织公民行为才会达到较高水平。在此关系中，雇主给予员工多种多样的丰厚报酬，包括提供就业保障以及投资协助员工提升职业技能等。作为回报，雇主希望员工在做好本职工作的同时，能更多地关心本组织的整体利益和需要。因此，在这种开放的关系模式中，员工表现出更强的协同工作能力，更乐于帮助他人，经常献计献策探讨如何提升整体绩效，整体来说，他们也更积极地维护集体的利益。基于上述分析，我们提出以下理论假设：

假设2：在相互投入型员工—组织关系模式中，员工的组织公民行为较强，在其他三种关系模式中则相对较弱。

在四种不同的员工—组织关系模式中，员工除了在核心工作绩效和组织公民行为上有不同表现外，他们在组织中参与各项工作的稳定性也有所不同。这种稳定性有两种表现形式：长期在岗稳定性和每日出勤率。主动离职（Mobley, 1982）和无故缺勤（Rhodes & Steers, 1990）可能对雇主造成非常严重的损失。因此，雇主承诺给予员工广泛的培训，提供相对较高的就业保障，同时要求员工给予相应的回报，不仅要每天积极工作，而且还要为雇主提供长期稳定的服务。我们认为在过度投资和互相投入型员工—组织关系模式中，员工表现出的工作稳定性最高，特别是从长期来考察尤为如此。

一般来说，过度投资型关系对员工而言非常“合算”，因此他们最不愿意离职。事实确实如此，例如，在政府部门等组织中，员工离职率常常是非常低的，这或许是因为这些部门中的员工享受就业保障和丰厚福利的缘故。在互相投入型员工—组织关系模式中，则存在一种员工在岗稳定性的有趣的动态关系。这种关系模式要求员工为雇主作出更广泛的贡献，实际上这些贡献反倒增加了员工的忠诚度。这些额外的贡献，像学习本公司专用的技能、帮助其他同事等，可以被视为在员工身上的投入或沉落成本，这种投资很可能会有助于留住员工（Becker, 1960）。

准现货契约型员工—组织关系模式中的雇主并不指望员工忠心耿耿而不愿离职。在这种关系模式中，员工通常都很清楚（通过雇主的暗示或者明示），现在受雇并不意味着将来也会受雇。有鉴于此，我们认为这些员工期望长期受雇于同一雇主的可能性较低。在投资不足型关系中，由于现货偏向雇主，对员工并不合算，一旦有其他就业机会出现，员工就可能选择离职。以下理论假设概括了四种员工—组织关系模式与相应员工在岗稳定性之间的关系：

假设3：员工在岗稳定性（留职服务的意愿）在投资不足型员工—组织关系模式中最低，在准现货契约模式和互相投入型关系模式中依次有进一步提高，在过度投资型员工—组织关系中达到最高。

尽管过度投资型员工—组织关系模式中的员工在岗稳定性最高，然而这些员工的出勤率不一定很高，宽松的上下班制度正是诸如政府和其他准垄断企业的特色之一。例如，Schlotzhauer和Rosse（1985）就曾提到，根据员工所享受带薪病假的天数就能预测到员工缺勤的天数。故而他们认为，带薪病假正是在这种关系模式中员工所能享受的丰厚报酬的一个例子。但在互相投入型和投资不足型员工—组织关系模式中，雇主明确期望员工必须随叫随到，必须能按照雇主的要求加班加点，必须按时出勤以示勤勉，因此，在这些关系模式中员工的出勤率应该比较高。在互相投入型关系中，员工都倾向于认为应当报答雇主给予的优厚条件，因此，在这种关系中员工会感受到较大的同伴压力（Barker, 1993; Lawler, 1988）。在准现货契约型关系模式中，一般认为应根据合同规定对出勤进行管理，因此除非在合同中有明确约定，许多准现货契约型雇员并不一定把出勤率看做绩效考核因素。通过上述分析，我们得出以下假设：

假设4：员工出勤率在互相投入型员工—组织关系中最高，其次是投资不足型关系，在过度投资和准现货契约型员工—组织关系模式中的出勤率最低。

1.4. 不同员工—组织关系下的员工态度反应

Lawler（1988），Walton（1985）和Ouchi（1980）确定了两种基本关系模式之间的差异，我们也认为员工在这些由雇主设定的各种关系模式中会产生不同的心理反应。Williamson（1975）也提出，与单纯市场经济交换关系相比，相对较开放的雇佣关系中会有更多的“准道德投入”（参看Pearce, 1993）。Blau（1964）认为社会性交换会带来责任心、感激和信任等情感，这正是单纯经济交换所缺乏的。

员工—组织关系理论体系认为，如果雇主着眼长远，努力培养与员工的长期关系，则员工在心理上会对雇主更加忠诚。社会性交换的一个重要特征正是希望培养和维持一种长期的关系，这与经济交换形成鲜明对比（Blau, 1986: 94）。此外，

“社会性交换之所以成为可能，正是因为现货双方的言行都遵循共同的互惠原则”（Haas & Deseran, 1981: 3）。因此，我们认为在过度投资和互相投入型关系模式中，雇主给出的开放性诱因具有社会性交换的特征，员工也会表现出更高水平的忠诚度，而在其他两种关系模式中则不然。故而我们可以提出以下合理假设：

假设5：在互相投入型和过度投资型员工—组织关系模式中，员工在情感上对雇主的忠诚度最高，在准现货契约和投资不足型关系模式中，员工情感承诺度最低。

员工—组织关系也会影响员工对公平性的感知。如果雇佣关系属于投资不足型，雇主要求员工作出无限制的贡献，却没有给予相应的回报，员工就会觉得很不公平。尽管过度投资型关系也是一种不均衡的关系，但因为员工是获益方，而且重酬带来心理上的不平衡感很快就会消散，所以我们认为员工感到不公平的可能性较小。在准现货契约和互相投入型员工—组织关系模式中，现货双方是均衡的，因此员工应当会感到受到公平对待。为比较员工在四种不同关系模式中对公平的心理感受，我们提出以下假设：

假设6：与其他三种员工—组织关系模式中的情况相比，投资不足型员工—组织关系模式中，员工认为受到不公平待遇的程度最高。

雇佣关系的特性会影响员工的态度，其中一个重要方面就是员工和同事之间的关系。一般来说，在互相投入型和投资不足型这两种员工—组织关系模式中，员工的职责范围规定得比较宽泛、灵活，良好的同事关系对于此类员工而言非常重要。但如果员工具有在工作内容上的明确要求，则这些员工的情况就会完全不一样。在前面说的两种关系模式中，雇主要求员工在完成自己的基本任务外，还要考虑集体（隐含的意思包括其他员工）的利益。其目的是要在员工中培养一种同事之间的互助互信精神。然而，由于员工在投资不足型关系模式中的饭碗并不牢靠，他们或许会把对方认为是潜在的竞争对手，互相争夺有限的就业机会，这种想法会破坏同事之间的信任（Barker, 1993; Pearce, Bigley, & Branyiczki, 1997）。故而在投资不足型关系模式中同事之间的关系比较紧张，而在相互投入型关系模式中同事关系最为积极。Pearce, Branyiczki和Bakacsi（1994）指出，在恐吓型和专制型组织中，员工之间较不容易产生信任，也就是说，他们更倾向于相互抵触而不是相互帮助。在另外一项研究中，Pearce, Branyiczki和Bigley（1995）通过有关数据说明，雇主对员工的欺诈剥削是导致员工之间彼此不信任的一个显著因素。

准现货契约型和过度投资型员工—组织关系模式都不鼓励也不帮助员工之间互助协作和培养互信，因此这两种关系模式中的员工不太可能彼此信任。所以，在只关注经济交换（准现货契约型）和忽视员工之间关系（过度投资型）的员工—组织关系模式中，员工对同事的信任度相对较低。

假设7：在相互投入型关系模式中，员工对同事的信任度要高于其他三种员工—组织关系模式。

在表1中，我们对上述7个假设作了小结。整体来看，这些假设表明，根据员工绩效和员工态度来看，采用相互投入型关系模式对雇主最为有利，投资不足型关系模式最不利。准现货契约型关系模式中，员工在基本工作上的绩效水平较高，这是雇主选择这一关系模式的主要好处，也是唯一的好处。过度投资型关系模式在某些方面比较好，比如员工队伍比较稳定，但也有一些不太好的方面，如出勤率。

表1　员工—组织关系模式与员工绩效及态度反应之关系的假设汇总

员工反应	员工—组织关系模式			
	准现货契约型	投资不足型	过度投资型	相互投资型
工作绩效				
假设1　基本工作绩效	1	4	3	2
假设2　组织公民行为	4	4	4	1
假设3　在岗稳定性	3	4	1	2
假设4　出勤率稳定性	4	2	4	1
员工态度				
假设5　忠诚度	4	4	1	1
假设6　公平性感受	1	4	1	1
假设7　同事信任度	4	4	4	1

注：表中的数字代表员工反应的预测值，1代表最好，4代表最差。

2. 研究方法

我们认为，为满足企业灵活多样的工作安排需要，企业会在不同的工种上，采用多种不同的员工—组织关系模式。我们希望在取样中采用那些员工—组织关系模式比较多样化的企业，因此，我们将取样范围限定在高竞争性产业中。依据行业集中度和五年中企业所有权变化情况，我们确定了10个行业（行业分类按4位数标准行业分类代码（SIC）确定）为高竞争性行业，然后在每个行业中挑选出一组员工数至少在 1 000 人以上的企业。共有10家公司愿意配合我们的调查，它们分属5个行业：计算机制造业（SIC 3571）、电子和半导体业（SIC 3674）和电信业（SIC 4813）各2家，食品果蔬业（SIC 5140）3家，服饰行业（SIC 5311）1家。这些公司在这5个行业中并不具备代表性，但我们选择多个行业中的多家企业作为研究样本，目的就是为了让研究成果更具有普遍性，而不是仅限于某一类型的公司或行业。

2.1. 员工取样

我们的研究立足于单个员工和工种层面，仅在正式员工中验证我们提出的理论假设，兼职员工和独立承包商不在我们的考虑范围之内。此外，我们还将那些按小时计酬的工会成员排除在外，以确保我们研究的雇佣关系不受到工会这种团体谈判力量的影响。与那些包括了其他类型员工的取样标准相比，我们的取样标准对假设的检验更保守稳妥一些。我们的样本包括976名员工，分别在10家公司中从事85种不同的工种。按照员工绩效考核难易程度的高低，我们让这些公司的人事部经理挑选出一系列不同的工种，这样就能确保各种员工—组织关系模式在我们的样本中都有体现。

对于每个工种，我们搜集了负责管理该工种员工的管理人员的名单，对每名管理人员再随机抽取最少3名、最多12名员工组成初步样本。这样就形成了一个1 637名员工的初步样本库，其中有976名员工配合了我们的研究工作，参与率达60%。此外，205名主管（占总数的64%）也参与了本研究工作。然而，并不是所有做过绩效评估的员工都配合我们的调查，也不是所有配合我们调查的员工都得到主管或同事的绩效评价。因此我们在检验绩效方面的假设时所用的样本库和检验员工态度方面假设所用的样本库大小并不一致。运用存在缺省值即删除该样本的方法（“listwise” deletion）后，我们得到453名员工的完整数据对员工绩效假设进行检验，得到757名员工的完整数据对员工态度假设进行检验。经过比较，我们发现带工作绩效数据和不带工作绩效数据的员工样本在人口学特征（年龄、公司服务年限、种族、性别和教育程度）上并没有任何区别。表2列出了员工样本的人口学特征统计结果。

表2　员工人口学特征一览表

变量	均值	标准差	样本数	百分比
年龄	39.43	8.76	937	

续 表

变量	均值	标准差	样本数	百分比
公司服务年限	9.12	7.83	946	
教育程度	14.98	2.31	940	
性别			613	65
男			333	35
女				
种族				
白人			821	87
有色人种			119	13

注：年龄、公司服务年限和教育程度都以年为单位。

2.2. 数据收集程序

我们采用分别向员工和主管发放书面问卷调查的形式收集数据。空白问卷装在密封的信封中，外面注明“保密”字样。我们对问卷做了编号，以区分不同主管及其员工的答复。所有问卷都附带一个印有我们学校地址且贴足邮资的信封，以便于问卷回收。我们向被调查人承诺所有的答卷都是完全保密的。

某个指定职位的主管不仅要提供这个职位的员工—组织关系模式相关数据，还要对这个职位上随机抽取的3名员工进行3个方面的绩效评价并提交评估成果。这3名员工也要各自对其他两名员工（也就是他的同事）同样作出3个方面的绩效评价。最后，员工提供他们的出勤记录并提交员工态度方面的数据。在这样的数据收集程序中，自变量和因变量数据取自多个不同数据来源，因此能避免同源方差（common method variance）的产生。这种方法还从两个不同的数据来源（主管和同事）提供了员工绩效数据。

2.3. 测量

我们提出的这些理论假设中有一个自变量（员工—组织关系模式）和7个因变量（4个绩效变量和3个员工态度变量）。此外，我们还在数据分析中使用了若干控制变量。

2.3.1. 员工—组织关系

这个变量代表四种不同的关系模式。这四种关系类型通过两个维度来界定：①

雇主期望员工作出的贡献；② 雇主给予员工的诱因。通过运用人力资源管理手段，雇主可以激励员工在完成本职工作之外更多地关注工作单位的利益。我们通过观察雇主在多大程度上作出这种鼓励来评估雇主希望员工作出何种贡献。我们采用3种人力资源管理手段来测量这个维度，即员工对工作单位的关注程度（参看表3）。我们根据雇主在员工培训和就业保障上的投入程度来度量雇主在员工身上的投资程度。在这个方面，我们通过4种人力资源管理手段来考察。我们向主管（n=205）提出这样一个问题："在（你们）公司中，针对此类职位的员工采用这几种管理手段的可能性分别有多大？"可选的回答从0（不采用）到8（大量采用）。应用Kaiser标准和方差最大旋转（varimax rotation）方法对上述7个人力资源管理措施进行因子分析，结果表明这2个要素与之呈现出清晰的载荷模式。具体因素载荷量（factor loading）详见表3。员工对工作单位的关注程度量表的信度为0.76，雇主投入量表的信度为0.79。

表3　员工—组织关系项目的因子分析结果

维度与项目	1	2
提高员工对集体关注的程度的人力资源管理实践		
1．根据集体绩效来评价员工成绩		0.81
2．根据集体绩效来奖励员工		0.88
3．以工作组或工作单位为重点制订绩效目标或绩效评定标准		0.78
强调雇主对员工的投资的人力资源管理实践		
1．为员工提供未来工作和职业发展所需的技能培训	0.77	
2．给员工提供职业规划咨询和计划的援助等帮助	0.78	
3．为员工提供相当的就业保障	0.77	
4．在公司内部选拔员工	0.67	
特征根	3.18	1.34
可解释的变量比例	0.45	0.19
信度系数	0.79	0.76

注：员工—组织关系模式通过两个维度来界定，第一个维度主要测量雇主期望员工做出何种贡献，第二个维度则测量雇主向员工提供的回报。

为描绘各工种的员工—组织关系模式，我们请同一工种的各位主管对该工种的员工—组织关系作出评价，然后取其评分的平均值。主管数超过1人（从2人到17人不等）的工种达36个（共有85个工种）。我们对这36个工种进行单因子方差分析（ANOVA），分类变量采用工种类别，因变量则采用主管对员工—组织关系两个维度的评分等级。在员工对工作单位的关注程度这一维度，F值为1.85（$p< 0.01$，

R^2=0.33）；在雇主投资这一维度，F值是3.71（p<0.01，R^2=0.50）。这些结果表明，相对于管理不同工种的主管而言，同一工种主管给出的员工—组织关系模式评分等级比较一致。由此可见，在统计各工种的员工—组织关系模式各维度情况时，可以把同一工种的主管给出的评分等级累加而得到最后的分数。因此对于主管数超过1人的36个工种而言，各位主管首先对员工—组织关系的两个维度给出相应的评分，我们再对这些分数取平均值，把它作为该项工种的最终得分。所以说这些工种的员工—组织关系评分结果并没有受到各位主管个人因素的影响。不过，其他的那些工种中的员工—组织关系评分可能因人而异，评分主管的言行有可能会对评分结果产生不可避免的影响。因此我们引入一个控制变量，即主管支持程度，通过这个控制变量来消除主管个人特质性的影响。

我们利用员工主管对上述两个维度（员工对工作单位的关注程度以及雇主在员工身上的投资）的评分来构造出四种不同的员工—组织关系模式。结合两个维度上的分数高低，我们以中位数进行群体划分。如果一个工种在两个维度的评分值都低于中位数，我们就把它的员工—组织关系归类为准现货契约型。如果一个工种中，员工对单位的关注程度得分高于中位数，但雇主对员工的投资程度得分低于中位数，我们就把这种员工—组织关系归类为投资不足型。如果员工对单位的关注程度得分低于中位数，但雇主对员工的投资程度得分高于中位数，这样的工种就属于过度投资型。两个维度的得分都高于中位数的工种就是互相投资型关系。需要特别说明的是，我们是采用中位数分割法来近似实现理论上的分类的（Dubin, 1978）。由于在测量两个维度的评价时选用了连续的评分尺度，所以保证了主管给出的答复更加精确，而且在区分各种不同的员工—组织关系模式时也更加准确。如果只是让员工主管从四种不同的员工—组织关系模式中挑选一种作答，效果就会差许多。

用这种方法对85个不同工种的员工—组织关系模式进行归类，结果如下：31%的工种属于准现货契约型关系，18%属于投资不足型，18%属于过度投资型，33%属于互相投资型。由此可见，在我们取样调查的10家企业中，均衡的员工—组织关系模式（64%）要比非均衡的员工—组织关系模式更加普遍。通过对各企业情况进行交叉表列分析，我们证实了如下假设：在高竞争性产业中，企业会同时采用多种员工—组织关系模式（针对不同的工种使用不同模式）。在接受调查的10家企业中，有9家企业应用了全部四种员工—组织关系模式。剩下的那一家企业也应用了三种员工—组织关系模式。

2.3.2. 员工绩效

在衡量员工绩效时，我们设定了不同的考核标准，有效地把员工在基本工作任务上的绩效与员工在其他方面（如组织公民行为）的绩效区分开来。考虑到不同产业、企业和工种中的工作特性都不同，我们制订或者选用了一系列通用性比较强的考核标准，并没有选用那些仅适用于某个工种的标准。我们开发了6个考核标准，从数量、质量和效率三个方面来考核基本工作任务的绩效。在调查这几个方面的绩效时，评估人（主管或同事）要说明他们在多大程度上同意以下陈述：被测评员工在基本工作任务上的绩效表现比同类工种的其他员工更好。可选答案从1（坚决不同意）到7（非常同意）。另外，我们还借鉴了Greenhaus, Parasuraman和Wormley（1990）的5个标准来考核员工在基本工作任务上的绩效。这5个标准强调员工在完成任务时表现出的整体技能、判断力、准确度、专业知识和创造力。同样，评估人要在7分制量表给出评价，1分为“不满意”，7分为“优异”。

组织公民行为的考核标准来源非常广泛，包括Graham（1986），O’Reilly 和Chatman（1986），Smith, Organ和Near（1983）以及Gregersen（1989）等。我们选取了9个旨在改善组织状况的行为来评估员工在组织公民行为方面的表现（见表4）。评估人（主管或同事）对员工是否表现出这几个方面的组织公民行为作出评价。在这里，采用了和考核基本工作任务绩效一样的体系，评估人用7分制表达他同意—不同意的程度。

在调查主管或同事对员工是否愿意长期在岗服务（称为“在岗稳定性”）的看法时，我们采用了3个方面的评价标准。这3个标准与行为性承诺理论（Steers, 1977）提到的留岗意愿（intent-to-stay idea）相对应。在回答问题时，评估人根据自己对该命题的认同度给出1到7分的评价。我们根据员工的无故缺勤率来测量员工的在岗稳定性。Tsui, Egan和O’Reilly（1992）认为，根据缺勤率来度量出勤状况，是我们能在缺勤理论文献中找到的较好方法之一。

我们共设计了23个评分指标（除缺勤率外），从3个方面对绩效进行测量，对这些评分指标进行验证性因子分析的结果支持一个3因素的结构，调整后拟合优度指数（adjusted goodness-of-fit index, AGFI）为0.99，均方根残差（root-mean-square residual，RMSR）为0.04。这3个评测维度上的内部一致性信度（internal consistency reliability）分布在0.83和0.96之间。表4给出了验证性因子分析的标准化结果。

在检验假设1、2和3的时候，我们采用了主管和同事在每个绩效测量标准上给出的评分值的平均数作为因变量。3个评分值（一名主管及两名同事给出的评分）表现出很强的相关性（$p<0.001$）。把上面3个数据来源给出的评分值作为量表的项目，则基本工作绩效量表的信度系数为0.67，组织公民行为的信度系数为0.60，在岗稳定性的信度系数为 0.77。同事和主管给出的评分值非常接近，这或许是因为评估对象的同事对他的工作内容十分了解（因为他们从事的工作都一样），同时也有充分的机会去观察他的工作表现（因为他们都在一个工作小组或工作单位）。在检验假设

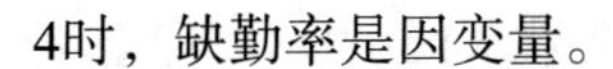

4时，缺勤率是因变量。

表4　绩效项目的验证性因子分析结果

题目	因子		
	1	2	3
在岗稳定性			
1．未来12个月内可能离开该工作单位	0.83		
2．未来3年内可能离开该工作单位	0.77		
3．如有薪酬稍高的新工作就可能会离开该工作单位	0.77		
组织公民行为			
1．提出改进工作流程的建议		0.83	
2．能开诚布公地提出不同意见		0.72	
3．从不隐瞒自己在工作上的疑问，哪怕自己的想法与所有人意见相左也不在乎		0.65	
4．为改进工作单位的现状而献计献策		0.87	
5．发现问题及时上报管理层		0.79	
6．为改进本部门工作而提出创造性建议		0.86	
7．发现可能影响生产力的指令或行为及时通知管理层		0.77	
8．当公司下达的方针政策无助于部门目标的实现时能提出异议		0.80	
9．提出改进工作的建议，帮助实现组织或本部门的目标		0.83	
基本工作绩效			
1．员工工作成果的数量高于平均值			0.83
2．工作质量高于平均值			0.88
3．员工工作效率高于平均值			0.85
4．员工采用的工作质量标准高于原规定的工作质量标准			0.86
5．员工追求的工作质量高于规定的质量水平			0.86
6．员工秉持最高的职业规范			0.80
7．员工完成基本工作任务的能力			0.85
8．员工在完成基本工作任务时所表现出的判断力			0.84
9．员工完成基本工作任务的精确性			0.82
10．员工在基本工作任务上所具备的专业知识			0.75
11．员工在完成基本工作任务时表现出的创造力			0.78
信度系数	0.83	0.94	0.96

2.3.3. 员工态度测量

我们采用Angle和Perry（1981）提出的组织承诺量表中的与情感因素相关的维度来测量情感承诺度。这个子量表中并没有包括留岗意愿这个测量维度，因为留岗意愿已经通过在岗稳定性得到反映。评估人以7分制给出评估结果，1分表示“完全不同意”，7分表示“完全同意”。员工态度的调查结果请见表5。

表5　员工态度评估项目的验证性因子分析结果

项目	因子			
	1	2	3	4
情感性承诺				
1. 为了组织的成功，我愿意付出额外的努力	0.50			
2. 我在朋友面前称赞我所在的企业是一个好单位	0.82			
3. 我发现我的单位和我所奉行的价值观非常类似	0.78			
4. 我能够自豪地告诉人们我在这个单位工作	0.83			
5. 我的单位激励它的员工在岗位上做到最好	0.88			
6. 我非常庆幸选择了这家单位工作	0.81			
7. 只要能留在这个单位，做什么工作我都愿意	0.53			
8. 我非常关心这个单位的未来	0.66			
9. 这是我所能找到的最棒的工作单位	0.85			
公平感知				
1. 评价我的工作绩效的程序是公平的		0.76		
2. 核定我的工资标准的整个过程是公平的		0.70		
3. 单位在我的升迁或者调动问题上所遵循的决策程序是公平的		0.81		
4. 单位对我的投诉意见的处理程序是公平的		0.79		
5. 我对单位在评价我的工作绩效时采用的方法感到满意		0.81		
6. 我对单位在处理我的投诉意见时采用的工作程序感到满意		0.80		
7. 我对单位在决定我的升职或调动问题时采用的工作程序感到满意		0.85		
8. 我对单位核定我的工资标准时采用的工作程序感到满意		0.72		
9. 单位最近一次对我工作绩效的评价是公平的		0.64		
10. 单位给我定的工资标准是公平的		0.64		
11. 单位对我做出的升职或者调动的决定是公平的		0.82		
12. 如果我对单位上的事务提出疑虑或异议，单位采取的相应措施或给我的答复是公平的		0.83		
13. 单位最近一次给予我的工作评价是恰如其分的		0.65		
14. 如果我对单位上的事务提出疑虑或异议，单位采取的相应措施或给我的答复是恰如其分的		0.80		
15. 单位对我做出的升职或者调动的决定是恰如其分的		0.81		
16. 我所得到的报酬是恰如其分的		0.67		
领导支持度				
1. 我的领导愿意了解我的困难			0.83	

续 表

项目	因子			
	1	2	3	4
2．我的领导能体谅下属，照顾下属的情绪			0.75	
3．我的领导值得信赖			0.87	
4．我的领导对我很友善			0.71	
5．我认为领导和我并没有朝着共同的团队目标而努力			−0.71	
我的领导并不和蔼可亲、平易近人			−0.67	
7．我们的领导和下属彼此信任			0.82	
同事信任度				
1．我的同事们值得信赖				0.75
2．我的同事缺乏团队精神				−0.80
3．在我们的团队中，大家互相关心				0.74
4．在我们的团队中，大家彼此信任				0.83
5．我们的团队成员非常正直诚实				0.81
信度系数	0.95	0.91	0.90	0.88

为了度量员工对公平的感知，我们从现有的测量方法（Folger & Konovsky, 1989; Leventhal, 1980; Lind & Tyler, 1988; Thibaut & Walker, 1975）中挑选出16个项目，并且增加了一些其他的项目。最后形成的量表中包括了反映对公平的感知的各个方面（如薪酬、升迁、评估决策），以及流程公平性和分配公平性方面的项目。评价采用7分制，1分表示“完全不同意”，7分表示“完全同意”。

第三个测量员工态度的标准是员工对同事的信任度。在这里，我们采用了5项目量表（Pearce *et al*., 1997）来测量员工在多大程度上认为同事是正直可信的。同样，我们使用了表达同意—不同意的7分制评分体系。

2.3.4. 控制变量

鉴于对员工—组织关系的测量是在工种层面上进行的，在某个特定工种上主管对员工的言行态度有可能对测量结果造成干扰。例如，有人提出员工和他/她的直接领导之间的人际关系会影响该员工与工作单位之间的雇佣关系（如Farh, Podsakoff, & Organ, 1990）。在研究雇主为某个特定工种设定的雇佣关系时，很重要的一点就是要控制员工主管个人对这种关系产生的影响。我们在Pearce, Sommer, Morris和Frideger（1992）制订的领导支持量表中选用了7个项目来度量这一控制性变量。这一量表评价了主管对下属的支持程度及亲和力。这里被调查人同样采用了前文所述的7分制来表达同意—不同意的程度。

鉴于量表中三个维度的数据和领导支持度的数据都来源于员工，为了检验相应的概念独立性，我们对4个维度的37个项目进行了验证性因子分析，分析结果很好地支持了4因素的结构设计。调整后的拟合优度指数（AGFI）为0.98，均方根残差（RMSR）为0.06。表5给出了验证性因子分析的标准化结果。四个量表指标的内部一致性信度从0.88到0.95不等。

工种层次不同，员工—组织关系也可能不同。如Davis-Blake和Uzzi（1993）指出，高层次工作涉及的信息往来和人际关系都比低级别工作复杂，因此高层次工作的员工—组织关系模式可能更加多样化。而且，从员工态度方面来看，不同层次的工种之间也会呈现出系统化的差异。因此，我们引入工种级别作为控制性变量。为测量这一变量，我们让公司人力资源经理提供工作职位名称，然后请两位独立评级员对这些工作职位分别做出评级。职位名称包括客户服务代表、软件工程经理、采购员、系统分析员、分销中心员工、税务计划经理等。两名评级员把这些工作职位归入3个级别：管理级（3）、专业级（2）和技工级（1）。他们一开始就顺利地把85个工种中的81个（95%）归类完毕。经过讨论，在剩下4个工种的归类问题上也达成一致。这些工种中的大多数被归类为专业级（65%），其次是管理级（32%）和技工级（7%）。我们从5家公司中取得了46个工种的薪酬数据，评定的工作级别和相关工作员工平均薪酬之间的相关性为0.46（$p<0.001$）。去掉一个特殊数值之后，相关性达到0.56（$p<0.001$）。

还有诸多个体差异性因素也会对员工绩效和员工态度造成影响。人们常常认为年龄、教育程度和服务年限等都是会影响员工工作绩效的人力资本要素。人们还发现这些变量与员工是否乐意长期在岗服务和出勤率表现都有关系。性别和种族也会影响员工的出勤率和公平感知。考虑到这些影响，我们对上述个体差异性因素进行了控制，以更准确地估测出雇主设定的员工—组织关系模式对员工反应所产生的净效应。

最后，我们还引入了公司作为控制性变量。不同的公司会采用不同的姿态来处理员工关系，或者会有独特的公司文化。通过使用公司这个控制性变量，我们希望能在各个工种层面上更精确地测量出不同员工—组织关系造成的影响。因为我们在各个行业中取样的公司数量很少，因此我们在控制公司变量时，基本上只考虑行业所造成的影响。

2.4. 分析

首先我们计算出在四种不同员工—组织关系模式中员工绩效和员工态度的平均分值。我们应用邓肯多范围检验（Duncan’s multiple range test）进行单因素方差分

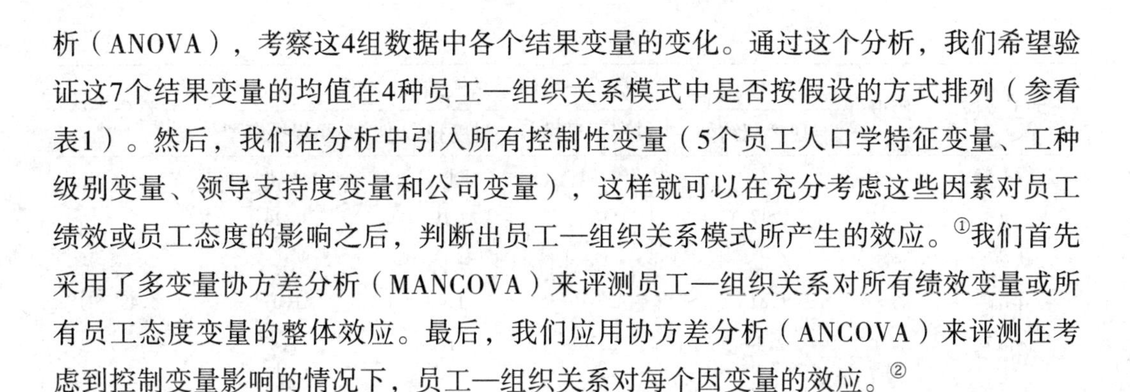
析（ANOVA），考察这4组数据中各个结果变量的变化。通过这个分析，我们希望验证这7个结果变量的均值在4种员工—组织关系模式中是否按假设的方式排列（参看表1）。然后，我们在分析中引入所有控制性变量（5个员工人口学特征变量、工种级别变量、领导支持度变量和公司变量），这样就可以在充分考虑这些因素对员工绩效或员工态度的影响之后，判断出员工—组织关系模式所产生的效应。[①]我们首先采用了多变量协方差分析（MANCOVA）来评测员工—组织关系对所有绩效变量或所有员工态度变量的整体效应。最后，我们应用协方差分析（ANCOVA）来评测在考虑到控制变量影响的情况下，员工—组织关系对每个因变量的效应。[②]

3. 分析结果

在表6和以下各节中，我们阐述了对各个理论假设进行研究的基本结果。随后，我们将讨论引入控制变量之后的分析情况，研究结果体现在表7和表8中。

表6 雇主设定的四种员工—组织关系模式中员工绩效和员工态度情况

员工反应	假设	员工—组织关系模式				方差分析F
		准现货契约型	投资不足型	过度投资型	互相投资型	
工作绩效						
基本任务绩效	1					
均值		4.87^{a}	$4.88^{a,b}$	$5.16^{b,c}$	5.22^{c}	6.58^{***}
标准差		1.02	1.12	0.91	0.92	
n		300	97	104	223	
组织公民行为	2					
均值		$4.89^{a,b}$	$4.77^{a,b}$	$5.09^{a,c}$	5.29^{c}	10.48^{***}
标准差		1.00	1.15	0.84	0.81	
n		300	97	104	223	
在岗稳定性	3					
均值		4.68^{a}	4.61^{a}	4.71^{a}	5.13	4.76^{**}

① 自变量数据由员工主管提供，而主管其他方面的言行有可能对这个自变量造成干扰。有鉴于此，我们计算出员工—组织关系模式的两个维度和控制变量之间的相关系数，结果表明，这些变量之间并不存在多重共线性问题。

② 协方差分析（ANCOVA）假设因变量在实验条件下呈现出同质回归曲线。我们采用邹氏检验法（Chow test）（Green, 1990）来检验这个假设。我们把各个员工—组织关系模式中的（控制性变量和每个因变量之间的）单个回归残差平方和进行比较，再把全部四种员工—组织关系模式合并，比较了总体回归的残差平方和。

续 表

员工反应	假设	员工—组织关系模式				方差分析*F*
		准现货契约型	投资不足型	过度投资型	互相投资型	
标准差		1.56	1.71	1.41	1.46	
n		297	97	103	224	
缺勤率	4					
均值		1.81[a]	2.05[a]	1.43[a,b]	1.07[b]	5.49***
标准差		2.44	2.36	1.58	1.47	
n		196	59	79	166	
员工态度						
情感承诺	5					
均值		5.03[a]	5.09[a]	5.58[b]	5.46[b]	10.76***
标准差		1.26	1.16	0.96	1.06	
n		363	130	113	227	
公平感知	6					
均值		3.95[a]	4.05[a]	4.40[b]	4.50[b]	10.11***
标准差		1.27	1.36	1.16	1.24	
n		351	127	111	224	
同事信任	7					
均值		5.16[a]	5.07[a]	5.37[a,b]	5.43[b]	3.66**
标准差		1.23	1.38	1.24	1.11	
n		364	131	112	228	

注：（1）标有同样上标的项目均值显著差异。（2）* 表示 $p<0.05$；** 表示 $p<0.01$；*** 表示 $p<0.001$。

3.1. 基本结论

在表6中，我们可以看到在4种不同的员工—组织关系模式中，员工绩效和员工态度的平均得分。所有7个结果变量中，方差分析（ANOVA）的F值都非常显著。假设1预测员工基本工作任务绩效在准现货契约型关系中最高，在互相投入型、过度投资型和投资不足型关系中的绩效水平则依次降低。这个假设得到部分验证。不过，在准现货契约型关系中的员工基本工作绩效水平并不是最高的，而是较低，与投资不足型员工—组织关系模式中的员工绩效表现类似。而互相投入型和过度投资型的员工绩效表现相对较高。因此除准现货契约型员工—组织关系模式外，员工绩效水平在各个关系模式中的排序情况与假设1预测值相近。

研究结果支持假设2，即互相投入型关系模式中，员工的组织公民行为（OCB）

水平最高。和准现货契约型或投资不足型关系模式相比，互相投入型员工—组织关系模式中的组织公民行为水平显著更高，但和过度投资型员工—组织关系模式相比，差别则不显著。

关于员工在岗稳定性的假设3得到部分验证。假设3预测的4种员工—组织关系模式在这方面的排列次序与检验结果相差不远，唯一不同的是，员工留岗意愿性最高的并非过度投资型模式，而是互相投入型关系模式。

假设4认为出勤率稳定性在互相投入型关系中最高，其次是在投资不足型关系中，在其余两种关系模式中最低。从表6中可以看到，实际情况正是如此。不过，互相投入性和过度投资型模式两者的平均分值并无显著差异。故而我们认为这个假设和上个假设一样，只能说基本上得到了验证，而不能说是得到完全证实。

接下来是包含了员工态度这个因变量的3个假设。首先看假设5，研究结果与该假设完全相符。过度投资型和互相投资型的员工—组织关系模式中，员工对组织的情感承诺程度要比准现货契约型和投资不足型的情况显著更高。

假设6涉及员工的公平感知程度，在研究中得到部分验证。正如假设6预测的那样，互相投入型和过度投资型关系模式中的员工在公平感知方面的表现要显著高于投资不足型关系中的员工。然而，就公平感知水平而言，准现货契约型关系模式中的员工和投资不足型关系模式中的员工之间并没有显著差异，这点和假设6的预测不同。

假设7认为在互相投入型员工—组织关系模式中的员工同事信任度最高，超过准现货契约型、过度投资型和投资不足型关系模式。尽管从统计学意义上说，我们在互相投入型和过度投资型员工—组织关系模式中观察到的同事信任度之间的差异并不显著，但还是可以说研究结果与假设7是吻合的。

表6给出的研究结果，总体来看，互相投入型和过度投资型关系模式中的员工绩效水平较高，员工态度也较好，而投资不足型或准现货契约型关系模式中的情况则相对较差。互相投入型关系在所有4个方面中的得分最高，员工绩效表现最佳。在员工态度的3个方面中，这一关系模式在两个方面的得分最高，而在剩下一个评测方面的得分也非常接近最高分。

3.2. 引入控制变量后的分析

运用多变量协方差分析（MANCOVA）和协方差分析（ANCOVA）方法，我们排除8个控制性变量可能造成的干扰，对员工—组织关系的主效应进行了检验，员工绩效方面的结果参看表7，员工态度的测量结果参见表8。度量员工绩效的4个变量的多变量协方差分析结果非常显著。整个模型解释了方差（1-λ）的38%。引入控制变量后，员工—组织关系的纯效应（把控制性变量考虑在内）也很显著，解释了方差（1-λ）的7%。然而，协方差分析的结果表明，员工—组织关系模式与基本工作绩效和组织公民行为之间具有显著相关性，但与员工在岗稳定性和缺勤率的相关性不显著。换句话说，在引入共变量（covariate）之后，方差分析（表6）中观察到上述两个方面的均值之间的差异就消失了。进一步的分析表明，服务年限较长及年长的员工往往具有更强的留岗服务意愿，并且，他们的缺勤率最低。此外，研究还发现妇女的缺勤率比男性员工要高。鉴于这个变量的共变量回归曲线并不具有同质性，我们在做出解读时不可大意。尽管如此，我们对（为各个员工—组织关系模式所作

表7　雇主设定的员工—组织关系模式对员工绩效的影响：多变量协方差分析和协方差分析结果[①]

(a) 协方差分析		因变量		
变量	主要工作绩效	组织公民行为	在岗稳定性	缺勤率
控制变量				
年龄	2.66	1.39	30.99***	10.84***
工作年限	2.32	2.26	21.69***	5.92**
教育程度	0.01	0.69	0.04	0.02
性别	0.45	0.03	0.18	22.09***
种族	1.80	4.39*	0.56	0.09
工作级别	0.55	5.28*	0.00	1.62
领导支持度	9.72**	2.32	13.80***	1.21
公司	0.40	0.03	3.48	3.17
员工—组织关系（eta平方值）	5.91***	3.49**	2.30	2.33
	(0.04)	(0.04)	(0.03)	(0.02)
整体效应R^2	0.08	0.06	0.15	0.10
(b) 多变量协方差分析				
检验	整体效应		各员工—组织关系模式净效应	
Hotelling's T	0.36		0.07	
Wilks' λ	0.72		0.93	
F_T	4.66***		2.71***	
F_λ	4.88***		2.71***	

注：N=453名员工；（2）* 表示 $p<0.05$，** 表示 $p<0.01$；*** 表示 $p<0.001$。

① 邹氏检验法中的F值说明关于同质性的假设适用于绩效评价的4个变量中的3个，而在员工态度变量时不成立。同质性假设不成立时，在解读共变量效应和解读主要自变量效应时都应当非常小心。

的）回归模型中共变量的回归系数作了进一步研究，结果表明符号还是一致的，只是有些系数显著，有些系数则不显著。领导支持度与主要工作绩效和在岗稳定性之间存在一定的相关性。而公司这个控制变量在4个绩效表现指标模型中都不显著。

表8　雇主设定的员工—组织关系模式对员工态度的影响：多变量协方差分析和协方差分析结果

（a）协方差分析	因变量		
变量	情感承诺	公平感知	同事信任
控制变量			
年龄	14.31***	1.42	11.86***
工作年限	1.72	7.14**	0.20
教育程度	12.21***	4.28*	3.18
性别	0.19	13.56***	12.84***
种族	2.30	2.75	3.62*
工作级别	5.20*	0.00	5.13*
领导支持度	153.83***	294.72***	122.89***
公司	11.02***	13.56***	6.34**
员工—组织关系（eta平方值）	7.42***	6.63***	2.04
	(0.04)	(0.04)	(0.01)
整体效应R^2	0.23	0.32	0.19
（b）多变量协方差分析			
处理	整体效应	各员工—组织关系模式净效应	
Hotelling's T	0.64	0.05	
Wilks' λ	0.59	0.95	
F_T	19.95***	3.83***	
F_λ	17.82***	3.81***	

注：（1）N=757名员工；（2）* 表示 $p<0.05$；** 表示 $p<0.01$；*** 表示 $p<0.001$。

对员工态度的多变量协方差分析（参看表8）也十分显著，整个模型（包括控制性变量）解释了因变量方差的41%（1-λ）。引入控制变量后，员工—组织关系模式解释了方差的5%。不过，协方差分析结果表明，在考核员工态度的3个变量中，有2个会受员工—组织关系影响而出现差异。具体来说，员工在感情承诺度和公平感知两个方面受到的影响比较显著，而在同事信任度方面则不然。进一步分析表明，年长员工在感情承诺度和同事信任度方面的表现要比年轻员工更好一些。和男性员工相比，女性员工表现出的公平感知和同事信任度都较低。从事高层次工作（如管理型工作相对于专业型和技工型工作级别高）的员工在感情承诺度方面表现出较高水平，但同事信任度较低。领导支持度对3个员工态度指标的影响都非常显著。领导支持度越高，员工态度表现越好。最后要说的是，公司控制变量对测量员工态度的

3个指标也有很显著的影响，这说明公司不同，员工态度也会呈现系统化的差别。尽管如此，在充分考虑公司之间差异的情况下，我们还是可以根据雇主选择了何种员工—组织关系模式来预测该工种上的员工态度，如员工的情感承诺度和公平感知度等。

4. 讨 论

总体而言，研究结果全面支持我们称作互相投入型的员工—组织关系模式。在这种关系中，雇主向雇员提供宽泛无限制的奖励诱因，同样员工也要为雇主作出开放式的、广泛的贡献。通过对主管和同事给出的评分结果的分析，一般来说，与其他三种员工—组织关系模式相比，互相投入型关系模式中的员工表现出更高的绩效水平，员工态度也更好。本研究在工种层面上进行的研究所得到的结果，与其他在公司层面上进行的类似的系统研究和案例分析的结果相比，具有高度一致的结果。本文中描述的互相投入型员工—组织关系模式，与Lawler（1986, 1988, 1992）提出的高投入模式，Arthur（1992, 1994）提出的承诺机制，以及Osterman（1988）提出的工资模式，都具有一定的相似特点。比如，Arthur（1994）发现，和那些采用“控制型”人力资源系统的钢铁厂相比，那些采用了“承诺型”人力资源系统的钢铁厂具有更高的生产率和更低的废品率，员工的离职率也更低。根据Lawler（1986, 1992）的研究，采用高投入型管理模式的企业在经济效益方面会有更好的表现。本研究结果表明，和其他三种关系模式相比，互相投入型关系模式中的员工在主要工作绩效和组织公民行为方面的表现最好。由于互相投入型关系模式结合了社会性交换和经济交换的内容，这使员工不仅在工种层面能够产生最高的生产力，在企业层面上结果也会如此，正如其他研究所揭示的。在员工态度方面的研究结果也表明，互相投入型关系模式的雇佣关系中员工的反应是最为有益的。

过度投资型关系模式的研究结果与互相投入型的十分类似，唯一的不同之处在于：根据员工主管和同事做出的评估结果，过度投资型关系中的员工在辞职离岗方面，比互相投入型关系中的员工更容易产生较高的比例。这个结论比较出人意料，因为我们一直认为员工在过度投资型关系中获得的 “好得令人难以置信” 的待遇，对他们的行为会有更积极的影响。对目前结果可能的解释，或许是由于员工会将雇主提供的这种过度投资关系，看做雇主暂时性的安排，不可能持久。另外，也可能是因为在互相投入型关系中，员工对组织作出的贡献非常深厚广泛，所以他们比过度投资型关系中的员工更不愿意离开工作单位（Becker, 1960）。目前，这个课题尚有待进一步调查研究。

另外，我们发现投资不足型员工—组织关系中的员工绩效和员工态度得分最低。证据表明，如果雇主选择这种员工—组织关系对员工进行管理，员工就会通过降低工作绩效、减少组织公民行为及更经常地缺勤旷工等方式来作出反应。这些研究结果反映了一些雇主面临的两难困境：一方面他们非常需要员工在工作绩效和组织公民行为方面作出贡献，另一方面又没有财力去选择互相投入型或过度投资型员工—组织关系。当前的研究表明，如果雇主选用投资不足型或准现货契约型关系模式，可能就要在员工绩效上作出牺牲。虽然裁员可以降低劳务成本，但此类雇佣关系模式会导致员工绩效和员工忠诚度的降低，长远来看会对企业产生负面影响。

我们假设在准现货契约型员工—组织关系中，基本工作绩效水平最高，但研究结果并非如此。我们认为可能有以下几个解释：首先，是因为在我们选取的样本中，使用这种雇佣关系的企业为数甚少。因为，按照定义，准现货契约型模式类似于企业与承包商的关系，承接的工作任务一般比较明确，而且工作绩效考核标准也十分明确。但本研究的取样没有选取真正的承包商，这在一定程度上削弱了本研究成果的效度。另外一个原因，就是一般员工都希望与企业或雇主形成长期雇佣关系，但在准现货契约型员工—组织关系模式中，这种长期性关系很明显是不可能实现的。如果这个假设成立，目前存在的员工对雇主的反应就不令人意外了。再有一种可能就是，提供互相投资型关系的雇主对员工更有吸引力，因而会选择到绩效水平较高的员工。由于样本限制，我们无法解释为什么在这次研究中准现货契约型关系没有表现出最高的员工绩效水平。要验证前面那些解释是否可信，需要在以后的研究中更广泛地进行取样，引入各种不同类型的员工进行调查。

公司因素会对员工态度造成非常显著的影响，这也是本研究发现的一个有意思的现象。在调查的10家企业中，员工在情感承诺、公平感知和同事信任度方面都表现出差异性。这些发现说明公司其他方面的特性（除前面已经考虑到的个体差异控制变量外）也会影响员工态度。不过，采用公司控制变量来排除公司层面各种因素（无论是何种因素）的干扰后，各工种的员工—组织关系模式还是可以提供关于员工态度的一些额外信息。这些公司层面的影响因素进一步从理论和实证两个方面验证了员工—组织关系模式理论。

本研究在管理学上的一个重要贡献是：雇主在选择员工—组织关系模式时必须非常谨慎。要选用那些既适合该工种，又适合该工种员工的关系模式。举例而言，本研究中发现准现货契约型关系模式在众多工种当中得到广泛应用，但实际上这种关系模式的适用范围可能没有组织决策者想象的那样宽泛。与独立承包商情况相反，要为员工的工作职责和工作成果作出准确充分的界定是非常困难的（Pearce,

1993）。大多数工作都要求员工具备一定的相互依赖性。另一个更具难度的问题在于，如何既要员工关注组织的长期利益，同时又要对员工工作绩效作出硬性规定。有意思的是，上面这些难题不禁让人们开始怀疑：对于那些不再满足于死板的短期雇佣关系的员工而言，准现货契约关系是否还可以称为一种均衡的关系模式？我们发现互相投入型和过度投资型关系模式的效果要远好于其他两种关系模式，这说明重要的是给予员工宽泛无限制的奖励诱因和高度的社会性交换，而不是单纯追求双方交换的等价性。这个发现在实际操作中具有重要意义。

4.1. 研究局限性

我们对员工—组织关系体系的操作性定义的不足，应该是本研究的局限性之一。在当前关于员工—组织关系的定义中，我们只选择了雇主诱因类型，即雇主在员工培训和就业保障上的投入。其实还可能存在其他形式的诱因，如工资、福利和晋升等，而且在界定员工—组织关系时，这些诱因起到的作用可能不低于，甚至应该高于我们选用的那种诱因类型。另外，在研究中只考察了一种宽泛而且开放式的员工贡献类型（相对于范围较窄、有着硬性规定的那种贡献类型而言），即雇主是否要求员工在完成本职工作之外（而不是放弃本职工作）还要关注工作单位的利益。很显然，在测量宽泛的员工贡献时还可以包括其他方面，如员工主观能动性、执行任务时的自主决策能力等。其他形式的诱因和员工贡献对员工—组织关系的影响力和重要程度如何，是未来研究需要探讨的问题。在员工—组织关系体系中，如何把不同的雇主诱因类型和员工贡献类型相搭配结合，很有可能成为一个极为重要的问题。也就是说，员工—组织关系可能并非一个单维结构，而是可以搭配构造的（Meyer, Tsui, & Hinings, 1993）。

研究中的另一个局限性在于，我们的因变量仅限于个人层面的工作绩效和员工态度评价。在检验提出的员工—组织关系体系时，其实集体层面的表现评价数据更为重要。特别是在过度投资型或互相投入型关系模式中，雇主要求员工注重集体或工作单位的整体绩效，因而员工的整体表现如何具有非常重要的意义。

最后要说的是，我们在这次研究中选择的员工—组织关系都是由雇主单方面设定的，这是很重要的一个局限性。一个完整的研究还应当把员工方考虑在内。员工希望如何设定雇佣关系？员工认为雇主应当承担哪些重要的义务？在员工看来，他们又应当向雇主履行哪些义务？员工如何评判他们做出贡献后得到的回报是否价值相当或者公平合理？什么类型的员工更倾向于一种社会性的雇佣关系而不是单纯的经济交换关系？什么类型的员工情况正好相反？一个全面研究员工—组织关系的综合性理论体系，不能只是考虑雇主的观点，还要兼顾员工的立场和看法。

4.2. 结论

本研究目的在于探讨不同雇佣关系模式雇主的行为模式选择对员工绩效和员工态度的影响。我们在5个竞争性较强的行业中选取了10家企业的员工作为研究样本，在研究过程中，也特别注意设置足够数量的关键变量，以及尽量减少可能会与同源方差潜在相关的问题的干扰，同时，也利用了广泛的统计学上的控制。尽管我们在此讨论的问题比较复杂，难以仅仅通过简单的研究就可以得出最后的结论，但从现在的研究结果看，还是获得了相当鼓舞人心的效果，并且也为下一步的研究提出了若干重要命题。

当前研究结果表明，如果雇主希望与雇员形成较长期的雇佣关系，则员工在工作绩效和员工态度上都会有所提高。与此同时，如果雇主还要求员工在完成本职工作之外更多地关注集体或工作单位的整体绩效，则员工在上述两个方面的表现会达到最佳水平。这些结果还鼓励雇主应该更多地采用员工参与型团队或自我管理型团队的管理方式。不过，除非雇主愿意给予员工一定程度的就业保障，或愿意在员工的个人职业能力上进行投资，否则上述益处还是无法实现的。许多学者（如Atchison, 1991; Lawler, 1986; Osterman, 1988; Strauss, 1987）都强调了这种雇主承诺政策的重要性。通过在个人层面上进行研究，我们也验证了上面的那些看法。简言之，在准现货契约型和投资不足型关系模式中，雇主在雇佣问题上自由度较高，但代价是降低员工的绩效水平。与之相反，互相投入型关系模式中，一方面雇主可以自由配置员工，同时另一方面员工绩效水平也很高。然而，正如前面说过的那样，许多文章都指出受激烈竞争压力的驱使，许多企业都会从过度投资型关系模式转向投资不足型模式，至少在短时间内应该是这样。或许企业暂时需要用投资不足型关系来渡过难关。但我们的研究说明，要想长期保持生命力，这些企业还是应当回到互相投资型关系模式。

参考文献

Adams, J. S. 1965. Inequity in social exchange. In L. Berkowitz (Ed.), *Advances in experimental social psychology*, vol. 2: 267-300. New York: Academic Press.

Angle, H. L., & Perry, J. L. 1981. An empirical assessment of organizational commitment and organizational effectiveness. *Administrative Science Quarterly*, 26: 1-14.

Arthur, J. B. 1992. The link between business strategy and industrial relations systems in American steel minimills. *Industrial and Labor Relations Review*, 45: 488-506.

Arthur, J. B. 1994. Effects of human resource systems on manufacturing performance and turnover. *Academy of Management Journal,* 37: 670-687.

Atchison, T. J. 1991. The employment relationship: Un-tied or re-tied? *Academy of Management Executive,* 5(4): 52-62.

Barker, J. R. 1993. Tightening the iron cage: Concertive control in self-managing teams. *Administrative Science Quarterly*, 38: 408-437.

Barnard, C. I. 1938. *The functions of the executive*. Cambridge, MA: Harvard University Press.

Becker, H. S. 1960. Notes on the concept of commitment. *American Journal of Sociology*, 66: 32-40.

Blau, P. M. 1964. *Exchange and power in social life*. New Brunswick, NJ: Transaction Publishers.

Buono, A. F., & Bowditch, J. L. 1989. *The human side of mergers and acquisitions: Managing collisions between people, cultures, and organizations*. San Francisco: Jossey-Bass.

Davis-Blake, A., & Uzzi, B. 1993. Determinants of employment externalization: A study of temporary workers and independent contractors. *Administrative Science Quarterly*, 38: 195-223.

Dubin, R. 1978. *Theory building* (2nd ed.). New York: Free Press.

Ekeh, P. P. 1974. *Social exchange theory: Two traditions*. Cambridge, MA: Harvard University Press.

Etzioni, A. 1961. *A comparative analysis of complex organizations*. New York: Free Press.

Farh, J. L., Podsakoff, P. M., & Organ, D. W. 1990. Accounting for organizational citizenship behavior: Leader fairness and task scope versus satisfaction. *Journal of Management*, 16: 705-721.

Folger, R., & Konovsky, M. A. 1989. Effects of procedural and distributive justice on reactions to pay raise decisions. *Academy of Management Journal*, 32: 115-130.

Goodman, P. S. 1974. An examination of referents used in evaluations of pay. Organizational Behavior and Human Performance, 12: 170-195.

Graham, J. W. 1986. *Organizational citizenship informed by political theory*. Paper presented at the annual meeting of the Academy of Management, Chicago.

Greene, W. H. 1990. *Econometric analysis*. New York: Macmillan.

Greenhaus, J. H., Parasuraman, S., & Wormley, W. M. 1990. Effects of race on organizational experiences, job performance evaluations, and career outcomes. *Academy of Management Journal*, 33: 64-86.

Gregersen, H. B. 1989. *Multiple commitments at work and their relationships with extra-role behavior*. Working paper no. 89-8, Pennsylvania State University, Erie.

Haas, D. F., & Deseran, F. A. 1981. Trust and symbolic exchange. *Social Psychology Quarterly*, 44: 3-13.

Harrison, B., & Bluestone, B. 1988. *The great U-turn: Corporate restructuring and the polarizing of America*. New York: Basic Books.

Kotter, J. P. 1973. The psychological contract: Managing the joining-up process. *California Management Review*, 15(3): 91-99.

Lawler, E. E., III. 1986. *High-involvement management*. San Francisco: Jossey-Bass.

Lawler, E. E., III. 1988. Choosing an involvement strategy. *Academy of Management Execu- tive*, 2(3): 197-204.

Lawler, E. E., III. 1992. *The ultimate advantage: Creating the high-involvement organization*. San Francisco: Jossey-Bass.

Leventhal, G. S. 1980. What should be done with equity theory? In K. J. Gergen, M. S. Greenberg, & R. H. Willis (Eds.), *Social exchange: Advances in theory and research*: 27-55. New York: Plenum Press.

Levinson, H., Price, C. R., Munden, K. J., Mandl, H. J., & Solley, C. M. 1962. *Men, management and mental health*. Cambridge, MA: Harvard University Press.

Lind, A. E., & Tyler, T. R. 1988. *The social psychology of procedural justice*. New York: Plenum Press.

Mahoney, T. A., & Watson, M. R. 1993. Evolving modes of workforce governance: An evaluation. In B. E. Kaufman & M. M. Kleiner (Eds.), *Employee representation: Alternatives and future directions*: 135-168. Madison, WI: Industrial Relations Research Association, Uni- versity of Wisconsin.

March, J. G., & Simon, H. A. 1958. *Organizations*. New York: Wiley.

Meyer, A. D., Tsui, A. S., & Hinings, C. R. 1993. Configurational approaches to organizational analysis. *Academy of Management Journal*, 36: 1175-1195.

Miles, R. E. 1989. Adapting to technology and competition: A new industrial relations system for the 21st century. *California Management Review*, 31(2): 9-28.

Mobley, W. H. 1982. *Employee turnover: Causes, consequences, and control*. Reading, MA: Addison-Wesley.

O'Reilly, C., & Chatman, J. 1986. Organizational commitment and psychological attachment: The effects of compliance, identification, and internalization on prosocial behavior. *Journal of Applied Psychology*, 71: 492-499.

Osterman, P. 1988. *Employmentfutures: Reorganization, dislocation, and public policy*. New York: Oxford University Press.

Ouchi, W. G. 1980. Markets, bureaucracies, and clans. *Administrative Science Quarterly*, 25: 129-141.

Pearce, J. L. 1993. Toward an organizational behavior of contract laborers: Their psychological involvement and effects on employee co-workers. *Academy of Management Journal*, 36: 1082-1096.

Pearce, J. L., Bigley, G. A., & Branyiczki, I. 1997. Procedural justice as modernism: Placing industrial/psychology in context. *Applied Psychology: An International Review*, 46: In press.

Pearce, J. L., Branyiczki, I., & Bakacsi, G. 1994 Person-based reward systems: A theory of organizational reward practices in reform-communist organizations. *Journal of Organizational Behavior*, 15: 261-282.

Pearce, J. L., Branyiczki, I., & Bigley, G. A. 1995. *Insufficient bureaucracy: Trust and commitment in particularistic organizations*. Working paper, Graduate School of Management, University of California, Irvine.

Pearce, J. L., & Peters, R. H. 1985. A contradictory norm view of employer-employee exchange. *Journal of Management*, 11: 19-30.

Pearce, J. L., Sommer, S. M., Morris, A., & Frideger, M. 1992. *A configurational approach to interpersonal relations: Profiles of workplace social relations and task interdepen- dence*. Working paper no. OB92015, Graduate School of Management, University of Cali- fornia, Irvine.

Pfeffer, J., & Baron, J. N. 1988. Taking the workers back out: Recent trends in the structuring of employment. In B. M. Staw & L. L. Cummings (Eds.), *Research in organizational behav- ior*, vol. 10: 257-303. Greenwich, CT: JAI Press.

Rhodes, S. R., & Steers, R. M. 1990. *Managing employee absenteeism*. Reading, MA: Addison-Wesley.

Rousseau, D. M. 1995. *Psychological contracts in organizations*. Thousand Oaks, CA: Sage.

Rousseau, D. M., & Parks, J. M. 1993. The contracts of individuals and organizations. In B. M. Staw & L. L. Cummings (Eds.), *Research in organizational behavior*, vol. 15: 1-43. Greenwich, CT: JAI Press.

Schlotzhauer, D. L., & Rosse, J. G. 1985. A five-year study of a positive incentive absence control program. *Personnel Psychology*, 38: 575-585.

Smith, C. A., Organ, D. W., & Near, J. P. 1983. Organizational citizenship behavior: Its nature and antecedents. *Journal of Applied Psychology*, 68: 653-666.

Steers, R. M. 1977. Antecedents and outcomes of organizational commitment. *Administrative Science Quarterly*, 22: 46-56.

Strauss, G. 1987. The future of human resource management. In J. B. Mitchell (Ed.), *The future of industrial relations*: 91-117. Los Angeles: Institute of Industrial Relations, University of California.

Thibaut, J., & Walker, L. 1975. *Procedural justice: A psychological analysis*. Hillsdale, NJ: Erlbaum.

Tsui, A. S., Egan, T. D., & O'Reilly, C. A., III. 1992. Being different: Relational demography and organizational attachment. *Administrative Science Quarterly*, 37: 549-579.

Tsui, A. S., Pearce, J. L., Porter, L. W., & Hite, J. P. 1995. Choice of employee-organization Tsui, Pearce, Porter, & Tripoli relationship: Influence of external and internal organizational factors. In G. R. Ferris (Ed.), *Research in personnel and human resource management*, vol. 13: 117-151. Greenwich, CT: JAI Press.

Walton, R. E. 1985. From control to commitment in the workplace. Harvard Business Review, 63(2): 77-84. Williamson, O. E. 1975. *Markets and hierarchies*. New York: Free Press.

中国管理者为什么留职？从社会交换和工作嵌入视角解释雇佣关系* ①

Peter W. Hom（亚利桑那州立大学）徐淑英（亚利桑那州立大学）
Joshua B. Wu（迈阿密大学）Thomas W. Lee（华盛顿大学）
张燕（北京大学）富萍萍（香港中文大学）
李兰（中国企业调查系统）

摘要：本文阐述了员工—组织关系是如何发挥作用的。具体来说，我们检验了社会交换和工作嵌入如何中介相互投资型（雇主为员工提供高激励并期望员工有高贡献）和过度投资型（雇主为员工提供高激励但并不期望员工的高贡献）的员工—组织关系（基于Tsui, Pearce, Porter, & Tripoli（1997）的概念框架）对离职倾向和组织承诺的影响。本文由两个研究组成。研究一调查了953位正在攻读在职MBA的中国经理人，而研究二收集了来自41个公司的526名中层管理者的横截面数据和纵向数据。通过采用标准跨层因果模型技术，本研究验证了社会交换和工作嵌入中介员工—组织关系的影响。通过使用延迟测量的结果变量，第二个跨层分析进一步验证了工作嵌入能够中介员工—组织关系在18个月以后产生的影响。本文的发现进一步证明社会交换能够解释相互投资型和过度投资型的员工—组织关系是如何激励员工产生更高的承诺感和忠诚度的。本文对员工—组织关系研究的另一个贡献在于，我们发现了工作嵌入也起到中介作用，而且中介作用的效果比社会交换更为持久。

当今社会，席卷而来的裁员，重组和外包对美国公司的内部劳动力市场和劳动关系系统带来了剧烈的影响（Shore, Tetrick, Lynch, & Barksdale, 2006; Shore *et al.*,

---

* Hom, P. W., Tsui, A. S., Wu, J. B., Lee, T. W., Zhang, A. Y., Fu, P. P., & Li, L. 2009. Explaining employment relationships with social exchange and job embeddedness. *Journal of Applied Psychology*, 94: 277-297.

① 感谢Terry Mitchell的洞见性评论，Ajith Kumar对多层次分析所给予的指导，以及中华人民共和国香港特别行政区研究资助局所提供的资金支持（项目编号：CUHK4457/ 04H/2004 [Business Studies]）。有关本文的信件请寄给Peter W. Hom, Department of Management, W. P. Carey School of Business, Arizona State University, Main Campus, P.O. Box 874006, Tempe, Arizona 85287-4006. E-mail: peter.hom@asu.edu.

2004）。这些变化对学术界和企业界提出了新的挑战：究竟是什么构成了理想的雇佣系统（如Pfeffer, 2005）。对此，学者和管理者们开始重新考虑员工—组织关系，或称雇员和雇主之间的交换关系（Coyle-Shapiro, Shore, Taylor, & Tetrick, 2004）。这一当务之急激发了大量关于高绩效工作系统（Becker & Huselid, 1998; Data, Guthrie, & Wright, 2005），高承诺人力资源管理（Collins & Smith, 2006; Xiao & Bjorkman, 2006），以及多种员工—雇主关系（Shore & Barksdale, 1998; Tsui *et al*., 1997）的研究。员工—组织关系主要基于Blau（1964）的社会交换理论。这一理论指出员工会用组织对待他们差不多的方式来回报他们的组织。然而，以往的研究对这一基本假设的检验并不充分，直到最近才有部分相关的研究出现。例如，Collins和Smith（2006）以美国公司为样本，发现社会交换的氛围能够中介高承诺人力资源系统和公司绩效的关系。以日本公司为样本，Takeuchi, Lepak, Wang和 Takeuchi（2007）发现加总后的员工对社会交换的感知能够中介高绩效工作系统和公司绩效的关系。尽管有这些研究的存在，我们仍然不能确定社会交换是否足以解释员工—组织关系的长期影响。因此，对这一问题的进一步研究有助于打开员工—组织关系这个领域的神秘黑箱。

本文旨在通过解释和检验员工—组织关系对情感承诺和离职倾向的影响来加深对雇佣关系的理解。具体来说，我们着眼于Tsui等（1997）提出的雇主为了雇佣灵活性的最大化而采取的四种雇佣方式。很多北美（Shaw, Dineen, Fang, & Vellella, in press; Zatzick & Iverson, 2006）和中国（Tsui, Wang, & Zhang, 2002; Wang, Tsui, Zhang, & Ma, 2003）的研究都采用这一模型对员工—组织关系对员工和公司绩效的影响进行探索，但是还没有研究对员工—组织关系的作用机制进行探讨。本文对Tsui等（1997）的模型进行了扩展，我们检验了社会交换和工作嵌入对员工—组织关系影响的中介作用，前者已经被社会交换理论广泛认可，而后者则是以前的研究没有检验过的。此外，我们用中国的经理人作为样本来检验员工—组织关系的中介机制，从而把适用于北美（Collins & Smith, 2006）和日本（Takeuchi *et al*., 2007）的社会交换机制应用于中国。随着经济的变革，中国企业的所有制形式已经由传统的国有企业转化成外资企业和民营企业（Child, 1994; Tsui, Schonhoven, Meyer, Lau, & Milkovich, 2004），这一转变尤其适合员工—组织关系的研究（Tsui *et al*., 2002; Wang *et al*., 2003）。最后，通过探索工作嵌入在中国企业的作用，本文对如何在中国企业保留优秀人才提供了借鉴（Caplan, 2003; Tsui, 2006），对以往西方的离职研究也是有益的补充（Holtom, Mitchell, Lee, & Eberly, 2008）。

1. 雇佣关系的类型如何影响员工的反应

大多数员工—组织关系的学者们认为有两种相互对立的雇佣模式（比如，高承诺与控制型的人力资源系统；Shore *et al.*, 2004; Tsui & Wang, 2002）。在这两种基本模式的基础上，Tsui等（1997）提出了四种员工—组织关系模式。这四种模式是基于雇主对员工的激励以及雇主对员工期望的不同组合得出的。其中有两种是平衡型的员工—组织关系，在这两种模式下，雇主对员工的激励水平和范围与他们对员工的期望的水平和范围是匹配的。当雇主对员工激励的水平和范围比较低同时对他们贡献的期望也比较低的时候，这种雇佣关系被称为准现货契约（比如经纪公司与股票经纪人之间的关系）。这种情况下，公司会要求员工履行预先规定好的职责而不要求他们对公司的成功有很高的承诺，与之相对应的是员工从公司得到很少的福利和职业发展机会。相反，相互投资型的雇佣关系整合了雇主对员工的高（或宽泛）激励和高（或宽泛）期望。这样的公司会期望员工不仅完成好自己的本职工作，还代表团队或者组织去完成一些额外的工作（如西南航空的员工；O' Reilly & Pfeffer, 2000）。为了补偿员工付出的额外努力，他们可以获得物质奖励以及职业发展上的奖励，比如培训和职业提升等（Tsui & Wu, 2005）。

Tsui等（1997）还提出了其他两种不平衡的员工—组织关系，一种是过度投资型的员工—组织关系。它指的是组织为员工提供高水平和宽泛的激励，但并不要求员工对企业有高水平的贡献。这种交换关系对于那些回报比付出要多的员工是有利的，很多层级制的政府机构和垄断性的公司多采用这种雇佣模式。比如，传统的中国国有企业有为员工提供铁饭碗，以及从摇篮到坟墓的福利待遇，但却只要求员工承担少量的工作职责（Tsui *et al.*, 2002）。另外一种不平衡的员工—组织关系是投资不足型的雇佣关系。在这种雇佣关系下，组织为员工提供的激励非常有限，但是却要求员工为组织作出大量的贡献。在经济衰退和高度竞争的市场环境下，这种雇佣关系会被很多企业采用。

Tsui等（1997）的理论模型考虑了雇主对员工的激励，而不是仅仅是雇主对员工贡献的期望，因此不同于其他的员工—组织关系理论。有些员工—组织关系的视角要么强调组织对员工激励的大小或类型（Eisenberger, Jones, Aselage, & Sucharski, 2004; Gutherie, 2001; Whitener, 2001），要么强调雇主是否履行了他们对员工的承诺（Hui, Lee, & Rousseau, 2004）。虽然这些视角也都是以社会交换为前提假设，但是只关注雇主对员工的激励和投入并不能够很好地描绘出二者之间的交换关系，这是因为雇主和员工双方都对他们各自的付出和回报抱有期望（Shore *et al*., 2004）。只有同时关注雇主对员工的付出和对员工贡献的期望才能够更深入地理解不同的员工—组织关系是如何产生影响的。

像大多数研究员工—组织关系的学者一样（Shore *et al*., 2004），Tsui等（1997）强调，社会交换——或者是基于交换双方信誉的互惠关系——能够解释员工—组织关系对员工产生的影响。虽然其他一些研究已经对员工—组织关系产生作用的机理进行了解释（参见Takeuchi *et al*., 2007），还没有学者对雇主对员工的投入而带来的嵌入作用，也就是所谓的"工作嵌入"，进行研究（Mitchell & Lee, 2001）。具体来说，Tsui等（1997）曾经推论，员工—组织关系的模式，比如相互投资型，能够通过让员工掌握公司特有的知识技能来增加他们留在企业中的沉没成本，这种成本能够将他们和公司捆绑在一起（也就是工作嵌入中的"牺牲"维度），从而维持着他们对公司的忠诚度。其他学者也曾指出，对人力资本进行投资的员工—组织关系模式，以及"提升对员工贡献期望"的人力资源管理措施，能够通过提高员工和组织的"匹配"（比如通过严格的甄选和员工培训来实现对员工高绩效的期望）把员工留在企业中（Baron & Kreps, 1999; Gutherie, 2001; Zatzick & Iverson, 2006）。此外，员工—组织关系模式中的内部晋升和工作团队的使用能够把员工和工作中的其他成分联系在一起（也就是工作嵌入中的"联结"的维度）。通过提高"牺牲"，"匹配"和"联结"（Mitchell & Lee, 2001），工作嵌入有可能中介员工—组织关系和员工忠诚度之间的关系，这一中介过程是独立于社会交换的中介机制而存在的。

因此，在本文中我们对Tsui等（1997）的理论框架进行了验证和扩展。具体说来，我们检验了社会交换和工作嵌入作为两个并行的中介机制对相互投资型和过度投资型的员工—组织关系与组织承诺、离职意向的关系的中介作用（见图1上半部分）。这一更为缜密的理论框架阐明了为什么相互投资型和过度投资型的员工—组织关系比准现货契约型和投资不足型的员工—组织关系能带来更好的结果（Shaw *et al*., in press; Tsui *et al*., 1997; Wang *et al*., 2003）。接下来，我们将对中介模型中的具体关系进行阐述。

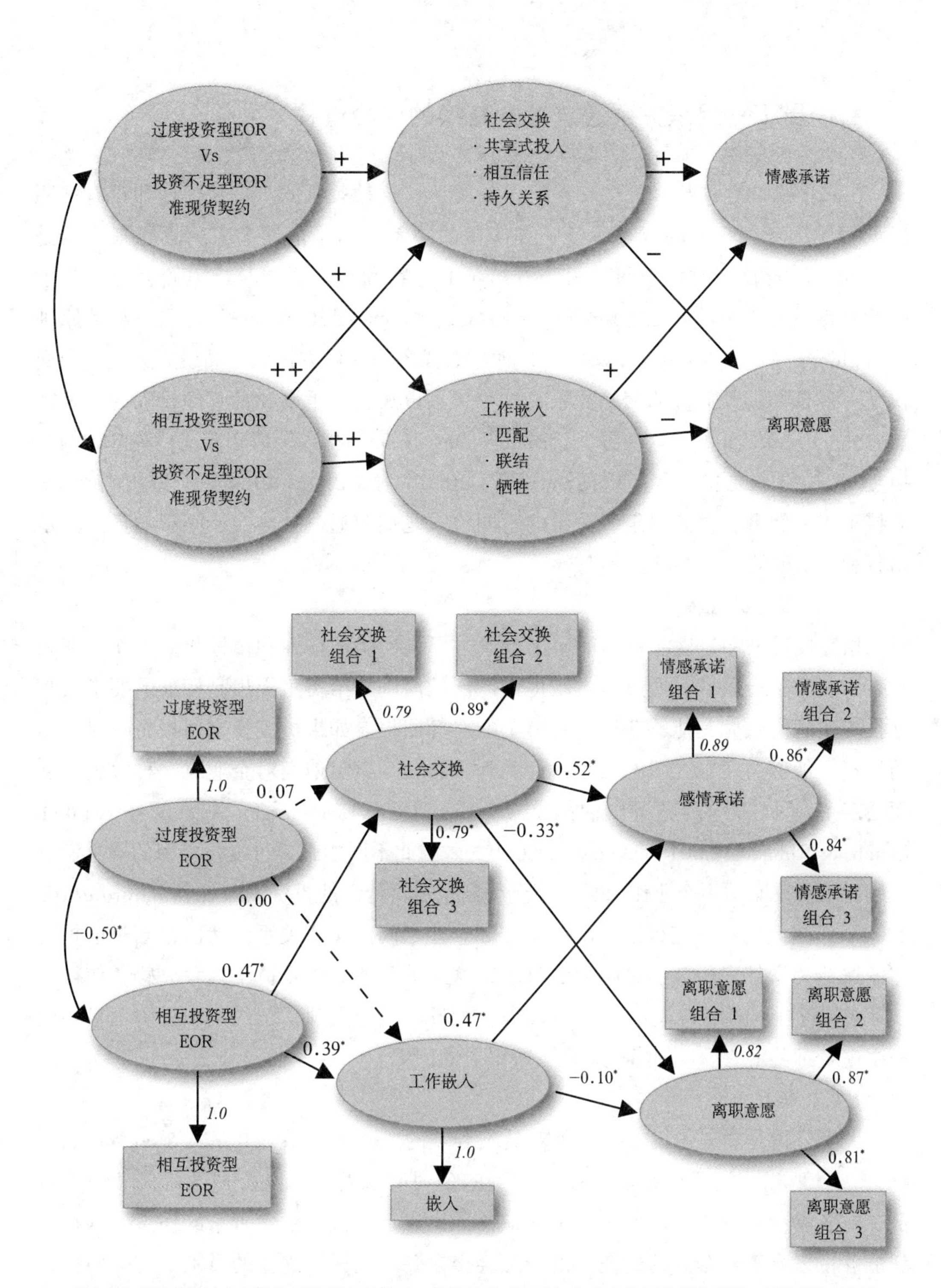

图1：上半部分为社会交换和工作嵌入对员工—组织关系（EOR）的中介作用的理论模型；下半部分为研究1中的中介模型（分析中包括控制变量，但在图中省略了），实线箭头和星号表示统计显著的因子载荷或路径系数（$p<0.05$），虚线箭头表示不显著的路径系数。

1.1. 员工—组织关系通过社会交换的中介过程

Blau（1964）提出，社会交换是一种关系，这种关系的基础是信任和没有被明确说明的义务。交换的双方不是一种谈判的关系，而是依据个人的意愿来决定是否、如何以及什么时候来回馈另一方给予的礼物和帮助。同时，他们会觉得为了持续获得对方带来的好处（Buchan, Croson, & Dawes, 2002）并且遵循互惠的原则（Gouldner, 1960; Wu *et al*., 2006），他们有义务也为对方提供产品或服务。社会交换是一种长期的开放性的交易关系，这种关系以相互的承诺和情感的投入为显著特点（Shore *et al*., 2006）。实际上，Blau（1964, p. 95）指出，以相互支持为基础的交换是双方主要关心的内容。根据Shore等（2006）对于Blau（1964）理论的解读，我们接下来要解释，员工—组织关系的不同模式是如何通过社会交换来影响员工的承诺感和忠诚度的。

1.1.1. 共享式投入

相互投资型和过度投资型的雇主会通过提供广泛的培训和多样化的工作任务来对人力资源进行投资。通过给员工提供广泛的激励并给员工提出高标准的要求，相互投资型的雇主尤其能够获得来自员工的对等回报。如果员工没有回报企业对自己的投资，他们与雇主之间的关系将会受到威胁，会感觉他们对企业有一种亏欠，从而会产生一种违背了互惠原则的负罪感（Blau, 1964; Eisenberger, Armeli, Rexwinkel, Lynch, & Rhoades, 2001; Takahashi, 2000）。与此不同的是，过度投资型的雇主没有明确要求员工必须为企业作出贡献才能得到企业对他们的投资（Coyle-Shapiro *et al*., 2004），因此会在一定程度上削弱员工和企业之间的义务关系。然而，当过度投资型的雇佣关系带来的激励足够大的时候，这一关系能够激发员工的亏欠感，使得员工通过对企业的承诺来对企业进行回报。相反，对于准现货契约型和投资不足型的雇主逃避对员工的投资，降低了员工对企业的回馈。

1.1.2. 信任

因为公司对员工的投入代表了对员工利益的关心（Mayer, Daivs, & Schoorman, 1995），所以相互投资型和过度投资型的公司能激发员工对公司的信任。公司对员工的各种投入意味着他们对员工的信任并愿意承受机会主义带来的伤害，这种信任能够带来员工对企业的信任。由于社会交换并不能保证受益的员工一定会回报企业（或者等价回报）（Blau, 1964; Molm, Takahashi, & Peterson, 2003），所以企业必须信任这些员工会有回报的做法。因为信任会引发信任（McKnight, Cummings, & Chervan, 1998），所以雇主对员工的信任也能强化员工对雇主的信任。正如Buchan

等（2002）强调的，“一旦有了别人对他们的信任，人们会变得更值得信赖”（p. 193）。相反，采用投资不足型或准现货契约型员工—组织关系的企业并不一定要表现出对员工的信任，这是因为即使员工不回报企业，这些企业受到的伤害和风险也相对较少（Mayer *et al*., 1995）。

此外，相互投资型的组织会比过度投资型的组织激发更多的员工信任，这是因为相互投资型的组织能够形成一种更多的“负债阴影”（Sahlins, 1972）并期望得到等价的回报（并不一定以同样的形式，Shore *et al*., 2004）。当组织明确表明它们对员工高回报的期望时，这实际上意味着对员工更多的信任，信任他们能够在未来履行自己的职责。相反，过度投资型的雇主并不要求员工给企业作出太多的贡献，也不太会让员工有一种亏欠企业的感觉。因而，这样的雇主也不需要对员工有太多的信任，因为他们也不指望员工会给企业带来多大的贡献。

1.1.3. 持久的关系

根据社会关系的“进行时”的特点（Blau, 1964; Coyle-Shapiro & Conway, 2004），相互投资型的公司会通过广泛的培训和职业发展机会来体现他们对员工持续参与的重视（Baron & Kreps, 1999; Tsui & Wu, 2005）。这种范围广泛同时具有开放性的做法会鼓励员工在公司工作更长的时间，并加强员工和公司之间的社会联系。Takeuchi等（2007）的研究验证了这一论断。他们发现日本公司的高承诺人力资源管理系统——类似于相互投资的员工—组织关系——使员工感受到更多的与企业之间长期的社会交换关系。过度投资型的雇主不强求员工对组织有长期的依附关系。员工会觉得，相比企业对他们的付出，他们对企业的贡献太微不足道了，因此会觉得企业对自己的好只是暂时性的，而不太可能持久（Tsui *et al*., 1997）。同样，准现货契约型的雇主并不在意员工是否会长期留在企业，因此不会给员工提供长期雇佣的承诺。而在投资不足的员工—组织关系下，员工会觉得企业只是在利用自己，而他们与企业的雇佣关系只不过是暂时性的（Sahlins, 1972; Wu *et al*., 2006）。综上所述，我们提出以下假设：

假设1：相互投资型和过度投资型的员工—组织关系对员工社会交换感知的影响比投资不足型和准现货契约型的员工—组织关系更强。

假设2：相互投资型的员工—组织关系对员工社会交换感知的影响比过度投资型的员工—组织关系更强。

相比其他类型的员工—组织关系，相互投资型和过度投资型的员工—组织关系更能通过注入对员工的信任和增强员工的责任感而激发他们对企业的承诺。因为这两种类型的雇主在员工发展方面投入很多，因此员工也会为企业作出更多的贡献以示回报（Coyle-Shapiro *et al.*, 2004）。在相互投资型和过度投资型的员工—组织关系下，员工会因为享受了企业给他们提供的优厚的福利，而觉得自己有义务为企业做贡献，因而会产生对企业的承诺感和留在企业继续工作的想法。通过这样做，员工一方面可以避免由于没有履行职责而带来的心理不安和耻辱感，另一方面也能保证他们能够持续地获得企业提供的资源（J. Baron & Kreps, 1999; Wu *et al.*, 2006）。Dicks和Ferrin（2001）的研究支持了这一说法，他们发现，值得信任的上司或者公司能够提高员工的努力程度、公民行为和忠诚度。

另外，相互投资和过度投资型的公司为员工提供了很多社会情感奖励，这些奖励在促进社会交换关系形成的同时，也让员工感受到了组织的慷慨。员工们从组织的这些做法中感受到组织对他们的关心，因为强化了员工对组织的情感承诺（Eisenberger *et al.*, 2004; Whitener, 2001）。来自于这些员工—组织关系的社会情感资源也通过满足员工的自尊和情感需求而加强了他们对组织的承诺感。通过这种方式，员工把"组织成员的身份内化到他们的社会身份当中，形成了对组织的强烈情感依附"（Eisenberger *et al.*, 2004, p. 212）。Eisenberger, Huntington, Hutchison和Sowa（1986）的研究发现，那些相信公司对自己有承诺的员工也会对公司产生承诺感。同样，Takeuchi等（2007）发现，社会交换中介了高承诺人力资源系统与组织绩效之间的关系，而Eisenberger等（2001）的研究也表明，当员工感知到公司对员工的利他行为以后，会觉得他有义务去回报组织，进而对公司有更强的情感承诺。以上提到的这些理由和证据产生了如下假设：

假设3：社会交换与组织承诺正相关，而与离职意向负相关。

假设4：社会交换中介了相互投资型和过度投资型的员工—组织关系对员工情感承诺和离职意向的影响。

1.2. 员工—组织关系通过工作嵌入的中介过程

工作嵌入代表了依附和惯性，一个人在工作中嵌入的程度越深，这个人就越不可能离开他的工作（Mitchell & Lee, 2001）。这个概念包含了三个维度：① 联结，与组织或社区中其他人的正式或非正式的联系；② 牺牲，离开工作所带来的物质上的和心理上的损失；③ 匹配，与公司或者外部环境的兼容性。虽然每个维度都有工作中的嵌入和工作外的嵌入，我们在本研究中重点关注工作中的嵌入。这是因为员工—组织关系中的雇佣条款和条件对工作中的嵌入有决定性的影响。另外，社区嵌入对于中国城镇居民来说具有一定的同质性，因为住房、医疗、教育和就业福利等通常都跟所在的居住地紧密相关（Huang, 2004; Li, 2004），尽管目前对于人员在地域间的流动的限制有所放松（Bodeen, 2007）。

我们预期相互投资型的员工—组织关系会对员工产生最强的嵌入作用，而过度投资型的员工—组织关系对员工产生的嵌入作用会比准现货契约型和投资不足型的员工—组织关系更强。相互投资型和过度投资型的员工—组织关系给员工带来了充分多的诱惑，从而他们一旦离职的话会牺牲很多利益。Giosan, Holtom和 Watson（2005）的研究为这一推论提供了证据，他们指出福利越多，员工越容易被嵌在组织中。因为相互投资型的公司会通过创造“有价值的、稀缺的、难以被竞争对手模仿的人力资源”而获取竞争优势（Gutherie, 2001, p. 182），因此相互投资型公司会要求员工掌握一些只对本公司有价值的技能和经验，从而降低了员工被其他公司雇佣的可能性。因此与过度投资型的员工—组织关系对比，相互投资型的组织关系会使员工在离职时牺牲更多的利益（Tsui, Pearce, Porter, & Hite, 1995）。

更进一步来说，相互投资型的公司会通过广泛使用工作团队和让员工承担更多的职责来扩展他们在工作中与其他人的联系。为了在他们所在的团队和组织中工作，员工们需要跟同事互相合作互相帮助，给管理层提建议，并且加入质量改进委员会（Tsui *et al*., 1997）。这些工作的组织形式增加员工与上下级以及平级同事之间的联系。正如Yao, Lee, Mitchell, Burton和Sablynski（2004）提到，“相比独立工作而言，当员工在团队中工作的时候，他们会更容易与他人有更多的联系……因而与其他团队成员之间形成更多的纽带”（p. 174）。这些增加的工作联系也会成为在离职的时候需要牺牲的东西，因为这些相互的联系会形成员工有用的社会资本（一种蕴藏在关系中的资本；Shaw, Duffy, Johnson, & Lockhart, 2005）。相比之下，在过度投资型公司中，员工会承担较少的角色外的工作，因而与他人之间的联系也相对较少。

相互投资型公司对员工绩效有更高的要求，因此会通过吸引、同化和留职的过程来最大化个人与工作的匹配（Schneider, Godstein, & Smith, 1995）。这些公司会有选择地招募愿意在公司工作并且能满足工作要求的员工（比如技能和职业要求之间的匹配；Holtom *et al*., 2006; Takeuchi *et al*., 2007）或者那些看重公司丰厚激励的员工（把个人偏好和可获得的奖励进行匹配；Kristof, 1996）。相互投资型公司也可以通过公司社会化的过程来给新员工灌输公司的价值理念（比如团队工作和公民行为），提升他们的工作技能，从而适应有挑战性的工作环境（Ostroff & Bowen, 2000; Takeuchi *et al*., 2007）。而且，相互投资型的员工—组织关系会迫使那些不能满足工作要求的员工主动离职，而保留住那些能够给公司作出有价值贡献的员工（Schneider *et al*., 1995; Shaw *et al*., in press）。相反，过度投资型的组织成员关系会通过吸引那些对高激励感兴趣的员工而提高个人—奖励匹配。因为这些公司对员工的绩效要求比较低，因此不太关注员工的能力和技术能否满足工作的要求。总而言之，通过同时强调对员工的投资和期望，相互投资型的员工—组织关系能使员工在工作中有更多不舍得放弃的东西，有更多的工作关联，与工作和组织有更好的匹配，因而比过度投资型的员工—组织关系更能够把员工嵌入工作当中。

除此之外，与准现货契约型和投资不足型的员工—组织关系相比，相互投资型的员工—组织关系对员工有大量的投入从而增加了员工离职的成本，同时要求团队工作和部门间合作从而建立了更多的社会联系，因此会对员工的保留起到更强的作用。最后，相比准现货契约型和投资不足型的员工—组织关系，过度投资型的员工—组织关系给员工提供了优厚的待遇，如果他们放弃当前的工作会损失更多的利益。基于以上的逻辑，我们推导出如下的假设：

假设5：相互投资型和过度投资型员工—组织关系比准现货契约型和投资不足型员工—组织关系对工作嵌入的影响更强。

假设6：相互投资型员工—组织关系比过度投资型员工—组织关系对工作嵌入的影响更强。

除了被员工—组织关系影响以外，工作嵌入还将中介员工—组织关系对情感承诺和离职意向的作用。以往的理论和实证研究表明，相互投资型和过度投资型员工—组织关系（前因变量）和工作嵌入（中介变量）都会对承诺和离职意向有影响。Mitchell, Holtom, Lee, Sablynski和Erez（2001）的研究指出员工与组织的匹配“能够反映某些对工作的积极情感”（p. 1106），同时其他一些学者有确凿的证据表明对同事的积极情感能够减少员工的离职（Hom & Griffeth, 1995）。同样，Crossley, Bennett, Jex和Burnfield（2007）发现整体的工作嵌入和组织承诺之间有较强的相关性。此外，员工—组织匹配（Arthur, Bell, Doverspike, & Villadeo, 2006）和员工离职（Hom & Kinicki, 2001）的研究意味着，工作嵌入会通过提高匹配和牺牲来降低离职意愿。以往的研究已经证实了这一解释，解释了工作嵌入与情感承诺和留职意愿有正向相关关系（Crossley *et al*., 2007; Giosan *et al*., 2005; Lee, Mitchell, Sablynski, Burton, & Holtom, 2004; Mitchell *et al*., 2001）。因此，我们假设：

假设7：工作嵌入能够提高情感承诺和降低离职意向。

假设8：工作嵌入能够中介相互投资型和过度投资型员工—组织关系对情感承诺和离职意向的影响。

1.3. 研究概述

我们以中层管理者为样本做了两个研究来检验我们提出的员工—组织关系中介模型。中层管理者指的是把企业目标传递给员工并激励员工追求企业目标的战略执行者（Bowen & Ostroff, 2004）。作为初步的检验，研究1评价了社会交换和工作嵌入如何中介中国管理者的员工—组织关系的感知对情感承诺和离职意愿的影响。研究2选取了来自41家公司的中层管理者，采用跨层次结构方程模型评估了中介变量是如何把公司层面不同类型的员工—组织关系（高层管理者评价的）的影响传递到情感承诺和离职意愿。研究2采用了横截面研究和纵向研究的方法。

2. 研究1

2.1. 研究方法

2.1.1. 参与者和取样过程

我们调查了1128名来自11所中国大学的在职工商管理硕士生。问卷调查的参与是完全自愿的，而且不会影响到他们的成绩。学生们通过匿名的形式把填好的问卷交给授课教师。各个学校的回收率差不多，都超过了90%。删除缺失的数据以后，样本数量是953。表1列出了参与者的人口统计学的信息。

2.1.2. 理论概念的测量

员工—组织关系类型 Tsui等（2002）以中层管理者的员工—组织关系为例，提出并且检验了15条关于员工贡献的项目和14条关于组织激励的项目。Wang等（2003）用这些项目检验了针对中层管理者的员工—组织关系类型如何影响中国公司的绩效。我们进一步修订了Wang等（2003）的量表，通过对中国工商管理硕士学生进行访谈，在激励分量表中新加入了5个项目（共19道）。我们采用k–均值聚类分析对员工—组织关系的维度进行检验，得到的类别与Tsui等（1997）的分类是一致的：相互投资型（$n = 335$），过度投资型（$n = 301$），准现货契约型（$n = 132$）和投资不足型（$n = 185$）。附录A列出了员工—组织关系的所有项目。

因为聚类分析的结果是以实证结果为导向的，所以我们对这一结果进行了重复验证。具体说来，我们将整个样本随机分成了两部分，对每一部分样本分别采用了k–均值聚类分析。然后，我们以子样本2的聚类分析结果为依据，对四种员工—组织关系维度的中心值进行了确定，并以此为标准将子样本1中的个体归入这四类关系中。卡方检验的结果表明，这两种方法对子样本1中个体的归类是一致的。我们对子样本2重复了这一重复验证的过程，得到了类似的结果。我们还对四类员工—组织关系维度的分数进行了方差分析。四类员工—组织关系的均值与Tsui等（1997）提出的四个类型的描述是吻合的。比如说，相互投资型员工—组织关系在对员工贡献的期望和对员工激励这两个维度上的均值要比准现货投资型员工关系的均值要高。

为了比较相互投资型和过度投资型的员工—组织关系和准现货契约型和投资不足型的员工—组织关系，我们生成了一个哑变量来代表相互投资型的员工—组织关系（1代表该类的员工—组织关系，0代表其他的员工—组织关系），另一个哑变量来代表过度投资型的员工—组织关系（1代表该类的员工—组织关系，0代表其他的员工—组织关系）。因为Tsui等（1997）发现准现货契约型和投资不足型的员工—组织关系对结果变量的影响是相似的，所以我们将这两种变量合并在一起。因此，这两个哑变量能够用来区分相互投资型、过度投资型和合并后的第三类的员工—组织关系。

表1　两个样本的人口学特征

人口学特征	研究1均值（标准差）	研究2均值（标准差）
	经理	
样本数	953	526
公司任职年限	6.32(5.38)	10.62(9.47)
下属数量	13.77(32.03)	37.00(101.19)
性别	68.5%(男)	70.1%(男)
年龄（岁）	32.71(6.32)	
26岁以下		7.8%
26-30岁		13.8%
31-35岁		18.7%
36-40岁		23.2%
41-45岁		16.1%
46-50岁		10.1%
56-60岁		7.6%
56-60岁		2.7%
教育程度		
高中	4.3%	18.9%
技工学校	3.8%	8.8%
大专	18.5%	33.5%
学士学位	42.8%	31.0%
硕士学位	29.7%	7.0%
博士学位	0.9%	0.8%

续 表

公司		
样本数		41
公司规模（员工人数）	1,814.74 (13,816.29)	896 (1,399)
公司存续时间（年）	16.47 (18.11)	19.10 (19.40)
企业所有制类型	35.7%	21.9%
国有	10.5%	15.6%
外资	53.8%	62.5%
民营及其他		
制造业	19.7%	30.0%
电信/高科技行业	19.2%	27.5%
服务业	16.8%	5.0%
能源/公用事业	18.0%	10.0%
房地产/建筑业	9.8%	7.5%
其他	13.4%	20.0%

注：在研究1的样本中我们没有要求给出公司的名字，从而我们不知道样本中有多少经理人任职于同一家企业。因此公司信息的样本量和个人信息的样本量是相同的。

社会交换 我们使用了Shore等（2006）中的八个项目来测量员工对于各种社会交换的感知。举例来说，这些项目包括“我和我组织的关系是基于相互信任的”，“我组织在我身上做了很重要的投资”，“我现在所做的工作会有助于我以后在这个组织中的位置”，以及“我会尽力去为组织寻求最大利益，因为我依赖我的组织对我的照顾”。量表的信度是0.88。以往的研究已经验证了这个量表的构念效度（Gakovic & Tetrick, 2003; Rupp & Cropanzano, 2002; Takeuchi *et al.*, 2007）。Wu等（2006）使用来自中国的样本证明了这个量表反映了一个单一的维度，而且这个量表能够区别于其他反映交换的构念。同样，我们使用了Wu等的中国版本的量表，并采用了6等级的李克特量表来减少居中趋势带来的偏差。为了有更多的自由度和避免潜变量可能带来的识别问题，我们基于探索性因子分析的结果把项目进行了组合，作为结构方程模型中的指标。我们按照Mathieu, Hofmann和Farr（1993）的做法，将这些项目按照因子载荷的分布分配到三个子量表中：社会交换组合1、社会交换组合2和社会交换组合3。

工作嵌入 首先，我们采用了Mitchell等（2001）的工作嵌入量表，将他们的项目翻译成中文并回译成英文。我们还用到了Saks和Ashforth（2002）中一些反映匹配的项目，另外还从对中国工商管理硕士生的访谈和开放性问题中提取了一些项目（比如，把关系的损失看成是一种牺牲）。附录B中列出了所有关于工作嵌入的项目。

Mitchell和Lee（2001）把工作嵌入界定成一个构成型构念，也就是说所有反映嵌入的不同要素整合在一起才代表了工作嵌入这个构念。这两位学者指出，对于不同的人而言，不同的因素能够达到同样水平的工作嵌入（比如，有人留在组织是因为社区里的设施，而有人是为了工作中的福利），而不同的因素之间不一定要有正向相关的关系（比如，气候温暖和友好的邻居）。这些让员工留在组织的各种力量实际上是工作嵌入这个构念的“原因”，正如Crossley等（2007：1032）指出的，“婚姻或者拥有房产会使得一个人被嵌入在工作中，而不是这个人先嵌入在这个工作中而后才结婚买房的”。通常的心理测量是不适用于这种构成型构念的（Crossley *et al.*, 2007），但是我们可以通过探索性因子分析并计算出每个维度的内部一致性（Mitchell *et al.*, 2001）。

探索性因子分析的结果表明，匹配、牺牲和联结都只包含了一个因子，匹配（0.89）和牺牲（0.86）的信度系数是达标的，而联结（0.46）的信度系数相对较低，三个维度合并后的信度是0.84。此外，中国工作嵌入量表与情感承诺（0.65, $p< 0.05$）和留职意愿（0.26, $p< 0.05$）都正向相关，与以往的以中国人为样本的研究结果一致（Yao *et al.*, 2004）。我们在潜变量结构模型中使用一个合成的指标来代表工作嵌入（也就是把匹配、联结和牺牲的标准化分数加总在一起），而不是用多个反应型指标来代表这个潜变量（这样做会带来偏差；MacKenzie, Podsakoff, & Jarvis, 2005）。

结果变量 我们使用Chen和Francesco（2003）的中文版的Meyer 和Allen（1997）开发的8个关于情感承诺的题项（信度=0.92）。Wu等（2006）通过验证性因子分析对中国样本进行分析发现这一量表的单维性。我们根据探索性因子分析的结果创造了三个项目组合用于结构方程分析。同样，我们采用了三个反映离职意愿的项目。这三个项目出自Wang, Law和Chen（2002）中的中文版的Bluedorn（1982）量表（比如，“我会经常考虑离开我现在的工作”；信度=0.87）。Wu等（2006）用中国样本验证了这一量表的单维性。

控制变量 来自11所大学的样本在所领导的下属的数量方面基本相似，但是在年龄、公司任职年限、性别和受教育程度方面存在差异。考虑到样本在这些人口学变量上的差异和以往以中国样本进行的离职研究和员工—组织关系研究，我们选取了性别和受教育程度作为控制变量（Griffeth, Hom, & Gaertner, 2000），但是把在公司任职年限作为工作嵌入的一部分（Mitchell *et al.*, 2001）。因为年龄与工龄（r = 0.55, $p < 0.05$）以及工作嵌入有很强的相关关系（Giosan *et al.*, 2005），因此我们没有把年龄当做控制变量。控制年龄和工龄会减少工作嵌入的预测效度。我们同时控制了公司的大小和所有制类型（外资还是本土；Wang *et al.*, 2003）。在潜变量结构方程模型分析中，我们把控制变量当做外生变量，看其对结果变量的影响。

2.1.3. 结构方程模型分析

我们使用EQS6.1软件来对测量模型和结构模型进行检验（Bentler & Wu, 2005），同时我们使用比较拟合指数（CFI）、增量拟合指数（IFI）和近似均方差残差（RMSEA）来衡量模型的拟合程度（Hu & Bentler, 1998）。对于全模型的检验，我们检查了每一个参数的估计值。对于中介作用的检验，我们检查构成中介作用的每一个路径系数的显著性（Kenny, Kashy, & Bolger, 1998）。MacKinnon, Lockwood, Hoffman, West和Sheets（2002）发现，对中介作用的每一个路径的显著性进行检验能够在减少第一类错误和第二类错误方面取得最佳的均衡。

2.2. 研究结果

表2中列出了变量的均值、标准差和相关系数。验证性因子分析的结果表明，六因子的测量模型（社会交换，工作嵌入，相互投资型和过度投资型员工—组织关系，情感承诺，以及离职意愿）跟数据拟合得很好：χ^2（42）= 133.74，$p < 0.05$; CFI = 1.00; IFI = 1.00; RMSEA = 0.045。所有的因子载荷都是显著的，并且数值很大（平均的标准载荷 = 0.84），表明各个变量的聚合效度很好（Anderson & Gerbing, 1988）。我们接着用多种方法检验了变量的区分效度。首先，单因子的测量模型跟数据拟合得很差: CFI = 0.679; IFI = 0.680; RMSEA = 0.202。$\Delta\chi^2$（12）= 2313.63，表明这一模型与六因子的模型在数据拟合上的差距是显著的，变量彼此之间是相互区别的。我们接下来衡量了表3中一些相关度很高的变量之间的区分效度。把社会交换和情感承诺合并在一起的测量模型比六因子的模型对数据的拟合更差，$\Delta\chi^2$（5）= 613.03，$p < 0.05$。同样，把工作嵌入和情感承诺合并在一起的测量模型比六因子的模型对数据的拟合更差，$\Delta\chi^2$（4）= 69.61，$p < 0.05$。最后，把工作嵌入和社会交换合并在一起的测量模型比六因子的模型对数据的拟合更差，$\Delta\chi^2$（4）= 327.25，$p < 0.05$。

中介模型与数据拟合很好，χ^2（88）= 553.07, $p < 0.05$, CFI = 0.999, IFI = 0.999, RMSEA = 0.074。[①]根据参数的估计值（见图1B），社会交换和工作嵌入都与情感承诺有正向关联，而与离职意愿有负向联系。这一发现与假设3和假设7是相对应的。假设1和假设5也得到了支持，相对于投资不足型和准现货契约型的员工—组织关系，相互投资型的员工—组织关系提高了社会交换和工作嵌入。过度投资型的员工—组织关系对社会交换（$\beta = 0.07, p > 0.05$）和工作嵌入（$\beta = 0.01, p > 0.05$）没有影响。为了检验假设2和假设6，我们检验了一个嵌套的结构模型，在这个模型中，

① 尽管中介模型和测量模型均包含相同的6个潜构念，但前者包含一组控制变量，所以两个模型并非嵌套关系。中介模型的卡方可能超过测量模型的，其原因是中介模型是高“限制型”模型（令控制变量与中介变量之间关系为0而不进行估计），但是测量模型是“饱和型”模型，即所有可能的关系都被估计。

表2　变量均值、标准差和变量间相关系数（研究1）

变量	均值	标准差	1	2	3	4	5	6	7	8	9	10	11	12	13	14	15
1. 离职意愿 1	3.28	1.46	–														
2. 离职意愿 2	3.37	1.45	0.72	–													
3. 离职意愿 3	3.21	1.48	0.68	0.71	–												
4. 情感承诺组合 1	3.89	1.04	−0.38	−0.40	−0.34	0.75											
5. 情感承诺组合 2	3.94	1.04	−0.35	−0.36	−0.30	0.78	0.79										
6. 情感承诺组合 3	3.98	1.12	−0.31	−0.31	−0.26	0.78	0.77	0.70									
7. 社会交换组合 1	4.01	0.95	−0.26	−0.24	−0.25	0.53	0.50	0.50	0.76								
8. 社会交换组合 2	3.61	0.98	−0.23	−0.25	−0.23	0.57	0.56	0.55	0.72	0.71							
9. 社会交换组合 3	4.03	1.10	−0.34	−0.32	−0.32	0.57	0.54	0.53	0.61	0.70	0.72						
10.工作嵌入	−0.03	0.60	−0.23	−0.27	−0.23	0.65	0.62	0.58	0.50	0.55	0.50	0.84					
11.外资所有权	1.10	0.31	0.04	0.07	0.02	0.02	0.02	0.03	0.06	0.04	0.00	0.06	–				
12.公司规模	0.00	1.03	−0.04	−0.06	−0.04	0.06	0.02	0.04	−0.01	0.03	0.04	0.07	0.00	–			
13.相互投资型 EOR	0.35	0.48	−0.11	−0.12	−0.12	0.36	0.35	0.32	0.33	0.40	0.34	0.39	0.08	−0.02	–		
14.过度投资型 EOR	0.32	0.47	0.03	0.04	0.06	−0.16	−0.12	−0.13	−0.13	−0.12	−0.19	−0.19	0.04	0.05	−0.50	–	
15.教育程度	4.09	0.90	0.09	0.14	0.06	−0.15	−0.18	−0.12	−0.06	−0.07	−0.11	−0.13	0.14	0.03	−0.06	0.09	–
16.性别	1.36	0.47	−0.02	−0.02	−0.07	0.01	0.03	−0.01	0.02	−0.02	0.02	0.02	0.07	0.02	−0.04	0.02	−0.04

注：（1）样本数N=953。（2）绝对值大于0.06的相关系数在 $p<0.05$ 的水平显著。（3）相互投资型EOR为1表示相互投资型EOR，为0表示其他类型的EOR；过度投资型EOR为1表示过度投资型EOR，为0表示其他类型的EOR；性别为1表示男性，2表示女性；外资所有权为1表示国内企业，2表示外资企业。（4）对角线上为信度系数。（5）公司规模已标准化。

我们设定的过度投资型和相互投资型的员工—组织关系对社会交换的影响是完全一样的。这个模型（表4中的模型2）对数据的拟合比最初允许它们有不同影响的模型要差（$\chi^2(1) = 111.45, p < 0.05$）。同样，当我们设定这两种员工—组织关系对工作嵌入的影响是一样的时候（表4中的模型3），这个模型对数据的拟合也比最初的模型要差。这些模型比较的结果对假设2和6提供了支持。最后，所有员工—组织关系与中介变量，以及中介变量与结果变量之间的路径参数估计值都是显著的，从而对我们的假设4和假设8提供了支持。总的来说，根据联合显著性检验的方法（MacKinnon *et al*., 2002），工作嵌入和社会交换对员工—组织关系的中介作用是显著的。

表3 验证性因子分析：研究1潜变量之间的相关系数

变量	1	2	3	4	5
1. 离职意愿	–				
2. 情感承诺	−0.42*	–			
3. 社会交换	−0.32*	0.73*	–		
4. 工作嵌入	−0.24*	0.71*	0.63*	–	
5. 相互投资型EOR	−0.09*	0.40*	0.44*	0.40*	–
6. 过度投资型EOR	0.05	−0.16*	−0.17*	−0.21*	−0.52*

注：* 表示 $p<0.05$。

表4 研究1中嵌套结构模型的比较

结构模型	χ^2	自由度	χ^2差异	自由度差异
1. 中介模型	560.86*	88		
2. 设定不同EOR对社会交换的影响相同的模型	672.31*	89		
嵌套比较：模型2 vs. 模型1			111.45*	1
3. 设定不同EOR对工作嵌入的影响相同的模型	678.82*	89		
嵌套比较：模型3 vs. 模型1			117.96*	1
4. 设定两个中介变量对情感承诺的影响相同的模型	556.82*	89		
嵌套比较：模型4 vs. 模型1			−4.05	1
5. 设定两个中介变量对离职意愿的影响相同的模型	566.29*	89		
嵌套比较：模型5 vs. 模型1			5.43*	1
6. 设定EOR直接对情感承诺和离职意愿产生影响的模型	557.08*	84		
嵌套比较：模型6 vs. 模型1			3.78	4

注：* 表示 $p <0.05$。

为了确定两个中介变量对结果变量的影响是否是一样的，我们检验了两个结构模型。其中一个模型设定两个中介变量对情感承诺的影响是相等的，而另一个模型假定二者的作用是不同的。表4中的结果表明，将两个中介变量作用等同的模型对数据的拟合和初始模型差距不大；因此两个中介变量在提升情感承诺方面起到的作用是差不多的。然而，当设定社会交换和工作嵌入对离职意愿的影响相等时，模型对数据的拟合是不理想的（见表4），因此这两个中介变量对离职意愿起到的作用是不同的。按照Eisenberger等（2001）的方法，我们检验了相互投资型和过度投资型的员工—组织关系对情感承诺和离职意愿的直接影响。如表4中的模型6所示，新增加的直接作用并没有显著的提高模型的拟合程度。而新增加的路径参数估计值也是不显著的。

因为所有的变量都是员工自评的，因此我们重新估计了一个潜变量结构模型，并在这个模型中加入了一个没有测量的潜在的方法因子（Podsakoff, MacKenzie, Lee, & Podsakoff, 2003）。测量模型把测量的指标都指向这个潜在的方法因子和它们各自所反映的变量。这种方法把观察到的变量变异分成了三个部分：变量本身带来的变异、方法带来的变异和随机误差带来的变异。这个新的模型对数据的拟合很好，χ^2（78）= 235.41, $p < 0.05$, CFI = 1.00, IFI = 1.00, RMSEA = 0.046。然而，结构方程中大部分的参数值都没有太多变化。相互投资型的员工—组织关系与社会交换（$\beta = 0.62$, $p < 0.05$）和工作嵌入（$\beta = 0.55$, $p < 0.05$）都有正向关系。过度投资型的员工—组织关系与社会交换正向相关（$\beta = 0.11$, $p < 0.05$），但是与工作嵌入不显著相关（$\beta = 0.02$, $p > 0.05$）。社会交换与组织承诺正向相关（$\beta = 0.49$, $p < 0.05$）与离职意愿有负向相关（$\beta = -0.24$, $p < 0.05$）；工作嵌入只与情感承诺显著相关（$\beta = 0.32$, $p < 0.05$）。

2.3. 讨论

本研究验证了长期以来的一个研究主题，也就是社会交换是如何中介雇佣关系对员工贡献的影响的（Coyle-Shapiro & Conway, 2004）。我们发现，相互投资型的员工—组织关系改善了社会交换的质量，提高了员工的情感承诺和忠诚度。另外值得注意的是，我们的研究对传统的员工—组织关系研究中把社会交换当做唯一中介途径的观点提出了挑战。我们发现工作嵌入构成了另外一条把员工—组织关系的作用传递给员工的中介途经。虽然这一发现是振奋人心的，但是本研究有很多局限性。首先，我们采用的样本是来自中国的在职工商管理硕士，这一样本可能代表不了全部的中国管理者。此外，所有的变量都是由同一个汇报者提供的，因此共同方法变异有可能对结果产生影响。尽管如此，当我们控制了潜在的方差因子带来的影响以后，中介模型的结果并未发生显著变化。最后，根据Tsui等（1997）的研究，员工—组织关系类型反映的是公司层面或者工作层面的属性（由高层管理者所设计），因此个人的感知有可能不能很好地反映员工—组织关系的类型（Bowen & Ostroff, 2004）。有关整个组织对全体员工所采用的员工—组织关系，个体员工的描述有可能是不准确或者不可信的（尤其是对其他工作群体；Porter, Pearce, Tripoli, & Lewis, 1998）。

3. 研究2

研究2从研究方法上进行了改进，以更好地验证我们提出的关于员工—组织关系的假设。这要求我们从更广泛的行业和工作背景中去选取中层管理者以提高研究结果的适用性。为了减少同源方差带来的影响（Podsakoff *et al*., 2003），我们用高层领导来评价员工—组织关系类型而用中层管理者来评中介变量和结果变量。我们借鉴了战略人力资源管理研究中纵向研究设计的方法（Takeuchi *et al*., 2007; Wright *et al*., 2005），先对员工—组织关系进行了测量，间隔一定时间之后再测量了情感承诺和离职意愿。这种方式能够为员工—组织关系对结果变量的影响提供更有力的证据，并显示出员工—组织关系的持续影响。而横截面研究得出的关于相互投资型员工—组织关系影响的结论（Gutherie, 2001; Huselid, 1995; Takeuchi *et al*., 2007; Tsui *et al*., 1997）有可能会反映逆向的因果关系（Godard & Delaney, 2000; Wright *et al*., 2005）。此外，由于人力资源管理的创新有可能会被内在的劳动关系冲突所破坏（比如，灵活用工带来的经济压力，差异化的薪酬有可能会影响员工士气），因此所谓的高承诺人力资源管理的积极影响有可能是短暂的（Godard & Delaney, 2000）。

以前对员工—组织关系的研究是在个体层面（Hui *et al*., 2004; Tsui *et al*., 1997）或者公司层面（把员工对公司员工—组织关系进行平均；Wang *et al*., 2003），研究2采用了多层次分析的方法对以前的单层次研究进行了扩展。因为来自于同一个公司的个体彼此之间是不独立的，因此会增大分析的自由度（也就是第一类错误），所以个体层面的研究会夸大员工—组织关系的影响。个体层面的研究还错误地假定宏观层面的变量是没有影响的，它们所有的影响都被包含在误差项里（Heck & Thomas, 2000）。相反，当把个体对员工—组织关系的感知加总到公司层面，公司层面的样本量更少，自由度也就更少，因此员工—组织关系的影响就不太容易被发现（第二类错误）。除了放弃有意义的个体层面的数据（Krull & MacKinnon, 2001），公司层面的分析忽略了公司内部可能存在的差异，并且没有考虑公司层面的差异对于个体特征的影响，从而错误地估计了公司间员工—组织关系的影响（Raudenbush & Bryk, 2002）。

为了弥补单一层次研究所带来的缺陷，我们采用了多层次结构方程模型来对数据进行分析，这一方法可以对存在嵌套关系的数据在两个层面同时进行分析（Bauer, 2003）。这一方法在员工层面和公司层面构建了中介过程，修正了嵌套数据存在的相关误差。这一分析能够带来更有效的参数估计和更真实的标准误差（Krull & MacKinnon, 2001）。此外，多层次结构方程模型能够更准确地估计公司间差异对于个体结果的影响是如何通过个体层面的中介变量来传递的。与层级线性模型不同，多层次结构方程模型对随机测量误差进行了控制，这一误差会对中介作用的检验产生影响（Baron & Kenny, 1986）。同时多层次结构方程还能够估计个体层面和加总以后的构念是否是同质的（Chen, Bliese, & Mathieu, 2005）。总体来说，我们的多层次检验把员工—组织关系看成是一个多层次的现象（Shore *et al*., 2004），进而把“多层次分析”的方法引入到员工—组织关系的研究中（Tetrick, 2004, p. 314）。

3.1. 研究方法

3.1.1. 参与者和取样过程

在中国企业家调查系统[①]的帮助下，我们对来自各行业的不同公司进行了抽样以保证个人离职有足够的变异。41家来自北京和南京的公司参与了本次调查，这些公司在公司大小、成立年份、行业、所有制形式，以及所处地域等方面都有所不同。在每一个公司，我们调查了20—30名中层管理者和5—10名高层管理者（中层管理者的领导）。人力资源经理负责将问卷发放给这些管理人员（第一次调查），填写好的问卷直接放在贴好邮票的回邮信封寄还给我们的研究团队。问卷调查的参与是自愿的，我们承诺对被调查者的回答进行保密。最后我们一共回收了171名高层管理者（89%的回收率）和535名中层管理者（69%的回收率）的问卷。删除有缺失的数据之后，我们最终的样本包括526名中层管理者，平均每个公司有12.83名中层管理者，中层管理者的数量在1到49之间。表1（最后一列）对参与调查的个体和公司进行了介绍。

我们在18个月之后对中层管理者进行了第二次问卷调查。第一次参与问卷调查的526名参与者中，有319名来自28个公司的中层管理者完成了调查（60%回收率）。删掉缺失数据之后，最终的样本包括来自27个公司的269名中层管理者（平均

① 中国企业家调查系统成立于1993年，隶属于中华人民共和国国家统计局和国务院发展研究中心。

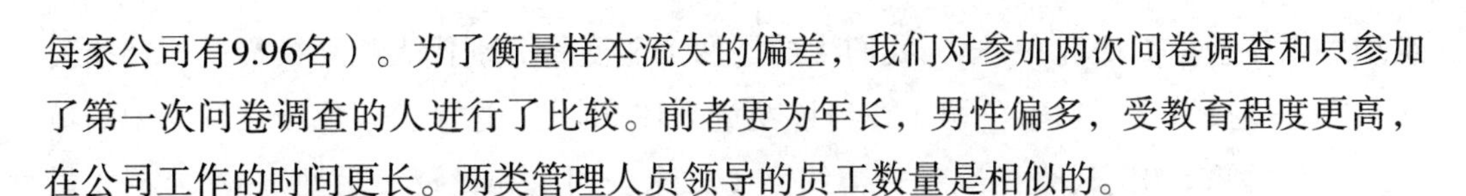

每家公司有9.96名）。为了衡量样本流失的偏差，我们对参加两次问卷调查和只参加了第一次问卷调查的人进行了比较。前者更为年长，男性偏多，受教育程度更高，在公司工作的时间更长。两类管理人员领导的员工数量是相似的。

3.1.2. 理论概念的测量

在第一轮的问卷调查中，我们用研究1中用到的题目让中层管理者描述社会交换（社会交换组合1，社会交换组合2，社会交换组合3；信度 = 0.91），情感承诺（承诺组合1，承诺组合2，承诺组合3；信度=0.91），离职意愿（离职意愿1，离职意愿2，离职意愿3；信度=0.90），以及工作嵌入（工作嵌入；信度 =0.85）。在第二轮的调查中，中层管理者再次汇报了他们的情感承诺和离职意愿。①与研究1相同的是，附表A中列出的探索性因子分析和信度分析的结果表明匹配和牺牲这两个维度的项目比联结这个维度的项目的内部一致性更高。工作嵌入指数与离职意愿负向相关（$r = -0.35, p < 0.05$），这与美国样本得到的结论是一致的（Crossley *et al.*, 2007; Mitchell *et al.*, 2001）。②

每个公司的高层领导负责对员工—组织关系的评价。这些高层领导是公司的主要决策者和员工—组织关系的设计者。按照这些公司的人力资源经理对问卷长度的限制，我们根据研究1的探索性因子分析的结果从激励和贡献两个维度中各自删除了1—4个项目。附表A中列出了我们使用的11道关于贡献的项目和12道关于激励的项目。

在这41个公司里，有36个公司有2个或者2个以上的高层填写了员工—组织关系问卷。我们根据James, Demaree和 Wolf（1993）的方法计算了每个公司高层领导对于这两个维度评分的一致性r_{wg}s（代表的是组内评分者间的一致性）。对于职业管理职责，r_{wg}s的中位数是0.96，对于个人工作道德，r_{wg}s的中位数是0.94，对于以职业发展为主的奖励，r_{wg}s的中位数是0.96，对于物质奖励，r_{wg}s的中位数是0.89（75%的r_{wg}s超过了.70）。此外，这四个维度的ICC（1）分别为0.25, 0.36, 0.25, 0.30（James, 1982；介于0.05到0.50的可接受范围之内）。ICC（1）是组内相关系数，反映的是组内评分者间的一致性（James, 1982）。此外，这四个维度的ICC（2）（评价组内评分者均值信度的组内相关；James, 1982）分别是 0.62, 0.72, 0.67, 0.67，都符合了基本的要求（Klein *et al.*, 2000）。这些结果证明了这四个员工—组织关系的维度可以加总到公司层面。*k*-均值聚类分析的结果产生了Tsui等（1997）提出的四种员工—

① 为了评估结果变量的稳定性，我们计算了变量两时点间的相关系数：情感承诺（$r = 0.26, p < 0.05$）；离职意愿（$r = 0.55, p < 0.05$）。离职意愿的两时点间相关系数小些，表明离职意愿是易变的，而情感承诺是更持续的情感。（译者注：此处原文如此，但可能有误）

② 只有19家公司提供了中层管理者的离职数据。我们怀疑，但不确定，那些离职率高的公司可能不愿意泄漏恐惧公司留人不力的信息。由于不完整的数据和低离职率（3.4%），用离职率进行假设检验可能没有意义。但是，我们分析表明，公司层面的离职率（平方根转换后的值）与相互投资型员工—组织关系（$r = -0.75, p < 0.05$）、工作嵌入均值（$r= -0.45, p < 0.05$）负相关。

组织关系类型。如研究1一样，我们生成了两个哑变量分别代表相互投资型（15家公司）和过度投资型（11家公司）。当该变量为1时则代表这个公司属于这种类型的员工—组织关系，0则代表是准现货契约型（12家公司）和投资不足型（3家公司；最后这两类公司被合并为一类）。

3.1.3. 多层次结构方程模型分析

我们用Bentler和Liang（2002）的EQS6.1软件来估计多层次模型（用极大似然法进行估计）。由于样本大小在不同公司差异很大，这一方法尤其适合估计样本量不相等的模型，因为它并非计算一个平均的样本量*N*来近似代表每一组不同的*N*。公司内部的结构方程界定了中介变量对离职意愿和情感承诺的影响，而公司间的结构模型检验了相互投资型和过度投资型员工—组织关系对个体层面的中介变量的影响。此外，在公司内的模型中，我们控制了中层管理者的性别和学历，在公司间的模型中，我们控制了公司的大小（取自然对数以增加正态分布的趋势）和公司的所有制类型（还包括了加总后的性别和教育程度作为控制变量；Byrne, 2006）。由于我们的假设带有方向性而且公司层面的样本数量相对较少（41家公司，27家用于纵向研究；Heck & Thomas, 2000），我们采用了单尾的显著性水平检验来对公司间模型的结构系数的显著性进行检验。考虑到自由度太少（27家公司），当我们在检查延迟测量的结果变量时，没有考虑控制变量的影响。

3.2. 研究结果

表5中列出了横截面数据中各个变量的均值、标准差和它们之间的相关系数。表6中列出了延迟测量的变量的均值、标准差和相关系数。

我们首先计算所有个体层面变量的组内相关系数（James, 1982; Bliese & Hanges, 2004）以确定是否存在足够的公司间的变异来构建多层次的模型（Bliese, 2000; Heck & Thomas, 2000）。ICC的结果表明公司间的差异解释了11%（离职意愿组合1）到27%（社会交换组合1）的总体变异，这一结果与Takeuchi *et al.*（2007）的结果是相似的。ICC结果验证了使用多层次分析来解释嵌套现象的必要性。正如MacKinon和Lockwood（2003）指出的，“即使组内相关系数很小，也有可能增加第一类错误”（p. 157）。

我们首先通过多层次验证性因子分析来检验所有变量构成的测量模型。多层次验证性因子分析同时在个体层面和公司层面对变量的结构进行了检验。这一模型对数据的拟合比较理想：χ^2（60）= 91.19, CFI = 1.00, IFI = 1.00, RMSEA = 0.030。另外，所有因子的载荷在公司内（均值=0.87）和公司间（均值=0.97）的结构模型中都

表5　研究2横截面数据中变量均值、标准差和变量间相关系数

变量	均值	标准差	1	2	3	4	5	6	7	8	9	10	11	12	13	14	15
1. 离职意愿1	2.02	1.16	0.10														
2. 离职意愿2	1.92	1.10	0.80*	0.07													
3. 离职意愿3	1.96	1.14	0.73*	0.76*	0.07												
4. 情感承诺组合 1	4.86	0.86	−0.48*	−0.49*	−0.52*	0.11											
5. 情感承诺组合2	5.00	0.83	−0.48*	−0.48*	−0.46*	0.73*	0.11										
6. 情感承诺组合 3	5.08	0.84	−0.44*	−0.47*	−0.47*	0.71*	0.81*	0.11									
7. 工作嵌入	0.01	0.59	−0.32*	−0.34*	−0.31*	0.55*	0.51*	0.51*	0.18								
8. 社会交换组合1	4.78	0.93	−0.40*	−0.39*	−0.42*	0.53*	0.49*	0.47*	0.54*	0.16							
9. 社会交换组合2	4.60	1.01	−0.38*	−0.38*	−0.41*	0.58*	0.52*	0.51*	0.56*	0.81*	0.17						
10.社会交换组合3	5.02	0.86	−0.38*	−0.36*	−0.41*	0.55*	0.49*	0.48*	0.46*	0.73*	0.78*	0.10					
11.相互投资型EOR	0.39	0.49	−0.14*	−0.15*	−0.13*	0.28*	0.28*	0.26*	0.34*	0.28*	0.31*	0.21*	–				
12. 过度投资型EOR	0.36	0.48	−0.00	0.04	−0.03	−0.16*	−0.12*	−0.11*	−0.19*	−0.05	−0.09*	−0.06	−0.61*	–			
13. 性别	1.30	0.45	0.02	0.03	0.05	−0.02	−0.01	0.03	−0.08	−0.12*	−0.11*	−0.08	−0.08	−0.03	0.14		
14. 教育程度	3.00	1.18	0.16*	0.18*	0.15*	−0.12*	−0.19*	−0.16*	−0.15*	−0.13*	−0.13*	−0.14*	0.05	−0.11*	−0.09*	0.38	
15. 外资所有权	1.11	0.32	−0.10*	−0.08	−0.07	0.14*	0.18*	0.18*	0.16*	0.09*	0.14*	0.10*	0.26*	−0.27*	0.03	−0.05	–
16. 公司规模	6.45	1.26	−0.11*	−0.07	−0.06	0.14*	0.22*	0.24*	0.19*	0.17*	0.17*	0.11*	0.25*	−0.01	−0.13*	−0.13*	0.17*

注：（1）样本数N=526。（2）*表示 $p < 0.05$。（3）相互投资型EOR为1表示相互投资型EOR，为0表示其他类型的EOR；过度投资型EOR为1表示过度投资型EOR，为0表示其他类型的EOR；性别为1表示男性，2表示女性；外资所有权为1表示国内企业，2表示外资企业。（4）公司规模经过了对数变换。（5）对角线上为组内相关系数（ICC1，评估公司内一致性）。

是显著的。表7中列出了潜变量在两个层次分析中的相关系数。不出我们的预料，公司层面的相关系数比个体层面相应的相关系数要更高，这是由于测量误差对后者的相关系数起到了抑制作用。为了检验变量的区分效度，我们采用多层次验证性因子分析比较了2因子模型和多因子模型（在个体层面和公司层面是同样的结构）与最初的4因子模型的数据拟合程度。正如表8所示，所有的3因子模型对数据的拟合都比4因子模型要差。另外，单因子模型产生的协方差比4因子模型更不准确。总体来说，这些发现支持了变量的区分效度。

表6 研究2中存在滞后因变量测量值时变量均值、标准差和变量间相关系数

变量	均值	标准差	1	2	3	4	5	6	7	8	9	10	11
1.离职意愿1	1.73	1.05	0.11										
2.离职意愿2	1.62	1.02	0.78*	0.14									
3.离职意愿3	1.73	1.01	0.73*	0.78*	0.14								
4.情感承诺组合 1	5.16	0.73	−0.49*	−0.48*	−0.42*	0.23							
5.情感承诺组合2	5.20	0.73	−0.44*	−0.46*	−0.43*	0.76*	0.14						
6.情感承诺组合 3	5.24	0.76	−0.39*	−0.40*	−0.39*	0.70*	0.77*	0.12					
7.工作嵌入	0.08	0.60	−0.30*	−0.32*	−0.27*	0.43*	0.38*	0.29*	0.15				
8.社会交换组合1	4.73	0.97	−0.31*	−0.31*	−0.35*	0.43*	0.42*	0.30*	0.56*	0.27			
9.社会交换组合2	4.64	1.05	−0.23*	−0.27*	−0.31*	0.40*	0.40*	0.31*	0.55*	0.83*	0.21		
10.社会交换组合3	5.02	0.90	−0.24*	−0.25*	−0.30*	0.36*	0.36*	0.30*	0.50*	0.76*	0.82*	0.14	
11.相互投资型EOR	0.54	0.50	−0.23*	−0.26*	−0.28*	0.32*	0.31*	0.27*	0.32*	0.45*	0.40*	0.33*	–
12.过度投资型EOR	0.14	0.35	0.08	0.11	0.07	−0.15*	−0.13*	−0.07	−0.15*	−0.15*	−0.10	−0.11	−0.45*

注：（1）样本数N=269。（2）*表示 $p<0.05$。（3）相互投资型EOR为1表示相互投资型EOR，为0表示其他类型的EOR；过度投资型EOR为1表示过度投资型EOR，为0表示其他类型的EOR。（4）对角线上为组内相关系数（评估公司内一致性的ICC1）。

表7 验证性因子分析：研究2潜变量之间的相关系数

变量	1	2	3	4
1. 离职意愿	–	−0.84*	−0.78*	−0.71*
2. 情感承诺	−0.59*	–	0.91	0.93*
3. 社会交换	−0.45*	0.59*	–	0.87*
4. 工作嵌入	−0.33*	0.52*	0.53*	–

注：（1）样本为526名个人（来自41家公司）；（2）对角线上方为组内相关系数，对角线下方为组间相关系数；（3）*表示 $p<0.05$。

表8 区分效度的多层次验证性因子分析

测量模型	χ^2	自由度	χ^2 差异	自由度差异
1. 四因子模型：区分因子情感承诺、离职意愿、社会交换和工作嵌入	91.19*	60		
2. 三因子模型：情感承诺=离职意愿	622.32*	68		
嵌套比较：模型2 vs. 模型1			531.13*	8
3. 三因子模型：情感承诺=工作嵌入	933.06*	66		
嵌套比较：模型3 vs. 模型1			841.87*	6
4. 三因子模型：情感承诺=社会交换	677.76*	66		
嵌套比较：模型4 vs. 模型1			586.57*	6
5. 三因子模型：离职意愿=工作嵌入	1,133.09*	66		
嵌套比较：模型5 vs. 模型1			1,041.90*	6
6. 三因子模型：离职意愿=社会交换	925.40*	66		
嵌套比较：模型6 vs. 模型1			834.21*	6
7. 三因子模型：工作嵌入=社会交换	929.79*	66		
嵌套比较：模型7 vs. 模型1			838.60*	6
8. 单因子模型	2,614.05*	72		
嵌套比较：模型8 vs. 模型1			2,522.86*	12

注：* 表示 $p<0.05$。

3.2.1 横截面研究的结构模型

在多层次结果模型中，我们检验了个体层面的社会交换和工作嵌入是如何中介公司层面的员工—组织关系对个人结果变量的影响，这一模型对数据的拟合是理想的。χ^2（135）= 269.75, CFI = 1.00, IFI = 1.00, RMSEA = 0.042。测量模型中的所有因子载荷都是显著的。图2中显示的是标准化以后的参数估计值。根据公司间结构模型的系数，相比准现货契约型和投资不足型的员工—组织关系，相互投资型的员工—组织关系提升了社会交换（β = 0.93, p < 0.01）和工作嵌入（β = 0.86, p 0< .01）。这一结论支持了假设1和假设5。投资不足型的员工—组织关系与社会交换有正向关系（β = 0.29, p < 0.01；支持了假设1），但是与工作嵌入没有关系（β = 0.03, p > 0.05；拒绝了假设5）。社会交换与情感承诺有正向关联（β = 0.57, p < 0.01）而与离职意愿有负向关联（β = –0.60, p < 0.01），因此支持了假设3。工作嵌入与情感承诺也存在正向关联（β = 0.42, p < 0.01）但是与离职意愿的负向关系不显著（β = –0.16, p > 0.05），因此假设7得到了部分的支持。总体来看，联合显著测验的结果显示社会交换中介了员工—组织关系对结果变量的影响，但是工作嵌入只中介了社会交换对情感承诺的影响。这一结果完全支持了假设4，但是只部分支持假设8。除了工作嵌入与离职意愿之间的关系是不显著的，研究2的其他结果和研究1的结论是一致的。

为了验证不同员工—组织关系对中介变量的影响是否一样，我们比较了两个结构模型，其中一个模型中设定不同员工—组织关系对中介变量的影响是一样的，而另一个则没有限定这样的关系。表9中显示，相互投资型比投资过度型的员工—组织关系对社会交换和工作嵌入的影响更大，这一结论与假设2和假设6是一致的。同样，嵌套模型的比较检验了中介变量对结果变量的影响是否有不同。表9中显示，社会交换和工作嵌入与离职意愿和情感承诺的关系是相类似的。最后，我们检验了员工—组织关系对情感承诺和离职意愿的直接影响（参见Eisenberger *et al*., 2001）。新增加的直接影响是不显著的，而且没有增加模型的拟合程度。这些结果说明，工作嵌入和社会交换完全中介了相互投资型和过度投资型员工—组织关系对情感承诺和离职意愿的影响。大部分的结果都重复了研究1的发现。不同的是，研究1中发现社会交换比工作嵌入更能降低离职意愿（见表4），而研究2则没有发现这一结果（见表9）。然而，从两个研究的结构系数大小来看，社会交换比工作嵌入更能抑制离职倾向。考虑到研究1的大样本，研究1更有可能发现系数之间的显著不同。

表9　研究院中嵌套横截面结构模型的比较

横截面结构模型	χ^2	自由度	χ^2差异	自由度差异
1．中介模型	269.75*	135		
2．设定不同EOR对社会交换的影响相同的模型	282.63*	136		
嵌套比较：模型2 vs．模型1			12.88*	1
3．设定不同EOR对工作嵌入的影响相同的模型	290.41*	136		
嵌套比较：模型3 vs．模型1			20.66*	1
4．设定两个中介变量对情感承诺的影响相同的模型	269.76*	136		
嵌套比较：模型4 vs．模型1			0.01	1
5．设定两个中介变量对离职意愿的影响相同的模型	269.85*	136		
嵌套比较：模型5 vs．模型1			0.10	1
6．设定EOR直接对情感承诺和离职意愿产生影响的模型	266.48*	131		
嵌套比较：模型6 vs．模型1			3.27	4

注：*表示 $p<0.05$。

3.2.2. 延时结果变量的结构模型

使用延时结果变量的结构模型减少了观测到的协方差，χ^2（79）= 122.42, CFI = 1.00, IFI = 1.00, RMSEA = 0.030。图3中显示了公司内和公司间模型的参数估计值，所有的因子载荷都是显著的。图3还表明相互投资型的员工—组织关系提升了社会交换（$\beta = 0.94, p < 0.01$）和工作嵌入（$\beta = 0.88, p < 0.01$），从而验证了假设1和假设5。过度投资型的员工—组织关系没有提高社会交换和工作嵌入。与假设3相反的是，社会交换对情感承诺（$\beta = -0.04, p > 0.05$）和离职意愿（$\beta = -0.23, p > 0.05$）的作用都不显著。而工作嵌入对情感承诺（$\beta = 0.97, p < 0.01$）和离职意愿（$\beta = -0.71, p < 0.01$）的作用是显著的，从而验证了假设7。与假设8一致，我们发现了工作嵌入与相互投资型员工—组织关系以及结果变量之间的相关关系，从而证明了工作嵌入的中介作用。相反，联合显著性检验并没有支持社会交换的中介作用（拒绝了假设4）。

为了检验不同类型的员工—组织关系的作用是否相同，我们设定相互投资型和过度投资型员工—组织关系对中介变量的影响是相同的。表10中的模型比较显示相互投资型员工—组织关系对中介变量的影响比过度投资型的影响更大（假设2和6得到支持）。另外，根据表10中的结果，工作嵌入比社会交换对情感承诺和离职意愿的影响更大。最后，我们检验部分中介的模型，这个模型考虑了员工—组织关系对结果变量的直接影响。部分中介模型没有进一步提高模型拟合的程度，同时新增加的直接影响也不显著。总而言之，横截面研究重复了研究1中社会交换和工作嵌入对相互投资型员工—组织关系对结果变量的中介作用。但是使用延时结果变量的模型发现，18个月之后，工作嵌入对相互投资型员工—组织关系的中介作用依然存在，而社会交换的中介作用不再显著。

表10　研究2中嵌套纵向结构模型的比较

纵向结构模型	χ^2	自由度	χ^2差异	自由度差异
1．中介模型	122.42*	79		
2．设定不同EOR对社会交换的影响相同的模型	133.96*	80		
嵌套比较：模型2 vs．模型1			11.54*	1
3．设定不同EOR对工作嵌入的影响相同的模型	136.24*	80		
嵌套比较：模型3 vs．模型1			13.82*	1
4．设定两个中介变量对情感承诺的影响相同的模型	130.31	80		
嵌套比较：模型4 vs．模型1			7.89*	1
5．设定两个中介变量对离职意愿的影响相同的模型	126.56*	80		
嵌套比较：模型5 vs．模型1			4.14*	1
6．设定EOR直接对情感承诺和离职意愿产生影响的模型	114.12*	75		
嵌套比较：模型6 vs．模型1			8.30	4

注：* $p<0.05$

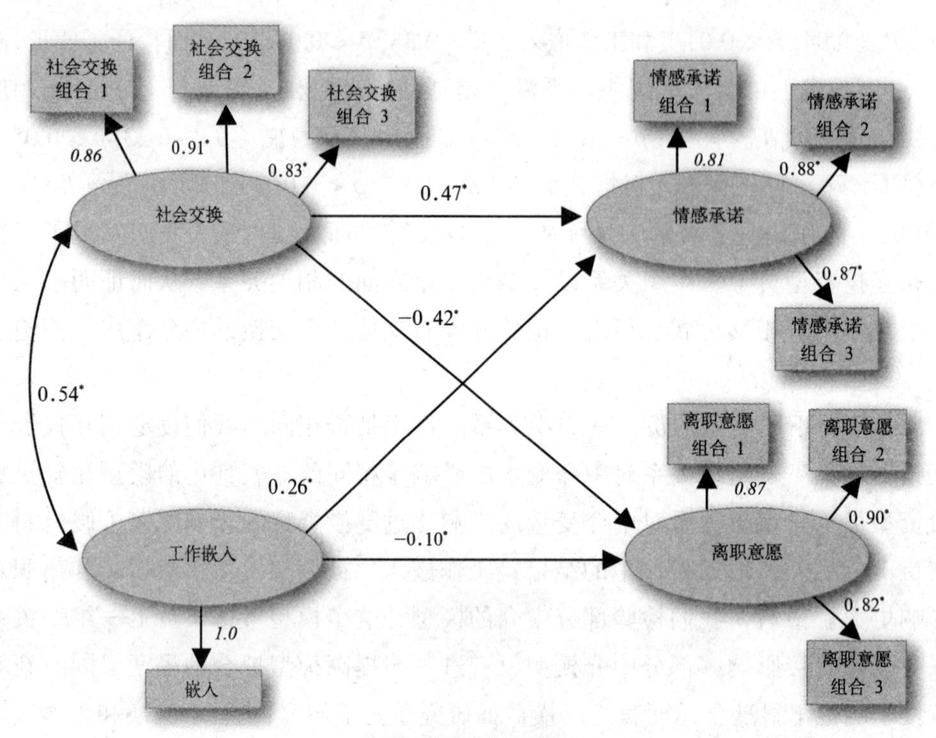

企业内结构方程模型

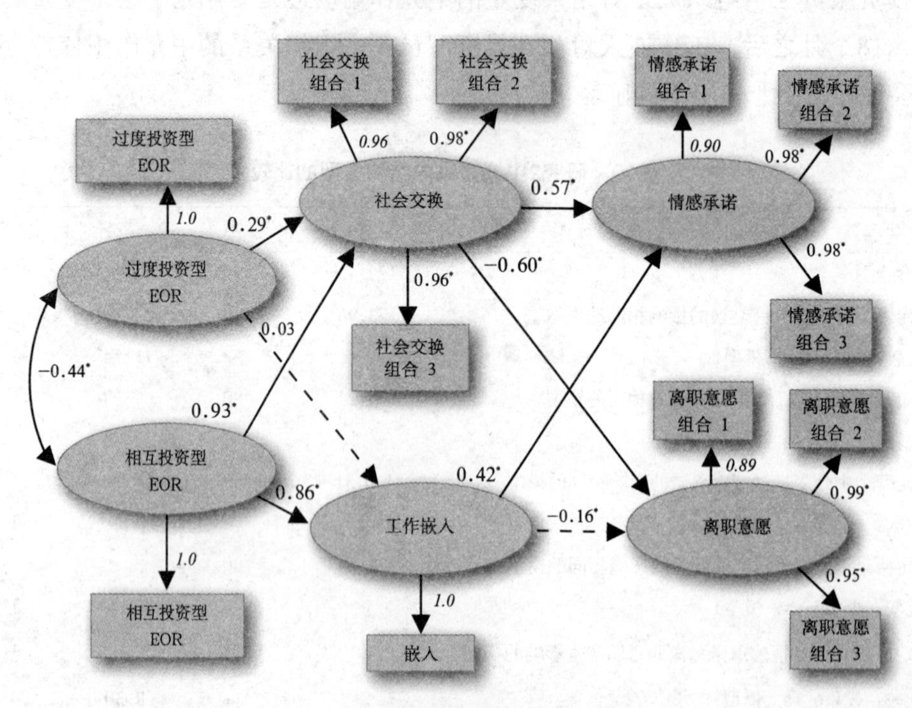

企业间结构方程模型

图2：图中为研究2中社会交换和工作嵌入的中介作用的横截面多层次模型（分析中包括控制变量，但在图中省略了），实线箭头和星号表示统计显著的因子载荷或路径系数（p<0.05），虚线箭头表示不显著的路径系数。

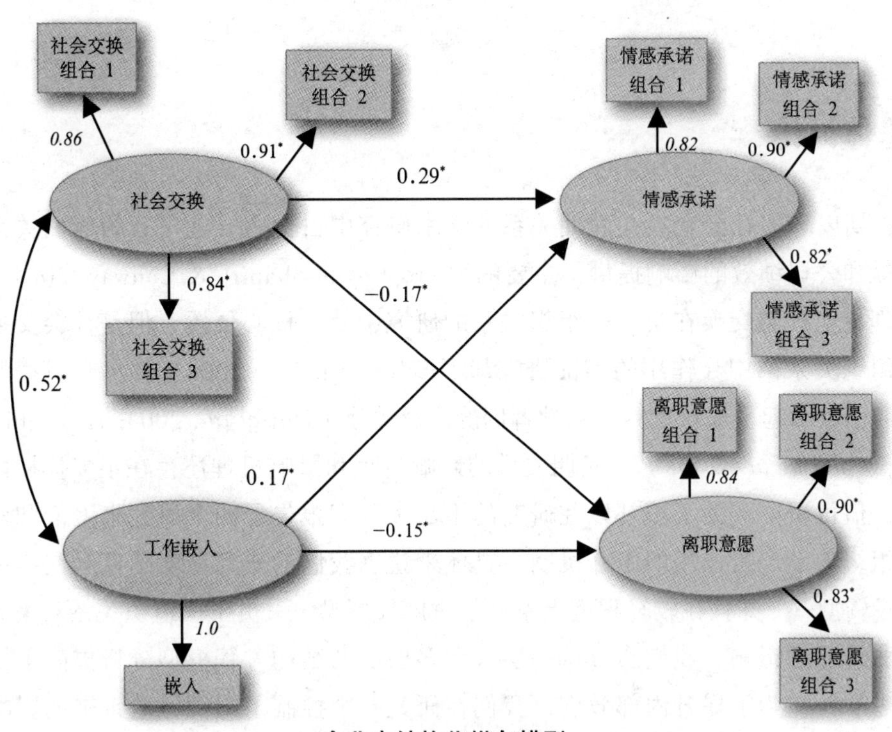

企业内结构化纵向模型

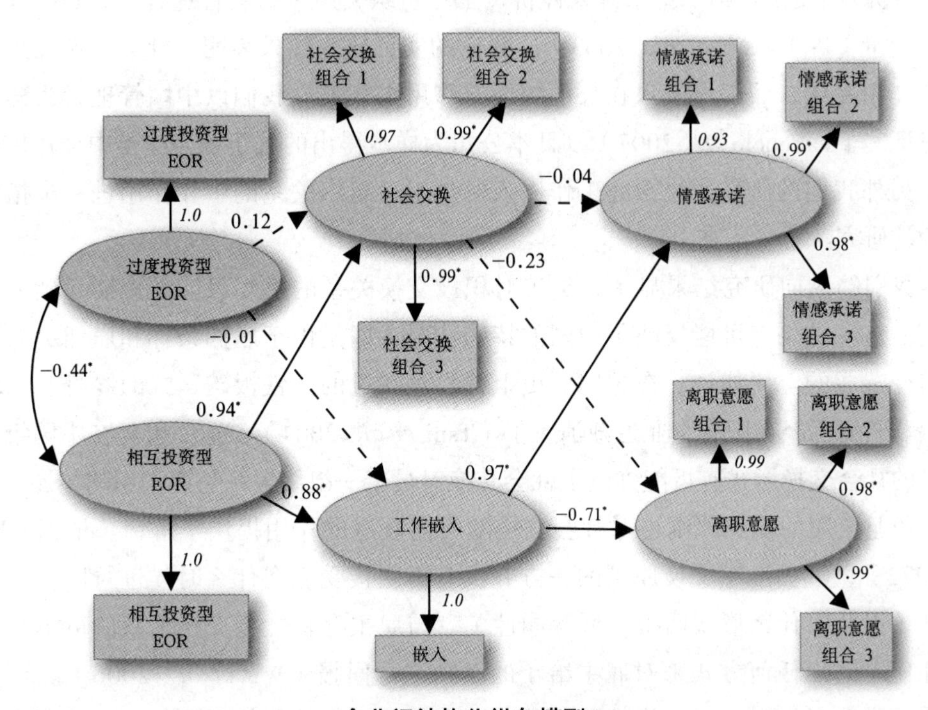

企业间结构化纵向模型

图3：图中为研究2中社会交换和工作嵌入的中介作用的纵向多层次模型（分析中包括控制变量，但在图中省略了），实线箭头和星号表示统计显著的因子载荷或路径系数（p<0.05），虚线箭头表示不显著的路径系数。

4. 总体讨论

长期以来，社会交换在雇佣关系的学术研究中占据主导地位，为雇佣关系对员工贡献和公司绩效的影响提供了主要的解释（Coyle-Shapiro & Conway, 2004）。尽管在理论上社会交换在员工—组织关系的研究中处于核心位置，但是社会交换对员工—组织关系的中介作用的实证研究却不多见（Tetrick, 2004）。尽管对雇佣关系的研究已经引起了来自世界各地学者们的广泛关注（Hui *et al*., 2004; Takeuchi *et al*., 2007; Wang *et al*., 2003），雇佣关系的影响过程和影响机理还存在很多模棱两可的地方，值得研究。为了填补以往研究的不足，我们报告了两个研究来澄清和验证员工—组织关系产生作用的中介机制。具体来说，我们的研究证实了社会交换中介了相互投资型——并且在较轻程度上中介了过度投资型——员工—组织关系对情感承诺和离职意愿的影响。我们通过单一层次和多层次的结构方程模型分析提高了统计结论的可靠性。为了提升内部效度，我们在研究一中控制了同源方差带来的影响，并且在研究2中使用了第二个来源来评价员工—组织关系（高层管理者）和延时收集的结果变量（Podsakoff *et al*., 2003）。我们的实证研究结果表明，社会交换在短期的中介作用更强，而工作嵌入在长期的中介作用更显著。我们以中国管理者为样本的研究证实了Takeuchi等（2007）以日本公司为样本得出的关于社会交换中介作用的结论，另外我们的研究通过探究工作嵌入对员工—组织关系的中介作用进一步拓展了他们的研究。

我们的纵向研究结果显示，员工对积极交换关系的感知只能在短期起到一定的作用。这一结果有可能反映了中国的特殊情况，即是由于雇佣条件和雇佣关系的快速转变造成的。比如说，在中国历史上曾经存在过的“铁饭碗”式的终身雇佣和社会福利制度已经在国有企业逐渐消失了（Tsui *et al*., 2004）。这一曾经在中国组织存在过的社会交换形式有可能抑制了社会交换对员工—组织关系长期作用的传递。

普遍使用的互惠原则也对社会交换随时间衰退的作用提供了解释。根据Sahlins（1972），遵循互惠交换原则的一方并没有声明接受方在什么时候进行回报（低即时性）以及以什么形式回报（低等同性）。与雇主存在社会交换关系的员工有可能在任何时间以任何方式来对雇主给予的激励进行回报（Wu *et al*., 2006）。更多的情感承诺和对组织的忠诚代表了一种回报的形式。而其他的回报形式包括工作绩效和组织公民行为。我们的纵向研究有可能没有完全地描述出互惠的时间和回报的形式，因此有可能让人误解社会交换的作用会随着时间而消失。

本研究发现工作嵌入比社会交换的中介作用更持久，对于这一结果我们同样需要谨慎看待。工作嵌入——由以资历为基础的福利津贴（Mitchell & Lee, 2001）和社会资本（Holtom *et al.*, 2006）带来的——会随着时间而不断积累。考虑到工作嵌入在员工留职方面的作用，它能产生如此持续的影响也不足为奇。另外，中国员工对工作联结的反应如此强烈有可能是由于关系在集体主义社会中作用显著（Tsui & Farh, 1997），而且中国员工更有可能对人产生承诺而不是对组织（Chen, Tsui, & Farh, 2002），这有可能夸大工作嵌入对员工—组织关系的长期中介作用。还有，中国曾经的社会动荡让员工更关注眼前的利益，而使得信任和社会交换起到的作用更为短暂（Zhang, Tsui, Song, Li, & Jia, 2008）。

尽管如此，我们的研究通过发现新的影响因素和结果变量（Giosan *et al.*, 2005）而加深了对工作嵌入的理解（Mitchell & Lee, 2001）。我们认为相互投资型的员工—组织关系能够通过增加社会联结和牺牲来提高员工在工作中嵌入的程度。我们进一步指出，员工可以通过广泛的角色外行为，比如与同事和团队的互动（扩展的联结）以及学习公司特有的技能（增加沉没成本而减少外部流动性），而更加地被困在当前的工作中。除了提高绩效和员工参与以外（Lee *et al.*, 2004），我们发现工作嵌入能够通过提升与匹配和工作联结相关的积极情感而提高工作态度。进而，我们发现加总到公司层面的工作嵌入对平均的离职倾向的影响与个体层面的作用过程是类似的（同质的）。就好比一个非常密集的社会网络（一个集体的特性），工作嵌入程度越高的企业对员工的保留做得越好。虽然我们的研究还有局限（没有研究社区嵌入），但是我们率先将工作嵌入的预测效度扩展到了另外一个文化背景中（Holtom *et al.*, 2008）。

4.1. 研究的局限性和未来的研究方向

像其他研究一样，本研究也存在一定的局限性。首先，研究的结果不一定能够适用于其他文化背景。由于中国人对互惠原则的遵守更严格（和日本一样；Takeuchi *et al.*, 2007），因此我们关于社会交换的中介作用的研究有可能会被过分强调了。相比其他国家的员工，中国员工对于公司给予他们的承诺和投资更为看重（Buchan *et al.*, 2002; Wu *et al.*, 2006）。其次，我们只选取中层管理者作为样本，这会限制研究结论对其他员工群体的适用性。相互投资型的管理政策也会对基层员工产生积极作用（Tsui *et al.*, 1997），但是由于他们拥有的联结、牺牲和得到的报酬比中层管理者少，因此工作嵌入和社会交换起到的中介作用可能会更小。再次，我们发现相互投资型的员工—组织关系能够减少员工的离职意愿，但并不意味着一定能够减少员工的离职。离职意愿只能解释20%的员工离职（Griffeth *et al*., 2000），而很多员工即使有离职的想法也会因为害怕进入一个新的工作场所或者没有自己决定的权利而不能真正离职（Allen, Weeks, & Moffitt, 2005）。未来的研究可以进一步探索相互投资型的员工—组织关系能否有效地减少员工的实际离职，尤其是针对那些高绩效员工（Salamin & Hom, 2005），从而抵消公司为员工支付的高额成本。最后，我们同时测量了中介变量和员工—组织关系。如果理想的话，我们应该在三个不同的时间点来收集自变量、中介变量和因变量，从而能增强结论的因果关系。

未来的研究可以从以下几个方面对我们的研究进行扩展。未来的研究可以用本研究中的中介变量去验证其他的员工—组织关系模型，比如心理契约（Shore *et al*., 2004）、高承诺人力资源管理系统（Collins & Smith, 2006）。学者们还可以针对其他一些员工—组织关系的结果展开研究，比如组织公民行为、临时性的工作退缩行为。实际上，社会交换和工作嵌入的中介作用有可能取决于结果变量的类型。虽然我们的检验表明工作嵌入和社会交换完全中介了员工—组织关系的作用，但这一作用机制未必会中介员工—组织关系对其他结果变量的作用。具体来说，我们建议用其他反映交换关系的构念来检验中介作用的过程，比如Sahlins（1972）提出的互惠的类型和“广泛性交换”（一方的付出不是有接受利益的一方来回报，而是有第三方来回报；Takahashi, 2000）。员工—组织关系的学者们还强调交换双方的“直接互惠关系”（Buchan *et al*., 2002），但是广泛的交换可能会更好地解释雇佣关系，这是因为员工经常是通过间接的方式与集体（比如，团队，工作团队）进行交换，这些集体对某些成员的付出有可能会通过其他的成员来进行回报。

Molm等（2003）发现交换的双方认为社会交换比经济交换更公正，因此组织公平感也是一个值得研究的员工—组织关系的中介变量。Molm等人的发现跟标准公平理论的看法是一致的，这一理论认为程序公平是谈判（经济交换）过程中最重要的，因为它使得人们对结果有更多的控制，能够表达不同的偏好，能够针对不同的内容进行商榷。实际上，Tsui等（1997）发现在相互投资型公司工作的员工比在准现货契约型公司的员工感受到更多的公平感，这是经济交换的一个缩影。进而，我们建议将Tsui等（1997）的框架与人力资源管理系统（Takeuchi *et al*., 2007）整合在一起。前者把企业对员工的投入和企业对员工贡献的期望进行了明确的区分，而后者则将二者结合在一起。不同的人力资源管理措施有可能会组成不同类型的高承诺人力资源管理系统（Shaw *et al*., in press），将员工—组织关系和人力资源管理系统整合在一起有助于阐明不均衡的员工—组织关系所采用的人力资源管理措施。

最后，员工—组织关系学者应该考虑那些对文化背景有特殊含义的中介变量，要么是形式上的，要么是强度上的。在前文中，我们解释了为什么社会交换的中介作用是短期的，而工作嵌入的作用较为持久。前者是个人与他人交换的决策，而后者在一定程度上受制于组织成员所构成的社会网络。因此，对于一个关注人际关系的社会而言，工作嵌入的持续影响是具有特殊性的（Tsui & Farh, 1997）。而在中国，关系纽带产生的制约作用尤为明显，因此以后的研究可以对一些本土化的中介变量进行探究，以进一步增进我们对于雇佣关系研究的认识。

附录A 中国员工—组织关系的项目

管理职责（managerial duties）：

1. 不断改进工作程序与方法
2. 积极采用新方法、新思想来改进工作
3. 主动承担新的或挑战性的工作
4. 不断学习，提高自身的管理知识和管理能力[A1]
5. 尽力帮助下属解决工作中碰到的困难[A1]
6. 给下属提供充分发挥能力的机会
7. 努力促使部门内部员工之间的团结和合作
8. 公平公正地对待每一个下属
9. 主动指导下属以提高他们的知识和工作技能
10. 与上下级进行良好的沟通[A1]

工作道德（work ethics）

1. 工作中任劳任怨
2. 能够为公司的前途和发展作无私奉献
3. 工作认真，很少出错
4. 认真完成上级临时布置的工作任务[A1]
5. 不讲条件地服从并执行公司所作的决定

发展回报（developmental rewards）

1. 重视中层管理人员在职业上的发展
2. 培训中层管理人员未来事业发展上所需的知识和技能
3. 培训中层管理人员目前工作中所需的知识和技能[A1]
4. 公平地对待每一个中层管理人员[A1]

5. 创造条件让中层管理人员充分发挥聪明才智[A1]
6. 认真研究处理中层管理人员提出的工作建议和意见
7. 对中层管理人员充分授权[A1]
8. 鼓励中层管理人员积极参与整个公司的经营决策
9. 重视中层管理人员对有关公司整体的决策的反馈意见
10. 尊重中层管理人员的个人尊严
11. 中层管理人员和上司保持开放的交流

物质回报（managerial rewards）

1. 给中层管理人员提供很好的医疗费报销和保险方法
2. 给中层管理人员提供优厚的住房补贴
3. 想晋升的中层管理人员有多个可晋升的职位
4. 提供有竞争力的工资
5. 提供有竞争力的奖金
6. 提供就业安全或保障[A1]
7. 中层管理人员可以根据自己的意愿在组织中继续工作下去[A1]
8. 如果公司面临经济问题，这个职位的中层管理人员会最晚被裁员

注：A1表示该项目在研究 2 中被删除了。

附录B　中国工作嵌入的项目

与公司的匹配（Fit to organization）[B1]（0.89，0.89）

1. 我喜欢工作部门的同事[B1]（0.79，0.39）
2. 同事们和我志趣相投[B1]（0.50，0.86）
3. 我个人的能力和公司的要求很匹配[B2]（0.41，0.25）
4. 我觉得我很适合在这公司工作[B1]（0.64，0.65）
5. 我适应这个公司的文化[B1]（0.72，0.72）
6. 公司的价值观和我自己的很相似B3（0.73，0.67）
7. 我的性格和公司的个性、形象很匹配[B3]（0.71，0.63）
8. 公司满足我的需求[B3]（0.55，0.53）
9. 我喜欢这家公司赋予我的职权和我所担负的责任[B1]（0.54，0.56）

与公司的连接（Links to organization）（0.46，0.56）

1. 你在这个公司工作至今有多久了？[B1]（0.55，0.63）

2. 你在这个公司担任目前职位至今有多久了？[B1]（0.69，0.56）

3. 你在这个工作部门工作至今有多久了？[B4]（0.40，0.41）

4. 有多少同事在工作中和你紧密相关？[B1]（0.12，0.09）

5. 你是多少个工作团队（如项目小组）的成员？[B1]（0.44，0.80）

6. 你是多少个工作委员会（如领导小组）的委员？[B1]（0.30，0.56）

7. 你和公司高层管理者沟通（如会议讨论，电话，口头，电子邮件等有交互性的沟通）频率如何？[B4]（0.57，0.45）

8. 你和公司的重要客户沟通频率如何？[B4]（0.31，0.20）

9. 你和公司其他部门的中层管理者沟通（如会议讨论，电话，口头，电子邮件等有交互性的沟通）频率如何？[B5]（0.38，0.35）

与公司相关的牺牲（Organization-related Sacrifice）[B6]（0.86，0.88）

1. 固定工资与浮动奖金[B7]（0.65，0.55）

2. 福利（比如医疗福利、退休福利等）[B7]（0.79，0.71）

3. 额外津贴（比如住房津贴，交通补助，出差补助，午餐补助等）[B7]（0.60，0.68）

4. 职位晋升机会[B1]（0.53，0.62）

5. 现在工作自由度[B1]（0.35，0.41）

6. 工作中他人对我的尊敬[B1]（0.57，0.69）

7. 工作中建立的"关系"（比如与领导、与同事、与客户的关系）[B4]（0.49，0.65）

8. 继续在该公司工作的良好前景[B1]（0.56，0.48）

注：（1）括号内前者是研究1的系数α和因子载荷，后者是研究2的系数α和因子载荷。（2）B1表示该项目原为Mitchell等（2001）中的项目，B2表示该项目是Mitchell等（2001）中的项目的修订版。B3表示该项目从Saks和Ashforth（2002）推导而出。B4表示该项目从对中国MBA学生的开放式调查中推导出。B5表示该项目是中国管理学教授建议的。B6重写了介绍："如果我离职了，我可能会牺牲以下项目"。B7表示该项目原为Mitchell等（2001）中的项目，加上了中国情境下的特定例子。

参考文献

Allen, D., Weeks, K., & Moffitt, K. 2005. Turnover intentions and voluntary turnover: The moderating roles of self-monitoring, locus of control, proactive personality, and risk aversion. *Journal of Applied Psychology,* 90, 980–990.

Anderson, J., & Gerbing, D. 1988. Structural equation modeling in practice: A review and recommended two-step approach. *Psychological Bulletin,* 103, 411–423.

Arthur, W., Bell, S., Doverspike, D., & Villado, A. 2006. The use of person–organization fit in employment decision making: An assessment of its criterion-related validity. *Journal of Applied Psychology,* 91,786–801.

Baron, J., & Kreps, D. 1999.Strategic human resources. New York: Wiley.

Baron, R., & Kenny, D. 1986. The moderator–mediator variable distinction in social psychological research: Conceptual, strategic, and statistical considerations. *Journal of Personality and Social Psychology,* 51,1173–1182.

Bauer, D. 2003. Estimating multilevel linear models as structural equation models. *Journal of Educational and Behavioral Statistics,* 28,135–167.

Becker, B. E., & Huselid, M. A. 1998. High performance work systems and firm performance: A synthesis of research and managerial implications. *Research in Personnel and Human Resources Journal,* 16, 53–101.

Bentler, P., & Liang, J. 2002. Two-level mean and covariance structures: Maximum likelihood via an EM algorithm. In S. Reese & N. Duan (Eds.), *Multilevel modeling: Methodological advances, issues, and applications* (pp. 53–70). Hillsdale, NJ: Erlbaum.

Bentler, P., & Wu, E. J.C. 2005. *EQS 6.1 for Windows: User's Guide.* Encino, CA: Multivariate Software.

Blau, P. 1964. *Exchange and power in social life.* New York: Wiley.

Bliese, P., & Hanges, P. J. 2004. Being both too liberal and too conservative: The perils of treating grouped data as though they were independent. *Organizational Research Methods,* 7, 400–417.

Bliese, P. D. 2000. Within-group agreement, non-independence, and reliability. In K. Klein & S. Kozlowski Eds., *Multilevel theory, research, and methods in organizations: Foundations, extensions, and new directions* (pp. 349–381). San Francisco, CA: Jossey-Bass.

Bluedorn, A. 1982. A unified model of turnover from organizations. *Human Relations,* 35, 135–153.

Bodeen, C. 2007, March 3. Asia-Pacific: China's growing urban underclass. *The Advertiser,* p. 69.

Bowen, D., & Ostroff, C. 2004. Understanding HRM–firm performance linkages: The role of the

"strength" of the HRM system. *Academy of Management Review,* 29, 203–221.

Byrne, B. M. 2006. *Structural equation modeling with EQS: Basic concepts, applications, and programming* (2nd ed.). Mahwah, NJ: Erlbaum.

Buchan, N. R., Croson, R. T. A., & Dawes, R. M. 2002. Swift neighbors and persistent strangers: A cross-cultural investigation of trust and reciprocity in social exchange. *American Journal of Sociology,* 108,168–206.

Caplan, J. 2003 November. The battle for talent: Are there really no rules of engagement? *China Staff,* 10, 1–5.

Chen, G., Bliese, P., & Mathieu, J. 2005. Conceptual framework and statistical procedures for delineating and testing multilevel theories of homology. *Organizational Research Methods,* 8, 375–409.

Chen, Z., & Francesco, A. 2003. The relationship between the three components of commitment and employee performance in China. *Journal of Vocational Behavior,* 62, 490–510.

Chen, Z., Tsui, A., & Farh, J.-L. 2002. Loyalty to supervisor vs. organizational commitment: Relationships to employee performance in China. *Journal of Occupational and Organizational Psychology,* 75,339–356.

Child, J. 1994. *Management in China during the age of reform.* Cambridge, England: Cambridge University Press.

Collins, C., & Smith, K. 2006. Knowledge exchange and combination: The role of human resource practices in the performance of high technology firms. *Academy of Management Journal,* 49, 544–560.

Coyle-Shapiro, J., & Conway, N. 2004.The employment relationship through the lens of social exchange. In J. Coyle-Shapiro, L. Shore, M.Taylor, & L. Tetrick (Eds.), *The employment relationship: Examining psychological and contextual perspectives* (pp. 5–28). Oxford, United Kingdom: Oxford University Press.

Coyle-Shapiro, J., Shore, L., Taylor, M., & Tetrick, L. 2004. Commonalities and conflicts between different perspectives of the employment relationship: Toward a unified perspective. In J. Coyle-Shapiro, L. Shore, M. Taylor, & L. Tetrick (Eds.), *The employment relationship: Examining psychological and contextual perspectives* (pp. 119–134). Oxford, United Kingdom: Oxford University Press.

Cropanzano, R., & Mitchell, M. 2005. Social exchange theory: An interdisciplinary review. *Journal of Management,* 31, 874–900.

Crossley, C., Bennett, R., Jex, S., & Burnfield, J. 2007. Development of a global measure of job embeddedness and integration into a traditional model of voluntary turnover. *Journal of Applied Psychology,* 92, 1031–1042.

Datta, D. K., Guthrie, J. P., & Wright, P. M. 2005. HRM and labor productivity: Does industry matter? *Academy of Management Journal,*48, 135–145.

Dirks, K., & Ferrin, D. 2001. The role of trust in organizational settings. *Organizational Science,* 12, 450–467.

Eisenberger, R., Armeli, S., Rexwinkel, B., Lynch, P., & Rhoades, L. 2001. Reciprocation of perceived organizational support. *Journal of Applied Psychology,* 86, 42–51.

Eisenberger, R., Huntington, R. Hutchison, S., & Sowa, D. 1986. Perceived organizational support. *Journal of Applied Psychology,* 71, 500–507.

Eisenberger, R., Jones, J., Aselage, J., &Sucharski, I. 2004. Perceived organizational support. In J. Coyle-Shapiro, L. Shore, M. Taylor, & L. Tetrick (Eds.), *The employment relationship: Examining psychological and contextual perspectives* (pp. 206–225). Oxford, United Kingdom: Oxford University Press.

Etzioni, A. 1975. A comparative analysis of complex organizations: *On power, involvement, and their correlates.* (Rev. and enlarged ed.). New York: Free Press.

Gakovic, A., & Tetrick, L. 2003. Perceived organizational support and work status: A comparison of the employment relationships of part-time and full-time employees attending university classes. *Journal of Organizational Behavior,* 24, 649–666.

Giosan, C., Holtom, B., & Watson, M. 2005. Antecedents of job embeddedness: The role of individual, organizational, and market factors. *Journal of Organizational Psychology,* 5, 31–44.

Godard, J., & Delaney, J. 2000. Reflections on the "high performance" paradigm's implications for industrial relations as a field. *Industrial and Labor Relations Review,* 53, 482–502.

Gouldner, A. 1960. The norm of reciprocity. *American Sociological Review,* 25, 161–178.

Griffeth, R., Hom, P., & Gaertner, S. 2000. A meta-analysis of antecedents and correlates of employee turnover. *Journal of Management,* 26,463–488.

Gutherie, J. P. 2001. High involvement work practices, turnover and productivity: Evidence from New Zealand. *Academy of Management Journal,* 44, 180–190.

Heck, R., & Thomas, H. 2000. *An introduction to multilevel modeling techniques.* Mahwah, NJ: Erlbaum.

Holtom, B., Mitchell, T., & Lee, T. 2006. Increasing human and social capital by applying job embeddedness theory. *Organizational Dynamics,*35, 316–331.

Holtom, B., Mitchell, T., Lee, T., &Eberly, M. 2008. Turnover and retention research: A glance at the past, a closer review of the present, and a venture into the future. *The Academy of Management Annals,* 2,231–274.

Hom, P., & Griffeth, R. W. 1995. *Employee turnover.* Cincinnati, OH: Southwestern.

Hom, P., & Kinicki, A. 2001. Toward a greater understanding of how dissatisfaction drives employee turnover. *Academy of Management Journal,* 44, 975–987.

Hu, L.-T., & Bentler, P. M. 1998. Fit indices in covariance structure modeling: Sensitivity to under parameterized model misspecification. *Psychological Methods,* 3, 424–453.

Huang, Y. 2004. Housing markets, government behaviors, and housing choice: A case study of three cities in China. *Environment and Planning,*36A, 45–68.

Hui, C., Lee, C., & Rousseau, D. 2004. Psychological contract and organizational citizenship

behavior in China: Investigating generalizability and instrumentality. *Journal of Applied Psychology,* 89, 311–321.

Huselid, M. 1995. The impact of human resource management practices on turnover, productivity, and corporate financial performance. *Academy of Management Journal,* 38, 635–672.

James, L. 1982. Aggregation bias in estimates of perceptual agreement. *Journal of Applied Psychology,* 67, 219–229.

James, L., Demaree, R., & Wolf, G. 1993. rwg: An assessment of within-group interrater agreement. *Journal of Applied Psychology,* 78,306–309.

Kenny, D., Kashy, D., & Bolger, N. 1998. Data analysis in social psychology. In D. Gilbert, S. Fiske, &G. Lindzey (Eds.), *The handbook of social psychology* (pp. 233–265). Boston: McGraw- Hill.

Klein, K., Griffin, M., Bliese, P., Hofmann, D., Kozlowski, S., James, L., Dansereau, F., Yammarino, F., Gavin, M., & Bligh, M. 2000. Multilevel analytical techniques: Commonalities, differences, and continuing questions. In K. Klein & S. Kozlowski (Eds.), *Multi-level theory, research and methods in organizations: Foundations, extensions, and new directions* (pp. 513–553). San Francisco, CA: Jossey-Bass.

Kristof, A. 1996. Person–organization fit: An integrative review of its conceptualizations, measurement, and implications. *Personnel Psychology,* 49, 1–49.

Krull, J., & MacKinnon, D. 2001. Multilevel modeling of individual and group level mediated effects. *Multivariate Behavioral Research,* 36,249–277.

Lee, T. W., Mitchell, T. R., Sablynski, C. J., Burton, J. P., & Holtom, B. C. 2004.The effects of job embeddedness on organizational citizenship, job performance, volitional absences and voluntary turnover. *Academy of Management Journal,* 47, 711–722.

Li, S. 2004. Life course and residential mobility in Beijing, China. *Environment and Planning,* 36A, 27–43.

MacKenzie, S. B., Podsakoff, P. M., & Jarvis, C. B. 2005. The problem of measurement model misspecification in behavioral and organizational research and some recommended solutions. *Journal of Applied Psychology,* 90, 710–730.

MacKinnon, D., & Lockwood, C. 2003. Advances in statistical methods for substance abuse prevention research. *Prevention Science,* 4, 155–171.

MacKinnon, D., Lockwood, C., Hoffman, J., West, S., & Sheets, V. 2002. A comparison of methods to test mediation and other intervening variable effects. *Psychological Methods,* 7, 83–104.

Mathieu, J. E., Hofmann, D. A., & Farr, J. L. 1993. Job perception–job satisfaction relations: An empirical comparison of three competing theories. *Organizational Behavior and Human Decision Processes,* 56,370–387.

Mayer, R. C., Davis, J. H., & Schoorman, D. F. 1995.An integration model of organizational trust. *Academy of Management Review,* 20,709–735.

McKnight, D., Cummings, L., & Chervany, N. 1998. Initial trust formation in new organizational relationships. *Academy of Management Review,* 23, 473–490.

Meyer, J., & Allen, N. 1997. *Commitment in the workplace.* Thousand Oaks, CA: Sage.

Mitchell, T., & Lee, T. 2001. The unfolding model of voluntary turnover and job embeddedness: Foundations for a comprehensive theory of attachment. In B. Staw (Ed.), *Research in organizational behavior* (Vol.23, pp. 189–246). Oxford, United Kingdom: Elsevier Science.

Mitchell, T. Holtom, B., Lee, T., Sablynski, C., & Erez, M. 2001. Why people stay: Using job embeddedness to predict voluntary turnover. *Academy of Management Journal,* 44, 1102–1121.

Molm, L., Takahashi, N., & Peterson, G. 2003. In the eye of the beholder: Procedural justice in social exchange. *American Sociological Review,*68, 128–152.

O'Reilly, C., & Pfeffer, J. 2000. *Hidden value.* Boston: Harvard Business School Press.

Ostroff, C., & Bowen, D. 2000. Moving HR to a higher level: HR practices and organizational effectiveness. In K. Klein & S. Kozlowski (Eds.), *Multilevel theory, research, and methods in organizations,* (pp.211–266). San Francisco: Jossey-Bass.

Pfeffer, J. 2005. Producing sustainable competitive advantage through the effective management of people. *Academy of Management Executive,*19, 95–108.

Podsakoff, P., MacKenzie, S., Lee, J.-Y., & Podsakoff, N. 2003. Common method biases in behavioral research: A critical review of the literature and recommended remedies. *Journal of Applied Psychology,* 88, 879–903.

Porter, L., Pearce, J., Tripoli, A., & Lewis, K. 1998. Differential perceptions of employers' inducements: Implications for psychological contracts. *Journal of Applied Psychology,* 19, 769–782.

Raudenbush, S. W. Bryk, A. S. 2002. *Hierarchical linear models: applications and data analysis methods.*（2nd ed.）. Newbury Park, CA: Sage.

Rupp, D., & Cropanzano, R. 2002. The mediating effects of social exchange relationship in predicting workplace outcomes from multifoci organizational justice. *Organizational Behavior and Human Decision Processes,* 89, 925–947.

Sahlins, M. 1972. Stone age economics. New York: Aldine de Gruyter. Saks, A., & Ashforth, B. 2002. Is job search related to employment quality? It all depends on the fit. *Journal of Applied Psychology,* 87,646–654.

Salamin, A., & Hom, P. 2005. In search of the elusive U-shaped performance–turnover relationship: Are high performing Swiss bankers more liable to quit? *Journal of Applied Psychology,* 90, 1204–1216.

Schneider, B., Goldstein, H. W., & Smith, D. B. 1995. The ASA framework: An update. *Personnel Psychology,* 48, 747–779.

Shaw, J., Dineen, B., Fang, R., & Vellella, R. (in press). Exchange relationships, HRM practices, and quit rates of good and poor performers. *Academy of Management Journal.*

Shaw, J., Duffy, M., Johnson, J., & Lockhart, D. 2005.Turnover, social capital losses, and performance. *Academy of Management Journal,* 48,594–606.

Shore, L., & Barksdale, K. 1998. Examining degree of balance and level of obligation in the employment relationship: A social exchange approach. *Journal of Organizational Behavior,* 19, 731–744.

Shore, L. Tetrick, L., Lynch, P., & Barksdale, K. 2006. Social and economic exchanges: Construct development and validation. *Journal of Applied Social Psychology,* 36, 837–867.

Shore, L., Tetrick, L., Taylor, S., Coyle-Shapiro, J., Liden, R., McLeanParks, J., Morrison, E., Porter, L., Robinson, S., Roehling, M., Rousseau,D., Schalk, R. Tsui, A., & Van Dyne, L. 2004. The employment relationship. In J. Martocchio (Ed.), *Research in personnel and human resources management* (Vol. 23, pp. 291–370). Greenwich, CT: JAI Press.

Takahashi, N. 2000. The emergence of generalized exchange. *American Journal of Sociology,* 105, 1105–1134.

Takeuchi, R., Lepak, D., Wang, H., & Takeuchi, K. 2007. An empirical examination of the mechanisms mediating between high-performance work systems and the performance of Japanese organizations. *Journal of Applied Psychology,* 92, 1069–1083.

Tetrick, L. 2004. Understanding the employment relationship: Implications for measurement and research design. In J. Coyle-Shapiro, L. Shore, M. S. Taylor, & L. Tetrick (Eds.), *The employment relationship: Examining psychological and contextual perspectives* (pp. 312–331). Oxford, United Kingdom: Oxford University Press.

Tsui, A. S. 2006. Contextualization in Chinese management research. *Management and Organization Review,* 2, 1–13.

Tsui, A. S., & Farh, L. J. 1997. Where guanxi matters: Relational demography and guanxi in the Chinese context. *Work and Occupations,*24, 56–79.

Tsui, A., Pearce, J., Porter, L., & Hite, J. 1995. Choice of employee–organization relationship: Influence of external and internal organizational factors. In G. Ferris (Ed.), *Research in Personnel and Human Resources Management* (pp. 117–151). Greenwich, CT: JAI Press.

Tsui, A., Pearce, J., Porter, L., & Tripoli, A. 1997. Alternative approaches to the employee–organization relationship: Does investment in employees pay off? *Academy of Management Journal,* 40, 1089–1121.

Tsui, A., Schoonhoven, C., Meyer, M., Lau, C., & Milkovich, G. (2004). Examining organizations and management in periods of societal transformation: The People' s Republic of China. *Organization Science,* 15,133–144.

Tsui, A., & Wang, D. 2002. Employment relationships from the employer's perspective: Current research and future directions. In C. Cooper &I. Robertson (Eds.), *International review of industrial and organizational psychology* (pp. 77–114). Chichester, United Kingdom: Wiley.

Tsui, A., Wang, D., & Zhang, Y. 2002. Employment relationships with Chinese managers: Exploring differences between state-owned and non state-owned firms. In A. Tsui & C. Lau (Eds.), *The management of enterprises in the People's Republic of China* (pp. 347–374). Boston: Kluwer Academic.

Tsui, A., & Wu, J. 2005. The "new employment relationship" versus the "mutual investment" approach: Implications for human resource management. *Human Resource Management Journal,* 44, 115–121.

Wang, D., Tsui, A., Zhang, Y., & Ma, L. 2003. Employment relationships and firm performance: Evidence from an emerging economy. *Journal of Organizational Behavior,* 24, 511–535.

Wang, H., Law, K., & Chen, G. 2002, April. *A structural equation model of the effects of multidimensional leader–member exchange on task and contextual performance.* Presented at the annual meeting of the Society of Industrial and Organizational Psychology, Toronto, Canada.

Whitener, E. 2001. Do "high commitment" human resource practices affect employee commitment? A cross-level analysis using hierarchical linear modeling. *Journal of Management,* 27, 515–535.

Wright, P., Gardner, T., Moynihan, L., &Allen, M. 2005. The relationship between HR practices and firm performance: Examining causal order. *Personnel Psychology,* 58, 409–446.

Wu, J., Hom, P., Tetrick, L., Shore, L., Jia, L., Li, C., & Song, J. 2006.The norm of reciprocity: Scale development and validation in the Chinese context. *Management and Organization Review,* 2, 377–402.

Xiao, Z., & Bjorkman, I. 2006. High commitment work systems in Chinese organizations: A preliminary measure. *Management and Organization Review,* 2, 403–422.

Yao, X., Lee, T., Mitchell, T., Burton, J., & Sablynski, C. 2004. Jobembeddedness: Current research and future directions. In R. Griffeth & P. Hom (Eds.), *Innovative theory and empirical research on employee turnover* (pp. 153–187). Greenwich, CT: Information Age.

Zatzick, C., & Iverson, R. 2006. High-involvement management and workforce reduction: Competitive advantage or disadvantage? *Academy of Management Journal,* 49, 999–1015.

Zhang, Y., Tsui, A. S., Song, J. W., Li, C. P., & Jia, L. D. 2008. How do I trust thee? The employee–organization relationship, supervisory support and middle managers' trust in the organization. *Human Resource Management,* 47, 113–134.

第七章

2002年至今：总经理领导行为与组织文化

导　读

打开CEO领导行为与组织文化之间关系的黑匣子

为谁敲开幸福之门：

首席执行官（CEO）的变革型领导行为与价值观

导 读

一、研究起源

我是2000年初在香港科技大学开始这个主题研究的。在此之前我的兴趣一直是中层经理。当开始做中国企业雇佣关系这个主题时，我注意到中国企业所有制有三种类型：国有企业、外资企业和民营企业。三者都发展得如火如荼，我开始感悟到，在中国文化背景之下，企业领导至关重要。当时我同时进行三个研究项目：其一是中层经理的雇佣关系，其二是企业文化，其三就是企业领导与企业文化的关系。王端旭的博士论文以及我的其他论文都是围绕第一个研究主题的。企业文化的研究源于那时香港政府邀请我去给香港中小学校长做培训。当时中小学制度也面临改革，这让我对中小学的文化非常关注。我做了两三年的培训工作，就觉得也可以到企业做一些企业文化方面的研究。我收集了香港所有中小学的数据，并和宋继文合写了一篇文章。文章写完之后，我开始了解企业文化的文献，对企业文化的测量也有了深入认识，于是就开始计划中国企业文化的研究。

二、中国企业文化的研究

中国的企业有多种所有制类型。我设想不同所有制企业的企业文化应该有很多不一样的地方。到底是哪些方面不一样？所有制类型与不同文化价值观有关系吗？企业文化对员工的绩效有什么影响？为探究这些问题，我和王辉、王端旭、忻榕（她是我以前在加州大学的博士生，当时在科大做老师）组成一个研究团队，开始研究企业文化的问题。在研究的时候我们写了几篇文章。第一篇是忻榕主笔的，初步探讨国有企业中企业文化的情况，后来被收录进《中国企业管理的前沿研究》（*The Management of Enterprises in the People's Republic of China*，Tsui & Lau, 2002）一书了。对国有企业有了初步了解后，觉得很有意思，于是我们就开始研究民营企业和外资企业。那时忻榕已经去上海的中欧国际工商管理学院做老师，教MBA、EMBA课程。她可以在上课的时候很方便地收集资料。经过她的努力，我们收集了大量数据。我们写了一篇题为“中国的企业文化：文化维度和文化类型分析”（Organizational culture in the PRC: An analysis of culture dimensions and culture types, MOR, 2006）的文章。这篇文章探讨了中国企业文化的定义和维度与国外的企业文化是否一致，以及三种不同类型所有制企业的企业文化是否有不同之处。

这个研究是建立在Schein于《组织文化与领导力》（*Organizational Culture and Leadership*, 1992）一书中提出的的企业文化理论的基础之上的。他认为，文化的主要作用是外部适应并内部整合（external adaptation and internal integration）。我们进一步推断，企业文化的价值观在外部适应方面可以表现为创新、顾客第一、保护环境及适应改变等；在内部整合方面表现为员工之间、团队之间、部门之间互相的沟通和合作，具体可以包括员工发展、员工保护、团队合作、绩效考评和规章制度等。在这个理论框架之下，我们发展了一系列企业文化的维度，发现中国的三种类型企业既有相同之处，也有不同的地方，据此我们对企业文化进行了归类。完成这项研究过程相当复杂，这是一项重要的基础性研究。我们觉得对中国企业文化方面的研究作出了一些贡献。

三、企业领导与企业文化

既然讲到企业文化，很重要的一个问题就是企业文化是怎么来的？公司的高层经理，特别是总经理对企业文化会不会有影响？在什么情况下才会有影响？因此我开始注意到企业总裁与企业文化结合的问题。在做这个研究之前，王辉的毕业论文主题是总经理的领导风格与中层经理的组织承诺、工作绩效之间的关系。在指导论文的过程中，我发现领导风格的测量以及领导风格的维度很有趣。于是整合了另外一个研究团队，包括富萍萍、王辉、忻榕和张丽华老师。我们一起来探讨，中国企业总经理有哪些领导行为？可以归纳为哪些领导风格？这篇文章发表在《组织动态》（*Organization Dynamics*, 2006）上。

我们发现，中国企业总经理的领导风格主要有六个维度：描绘愿景（articulating vision），监督企业运营（monitoring operation），创新冒险（being creative and risk-taking），仁慈关怀（showing benevolence），亲近交流（relating and communicating），专制权威（being authoritative）。围绕这六个维度，通过大样本数据，我们发现四种领导风格。有些领导，除了不专制以外，在其他维度上都在积极努力，所以下属对他评价分数都是极高的。我们称之为高级领导（advanced leader），表示他对什么都关注到了。第二种领导风格是六个维度分数都很低，也就是说领导行为不是很显著，好像根本不是一个领导，他在队伍后面，前面看不到他。我们称之为“隐性领导”（invisible leadership）。第三类领导风格是比较专制的，即在专制维度上得分比较高。第四类领导就是在六个维度上得分都处于中等程度，我们称之为“中级领导”（progressing leader），与高级领导区别的是，他在五个方面都欠成熟。得到四种类型的领导方式后，我们用定性和定量的数据去表明不同的领导方式与企业绩效的关系。结果表明，高级领导的企业绩效是比较高的，专制型领导的企业绩效比较差。这篇文章不仅界定了中国企业领导的领导行为和风格，而且发展了测量量表。

同时，在该量表基础上，王辉顺利地完成了他的博士论文，并最终发表在《领导力季刊》（*Leadership Quarterly*）上（Wang, Tsui, & Xin, 2011）。

至此，我们有了企业文化的量表和高层经理领导行为的量表，基础工作就打好了。下一步我们就把企业领导和企业文化结合起来探讨。我和王辉、忻榕，以及我在北大的一个同事张志学一起进行这项研究。有一个很基础的问题，在文献中一直没有得到很好地回答：企业的总经理与企业文化之间是怎样的关系？已有文献有几个观点。根据Schein的理论框架，第一种观点认为，企业领导特别是创立者对企业文化有最基本的影响。在他们看来，企业文化就是创立者创造出来的，他的价值观，他对企业的看法，以及他的管理理念影响到一个企业的价值观与运营的各种系统。我们称这种观点为功能主义（functionalist），它认为领导的作用就是创造一个企业文化，领导行为与企业文化有很密切的关系。第二种观点是象征性功能论（symbolic functionalism），认为人们往往根据结果归因，事后诸葛亮。人们倾向于将企业的成功归因于其他因素上，而将失败归因于领导。所以根据归因理论，企业领导与企业文化的关系就没有功能主义观点这么强了。第三种观点认为企业文化有结构惰性（*structural inertia*），一个企业的企业文化是经过多年发展而来的，如果不是创立者的话，企业的领导是很难改变企业文化的。所以从制度稳定性、制度惰性理论框架来说，领导与企业文化的关系应该很弱甚至不存在。

基于这些观点，我们探讨到底在什么情况下，领导与企业文化之间的关系很强，什么情况下很弱？我们把文化分为强弱两类。强文化是指员工评价公司在注重创新、顾客导向、社会关系、社会责任、员工发展等方面打分都高，即公司在这些方面都注重。反之，分数都低就是弱文化。对于领导也是如此。在评价领导所有的行为维度上，员工打分都高，就叫强领导，反之就是弱领导。这样就有如下组合：领导与企业文化都强，两者都弱，以及一强一弱。我们进一步假设，国有企业和外资企业两方面都强的结合比民营企业少。因为民营企业的领导大部分都是创业者，他们可以直接影响企业；而国有企业和外资企业历史很长，企业的文化受很多外部因素的影响，企业领导本身能够影响企业文化的机会很少。我们做了一系列的假设，通过问卷调查收集数据，验证这些假设。

进一步地，在四种不同组合，每一组合分别取样两个企业，共八个企业。我们进行定性访谈研究。我们访谈每家公司的经理和员工，了解公司领导行为和企业文化的情况，以及领导对企业文化产生了哪些作用。访问之后，我们采取编码的方法把数据编码出来，再根据编码数据构建模型。这个模型说明企业里面有两种领导，一种领导关心企业长期的发展，另一种是关心企业短期的绩效。前者领导非常注重企业文化，包括外部适应和内部整合。而后者领导把精力都放在业绩上面，企业短期的业绩可能会很好，但长期的业绩却被忽略。模型出来后，文章呼之欲出。这篇文章历时四五年。完成后，我们认为很适合《领导力季刊》。投出去后，编辑和审稿人都非常喜欢这篇文章，第一轮就决定有条件接收（conditional acceptance, 修改一遍就可以发表了）。这也是我所有研究中唯一一篇在第一轮投稿就被有条件接收的文章。

这篇文章解释了领导在什么情况下影响企业文化，在领导与企业文化领域做出了一定的贡献。同时，这篇文章也整合了前面有关企业文化和领导行为的各自独立性研究，并提出一个研究的框架。这个研究框架还有待更多的实证研究去检验。

四、领导个人特征对企业的影响

2004年，我和富萍萍等合作的一篇关于企业领导行为的研究发表在《组织动态》（*Organization Dynamics*）上。之后她就邀请我合作一项有关领导价值观的研究。那时我对总经理特征的研究兴趣盎然，所以非常乐意和她一起撰写计划书，申请基金资助。她写完企业领导的价值观部分之后，我们一起分析这些价值观会产生什么样的影响，包括对人力资源制度、企业文化、企业绩效、员工的满意度及工作表现等的影响。我们特别关注对中层经理的绩效、满意度和组织承诺等的影响。这项申请成功地得到了香港的基金会资助，起讫时间是2004—2006年。

我们邀请了国务院发展研究中心下属的企业家调查系统的李兰老师参加研究。总经理性格和价值观方面的调查难度相当大，李兰老师和许多企业家的关系很好，可以帮助我们。她很乐意加入我们的研究团队。这个项目既有定量研究，也有一部分定性研究。我们访谈了每一位总经理，了解其人生价值观。从2004年到2005年一直在收集数据，大部分的数据是企业家调查系统帮助我们收集的。李兰老师联系了几十位企业家，最后有26位企业家参加了调研。另外的二十多个企业和企业家的调研是清华大学一位老师和南京大学一位老师帮忙完成的。一共有49位企业家和他们的企业参与了这项研究。具体的研究方法是，通过邮件和电话联络，并征得企业家同意后，富萍萍、宋继文二位研究者和企业家调查系统的一位同事一起去企业，访谈企业总经理；并在访谈当天和人力资源总监商量数据收集的方法。在得到公司高管和中层经理的名单后，我们准备好问卷，并把问卷送到企业。问卷填完之后，直接邮寄给我们。随后我们输入和处理数据。

该研究的基本问题是：总经理的领导行为如何影响企业？文献已经有这方面的研究，如变革型领导风格（transformational leadership）对企业的影响。变革型领导非常注重企业的远景、发展，并注重激励和关怀下属。用远景（vision）、鼓舞式激励（inspirational motivation）、智力挑战（intellectual challenging）和个性化关怀（individualized support）等方法去带领下属，同时也要求下属放弃个人利益，为企业利益去努力。假如企业成功的话，每个员工也会成功，也会得到好处。所以员工一定要舍小家为大家，把工作做好，为企业增加价值。这种领导的语言和行为暗示领导本身也是以企业为重，个人为辅。但是，我们知道很多领导不一定为他人着想多于为自己着想。如果一个变革型领导内在的价值观是为自己着想多于为他人着想的话，他对下属的激励还会成功吗？这就是一个疑问。我们假定一个社会对企业领导的期望是为企业着想多于为自己着想。在这个假定下，如果企业领导为他人着想多于为自己着想，在他要求下属也无私地去追求工作目标时，下属会非常地服从。假如领导是为自己着想多于为企业着想，下属如果看出领导的这种内在价值观，即使这个领导表现出非常强的变革型领导行为，对下属的激励效果也不会强，因为领导个人的价值观和其外在行为不一致。在这种情况下，下属就不会对变革型领导有同样的敬畏，同样的服从。所以我们基本的假设是：根据社会对企业家的一般期望，然后看企业家的价值观是否与社会期望一致。

我们采取非常严谨的研究方法。首先，根据企业家访问和访谈的定性数据，我们分析得到企业家的价值观。然后，用*Q*-sort（扑克牌一样的形式）的方法，要求企业家把46个价值观卡片，按要求摆放在9个类别中。其中1 表示这种价值观完全不代表他，9表示完全代表他。根据分布，我们就得到一个分数，看该位企业家是为自己着想（自我提升的价值观），还是为别人着想（自我超越的价值观）。我们把这个分数与访谈的定性分析结果对比，发现二者非常一致。

我们把文章投到ASQ。在审稿过程中，审稿人和主编有很多意见和建议，其中一个意见是说，我们存在一个隐含假设（assumption），即假设他人可以看出总经理的内心价值观，这样中层经理才会对总裁的行为和内在价值观的不匹配做出反应。主编要我们去验证这个假设。虽然此时已是当初数据收集的两年后了。但我们觉得这是值得做的事情，所以我们再去几家企业，访谈中层经理，给他们一系列词语，问这些词语是否可以用来形容他们的总经理（这些是两年前参加调研的总经理的一部分）。这些词语代表自我提升和自我超越两种价值观，由中层经理填写。我们得到一个分数，反映在中层经理的心目中这个总经理是自我超越的价值观多还是自我提升的价值观多。我们再和两年前这些领导描写自己的价值观做对比，并和访谈的定性数据结果对比。结果发现这三方面的测量都是一致的。所以我们价值观的测量非常准确，把价值观这个最抽象的概念非常严谨、非常可信地测量出来。用价值观和这些领导的领导行为一一对比，进而预测中层经理对企业的承诺。结果显示企业家的领导行为与其价值观配合得好，中层经理对企业的承诺才会比较高，离职意愿才会比较低。假如两者配合得不好，中层经理的组织承诺就比较低，离职意愿就比较高。

这个研究成功地发表在《管理科学季刊》（ASQ）上。这是我非常喜欢的一篇文章，因为其社会意义非常重大，理论基础十分扎实，研究方法也很严谨。这个研究前后做了六年，从2004年我们拿到基金资助，到2010年6月发表出来。其中数据收集用了三年的时间，分析资料用了一年到两年，写作也有一年多的时间。

五、其他两项研究

第一项目前正在进行，探讨企业家的个体价值观对企业文化及其绩效的影响。具有不一样价值观的企业家会创造不一样的企业文化（包括内部整合与外部适应）。高自我超越价值观的企业家注重创造企业长期的稳定性和发展能力，这与我2006年发表在《领导力季刊》（*Leadership Quarterly*）的文章思想是一致的。相比而言，具有自我提升价值观的企业家主要关注短期的经济发展，不愿意花时间和金钱去把企业当一个社会系统来做，也不注重企业价值观的建设。所以，自我提升价值观与企业文化的关系可能会弱。这个研究我们正在进行，总共有两个样本数据。这篇文章把企业领导和企业文化这两个概念、两个现象同时结合起来。这一系列的研究其实围绕同一主题，即企业领导的领导行为和个人价值观对企业的影响。

第二项探讨的是企业家性格对企业的影响，特别是谦卑性格（humilty）对企业的影响。我的博士生欧怡用此主题完成了她的博士论文。她现已毕业，在新加坡国立大学任教。我们正在写这篇文章。一个谦卑的企业家有六个特征，他知道自己的短处，好学，欣赏别人的长处，知道世界上有比他更伟大的人和力量存在，有理想，希望能够为这个世界做一点贡献。这样一位谦卑企业家领导企业的方法一定是

“授权性”（empowerment）的，即他信任下属，认为他们有能力、有意愿去提高他们的能力，并把工作做好。他放心地授权，因为他知道员工会为企业努力地工作。他知道他一个人不可能完成企业所有的任务，一定要靠下属全心的投入。在这位谦卑企业家的领导下，高层管理者的凝聚力也很高。因为高管知道领导信任欣赏他们，他们也会学习领导的行为与价值观。他们互相帮助，并且追求同一个目标。高管的凝聚力又会影响到整个企业的气氛，创造授权氛围（empowerment climate）。也就是说，总经理的授权行为（empowerment behavior）加上高管的凝聚力和高管的领导行为，以及整个企业的授权氛围，中层经理会感受到周围都相信他们能够完成工作任务。所以总经理的谦卑性格最终会影响中层经理的投入、组织承诺及其工作绩效，影响过程是高管的凝聚力和企业授权氛围。

经过这个研究，我们又加深了对领导特征的认识。除了他的领导行为、价值观，还有他的个性，特别是谦卑的个性对企业的影响。理论和数据都支持领导的这些特征会对中层经理产生极大的影响。以后我们可以继续发展这一研究，相信领导特征对企业的发展也会有极大的影响，特别是他会创造一个伟大的企业文化，为企业的长期发展打下基础。所以我希望将来能继续做这方面的研究。

六、总结

除了上述文章以外，我还写了一些其他的关于领导行为的文章（Wu, Tsui, & Kinicki, 2009; Yang, Zhang, & Tsui, 2010；Zhang, Tsui, & Wang, 2011）。大多数都基于博士论文。但这些文章的主题都不是总经理或高层领导（executive leadership），而我在这个领域关注的研究主题还是总经理和高层领导。

企业领导与组织文化一直是文献中很重要的两个问题。经过六七年的研究，我发表了几篇文章，以了解企业领导的行为、价值观、个性特征。我研究什么样的企业高管、企业的文化、企业的授权气氛，最终给中层经理和企业带来积极的影响。这一系列的研究都是跟我的学生和同事一起做的，例如香港科大的学生,、加州大学的学生，以及同事张志学、富萍萍、李兰等。我们合作得非常愉快。我向他们学到了很多，比如有关中国领导的特征以及中国企业特征的知识，在我的研究生涯中，这是一个激动人心的进展。我相信，假如我仅在美国的话，不可能做出这一系列的研究。因为与企业总经理深入地交流，并有机会多次收集数据，这在国外，特别是作为外国学者，是相当难的。但是，中国有这样的研究需要，有很好的同事配合，研究很顺利。我希望能够做更多的探讨中国企业领导角色的研究，以使他们充分发挥在企业的作用。这些知识可以用于教育方面，培养下一代的企业家。

参考文献

Schein, E. 1992. *Organizational culture and leadership*（2nd.）. San Francisco: Jossey-Bass.

本主题的系列文章

1. Fu, P.P., and Tsui, A.S. Blending traditional culture and modern leadership: The role of the printed news media in the People's Republic of China. *Asia Pacific Journal of Management,* 2003, 20: 423-446.

2. Fu, PP., Tsui, A.S., Liu, J., and Li, L. 2010. Pursuit of whose happiness: Executive leaders' transformational behaviors and personal values. *Administrative Science Quarterly,* 55: 222-254.

3. Song, L. J., Tsui, A. S., and Law, K. 2009. Unpacking employee response to organizational exchange mechanisms: The role of social and economic exchange perceptions. *Journal of Management*, 35(1), 56-93.

4. Tsui, A.S., Wang, H., Xin, K.R., Zhang, L.H., and Fu, P.P. 2004. Let a thousand flowers bloom: Variation of leadership styles in Chinese Firms. *Organization Dynamics,* 33: 5-20.

5. Tsui, A.S., Wang, H., & Xin, K.R. 2006. Organizational culture in the PRC: An analysis of culture dimensions and culture types. *Management and Organization Review,* 2 (3): 345-376.

6. Tsui, A.S., Zhang, Z.X., Wang, H., Xin, K., & Wu, B. 2006. Unpacking the relationship between executive leadership behavior and organizational culture. *Leadership Quarterly,* 17: 113-137.

7. Xin, K.R., Tsui, A.S., Wang, H., Zhang, Z.X., & Chen, W.Z. 2002. Corporate culture in Chinese state-owned enterprises: An inductive analysis of dimensions and influences. In Tsui, A.S., and Lau, C.M. (Eds.) *Management of enterprises in the People's Republic of China*：415-444, Boston: Kluwer Academic Press.

8. Wang, H., Tsui, A.S., and Xin, K. 2011. CEO leadership behaviors, organizational performance, and employees' attitudes. *The Leadership Quarterly,* 22: 92-105.

9. Wu, J.B., Tsui, A.S., & Kinicki, A. 2010. Consequences of differentiated leadership in groups. *Academy of Management Journal,* 53 (1): 90-106.

10. Yang, J., Zhang, Z. and Tsui, A.S. 2010. Multiple pathways to employee performance: Bypass, accentuation, and cascading effects of middle managers' Transformational leadership. *Journal of Management Studies,* 47 (4): 654-678.

11. Zhang, A.Y., Tsui, A.S., & Wang, D.X. 2011. Leadership behavior and group creativity in Chinese organizations: The role of group process. *The Leadership Quarterly,* 22: 851-852.

打开CEO领导行为与组织文化之间关系的黑匣子*①

徐淑英（亚利桑那州立大学 香港科技大学 北京大学）
张志学（北京大学） 王辉（北京大学）
忻榕（中欧国际工商学院） 吴斌（亚利桑那州立大学）

摘要：功能主义和归因视角都支持CEO的领导行为与组织文化间存在强关联。然而，权变理论则提出了领导者改变或塑造组织文化能力的一些潜在限制。我们的研究力图深入了解CEO领导行为何时，以及为何会与组织文化发生“脱节”（decoupling）。我们在一个新的情境（中国情境）下检验这个问题。在中国，不同类型企业的领导者在自主权方面有很大的差异。我们进行了两个问卷调查研究和一个访谈研究来揭示CEO领导行为与企业文化之间的关系。本研究的发现为人们理解CEO领导行为与组织文化价值观之间的脱节提供了新的见解。我们还指出了一些未来的研究方向，包括领导行为方面和组织文化现象以及它们之间存在的潜在的关系，或没有关系。

关键词：领导，组织文化

组织文化这一研究对象已经引起了各界学者的兴趣（如Barney, 1986; Clark, 1972; Deal & Kennedy, 1982; Denison, 1990; Ouchi, 1981; Pettigrew, 1979; Schein, 1985, 1992）。关于组织文化的文献主要可以分为两大类：第一类文献采用现象学方法（phenomenological approach），聚焦于对组织文化这个概念的理解和定义（如，Allaire & Firsirotu, 1984; Hatch, 1993; Martin, 1992; Meek, 1988; Pettigrew, 1979; Smircich, 1983）。另一类文献则采用功能主义方法（functionalist approach，Burrell

* Tsui, A. S., Zhang, Z. X., Wang, H., Xin, K., & Wu, B. 2006. Unpacking the relationship between CEO leadership behavior and organizational culture. *Leadership Quarterly,* 17: 113-137.

① 该研究受到中华人民共和国香港特别行政区研究资助局（HKUST6218/00H），以及香港科技大学的资助。感谢Jane Dutton, Jiing-Lih Larry Farh, Joanne Martin, David Ralston和三位匿名审稿人的建设性评论。

& Morgan, 1979; Parsons, 1951），聚焦于研究组织文化的结果。已有的实证研究大多基于功能主义的视角，并为组织文化对企业结果的影响提供了令人印象深刻的证据支持（如Calori & Sarnin, 1991; Camerer & Vepsalainen, 1988; Denison & Mishra, 1995; Gordon & DeTomaso, 1992; Kotter & Heskett, 1992）。已有的研究对组织文化有多种定义和测量的方法，包括文化强度（Kotter & Heskett, 1992）、文化特质（Denison & Mishra, 1995）、文化一致性（congruence）（Quinn & McGrath, 1984）、文化类型（Cameron & Freeman, 1991）和共享价值观（O' Reilly, Chatman, & Caldwell, 1991）。研究发现组织文化与组织层面的企业绩效和个人层面的组织承诺都相关。

从功能主义视角出发，一个被人们认为理所当然的假设是，领导者是组织文化的主要塑造者和创立者。Schein强有力地指出："我们必须认识到管理组织文化在领导这个概念中的核心地位"（1985: 2）。根据Bennis（1986），Schein（1985）以及其他一些学者（Davis, 1984; Quinn & McGrath, 1984; Trice & Beyer, 1993）的观点，一个有影响力的愿景型（visionary）或者魅力型领导者决定了一个组织独特的价值观和信念，以及企业进行内部整合和外部适应的方法。在功能主义强调领导者的实质性（substantive）角色的同时，另外一些学者则关注领导者的象征性角色（Meindl, Ehrlich, & Dukerich, 1985; Pfeffer, 1981）。基于归因理论（Calder, 1977），一些学者提出，大部分组织成员都会认为领导者决定企业的结果。要不是这样的话，为什么CEO们会因为企业绩效好而得到好评，而且会试图通过解释来消除年报中不好的结果（Bettman & Weitz, 1983）？

然而，众所周知，制度很难发生变化，即使变化，其速度也十分缓慢（Zucker, 1991）。组织惯例（routine）永久持续的性质（March & Simon, 1958），以及外部的社会、技术和文化环境的主导性影响，使得一些学者（如Safford, 1988）把领导归于一种与包括组织文化在内的各种组织变量交互的一种内生性因素。那些从人类学视角出发的学者甚至认为领导创造文化是很荒谬的。他们（她们）认为，文化产生于群体和社区的集体交互过程，领导者并不创造文化。领导者只是文化的一部分（Meek, 1988）。文化不是一个组织所"有"的东西（如果一个组织能够有文化，那么文化就是可以操控和变化的），文化是代表"组织是什么的东西"（Smircich, 1983: 347）。

鉴于这些相互矛盾的观点和争论，领导者，特别是高层领导者或CEO，是否能够影响组织文化至今仍然是一个待解决的问题。本研究的目标是揭示这两个构念之间的关系。具体而言，我们将探讨CEO的领导行为在什么情况下，以及为何，可能会与组织的普遍文化价值观[1]脱钩。与传统的实证主义视角不同的是，本研究的目标并不是要确定这两个构念之间的关系，而是要探讨使得这两者之间没有关系的条件。换句话说，我们力图探索一些在大部分情况下，在共变模型（covariance model）中被学者们视为随机误差的因素的系统性模式。为了达到这一目标，我们首先使用大样本确认了可能的共变以及在多大程度上缺少共变。然后，我们使用定性研究方法分析了一些极端的案例，以期对整个问题有更深入的理解。本研究的目标不是检验一种关于领导与文化的重要理论，而是为了通过一种非传统的方法深入探索这个重要的话题。

1. 概念背景

我们先简要回顾一下可能帮助我们理解CEO领导行为与组织文化之间关系的一些不同视角。

1.1. 功能主义的视角

功能主义观点是组织文化研究中的一种主流研究视角。Davis（1984）提出，创始人和CEO们是组织文化的主要来源、传递者以及维护者。Schein（1985）提出，组织的领导者对组织内的群体如何定义以及解决组织的外部适应和内部整合问题具有主要的影响。领导者“不仅有高的自信和决心，而且往往有对世界的本质、组织在世界中的角色、人与自然之间关系的本质、真理如何达到，以及如何管理时间和空间的强烈信念假设”（Schein, 1985: 210）。通过有意识的深思熟虑或无意识的非计划的行为，领导者们把隐藏在那些解决方案中的信念传递给组织，并嵌入组织的思考、感觉和行为中去。

Trice和Beyer（1993: 257）提出，“文化领导者可能有鲜明的个人特征，并且表现出一系列独特的行为”。他们进一步认为，领导者的愿景为组织文化提供了实质内涵。因此，那些作为文化领导者的CEO往往被描绘成是有魅力的、活跃的、有愿景的人。Deal和Kennedy（1982）也强调了愿景型主管在建立组织文化中的角色。他们认为，一个CEO的最终成功在很大程度上依赖于能否准确地把握组织文化，并且

① 我们在最高的组织层面对领导（leadership）这个构念进行概念化，并聚焦于高层领导行为，即CEO领导行为。不过，为了加强我们的理论论述，我们也参考了关于领导研究的总体文献。我们还分别使用了领导方式和领导者来表示CEO领导方式和CEO。

塑造和改变组织文化使之适应市场需求的变化。Bennis（1986）观察到，创造一种愿景不仅仅是沟通那么简单，它意味着把抽象的愿景转化为一些真实有形的东西。领导者们有强烈的创造和传递这些愿景的动力。Kotter和Heskett（1992）指出，总经理密切关注与企业相关的变化，然后启动渐进的战略和措施上的变化以使得组织的文化与现实环境保持一致。总之，组织文化是CEO的愿景式和魅力领导的结果。

从逻辑上看，功能主义的视角会认为CEO的领导行为与共享价值观的创造之间存在紧密的联结，也即强文化。领导者通过他们的行动为组织文化落实到实践中作出贡献。

1.2. 归因的视角

基于归因视角的研究者认为，组织中的人会发展出他们自己关于因果关系的影响理论。员工有一种把高强度的控制和影响归因于领导者的倾向（Calder, 1977; Pfeffer, 1977）。Meindl, Ehrlich和Dukerich（1985）的档案研究和实验研究发现也与这种归因视角一致。他们的研究表明，人们有一种高估领导对组织绩效结果的影响的总体倾向。领导者是组织成员解释组织事件时的简化传奇形象（simply romanticized images）。根据Pfeffer（1981）的观点，领导者在组织中的任务就是要使得行动有意义并且可以被感觉到，这能在组织成员间产生积极的情绪、态度和感受。换句话说，领导者扮演了一个为组织的决策和结果提供理由的象征性角色。Bettman和Weitz（1983）在一个针对董事长致股东的信的研究中发现了一个始终如一的偏差：将成功的绩效表现归因于内在因素（例如好的产品设计或者领导者），而将差的绩效表现归因于外在因素（例如法规或经济形势）。Staw（1975）证明，关于群体过程的主观观点和信念都是对群体结果的归因，而并非群体结果真正的决定因素。始终如一的偏差以及内隐理论（implicit theory）也会支持组织文化与领导者行为之间的正向关系，特别是当这两种现象都是通过参与者的感知来测量时。

总而言之，基于功能主义和归因的理论视角以及实证发现都支持领导者行为感知和组织文化描述之间的正向关系。那么，在什么情况下，这两者的关系会有例外发生呢？权变理论的视角能够帮我们理解这样的例外。

1.3. 权变视角

权变视角认为，领导只会在一些情况下影响组织结果。例如，领导可能在危机时期（House, Spangler, & Woycke, 1991）或者高度不确定的环境下（Waldman, Ramirez,

House, & Puranam, 2001）才很重要。危机构建了一个脆弱的情境（situation），使得领导者能够在不同方面影响组织结果，包括组织绩效和文化。也就是说，时势造英雄。

Mischel（1973）把强情境定义为其中的每个人都做出类似解释的形势，或者能引导出一致期望和反应的形势。由于缺乏清晰的对形势含义的理解，不确定性或者危机构建了一种弱情境。这使得领导者获得了定义当前情境的含义以及采取行动的自由度。例如，领导者可以通过勾画一种清晰的（虽然不一定是好的）关于未来的预期来减少不确定性。领导者也可以提议并采取行动以带来美好的未来。在这种情境下，领导者能够乘势而起，发挥决策自由度并为组织指出方向。相反，在强形势下，组织成员对什么是合适的行为、奖励与惩罚的模式有一个共同的理解，这时，领导者的行为可能就会被埋没（Davis-Blake & Pfeffer, 1989）。聚焦于那些在领导者发挥自由度的机会方面存在很大差异的情境能够帮助我们获得很多关于领导对文化的作用的见解。

Hambrick和Finkelstein（1987）提出了几个能够决定领导者自由度的因素。环境因素包括产品的差异化程度、行业发展、需求的稳定性和政府管制。组织因素包括那些能够增强组织惯性的力量，例如组织的大小、年限、资本强度和资源的可获得性。组织文化本身也可能是一个限制领导者自由度的前因条件。最后，领导者自由度的限制也可能源于领导者自身做出战略选择行为的能力或意愿。

已有研究指出，在许多情况下，领导者的行为并不会导致企业绩效（Waldman *et al.*, 2001）或下属工作结果的差异（Howell & Dorfman, 1981; Kerr & Jermier, 1978; Podsakoff, Niehoff, MacKenzie, & William, 1993）。一些因素，如个人、工作或组织的特征，能够替代领导者的角色，并抵消领导者对组织或组织中员工的影响。根据Kerr和Jermier（1978）的研究，员工的工作经验和专业程度能够替代对领导支持和指导的需求。那些高度结构化的或者内在令人满足的工作也可能抵消领导者的影响。规范化的目标、规则和程序以及高凝聚力的工作团队也会使得领导没有必要。产业环境能够解释在不同企业中出现的一致的文化性归因（Chatman & Jehn, 1994; Gordon, 1991），即，同一个产业内，文化价值观的差异并没有产业之间那么大。这些研究结果说明存在很多能够削弱CEO领导行为与组织文化价值观之间关系的权变因素。

总结而言，上面的回顾指出，CEO领导行为与组织文化价值观总体上是有关联的。然而，在情境（situation）强度和领导自由度这两个观点的基础上，我们也初步发现了一些能够解释为何在一些情况下这两者没有关联（脱节）的因素。我们做了两个实证研究来探索这种脱节背后的原因。我们在中国，一个在领导者自由度方面存在很大差异的情境中，进行了实证研究。我们遵循了一种情境化的研究方法以获得深入的知识和准确的理解（Johns, 2001; Rousseau & Fried, 2001; Whetten, 2002）。

2. 实证研究

在过去二十多年的市场改革中，中国已经出现了多种不同的组织类型（Boisot & Child, 1996）。以前中国社会只有一种企业类型，而如今包含三种类型的企业：国有企业、外资企业和本土民营企业。这三种类型的企业的产出大致分别占国内总产出的三分之一（Tsui & Lau, 2002）。因为中央政府计划的原因，国有企业的管理者（Child, 1994; Warner, 1995）曾几乎没有自主权或自由度。自经济改革以来，国有企业从政府控制中获得了更多的自由以及决策自主权（Goodall & Warner, 1997），国有企业的管理者们也获得了更多的自由度。尽管如此，因为惯性和强的制度规范，国有企业领导者在改革他们的组织时所拥有的自由度仍然是非常有限的（DiMaggio & Powell, 1983; Powell, 1991; Scott, 1995; Tolbert & Zucker, 1996）。研究者在很多国有企业中发现了对变革的抵制（Goodall & Warner, 1997）。

与国有企业相反，非国有制企业，包括本土民营企业和外资企业，面临的是一个制度规则和政府政策不断变化的任务环境。这样的环境不确定性使得这些企业的CEO们比那些国有企业的CEO能够获得更多的影响企业行为和结果的自由度。进一步讲，本土民营企业和外资企业是中国经济的后来者。与发达经济体相比，这些企业中有更多的第一代领导者或创始人，这些人在塑造企业文化方面有最大的自由度。因此，中国同时存在传统的国家控制、新企业的出现，以及复杂和变动的制度环境，为检验CEO领导行为与组织文化之间的关系提供了理想的研究背景。

2.1. CEO领导行为的定义

已有的文献谈到了各种对企业非常重要的领导者行为。我们将使用Hart和Quinn（1993）提出的框架，他们关注CEO的角色，并且认为，CEO为了达到组织绩效会扮演四种角色：愿景设立者、激励者、分析者和任务管理者。这四种角色各自涉及组织中的一些职责。愿景设立者在关注企业面临的社会、经济和技术趋势下定义并清晰地传达企业的基本目标和未来的方向。激励者将企业的愿景和经济战略转化为值得为之奋斗的理想。为了完成这个角色，CEO必须鼓舞和激励员工完成组织目标。分析者关注企业内部运作系统的效率管理，做出运行决策，控制管理过程。任务管理者则通过影响下属的决策以及把资源分配给优先级最高的活动来聚焦于企业的绩效和责任。一个有效的主管为了能够同时扮演这四种角色会表现出高水平的行为复杂度。

Tsui, Wang, Xin, Zhang和Fu（2004）基于已有的西方和中国的领导研究文献（如Conger & Kanungo, 1987; Farh & Cheng, 2000），确认了一组与中国企业的高层领导者相关的领导行为。基于对两个大样本的归纳和因子分析，他们发现了六种CEO领导行为。这六种CEO领导行为维度中的五个维度相互正相关。这五个维度是：创新冒险、亲近交流、仁慈关怀、监控运营和描绘愿景。这五个维度与前面提到的四种高管角色（愿景设立者、激励者、分析者和任务管理者）（Hart & Quinn, 1993）在概念上有一致性。因此，本研究将使用这五个正相关的维度。术语“强领导”是指那些在这五个维度上始终表现出高水平的高管。①

2.2. 组织文化的定义

已有文献中关于组织文化的定义也非常多。Schein（1992: 12）把组织文化定义为“群体在解决其外部适应和内部整合问题的过程中学习到的基本信念的范式”。其他研究者使用过文化的特征、属性或维度来反映一个企业的文化假设、信念或价值观的模式。我们采用O’Reilly等（1991）的方法，将组织文化定义为组织成员共享的一组核心价值观。

根据Schein的定义，Tsui, Wang和Xin（2002）在确认和测量各种中国企业的组织文化时，使用了归纳和情境化的方法。他们确认了五种在国有企业、民营企业和外资企业普遍存在的组织文化价值观或维度。分别是人际和谐、顾客导向、规范管理、勇于创新以及结果导向（这里的条目实际上是指社会责任）。结合这些维度，并基于有关组织属性的构造性观点（configuration view, Meyer, Tsui, & Hinings, 1993），我们将在这些价值观上都表现出高水平的企业定义为“强文化”企业，而将在这些价值观上都表现出低水平的企业总体的定义为“弱文化”企业。通过识别出在所有文化属性上都高或都低的企业，这个定义同时考虑到了文化测量评估的强度和一致性（consensus）（Calori & Sarnin, 1991）。这也与Yeung, Brockbank和Ulrich（1991）等人使用的对强文化的测量一致。②

① 这里的强并不是指有效性。另外，我们为了简单起见而引入了5个领导行为的维度。即使加入展示权威这个维度，也即在这个维度得分低的一个强的领导者分类，我们的实证结果并未改变。

② 再次强调，“强”这个词在这里并不是指好的或者有效的文化。它只是组织成员描述的文化价值观的力度（包含强度和共识两个方面）的指标。

2.3. 初步的假设

基于功能主义和归因的视角，我们提出以下关于CEO领导行为与组织文化的初步假设。

假设1：在员工描述的CEO领导行为与组织文化价值观中，两者耦合（coupling）的企业比两者脱节（decoupling）的企业更多。

进一步的，根据归因理论（Kelley, 1973），观察者具有把消极结果归因于行动者，而把积极结果归因于环境的倾向。这种行动者—观察者偏差也可能会在观察者（即员工）描述一个公司的领导者和文化时出现。当员工是观察者时，我们预计员工会出现这种归因错误，即将弱文化归因于CEO，而将强文化归因于其他因素。因此，我们假设：

假设2：弱领导和弱文化相关（covariance）的实例会比强领导和强文化相关的实例多。

基于权变的视角，强传统和强制度控制是指那些可能限制领导者对组织文化的影响的情境。如前文所言，尽管经历了经济改革，与外资企业或新兴的本土民营企业的CEO们相比，中国国有企业的CEO们所拥有的自由度仍然是很有限的。国有企业的高管们在前任遗留下的，以及强制度的规范下运作。另外，与其他两种类型企业相比，国有企业的传统和历史最强。外资企业也同样处在它们的母公司的监督之下。与本土民营企业领导者相比，这些企业的领导者的自由度更低。在不考虑所有权的情况下，企业规模大，成立年限长，以及资源有限也会限制领导者引入变革或塑造文化的能力。以下假设具体说明了可能引起CEO领导行为与组织文化“脱钩”的条件：

假设3a：CEO领导行为与组织文化的脱节发生的频率在国有企业中最高，外资企业次之，本土民营企业最低。

假设3b：领导行为与组织文化的脱节在具有较强的惯性的企业，如规模大、年限长以及资源有限的企业中更可能发生。

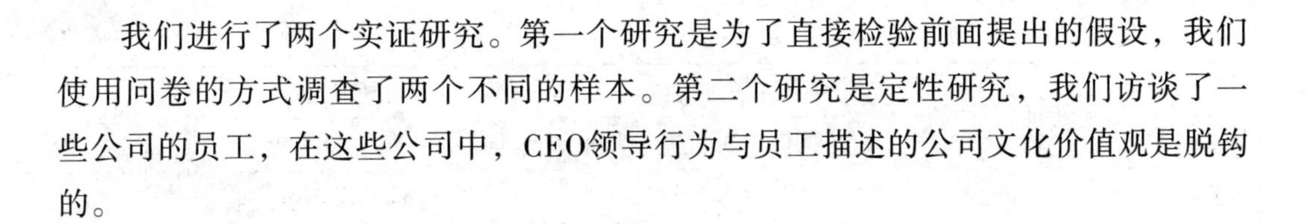

我们进行了两个实证研究。第一个研究是为了直接检验前面提出的假设，我们使用问卷的方式调查了两个不同的样本。第二个研究是定性研究，我们访谈了一些公司的员工，在这些公司中，CEO领导行为与员工描述的公司文化价值观是脱钩的。

3. 研究一

3.1. 样本

第一个样本包括北京两所大学的542名MBA学生。每个学生都在不同的公司工作，任职于专业职位或管理职位。第二个样本包括来自中国多个城市的152家企业的1045名中高层管理者，平均每个企业7位中层管理者。我们通过一个以上海为基地的全国范围的EMBA项目获得了这个样本。用中层管理者来描述CEO行为的做法是合适的，因为他们比更低层的员工有更多的机会观察CEO的行为。表1列出了两个样本的人口学特征，两个样本的情况非常相似，而且也代表了相对较多的所有制类型。

表1 研究一中样本1和样本2的特征

特征	国有企业		民营企业		外资企业		F值	Slg.
	均值	标准差	均值	标准差	均值	标准差		
样本1								
公司规模（员工人数）	2123	3163.7	284	841.3	1720	2699.3	54.30	0.00
公司存续时间（年）	28	20.5	7	5.3	11.92	17.7	12.90	0.00
回应者平均年龄	31	4.2	32	4.7	31	4.7	1.12	0.31
回应者平均工作年限	7	4	4	7.6	4	3.1	28.90	0.00
回应者平均教育程度（高中毕业后教育年限）	6	5.3	5	2.1	5	1.8	1.96	0.14
	数量	%	数量	%	数量	%	χ^2值	Sig.
回应者地位								
初级	50	26.3	11	14.9	21	20.2		
中层	122	64.2	43	58.1	74	71.2	19.4	0.00
高层	18	9.5	20	27	9	8.6		
回应者性别								
男性	167	71.1	50	64.1	80	65.6	1.90	0.39

续 表

特征	国有企业		民营企业		外资企业		*F*值	Slg.
	均值	标准差	均值	标准差	均值	标准差		
女性	68	28.9	28	35.9	42	34.4		
样本2								
公司规模（员工人数）	9977.3	22054	718.4	1269	7864.9	29733	1.50	0.23
公司存续时间（年）	23.8	23.7	7.8	4.4	12.2	19.1	6.90	0.00
回应者平均年龄	39.8	5.6	36.4	3.9	36.9	4.2	6.30	0.00
回应者平均工作年限	9.4	6.4	6.6	4.6	5.4	3.7	8.00	0.00
回应者平均教育程度（高中毕业后教育年限）	7.9	1.6	7.9	1.7	8.0	2.1	0.02	0.98
	数量	%	数量	%	数量	%	χ^2值	Sig.
回应者地位								
初级	126	31.7	7	3.8	154	50.2		
中层	123	30.9	50	26.9	51	16.6	16.50	0.00
高层	143	37.4	129	69.3	102	33.2		
回应者性别								
男性	353	79.0	157	88.2	213	66.8	61.90	0.00
女性	94	21.0	21	11.8	106	33.2		

3.2. 程序

课程教员要求样本1中的参与者完成一个描述他们的CEO领导行为和企业文化的调查问卷。在样本2中，我们要求EMBA学生（大部分都是所在企业的高管或CEO）分发10份问卷给所在企业的中层管理者，他们自己也需要完成一份问卷。这些企业的参与者将问卷放在我们预先贴好邮票、写好地址的信封中直接寄回给我们。参与者都是自愿参与本研究的，而且都是匿名的。由于问卷调查是在课堂情境下进行的，两个样本中问卷的回收率都在95%以上。第二个样本中的中层管理者的问卷回收率为68.7%。

3.3. 测量工具

中国CEO领导行为量表来源于Tsui等（2004）的研究。该量表包含21个条目，测量了五种类型的领导行为。分别是创新冒险（5个条目）、亲近交流（5个条目）、仁慈关怀（4个条目）、描绘愿景（4个条目）和监控运营（3个条目）。我们使用李克特5点量表，从1代表非常不同意，到5代表非常同意。参与者评价他们的CEO在每个条目上的表现。我们对从样本1中获得的数据进行了探索性因子分析，对从样本2中获得的数据进行了验证性因子分析（CFA）。表2列出了量表的各个条目以及相应的因子分析结果。拟合指数表明构念效度良好（RMSEA = 0.05, CFA = 0.96, NNFI = 0.96, IFI = 0.96）。

表2 中国CEO领导行为的探索性因子分析（EFA）和验证性因子分析（CFA）结果：研究一

变量	F1		F2		F3		F4		F5	
	EFA	CFA	EFA	CFA	EFA	CFA	EFA	CFA	EFA	CFA
创新冒险										
愿意承担风险	0.83	0.63	0.13		0.13		0.11		0.08	
大胆创新	0.82	0.71	0.14		0.15		0.24		0.17	
愿意尝试新项目和新想法	0.81	0.68	0.15		0.17		0.26		0.20	
富有企业家精神	0.80	0.57	0.13		0.03		0.24		0.14	
富有创造性	0.73	0.67	0.13		0.12		0.31		0.24	
亲近交流										
具有有效处理人际关系的丰富技巧	0.16		0.84	0.71	0.09		0.16		0.16	
与他人沟通良好	0.22		0.79	0.66	0.20		0.20		0.04	
善于平衡人际关系	0.13		0.77	0.70	0.18		0.15		0.05	
与他人相处愉快	0.05		0.74	0.70	0.29		0.04		0.05	
善于增进人际关系	0.11		0.73	0.60	0.27		0.18		0.17	
仁慈关怀										
关心员工的家庭成员	0.15		0.18		0.84	0.60	0.15		0.04	
关心员工的个人生活	0.10		0.19		0.81	0.64	0.12		0.20	
对待员工如家人	0.11		0.27		0.76	0.65	0.18		0.13	
对下属表现出关爱	0.16		0.37		0.69	0.60	0.19		0.09	
描绘愿景										
清楚地表达出他对公司未来的愿景	0.25		0.16		0.16		0.83	0.71	0.12	
向员工描绘出光明的未来	0.31		0.17		0.19		0.73	0.71	0.21	
清晰地掌控公司未来5年的发展	0.30		0.19		0.20		0.73	0.61	0.21	
强调公司的长期计划	0.21		0.16		0.13		0.72	0.65	0.06	
监控运营										
对不同的项目和计划管理得当	0.10		0.02		0.19		0.08		0.78	0.42
监控组织的运营	0.27		0.20		0.09		0.14		0.72	0.56
对组织的商务环境有良好掌控	0.24		0.16		0.02		0.22		0.70	0.57
Eigenvalue	8.66		2.57		1.43		1.24		1.19	
被解释的方差比例	41.23		12.23		6.83		5.90		5.64	

续 表

变量	F1		F2		F3		F4		F5	
	EFA	CFA	EFA	CFA	EFA	CFA	EFA	CFA	EFA	CFA
累计被解释的方差比例	41.23		53.46		60.28		66.18		71.82	
α系数——样本1	0.92		0.89		0.87		0.87		0.70	
α系数——样本2	0.90		0.90		0.87		0.87		0.69	

注：（1）抽取方法为主成分分析，旋转方法为Kaiser正规化最大方差。（2）CFA拟合优度指数如下：模型的Chi-square值为511.07，自由度为179，RMSEA为0.05，CFI为0.96，NNFI为0.96，IFI为0.96。

测量组织文化的条目来源于Tsui等（2002）的研究，共包含5个维度的24个条目：人际和谐（8个条目）、顾客导向（5个条目）、勇于创新（4个条目）、规范管理（4个条目）以及社会责任（3个条目）。参与者根据企业的实际措施来评价5个维度的组织文化在他们或她们的企业中是否得到强调。我们使用了李克特5点量表，从1代表完全不强调，到5代表非常强调。我们再一次对样本1的数据进行了探索性因子分析，对样本2的数据进行了验证性因子分析。表3显示了因子结构。结果说明该量表的构念效度良好（RMSEA = 0.07, CFI = 0.91, NNFI = 0.90, IFI = 0.91）。

表3 组织文化价值的探索性因子分析（EFA）和验证性因子分析（CFA）结果：研究一

变量	F1		F2		F3		F4		F5	
	EFA	CFA	EFA	CFA	EFA	CFA	EFA	CFA	EFA	CFA
人际和谐										
促进员工之间的情感分享	0.71	0.71	0.13		0.10		0.05		0.27	
强调团队建设	0.71	0.59	0.21		0.20		0.25		0.16	
鼓励合作	0.70	0.68	0.13		0.23		0.16		0.05	
员工相互信任	0.67	0.64	0.21		0.31		−0.08		0.33	
利于合作精神	0.67	0.67	0.24		0.19		0.20		0.21	
关心员工的个人发展	0.66	0.49	0.16		0.25		0.20		0.19	
为员工考虑	0.58	0.57	0.18		−0.02		0.17		0.28	
关注员工的意见	0.55	0.56	0.22		0.31		0.24		0.09	
顾客导向										
最大限度地满足顾客需要	0.17		0.82	0.60	0.15		0.11		0.18	
诚恳地为顾客服务	0.16		0.82	0.67	0.12		0.14		0.18	
顾客是第一位的	0.21		0.80	0.63	0.10		0.15		0.03	
为顾客提供第一流的服务	0.16		0.78	0.60	0.17		0.21		0.17	
极端强调顾客的获益	0.29		0.73	0.62	0.21		0.12		−0.02	
勇于创新										
持续开发新的产品和服务	0.13		0.31		0.77	0.48	0.09		0.11	

续 表

变量	F1		F2		F3		F4		F5	
	EFA	CFA	EFA	CFA	EFA	CFA	EFA	CFA	EFA	CFA
准备接受变化	0.32		0.16		0.72	0.63	0.10		0.11	
勇敢地适应新技术	0.17		0.05		0.72	0.57	0.12		0.17	
鼓励创新	0.29		0.18		0.59	0.55	0.27		0.06	
规范管理										
保持严格的工作纪律	0.03		0.05		0.09		0.80	0.63	0.09	
有清楚的奖惩标准	0.28		0.19		0.09		0.69	0.53	0.02	
全面的管理体系	0.19		0.23		0.16		0.61	0.51	0.18	
为员工设定了清楚的目标	0.30		0.26		0.25		0.54	0.62	0.11	
社会责任										
展示出社会责任感	0.24		0.12		0.21		0.08		0.81	0.53
公司的使命是服务	0.30		0.15		0.04		0.17		0.75	0.66
强调经济利润的同时强调社会收益	0.27		0.10		0.17		0.10		0.73	0.55
Eigenvalue	9.44		2.08		1.45		1.33		1.11	
被解释的方差比例	39.31		8.66		6.03		5.54		4.62	
累计被解释的方差比例	39.31		47.98		54.00		59.55		64.17	
α系数——样本1	0.89		0.90		0.80		0.73		0.80	
α系数——样本2	0.90		0.89		0.74		0.77		0.77	

注：（1）抽取方法为主成分分析，旋转方法为Kaiser正规化最大方差。（2）CFA拟合优度指数如下：模型的Chi-square值为1463.10（$p<0.001$），自由度为246，RMSEA为0.07，CFI 为0.91，NNFI为0.90，IFI为0.91。

为了检验假设3a和3b，我们还测量了企业所有制类型、规模、年限以及企业资源。企业规模用员工数来衡量，企业年限用企业成立的年数衡量，我们用企业的绩效来衡量企业资源的可获得性。在中国，没有可靠的绩效衡量方法（Peng & Luo, 2000）。因此，我们只能依赖主观评价。Wang, Tsui, Zhang和Ma（2003）使用了五个条目测量中国企业的绩效：收益率、销售增长、资产增长、员工士气和竞争地位。本研究的参与者评价了他们所在的企业相对于同行业处于类似发展阶段的企业在这些方面的表现情况。这个量表在样本1和样本2中的信度分别为0.87和0.70。在样本2中，我们从CEO那里获得了企业绩效的信息，他们提供了关于企业资产、销售和利润的信息。152名CEO中的77位提供了这些信息。

我们计算了这部分企业的资产回报率（ROA）和销售回报率（ROS），并用这些指标来验证主观绩效测量的效度。主观测量的绩效与ROA和ROS都显著相关，相关度分别为0.30（$p < 0.01$）和0.39（$p < 0.01$），这为主观绩效测量工具的效度提供了可接受的证据。[①]

① 可以向作者索取两个样本中所有变量的描述性统计情况（均值、标准差、相关系数）。

3.4. 数据分析

我们首先计算了样本2中每个公司的中层经理对CEO领导行为和企业文化维度的评价的Rwg和组内相关系数。[①]结果表明，两个量表的评价者间一致性都很高，说明可以将个人层次的数据聚合到公司层次。为了避免同源方差问题（Podsakoff & Organ, 1986），我们用中层经理样本的一半来计算CEO领导行为，用另一半来计算文化维度分数。

3.4.1. 确认强领导和强文化

为了识别出领导与文化脱节的企业，我们需要识别出那些在领导方面得分高而在文化方面得分低的企业，或者相反情况的企业。我们采用了构造性方法（configuration approach）（Yeung, Brockbank, & Ulrich, 1991），把那些在文化或领导方面得到的评价一致高的企业与一致低的企业分开。这种方式同时满足了测量强领导和强文化时强度和一致性两方面的要求。与这种实证的分类方式相匹配，在聚类分析中我们根据5种领导行为或5个文化维度，得到了一个2组的聚类方案。得到的类别清晰地把那些在5种领导行为上得分高的领导者与得分低的领导者区分开来了。F值表明两个聚类之间的差异也是非常显著的。我们对样本2的数据进行了同样的聚类分析，并得到了高度相似的结果。[②]

3.4.2. 假设检验

我们根据领导和文化的强度把所有的企业分为4种可能的组合：① 强领导（CEO在所有领导行为上的得分都高），强文化（企业在所有文化维度上得分都高），以下以SLSC代表；② 弱领导，弱文化（以下以WLWC代表）；③ 强领导，弱文化（以下以SLWC代表）；④ 弱领导，强文化（以下以WLSC代表）。前面两种组合（SLSC和WLWC）代表文化与领导耦合的情况，后两种组合（SLWC和WLSC）代表文化与领导脱钩的情况。为了检验假设1和假设2，我们使用卡方检验来估计企业在这四种组合中的分布情况。

为了检验假设3a，我们对所有制类型不同的企业就不同的领导—组织文化组合的比例进行了卡方检验。

为了检验假设3b，我们用方差分析（ANOVA）检验了四种组织的企业在企业年

① 如果需要Rwg分析结果，可以向作者索取。

② 由于我们在聚类分析中预先指定了一个2组的聚类方案，在高或者低的组中存在一些得分相似的领导者或公司。更严格的做法是剔除这些临界值。为了保证样本规模，我们把所有样本企业都包含进来，这导致了较为保守的假设检验。我们也试过一个3种分类的，识别高、低和中等评价组的解决方案。在去掉中等评价组后，我们丢失了很多样本企业。

限、规模（取对数）和绩效上的差异。

最后，我们用多元判别分析（multivariate discriminant analyses，MDA）以判断单变量分析的结构在多元模型中是否仍然成立。MDA是一种使用定距或哑变量作为预测变量，对具有两个以上的组（在本研究中，是指四个不交叉的组：SLSC, WLWC, SLWC以及WLSC）的因变量进行归类的方法（Huberty, 1994）。不过，在这里，MDA的用意不是预测组别，而是为了确定在其共变量（covariates）不变情况下，特定的变量是否对四种领导—文化组合的分类有所帮助（另请参考Kim & Utterback, 1983）。

3.5. 结果和讨论

表4显示了假设1和假设2的分析结果，列出了领导与文化的四种组合中各类企业的数目和比例（百分比）。在样本1中，文化与领导在72%的企业中是契合的（42% SLSC，30% WLWC），在样本2中，文化与领导在60%的企业中是契合的（38% SLSC，22% WLWC）。与假设1一致，领导与文化契合或共变的企业数量要多于脱节的企业数量（样本1，$\chi^2 = 105.65, p < 0.01$；样本2，$\chi^2 = 6.40, p < 0.05$），关于领导与文化关系的功能主义和归因视角都得到了支持。表4还表明，弱领导、弱文化的企业少于强领导、强文化的企业，说明中国管理者们在评价领导和文化时并没有观察者偏差。

表4　领导行为和组织文化的四种组合：研究一

		组织文化			
		强	弱	强	弱
高层领导行为	强	226(42%)	68(13%)	58(38%)	28(18%)
	弱	80(15%)	164(30%)	30(20%)	34(22%)
		样本1		样本2	
		Chi-square=105.65，p<0.01		Chi-square=6.40，p<0.05	

表5给出了在两个样本中检验假设3a的分析结果。样本1中，238家国有企业中的58家（36%），125家外资企业或合资企业中的33家（27%），存在领导与企业文化脱钩的情况。但在152家民营企业中，只有24家（16%）出现了领导与文化脱钩的情况。这个分布模式是显著的（$\chi^2 = 53.70, p < 0.01$），与假设3a的预测一致。样本2中，脱钩的情况在61家国有企业中的23家（38%），42家外资企业中的16家（38%）以及40家民营企业中的14家（36%）中出现，分布之间的差异边际显著 （$\chi^2 = 12.02, p < 0.06$）。分析结果支持了国有企业（相对于外资企业和本土民营企业）的CEO

自由度最受限制的假设，这可能是强的传统和国家控制导致的。外资企业的CEO在决策自由度上也可能会受到母公司的限制。在民营企业中，同时是企业的所有者的CEO具有最大的自由度，这些企业中出现员工感知的CEO领导行为和企业文化价值观脱钩的情况也最少。

表5　领导行为—组织文化关系与企业所有权结构：研究一

样本1	国有企业（N=238）	民营企业（N=125）	外资企业（N=152）
强领导强文化	n=62,26%	n=66,53%	n=90,59%
弱领导弱文化	n=91,38%	n=26,21%	n=38,25%
强领导弱文化	n=42,18%	n=12,10%	n=12,8%
弱领导强文化	n=43,18%	n=21,17%	n=12,8%
		Chi-square=53.70，$p<0.01$	
样本2	国有企业（N=61）	民营企业（N=42）	外资企业（N=40）
强领导强文化	n=20,33%	n=17,41%	n=21,53%
弱领导弱文化	n=18,30%	n=9,21%	n=5,13%
弱领导强文化	n=8,13%	n=8,19%	n=11,28%
强领导弱文化	n=15,25%	n=8,19%	n=3,8%
		Chi-square=12.02，$p<0.06$	

表6给出了检验假设3b的方差分析结果。在样本1中，强领导、强文化的企业（SLSC）比其他三种类型的企业更年轻，平均的企业规模也最小。虽然四种企业在年限上的差异并不显著，整体模式还是与假设3b一致的。四种企业在规模上的差异是显著的。强文化总体上出现在年轻的、小的企业中，不论其领导是强还是弱。为了进行资源方面的分析，在样本2中，除了主观的绩效外，我们还加入了ROA和ROS指标。领导与文化脱钩的企业，以及弱领导、弱文化的企业绩效最差。强领导、强文化的企业绩效最高。总体而言，表6中的结果支持了假设3b关于领导自由度情境约束的假设。

表6　高层经理领导行为与组织文化脱节与否的情境约束：研究一

	领导行为与组织文化的关系				F值
	SLSC	WLWC	SLWC	WLSC	
样本1					
企业存续时间（年）	17 (21.2) n=210	22 (19.6) n=153	22 (20.4) n=65	21 (18.8) n=75	291*
企业规模（员工人数）的对数	1305 (2487.6) n=209	1449 (2547.8) n=152	1919 (3276.7) n=62	2195 (3227.0) n=73	2.30^{+}
企业绩效：主观评分	3.56 (0.56) n=224	2.64 (0.76) n=164	3.03 (0.72) n=68	3.09 (0.65) n=77	63.27**

续 表

	领导行为与组织文化的关系				F值
	SLSC	WLWC	SLWC	WLSC	
样本2					
企业存续时间（年）	15 (19.9) n=58	20 (24.1) n=32	20 (22.2) n=25	13 (20.7) n=27	0.86
企业规模（员工人数）的对数	3838 (14722.6) n=58	15553 (37991.7) n=31	5847 (12203.4) n=26	3008 (11438.4) n=27	4.82^{**}
企业绩效：ROS	0.16 (0.12) n=45	0.10 (0.13) n=21	0.07 (0.09) n=17	0.10 (0.11) n=19	2.79^{*}
企业绩效：ROA	0.18 (0.17) n=47	0.10 (0.17) n=22	0.10 (0.09) n=16	0.12 (0.19) n=21	1.74
企业绩效：主观评分	3.75 (0.51) n=58	3.46 (0.49) n=32	3.60 (0.50) n=26	3.66 (0.54) n=27	2.20^{+}

注：括号内为标准差；+表示 $p<0.10$，*表示 $p<0.05$，**表示 $p<0.01$。

接下来，表7给出了MDA的分析结果。预测变量有7个：企业年限、取对数后的企业规模、ROA、ROS、企业绩效的主观评价、国有企业哑变量以及民营企业哑变量。样本1中，Wilks' lambda统计量和卡方检验表明两个判别方程是显著的。标准化的判别系数是偏系数（partial coefficients）。它反映了每个自变量对区分效标变量（criterion variables）的独特贡献。分析结果表明，主观评价的企业绩效和国有企业哑变量在第一个判别方程中是重要的预测变量。在第二个方程中，所有5个变量都对分类有所贡献。在样本2中，只有一个判别方程边际显著。系数显示，除了企业年限和ROS外的所有因变量都做出了自己独特的贡献，这与单变量ANOVA分析的结果一致。总结而言，MDA的结果支持了单变量分析的结果。

表7　多元判别分析结果：研究一

判别函数	变量	标准化判别系数
样本1（N=483）		
1	企业存续时间	−0.026
Wilks' lambda=0.65	企业规模（员工人数）的对数	−0.065
Chi−square=202.72**	企业绩效的主观评分	0.888
	国有企业哑变量	−0.385
	民营企业哑变量	0.044
2	企业存续时间	0.325
Wilks' lambda=0.97	企业规模（员工人数）的对数	−0.248

续 表

判别函数	变量	标准化判别系数
Chi-square=16.12**	企业绩效的主观评分	-0.362
	国有企业哑变量	-0.346
	民营企业哑变量	0.649
样本2（N=99）		
1	企业存续时间	0.148
Wilks' lambda=0.72	企业规模（员工人数）的对数	-0.586
Chi-square=30.11+	企业绩效：ROS	-0.349
	企业绩效：ROA	0.193
	企业绩效的主观评分	0.629
	国有企业哑变量	-0.444
	民营企业哑变量	0.443

注：+表示$p<0.10$，*表示$p<0.05$，**表示$p<0.01$。

3.6. 研究一小结

研究表明，功能主义和归因的视角都能够解释组织成员评价的CEO领导行为和文化价值观之间的变异。这个研究也提供了感知的CEO领导行为和组织文化脱节条件的证据。这些证据出现在领导自由度受到限制的情境中。研究结果支持了一些情境可能限制强领导的行为和效应的想法。然而，由于情境变量数目较少，研究结果只提供了一些初步的知识。鉴于研究1是在一个相对陌生背景下分析一个相对结构不良（ill-structured）的问题，我们在研究2中使用了扎根理论（grounded theory）（Glaser & Strauss, 1967; Miles & Huberman, 1994）来揭示CEO领导行为与企业文化之间的关系。这也与组织研究中对情境化的要求（Rousseau & Fried, 2001）相符。我们选择了样本2中，在四种领导—文化组合中属于异常值（outliers）的6家公司。正如Lewin（1992）所提倡的，异常值在识别不寻常的模式以及理论发展和扩展方面非常有用。

4. 研究二

我们为领导与文化脱节的两种组合各选择了2家企业，为领导与文化耦合的两种组合各选择了1家企业。之所以在领导与文化脱节的企业中选择更多的样本，是因为我们的目标是研究这两种情境下的领导行为与企业文化的关系。耦合情况下的2个企业作为控制和对照组。企业的选择是根据编号进行的，而且我们事先不知道企业的名称。我们选定的6家企业都同意我们对其管理人员和员工进行访谈。我们在每家企业访谈了4位管理人员和5到6位员工。这6家企业的概括情况请见表8。表8列出了每家企业及其CEO的人口学信息以及关于它们历史和现状的简介。这6家企业在地理位置、规模、年限和历史上都有较大差异。6家企业CEO中的3人同时也是企业的创始人。他们的背景特征的差异为我们探讨CEO领导行为与企业文化脱钩背后的原因提供了理想的情境。

4.1. 访谈流程以及面谈对象

我们根据初始的假设设计了一个结构化的访谈指南。我们先访谈与文化相关的问题（例如：该企业的核心价值观是什么，是如何表现出来的，对员工的影响如何），然后是与CEO相关的问题（例如：个人的明显特征，对员工和企业的影响，在企业文化塑造过程中的角色）。我们使用的大部分是开放性问题，当被访谈者的回答空泛或者不清晰时，也会进行一些追问（probing）。我们还要求被访谈者描述最近几年公司的企业文化所发生的变化，包括这些变化何时以及为何发生。在面谈之后，我们向他们索取描绘该企业的业务和文化的文档，包括公司的时事通讯、产品目录、宣传册、企业内部的备忘录，以及企业网站的信息。

我们同时使用了个人访谈和焦点小组的形式。个人访谈持续30—60分钟，焦点小组形式则持续1—2个小时。在事先征得同意的情况下，我们对所有访谈进行了录音，但对弱文化、弱领导（WLWC）企业除外。在这个企业中，两个访谈者分别作了详细的笔记，并且在面谈结束后马上比对了他们各自的笔记。其他5家企业的访谈录音被逐字逐句地转化成了文本。

4.2. 访谈数据的内容分析

我们设计了一个编码表，列出了四种主要的类别：组织文化、CEO领导行为、过程和情境。每个类别包含几个子类别。例如，文化的几个维度就是子类别。我们培训了两位博士后研究员和一位博士生按照典型的内容分析程序（例如，Lincoln & Guba, 1985）来完成编码。他们根据编码表，各自独立地对访谈文本进行了编码。在完成一个公司的访谈文本的编码后，编码者与研究人员会面讨论那些没有取得共识的条目。我们讨论了出现差异的原因。在可能的情况下，我们解决了一些差异。然后我们引入在这个过程中获得的一些新类别，并把它们加入编码表中。修改后的编码表被用于对第二家企业的访谈文本进行编码。我们重复这个过程，直到完成所有6家企业访谈文本的编码。到第5家企业后，没有再出现新的类别，表明可能已经达到理论饱和（Lee, 1999）。

我们在讨论前和讨论后分别计算了评分者间一致性。在讨论前，三个编码者的一致性范围在40%到70%之间，而两两编码者之间的一致性则分布在77%到94%之间。讨论之后，三个编码者的一致性范围在58%到91%之间，两两编码者之间的一致性在85%到98%之间。[①]在对访谈数据进行内容分析之后，我们又回顾了每个企业的文档，为所有的类别和子类别获得进一步的证据支持（Sutton, 1987）。我们以访谈数据为主、文档为辅来探索围绕领导与企业文化的因素。

4.3. 结果和讨论

4.3.1. SLSC公司

这家年轻的企业，在没有政府介入其业务发展的情况下，在吸引投资者方面获得了惊人的成功。这家企业的资产在两年内从3000万元增长到5亿元。访谈数据证实了问卷调查获得的该企业的文化强度以及一位活跃的领导存在的证据。被访谈者一致地描述了一位令人印象深刻的领导者。

> 当我们刚开始运作这个公司时，所有人都觉得艰难。尽管没有高薪，在他的领导下每个人都全力完成我们的工作。……他（CEO）外向，且有进取心。他能够用他的魅力来影响我们。在工作中，我们总是感到兴奋和快乐。

然而，企业的高速发展的代价是内部系统发展的不足。编码后的访谈数据中，只有3%的面谈者提到系统和程序的使用。没有时间让员工有更多的投入。这个企业无疑处在发展的蜜月阶段：有一个有能力的领导，以及高速发展带来的兴奋。问卷数据中强领导、强文化的感知可能反映了这种蜜月期的兴奋愉快感。在访谈中，该CEO已经离开了这家企业，而被访谈者对企业文化的热情也消退到了一定的程度。这个企业是使用问卷填写方式的一个典型的归因或一致性偏差（attribution or consistency bias）的例子。

① 如果需要，可以向作者索取所有信度分析的结果。

表8　研究二中六家企业的访谈概要

企业类型	访谈得分	企业概况	CEO概况	企业描述
SLSC，6次访谈	平均领导行为得分=1.84；平均组织文化得分=1.74	成立两年，员工70人，房地产行业	36岁，MBA，在该职位任职2年，在该企业中任职2年，是企业创建者	该企业作为上海外滩的一个科技园的一部分而建立，是中国政府和新加坡政府建立的合资企业。公司管理科技园的房地产开发。创建公司的CEO有完全的权威介入大型工程，并从政府获得部分资金支持。在这名有进取心、思想开放、富有创新精神的年轻领导者带领下，科技园取得了显著的成功。
WLWC，4次访谈	平均领导行为得分=−2.09；平均组织文化得分=−1.31	成立50年，员工850人，工程服务业	63岁，大学学历，在该职位任职9年，在该企业任职38年，非企业创建者	该企业位于中国的内陆省份河南，是一家为信息产业部下属的为邮电企业提供工程服务的设计院。从市场化改革起，该企业不再被分配项目，而必须与国内或海外的设计机构竞争。该CEO是一名技术专家，没有太多管理经验，在企业服务了近十年，打算在近期退休。
SLWC−1，4次访谈	平均领导行为得分=0.13；平均组织文化得分=−0.84	成立10年，员工200人，房地产行业	39岁，MBA，在该职位任职2年，在该企业中任职2年，非企业创建者	该企业的业务与SLSC公司类似，负责上海一个科技园的开发。不过，该企业的投资需经地方政府核准，因此为地方政府所控制。在中国共有53个国家级高新技术园区，大约1000个地方高新技术园区。在这种高度竞争的环境下，该企业常常要牺牲经济利益来遵守政府的规则。该CEO是一名相对年轻的CEO，他积极地从国内企业和跨国公司招募专业人士。
SLWC−2，8次访谈	平均领导行为得分=1.21；平均组织文化得分=−0.57	成立6年，员工480人，网络及系统集成业	39岁，MBA，在该职位任职6年，在该企业中任职6年，是企业创建者	该企业是中国大规模应用网络和信息系统集成领域的先行者之一。在不到5年的时间里，该企业成功地为电信、银行、邮政、政府和电力行业完成了上百个项目。2002年5月，该企业被评为“2002年成长最快的中小企业”。其年轻的CEO擅长与政府和其他商业合作伙伴维持良好关系，他从政府控制下将该企业民营化，并吸引了若干外国投资者，将该企业变成了一家合资企业。企业快速的成长与变化给员工造成了很大的压力，企业也在成功的同时，经历着快速成长而缺乏系统结构和流程的新公司常有的混乱。

续 表

企业类型	访谈得分	企业概况	CEO概况	企业描述
WLSC-1，7次访谈	平均领导行为得分=-1.33；平均组织文化得分=0.57	成立17年，员工10000人，电信制造业	55岁，职业学校学历，在该职位任职17年，在该企业中任职17年，是企业创建者	该企业是中国最大的电信设备制造业上市公司之一，也是全球该行业的重要企业，在四十多个国家拥有工程项目。该企业被认为是中国最好的企业之一。该企业55岁的CEO是企业创建者，他常用以下口号来强调对企业的忠诚和承诺，如“相互尊重，忠诚XYZ生涯”，“努力工作，创造著名XYZ品牌”，“以科学管理改善XYZ效率”。该CEO关注于创建指导研发、产品测试和营销的体系，而在其他方面保持低调。
WLSC-2，8次访谈	平均领导行为得分=-0.20；平均组织文化得分=0.71	成立100年，员工1800人，电信传输业	50岁，中学学历，在该职位任职5年，在该企业中任职26年，非企业创建者	该企业由德国人在第一次世界大战前创立于青岛，是中国历史最悠久的电信企业之一。为打破垄断，该企业1998年从中国电信分离出来。身处这个竞争日益激烈的行业，企业员工深知客户服务是未来成功乃至生存的关键。50岁的CEO出身于邮递员，没有受过多少教育，但他的努力工作和良好的绩效使他多次得到提升。他态度和蔼，其讲话关注顾客导向和创新。企业位于一个有很多管理良好的企业的地区，这些企业在关注顾客和产品质量方面都有良好的声誉。

注：调查的分数是五位领导和五个文化维度的标准分数的平均。年龄和工作年限用年来衡量。.

4.3.2. WLWC公司

在整个访谈过程中，被访谈者几乎没有提到领导，而企业的“传统”则被反复提到。下面的这段访谈内容反映了传统的主导性。

我1994年进入这个机构，我觉得它有非常好的传统。虽然没有人清晰地总结这个传统，实际上它深植于每个人的脑中。我们所有人都感到自己属于一个不可分割的集体。比如说，当一个人在工作中遇到一个新技术问题，其他人会乐意帮他/她解决这个问题，尽管这不是他们的职责。

访谈数据显示团队协作、规则导向经常被提到，而其他文化价值观被提到的比例则要少得多。访谈数据还显示环境不确定性和企业传统被频繁提到。850名员工中的大部分都是工程师。考虑到他们所处环境中不断加剧的竞争和变化，特别是该企业业务竞争所处的行业（全部是与IT相关的行业），这些专业员工对团队协作的重要性有着充分的认识。然而，传统性很强，而且受制于规则的官僚机构使得组织没能进化为一个灵活的、适应性强的实体。领导在这个企业中很不显眼。尽管我们反复探寻，被访谈者总是不怎么谈领导。

4.3.3. SLWC-1公司

SLWC-1公司与SLSC公司在业务方面类似，但在一个政府严格控制的环境下运作。访谈数据支持了问卷数据中对领导的评估。该CEO不是一个绝对活跃的领导，但在大部分领导行为维度的表现都在平均水平。这是一个情境限制非常强的企业。企业面临的环境不确定性极其高，又有非常强的传统。这家企业位于一个机会与激烈竞争并存的城市。然而，它继承了母公司的传统，表现得很像一个国有企业。绝大部分决策都需要得到政府的支持。自从10年前建立后，它一直在政府控制的阴影下运作。有一个被访谈者说：

我们公司与其他大部分国有企业一样。实际上，它不是一个真正的企业，而是一个政府与企业的混合体。它很难设定一个清晰的目标。有时我们表现得像政府机构，有时又像一个企业。归根结底，到最后都是政府做决定。

另一位被访谈者说：

就像一个孩子继承了他/她父母的基因，我们公司必须服从政府的指令。公司已经换了4个总经理，但公司没有被任何一个总经理影响过。

访谈和问卷的数据都表明当前的CEO非常受员工的尊重。然而，尽管他付出了一些努力来沟通他的愿景，也没能在企业中建立对于适应不确定环境非常重要的顾客导向或团队协作的企业文化。这个企业是一个母公司的紧密控制限制了领导者自由度的典型例子。在公司时事通讯上发表的一个故事中，CEO引用了下面这段话：

我们市的第八次代表大会是鼓舞人心的。书记的报告令人印象深刻……清晰地指明了我们应当跟随的方向。

4.3.4. SLWC-2公司

这是一家刚成立6年，拥有480名员工的企业。企业的高速发展已经使得“老”员工和“新”员工之间产生了界限。一个主管告诉我们：

我们公司从一个小公司快速扩张起来。老员工只占一小部分，而且没办法把企业原有的文化传达给新员工。我们的文化已经被快速地稀释了。

一位研发项目经理提到：

我们公司原本有团队协作的传统（那时我们的项目规模都还比较小）。现在，我们在进行一些大规模的项目，参与的人非常多。越来越多的人涌入公司中，而这些人并没有团队协作精神。

公司的快速发展使得新员工在加入公司后，立即就开始为位于不同省份的客户完成一些项目。他们可能会因此离开公司几个月。一回到公司，他们又会被分配到另一个地方的另一个项目。因此，尽管有一个技术与权威兼备、受人尊敬的CEO，高速发展使得公司难以在员工中培养团队协作精神，以及让员工参与建设企业文化。这个案例也阐明了一个年轻公司成功背后潜在的负担。

4.3.5. WLSC-1公司

这家公司具有强文化，但领导者在问卷调查中得到的评价较低。这家公司在多个不同城市有分支机构，但具有完善的内部程序和沟通设施，使得企业可以建立高强度的、在各种文化价值观上达成共识的强文化。1993年，CEO提出了四句口号来代表公司的核心价值观。[①]1997年，公司又对这些口号进行了修改和丰富。这些口号反复被员工们讨论，并发表在公司的内部时事通讯上。公司要求所有的员工提出自己的观点，员工的建议也被整合到新版的文化价值观中。访谈对象说该公司文化的形成是公司稳固下来的一个自然结果。该公司的时事通讯上有很多文章探讨如何使用六西格玛来改进管理。“公司很明显在推动利用标准来创建新的竞争规则。”有趣的是，在这些变化之中，在20世纪80年代末创建该企业的CEO一直保持着低姿态。他总是保持安静，非常谦逊和坚定，人们称他是一个儒商。CEO在正式的系统中把权利分派给他的下属，他的下属则根据明确的程序做出决定。企业文化的强度建立在强的内部系统、过程、管理层参与，而CEO却站在聚光灯之外的基础上。它是一个管理良好的拥有制度化的文化的企业。一位中层经理如此描述：

当我们公司很小时，它的实践是非正式的。随着公司规模的扩大，很多管理问题就出现了。当公司很小时一个经理可以监督他的下属，但是当公司规模扩大时这就不适用了。所以，我们开始改善我们的流程，并且也越来越重视我们的管理。

一个发展成熟的管理系统会把领导的角色制度化。另外，10000名员工中的大部分都毕业于中国的顶尖大学。他们的平均年龄是30岁。在发展公司文化时，受过高等教育的劳动力的高度职业化也替代了领导的功能。

4.3.6. WLSC-2公司

WLSC-2公司是中国历史最悠久的公司之一，但它的老传统并没有成为其发展高度适应性文化的一个障碍。WLSC-2公司的高度适应性文化一方面集中于顾客导向，另一方面强调要符合原则。访谈的数据证实了WLSC-2公司强文化的存在，尽管访谈的内容比调查数据发现了对领导更多的尊重。该公司现在的CEO是1998年就职的。他经过了26年的忠诚和努力工作得到了这个职位。他只有高中教育水平，但是他成功地在员工参与的情况下使公司得到了转型和改革。在访谈过程中，公司员工显示了对团队合作、服务意识以及其他重要方面核心价值观的一致强烈认同。这个CEO为公司员工灌输了一种危机感，并创立了一个系统去强化公司的核心价值观。一个中层经理报告说：

CEO让每个人都明白，在这个竞争激烈的时代，我们必须提供好的服务才能有未来。在公司的内部报纸上，我们号召员工参与企业文化的发展。例如，我们鼓励

① 这四个口号是：“相互尊重，对公司业务忠诚；为顾客提供真诚的服务；为创新以建设我们的品牌而奋斗；实践科学管理，改进公司效率”。

员工为我们的服务提出一个品牌名称。有一位员工提出的品牌名称被选中。之后，我们请员工设计商标，并从众多员工提交的商标中选择了一个。我们的员工从一开始就参与企业文化的建设，因此他们认同这个企业的文化。

CEO保证了中层经理的广泛参与，而他们也始终如一、成功地实现了CEO的想法并发展出了一系列的新规则。有一个被访谈者说：

我们公司建立了一些系统来支持企业文化建设。传统的薪酬体系改变了很多。我们引进了绩效考核制度，这对专业人员是有利的。我们还采用了新的人力资源政策。大部分的岗位都接受所有员工的申请，并为所有人提供了定期的培训项目。

该公司2001年的整个时事通讯中都是一些关于为顾客提供更好的服务以及服务标准的文章。其中的一个故事如此描绘：

在十字路口，人们看到一个巨大的、漂亮的展板，上面写着——热线1000，无限服务。什么是1000？当你拨打1000时，你会得到答案。它标示着一流的服务窗口，三个0表示零距离、零比例劣质服务及零比例顾客投诉。

故事继续描述了员工在提供服务时必须遵从的程序、规则和规范。另外，公司改变了组织结构，打破了界限，并将一些部门合并以提供更好的服务。所有这些变化都是由一位温文尔雅的CEO通过推动全体员工参与到变革中完成的。还有一点，这个公司的总部位于一座以成为众多管理良好的、拥有对企业非常忠诚的员工的企业而感到自豪的城市。强烈的地方制度规范也为该地区包括WLSC-2公司在内的强文化企业的发展提供了条件。

4.4. 研究二的小结

从强文化—强领导企业的访谈中得到数据为归因偏差提供了一些证据支持。最具启示性的数据来自于四个文化与领导脱钩的企业。这些数据揭示了那些一方面能限制企业CEO发展或改变企业文化，另一方面又能促进与它发展相关的个人和情境因素。数据清晰地指出了文化价值观的内部体制化的重要性，不论是由领导者提出还是从外部引进。数据表明，组织文化是制度力量和过程的结果，制度力量和过程有些是独立于领导者的，而其他的则是可能被领导者或创始者创造或塑模的。下

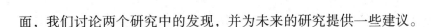

面，我们讨论两个研究中的发现，并为未来的研究提供一些建议。

5. 总体讨论以及未来研究方向

问卷和定性研究中的发现表明，企业文化既是制度也是制度化的产品。Scott（1995）指出，“制度理论要求人们关注社会和文化环境的重要性，特别是社会知识和文化规则系统”（p.xiv）。我们注意到，强文化企业有一些共同点：文化模式是通过一系列规则、系统和规范来塑造和强化的。文化价值观的发展是在长期内，通过成员互动、各种制度过程、来源于企业外部的制度价值观和规范的渗透发展而成的，或者甚至是在短期内通过领导者深思熟虑的行动创造的。我们还观察到，文化领导者也许不是活跃的或魅力型的领导者，但他们显然是制度的构建者，他们通过创造持续的系统和过程来构建制度。通过一个高度情境化的方式，聚焦于那些在统计共变模型中一般会被视为误方差（error variance）的案例，我们获得了一些关于企业文化价值观发展和制度化的过程，特别是对领导者在这个过程中所扮演的角色的见解。进一步的，这个在新环境（中国）下的情境化研究产生了一些与已有文献中的想法类似的发现，说明了这些概念和相关的理论在不同的地理和文化情境下的稳健性。

基于我们研究中的两个主要发现以及进一步的概念阐述，我们提出一个将CEO领导行为与组织文化，以及一系列内生的（enabling）制度和外生制度因素联系在一起的框架。下面，我们具体地讨论这个框架并提出一些未来的研究方向。

5.1. 组织文化：共享的社会知识

基于定性研究中的发现，以及制度理论的逻辑，我们将组织文化重新定义为关于塑造参与者的倾向和行为的普遍规则、规范或价值观的共享知识。这个定义将文化看做一种社会建构（construction），这种定义与Berger和Luckmann（1967）对制度的定义是一致的。这种共享的社会知识，能够引导员工的行为，也能够引导那些对于内部整合非常必要、对外部适应非常关键的决定。我们在中国企业中揭示的文化价值观是与组织发展和生存这些重要问题相关的。文化不只是神话、符号和语言（Pettigrew, 1979）。文化是产品、顾客、团队协作、学习以及企业对社会的责任。对这些社会知识的内化能够激励员工为集体行动而努力，并在一定程度上鼓励员工制定自我治理的规则以一致地践行文化价值观。对多个而非单个目标的强调反映了组织管理中双重聚焦（dual focus）——内部和外部——以及面对复杂多变的制度环境的需要。强文化企业会使用口号，但它们只是象征性的。口号为解读现实意义提供了认知框架。它是一种有力传达和维持文化理解的方法。这个文化的定义对未来研究有三种启示：第一，这个定义指出了同时从共识（consensus）和强度两方面定义强组织文化的必要性，当前的大部分研究一般只关注其中一个方面。第二，这个定义提倡同时考虑多个文化维度以及识别文化价值观的构造以进行比较分析。第三，这个定义也意味着在测量文化时，参与者对文化的主观解读比客观指标更合适。

将组织文化定义为共享知识也使得探讨组织中的亚文化（Sackmann, 1992）或文化的不同类型（Martin, 1992）成为可能。例如，同一个组织在不同行业中运作的业务或分部可能发展出不同的文化。当不同群体分别对不同价值观存在高强度的认同（低共识，高强度）时，一个组织就具有Martin（1992）所认为的“差异化的”（differentiated）文化。当对任何价值观的社会知识的强度和共识都低时，企业就具有“片断化的”（fragmented）文化。而当共享知识中同时存在高强度和共识时，组织就具有“整合化的”（integrated）文化。然而，整合性文化只有当其包含的价值观与企业所处的制度环境相关联时才是有用的。强文化在本质上是组织中“由认知的、规范的和调节的结构和为社会行为提供稳定性和意义的行为组成的体制”（Scott, 1995: 33）。那些具有片断式文化或差异式文化的企业本质上是发展不够充分的体系。

5.2. CEO领导

我们的研究揭示了两种不同类型的CEO领导，以及不同的领导在塑造组织文化中扮演不同的角色。一种CEO领导关注建立公司的业务和绩效，而不太注重发展企业内部的系统和过程。根据访谈数据，研究2中的所有三种“强”领导都具有强烈的绩效导向（performance focus）。我们将这些CEO称为“绩效建设者”。第二种类型的领导者则致力于创建系统，以将对企业的竞争和生存重要的价值观制度化。两个WLSC公司的CEO为领导者的这种制度建设角色提供了强有力的证据。我们将这样的CEO称为“制度建设者”。制度建设者通过建立强有力的组织文化并在员工中创建对一系列包括提高企业绩效在内的价值观的共识来间接影响企业绩效。

那么，那些绩效导向的领导者都是什么人呢？有意思的是，在访谈样本中，他们都是相对较年轻且有MBA学历的领导者。这一方面可能表明了一种学习导向，另一方面可能也表明了对职业经理人的合法性的渴求。他们似乎能更好地理解并且能表现出我们问卷中测量的领导行为。因此，相对于其他三种领导者而言，这些CEO

获得了良好的评价。他们是活跃的、有愿景的、有魅力的，这些都是当前文献中提到的文化领导者的典型特征。这些活跃领导者出现在弱文化企业中，是因为他们专注于企业对外部的适应，也即开发新市场和有竞争力的产品。对公司业务的全心专注，以及相应的对发展内部系统以巩固重要的价值观的忽视可能是领导与文化脱钩的原因。

另一方面，相对来说，我们样本中的制度建设者的年龄往往更大一些，所受的教育总体上也相对少一些。这些温文尔雅、非魅力型领导者因为对内部整合问题（将价值观制度化，将过程系统化）的关注而与强文化相关联。他们是制度建设者，因为他们为组织内的想法和能量通过结构化的渠道流动创建了“基础设施”。定性研究数据揭示了强领导者（精力充沛的、绩效导向的年轻领导者）的弱势。Collins & Porras（1995）在美国领导者中也发现了温文尔雅的制度建设者，并认为“高姿态、魅力风格绝不是成功塑造愿景型企业所必需的”（p.88）。

强文化企业的领导并非是一个单独的个体。定性研究揭示了其他高级以及中层领导者的角色。这些领导者共享CEO的愿景或信念。由于深深地嵌入在组织中，他们能够更快社会化地、结构化地传播文化。他们在文化变革和发展中的参与行为成为价值观和规范制度化的一个关键力量。进一步的，企业的创始人不一定总是强文化领导者。在我们的研究中，创始人和非创始人领导者都与弱或强文化有关联。一个有愿景，但对文化维持基础设施的建设不关注的领导者无法发展出一个强文化的企业。由于访谈研究样本量太小，我们无法确定年龄和教育程度能否预测领导者发展企业文化的兴趣和能力。实际上，对研究1中的问卷数据进行的进一步分析结果表明，无论是年龄还是教育程度与组织文化之间都没有系统的关系。

未来的研究应该在中国以及其他地方，使用系统的数据来查证这两种领导并检验这两种领导对组织文化和绩效的影响。

5.3. 内生的职能制度

我们还发现，组织内的制度对于塑造和维持组织文化非常重要。这些制度能够中介和削弱CEO领导对企业文化的影响。访谈数据与记录文档相互印证，解释了一系列强化或者维持文化的系统和过程的存在。包括强化文化价值观的人力资源系统，如选拔、评估、奖励和培训。来自两个强文化企业（WLSC1和WLSC2）的证据表明，存在各种各样的系统来引导和塑造员工行为。而过程则包括广泛的沟通、员工的社会化，以及将员工卷入文化发展过程中。这些过程帮助将愿景和价值观制度化。这些关于内部过程的发现与企业中文化发展的主流视角是一致的。

那些制度建设者CEO关注这些系统和过程的建设，而绩效建设者CEO则往往忽视它们（在图1中，前者用实线箭头表示，后者用虚线箭头表示）。这些系统和过程用于发展、维持和强化强的组织文化，也即有利于企业的外部适应和内部整合的信念和价值观。我们的访谈数据清晰地表明，系统和过程与强文化是并存的。强文化或许促进这些使能制度的发展，但没有这些系统和过程的话，文化将无法维持（因此在图1中用双向的箭头表示）。这些系统还可能影响企业绩效，不过在强文化的情况下，对绩效的影响可能会更大。未来的研究应该确认这些发现和推测。

5.4. 外生的约束或促进制度的影响

本研究还揭示了一些可能促进或限制CEO对文化的影响的情境因素。我们的分析发现了两种与文化相关的外生制度。它们在外部环境和组织层面上与制度相联系。

所有组织都同时面临技术和制度环境（Scott & Meyer, 1991）。技术环境是指一个组织与其他组织交换产品和服务的竞争市场或行业。而制度环境则以组织为了获得支持和合法性必须遵从的规则和规章为特征。两种制度环境，或其中一种制度环境中的不确定性都会为领导者引入必要的、能减少不确定性的变革和行为带来机会。领导者能够通过描绘企业的未来愿景，以及指定对他人而言还不那么明朗的行为来为组织提供清晰性。因此，环境不确定性构建了一种加强领导自由度的“弱”情境。然而，我们在这种情境下关于环境不确定性的发现并不像看起来的那么明确。WLWC和SLWC1这两家企业都面临高度的不确定性。然而，这两家公司的CEO都没能把握环境不确定性所提供的机会。这可能是因为母公司的主导控制导致的。另外，中国的法律环境对于一些企业来说是一种资源，但对另外一些企业来说却是一种约束。就理论发展而言，对环境变量的更加细致的分析是十分必要的，特别是在发展中经济体的情境下。

我们的观察表明，特定行业、职业和地理区域中的制度规范和规则能够削弱CEO领导对组织文化的影响。定性数据确认了不同企业中行业的相关性作为文化原型的根源。现存的在发达经济体中的文献报告了这一点（Chatman & Jehn, 1994; Gordon, 1985, 1991）。在行业规范之外，我们的研究也揭示了职业规范和价值观的作用。具有强职业价值观的员工能够代替领导者的导入和传播相关的行为规范的行动。我们的数据还进一步指出了地方或区域的与服务、顾客、质量和承诺相关的制度规范的重要性。这些因素解释了独立于领导的强文化企业的存在。未来的研究应该在研究组织文化时包含这些因素。不过，企业需要独特性来赢得竞争优势（Barney, 1986）。识别不同行业、区域和职业领域内部和它们之间的企业核心文化价值观的异同可能是未来研究一个富有前景的话题。

研究2还揭示了许多组织层面的外生因素，如企业的发展阶段、企业传统和母公司控制，这些因素能够直接在CEO领导之外影响组织文化的发展。当企业正在快速发展时，领导者被对发展业务的关注所牵绊。

公司传统既可以是促进因素也可以是阻碍因素。经历了时间考验的、长存的文化具有持续的力量。文化持续性是一种得到普遍认可的现象（Zucker, 1991）。IBM和HP是典型的例子，它们的文化已经保持了数十年，即使已经换了很多届领导者。我们访谈的公司中的被访谈人员也提到，为了应对新的组织挑战，新员工的快速进入弱化了传统。总体而言，传统产生惯性，与大而久的组织类似。我们的问卷数据指出了由组织年限和规模所导致的组织惯性的限制性本质，这也解释了感知到的领导行为和文化价值观之间的脱钩。

对于政府控制的限制性本质，数据给出的结果较为模糊。当前情况下，在我们的样本中，政府指的是企业的母公司（作为主要股东）。通过要求所有的决定都必须得到政府或母公司的批准，领导者的影响力被极大地中和（neutralized）了。即使有一个强领导，如在SLWC-1和SLWC-2企业中，企业文化也得不到发展。更进一步的，创始人在塑造企业文化方面似乎并没有什么优势。研究2的数据表明，外部控制对创始人和非创始人领导者都有影响。

5.5. 对未来研究的启示

综合两个研究的发现，我们提出了一个总体框架（见图1），这个框架可以作为未来关于CEO领导和组织文化之间关联的理论发展和实证研究的基础。研究结果指出了一种描述组织文化的发展和变化的制度视角。本研究认为，未来的研究可以通过关注领导塑造文化的过程，而不只是领导的特征本身。此外，本研究确认了使用异常值以及聚焦在“误差”而非“系统”方差在获得传统协方差模型无法获得的见解方面的优势。这个在新情境下的高度情境化研究揭示了一些潜在的、跨文化的相似点和差异。一个具有跨文化启示意义的有趣发现可能是关于基本归因错误（Kelley, 1973）的普遍性。研究1中的参与者看起来并没有对消极结果进行个人归因，而对积极结果进行情境归因。这种行为到底是领导—文化领域的独特现象还是中国人的总体特征？最后，这两种领导者（即绩效建设者和制度建设者）是否为中国所特有的？考虑到美国学者也已经观察到许多非强硬的、非傲慢、非魅力但有影响力的领导者（Collins & Porras, 1995），对高、中级领导者以及他们对企业文化的角色进行跨文化分析可能是未来研究的一个有趣的话题。

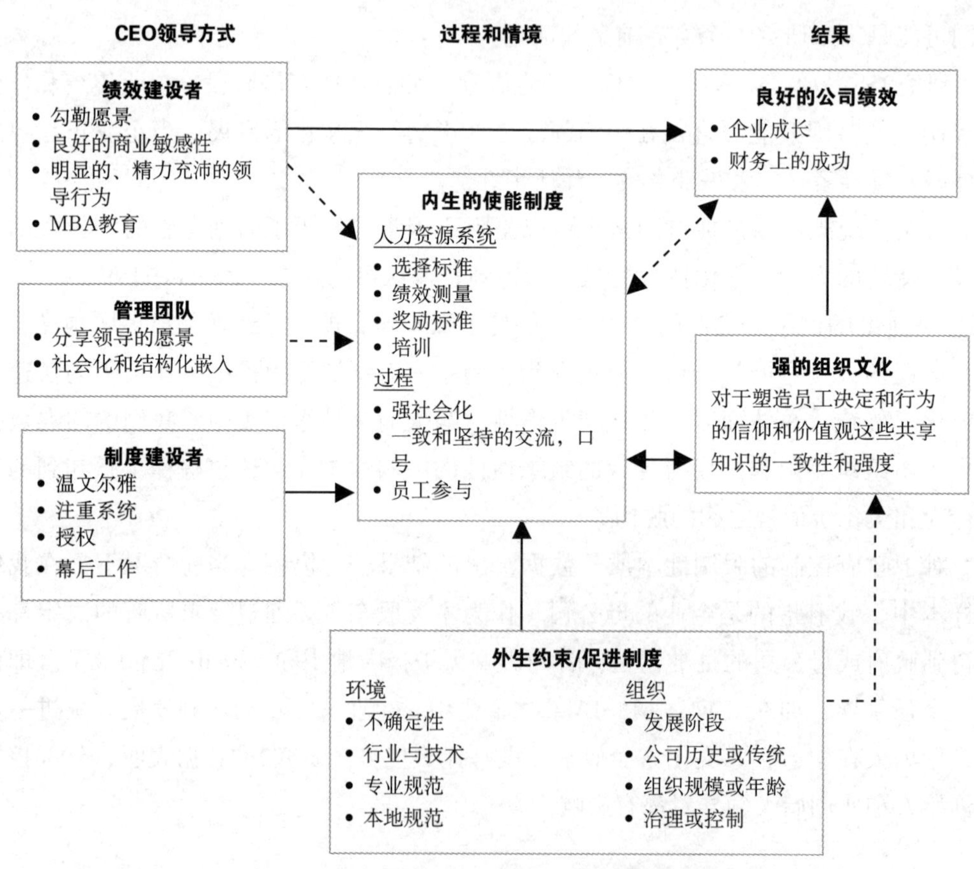

图1　CEO领导方式和组织文化的一个修正模型

5.6. 研究局限

我们的研究还存在几点不足之处：研究1只是对有限数量的可能解释领导与文化之间脱节的因素进行的系统检验。研究2只包含了6家企业，且只在2个行业内。未来的研究应当验证本研究的结论在其他行业的适用性。我们的研究只关注了CEO领导行为与企业文化之间的联系。我们把企业绩效作为一种来源——一种外生变量——而不是领导和文化的结果。未来的研究应当将企业绩效——包含企业和个人结果——包含到一个全面的关于领导行为和企业文化以及它们在影响组织和个人层面结果方面的共同作用的模型中。我们的研究使用了为中国情境专门开发的量表。本研究发现的可扩展性可能会受到我们使用的这些量表的限制。最后，本研究是在中国——一个正在快速发展、在各种产业崭露头角的经济体——进行的。商业实践的现代化是许多公司的期望目标。我们访谈的6个CEO中的3个是MBA。国家文化可能会扰乱我们的发现。中国员工是否会对表现得像西方人（在MBA项目中被社会化）的领导者做出消极的反应？因此，受过MBA训练的领导者也许能够帮助企业提升绩效，但可

能没法很好地被员工接受。中国工商企业中存在的代际文化冲突无疑是一个有趣的研究课题。

6. 结论

这篇论文的主要贡献是揭示CEO领导行为与组织文化之间的关系。我们在一个情境强度和领导者自由度具有很大差异的情境下检验了这个问题。我们指出，即使是在这个情境中，CEO领导行为和组织文化出现耦合的几率也比脱节的几率更高。这可能反映了领导的真实影响，也可能只是浪漫化归因的结果。我们通过演绎和归纳两种方式，为感知的领导行为何时会与企业文化的描述不相关提供了一些证据。从而我们获得了更多的对领导者影响组织文化的过程的理解。综合所有发现，我们不能理所当然地认为领导者在组织文化中扮演了无所不能的角色。我们希望本研究解开了领导与组织文化之间关系的一些谜团。我们所发现的远远超出表面看到的现象。领导者可以通过理解情境、利用情境，以及引入系统和程序，将内部创建的或是从外部引入的价值观进行制度化，从而塑造企业文化。然而，那些看起来像弱领导者的人，实际上很可能是真正的强领导者，通过温文尔雅的方式建设文化的基础。而看起来像很强的、活跃的领导的人，实际上可能是弱领导，关注的只是在短期内创造企业财富而忽视为企业文化建立的良好基础。除实质性的知识之外，我们还希望这个研究能体现出新情境和使用异常值来获得相对而言对结构混乱现象的新见解的优势。

参考文献

Allaire, Y., & Firsirotu, M. E. 1984. Theories of organizational culture. *Organizational Studies*, 5, 193– 226.

Barney, J. 1986. Organizational culture: Can it be a source of sustained competitive advantage? *Academy of Management Review*, 11, 656–665.

Bennis, W. 1986. *Leaders and visions: Orchestrating the corporate culture.* In M. A. Berman (Ed.), Corporate culture and change. New York: The Conference Board Inc.

Berger, P. L., & Luckmann, T. 1967. *The social construction of reality.* New York: Doubleday & Company.

Bettman, J. R., & Weitz, B. A. 1983. Attributions in the board room: Causal reasoning in corporate annual reports. *Administrative Science Quarterly*, 28, 165–184.

Boisot, M., & Child, J. 1996. From fiefs to clans and network capitalism: Explaining China's emerging economic order. *Administrative Science Quarterly*, 41, 600–628.

Burrell, G., & Morgan, G. 1979. *Sociological paradigms and organization analysis*. London: Heinemann.

Calder, B. J. 1977. An attribution theory of leadership. In B. M. Staw, & G. R. Salancik (Eds.), *New direction in organizational behavior* (pp. 179– 204). Chicago: St. Clair.

Calori, R., & Sarnin, P. 1991. Corporate culture and economic performance: A French study. *Organizational Studies*, 12, 49–74.

Camerer, C., & Vepsalainen, A. 1988. The economic efficiency of corporate culture. *Strategic Management Journal*, 9, 115–126.

Cameron, K. S., & Freeman, S. J. 1991. Culture congruence, strength, and type: Relationship to effectiveness. In R. W. Woodman, & W. A. Pasmore (Eds.), *Research in Organizational Change and Development*, vol. 9 (pp. 523– 558). Greenwich: JAI Press.

Chatman, J. A., & Jehn, K. A. 1994. Assessing the relationship between industry characteristics and organizational cultures: How different can you be? *Academy of Management Review*, 37, 522– 553.

Child, J. 1994. *Management in China during the age of reform*. Cambridge: Cambridge University Press.

Clark, B. R. 1972. The organizational saga in higher education. *Administrative Science Quarterly*, 17, 178–184.

Collins, J. C., & Porras, J. I. 1995. Building a visionary company. *California Management Review*, 37, 80–100.

Conger, J. A., & Kanungo, R. N. 1987. Toward a behavioral theory of charismatic leadership in organizational settings. *Academy of Management Review*, 12, 637– 647.

Davis, S. M. 1984. *Managing corporate culture*. New York: Ballinger.

Davis-Blake, A., & Pfeffer, J. 1989. Just a mirage: The search for dispositional effects in organizational research. *Academy of Management Review*, 14, 385–400.

Deal, P., & Kennedy, A. 1982. *Corporate cultures*. Reading, MA: Addison-Wesley.

Denison, D. R. 1990. *Corporate culture and organizational effectiveness*. New York: John Wiley.

Denison, D. R., & Mishra, A. K. 1995. Toward a theory of organizational culture and effectiveness. *Organization Science*, 6, 204–223.

DiMaggio, PJ., & Powell, W. W. 1983. The iron cage revisited: Institutional isomorphism and collective rationality in organizational field. *American Sociological Review*, 48, 147–160.

Farh, J. L., & Cheng, B. S. 2000. A cultural analysis of paternalistic leadership in Chinese organizations. In J. T. Li, A. S. Tsui, & E. Weldon (Eds.), *Management and organizations in the Chinese context*. London: Macmillan Press Ltd..

Glaser, B. G., & Strauss, A. L. 1967. *The discovery of grounded theory: Strategies for qualitative*

research. London: Woedenfeld and Nicholson.

Goodall, K., & Warner, M. 1997. Human resources in Sino-foreign joint venture: Selected case studies in Shanghai, compared with Beijing. *International Journal of Human Resource Management*, 8, 569– 594.

Gordon, G. G. 1985. The relationship of corporate culture to industry sector and corporate performance. In R. H. Kilmann, M. J. Saxton, R. Serpa, *et al.* (Eds.), *Gaining control of the corporate culture* (pp. 103– 125). San Francisco: Jossey-Bass.

Gordon, G. G. 1991. Industry determinants of organizational culture. *Academy of Management Review*, 16, 396–415.

Gordon, G. G., & DiTomaso, N. 1992. Predicting corporate performance from organizational culture. *Journal of Management Studies*, 29, 783–798.

Hambrick, D. C., & Finkelstein, S. 1987. Managerial discretion: A bridge between polar views of organizations. In L. L. Cummings, & B. M. Staw (Eds.), *Research in Organizational Behavior*, vol. 9 (pp. 369– 406). Greenwich, CT: JAI Press.

Hart, S. L., & Quinn, R. E. 1993. Roles executives play: CEOs, behavioral complexity, and firm performance. *Human Relations*, 46, 543– 574.

Hatch, M. J. 1993. The dynamics of organizational culture. *Academy of Management Review*, 18, 657– 693.

House, R. J., Spangler, W. D., & Woycke, J. 1991. Personality and charisma in the U.S. presidency: A psychological theory of leader effectiveness. *Academy of Management Journal*, 36, 364–396.

Howell, J. P., & Dorfman, P. W. 1981. Substitutes for leadership: Test of a construct. *Academy of Management Journal*, 24, 714– 728.

Huberty, C. J. 1994. *Applied discriminant analysis*. New York: Wiley.

Johns, G. 2001. In praise of context. *Journal of Organizational Behavior*, 22, 31– 42.

Kelley, H. H. 1973. The process of casual attribution. American Psychologist, 28, 107– 128.

Kerr, S., & Jermier, J. M. 1978. Substitutes for leadership: Their meaning and measurement. *Organizational Behavior and Human Performance*, 22, 375–403.

Kim, L., & Utterback, J. M. 1983. The evolution of organizational structure and technology in a developing country. *Management Science*, 29, 1185– 1197.

Kotter, J. P., & Heskett, J. L. 1992. *Corporate culture and performance*. New York: Free Press.

Lee, T. 1999. *Using qualitative methods in organizational research.* Thousand Oaks, CA: Sage.

Lewin, A. Y. 1992. On learning from outliers. In F. Y. Philips, & J. J. Rousseau（Eds.）, *Systems and management science by external methods*. Thousand Oaks, CA: Kluwer Academic Publishers.

Lincoln, Y., & Guba, E. 1985. *Naturalistic inquiry*. Beverly Hills, CA: Sage.

March, J. G., & Simon, H. A. 1958. *Organizations.* New York: Wiley.

Martin, J. 1992. *Cultures in organizations: Three perspectives*. New York: Oxford University Press.

Meek, V. L. 1988. Organizational culture: Origins and weaknesses. *Organizational Studies,* 9, 453–473.

Meindl, J. R., Ehrlich, S. B., & Dukerich, J. M. 1985. The romance of leadership. *Administrative Science Quarterly*, 30, 78–102.

Meyer, A. D., Tsui, A. S., & Hining, C. R. 1993. Configurational approaches to organizational analysis. *Academy of Management Journal*, 36, 1175– 1195.

Miles, M., & Huberman, A. M. 1994. *Qualitative data analysis* (2nd ed.). Beverly Hills, CA: Sage Publications.

Mischel, W. 1973. The interaction of person and situation. In D. Magnusson, & N. S. Endler (Eds.), *Personality at the crossroads: Current issues in international psychology* (pp. 333–352). Hillsdale, NJ: Erlbaum.

O'Reilly III, C. A., Chatman, J., & Caldwell, D. L. 1991. People and organizational culture: A profile comparison approach to assessing person-organization fit. *Academy of Management Journal*, 34, 487–516.

Ouchi, W. G. 1981. *Theory Z.* Reading. Mass.: Addison-Wesley.

Parsons, T. 1951. *The social system.* Glenecoe III: Free Press.

Peng, M. M., & Luo, Y. 2000. Managerial ties and firm performance in a transition economy: The nature of a micro–macro link. *Academy of Management Journal*, 43, 486– 501.

Pettigrew, A. M. 1979. On studying organizational cultures. *Administrative Science Quarterly*, 24, 570–581.

Pfeffer, J. 1977. The ambiguity of leadership. *Academy of Management Review*, 2, 104– 12.

Pfeffer, J. 1981. Management as symbolic action: The creation and maintenance of organizational paradigms. *Research in Organizational Behavior*, 3, 1–52.

Podsakoff, P. M., Niehoff, B. P., MacKenzie, S. B., & William, M. L. 1993. Do substitutes for leadership really substitute for leadership? An empirical examination of Kerr and Jermier's situational leadership model. *Organizational Behavior and Human Decision Processes*, 54, 1–44.

Podsakoff, P. M., & Organ, D. W. 1986. Self-reports in organizational research: Problems and prospects. *Journal of Management*, 12, 531–544.

Powell, W. W. 1991. Expanding the scope of institutional analysis. In W. W. Powell, & P. J. DiMaggio (Eds.), *The new institutionalism in organizational analysis*. Chicago: The University of Chicago Press.

Quinn, R.E., McGrath, M.R. 1984. The transformation of organizational culture: A competing values. Paper presented at the Conference of Organizational Culture and Meaning of Life in the Workplace, Vancouver.

Rousseau, D. M., & Fried, Y. 2001. Location, location, location: Contextualizing organizational research. *Journal of Organizational Behavior*, 22, 1–13.

Sackmann, S. A. 1992. Culture and subcultures: An analysis of organizational knowledge. *Administrative Science Quarterly*, 37, 140–161.

Safford III, G. S. 1988. Culture traits, strength, and organizational performance: Moving beyond "strong" culture. *Academy of Management Review*, 13, 546–558.

Schein, E. H. 1985. *Organizational culture and leadership*. San Francisco: Jossey-Bass.

Schein, E. H. 1992. *Organizational culture and leadership: A dynamic view* (2nd ed.). San Francisco: Jossey-Bass.

Scott, R. W. 1995. *Institutions and organizations*. Thousand Oaks, CA: Sage.

Scott, R. W., & Meyer, J. W. 1991. The organization of societal sectors: Propositions and early evidence. In W. W. Powell, & P. J. DiMaggio (Eds.), *The new institutionalism in organizational analysis*. Chicago: The University of Chicago Press.

Smircich, L. 1983. Concepts of culture and organizational analysis. *Administrative Science Quarterly*, 28, 339–358.

Staw, B. M. 1975. Attribution of the "cause" of performance: A general alternative interpretation of cross-sectional research on organizations. *Organizational Behavior and Human Performance*, 13, 414–432.

Sutton, R. I. 1987. The process of organizational death: Disbanding and reconnecting. *Administrative Science Quarterly*, 32, 542–569.

Tolbert, P. S., & Zucker, L. G. 1996. Institutionalization of institutional theory. In S. Clegg, C. Hardy, & W. Nord (Eds.), *Handbook of organizations studies*（pp. 175–190）. London: Sage.

Trice, H. M., & Beyer, J. M. 1993. The culture of work organizations. Englewood Cliff, NJ: Prentice Hall.

Tsui, A. S., & Lau, C. M. 2002. *Management of enterprises in the People's Republic of China*. London: Kluwer Academic Press.

Tsui, A.S., Wang, H., & Xin, K.R. 2002. Organizational culture in the PRC: An analysis of culture dimensions and culture types. Paper presented at the Academy of Management Meeting, Denver.

Tsui, A. S., Wang, H., Xin, K. R., Zhang, L. H., & Fu, P. P. 2004. Let a thousand flowers bloom: Variation of leadership styles in Chinese Firms. *Organization Dynamics*, 33, 5–20.

Waldman, D. A., Ramirez, G. G., House, R. J., & Puranam, P. 2001. Does leadership matter? CEO leadership attributes and profitability under conditions of perceived environmental uncertainty. *Academy of Management Journal*, 44, 134–143.

Wang, D., Tsui, A. S., Zhang, Y., & Ma, L. 2003. Employment relationship and firm performance: Evidence from an emerging economy. *Journal of Organizational Behavior*, 24, 511–535.

Warner, M. 1995. *The management of human resources in Chinese industries*. London: Macmillan.

Whetten, D. 2002. Constructing cross-context scholarly conversation. In A. S. Tsui, & C. M. Lau (Eds.), *Management of enterprises in the People's Republic of China*. London: Kluwer Academic Press.

Yeung, A. K. O., Brockbank, J.W., & Ulrich, D. O. 1991. Organizational culture and human resource practices: An empirical assessment. In R.W. Woodman, & W. A. Pasmore (Eds.), *Research in organizational change and development*, vol. 5 (pp. 59–82). Greenwich: JAI Press.

Zucker, L. G. 1991. The role of institutionalization in cultural persistence. In W. W. Powell, & P. J. DiMaggio (Eds.), *The new institutionalism in organizational analysis* (pp. 59–82). Chicago: The University of Chicago Press.

为谁敲开幸福之门：首席执行官（CEO）的变革型领导行为与价值观*①

富萍萍（香港中文大学）
徐淑英（亚利桑那州立大学 北京大学）
刘军（中国人民大学）
李兰（中国企业调查系统）

摘要：本文分析并检验了首席执行官（CEO）个人的价值观对其变革型领导行为和下属努力工作、为集体利益服务，以及下属的承诺之间关系的影响。本文指出，首席执行官的价值观强化或者削弱变革型领导行为对于下属的影响取决于下属对于领导者内在的价值观与外在的变革型领导行为是否一致的反应。自我强化的价值观主要关注领导个人的福祉，会削弱首席执行官变革型领导行为对于下属承诺的影响；而自我提升的价值观则关注他人的福祉，会强化变革型领导行为对下属承诺的影响。基于两家中国企业45位经理人员的样本，作者开发并采用*Q*-Sort的方法测量了领导的个人价值观。利用来自首席执行官、高层经理和中层经理的横截面数据、追踪数据以及访谈数据，实证结果均支持价值观的削弱和强化效应，并支持了中层经理可以识别首席执行官的价值观的观点。

Burns（1978）提出的变革型领导概念已在领导力研究中占据重要位置（Judge & Piccolo, 2004; Bass & Riggio, 2006）。变革型领导通常被定义为激励下属努力工作并将个人利益融入集体利益的一系列的行为（Bass & Avolio, 1995）。这一定义暗含变革型领导持有集体利益导向的价值观，因此，变革型领导在操作化时被认为是激励下属为实现组织愿景而付出额外努力的一些行为（Bass & Avolio, 1995）。大量研究

* Fu, P. P., Tsui, A.S., Liu, J., and Li, L. 2010. Pursuit of whose happiness: Executive leaders' transformational behaviors and personal values. *Administrative Science Quarterly,* 55: 222-254.

① 该研究受到中华人民共和国香港特别行政区研究资助局资助（项目编号：CUHK 4457/04H）。感谢该篇论文的负责主编Robin Ely和匿名审稿人的建设性建议。感谢Martha Crowe对论文的编辑润色工作。

结果表明，变革型领导与不同层次的结果变量正相关（见Judge & Piccolo （2004）的元分析以及Givens （2008）的综述文章）。尽管已有大量关于变革型领导的研究，但是这一构念的内涵仍然不够清晰并缺乏一致性，部分原因在于主流研究者对于变革型领导研究的争论以及研究视角的转换。事实上，“变革型”一词界定之泛，“几乎包含了有效领导力的所有类型，而不考虑其潜在的影响机制”（Yukl, 2006: 273）。与此同时，我们仍然不清楚变革型领导是否经常地追寻他人的福祉，以及持有自我强化价值观的领导表现出变革型行为时下属的反应。

需要特别指出的是，学者们一直在争论变革型领导是否涉及个人的价值观。这一争论可以追溯到这一理论的推演阶段。Burns（1978: 142）对变革领导或者变革型领导的最初界定是“让价值观中有意识的目的发挥作用”。他认为只有领导者潜在的价值观在道德上是积极向上时才会被视为变革型领导。 Bass（1985）并不同意此观点，他认为基于自身价值观所产生的英雄或反面人物都可以是变革型领导者（Bass & Steidlmeier, 1999: 187）。但他后来承认，将价值观与变革型领导分离开来是错误的，并同意Bass（1978）对变革型领导的界定，认为变革型领导包含一些特定的行为和价值观（Bass & Steidlmeister, 1999: 188）。为了强调价值观和行为相一致的重要性，Bass 和 Steidlmeister（1999）根据变革型领导是否持有道德价值观，将其划分为真实的变革型领导者和非真实的变革型领导者，并明确指出，真实的变革型领导者必须依赖“合法价值观的道德基础”（第184页），而且“只有关心共同利益的社会化（有道德的）领导者才是真正变革型的”（第186页）。

尽管两位著名学者对变革型领导应该持有什么样的价值观有所分歧，然而，变革型领导的实证研究依然将变革型领导视为一种行为，也未将价值观纳入其中（Bass & Riggio, 2006）。直到最近学者们才开始在领导研究中关注价值观的作用，其中包括变革型领导的研究。例如，在一项以学生为样本的实验研究中，Jung 和Avolio（2000）发现，变革型领导对绩效既有直接影响，也可以通过下属的领导信任和价值观一致的中介间接影响绩效。他们将变革型领导定义为那些强调期望结果促进共同利益并向下属传达高期望的领导者，但他们的研究并未解决当领导者的变革行为与其个人价值观出现分歧时会产生的后果。Krishnan（2002）也发现，低层领导者与他们下属的价值观的一致程度与变革型领导正相关，但他们的研究也未涉及领导的价值观如何影响变革型行为与下属态度和行为之间的关系。最近， Sosik, Jung和Dinger（2009）检验了价值观在利他型领导（一种基于真诚的关心、关怀下属的领导力）中的作用，并发现，领导自我超越的价值观和他们的利他行为之间的关系被领导者的集体型自我（collective self）所中介。然而，因为利他型领导不一定能提出一种愿景或者激励下属做出超额绩效的能力，所以它与变革型领导并不相同。总之，这些研究虽然表明领导的价值观对于各种结果变量都能产生影响，但他们都没有表明领导的价值观与变革型行为的交互作用如何影响下属的态度和行为，例如下属的组织承诺和离职倾向。

此外，尽管变革型领导的问卷已广泛使用，但对其行为构成的测量还不太清晰。变革型领导的实证研究通常采用多因素领导力问卷（MLQ）。这个问卷包含四个部分（Bass, 1985; Bass & Avolio, 1995）：理想化影响（之前叫魅力）、个性化关怀、激励以及智力激发。然而，如Yukl（2006）所述，不同研究中变革型领导行为的构成也不同。尽管因子分析支持变革型行为的独特性，但四个维度的高度相关使其无法显现各自的独特效应，因此，很多关于变革型领导前因或后果的研究只用了四个维度的总分，而没有不同维度的得分（Yukl, 2006）。

本研究从概念和操作上厘清了变革型领导的内涵，通过使用单一行为成分来探究领导行为和价值观如何分别以及交互对下属的组织承诺影响。本文的研究目的集中在变革型领导的激励成分，即领导在多大程度上能够提出一种吸引和激励下属的愿景（Goodwin, Wofford, & Whittington, 2001）。要成为变革型领导者，一位首席执行官（CEO）需要清楚目标或者理想的最终状态是什么。由于愿景对于经理人的重要性（Sosik, Avolio, & Jung, 2002; Sosik & Dinger, 2007），这一成分也曾在以往的变革型领导研究中所采用（例如，Waldman *et al*., 2001; Waldman, Siegel, & Javidan, 2006）。同时，价值观也很重要，因为提出愿景（与组织相关并因此可以被解释为集体主义）的领导者应该持有与其传递给下属的愿景相一致的价值观，以此更有效地激发下属对愿景的承诺。如果领导者持有个体主义的价值观，下属可能不会完全接受这一愿景，而且会觉得被领导者背叛，从而降低自己对组织的承诺。

本研究在中国情境中进行。在中国，人们普遍期望领导者有集体主义的导向，那些谋取私利的领导者是不受尊重的。在中国，“领导模式……仍然受到儒家思想的影响”（Bass, 1985:154）。社会期待领导者成为其下属的道德楷模，而且关注集体利益甚于个人利益（Fu & Tsui, 2003）。由于这种社会影响以及共产主义思想，人们期待中国政府官员以及商业领袖都像圣人一样（Cheung & Chan, 2008）。以往的领导力研究也发现，道德特质是中国情景下有效领导所不可或缺的成分（Ling, Chen, & Wang, 1987; Farh & Cheng, 2000）。因此，中国为检验下属对于领导者偏离于社会期望的变革型行为的反应提供了一个理想的情境，中国领导者的变革型行为可能会偏离社会期许，而这种社会期望与其中社会情境中随部门甚至随个人而变化的期许有所不同；因此，领导行为与领导价值观的分歧对下属的组织承诺的影响的理论化和实证检验能够完善变革型领导的理论和实践。

1. 变革型领导行为与下属的组织承诺

Rubin, Munz, & Boomer（2005: 845）指出，“变革型领导行为代表了最积极/最有效的领导风格”。大量实证研究也证实了变革型领导在不同层面的正向影响（Boehnke *et al*., 2003; Judge & Piccolo, 2004），但有关变革型领导行为的构成仍然存在混乱。例如，Bass（1985: xv）将变革型领导的内涵细化为魅力、鼓舞型领导、个性化关怀以及智力刺激。后来他又将“魅力”改为“理想化影响”，将“鼓舞型领导力”改为“鼓舞性激励”（Bass & Avolio, 1995）。两年后，Bass 和Avolio（1997）分别开发了测量理想化影响行为和理想化影响归因的量表，尽管Yukl（2006: 265）提出质疑，“为什么后者会在测量行为的问卷中出现？”但也许是因为有太多的改变，原有的行为成分并不相互独立，很多学者选择从多因素领导力问卷中选出一些题项，然后标上不同的称谓。例如，Waldman等人（2001）在一项关于首席执行官变革型领导的研究中，抽取了多因素领导问卷中的七个题项，将其称为“魅力”，但其中“激发愿景和使命感”、“展现决心”、“传达高绩效期望”四个题项却曾经是用来测量 “鼓舞性激励”的。研究发现，在不确定性条件下，首席执行官的“魅力”与企业绩效正相关。为了避免混淆，我们仅用鼓舞性激励来代表首席执行官的变革型领导。

与Waldman等（2001）研究结果一致，本研究预测领导者的变革型行为，如描述有吸引力的组织愿景、向下属传达高绩效期望以期待他们能够为集体利益作出贡献，将激发下属的强烈组织承诺。在中国企业中，首席执行官常被视为一个家族的首领，他们的行为往往会对下属产生强烈的影响，尤其是中层管理者，因为他们的职位更接近首席执行官（Mowday & Sutton, 1993: 224）。因此，清晰描述愿景的中国领导者比那些没有清晰描述愿景的领导者更能激发下属的组织承诺。

假设1（H1）：首席执行官的变革型行为（a）与中层经理对于组织的情感承诺呈正向相关；（b）与中层经理的离职倾向呈负向相关。

1.1. 首席执行官的个人价值观和变革型行为

价值观反映“个体或团体所追求的公开或内隐的理想，影响个体或群体对行为模式、手段和目标的选择”（Kluckhohn, 1951: 395）。价值观与态度不同，因为价值观更强调理想，而态度则适用于具体的社会事物（Hitlin & Piliavin, 2004）。价值观也不同于需求或者动机，因为需求或者动机虽然看起来与价值观相关，但却不包含价值观的成分。例如，Crocker的自我以及生态系统动机（Crocker, Garcia, & Nuer, 2008; Garcia & Croker, 2008）似乎与利己和利他的价值观直接相关，但是自我系统动机倾向于将满足自我需求置于他人需求之上，而生态系统动机倾向于优先于满足他人的需求。下面的话清楚地表明了动机与价值观的区别："有着生态系统动机的人总是优先满足他人的需求，并不是出于美德或者自我牺牲，而是为了满足他们自身或者他人的基本需求"（Gracia & Crocker, 2008: 454）。价值观与信仰也不一样，"信仰区分'正确'与'不正确'、'真'与'假'"。价值观主要是区分 "好"与 "坏"、"对"与"错"（Kluckhohn, 1951: 432），因此价值观是影响选择和行动所期望的最终状态。

以前的研究将自我超越和自我提升视为影响领导力道德层面的个人价值观中重要的、排序较高的部分（例如 Kanungo & Mendonca, 1996; Ros, Schwartz, & Surkiss, 1999）。自我提升价值观强调对于个人成功、幸福感、优越于他人的追求，因此与变革型领导鼓舞下属的"集体型"愿景不一致。而自我超越价值观强调他人的幸福感，超脱于个人利益之外，他人的平等性，因而与变革型行为相一致。Sosik, Jung和Dinger（2009）也发现这两种价值观与利他行为直接相关联。

很多学者都讨论过首席执行官的价值观与不同结果变量之间的关系。例如，Hambrick 和Mason（1984）解释了相对于其他个人特质，高层经理的价值观如何被转化为引发组织变革的行为。Schein（1992）指出，企业创始人或者高管人员的价值观是影响企业价值观体系及文化的最重要因素。O' Reilly 和 Pfeffer（2000）描述了带有首席执行官或者创始人印记的公司价值观如何影响组织开展业务，对待员工、顾客以及供应商的方式。Ling, Zhao和Baron（2007）发现，创始人的价值观（集体主义以及创新相关的特质）与创业型企业的绩效相关。Chatterjee 和 Hambrick（2007: 351）最近的一项研究表明，自恋的首席执行官往往有着极度正面的自我感觉，而且"一直在先入为主地强化这些自我感觉"，这种价值观对企业的战略决策产生重要影响。自恋更多地反映了自我夸大的价值观而不是强调他人的福祉。所有这些研究都表明，首席执行官的个人价值观影响了领导目标、优先事物、选择以及行为，但是首席执行官的自我超越或者自我提升的价值观如何影响变革型领导中的下属仍然没有答案。

Parsons（1937）以及 Parsons 和 Shils（1951）认为如果不依靠价值观分析，就不能科学地理解人类行为。根据行动理论来研究价值观在变革型领导中的作用时，我们不仅应该研究被领导内化了的价值观，也应该研究被社会体系制度化的价值观，这种价值观也反映在社会对于领导角色的期待中。根据Parsons 和 Shils（1951: 23），“当角色完全与主流文化形态一致，并且是按照与此角色产生作用的集体中的所有成员共享的道德约束体系来设置的，那么这些角色就已经制度化了。”角色期待是行动者相互之间对于行为及态度相互期待的核心。行动者以及与其互动的人都会有这些期待。

中国社会准则深深地嵌入在一些传统价值观之中，这些价值观大多源于两千五百年前的孔子和老子这两位哲学家。二者都认为道德品质是领导者最重要的品质，这使得领导者往往成为道德楷模。在《论语》中，孔子曰，“道之以政，齐之以刑，民免而无耻；道之以德，齐之以礼，有耻且格”（孔子，《论语》第二卷第三节）。同样，在《道德经》中老子描述最好的领导者应该是那种关注集体的提升，而不是建立等级制度以强化其职权或者是奖赏配合其个人利益的人。他将超越的领导者比做圣人：“圣人无常心，以百姓心为心”（老子，《道德经》第49章）。在中国，似乎存在“一些约定俗成，道德生活依赖的是个人的美德而不是其他事物，而有美德的个人不但能改变他人也能改变社会环境”（Bass & Steidlmeier, 1999: 194）。

在西方社会中，道德的来源是宗教信仰；而在中国，道德存在于社会准则中并发挥着宗教信仰在西方所发挥的作用（Tom, 1989）。意识形态上，“中国道德伦理强调个人美德并明确了家庭、宗族、朋友关系以及平级的社会关系和社会政治组织中的上级和下属关系中合理的行为”（Bass & Steidlmeier, 1999: 194）。在中国，好的领导者必须有很高的道德水准（Hui & Tan, 1999; Cooke, 2008）。尽管市场导向加剧了竞争以及追求绩效的压力，而且私营企业的成长使得没有共产主义信仰的个人也可以担当首席执行官，但下属仍然期待领导者是有美德的和以他人为导向的。

基于行动理论（Parsons, 1937; Parsons & Shils, 1951）与中国文化情境，本文认为下属对于领导者价值观和领导者行为的一致性是敏感的。具体而言，下属会对持有高度自我超越价值观的领导者的变革型行为作出积极反应，相反，对于持有自我提升价值观的领导者的变革型行为作出负面反应。基于中国文化情境以及行动理论的逻辑，本文提出以下假设：

假设2（H2）：当首席执行官持有强烈的自我超越价值观时，首席执行官的变革型行为与中层经理的组织承诺、离职意向的关系会更强。

假设3（H3）：当首席执行官持有强烈的自我提升价值观时，首席执行官的变革型行为与中层经理的组织承诺、离职意向的关系会更弱。

在实证研究中，自我超越价值观和自我提升价值观往往是作为两个独立的维度（例如，Sosik, 2005）。这意味着有着强烈自我超越价值观的领导者并不一定自我提升价值观就很弱，或者相反。因为“所有人都或多或少地持有同样的价值观”（Rokeach, 1979: 3），所以领导可以同时具有自我超越价值观和自我提升价值观，区别在于哪一种价值观更强。将这两种价值观作为独立的维度便于本文研究下属对于不同的领导者价值观组合的反应。从逻辑上讲，本文预测下属会对持有较强自我超越价值观和低水平自我提升价值观的领导者的变革型行为作出最积极的反应，而对于持有较强自我提升价值观和低水平自我超越价值观的领导者的变革型行为作出最消极的反应。当变革型领导者同时有较强的自我超越价值观和自我提升价值观时，下属的反应将居于前两种反应之间，因为强烈自我提升价值观的影响将会抵消一些强烈自我超越价值观的影响。下属对于自我超越价值观和自我提升价值观都很低的变革型领导也是类似的反应。因此，本文提出了一个三维交互效应来反映两种价值观和变革型行为的交互影响作用。

假设4（H4）：当首席执行官有较高的自我超越价值观和较低的自我提升价值观时，首席执行官的变革型行为与中层经理的组织承诺之间的正向关系以及首席执行官的变革型行为与中层经理的离职意向之间的负向关系会较强。而当首席执行官有较低的自我超越价值观和较高的自我提升价值观时，这两种关系会较弱。

显然，大部分领导不会将价值观直接挂在嘴上，但随着时间的推移，下属还是能够发觉领导所持有的价值观。如O’Reilly 和 Pfeffer（2000）所指出，员工不仅关注领导的行动，而且关注领导行动背后潜在的动机和信仰。他们通过观察领导者所做的决定，领导的其他社会线索，以及领导者的言语来判断领导者的动机和价值观。同样的道理，通过领导者对过去经历的描述、生活中的重点、职业目标以及领导目标，下属可以推断领导者内在的价值观。本文认为持有较强自我超越价值观的首席执行官会将他人的福祉提升作为领导目标或者人生目标，而持有较强自我提升价值观的首席执行官会用他们的领导职权谋取个人福祉和成就。本文将通过研究首席执行官的言语以理解领导者两种价值观的情境化含义，来证实这一论断。

2. 方法

首先，我们开发并验证了一种用*Q*-Sort的方式对价值观进行判断的方法，这种方法相比传统问卷较少受到社会称许性的影响（O’Reilly, Chatman, & Caldwell, 1991）。然后我们通过测量首席执行官自我认定的价值观、高层经理所描述的首席执行官的领导行为、中层经理自我汇报的截断面以及纵向的组织承诺数据来检验所提出的四个假设。我们对首席执行官进行内部访谈，并用文本分析的方式来探究并解读他们的价值观。两年后，我们对这些中层经理进行电话访谈来验证他们是否能够判断首席执行官的价值观。这些中层经理选自于四位首席执行官的下属，四位首席执行官中有两位的自我超越价值观高于自我提升价值观，另外两位恰好相反。

2.1. 研究一：测量以及验证个人价值观

测量以及验证个人价值观的样本来自于两家北京企业的45位中层或者低层经理。其中，21位来自于一家制造企业的公司办公室，另外24位来自一家信息科技企业。研究样本的年龄均值为36岁（标准差为4.2），平均管理18.2位（标准差为8.7）下属，在所在企业平均工作6.6年（标准差为2.6）。

2.1.1. 价值观的对比测量

价值观要么通过标准化的方式测量，要么通过对比进行测量（Meglino & Ravlin, 1998; Krishnan, 2005）。由于个人价值观是一种深藏于内心的信念，现有的所有研究都采用自评问卷的方式来测量个人价值观（例如England, 1975; Meglino, Ravlin, & Adkins, 1989; Schwartz, 1992, 1994; Egri & Ralston, 2004; Sosik, 2005）。在这种方式下，尽管Schwartz曾指导答题者考虑整体问卷，然后逐一填写，但答题者往往还是独立地评估每一个题项；然而在对比测量中，各种价值观被强行排序。只有对比测量才能够捕捉个体独特的价值观构成；然而正是由于价值观是有层级结构的，所以才有了价值观体系（Krishnan, 2005）。此外，由于是通过相互对比来评估价值观，对比测量得出的评分较少受到社会称许性影响。与带有社会称许性的公众言辞相比，这样的价值观评分能够更好地代表个体的真实价值观取向（Meglino & Ravlin, 1998）。

我们开发了一套对比测量方法，然后采用传统的标准化问卷测量方式进行验证，该问卷是包有46个题项的中国版（Egri & Ralston, 2004）的个人价值观问卷（Schwartz & Sagiv, 1995）。这份问卷包含4个维度：自我提升、自我超越、对变化的开放性以及保守性（Schwartz, 1994）。尽管我们的研究只会用到自我提升和自我超越的价值观，我们还是将所有的46个题项都纳入问卷，便于对比测量中强制排序的实施。我们将46种价值观题项分别打印在2.5英寸×4英寸的卡片上。依据O’Reilly, Chartman 和 Caldwell（1991）的程序， 我们让参与者将46张卡片分别放到预先标有不同编号序号的9个架子上，依据他们对于每个价值观题项的重要性判断。绝大多数参与者都很享受这个“玩卡片”的过程。

2.1.2. 过程

我们分两步收集数据。在公司人力资源经理的帮助下，我们先分发了价值观问卷。参与者独立地对46个价值观题项在9点Likert量表上打分，量表沿用了Schwartz的标准（-1代表与这条准则相反的准则在影响此人，0代表这是一条完全不重要或者不相关的准则，7代表这是一条人生中非常重要的准则）。我们提供了信封并告知参与者一周内将完成的问卷邮寄给我们的研究团队。这次数据收集有100%的回收率。

两周后我们收到问卷数据，然后访问了所有的45位经理人，并指导他们将46张卡片分成2张、3张、5张、8张、10张、8张、5张、3张、2张放到9个不同的架子上，依据他们对于每张卡片上价值观题项的重要性判断，从最不重要到最重要依次排放。也就是说，参与者会将对他们而言最不重要的2张卡片放到第一个架子上，而放到第二个架子上的3张卡片则是第二不重要的，依此类推，第9个架子上放的是最重要的2张卡片。这个分类的过程需要25—40分钟。最后我们会对46个题项进行赋值，如果卡片被放在第1个架子上，则为1分，而第9个架子上的卡片将会得9分。其他7个架子上的卡片分别会被赋值2分、3分、4分、5分、6分、7分和8分。

2.1.3. 结果

Schwartz 和Sagiv（1995）用了13个题项测量自我超越，10个题项测量自我提升，14个题项测量保守，9个题项测量对变化的开放性。我们分别保留了12、9、11、7个题项去测量这四个价值观维度，以确保传统问卷和*Q*-Sort测量的信度系数大于0.70（Cronbach *et al*., 1972）。尽管比原有的题项少，我们的题项数目比其他研究所用的题项数目要多。例如，Sosik（2005）对于每个维度的测量都少于5个题项。Sosik, Jung和Dinger（2009）在传统问卷中分别使用6个题项和3个题项测量自我超越和自我提升价值观。此样本问卷测量中四个维度的信度系数从0.79到0.91不等，*Q*-Sort测量中四个维度的信度系数从0.70到0.80不等。两种方法得出的评分中，自我超越价值观的相关系数为0.57（$p < 0.01$），自我提升价值观的相关系数为0.65（$p < 0.01$）。而对于问卷调研得出的自我超越和自我提升价值观评分的相关系数为-0.60（$p < 0.01$），而对于*Q*-Sort得出的自我超越和自我提升价值观评分的相关系数为-0.47（$p < 0.01$）。在对变化的开放性和保守这两个维度上，我们也得到了类似的结果。这些结果对于*Q*-Sort测量方法的验证提供了有力证据。测量自我超越价值观的12个题项分别是心胸开阔、平等的、宽容的、乐于助人的、诚实的、忠诚的、环保的、负责任的、自律的、维护社会公正、保卫世界和平以及团结的。测量自我提升价值观的9个题项分别是野心、权威、享受生活、影响力、寻找愉悦、维护公共形

象、权力、成功以及财富。表1总结了验证结果。

表1 *Q*–sort 和问卷得分的相关系数（研究1）

题项	均值	标准差	1	2	3		5	6	7	8
1.自我超越（问卷）	4.56	0.90	**(0.88)**							
2.自我提升（问卷）	3.83	0.70	−0.60**	**(0.91)**						
3.对变化的开放性（问卷）	3.87	0.93	−0.47**	0.19	**(0.79)**					
4.保守（问卷）	4.31	0.91	0.13	−0.53**	−0.67**	**(0.86)**				
5.自我超越(*Q*–sort)	5.43	0.46	0.57**	−0.42**	−0.51**	0.37**	**(0.80)**			
6.自我提升(*Q*–sort)	4.66	0.65	−0.40**	0.65**	0.21	−0.46**	−0.47**	**(0.73)**		
7.对变化的开发性(*Q*–sort)	4.69	0.88	−0.38**	0.30*	0.65**	−0.52**	−0.48**	0.13	**(0.70)**	
8.保守(*Q*–sort)	5.02	0.56	0.26*	−0.57**	−0.32*	0.63**	0.11	−0.68**	−0.53**	**(0.75)**

注：（1）*表示 $p<0.05$；** 表示 $p<0.01$。（2）1–4栏为Schwartz（1994）建议的各题项均值的偏相关系数，5–8栏为Pearson 相关系数。信度以粗体标示于对角线上。

2.2. 研究二：基于问卷和访谈的假设检验

为了保证多样性，我们首先确定了一些不同行业而且每一家企业至少有20位中层经理。行业包括制造业、高科技行业、服务业、公共设施及建筑业。我们得到了所联络的49家企业中的42家企业的支持（86%的回复率）。中国国务院下属的执行全中国企业年度调研的一个组织——中国企业家调查系统（CESS）为我们提供了29家企业的调研机会，两位在不同大学任教且有着广泛社交网络的教授通过职业课程教学的机会帮助我们在13家企业收集了数据。42家企业样本包含了605位中层经理，177位高层经理，以及42位首席执行官。这些中层经理直接向高层经理汇报，而高层经理则向首席执行官汇报。这是为了确保中层经理作为下属有足够近的距离去观察首席执行官的行为、听取他们的话语。每家企业平均有14位中层经理参与到这个研究中。参与者需要汇报年龄范围（1代表26岁以下，2代表26—30岁，3代表31—35岁，4代表36—40岁，5代表41—45岁，6代表46—50岁，7代表51—55岁，8代表56—60岁，9代表60岁以上）。如果采取年龄范围的中间点，我们估计中层经理的平均年龄大约40岁，高层经理的平均年龄大约43岁，首席执行官的平均年龄大约50岁。大部分参与者都是男性（74%的中层经理，84%的高层经理，85%的首席执行官是男性）。中层经理、高层经理及首席执行官在所在企业的平均任职年限分别为15.0年（标准差为9.8）、24.1年（标准差为6.2）、24.8年（标准差为9.4）。73%的中层经理、74%的高层经理以及83%的首席执行官都有学士或学士以上学历。企业成立年限从5年到51年不等，平均成立年限为25.4年（标准差为19.7）。我们对企业的员工总数进行常用对数转化得到企业规模大小（$\log_{10}$），从几百人到10, 000人以上（均值为1178人，标准差为1561）。19%的企业为私营企业，33%的企业为国有企业，26%的企业为混合所有制或者归属不清。

第二次数据收集时，我们在第一次数据收集18个月后通过中国企业家调查系统（CESS）再次对那29家企业进行调研。①我们从321位中层经理得到填写完整的第二份问卷，其中295份可以和第一份问卷匹配。筛除不完整信息以确保每家企业都至少有5位中层经理提供了时点2数据，我们得到最后的研究样本——27位首席执行官，116位高层经理，以及288位中层经理来进行我们的纵向研究。为了避免样本偏差，我们比较了这288位中层经理与第一次参加调研的317位中层经理的人口学变量，并未发现明显的年龄（t=1.29，不显著）、教育背景（t=0.99，不显著）、企业工作年限（t=1.29，不显著）上的区别。为了确保参加第二次调研的27家企业的首席执行官的变革型行为及价值观与没参加第二次调研的15家企业的首席执行官的变革型行为及价值观没有明显区别，我们对这两组首席执行官的变革型行为和价值观进行了对比。结果发现两组首席执行官没有显著区别（变革型行为：t= –0.22，不显著；个人超越价值观：t= 0.98，不显著；个人提升价值观：t= –1.14，不显著）。

2.2.1. 过程

研究二的数据收集分为三个步骤：

第一步，我们去首席执行官办公室收集收据。我们邀请他们参与标有价值观的“卡片游戏”，让他们将卡片分放到不同的九个架子上，具体过程与研究一类似。这一环节需要25—35分钟。在此之后，我们对他们进行访谈，会问关于企业、个人背景、首席执行官的成长路径、领导目标以及在他们人生中最重要的事情的问题。我们鼓励他们在思考问题时讲述自己的故事。整个过程持续45—90分钟，过程会在经过首席执行官同意后录下来。由于这些首席执行官与中国企业家调查系统（CESS）或者那两位教授的联系，他们在访谈过程中都表现得很自然、坦诚。

第二步，我们从高层经理和中层经理收集数据。在公司人力资源经理的帮助下，我们获得了列有高层经理和中层经理的组织结构图。我们给每个参与者赋予一个识别码，这样既便于我们匹配数据，也能保证参与者的匿名性。每份问卷，我们都会附上带有地址的可密封的一个信封，以及一封解释研究目的和确定保密性的附信。人力资源经理收集问卷然后将其邮寄给研究者。他们用类似的过程收集了时点2

① 由于联络人并未完整地保留另外13家企业的信息，我们无法使用来自这13家企业的数据作为我们的时点2数据。

的数据。我们在第一次数据收集时平均每家企业有14位中层经理回复，第二次数据收集时平均每家企业有12位中层经理回复。

第三步是用来证实我们关于下属能够在第二次数据收集2年后还能够察觉首席执行官的价值观的假定条件。[①]我们分别选取了两位自我超越价值观比自我提升价值观更高的首席执行官和两位自我提升价值观比自我超越价值观高的首席执行官，并向公司申请电话访谈原来参加过调研的中层管理者。我们传真过去一张有16个词语或短语的纸，其中8个是测量自我超越价值观的，另外8个是测量自我提升价值观的，排列顺序是随机的。在电话访谈的初始阶段，我们让中层经理从中圈出5个最能代表他/她的首席执行官价值观的题项。然后我们会让中层经理用2—3个具体的例子来支撑他/她的选择。访谈者与被访谈的中层经理都是不知道首席执行官的价值观取向的。最后我们访谈了9位中层经理，其中5位描述了两位自我超越得分更高的首席执行官的价值观，另外4位描述了两位自我提升得分更高的首席执行官的价值观。

2.2.2. 测量

为了测量首席执行官的个人价值观，我们采用了研究一中开发的*Q*-Sort方法。Schwartz 和Sagiv（1995）中的46个题项都被纳入分类过程中，这样自我超越和自我提升将和其他价值观一起被评估。两份量表的信度系数分别为0.71和0.68。尽管不是很高，但考虑到运用了比较测量，这两个信度系数还是在可接受范围之内的。

变革型行为。我们用Waldman等（2001）中的题项测量了首席执行官变革型行为中的鼓舞性激励。如前面所述，Waldman等（2001）的量表包含7个题项，测量了两种具体的行为。我们使用了其中的4个题项来测量变革型行为，去除另外3个题项因为它们与我们所感兴趣的核心变量没有关联。这4个题项分别是：① 在完成目标时，首席执行官展现出决心；② 首席执行官传达了高的绩效期望；③ 首席执行官清晰阐述了吸引人的未来愿景；④ 首席执行官传递出一种使命感。测量使用的是6点Likert量表，1表示完全不同意，6表示完全同意，量表信度系数为0.86。每个公司平均有4位高层经理（具体从2位到10位不等）参与调研。我们将多名高层经理汇报的关于首席执行官领导行为的得分聚合，使其成为企业层面的变量。为了测试聚合的合理性，我们计算了组内一致度（Rwg）、组间相关系数ICC（1）、群体平均信度系数ICC（2）。结果显示95%的Rwg值都大于0.70（中位数为0.94，均值为0.93，最小值为0.67）。而ICC（1）和ICC（2）的均值分别为0.35和0.74。由于几乎所有的Rwg值都大于0.70（James, Demaree, & Wolf, 1984），所有的ICC（1）和 ICC（2）都分别大于0.05 和0.50（James, 1982），我们认为将领导行为的评分汇聚到企业层面是合理的。

① 主编以及一位评审人建议我们从中层经理处收取更多的定性数据，因此这些数据是很晚才收取的。

我们使用中国版（Chen & Francesco, 2003）的Meyer 和Allen（1997）开发的8题项量表来测量情感承诺。中层经理在6点Likert量表上汇报他们对于组织的情感承诺，1表示完全不同意，6表示完全同意，时点1中该量表信度系数为0.90，时点2中该量表信度系数为0.88。

我们使用经过Cheng 和Jiang（2000）调整过的Bluedorn（1982）开发的量表来测离职倾向，以适用于中国情景。中层经理在6点Likert量表上汇报他们的离职倾向，1表示完全不同意，6表示完全同意，时点1中该量表信度系数为0.92，时点2中该量表信度系数为0.90。

控制变量。在个体层面上，我们控制了中层经理的人口学特征，包括年龄（用9个年龄段来测量）、性别（1代表男性；2代表女性）、在企业的工作年限以及他们的工作满意度（时点1数据）。中国版的工作满意度量表（Song, Tsui, & Law, 2009）包含对于工作、薪水、主管、同事、职业发展以及升迁机遇的满意度，最初来源于Tsui, Egan 和 O'Reilly（1992）的研究。量表信度系数为0.88。在企业层面，我们控制了首席执行官的年龄（也是用9个年龄段来测量）、性别（1代表男性，2代表女性）以及在职年限。我们也控制了首席执行官的交易型领导行为，交易型领导行为主要着重于阐明绩效期待以及奖赏机制（Burns, 1978）。我们使用了从多因素领导力问卷（MLQ; Bass & Avolio, 1990）中提取出的6个题项组成的中国版问卷（Song, Tsui & Law, 2009）。高层经理完成了这一问卷，计算出的Rwg、ICC（1）和ICC（2）数据结果都显示可以进行聚合。我们还控制了企业成立年限、企业规模（对员工总数进行常用对数转化）、所有制类型（国有、私营或者外资）以及企业绩效。由于以往的研究指出，高级经理对企业绩效的主观评估与客观测量得出的企业绩效高度相关，所以我们用一份9题项的量表让首席执行官对他们所在企业过去三年每一年的绩效进行主观评价。[①]他们通过盈利能力、资产增长、资产回报率（ROE）以及股东债权回报率（ROE）测量了企业在行业中的相对位置。我们取3年绩效得分的均值，该量表信度系数为0.85。总的来说，我们引入15个控制变量是为了最大化内部效度，排除其他解释。

2.2.3. 数据分析

我们首先对177位高层经理汇报的变革型行为和交易型行为进行验证性因子分析（CFA），然后对时点1中的605位中层经理和时点2中的288位中层经理分别汇报的组织承诺、满意度及离职倾向数据进行验证性因子分析。本文提出的两个因子的领导力模型的拟合指数分别为：χ^2（34）= 72.78（$p < 0.05$）, CFI = 0.93, IFI = 0.95

① 我们问卷中也包含客观绩效，但由于数据不全，我们摒弃了客观数据。

以及 RMSEA = 0.056， 都显示了良好的拟合度。然后与备选的单因子模型（χ^2（35）= 126.33, $p < 0.05$, CFI = 0.73, IFI = 0.80以及 RMSEA = 0.157）相比，双因子模型显示了更好的拟合指数。类似的，我们也对时点1和时点2数据中的组织承诺、满意度以及离职倾向进行了验证性因子分析。[①]时点1模型的拟合指数为χ^2（132）= 346.25, CFI = 0.93, IFI = 0.94以及RMSEA = 0.058， 时点2模型的拟合指数为χ^2（53）= 99.23, CFI = 0.95, IFI = 0.97以及RMSEA = 0.050，都显示了可接受的区分效度和聚合效度。

我们使用层级线性模型（HLM）来检验假设，因为变量是从不同的层面进行测量的。作为预测变量的首席执行官的价值观和变革型行为均是企业层面的变量，而结果变量情感承诺和离职意向是个体层面的变量。结构方程模型使得我们能够在估计企业层面的系数时考虑到个体层面的误差；也就是说，它使得我们能够在同时控制了个体和企业层面的变量的影响之后，还能探究企业层面的变量是如何解释个体层面变量的差异（Bryk & Raudenbush, 1992）。为了加强因果推理，当我们预测时点2中的情感承诺和离职倾向时，我们控制了时点1中的情感承诺和离职倾向。

2.2.4. 访谈数据的文本分析

我们对27位首席执行官访谈文稿进行文本分析，分析结果将用于时点1和时点2数据分析过程中。文稿的平均长度是4页（单倍行距），每份平均有1800个汉字（标准差为800）。我们通过计数和编码的策略进行文本分析（Krippendorff, 2004），专门招聘了两位管理专业的研究生完成此项任务，本文作者之一与两位编码者讨论了所研究变量的定义。此外，我们通过数两份样本手稿中与价值观条目相似或者相关的词进行编码练习，然后通过讨论差异以达成编码标准的一致。除了这些价值观条目，因为Fu等（2008）曾用这些词去推断个人以及群体的价值观取向，我们也在清单中加入了“我”、“我的”、“我自己”、“我们”、“我们的”等代词以及“职业”、“家庭”、“员工”、“公司”、“顾客”、“社会”等词。每位编码者独立对27份手稿进行编码，完成编码后，编码者对于首席执行官的价值观取向进行一个总体评价，记录下到底是自我提升取向更强烈一些还是自我超越价值观更强一些。

两位编码之间的评分一致性则通过Kappa指数（Cohen, 1960）来衡量。如果对于某一题项的Kappa指数低于0.90（最低的也在0.80以上），我们重新讨论编码标准，编码者重新对27份手稿进行编码，直到Kappa指数超过0.90为止。没有题项需要经过一轮以上的重新编码来得到满意的Kappa指数。我们对两位编码者对每个题项的评分进行平均，然后用此平均分除以手稿的总字数。最后得分为首席执行官在每一千个

① 时点1包括3个因子——组织承诺、满意度以及离职倾向；而时点2只包括2个因子——组织承诺和离职倾向。

汉字中提到该词的频率。我们将此得分与Q-Sort得分相比较。对于第三步，我们通过数中层经理在描述每一位首席执行官时所选择的价值观条目的次数以及他们给出的支持他们选择的实例来分析电话访谈手稿。

3. 结果

3.1. 假设检验

表2显示了所有个体层面和企业层面变量的均值、标准差以及相关系数。它表明首席执行官的两种个人价值观负相关（$r = -0.53, p < 0.01$）但都没有和领导者的变革型行为相关。自我超越价值观与时点1的情感承诺正相关（$r = 0.18, p < 0.01$），与离职倾向负相关（$r = -0.13, p < 0.05$）。但对于时点2的数据，这两项关系却不显著。自我提升价值观与时点1、时点2的结果变量之间的关系都不显著。首席执行官的变革型行为与情感承诺正相关（$r_{T1} = 0.27, p < 0.01$； $r_{T2} = 0.23, p < 0.01$），与离职倾向负相关（$r_{T1} = -0.25, p < 0.01$； $r_{T2} = -0.15, p < 0.05$）。时点1的组织承诺与时点2的组织承诺正相关（$r = 0.45, p < 0.01$）；时点1的离职倾向与时点2的离职倾向正相关（$r = 0.30, p < 0.01$）。

表3总结了对横截面数据进行跨层次线性模型分析的结果。模型1和模型5的结果表明首席执行官的变革型行为与情感承诺正相关，与离职倾向负相关，因此假设1得到了支持。模型2和模型6表明自我超越价值观和变革型行为的交互与情感承诺正相关，与离职倾向负相关，因而假设2得到支持。模型3和模型7检验了自我提升价值观和变革型行为的交互效应。结果部分支持假设3：当首席执行官持有更高的自我提升价值观时，首席执行官的变革型行为与中层经理的情感承诺之间的正关系会减弱；变革型行为与中层经理的离职意向之间的关系不受首席执行官自我提升价值观的影响。此外，模型4和模型8检测了自我超越、自我提升、变革型行为的三维交互对于两个结果变量的影响。结果部分支持假设4：首席执行官变革型行为与中层经理的情感承诺之间的关系受到自我超越和自我提升价值观的交互影响；而这种影响在离职倾向上却不存在。

表4展示了在控制时点1中两个结果变量的数据时对18个月后收集的时点2数据进行跨层线性模型分析后的结果。模型9和模型13检验了假设1，结果表明首席执行官变革型行为与下属的情感承诺之间的正向关系是显著的，变革型行为与离职倾向之间的负向关系也是显著的。因此假设1得到支持。自我超越和变革型行为对于结果变

表2　所有变量的均值、标准差和相关系数：研究2

变量	均值	标准差	1	2	3	4	5	6	7	8	9	10	11	12	13	14	15	16	17	18	19	20
1. 中层经理（MM）年龄	4.52	1.45																				
2. 中层经理（MM）性别（男性=1）	1.26	0.44	−0.08																			
3. 中层经理（MM）公司任职年限	14.00	9.75	0.50**	−0.19**																		
4. CEO年龄	6.50	1.54	0.03	0.04	0.02																	
5. CEO性别（男性=1）	1.15	0.36	0.00	0.11*	−0.13*	**−0.26**																
6. CEO任职时间（年）	7.05	4.98	−0.15**	0.22**	−0.31**	**0.14**	**−0.30**															
7. 企业存续时间	25.41	19.70	0.10*	−0.19**	0.44**	**0.16**	**−0.14**	**−0.25**														
8. 企业规模	2.79	0.60	0.18**	−0.14*	0.42**	**−0.10**	**0.24**	**−0.15**	**0.44***													
9. 所有制类型：国有	0.33	0.48	0.23**	−0.22**	0.37**	**0.12**	**−0.26**	**−0.30**	**0.58****	**0.45***												
10. 所有制类型：外资	0.22	0.42	−0.08	0.08	0.03	**0.06**	**0.05**	**0.09**	**−0.24**	**−0.06**	**−0.37***											
11. 所有制类型：民营	0.19	0.40	−0.10	0.16**	−0.22**	**0.05**	**0.29**	**0.35***	**−0.35**	**−0.22**	**−0.33***	**−0.22**										
12. 企业绩效	4.45	0.87	−0.09	0.11*	−0.21**	**−0.08**	**−0.16**	**0.47***	**−0.30**	**−0.20**	**−0.18**	**−0.21**	**0.09**									
13. CEO自我超越价值观	5.65	0.75	0.14*	0.05	−0.02	**0.17**	**0.19**	**0.08**	**0.06**	**0.07**	**0.00**	**0.18**	**0.18**	**−0.06**								
14. CEO自我提升价值观	5.00	0.93	−0.01	−0.02	0.00	**−0.35***	**−0.21**	**−0.06**	**−0.17**	**0.03**	**−0.05**	**0.06**	**−0.10**	**−0.01**	**−0.53****							

续 表

变量	均值	标准差	1	2	3	4	5	6	7	8	9	10	11	12	13	14	15	16	17	18	19	20
15. CEO交易型行为	4.82	0.46	−0.08	−0.03	0.11*	**−0.13**	**−0.04**	**−0.13**	**0.22**	**0.25**	**0.02**	**−0.06**	**0.04**	**−0.06**	**−0.22**	**0.10**						
16. CEO变革型行为	5.14	0.44	−0.16*	0.05	−0.03	**0.06**	**0.34**	**0.19**	**−0.03**	**0.31**	**−0.26**	**0.15**	**0.10**	**−0.16**	**−0.06**	**0.10**	**0.40***					
17. 时点1 MM工作满意度	4.69	0.75	0.01	−0.01	−0.02	0.01	0.08	0.15**	−0.13*	0.04	−0.22**	0.16**	0.08	0.12*	0.24**	−0.05	0.15**	0.22**				
18. 时点1 MM情感承诺	5.11	0.78	0.06	0.03	0.06	−0.05	0.05	0.18**	−0.11*	0.13*	−0.16	0.15**	0.04	0.15**	0.18**	−0.01	0.18**	0.27**	0.65**			
19. 时点2 MM情感承诺	5.21	0.67	0.12*	−0.08	0.09	0.04	0.01	0.10	−0.07	0.11*	−0.04	0.11*	−0.08	0.11*	0.04	0.03	0.03	0.23**	0.36**	0.45**		
20. 时点1 MM离职倾向	1.93	1.08	0.01	0.03	0.03	−0.04	−0.04	−0.12*	0.06	0.04	0.19**	−0.09	−0.05	−0.04	−0.13*	0.03	−0.13*	−0.25**	−0.45**	−0.42**	−0.34**	
21. 时点2 MM离职倾向	1.65	0.89	0.05	0.16**	−0.07	−0.06	0.06	0.01	0.05	−0.02	0.05	−0.12*	0.16**	0.00	−0.01	−0.05	−0.05	−0.15*	−0.27**	−0.25**	−0.52**	0.30**

注：（1）* 表示 $p<0.05$，** 表示 $p<0.01$。（2）标注为黑体的相关系数（变量4—16）是企业/CEO层面的相关系数（N = 42），其他的为中层经理层面的相关系数（时点1，N = 605；时点2，N = 288）。（3）除情感承诺和离职倾向变量外，其他所有数据均来自时点1的调查，情感承诺和离职倾向是18个月后收集的。

表3 CEO的个人价值观、变革型行为和下属的承诺行为（时点1）

变量	情感承诺				离职倾向			
	模型1	模型2	模型3	模型4	模型5	模型6	模型7	模型8
年龄	0.02 (0.02)	0.02 (0.02)	0.02 (0.02)	0.02 (0.02)	−0.07* (0.03)	−0.07* (0.03)	−0.08* (0.03)	−0.08* (0.03)
性别	0.11 (0.09)	0.11 (0.09)	0.11 (0.08)	0.11 (0.08)	0.07 (0.13)	0.07 (0.13)	0.07 (0.12)	0.07 (0.12)
企业任职年限	0.00 (0.01)	0.00 (0.01)	0.01 (0.01)	0.01 (0.01)	0.00 (0.01)	−0.01 (0.01)	0.02 (0.02)	0.02 (0.02)
时点1工作满意度	0.62** (0.06)	0.60** (0.06)	0.59** (0.06)	0.59** (0.07)	−0.65** (0.16)	−0.64** (0.16)	−0.62** (0.16)	0.62** (0.16)
CEO年龄	0.08* (0.04)	0.08* (0.04)	0.08* (0.04)	0.09* (0.04)	−0.08 (0.07)	−0.07 (0.06)	−0.06 (0.04)	−0.05 (0.04)
CEO性别	0.07 (0.15)	0.08 (0.15)	0.09 (0.15)	0.09 (0.16)	−0.05 (0.18)	−0.04 (0.16)	−0.04 (0.17)	−0.04 (0.17)
CEO任职年限	0.02 (0.01)	0.02 (0.01)	0.02 (0.02)	0.02 (0.02)	−0.03 (0.03)	−0.02 (0.03)	−0.02 (0.03)	−0.02 (0.03)
交易型行为	0.18 (0.13)	0.18 (0.12)	0.17 (0.15)	0.16 (0.16)	−0.11 (0.12)	−0.07 (0.10)	−0.08 (0.11)	−0.07 (0.11)
企业存续时间	0.07 (0.04)	0.08 (0.05)	0.07 (0.04)	0.07 (0.04)	−0.03 (0.04)	−0.02 (0.04)	−0.02 (0.04)	−0.02 (0.04)
企业规模	0.03* (0.01)	0.03* (0.01)	0.03* (0.01)	0.02* (0.01)	−0.01 (0.02)	0.00 (0.02)	−0.01 (0.02)	−0.01 (0.02)
所有制类型：国有	0.05 (0.06)	0.06 (0.07)	0.08 (0.06)	0.08 (0.06)	0.07 (0.04)	0.07 (0.05)	0.07 (0.05)	0.07 (0.05)
所有制类型：外资	0.03 (0.04)	0.03 (0.05)	0.03 (0.04)	0.04 (0.04)	−0.09* (0.03)	−0.09** (0.03)	−0.09* (0.03)	−0.09* (0.03)
所有制类型：民营	0.00 (0.05)	0.02 (0.05)	0.03 (0.05)	0.02 (0.05)	0.10** (0.04)	0.10** (0.04)	0.09* (0.04)	0.09* (0.04)
企业绩效	0.06* (0.03)	0.06* (0.03)	0.07* (0.03)	0.07* (0.03)	−0.07* (0.04)	−0.07** (0.04)	−0.07* (0.04)	−0.07* (0.04)
变革型行为	0.48** (0.16)	0.46** (0.15)	0.46** (0.15)	0.44** (0.15)	−0.46** (0.13)	−0.44** (0.12)	−0.45** (0.13)	−0.45** (0.13)
CEO自我超越价值观	0.30* (0.13)	0.26* (0.13)	0.30* (0.13)	0.28* (0.13)	−0.24 (0.13)	−0.22 (0.12)	−0.25 (0.13)	−0.25 (0.13)
CEO自我提升价值观	0.09 (0.09)	0.09 (0.08)	0.12 (0.07)	0.11 (0.07)	−0.09 (0.09)	−0.08 (0.10)	−0.07 (0.08)	−0.04 (0.07)
自我超越　变革型行为	–	0.15** (0.05)	–	0.12* (0.06)	–	−0.15* (0.07)	–	−0.10 (0.07)
自我提升　变革型行为	–	–	−0.10* (0.04)	−0.09* (0.04)	–	–	0.09 (0.08)	0.06 (0.06)

续 表

变量	情感承诺				离职倾向			
	模型1	模型2	模型3	模型4	模型5	模型6	模型7	模型8
自我超越 自我提升 变革型行为	–	–	–	0.05* (0.02)	–	–	–	−0.05 (0.03)
所解释的层次1方差	31%	31%	31%	31%	21%	21%	21%	21%
所解释的层次2方差	22%	27%	26%	31%	16%	24%	18%	20%
所解释的总方差	28%	30%	30%	31%	19%	22%	19%	21%
所解释的层次2方差的增加	–	5%**	4%*	9%*	–	8%*	2%	5%
所解释的总方差的增加	–	2%**	2%*	3%*	–	3%*	0%	2%

注：（1）*表示 $p<0.05$，**表示 $p<0.01$。（2）括号内的数字为所估计系数的标准误。（3）层次1样本数为605，层次2样本数为42。

表4 CEO的个人价值观、变革型行为和下属的承诺行为（时点2）

变量	情感承诺				离职倾向			
	模型9	模型10	模型11	模型12	模型13	模型14	模型15	模型16
年龄	0.04* (0.02)	0.04* (0.02)	0.04* (0.02)	0.04* (0.02)	−0.02 (0.03)	−0.02 (0.03)	−0.02 (0.02)	−0.02 (0.02)
性别	−0.13 (0.10)	−0.12 (0.10)	−0.12 (0.10)	−0.11 (0.10)	0.25* (0.13)	0.25* (0.12)	0.25* (0.12)	0.23* (0.11)
企业任职年限	0.01 (0.01)	0.01 (0.01)	0.01 (0.01)	0.01 (0.01)	−0.02 (0.02)	−0.02 (0.02)	−0.02 (0.02)	−0.02 (0.02)
时点1工作满意度	0.18** (0.06)	0.18** (0.06)	0.18** (0.06)	0.18** (0.06)	−0.08 (0.13)	−0.08 (0.13)	−0.08 (0.13)	−0.07 (0.13)
时点1情感承诺	0.35** (0.07)	0.34** (0.07)	0.34** (0.07)	0.34** (0.06)		–	–	–
时点1离职倾向	–	–	–	–	0.14 (0.08)	0.14 (0.09)	0.14 (0.09)	0.14 (0.09)
CEO年龄	0.01 (0.03)	−0.03 (0.03)	−0.02 (0.03)	−0.05 (0.03)	0.01 (0.06)	0.03 (0.05)	0.04 (0.05)	0.04 (0.05)
CEO性别	−0.26* (0.13)	−0.30* (0.14)	−0.32* (0.15)	−0.31* (0.15)	0.24 (0.28)	0.21 (0.26)	0.22 (0.25)	0.20 (0.24)
CEO任职年限	0.02* (0.01)	0.02* (0.01)	0.02* (0.01)	0.02* (0.01)	−0.02 (0.03)	−0.02 (0.02)	−0.02 (0.02)	−0.02 (0.02)
交易型行为	−0.11 (0.12)	−0.10 (0.12)	−0.10 (0.12)	−0.08 (0.10)	0.19 (0.14)	0.13 (0.14)	0.10 (0.14)	0.10 (0.15)
企业存续时间	−0.05 (0.04)	−0.04 (0.04)	−0.05 (0.04)	−0.03 (0.04)	0.03 (0.05)	0.04 (0.05)	0.05 (0.05)	0.04 (0.05)

续 表

变量	情感承诺				离职倾向			
	模型9	模型10	模型11	模型12	模型13	模型14	模型15	模型16
企业规模	0.03	0.02	0.01	0.01	−0.02	−0.02	−0.02	−0.02
	(0.01)	(0.01)	(0.01)	(0.01)	(0.02)	(0.02)	(0.02)	(0.02)
所有制类型：国有	0.02	0.03	0.03	0.05	0.04	0.04	0.05	0.05
	(0.05)	(0.05)	(0.05)	(0.04)	(0.04)	(0.04)	(0.05)	(0.04)
所有制类型：外资	0.06	0.08*	0.08*	0.08*	−0.06*	−0.07*	−0.06*	−0.07*
	(0.04)	(0.04)	(0.04)	(0.04)	(0.03)	(0.03)	(0.03)	(0.03)
所有制类型：民营	−0.06	−0.06	−0.06	−0.06	0.06*	0.06	0.05	0.04
	(0.05)	(0.05)	(0.05)	(0.06)	(0.03)	(0.04)	(0.05)	(0.04)
企业绩效	0.08*	0.07*	0.07*	0.07*	−0.05	−0.06	−0.05	−0.05
	(0.03)	(0.03)	(0.03)	(0.03)	(0.04)	(0.03)	(0.03)	(0.03)
变革型行为	0.45**	0.45**	0.44**	0.43**	−0.38*	−0.39*	−0.32*	−0.31*
	(0.14)	(0.14)	(0.14)	(0.14)	(0.18)	(0.18)	(0.17)	(0.14)
CEO自我超越价值观	0.06	0.08	0.06	0.06	−0.15	−0.17	−0.14	−0.12
	(0.10)	(0.10)	(0.11)	(0.11)	(0.13)	(0.11)	(0.17)	(0.13)
CEO自我提升价值观	−0.05	−0.01	−0.06	−0.07	0.01	0.00	−0.02	0.01
	(0.08)	(0.07)	(0.06)	(0.07)	(0.11)	(0.09)	(0.12)	(0.10)
自我超越×变革型行为	–	0.02	–	0.04	–	0.06	–	0.00
		(0.06)		(0.06)		(0.09)		(0.08)
自我提升×变革型行为	–	–	−0.15*	−0.12*	–	–	0.22*	0.21*
			(0.06)	(0.05)			(0.09)	(0.08)
自我超越×自我提升×变革型行为	–	–	–	0.06*	–	–	–	−0.05
				(0.03)				(0.04)
所解释的层次1方差	24%	23%	23%	23%	7%	7%	7%	7%
所解释的层次2方差	10%	11%	16%	20%	12%	12%	19%	19%
所解释的总方差	19%	19%	21%	22%	8%	8%	10%	10%
所解释的层次2方差的增加	–	1%	6%*	10%**	–	0%	7%*	7%*
所解释的总方差的增加	–	0%	2%*	3%*	–	0%	2%*	2%*

注：（1）*表示 $p<0.05$，**表示 $p<0.01$。（2）括号内的数字为所估计系数的标准误。（3）层次1样本数为288，层次2样本数为27。

持。相反，自我提升价值观和变革型行为对于两个时点变量（时点2中的情感承诺和离职倾向）的交互影响都是显著的（模型11和模型15），假设3得到支持。从方差解释程度的增强可以看出，自我提升价值观和变革型行为的交互影响解释了不同企业间的时点2情感承诺的6%的差异，它同时也解释了不同企业间的时点2离职倾向的7%

量的交互影响是不显著的（模型10和模型14），因此假设2没有得到时滞数据的质的差异。最后，自我超越、自我提升、变革型行为的三项交互对情感承诺有显著影响，而对离职倾向没有显著影响，这也说明时滞数据部分支持了假设4。

根据Cohen等（2003）的步骤，我们用传统的对变量得分的均值加/减一个标准差的方法画出调节效应图，图1至图7描述了高水平或者低水平的自我超越/自我提升价值观对于变革型行为与情感承诺关系的影响。图1表明在首席执行官持有更强烈的自我超越价值观时，变革型行为与情感承诺（时点1）的关系更强（而且是正向的）；而图3展示了在首席执行官持有更强烈的自我超越价值观时，变革型行为与离职倾向（时点1）的关系更强（而且是负向的），假设2得到支持。图2和图4分别表明当首席执行官持有更强烈的自我提升价值观时，变革型行为与时点1及时点2的情感承诺之间的关系都会变弱。图5表明当首席执行官的自我提升价值观较弱时，中层经理在时点2的离职倾向也较低，假设3得到支持。简而言之，假设2关于自我超越价值观聚增效应的假设只被横截面数据支持，而假设3关于自我提升价值观稀释效应的假设同时被横截面数据和纵向数据支持。图6和图7表明当首席执行官有较高的自我超越价值观同时自我提升价值观较低时，首席执行官变革型行为与下属组织承诺的关系最强；而当首席执行官自我超越价值观较低同时有较高的自我提升价值观时，这一关系最弱。这对于假设4提供了支持。总的来说，二维交互和三维交互效应的检验结果支持了关于自我超越价值观聚增效应以及自我提升价值观稀释效应的假设，而且自我提升价值观的稀释效应随着时间的推移依然存在。

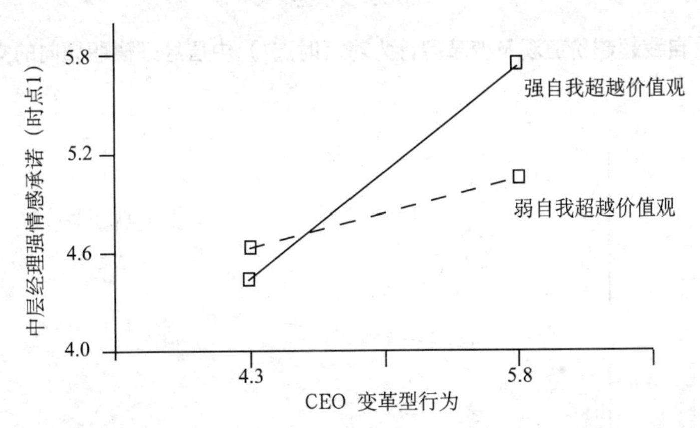

图1 CEO 自我超越价值观及变革型行为对（时点1）中层经理情感承诺的交互影响

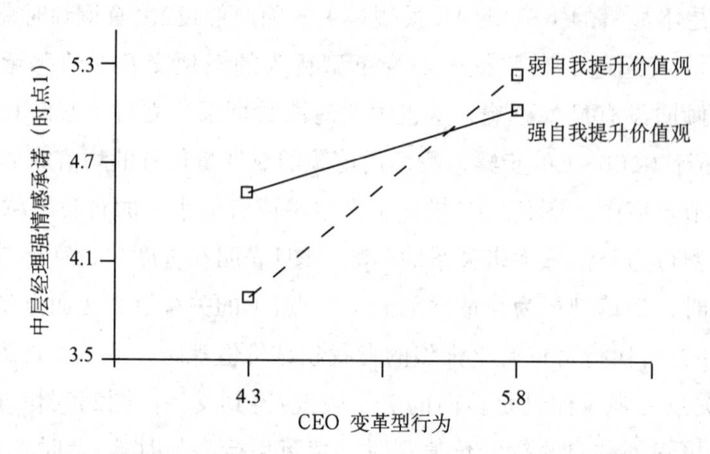

图 2 CEO 自我提升价值观及变革型行为对（时点1）中层经理情感承诺的交互影响

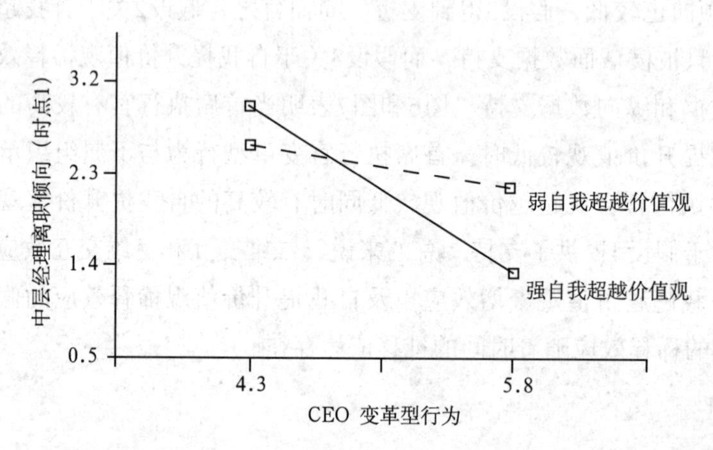

图 3 CEO 自我超越价值观及变革型行为对（时点1）中层经理离职倾向的交互影响

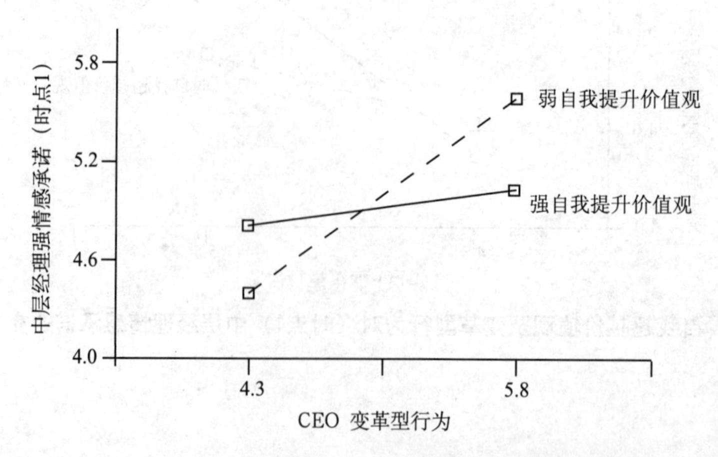

图 4 CEO 自我提升价值观及变革型行为对（时点2）中层经理情感承诺的交互影响

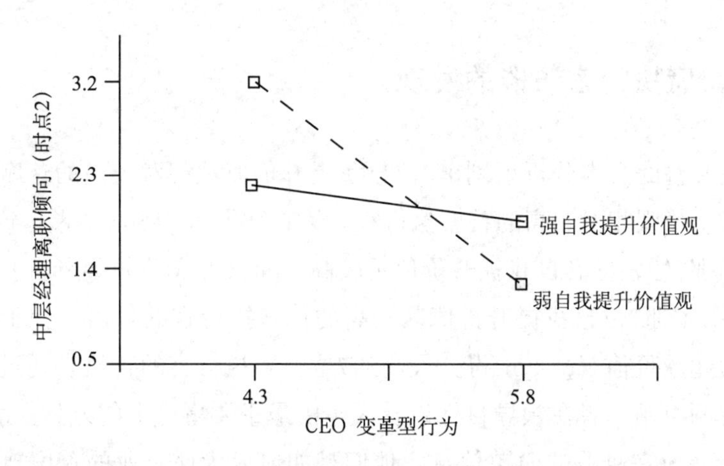

图5 CEO 自我提升价值观及变革型行为对（时点2）中层经理离职倾向的交互影响

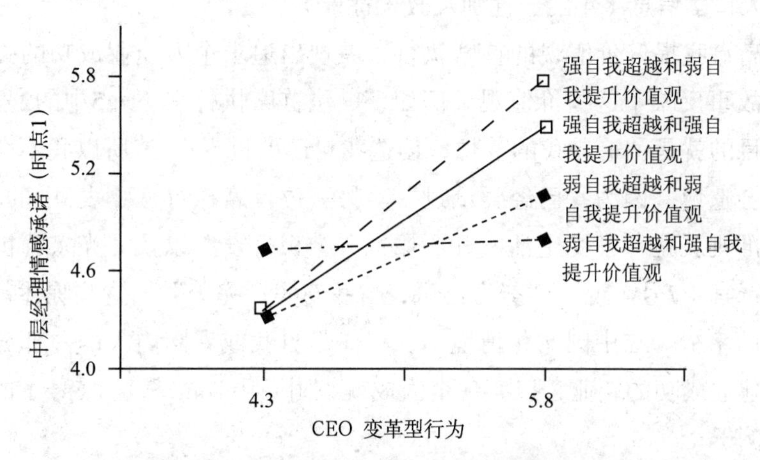

图6 CEO 自我变革型行为、自我超越价值观及
自我提升价值观对（时点1）中层经理情感承诺的三维交互效应

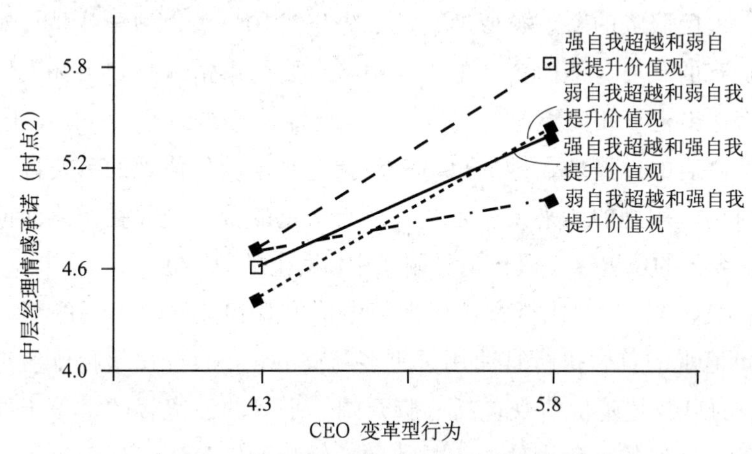

图7 CEO 自我变革型行为、自我超越价值观及
自我提升价值观对（时点2）中层经理情感承诺的三维交互效应

3.2. 对首席执行官访谈的发现

对于访谈文稿的文本分析识别出7位自我提升价值观相对较高的首席执行官以及20位自我超越价值观相对较高的首席执行官。编码结果与*Q*-Sort结果一致，*Q*-Sort结果同样显示：那7位领导者自我提升价值观较高，而另外20位领导者自我超越价值观较高。表5援引了那7位自我提升价值观较高的首席执行官的言语，为了对照，我们也展示了自我超越价值观*Q*-Sort得分最高的7位首席执行官的言语。通过这种对照，我们可以发现两组领导者在领导目标以及人生中最重要事件上的差异。表5也提供了这些首席执行官所在企业的简单信息，他们是如何成为该企业的首席执行官的以及他们个人的人口学信息（年龄、性别及教育背景）。

有着较高自我提升价值观的首席执行官展现出追求个人职业成功的强烈动机。他们的一些故事反映了这些价值观。例如，一位首席执行官（表5中的2号）说他成为领导者的目的就是“追寻我的梦想，创造我自己的世界…… 所以我不会觉得对不起自己；不会遗憾，因为我已经尝试过”。另一位首席执行官（表5中的6号）提到他生活中的准则就是“享受生活，开心愉悦，结识好友”以及“光宗耀祖”。还有一位首席执行官（7号）说，“努力尝试，自我充实、完善”。这些陈述都表明他们更关注自己的幸福（在中国文化情境中，祖先是自我或者圈内人的一部分）。他们努力工作去建立成功的企业，以实现个人成就。附录中Tong先生（6号）的故事就是一个很好的例子。

持有自我超越价值观的领导者的语言表达明显不同。表5中的数据表明他们更多关注于为别人奉献以及为人民和社会服务。Yang先生（8号）认为领导角色就是“为国家、企业、人民服务的”。类似地，Zhao先生（10号）说领导就是“对社会、企业以及员工负责的”。对他而言，他人生中最重要的事情就是“关怀人民和回馈社会”。他们表达出正直和关心他人对他们的重要性（例如14号）。Li女士（9号）是一位政府所有酒店的总经理，她的故事表明拥有坚定的价值观的重要性，尤其是在生活艰难的时刻。用她的话来说就是，“拥有坚定的价值观并在诱惑面前恪守它们才使我来到了今天的位置”（具体请见附录中Li女士的故事）。

表6总结了这14位首席执行官访谈文稿中价值观相关词语出现的频率。拥有更高自我超越价值观的首席执行官使用了更多与Schwartz的自我超越价值观一致的词语，Schwartz的自我超越价值观包括心胸开阔、平等的、宽容的、乐于助人的、诚实的、忠诚的、环保的、负责任的、自律的、维护社会公正、保卫世界和平以及团结的。并且与持有自我提升价值观的首席执行官相比，他们更多地使用“我们”、

“我们的”、“员工”、“公司”、“顾客及社会”。拥有自我提升价值观的首席执行官使用了更多与Schwartz的自我提升价值观一致的词语，Schwartz的自我提升价值观包括野心、权威、享受生活、影响力、寻找愉悦、维护公共形象、权力、成功以及财富。而且他们更多地使用“我”、“我的”、“我自己”、“事业”及“家庭”等词语。当“我”或“我们”作为回答问题的第一个词语时，我们没有将其算入使用频率中。尽管每位首席执行官都同时有两种价值观，但结果表明他们在追求自我幸福或者他人幸福这一点上的明显区别，而这也与他们占主导地位的价值观是一致的。

表5 由访谈编码得出的CEO个人价值观、领导目的和人生最重要的事件

编号	企业描述	CEO就职之路	CEO年龄、性别、教育程度	SE/ST的Q-sort得分	对问题“成为领导者的目的”的回答的阐释性语句	对问题“人生中最重要的事件”的回答的阐释性语句
编码结果显示具有较高的自我提升价值观的CEO						
1	香港—中国有线电视公司	1969年加入公司；累积升迁至城市电视台长；1992年成为合资公司的CEO	56—60岁，男性，本科	6.7/5.3	“抓住机会，去做能实现我的价值的有意义的事情”	“在生活中创造快乐，交志同道合的朋友”
2	服装零售店	1996年和其两个兄弟创建了该企业	31—35岁，男性，高中	5.1/4.6	“追逐自己的梦想，创造我自己的世界，来实现我自己的价值”	“愿意尝试，不害怕失败”
3	省核电公司下属的服务公司	1975年加入公司，累积升迁至公司一把手，2004年改称CEO	51—55岁，男性，初中	6.0/5.2	“尽最大努力领导企业”	“最重要的是我的事业，我必须成功，成功并快乐”
4	兽药工厂	2003年加入企业，任总经理助理，2003年9月被董事会任命为总经理	31—35岁，男性，硕士	6.6/5.0	“提供服务，改善我的管理技巧”	“做自己的老板，快乐工作，快乐生活”
5	移动电话公司	1996年在公司成立时加入，2002年任总经理助理，2003年前总经理调任总部后出任总经理	36—40岁，男性，本科	6.0/4.8	“提供最好的服务、最好的产品”	“关心我的工作和家庭”
6	民营领带企业	1981年毕业于电力工程专业，曾任县长，1989年离职就任于一家合资企业，1994年创建了自己的企业	46—50岁，男性，本科	4.7/3.5	“成为世界领先的领带制造商”	“享受生活，快乐，有好朋友；光宗耀祖”
7	电厂	1975年加入企业，从学徒做起，逐渐升迁至顶层，1998年任CEO	46—50岁，男性，大专	5.7/5.3	“开发最好的人才”	“努力奋斗，自我实现，达至完美”

续 表

编号	企业描述	CEO就职之路	CEO年龄、性别、教育程度	SE/ST的Q-sort得分	对问题“成为领导者的目的”的回答的阐释性语句	对问题“人生中最重要的事件”的回答的阐释性语句
编码结果显示具有较高的自我超越价值观的CEO						
8	镇所有的化学公司，后成为合资企业	复员海军军官，1970年加入企业，1988年转入本企业，逐渐升迁至顶层，1998年任总经理	60岁以上，男性，本科	4.5/6.7	“服务于国家、企业、人民”	“遵守社会规范和基本的道德准则”
9	当地区政府投资的酒店	起初为北京旅游局的官员，1987年任北京最大、历史最悠久的一家酒店的总经理，1996年离职，1998年起创建了一家管理公司，运营现酒店（详见附录）	51—55岁，女性，本科	3.9/6.5	“关心管理团队和在这里工作的所有员工”	“高度正直，社会公正，真正的爱”
10	国有机械、工业、建筑公司	1971年开始职业生涯，1998年成为该公司的一家子公司的CEO，2000年被任命为母公司的CEO	51—55岁，男性，大专	4.0/6.5	“对社会、企业和员工负责”	“关心世人，回报社会”
11	家族所有的房地产公司	创建了一家零售企业，2000年转至房地产业	36—40岁，女性，高中	5.7/6.5	“实现人民的期望”	“对社会有益、对自己有益”
12	国有的机械工程公司	原为房地产企业，后来进入电力设备行业，1999年被任命为公司CEO	56—60岁，男性，高中	4.0/6.5	“做有益于人民的事”	“使我周围的人快乐”
13	航空公司下属的包装公司	1969年航空学校毕业后开始职业生涯，累积升迁至公司高层，1989年被任命为一家国有公司CEO，1998年调至现公司任CEO	56—60岁，男性，大专	3.9/6.3	“满足人民对我的期望和信任”	“拥有事业，对国家的经济发展做出贡献”
14	化学工程公司	1970年开始职业生涯，在另一家国有企业累积升迁至高层，1996年被任命创建现企业	51—55岁，男性，高中	3.9/6.1	“成为教练，在公司的成功和员工的成功间取得平衡”	“诚实、正直，担负起为员工创造机会的责任”

注：（1）CEO的年龄是以5年为单位划分的；（2）ST即自我超越价值观，SE即自我提升价值观；（3）*Q*-sort得分从1到9（1为最不重要，9为最重要）。

表6　时点1数据收集开始时CEO访谈文稿中价值观相关词语出现频率的比较

频率（每1000个词）	7位高自我提升价值观的CEO的平均	7位高自我超越价值观的CEO的平均
与Schwartz的自我超越价值观一致的词语	11.86	14.92
没有包括在Schwartz的调查中，但被编码为自我超越价值观的词语*	16.76	22.29

续 表

频率（每1000个词）	7位高自我提升价值观的CEO的平均	7位高自我超越价值观的CEO的平均
与Schwartz的自我提升价值观一致的词语	10.20	8.94
没有包括在Schwartz的调查中，但被编码为自我提升价值观的词语**	35.71	25.21

*项目包括“我”、“我们”、“我们的”、“员工（们）”、“公司”、“顾客（们）”、“社会”。
**项目包括“我”、“我的”、“我自己”、“事业”、“家庭”。

3.3. 对中层经理电话访谈的发现

我们访谈的9位中层经理总共选择了56个词语或者短语来描述4位首席执行官的价值观。在那5位中层经理用于描述2位持有自我超越价值观的首席执行官的30价值观条目中，有22个条目（73%）反映了自我超越价值观。在另外4位中层经理用于描述2位持有自我提升价值观的首席执行官的26价值观条目中，有15个条目（58%）反映了自我提升价值观。表7表明，每一位中层经理为描述拥有自我超越价值观的首席执行官所选的自我超越价值观条目多于所选的自我提升价值观条目。相反，为描述拥有自我提升价值观的首席执行官，中层经理所选的描述自我提升价值观条目的平均数目多于所选的自我超越价值观条目。所有的中层经理都认为他们的首席执行官是雄心勃勃的。所有中层经理都将两位持有自我超越价值观的首席执行官描述为心胸宽阔的，只有1位中层经理将持有自我提升价值观的首席执行官描述为心胸宽阔的。有4位中层经理将持有自我超越价值观的首席执行官描述为重视社会公正的，而只有1位中层经理将持有自我提升价值观的首席执行官描述为重视社会公正的。中层经理提供了很多支持他们对于首席执行官描述的事例。以下两个事例表明下属可以通过领导的行为（事例1）和言语（事例2）来察觉领导者的价值观。

一位人力资源经理通过以下事例来描述首席执行官的心胸宽阔，心胸宽阔是Schwartz 和 Sagiv（1995）测量自我超越价值观的一个指标。

他（一位经理）刚到公司不久，就有了另外的工作邀请并为这份看似更好的工作邀请离开了公司。但没过多久，他发现那份工作不如他所期待的那样好，他想回到公司。与私营企业的一般反应有所不同，Zhang Zong（首席执行官）欢迎他回来，因为觉得他非常有能力。但后来，他又一次离开，然后没过多久又想回来。我们认为我们没法再接受他了，但Zhang Zong 展现了他心胸宽阔的一面，不仅让他回来还提拔了他。他现在成为了我们公司的一位副总裁。

表7　中层经理电话访谈的结果

	五位经理所描述的两位自我归类为高自我超越价值观的CEO	四位经理所描述的两位自我归类为高自我提升价值观的CEO
平均每位中层经理用来描述CEO的自我超越价值观的条目数	4.4[a]	2.75 [b]
平均每位中层经理用来描述CEO的自我提升价值观的条目数	1.6[c]	3.75[d]

注：a. 条目（频次）如下：心胸宽阔（5）、负责任（4）、重视社会公正（4）、忠诚（3）、诚实（3）、宽恕（2）、平等（1）。

b. 条目（频次）如下：诚实（3）、负责任（3）、心胸宽阔（1）、重视社会公正（1）、忠诚（1）、乐于助人（1）、平等（1）。

c. 条目（频次）如下：有进取心（5）、成功（2）、有能力（1）。

d. 条目（频次）如下：有进取心（4）、令人愉悦（3）、维持公众形象（2）、有能力（2）、成功（1）、富有（1）、享受生活（1）、有权力（1）。

这位经理对他公司的首席执行官评价非常高，因为私营企业是改革后的产物。成立时间短、规模小，大部分私营企业都没有标准化的人事流程，接受一位主动离开的员工回来工作不是经常发生的事情。接受这个人离开过两次的人回来工作，这位首席执行官显然更关注这个人的工作潜力，而不关注他人是否会因这次不常见的人事行动苛责他。

另一位中层经理，在一家机械公司负责党政工作。他描述了他公司的首席执行官是如何在言语中表露对于成功、维持公众形象、享受生活感兴趣的。这些都是自我提升价值观的指标。

Pang Zong（首席执行官）告诉我们，在很小的时候他有抱负去成为国务院总理。很明显，这个目标过于宏伟，需要进行调整。他非常想成功，对于穿着十分讲究，而且对于他自己说话及行事方式也都很注重。

4. 讨论及结论

尽管关于变革型领导已有很多实证研究，本研究着重用其中一个行为成分检验了首席执行官价值观和变革型行为对下属承诺的直接影响及交互影响，从概念上和操作上厘清了变革型领导这一构念。本研究揭示了当变革型领导的价值观与社会（下属）期望不一致时，变革型行为会对于下属有不同的影响，这也完善了变革型领导理论。最后，对于中层经理关于不同类型首席执行官的访谈也进一步确定，领导者的内在价值观是可以通过行为和言语来识别的。本研究也填补了价值观研究中领导价值观对于下属结果变量的直接影响这一空缺。

有意思的是，自我超越价值观的聚增作用在从时点1到时点2的18个月后消失了，而自我提升价值观的稀释效应却一直存在。也许下属认为正直的变革型领导是理所当然的，而不正直的变革型领导的影响却一直存在。更令人失望的是，下属的不满随着时间增强，最后想要离开组织。未来的研究应该更系统地考虑时间在领导价值观对领导者变革型行为效力的影响中的作用。

我们的研究发现与Parson的行动理论是一致的，因为如果领导者想要推动他们变革型行为的效应，他们就应该持有与主流社会期许一致的价值观并扮演与之一致的角色。如果当下属发现领导行为与他们所期待的价值观不一致时，这一效应会被弱化，而且他们可能会有低承诺和离职倾向等负面反应。这一反应和角色理论（Katz & Kahn, 1978）也是一致的。当领导者没有达到角色期待时，下属会表现出不满和脱离（Yukl, 2006）。另外，本研究表明Bass 和Steidlmeier（1999）提出的真实性变革型领导（伴随着高自我超越价值观的变革型领导行为）的影响会随着时间淡化，而非真实性变革型领导（没有高自我超越价值观的变革型领导行为）的影响依然存在，反映在18个月后下属有更高的离职倾向。这些结果证实了领导效应并不单纯是领导外在行为的产物，也同样是他们内在价值观的产物。最重要的是，下属有很敏锐的观察技巧，能够察觉领导的深层价值观，并且被他们所见所听所感影响。

当然本研究可能也有一些缺陷。因为中国社会有一些深藏于传统价值观中的准则，使用中国的首席执行官作为样本可能限制了研究结论的普适性，而且下属的反应也很可能是与特定的情境有关。尽管我们的中国样本中自我超越价值观与自我提升价值观相比占绝大多数，这与Chatterjee 和 Hambrick（2007）对首席执行官自恋个性的研究形成一个有趣的对比，但由于没有其他国家的样本数据作对比，很难确定这一比率到底是高还是低。因为在中国符合社会期许的那些领导者才会被推向高级职位，自我超越价值观的在样本中的高频率也许和中国情境有关；但这也可能是由于样本偏差，因为拥有自我超越价值观的领导者更愿意提供帮助，而持有自我提升价值观的领导者却不一定愿意这样，这也是在中国做研究经常遇到的事情。未来研究需要关注在对于自我提升价值观很包容的社会情境中，下属对于非真实性变革型领导的消极反应是否没有中国情境中的下属那么强烈。

尽管是在中国情境中做这一研究，我们的发现对其他情境下的领导有借鉴作用。事实上，我们的研究结论可以推广到下属对领导持有类似价值观期待的其他情境中去。 Lord 和 Hall（2005）的领导力发展阶段模型认为，不管在任何情境下，有效领导力往往都持有集体性的价值观，而且下属受到领导者这样的价值观取向的影响。然而并不是所有的新手领导都是自我提升型的，也并不是所有的老练领导都是自我超越型的，即使经过“刻意训练和大量训练”后也不一定都会是（Lord & Hall, 2005: 610）。因此，即便领导价值观在任何情境都是绝对重要的，但由于不同情境中不同的社会性或者惯常性期许，价值观的影响效应也可能有所不同。与我们所假设的中国情境中下属的反应相比，在某些情境中，下属也许对持有自我提升价值观的变革型领导更为包容或者负面反应不是那么强烈。我们将这一问题留到未来对于情境或者跨文化差异的研究中去探究。

如Hofstede（1980）所说，在个体主义文化中，自我提升、自利以及自我成就都是被社会情境认为合理的价值观，而且任何与个人价值观和行为的不一致都不会与道德标准联系起来。Chatterjee 和 Hambrick（2007）的研究为这一可能提供了间接证据。美国企业中普遍存在的自恋型领导者可能是社会中盛行的个体主义文化的直接产物，在这种文化情境中追求个人幸福感不仅被包容而且被鼓励。未来的理论建构和实证分析应该同时关注社会文化对领导价值观、信仰以及行为相对重要性的影响，以及对下属感知和反应的影响。学者们一直呼吁更多的跨文化研究（Whetten, 2009）来检验变革型领导或者领导力发展模型等西方理论的普适性，并且强调建构综合的、普适的管理理论的需要（Leung, 2009）。未来的研究应该考虑到情境对于领导力发展过程和效果的影响，而且应该厘清这种情境效应是否是可以普遍推广的。

方法上，本研究提供了一种较少受社会称许性影响的测量价值观的新方法。我们希望未来在研究高管人员价值观时能够探索其他测量方法，这些高管人员也许更欣赏这种参与式过程而不是传统的纸笔问卷方法。我们希望跨文化研究学者关注现有的价值观含义在不同文化情境中可能存在的差异。在Schwartz（1994, 2000）以及本研究的基础上，我们相信有可能我们所研究的两种价值观的深层含义在不同文化情境中也是相似的，尽管他们的外在行为表现可能有所差异。

当然，质疑者仍然可以认为，价值观是行为的溯源性理由以及很多人会对他们所关心的原因无动于衷（Deutscher, 1973）。然而，这种言语和行为的差异表明此人是伪善者，而且很容易被察觉。尽管有些非真实的变革型领导足够精明（知悟）能确保在一定时期或者常规情境中保持言行一致，如本研究表明，随着时间推移，下属还是可以察觉和判断领导的真实价值观的。

在组织社会学的研究中，对于首席执行官的领导力道德基准的关注是很明显的。如Perrow所强调的，“一个组织的共同目标必须是一个道德的目标，而且应该将这个道德的目标灌输到组织的每一根血管里，组织成员是唯一对管理者有意义的职责所在。”尽管Perrow没有明确地讨论道德与价值观的关系，但他明确提出管理者是“社会组织中承担道德传输的人”（第73页），因此管理者如果没有一个道德姿态，他们是不可能合理地在组织中灌输一个道德目标的。道德领导或者对于共同福祉的关注肯定是未来研究的一个重要议题。

很多组织研究学者都意识到管理领导者价值观的重要性，但实证检验这一重要性的研究却进展很缓慢。变革型领导理论以及嵌入其中的价值观取向的引入给这个相对停滞的领域带来了生机。不幸的是，变革型领导研究还停留在很肤浅的层面，而且没有融入对变革型领导者内在价值观的深层分析。本研究通过系统地研究首席执行官的价值观以及这些不能观察到却可察觉到的价值观对于变革型领导行为效力的影响填补了这个空缺。公正的人都不会否认2008年美国甚至全世界的金融危机的部分原因是一些重要财团的管理领导人无休止地追求个人抱负，而个人抱负确实是自我提升价值观的一个重要特征。我们希望本研究可以激发对于这一重要问题的更多探讨：首席执行官（如果不是所有领导者）在他们的战略决策和日常行动中应该为谁敲开幸福之门？想要回答这一问题，我们需要更多的学术研究。

参考文献

Bass, B. M. 1985. *Leadership and Performance beyond Expectation.* New York: Free Press.

Bass, B. M., and B. J. Avolio. 1990. *Transformational Leadership Development Manual for the Multifactor Leadership Questionnaire.* Palo Alto, CA: Consulting Psychologists Press.

Bass, B. M., and B. J. Avolio. 1995. *Multifactor Leadership Questionnaire.* Palo Alto, CA: Mind Garden.

Bass, B. M., and B. J. Avolio. 1997. *Full Range Leadership Development Manual for the Multifactor Leadership Questionnaire.* Palo Alto, CA: Mind Garden.

Bass, B. M., and R. E. Riggio. 2006. *Transformational Leadership*, 2d ed. Mahwah, NJ: Lawrence Erlbaum Associates.

Bass, B. M., and P. Steidlmeier. 1999. Ethics, character and authentic transformational leadership behavior. *Leadership Quarterly*, 10: 181–217.

Bluedorn, A. C. 1982. A unified model of turnover from organizations. *Human Relations*, 35: 135–154.

Boehnke, K., N. Bontis, J. DiStefano, and A. DiStefano. 2003. Transformational leadership: An examination of cross-cultural differences and similarities. *Leadership and Organization Development Journal*, 24: 5–15.

Bryk, A. S., and S. W. Raudenbush. 1992. *Hierarchical Linear Models: Applications and Data*

Analysis Methods. Newbury Park, CA: Sage.

Burns, J. M. 1978. *Leadership.* New York: Harper Torchbooks.

Chatterjee, A., and D. C. Hambrick. 2007. It's all about me: Narcissistic chief executive officers and their effects on company strategy and performance. *Administrative Science Quarterly*, 52: 351–386.

Chen, Z. X., and A. M. Francesco. 2003. The relationship between the three components of commitment and employee performance in China. *Journal of Vocational Behavior*, 62: 490–510.

Cheng, B. S., and D. Y. Jiang. 2000. Supervisory loyalty in Chinese business enterprises: The relative effects of emic and imposed-etic constructs on employee effectiveness. *Indigenous Psychological Research in Chinese Societies*, 14: 65–113.

Cheung, C. K., and A. C. F. Chan. 2008. Benefits of Hong Kong Chinese CEOs' Confucian and Daoist leadership styles. *Leadership and Organization Development Journal*, 29: 474–503.

Cohen, J., P. Cohen, S. G. West, and L. Aiken. 2003. *Applied Multiple Regression/ Correlation Analysis for the Behavioral Sciences*, 3rd ed. Mahwah, NJ: Lawrence Erlbaum Associates.

Cohen, J. A. 1960. A coefficient of agreement for nominal scales. *Education and Psychological Measurement*, 20: 37–46.

Confucius. 1992. *The Analects.* Translated by D. C. Lau. Hong Kong: Chinese University Press.

Cooke, F. L. 2008. Enterprise culture management in China: Insiders' perspective. *Management and Organization Review*, 4: 291–314.

Crocker, J., J. A. Garcia, and N. Nuer. 2008. From egosystem to ecosystem in intergroup interactions: Implications for intergroup reconciliation. In T. Nadler, E. Malloy, and J. D. Fisher（Eds.）, *The Social Psychology of Intergroup Reconciliation*: 171–194. New York: Oxford University Press.

Cronbach, L. J., G. C. Gleser, H. Nanda, and N. Rajaratnam. 1972. *The Dependability of Behavioral Measurements: Theory of Generalizability for Scores and Profiles.* New York: Wiley.

Deutscher, I. 1973 *What We Say/What We Do: Sentiments and Acts.* Glenview, IL: Scott, Foresman.

Egri, C. P., and D. A. Ralston. 2004. Generation cohorts and personal values: A comparison of China and the U.S. *Organization Science*, 15: 210–221.

England, G. W. 1975. *The Manager and His Values: An International Perspective from the United States, Japan, Korea, India, and Australia.* Cambridge, MA: Ballinger.

Farh, J. L., and B. S. Cheng. 2000. A cultural analysis of paternalistic leadership in Chinese organizations. In J. T. Li, A. S. Tsui, and E. Weldon（Eds.）, *Management and Organizations in the Chinese Context*: 84–127. London: Macmillan.

Fu, P. P., and A. S. Tsui. 2003. Utilizing printed media to understand desired leadership attributes in the People's Republic of China. *Asia Pacific Journal of Management*, 20: 423–446.

Fu, P. P., X. H. Yan, Y. J. Li, E. P. Wang, and S. Q. Peng. 2008. Examining conflict-handling approaches by Chinese top management teams in IT firms. *International Journal of Conflict Management*, 19: 188–209.

Garcia, J. A., and J. Crocker. 2008. Reasons for disclosing depression matter: The consequences of having egosystem and ecosystem goals. *Social Science and Medicine*, 67: 453–462.

Givens, R. J. 2008. Trasformational leadership: The impact on organizational and personal outcomes. *Emerging Leadership Journeys*, 1: 4–24.

Goodwin, V. L., J. C. Wofford, and J. L. Whittington. 2001. A theoretical and empirical extension to the transformational leadership construct. *Journal of Organizational Behavior*, 22: 759–774.

Hambrick, D. C., and P. A. Mason. 1984. Upper echelons: The organization as a reflection of its top managers. *Academy of Management Review*, 9: 193–206.

Hitlin, S., and J. A. Piliavin. 2004. Values: Reviving a dormant concept. *Annual Review of Sociology*, 30: 359–393.

Hofstede, G. 1980. *Culture's Consequences: International Differences in Work-related Values.* Thousand Oaks, CA: Sage.

Hui, C. H., and G. C. Tan. 1999. The moral component of effective leadership: The Chinese case. In W. H. Mobley, M. J. Gessner, and V. Arnold（Eds.）, *Advances in Global Leadership*, 1: 249–266. New York: Elsevier.

James, L. R. 1982. Aggregation bias in estimates of perceptual agreement. *Journal of Applied Psychology*, 67: 219–229.

James, L. R., R. G. Demaree, and G. Wolf . 1984. Estimating within-group interrater reliability with and without response bias. *Journal of Applied Psychology*, 69: 85–98.

Judge, T. A., and R. F. Piccolo. 2004. Transformational and transactional leadership: A meta-analytic test of their relative validity. *Journal of Applied Psychology*, 89: 755–768.

Jung, D. I., and B. J. Avolio. 2000. Opening the black box: An experimental investigation of the mediating effects of trust and value congruence on transformational and transactional leadership. *Journal of Organizational Behavior*, 21: 949–964.

Kanungo, R. N., and M. Mendonca. 1996. *Ethical Dimensions of Leadership.* Thousand Oaks, CA: Sage.

Katz, D., and R. Kahn. 1978. *The Social Psychology of Organizations*, 2nd ed. New York: Wiley.

Kluckhohn, C. 1951. Value and value orientations in the theory of action. In T. Parsons and E. Shils (Eds.), *Toward a General Theory of Action*: 388–433. Cambridge, MA: Harvard University Press.

Krippendorff, K. 2004. *Content Analysis: An Introduction to Its Methodology*, 2nd ed. Thousand Oaks, CA: Sage.

Krishnan, V. R. 2002. Transformational leadership and value system congruence. *International Journal of Value-based Management*, 15: 19–33.

Krishnan, V. R. 2005. Leader-member exchange, transformational leadership, and value system. *Electronic Journal of Business Ethics and Organization Studies*, 10: 14–21.

Lao-Tze. 2008. *Tao Te Ching* (Book of Tao). Translated by Wayne W. Dyer. Carlsbad, CA: Hay House.

Leung, K. 2009. Never the twain shall meet? Integrating Chinese and Western management research. *Management and Organization Review*, 5: 121–129.

Ling, W. Q., L. Chen, and D. Wang. 1987. The construction of the CPM scale for leadership behavior assessment. (In Chinese.) *Acta Psychologica Sinica*, 19: 199–207.

Ling, Y., H. Zhao, and R. A. Baron. 2007. Influence of founder-CEOs' personal values on firm performance: Moderating effects of firm age and size. *Journal of Management*, 33: 673–696.

Lord, R. G., and R. J. Hall. 2005. Identity, deep structure and development of leadership skills. *Leadership Quarterly*, 16: 591–615.

Meglino, B. M., and E. C. Ravlin.1998. Individual values in organizations: Concepts, controversies, and research. *Journal of Management*, 24: 351–389.

Meglino, B. M., E. C. Ravlin, and C. L. Adkins. 1989. A work values approach to corporate culture: A field test of the value congruence process and its relationship to individual outcomes. *Journal of Applied Psychology*, 74: 424–432.

Meyer, J. P., and N. J. Allen. 1997. *Commitment in the Workplace: Theory, Research, and Application.* Thousand Oaks, CA: Sage.

Mowday, R. T., and R. I. Sutton. 1993. Organizational behavior: Linking individuals and groups to organizational contexts. *Annual Review of Psychology*, 44: 195–229.

O'Reilly, C. A., J. A. Chatman, and D. F. Caldwell. 1991. People and organizational culture: A profile comparison approach to assessing person organization fit. *Academy of Management Journal*, 34: 487–516.

O'Reilly, C. A., and J. Pfeffer. 2000. *Hidden Value: How Ordinary People Can Produce Extraordinary Results*. Boston: Harvard Business School Press.

Parsons, T. 1937. *The Structure of Social Action: A Study in Social Theory with Special Reference to a Group of Recent European Writers.* New York: McGraw-Hill.

Parsons, T., and E. A. Shils. 1951. *Toward a General Theory of Action: Theoretical Foundatio for the Social Sciences.* Cambridge, MA: Harvard University Press.

Perrow, C. 1986. *Complex Organizations: A Critical Essay*, 3rd ed. New York: Random House.

Rokeach, M. 1973. *The Nature of Human Values and Value Systems.* New York: Free Press.

Ros, M., S. H. Schwartz, and S. Surkiss. 1999. Basic individual values, work values, and the meaning of work. *Applied Psychology: An International Review*, 48: 49–71.

Rubin, R. S., D. C. Munz, and W. H. Boomer. 2005. Leading from within: The effects of emotion recognition and personality on transformational leadership behavior. *Academy of Management Journal*, 48: 845–858.

Schein, E. H. 1992. *Organizational Culture and Leadership*, 2nd ed. San Francisco: Jossey-Bass.

Schwartz, S. H. 1992. Universals in the content an structure of values: Theoretic advances and empirical tests in 20 countries. In M. Zanna (Eds.), *Advances in Experimental Social Psychology*, 25:1–65. New York: Academic Press.

Schwartz, S. H. 1994. Studying human values. In A. M. Bouvy and F. J. R. Van de Vijver (Eds.), *Journeys into Cross-Cultural Psychology*: 239–254. Lisse, the Netherlands: Swets and Zeitlinger.

Schwartz, S. H. 2000. Value consensus and importance: A cross-national study. *Journal of Cross-Cultural Psychology*, 31: 465–497.

Schwartz, S. H., and L. Sagiv. 1995. Identifying culture-specifics in the content and structure of values. *Journal of Cross Cultural Psychology*, 26: 92–116.

Song, J. W., A. S. Tsui, and K. S. Law. 2009. Unpacking employee responses to organizational exchange mechanisms: The role of social and economic exchange perceptions. *Journal of Management*, 35: 56–93.

Sosik, J. J. 2005. The role of personal values in the charismatic leadership of corporate managers: A model and preliminary field study. *Leadership Quarterly*, 16: 221–244.

Sosik, J. J., B. J. Avolio, and D. I. Jung. 2002. Beneath the mask: Examining the relationship of self-presentation attributes and impression management to charismatic leadership. *Leadership Quarterly*, 13: 217–242.

Sosik, J. J., and S. L. Dinger. 2007. Relationships between leadership style and vision content: The moderating role of need for social approval, self-monitoring, and need for social power. *Leadership Quarterly*, 18: 134–153.

Sosik, J. J., D. Jung, and S. L. Dinger. 2009. Values in authentic action: Examining the roots and rewards of altruistic leadership. *Group and Organization Management*, 34: 395–431.

Tom, K. S. 1989. Echoes from old China: Life, legends and lore of the Middle Kingdom. Honolulu: Hawaii Chinese History Center.

Tsui, A. S., T. D. Egan, and C. A. O'Reilly. 1992. Being different: Relational demography and organizational attachment. *Administrative Science Quarterly*, 37: 549–579.

Waldman, D., G. Ramirez, R. J. House, and P. Puranam. 2001. Does leadership matter? CEO leadership attributes and profitability under conditions of perceived environmental uncertainty. *Academy of Management Journal*, 44: 134–143.

Waldman, D. A., D. S. Siegel, and M. Javidan. 2006. Components of CEO transformational leadership and corporate social responsibility. *Journal of Management Studies*, 43: 1703–1725.

Wall, T. D., J. Michie, M. Patterson, S. J. Wood, M. Sheehan, C. W. Clegg, and M. West. 2004. On the validity of perceived company financial performance. *Personnel Psychology*, 57: 95–118.

Whetten, D. A. 2009. An examination of the interface between context and theory applied to the study of Chinese organizations. *Management and Organization Review*, 5: 29–55.

Yukl, G. 2006. *Leadership in Organizations*, 6th ed. Upper Saddle River, NJ: Prentice Hall.

附录：两则关于高自我提升价值观和高自我超越价值观首席执行官的故事

Tong先生（6号，表5，高自我提升价值观）于1981年获得工程学学士学位，工作中一步一步晋升，最后成为中国东南地区的一位市长。1989年他辞职为研究生入学考试准备，最后被日本的一所大学录取，但却因为1989年的政治风波停止了去任何国家的签证办理而不能离开祖国。由于聪明和勤奋，他被邀请成为一家纺织公司的副主管。6个月后，他意识到品牌的重要性，想要出去开发自己的市场。他的老板同意了，他带着1万块钱（1250美元）和一些样品离开了。他去了北京并在那里成立了分公司。基于3/7利润分成体系（70%利润归公司，30%归他自己），他在第一年挣了4万美元。他说那个时候对他最困难的事情就是改变“角色”——从有自己的汽车到用自行车售卖产品。但他坚持下来了，骑坏了3辆自行车，走遍了北京的大街小巷。三年后，他积累了大约25万美元并建立了100家零售店。1993年，他的老板邀请他一起移民到美国，但Tong决定留下并买下了他老板的公司。1994年，他用62500美元成立了自己的领带公司。如今，这家公司在全国有300多家分店，销售额已经达到4400万美元。当被问到他的价值观时，他说他想“更多地被社会认可”。他回忆当他是高中生的时候，“很多人离开我的家乡，到国外做生意挣钱。我也想象他们那样。在那个时候，没有人有车。有一个生意人开车从香港回去，给邻里钱和糖果；我想超过他……”他目前的目标是成为“世界领先的领带生产商”。

Li女士（9号，表5，自我超越价值观）曾在北京旅游局任办公室经理，1987年被委任为北京最大、最有历史的酒店的总经理，当时这家酒店处于破产边缘。她做出神奇的转变，让酒店在1990年成为北京的四星级酒店，并被评为全国杰出女性企业家。然后，由于政治原因，1996年春她被迫下台并被解雇。两年后，当她决定建立酒店管理公司并接管一家管理非常差的区政府酒店时，她以前工作的那家四星级酒店的二十多名管理层员工投奔了她。如今，在北京这家酒店已成为酒店管理的模范。她团队中的大部分经理都和她一起工作了20年以上（10年在以前的酒店，另外10年在现在的酒店）。回顾过往，Li女士说，“有坚定的价值观，并在面对诱惑时恪守它们是我达到今天的成就的原因。”这家酒店的高级经理们说，“这里就像一个大家庭”，“在这里我非常开心”，“它就像你自己抚养长大的孩子，你永远不会想要放弃它”。品性正直，力求完美，真诚地爱戴她的员工是她多年来应对挑战的法宝，这也使得她的员工开心，从而一起创造了组织成功。

第八章

2002年至今：中国和国际管理研究

导 读

虽然这一章的题目为“中国和国际管理研究”，但我探讨的重点是中国管理研究，国际管理研究是一个附属的领域。在学术界，当你对某一个地区的发展和研究有了一些关注之后，大家就把这个地区的观念国际化。只要你做的不是美国的学术研究，你可能就会变成一个国际学术专家。我对中国的关注很多，也写了几篇文章和几本书，所以大家都认为我对中国和国际管理研究有些想法。在这方面我也得到了大家的认同。

这一章所提到的学术文章和以前章节提到的不一样。以前所提的学术文章是具体到一个问题，通过设计，做了研究之后把文章写出来。这是对具体一个领域的贡献。而这一章（我最近十几年投入最大的一个领域）所讲的不是我直接做的研究，而是对一个领域发展所作的服务性贡献。本章涉及的文章都是在描述一个领域的研究现状，并展望其未来。这是致力于一个领域的发展，而不是对领域内某个具体问题的研究。

这一章涉及的文章是与发展一个学术学会（中国管理研究国际学会，IACMR）和打造一本关注中国管理研究的期刊《组织管理研究》（MOR）密切相关。总体来讲，主要有三个阶段：早期准备阶段，领域发展阶段，领域发展转型阶段。

一、早期准备阶段

1995年，我到香港科技大学做系主任，负责科大的组织管理系。除了招聘老师，我们也发展了博士班项目。另外我们还计划创建一个关注中国管理研究的中心。从1979年改革开放到那时，中国的商学院发展得非常好，但我注意到所用的都是美国教科书，关于中国管理的学术研究还没有真正开始。所以我们研究中心的重点放在中国的管理研究上。1998年，我们从科技大学申请到了一些基金来发展中国管理研究。那时，国际上也有一些学者开始关注这一主题，于是我们就组织了一个学术会议，邀请了二十几位专家来参加。其中，我们邀请了著名管理学家Don Hambrick做一个主题演讲（keynote speech）。后来，我们把这次会议论文编辑出版，书名叫《中国情境下的管理与组织》（*Management and Organizations in the Chinese Context*, Li, Tsui, & Weldon, 2000）。这也是第一本关于中国管理研究的书。

1999年，我们写了一个很大的研究计划，获得了香港恒隆企业给我们学校赞助的一笔资金；我们的研究中心正式成立，并命名为“恒隆组织管理研究中心”。之后我们为中国学者连续举办了四期的研究方法培训班（1999—2002年），每一期邀请大约四十位内地的、几位台湾的年轻老师来参加。这四期培训班把西方先进的、科学的、正统的管理研究方法传授给中国管理院校的优秀年轻老师们。他们反馈说大开眼界，在这之前从来不知道研究是这样做的。所以这四个培训班为后来中国管理院校学术研究的发展作了一定的贡献。

从2000年开始，我们的研究中心资助了很多研究项目。大部分项目是香港科技大学、香港中文大学和国外学者合作进行的。全部经费分两次拨给研究者。每一次都召开一个工作坊，请一些专家来指导学者的研究。最终研究结果出来后，我们编了第二本书《中国企业管理的前沿研究》。这本书由我和香港中文大学的刘忠明老师一起主编，于2002年出版（Tsui & Lau, 2002）。针对中国民营企业这个专题，我们也资助了一些研究项目，组织了一个学术工作坊，研究成果也编辑成《中国民营企业的管理和绩效：多学科视角》一书。这本书由我、边燕杰和郑国汉一起主编，于2006年出版（Tsui, Bian & Cheng, 2006）。

除了这些书，在第一阶段我还写了一篇文章。这篇文章是和李家涛老师合作的。我们回顾了从1984年到1999年这十六年期间国际上关于中国管理研究文献的引用率。这篇文章在2002年发表，是第一篇对中国管理研究进行系统回顾的文章（Li & Tsui, 2002）。

1995—2002年基本上可以视为准备阶段。我们把一批中国的年轻学者培训出来，使他们对国际上的研究方法有了初步认识，之后他们在各自学校开始传播这些研究方法，教研究生怎样做实证研究。在这之前中国管理学界很少做实证研究的。自从参加这些培训班后，很多学校要求硕士生、博士生开始做实证研究。但在那时，做中国管理研究是很难在国际期刊上发表文章的。编辑会问为什么要关注中国？我们为什么要知道你的研究？为什么需要中国样本？等等。有鉴于此，我就跟几个同事计划怎么把中国管理研究带到国际上，让国际学者对这个领域产生兴趣，这就是创立中国管理研究国际学会（IACMR）的初衷。

二、领域发展阶段：中国管理研究国际学会的创立与发展

2001年我开始为IACMR的成立做准备工作。那时我在北京大学做学术休假，能有大段时间集中关注中国商学院、管理学院的发展和中国管理研究的状况。我和国内外很多学者交流，谈论怎么样开展中国管理研究。大家都认为这是一个非常值得探讨的领域。于是我把做过中国管理研究的学者集中起来，然后逐个发邮件问他们怎样继续发展这个领域。美国管理学会2001年度会议在加拿大多伦多市召开，我约了芝加哥大学的奚恺元（Chris Hsee）老师吃午饭，讨论这个问题。他提议我们可以成立一个学会，为学者提供一个交流和合作的平台。2002年夏天，美国管理学会在华盛顿举行年度会议，我就在那里组织了一个会议，邀请对中国管理研究有兴趣的学者参加。同时我也邀请几个对国际管理研究有兴趣的学者，如Michael Hitt, John Child等一起吃饭讨论这个问题。我还邀请他们在会上讲话，同时请美国管理学会时任主席给我们指导与鼓励。本来估计参加者只有几十个人，结果二百多个人来参加。会议非常热闹，大家都认为成立一个学会是一件值得做的事情。最后我们通过举手表决，同意成立学会。虽然学会的名字还没有定下来，但大家都很热心。当时北京大学光华管理学院的张维迎院长也在，他大力支持，提议我们在2003年在北京召开IAMCR的成立大会。会后，我们开始选举学会的理事会和会长，并在光华管理学院成立了学会的办公室。我先把选举的程序做出来，同时，有一位跨文化学者David Ralston对中国文化特别有兴趣，他愿意做我们的秘书长，就开始把学会的宪章、标志等都做出来。并在美国申请了一个正式的非营利机构的组织，这样我们的学会就是一个合法的组织，收入也不用纳税了。经过选举，陈晓萍当选2003年成立大会的会长，张维迎当选北京大会的当地理事长，我当选学会创会会长。目前，在会员和各界的支持下学会快速成长，已拥有来自近100个不同国家和地区的注册会员逾6000人。学会已经成功举办了四届国际性的学术会议以及其他的学术交流活动。学会为从事中国情境下管理研究的学者提供了一个思想与经验交流的平台，推动了中国本土管理研究学者与国外管理研究学者间的国际合作，促进了中国境内管理研究能力的提升，并促进了中国情境下的管理研究的发展。

同时，我与同事们讨论如何让主流国际期刊认可中国的管理研究。我向一流期刊《组织科学》（*Organization Science*）的主编Kaye Schoonhoven（她对中国很感兴趣）提出做一个特刊。她很热心地答应了。接下来我们就组织征文和审稿。审稿之后，2003年初我们在北京大学召开一次工作坊，把第一轮审稿通过的作者及审稿人

都邀请来。北京大学时任院长张维迎教授特别支持我们，为我们拨付了一笔资金来召开这次工作坊。这次特刊最终录用了9篇文章（79篇投稿），于2004年初发表出来。在这次特刊中，我和其他四位特约编辑写了一篇引言，回顾中国管理研究的现状，并展望了中国管理研究的前景。这期特刊是对中国管理研究发展的一个重要认可，承认中国管理研究是一个重要的研究领域。

2004年，应主编之约，我的另外一篇有关中国管理研究的文章在《亚太管理学报》（*Asia Pacific Journal of Management*）发表。当时我对中国管理研究已经有了一些认识，就借此机会写一篇文章来鼓励学者做高质量的中国特色的管理研究。这篇文章题为“对全球管理知识做出贡献：一个高质量的本土研究案例”（Contribution to global management knowledge: A case for high quality indigenous research）。受台湾地区杨国枢老师本土心理学研究的启发，我觉得中国管理研究也要做本土研究，于是用了“本土研究”这个概念。2002—2005年是一个新时代的开始。在这期间我做了很多基础工作，除了使主流期刊《组织科学》接受我们开辟一期特刊（9篇文章）外，我还写了很多其他文章。经过这些过程，我不仅对中国管理研究越来越了解，对IACMR也越来越投入。

与此同时，我接受了香港科技大学樊景立老师的提议，在得到北京大学光华管理学院和香港科技大学的资助后，我们开始筹划创办一本会刊——《组织管理研究》（*Management and Organization Review*, MOR）。这需要很多准备工作，例如阐明期刊宗旨，物色期刊需要的编辑，组织评审委员会，同时还要签约一家出版公司。Blackwell公司和我们签了合约，他们负责出版和营销，我们负责文章内容。到2004年IACMR召开首次大会时，我们把MOR的第一期（2004年3月卷）已准备好，在2004年的6月正式出版。第一期的第一篇文章是请James G. March写的关于中国管理研究发展的提议。他建议我们不要完全学习美国，要结合自己的本土特征，所以他文章的主题和IACMR的宗旨非常一致。2004年的大会开完后，MOR就开始一期一期地出版发行。当初的几年相当困难，因为我们的文章不够，需要花大量功夫去约稿。于是我就想了一个办法。每次召开双年会时有很多主题讨论（keynote panels），邀请最有名的学者来做报告，我就请他们把报告的文章在MOR发表。这样，MOR在创刊伊始就有很多著名的教授在上面发表文章，这对MOR的发展有相当大的促进作用。目前《组织管理研究》已正式入选美国科学信息协会（ISI）所辖的“社会科学期刊索引”（SSCI）。在2010年SSCI评估报告中，首次影响因子为2.806。

2005年开始，管理学术界知道我在做中国管理研究，对我也有了一些了解。这时有两个期刊向我约稿，讨论国际管理研究的问题。那时我带了两个博士生，就和他们一起写了一篇文章，“跨国跨文化的组织行为研究：进展、不足与建议”（Cross-national cross-cultural organizational behavior research: Advances, gaps, and recommendations），发表在2007年的《管理学报》（*Journal of Management*）上。那一年，我还有一篇有关国际管理研究的文章发表在《美国管理学学会学报》（AMJ）上。这篇文章主要讲述我们观察到的学术研究的很多同质性。James G. March观察到，欧洲的研究很像美国的研究，而美国的研究不像欧洲的研究；我做了很多文献回顾，发现亚洲和中国的研究很像美国的研究，而美国就没有像亚洲和中国的研究。这是一种与美国研究一致性的趋向，而这个趋向对学术发展不一定有利。基于此认识，我给文章定名为“从同质化到多样性”（From homogenization to Pluralism）。我的观点是，国际研究不能完全照搬美国做研究的方法及理论，一定要发展自己的理论。用本土适合的方法，探讨本土重要的问题。

2009年，我认为中国的管理研究应该脱离美国研究方法的捆绑，发展自己的研究内容和方法。于是我在当年以编者论坛的形式做了一期MOR特刊。其中的两篇主题文章是Jay Barney 与 David Whetten撰写的。我邀请了其他六位学者发表他们对这两篇文章的看法，并展望中国管理研究的发展前景。这六位学者包含了中国大陆的、台湾和香港地区的，还有美国的研究学者。六篇文章的主题是探讨中国管理研究现状与未来。在该特刊，我以主编的身份写了一篇题为“管理研究的自主性：打造新兴科学团体的未来”（Autonomy of inquiry: Shaping the future of emerging scientific communities）的文章，倡导学术团体要有探索的自主性，不要被现有的文献和方法绑住。

此外，应大家多年的要求，我和陈晓萍、樊景立编写了一本研究方法的书——《组织与管理研究的实证方法》。第一版于2008年出版，主要介绍西方的实证研究方法。我们目前正在准备这本书的第二版，增加了很多新的内容，讨论情境化、本土研究和科学精神等。此外，我们还系统地介绍了定性研究方法。这本书的第二版预计在2012年IACMR成立十周年的大会前完成，希望对中国管理研究下一个阶段的发展作出一定的贡献。

三、展望未来：领域发展的转型

2012年，中国管理研究已经迈入了一个新的阶段。很多研究者开始自主探索，重新研究中国情境下重要的管理问题，发展有意义的本土管理理论。这不单单会对中国的管理现象有一个好的解释，也会对国际管理知识作出重大的贡献。今年也是IACMR成立十周年，这十年为我们打下了很好的基础，希望以后我们可以研究出更多的创新性知识。

2011年，很多中国媒体对中国管理研究这个问题感兴趣。他们对我进行采访，把我的文章和想法进行转载或重写。这些文章将汇总列于本书的附录Ⅲ。

本主题的书

1. Chen, X.P., Tsui, A.S., and Farh, J.L. (Eds.) 2008. *Empirical research methods in organization and management studies*（组织与管理研究的实证方法）. Beijing, China: Peking University Press（in Chinese）.

2. Li, J.T., Tsui, A.S., and Weldon, E. (Eds.) 2000. *Management and organizations in the Chinese context: Current issues and future research directions.* London, UK: Macmillan Press.

3. Tsui, A.S., Bian, Y. and Cheng, L. (Eds.) 2006. *China's domestic private firms: Multidisciplinary perspectives on management and performance.* New York: M.E. Sharpe. Translated into Chinese, published by Peking University Press, 2008.

4. Tsui, A.S. and Lau, C.M. (Eds.) 2002. *The management of enterprises in the People's Republic of China.* Boston: Kluwer Academic Press. Translated into Chinese, published by Peking University Press, 2004.

5. Tsui, A.S. and Zhang, W.Y. *Chinese translations of selected AMJ award winning papers.* Beijing, China: Peking University Press, 2006.

6. Tsui, A.S. and Zhang, W.Y. *Chinese translations of the ASQ award winning papers.* Beijing, China: Peking University Press, 2005.

本主题的系列文章

1. Li, J.T. and Tsui, A.S. 2002. A citation analysis of management and organization research in the Chinese context: 1984 to 1999. *Asia Pacific Journal of Management,* 19: 87-107.

2. Tsui, A.S. 2004. Contributing to global management knowledge: A case for high quality indigenous research. *Asia Pacific Journal of Management,* 21: 491-513.

3. Tsui, A.S., Schoonhoven, C.B., Meyer, M.W., Lau, C.M., and Milkovich, G.T. 2004. Examining organizations and management in periods of societal transformation: The People’s Republic of China. *Organization Science,* 15（2）: 133-144.

4. Tsui, A.S. Contextualization in Chinese management research. *Management and Organization Review,* 2006, 2（1）: 1-13.

5. Tsui, A.S., Nifadkar, S. & Ou, Y. 2007. Cross-national cross-cultural organizational behavior

research: Advances, gaps, and recommendations. *Journal of Management,* 28（3）: 277-305.

6. Tsui, A.S. 2007. From homogenization to pluralism: International management research in the Academy and beyond. *Academy of Management Journal,* 50（6）: 1353-1364.

7. Tsui, A.S. 2009. Autonomy of inquiry: Shaping the future of emerging scientific communities. *Management and Organization Review,* 5（1）: 1-14.

社会转型期中的组织与管理：来自中华人民共和国的证据* ①

徐淑英 （亚利桑那州立大学 香港科技大学 北京大学）
Claudia Bird Schoonhoven （加州大学欧文分校管理学院）
Marshall W. Meyer （宾夕法尼亚大学沃顿商学院）
Chung-Ming Lau （香港中文大学工商管理学院）
George T. Milkovich （康奈尔大学）

摘要：二十五年的经济改革使中国走向了世界经济舞台的中心。按此趋势，在可预知的未来，中国将成为世界最大的经济体。中国飞速的增长令其他发展中国家羡慕，但是对于管理学者来说，它提供了令人激动的探究之谜。本文介绍当今中国组织管理实证研究的现状，回顾当代关于中国组织管理的研究成果，并简要综述《组织科学》（*Organization Science*）这期特刊的九篇文章。这些文章研究了，在中国，大规模的公司变革对公司间关系、社会结构和社会过程的影响，以及对组织中个体行为的影响。我们阐释了这个领域的很多悖论，并为这些具有挑战性议题提出了建议。组织管理研究的学者应该深入思考中国情境，并在该情境将已有的组织管理知识进行拓展。

2002年《中国统计年鉴》报告，中国有大约13亿人口，占世界人口的20%。从经济方面来看，中国的GDP是1万亿美元，是美国的十分之一。如果考虑到购买力，这个差距就更大。中国GDP的发展速度更是惊人。二十年来中国一直保持10%的增长率（世界银行，2003年，表4-1）。许多经济学家认为，2003年8%的经济增长率低估了中国GDP的实际增长速度。财富分布上，很多中国人所拥有的私有财富足够使

---

* Tsui, A.S., Schoonhoven, C.B., Meyer, M.W., Lau, C.M., and Milkovich, G.T. 2004. Organization and management in the midst of societal transformation: The People's Republic of China. *Organization Science*, 15(2): 133-144

① 这期特刊和相关会议得到中国香港科技大学和香港中文大学的资助。同时，感谢Winnee Wu, Rosanna Lo, Liqun Wei和Chunyan Jiang的研究支持，以及Ann Clark对特刊审稿过程的全盘管理。

其进入《福布斯》富人排行榜（Hoogewerf, 2002），很显然这在西方极具新闻价值。然而，中国的人均GDP仍低于1000美元，最穷和最富的省之间的人均收入差距也越来越大。过去，闭关锁国的中国给人们一个谜一般的强大形象（Spence, 1999）；今天，中国的成长以及开放地与西方交往也给人们一个耐人寻味的强大形象。有人说，今天的形象是个无限的机会（Overholt, 1994），也有人说，这是个“波特金村庄”[①]（Potemkin village）式的虚假繁荣（Chang, 2001; Studwell, 2003）。

企业组织是经济增长的主要动力。没有一个国家可以在没有持续经营的公司和管理这些公司的人员的情况下，维持长久的经济增长。这也是阿尔弗雷德·钱德勒（Chandler, 1978）所指出的“看得见的手”。随着中国经济的持续增长，职业经理人及其职业性管理因此而出现。反映职业管理阶层形成的一个重要指标就是工商管理教育在中国的蓬勃发展。1987年，中国政府为正式的MBA教育成立了筹划委员会，并在1991年批准了9所试点学校，当年招生略多于100 名。自1991年，中国MBA毕业生的数量每两年翻一番。现在，中国62所商学院招收了约32393名MBA学员（《北京青年报》），这其中还不包括类似MBA培训班学员和EMBA学员。尽管中国的工商管理教育迅速崛起，在世界经济舞台地位的日益提升，但是，中国仍然是最少被管理学学者们所关注的地区之一。

1978年是崭新管理时代的重要开端，“文化大革命”的影响业已式微。在邓小平的领导下，新的领导班子对经济政策进行了重大变革，其中包括授予商业组织[②]较高的自主权。在1978年以前，国有企业是中国的主导组织形式；新的政策开启了国有企业改革，改革计划经济的生产经营单位，使其成为自我经营、自负盈亏的组织。在改革的同时，打开国门，实行开放政策，允许建立新型企业，鼓励私营资本投资和外国直接投资。在此后的25年内，中国的国内生产总值从1978年的45.3亿美元（362.4亿人民币）增长到2002年的近一万亿美元。[③] 2003年初，中国成为第二大外国直接投资的所在国，拥有世界上最多的超过7亿的员工。

2001年11月中国正式加入世界贸易组织（WTO），这是中国融入全球经济的重要一步。几乎所有大国都是世界贸易组织的成员国， 成员国都必须开放市场， 并降低进出口关税。目前，多数发达国家对中国都拥有巨额的贸易赤字。世贸组织成员一直在敦促中国开放国内市场，深化经济组织转型，并尽力重建贸易平衡。

按理说，这种较快的发展速度会因缺乏在多变环境中如何管理的系统化知识而受阻。在中国不仅竞争日益激烈，而且竞争规则也发生着变化。这些情境为过渡时

① 波特金村庄，俄国女皇叶卡捷琳娜的宠臣波特金于1787年修建，专为女皇视察他的辖区时使用，以显示辖区的“繁荣”。

② 在中国，商业组织指的是企业。

③ 按汇率1美元兑换8元人民币计算。

期的中国提出了有关经济、社会和组织管理的基本问题。[①]本期特刊的目的不是解释中国经济增长，而是增进有关经济转型和企业变革时期的一般性管理知识，特别是有关中国情境研究的管理知识。从实证角度来说，中国提供了了解新兴市场经济中企业变革和管理挑战的一个令人兴奋的情境。世界上只有少数地区可以给管理学者提供如此多样的所有制结构、组织形式、组织战略和管理实践的研究场所。世界上也只有少数地区正经历着组织结构、组织形式、社会规范和文化价值观的巨大变化。这些变化反过来促进了管理实践的变化，并影响了员工的行为和期望。在中国，有关经济、地理、法律、社会和文化的复杂变革带来了许多具有挑战性的，并关乎中国政府、商界领袖和管理学者切身利益的组织管理问题。

管理学者（Boyacigiller & Adler, 1991）普遍认识到的一个不足是，现有的组织理论主要源于对西方高度发达的正式组织的考察，尤其是对美国、加拿大和西欧组织的分析。然而，多大程度上，这些理论能够有效解释那些欠发达国家和那些正进入全球竞争体系的组织和管理？当计划经济向市场经济的过渡，原有的政治体制不断受到挑战，政策频繁调整，从而企业必须适应多变的环境时，这些理论又多大程度上能够解释和预测企业行为？对于一个政治体系而言，从高度集中向相对开放的市场经济过渡，这为企业创造必须响应并做出调整的一系列试验条件。世界上的许多地区虽然都值得我们关注，但是中国提供了历史、政治和文化相融的，并且经历着当代社会特有的法制变革的独特情境。鉴于中国在世界舞台上的重要角色，我们认为有必要了解，在中国经营的企业如何适应多变、复杂和动态的环境。

在下一节，我们将描述中国的现实情境，然后回顾当代关于中国组织管理研究的成果，这样的研究只有相对较短的25年的历史。接下来，我们介绍本期特刊的文章。这些成果得益于中国政府和经理人对社会科学研究日益开放的态度。最后，为富有挑战性的研究未来提出我们的指导意见。我们尽力为学者创造发展有关转型期经济中的企业管理知识的机会，从而为全球组织和管理研究作出贡献。我们期待本期有关中国企业转型研究的特刊作为多年研究总结的第一课，能成为承上启下的新起点。

---

① 高增长率毫无疑问会引起人们对过度生产和价格下跌的关注，也会引起商业媒体的关注。比如《商业周刊》（*Business Week*）的封面故事“中国：危险的繁荣”（Roberts & Balfour, 2003: 48—50），采用了摩根士丹利分析员的“中国的经济：大步放缓前进”的专稿（Xie, 2003）。人们预期财产和金属价格的迅速下降，“财富在迅速上升但是边际效用在减少”。中国国家发改委指责那些投资过度的地方官员他们投资了道路等任何可以得到北京赞誉的项目。Business Week将这种指责解释为政府警告，“GDP的增长被用作评估地方官员业绩的方法，这使得他们会过度投资”。

1. 组织形态——中国现在在哪？

要画一张中国的组织形态图（organizational terrain）非常困难。研究者们面临着若干基本挑战。历史和制度因素使中国企业与西方企业的概念非常不同，这种不同使得研究者难以确信一些基本的假设在中国是否成立，例如，企业有明确的所有权和边界。一些研究者认为，中国经济和企业改革的力度史无前例，它的进程与苏联解体后的东欧非常不同（参见Chen & Lau, 2000; Lin *et.al.*, 2001）。快速的企业改革和经济开放进一步分割了中国市场，这让中国的企业与西方企业相比，变得更小并更容易解体。分割的市场使企业在所有权和活力方面有巨大的地域差异。因此，可能很难归纳中国企业的特点，原因有：很难定义企业并确定它的边界，企业在不同形式之间变化，国家对企业的影响也因省和城市的不同而不同。一个显然的问题是：中国企业是如何制度化的？企业间和地域间的差异以及随时间推移而发生的变化，使我们很难捕捉诸如西方学者感兴趣的典型现象和问题：企业战略、企业结构以及企业绩效等。

虽然很难量化中国企业制度化程度，但是我们有几个定性指标。其中一个指标是企业与国家分开的程度。与前苏联和东欧国家不同，中国从未有过大规模的国有资产私有化过程，大多数国有企业的控制权已经下放给省级和地方政府，并最终下放给这些企业的管理者，但这些资产仍然由国家所有或者更准确地说是人民所有（Meyer *et.al.*，2002）。大部分中国上市公司都是国有集团公司的100%控股子公司，企业与国家的边界仍然是模糊的。第二个指标是战略决策在多大程度上受到政治和经济动机的控制，即Wittfogel（1957）所说的官僚资本主义，而不是单纯的经济动机。例如，国有企业在效率低下的情况下仍然可以继续从国有银行以极为优惠条款获得贷款，但更高效的民营企业却没有机会获得债务融资（Huang, 2002）。第三个企业制度化的指标是私有财产的地位。直到最近，中国宪法仍不为那些拥有私有财产的人提供保障。外商独资的私有财产虽受宪法保护，但中国公民持有的私有财产不受到保护。尽管1993年颁布了法律为公共和私人财产提供保护，但对民营企业的合法保护还有限且不可靠（Chen & Lau, 2000）。

变革速度、所有权和市场分割的地区差异，以及企业的过渡性质比较容易量化。一个衡量变革速度的指标是民营企业的增长速度，也许从西方的角度来看这是最重要的指标。自我创业和在城镇私营企业就业的人数急剧增长，从1991年的760万人增加到2001年的3660万人（2002年《中国统计年鉴》，表5 -16）。与此同时，城镇国有和集体企业的就业人数急剧下降，从1亿4290万人下降到8650万人（2002年《中国统计年鉴》，表5-8和5-9）。仅从2000年到2001年，年收入过500万元人民币（相当于62.5万美元）的民营企业数量增加了一半以上，从22128家到36218家。这些企业的总收入增长速度更快，从人民币5220亿元（约652.5亿美元）到人民币8760亿元（约1095亿美元）（2002年《中国统计年鉴》，表13-1）。尽管如此，地区间所有权的巨大差异依然存在。在北京和东北三省（辽宁、吉林、黑龙江），年收入500万元人民币（62.5万美元）以上的工业企业有一半左右是国有企业。相比之下，在上海，大型工业企业约20%是国有，这个比例在江苏省和广东省是10%左右，在浙江省仅6%（2002年《中国统计年鉴》，表13-3）。

由于巨大的地区间所有制差异，我们说中国的大多数市场仍然只是当地的或区域性的，也就不足为奇了。公司注册名称通常以一个城市或省份开始，如上海宝钢、青岛海尔。工业园由数以百计的小生产厂商组成。啤酒酿造行业就很能说明问题。由于政府停止倡议将地方品牌发展为民族品牌，结果有超过600个独立的啤酒厂保留了下来。因此，中国是世界上最大的啤酒市场，也被视为最难渗入的市场（Dickie, 2003）。竞争是残酷的，四川省曾报道国有竞争对手之间的销售战。毫无疑问，竞争加速了公司的淘汰。有个数据很能说明这一问题，Park等（2003）使用过工业企业数据库（DIF），其来源于中国国家统计局进行的1992—1996年度工业企业调查。DIF调查了40万个公司（1992—1996年间的实际数目是在405000—450000间），这些企业的产值占中国工业总产值的90%以上。在这 40多万家公司中，五年间信息完整的只有24333个（占6%）。作者把这种严重的数据缺失归因为“在调查期间企业的高进入率和退出率”（Park *et al.*, 2003: 22）。当然，除了企业的高退出率或高进入率外，不良记录也是导致数据库信息不完整的原因。

除了体制和历史所带来的挑战，经济改革、自由化和社会关系进一步使中国的组织形态复杂化。中国版的“嵌入性”（embeddedness）意指“关系”（guanxi），字面而言即联系或关系（Luo, 2000; Tsui & Farh, 1997）。“关系”无处不在并且形式多样。在许多情况下它是交易进行的唯一保障。如果没有关系，信任就没有基础：合同被视为落后的，而不是具有前瞻性；对手的信誉很难确定，司法系统很少能为外人提供信誉保障。因此，不理解管理人员的社会网络就很难理解中国的管理。事实上，这些网络可能比正式的组织更为重要，如果不考虑个体网络，组织研究便不完整（Gold *et al.*, 2003）。从关系中产生的信任与非人格化的法律和制度产生的信任有质的区别。前者比后者更容易产生互惠和腐败。在过去20年间，许多中国商人被调查和逮捕（Economist, 2003; Chen & Leggett, 2002）。弱制度化的企业和高制度化的个人网络，为中国情境下管理研究和当代管理理论提出了巨大挑战。

2. 当代的中国组织管理研究

虽然还没有被很好地发展，但是仍有一系列的关于市场转型对中国企业和管理的影响的研究。Li和Tsui（2002）回顾了发表于20家与管理和组织相关的国际期刊上的论文。他们发现，在1984年到1999年共有226篇文章论及了中国的管理和组织问题，包括台湾和香港地区，其中有大约一半的文章所涉及的研究是在中国大陆进行的。同时也有不断增加的中国情境下的组织管理的书籍，例如：有关国有企业转型的如Granick（1990），Lin等（2001）和Naughton（1995）的研究；有关转型对组织和职业发展影响的如Guthrie（1999年）和Walder（1996年）的研究；有关在中国的跨国公司的如Child和Liu（1996）的研究；有关新兴私营企业的如Young（1995）的研究；有关管理挑战的如Child（1994年），Li等人（2000年）以及Tsui和Lau（2002）的研究。同时也有很多优秀的、从中国本土学者角度出发的，关于公司变革和市场改革的性质、发展与挑战的研究（Rui, 2000; Wu *et al.*, 2002; Zhang, 1999）。总的来说，这些出版物代表一个新兴的知识体，包括中国的管理以及管理者所面临的挑战性环境。

我们从这个虽小但是在不断增加的知识体中能学到什么呢？不出所料，对中国管理的研究正在不断发展，以响应不断变化的形势。早期论文的大多数，宏观层次上着重市场转型对公司结构的影响（例如，Boisot & Child, 1988; Hall & Xu, 1990），微观层面上着重员工流动性（如，Lin & Bian, 1991; Lin & Xie, 1988），同时也有对转型时期新的管理行为的观察（Lockett, 1988; Shenkar & Ronen, 1987; Walder, 1989）。在20世纪90年代，学者们仍热衷于市场转型和改革对下面诸多组织管理现象的影响：组织结构（例如，Nee, 1992; Parish & Michelson, 1996; Walder, 1995b）、企业成长（Gurthrie, 1997）和变革（Boisot & Child, 1996）、财产权利（Walder, 1992）、工作变换模式（Zhou *et al.*, 1997）、职业流动性（Walder, 1995）和管理者网络（Xin & Pearce, 1996）。同时也有些跨文化研究，如工作价值观（Ralston *et al.*, 1992, 1993）和合资企业管理（Child & Markoczy, 1993, 1995; Luo, 1995; Yan & Gray, 1994）。其中两个被广泛引用的研究集中于新兴的私营企业（Entwisle *et al.*, 1995; Liu, 1992）。

对中国管理研究的兴趣是不是过时了？是否就像20世纪七八十年代一窝蜂的有关质量和美国公司裁员的研究狂热（Abrahamson, 1996）那样迅速退潮？为了回答这个问题，在Li和Tsui（2002）的基础上，我们补充回顾了从2000年1月到2003年6月发表于同样20家期刊的有关中国组织和管理研究的论文，结果如表1所示。三年半的时间有超过104篇关于中国企业的文章发表，与过去16年发表的总数相差无几。与前8年（1984—1991年）相比，三年半来年均发表的有关中国企业的文章数量增加了3倍。因为之前的研究包括了在香港和台湾的研究，表1可能低估了有关中国大陆的研究活动。此外，文献回顾仅仅集中在20家核心期刊里，没有包含其他发表中国情境中的公司研究的文章。这些数据支持了我们的结论：中国已经成为一个合法的、可行的组织管理研究的情境。

表1　关于中国大陆及大中国地区*发表文章数量随时间的变化

期刊名称	大中国地区 1984−1991	大中国地区 1992−1999	仅中国大陆 2000−2003
1. *Academy of Management Journal*	1	7	7
2. *Academy of Management Review*	0	1	0
3. *Administrative Science Quarterly*	3	4	1
4. *American Journal of Sociology*	4	8	3
5. *American Sociological Review*	2	8	5
6. *Asia Pacific Journal of Management*	22	21	24
7. *China Quarterly*	3	16	4
8. *Human Relations*	1	7	3
9. *Industrial and Labor Relations Review*	1	2	1
10. *Journal of Applied Psychology*	2	4	2
11. *Journal of Business Venturing*	2	6	4
12. *Journal of Cross-Cultural Psychology*	2	6	1
13. *Journal of International Business Studies*	6	21	19
14. *Journal of Management Studies*	2	5	7
15. *Management International Review*	6	12	8
16. *Management Science*	0	4	0
17. *Organization Science*	0	5	4
18. *Organization Studies*	10	12	5
19. *Organizational Behavior and Human Decision Processes*	0	5	0
20. *Strategic Management Journal*	0	5	6
每一时期的年数	8	8	3.5
每一时期发表的文章数	68	158	104
平均每年发表的文章数	8.5	19.75	30.57
比上期每年增加的比例（%）		2.32	1.55

* 指中国大陆及港、澳、台地区。

一项关于最近发表的中国管理论文的内容分析显示，只有少量的理论性的和概念性的、定性案例分析和深入访谈研究。大部分（80%以上）都是基于问卷调查或档案数据的大样本实证研究。表2总结了这104篇文章的研究主题。相对原来的226篇文章，这有较大部分是关于跨国公司的研究。相比之下，对市场转型和改革的关注少了许多。

表2　近期关于中国组织与管理研究的论文的主题（2000年1月至2003年7月）

研究主题	Li和Tsui（2002）		当前104篇研究论文中涉及的篇数（%）
	36篇最常引用的关于中国大陆企业研究的论文中涉及的篇数（%）	226篇大中国地区研究论文中涉及的篇数（%）	
1．中国文化、行为、价值、关系、信任和承诺	3(8)	43(19)	12(12)
2．跨文化分析（价值、对公平的感知、信任、冲突、调整、协商、学习，等等）	8(22)	29(13)	9(9)
3．比较分析（雇佣关系、管理绩效、变革步伐）	0(0)	28(12)	5(5)
4．公司战略和增长（差异化、全球化）	2(6)	16(7)	6(6)
5．人力资源管理、流动性、分层、收入、职业生涯	8(22)	19(8)	13(13)
6．中国的跨国公司（合资企业的控制、进入模式、资源获取、学习、政府关系、绩效，等等）	3(8)	23(10)	40(38)
7．组织结构和变迁（包括融资、合约、公司治理，等等）	3(8)	20(9)	4(4)
8．民营企业（新企业、乡镇企业、创新、融资、效率）	3(8)	10(4)	9(9)
9．市场化转型与改革	6(17)	19(8)	3(3)
10．研究方法及其他	0(0)	19(8)	3(3)
合计	36(99)	226(99)	104(100)

值得注意的是，在这104篇文章中学者主要利用了现有的西方管理理论——这些理论来自对西方发达经济体中企业的研究——来解释或推测中国的现象。宏观层次上包括制度理论、代理理论、资源基础论、管家理论、交易成本经济学、战略选择与环境决定论、商业系统理论、文化距离以及竞争—合作的动态理论。微观层面上包括角色理论、公平理论和文化多样性。只有两个研究提出了新的理论。基于企业

资源基础论，学者们发展了一个地缘经济理论来解释地区差异是如何影响经济发展和管理的（Schlevogt, 2001）。一项关于国际合资企业的案例研究，提出了一个整合性政治理论来解释合资伙伴的政治行为的升级为何导致合资企业的失败（Shenkar & Yan, 2002）。鉴于中国独特的社会、文化、历史和政治环境，人们会预期中国企业的结构和发展特征会与西方发达经济中的企业不同。对学者主要地应用西方现有的范式研究中国企业和个体的行为，难道我们不应该感到失望吗？

在文献综述中，我们发现另一个惊人的事实。我们缺乏与*Academy of Management Journal, Administrative Science Quarterly, Academy of Management Review*, 和*Organization Science* 旗鼓相当的中国期刊。在中国发行的更加规范的与组织相关的期刊都是以学科为基础的，包括两个经济学期刊《经济研究》和《中国工业经济》，两个心理学期刊《心理学报》和《心理科学》，一个社会学杂志《社会学研究》，两个新的杂志致力于企业管理的研究：《管理世界》和《南开管理评论》，它们主要侧重对企业战略和企业家精神的研究。《南开管理评论》有一个人力资源专题，但是这部分主要是描述性研究和介绍西方的管理学概念。

可见，对中国商业组织和管理的原创理论还是停留在初始阶段，尤其是在行为领域。鉴于中国工商企业的迅猛发展而相关研究大大滞后于现实的情况，这种滞后与50年前的美国的研究情况很类似。 然而，在美国顶级学术期刊，例如*Academy of Management Journal, Journal of International Business Studies, Strategic Management Journal*, 以及 *Organization Science*，刊登的有关中国情景的文章数量日益增多，这是个明确的信号，表明审稿人和编辑们认可中国是一个能够填补全球管理研究空白的重要的且合法的情境。

3. 关于中国公司转型的特刊文章

本期特刊目的之一是提供关于中国社会转型的当代研究，并提供多样化的适合中国管理研究的方法和理论。本期特刊所选取的九篇文章都是经过通行的同行匿名评审程序选出的。除了同行评审外，2002年7月《组织科学》与北京大学光华管理学院、香港科技大学、香港中文大学还共同主办了特刊研讨会，作者还与研讨会受邀学者进行了讨论，并获得了反馈。

投稿论文响应了产生多样化知识的呼吁。本次特刊接受的论文包括三个主题：第一组论文是关于新兴经济体中企业间关系的，第二组论文探讨中国的经济改革对机会结构和社会过程的影响，第三组论文讨论经济改革如何影响组织内个体及其行为。

本期专题的首篇文章是Lisa A. Keister（2004）所著的题为“转型中的资本结构：中国新兴经济体的财务战略转型”论文。这篇文章运用制度理论和资源依赖理论来解释企业的财务战略是如何在改革的第一个十年演变的。改革之前，中国企业是国有制，留存收益被认为是国有资产，国家再分配将收益从盈利多的企业分到盈利少的企业。这保证了最不盈利企业的生存，盈利企业也开始囤积资源和为了更好的待遇而讨价还价。随着金融改革的开展，国家的财政支持大大减少，企业开始寻求替代融资来源。从769个原有国有企业的数据中，作者探究了制度环境的变化如何影响企业借贷战略决策。

第二篇文章的作者是Bat Batjargal和Mannie（Manhong）Liu（2004），他们探讨了中国新私募资本行业的投资决策。从1986年到2002年的16年间，中国风险资本行业已经从1家发展到325家投资公司，其可用资金额在2002年达到了71.5亿美元。然而，私募股权投资的制度支持仍处于起步阶段，中国法律架构和金融监管机构的不健全让风险投资企业面临更多的风险和不确定性。在中国，国家可以同时扮演股东、投资者、基金经理和风险投资公司监管者的角色。因此，风险资本行业的所有权、治理和调控之间的界限变得模糊了。这些制度约束使风险投资行业面临很高的不确定性，风险投资公司的投资决策可能受到其他因素的影响，而不是基于理性分析。基于158家风险资本投资决策的数据分析结果，研究人员发现，风险资本家以特殊的方式运用相对普遍的投资决策标准，利用社会关系来减少社会不确定性和财务风险。

第三篇文章是由Michael, A. Hitt，David Ahlstrom，Dacin , M. Tina, Edward Levitas和Lilia Svobodina（2004）所写的“转型经济下制度对联盟合作伙伴选择的影响：中国与俄罗斯”。这是一项跨国比较研究。作者认为，就转型经济而言，相比中国情境，在俄罗斯的制度环境下，经济组织战略决策面临更大的不连续性和动态性。与俄罗斯不同的是，中国则是在政府高度控制下在广大地区推行渐进式的改革，并没有丧失政治控制。在研究新兴和转型经济中企业联盟合作伙伴甄选标准后，他们发现：俄罗斯分权式政治控制、大幅度降低资源集中度以及政策执行力度的弱化使俄罗斯企业产生短期决策。俄罗斯企业合作伙伴的选择建立在直接获取金融资本和互补资产的基础上。相比之下，中国的经理采取了更为长远的眼光，更加看重合作伙伴的无形资产与技术和管理能力。

第二组的第一篇论文是Wei Zhao和Xueguang Zhou提交的“转型期的中国组织：在改革时期中变化的推进模式”（2004）。Zhao和Zhou比较了改革前（1949—1979年）和改革时期（1980—1994年）的推进模式。尽管中国政府经济管理的主要变化是更少的集中化和更多的企业自主权，作者发现国家对组织内部行为的影响仍然普遍存在。为了比较改革前和改革后组织的内部过程，作者从6个省份的14个城市约3400名达到劳动年龄的城镇居民中随机抽样，研究了两条职业线：行政线是政治性的，负责国家政策和行政指令的执行；而专业和技术职业线只限于中国企业的管理技术和生产过程。结果显示了在中国企业中晋升机会和标准的显著变化。改革后，正如作者预期那样，受过高等教育的新聘经理们有最高的晋升空间。虽然作为一个晋升标准不是特别突出，党员依旧是后改革时期的一个重要晋升标准。例如，“文革”至改革前招聘的工人（1966—1979年）被认为持有与极“左”时期的激进政策相一致的观念；不过，这些都违背了新的改革政策。正如预期的那样，“文革”队伍在改革后晋升率最低。读者不难发现，早期制度理论虽然只强调组织对外部压力的象征性服从（Meyer & Rowan, 1977），但是中国的例子更为生动地展现了制度环境对组织内部的晋升产生了实质性影响。中国组织中似乎没有管理者表现出确定性行动来象征性服从制度的压力。

Chao C. Chen, Ya-Ru Chen 和Katherine Xin（2004）的“中国企业的关系实践和信任：基于程序公平的视角”文章报告了两项研究，一项是问卷调查，另一项是实验研究。基于调查的数据，作者发现在控制了年龄、性别和企业所有制类型后，经理人对人力资源管理决策中对关系实践依赖的感知与员工对管理的信任之间呈现负相关关系。然而，实验的结果有助于了解社会关系实践的基础。如果管理的关系是基于裙带关系或对管理者家乡人偏好的基础上，员工会更不信任。然而，如果经理的关系是对大学同学或亲密朋友的偏好，员工的信任将不会受到影响。作者把这种差异归因为，对一位受过高等教育的员工（即使是经理的同学）的偏好是合法的。这一发现及其解释为Zhao和Zhou的研究提供一个有趣的推论， 这表明，在后改革时期，中国组织中最容易被提升的人是教育程度最高的人。

第三篇文章是“代际和个人价值观：中美比较”，作者是Carolyn P. Egri和David A. Raston（2004）。文章对中美经理人员和专业人员代际间价值导向进行了跨文化比较。文章提出了三个问题：① 鉴于中国在社会和经济历史上发生的重大变化，代际之间的价值观有变化吗？② 在美国相对应时期是否存在价值观的变化？③ 两国之间价值观的融合多大程度上归因于中国组织在这些年的现代化进程和变革？作者发现，在控制了个体和组织差异的情况下，在1971年和1975年之间出生的社会改革的一代，相比于这一代的前辈（出生于1930—1950年的共和国一代，出生于1951—1960年的共产主义强化一代，以及出生于1961—1970年的“文化大革命”一代）更加开放。当去除不同代人直接的年龄的重叠，美国样本包含了三代人：沉默的一代（1925—1940年出生的人），婴儿潮一代（1946年—1959年出生）和X一代（1965年—1979年出生）。 作者发现，从最老的到最年轻的排下来，美国的三代人相比于他们的前辈具有更加开放的变革价值观。通过跨文化的比较，作者发现，中国和美国价值观差异最大的一代是成长于中国闭锁政策下的那一代。这些结果表明，之前中国领导人旨在消除外部对中国的影响和控制信息外流的政策是成功的。

本期特刊最后一组论文是关于经济改革如何影响个体和在组织中的行为。 这组第一篇文章是“新千年中国员工的奖励分配偏好：所有制改革、集体主义和目标优先的影响”，作者是Wei He, Chao C Chen和Lihua Zhang（2004）。要理解这个研究，读者需要了解一些有关中国组织的定义。国有企业是指由中国政府完全单独拥有的，通常处于严格管理和专业控制状态的企业。从1992年新的企业改革开始，中国政府开始着手改革政治敏感的财产所有权和企业所有权。独立的国有企业被并入了相应的企业集团，并继续由政府单独控制，现在简称为国有控股公司，这些组织实体允许出售其组织下较大的一部分（子公司）。其中的股份可以出售给个人，也可以出售给国内和国际证券市场的机构投资者。这些子公司就是之后的民营化的国有企业。发行股票和股权多元化简称为重组，它包括部分国有企业组织的民营化。He, Chen和Zhang的文章研究了四大国有控股公司的八个子公司的员工偏好；每家国有控股公司有两个子公司：一个是外部投资者和政府共同持有股份，另一个完全国有。因此，这是四对子公司的比较研究。其中四个子公司是私有化的国企，另外四个是完全国有。 根据分配公平理论，作者发现员工对分配偏好有显著不同。例如，在所有制改革（用公众股的百分比来衡量）最彻底的公司里，员工更偏好能加大地位差距的分配，偏好生产目标导向的分配。他们还发现在国家所有制程度更大的附属公司，员工对以平均主义的社会主义价值传统分配的奖励偏好更低。这些结果可以归结为所有制对员工行为的影响力。

Hui, Lee和Rousseau（2004）的论文“中国的雇佣关系：雇员是与组织还是与人建立关系？”研究了中国员工组织承诺及其与公民行为的关系。然而，这个研究有点与众不同。作者解释说，中国社会结构可追溯至儒家思想下的五个基本关系（五伦），这五个关系强调了个体与他人的层级关系（君臣、父子、兄弟、夫妇和朋友）；“他人”不是特指一个政府或者政府机构，也不是一个组织机构。因为传统的中国人是通过与上司的个人关系来与组织建立联系，而不是与个别组织建立联系。采用一家钢铁巨头企业随机选择的一组匹配的605名员工和他们的直接上级的数据，作者研究了公民行为和组织承诺。作者发现， 组织的支持越多，就会有更多中国员工对组织产生情感承诺，就像西方人一样。不过，他们对与上级的高质量的人际关系的回应比西方人更强烈。作者总结，组织公民行为和情感承诺可以解释为个体对特定上级的回报，而不是对组织的回报。感知到的组织支持并不能激发员工的公民行为，而与上级的人际关系可以做到这一点。本文对研究员工与组织关系具有理论意义。这表明，西方关于员工行为的基础理论并不能充分解释跨文化的微妙差别。

在一篇题为“中国人民共和国的组织公民行为”的文章中，Jiing-Lih Farh，Chengbo Zhong和Dennis W. Organ（2004）进行了一项归纳研究。针对不同所有权（集体、国有、外商投资和私营企业）组织的员工和管理人员，作者收集了700多个组织公民行为的实例数据。他们采用内容分析将这些行为分为西方文献中不存在的维度和西方文献中普遍接受的和已有的维度。分析显示，中国组织中的中国雇员存在五种新的公民行为：自我训练、公益活动参与和社会服务、保护和节约公司资源、保持工作场所洁净，以及保持或促进人际和谐的行为。研究组织所有权对行为的影响，他们发现，相比非国有企业的员工，国有企业的员工表现出更多的公益活动参与行为，较少的效率导向的行为。他们还发现非国有企业的员工比国有企业的员工会更多地去保护和节约公司的资源。

在西方组织中被广为接受的行为就是帮助同事，但在中国，这包括在组织内部和工作之外帮助同事。在20世纪90年代，中国的组织提供的社会福利大大削弱，包括医疗保健、育儿、员工援助和就业保障等。因为中国员工能帮助同事处理工作之外的个人困难，组织的福利貌似通过同事的帮助可以继续满足员工的需要。帮助同事处理与工作无关的困难也反映了中国的私人生活和公共生活混合的文化倾向。这项研究的显著特点是它所用的归纳方法，它揭示了中国员工的非西方行为。作者认为，这种促进人际和谐的行为在西方文献中不存在，应该继续被研究；同时这项研究也为不同文化情境中的组织有效性的研究作出贡献。

总的来说，这9篇文章阐释了制度环境对员工行为、对转型期组织与管理的决策、对所有制改革，以及对国家经济政策变化的显著影响。这与当前流行的新制度理论的概念不同，新制度理论认为制度环境对工作组织的影响有限，制度环境可能改变组织的结构，但是不会直接影响广大员工的行为。他们还推断政治文化对组织中的员工行为的持续影响——这在中国并不惊讶。例如，国有企业员工的公益活动参与也许是中国的特殊情况，它也许是共产主义制度的体现。本期的每篇文章都表明，制度环境会对中国组织不同层级的过程、行为和结果产生影响。

至此，我们已经描述了当代中国的背景，回顾了中国组织管理研究的现有文献，描述了本期特别专题文章的贡献。在下一节中，基于现有的学术成果，我们勾勒出有关中国组织变革和未来挑战的研究议程。

4. 前进的道路

前进的道路总是充满荆棘与坎坷。中国管理研究充满风险，它将挣扎前行，这并不是因为缺乏研究者或者被研究的企业，而是由于研究者与企业间的特殊互动关系会阻碍这种学习。这种互动关系有：研究者带着管理理论去研究中国企业，而理论主要起源于西方；反过来，中国的企业表面上与西方企业有足够的相似性，让西方理论可以得到验证或修正，但是很少能颠覆西方的理论。例如，Keister（1998）把中国的企业集团看做由一般所有权相联结的、半自治的企业所构成的企业集团，以检验网络连带对绩效的影响。事实上，中国企业集团的异质性远远超过了西方学者研究的企业集团的范畴。一些企业集团是大型的、综合性公司；一些是扩张的企业集团；一些是强迫联姻的盈利和非盈利的企业；一些主要是为了得到政策优惠而注册的企业。家族控制的企业所形成的网络与西方学者研究的企业集团类似，在中国也确实存在。然而，这些网络并不是企业集团，研究者们很少触及这些企业集团网络，因为个体企业的所有权是模糊的，家族会非常迅速地从一个企业向另一个企业转移资产。尤其令人担忧的是，在这个时候，年轻的中国学者都被大力地鼓励在西方顶级刊物发表文章，这迫使他们拿西方管理理论来套中国企业，而不是寻找新的概念和理论来解释西方和中国管理背景的差异。

我们怎样才能避免这样的结果呢？一种途径可能是，重新思考20世纪70年代末和80年代日本管理知识如何兴起。当时，日本制造被全世界羡慕，学者云集日本寻找新的理论来解释日本管理方法的有效性。很多理论没有经得起时间的考验，但一些理论做到了，特别是精益生产的概念要胜于大规模制造，后者自从亨利·福特发明了流水线生产就在西方确立了（Womack *et al.*, 1990）。今天，中国制造已经严重威胁到西方经济的活力，这源于中国大规模廉价的有训练的劳动力和被低估的货币。管理学者需要问一系列的问题：中国制造是否只有与西方管理相结合才能茁壮成长，抑或本土管理体系也可以表现得一样好？如果是，那么本土体系的特点是什么？哪些西方管理的元素已经被中国企业吸收了，哪些被拒绝了？中国企业吸收西方管理方法并用以发展全球市场知识的能力是什么？或者中国企业吸收西方管理方法的有哪些能力不足？回答这些问题并不容易，因为它们都需要对中国环境和中国企业的深入了解。

一个学者或一个领域对任何新情况的了解都需要直接的观察，以及对历史和人类学知识的了解。当地的业内人士可以被当做信息专家来帮助挖掘新的现实情况。

与中国学者的合作至少可以提供一些所需的内部知识，这反过来又可能加速新人对有关经验方面的学习过程。要回答以上提出的问题，可能需要结合细致的个案研究和大量的定量研究。解释中国企业的能力，以及解释中国作为一个整体系统如何学习和适应变化，可能需要在大规模的研究之前进行初步研究。在任何情况下，大量掌握组织情境知识都是深挖中国企业事实所必需的。因此，需要细致研究和粗略研究相结合，来发展知识。

最后，研究者必须平衡中国情境下的探索性研究与应用性研究（March, 1991）。应用性研究很有诱惑力：掌握西方研究框架和方法的研究者可以很容易地在中国进行调查研究，并在西方期刊上发表结果。但仅靠应用性研究能增长知识吗？探索是艰苦的，甚至是危险的，因为有很多死胡同。但是，可以肯定的是，将应用性研究和探索研究相结合将对知识范畴作出更大的贡献。虽然探索性和应用性研究可以有不同的组合，但都具有相同的效果。正如Whetten（2002: 31）所说，"在我们领域的学者，应该通过将一般知识的情境化和将情境化知识的一般化的方法，不断评估知识适用的范围。"仅仅只是复制现有的知识，即使在引人入胜的中国情境，也将收获甚微。

《组织科学》（*Organization Science*）这期特刊的文章会向学者们介绍中国情境下的管理，并激励学者将中国作为一个实证环境进行深入思考。将现有组织理论和深入的情境知识相结合，可以将我们的一般知识情境化并使我们将中国的情境知识推而广之。

参考文献

Abrahamson, E. 1996. Management fashion. *Acad. Management Rev.,* 21, 254–285.

Batjargal, B., M. Liu. 2004. Entrepreneurs' access to private equity in China: The role of social capital. *Organ. Sci.,* 15(2), 159–172.

Beijing Youth Post. November 28, 2001. www.bjyouth.com.

Boisot, M., J. Child. 1988. The iron law of fiefs: Bureaucratic failure and the problem of governance in the Chinese economic reforms. *Admin. Sci. Quart.,* 33, 507–527.

Boisot, M., J. Child. 1996. From fiefs to clans and network capitalism: Explaining China's emerging economic order. *Admin. Sci.Quart.*, 41, 600–628.

Boyacigiller, N., N. Adler. 1991. The parochial dinosaur: The organizational sciences in a global context. *Acad. Management Rev.,* 16, 262–291.

Chandler, A. D. 1978. *The Visible Hand: The Managerial Revolution in American Business.*

Harvard University Press, Cambridge, MA.

Chang, G. 2001. *Coming Collapse of China.* Random House, New York.

Chen, X. H., C. M. Lau. 2000. Enterprise reform: A focus on state-owned enterprises. In C. M. Lau, J. Shen (Eds.), *China Review 2000.* Chinese University Press, Hong Kong, China, 191–208.

Chen, K., K. Leggett. 2002. Will China's bid to curb corruption be enough? *Wall Street J.* (October 18, Eastern edition) A8.

Chen, C. C., Y.-R. Chen, K. Xin. 2004. Guanxi practices and trust in management: A procedural justice perspective. *Organ. Sci,* 15(2), 200–209.

Child, J. 1994. *Management in China During the Age of Reform.* Cambridge University Press, Cambridge, U.K.

Child, J., Y. Lu (Eds.), 1996. *Management Issues for China in the 1990s—International Enterprises.* Routledge, London, U.K.

Child, J., L. Markoczy. 1993. Host-country managerial behavior and learning in Chinese and Hungarian joint ventures. *J. Management Stud.,* 30, 611–631.

China Statistical Yearbook. 2002. http://www.stats.gov.cn/tjsj/ndsj/index.htm.

Dickie, M. 2003. Carlsberg to take second look at China. *The Financial Times* (July 9) 29.

Economist. 2001. Special: Enter the dragon. (March 10), 23–25.

Economist. 2003. Scandal in Shanghai. (August 16), 368 (8337), 60.

Egri, C., D. Ralston. 2004. Generation cohorts and personal values: A comparison of China and the United States. *Organ. Sci.,* 15(2), 210–220.

Entwisle, B., G. E. Henderson, S. E. Short, J. Bouma, F. Zhai. 1995. Gender and family businesses in rural China. *Amer. Sociological Rev.,* 60. 36–57.

Farh, J.-L., C.-B. Zhong, D. W. Organ. 2004. Organizational citizenship behavior in the People' s Republic of China. *Organ. Sci.,* 15(2), 241–253.

Gold, T., D. T. Guthrie, D. Wank. 2003. *Social Connections in China: Institutions, Culture and the Changing Nature of Guanxi.* Cambridge University Press, Cambridge, U.K.

Granick, D. 1990. *Chinese State Enterprises: A Regional Property Rights Analysis.* University of Chicago Press, Chicago, IL.

Guthrie, D. 1997. Between markets and politics: Organizational responses to reform in China. *Amer. J. Sociology,* 102, 1258–1304.

Guthrie, D. 1999. *Dragon in a Three-Piece Suit: The Emergence of Capitalism in China.* Princeton University Press, Princeton, NJ.

Hall, R. H., W. Xu. 1990. Run silent, run deep—Cultural influences on organizations in the Far East. *Organ. Stud.,* 11, 569–576.

He, W., C. C. Chen, L. Zhang. 2004. Rewards-allocation preferences of Chinese employees in the new millennium: The effects of ownership reform, collectivism, and goal priority. *Organ. Sci.,* 15(2), 221–231.

Hitt, M. A., D. Ahlstrom, M. T. Dacin, E. Levitas, L. Svobodina. 2004. The institutional effects on strategic alliance partner selection in transition economies: China versus Russia. *Organ. Sci.,* 15 (2), 173–185.

Hoogewerf, R. 2002. Who me, rich? *Forbes,* 170 (10), 47.

Huang, Y. 2002. *Selling China: Foreign Investment During the Reform Era. Cambridge* University Press, Cambridge, U.K., and NewYork.

Hui, C., C. Lee, D. M. Rousseau. 2004. Employment relationships in China: Do workers relate to the organization or to people? *Organ. Sci.,* 15, (2), 232–240.

Keister, L. A. 1998. Engineering growth: Business group structure and firm performance in China' s transition economy. *Amer. J. Sociology,* 104, 404–440.

Keister, L. A. 2004. Capital structure in transition: The transformation of financial strategies in China' s emerging economy. *Organ. Sci.,* 15 (2), 145–158.

Li, J. T., A. S. Tsui. 2002. A citation analysis of management and organization research in the Chinese context: 1984 to 1999. *Asia Pacific J. Management,* 19, 87–107.

Li, J. T., A. S. Tsui, E. Weldon. 2000. *Management and Organizations in the Chinese Context.* MacMillan Press, London, U.K.

Lin, N., Y. Bian. 1991. Getting ahead in urban China. *Amer. J. Sociology,* 97, 657–688.

Lin, N., W. Xie. 1988. Occupational prestige in urban China. *Amer. J. Sociology,* 93, 793–832.

Lin, J. Y., W. Cai, Z. Li. 2001. *State-Owned Enterprise Reform in China.* Chinese University Press, Hong Kong, China.

Liu, Y. L. 1992. Reform from below: The private economy and local politics in the rural industrialization of Wenzhou. *China Quart.,* 130, 293–316.

Lockett, M. 1988. Culture and problems in Chinese management. *Organ. Stud.,* 9, 475–496.

Luo, Y. 1995. Business strategy, market structure, and performance of international joint ventures: The case of joint ventures in China. *Management Internat. Rev.,* 35, 241–264.

Luo, Y. 2000. *Guanxi and Business.* World Scientific, New York.

March, J. G. 1991. Exploitation and exploration in organizational learning. *Organ. Sci.,* 2 (1), 71–87.

Meyer, J. W., B. Rowan. 1977. Institutionalized organizations: Formal structure as myth and ceremony. *Amer. J. Sociology,* 83, 340–363.

Meyer, M. W., Y. Lu, H. Lan, X. Lu. 2002. Decentralized enterprise reform: Notes on the transformation of state-owned enterprises. In A. S. Tsui, C. M. Lau (Eds.), *The Management of Enterprises in the People's Republic of China.* Kluwer Academic Publishers, Boston, MA, 241–274.

Naughton, B. 1995. *Growing Out of the Plan: Chinese Economic Reform,* 1978–1993. Oxford University Press, New York.

Nee, V. 1992. Organizational dynamics of market transition: Hybrid forms, property rights, and mixed economy in China. *Admin. Sci. Quart.,* 37, 1–27.

Overholt, W. 1994. *The Rise of China: How Economic Reform Is Creating a New Superpower.* W. W. Norton, New York.

Parish, W. L., E. Michelson. 1996. Politics and markets: Dual transformations. *Amer. J. Sociology,* 101, 1042–1059.

Park, S. H., S. Li, D. K. Tse. 2003. Determinants of firm performance in a transition economy: Institutional vs. economic effects in China. Working paper, CEIBS.

Ralston, D. A., D. J. Gustafson, F. M. Cheung, R. H. Terpstra. 1993. Differences in managerial values: A study of U.S., Hong Kong and PRC managers. *J. Internat. Bus. Stud.,* 24, 249–275.

Ralston, D. A., D. J. Gustafson, P. M. Elsass, F. M. Cheung, R. H. Terpstra. 1992. Eastern values: A comparison of managers in the United States, Hong Kong, and the People's Republic of *China. J. Appl. Psych.,* 77, 664–671.

Roberts, D., F. Balfour. 2003. China: Is this boom in danger? *Bus. Week,* 3856, 48–50.

Rui, M. J. 2000. *Strategic Choices of the Development of Chinese Enterprises.* Fudan University Press, Shanghai, China.

Schlevogt, K. A. 2001. Institutional and organizational factors affecting effectiveness: Geoeconomic comparison between Shanghai and Beijing. *Asia Pacific J. Management,* 18, 519–551.

Shenkar, O., S. Ronen. 1987. Structure and importance of work goals among managers in the People' s Republic of *China. Acad. Management J.,* 30, 564–576.

Shenkar, O., A. Yan. 2002. Failure as a consequence of partner politics: Learning from the life and death of an international cooperative venture. *Human Relations,* 55, 565–601.

Spence, J. 1999. *The Chan's Great Continent: China in Western Minds.* W. W. Norton, New York.

Studwell, J. 2003. *The China Dream: The Quest for the Last Great Untapped Market on Earth.* Grove Press, New York.

Tsui, A. S., L. J. Farh. 1997. Where guanxi matters: Relational demography and guanxi in the Chinese context. *Work and Occupations,* 24, 56–79.

Tsui, A. S., C. M. Lau. 2002. Research on the management of enterprises in the People's Republic of China: Current status and future directions. In A. S. Tsui, C. M. Lau (Eds.), *The Management of Enterprises in the People's Republic of China.* Kluwer Academic Publishers, Boston, MA, 1–27.

Walder, A. G. 1989. Factory and manager in an era of reform. *China Quart.,* 118, 242–264.

Walder, A. G. 1992. Property rights and stratification in socialist redistributive economies. *Amer. Sociological Rev.,* 57, 524–539.

Walder, A. G. 1995a. Career mobility and the communist political order. *Amer. Sociological Rev.,* 60, 309–328.

Walder, A. G. 1995b. Local governments as industrial firms: An organizational analysis of China's transitional economy. *Amer. J. Sociology,* 101, 263–301.

Walder, A. G., ed. 1996. *China's Transitional Economy.* Oxford University Press, Oxford, U.K.

Whetten, D. A. 2002. Constructing cross-context scholarly conversations. In A. S. Tsui, C. M. Lau

(Eds.), *The Management of Enterprises in the People's Republic of China.* Kluwer Academic Publishers, Boston, MA, 29–47.

Wittfogel, K. A. 1957. *Oriental Despotism.* Yale University Press, New Haven, CT.

Womack, J. P., D. T. Jones, D. Roos. 1990. *The Machine that Changed the World.* Rawson Associates, New York.

World Bank. 2003. *World Bank Development Indicators 2003.* Washington, D.C.

Wu, W. K., P. P. Fu, J. Liu. 2002. *Value-Based Leadership.* Economic Science Press, Beijing, China.

Xie, A. 2003. *China Economics: Sharp Slowdown Ahead.* Morgan Stanley, New York (October) .

Xin, K. R., J. Pearce. 1996. Guanxi: Connections as substitutes for formal institutional support. *Acad. Management J.* 39 1641–1658.

Yan, A., B. Gray. 1994. Bargaining power, management control, and performance in United States–China joint ventures: A comparative case study. *Acad. Management J.,* 37, 1478–1517.

Young, S. 1995. *Private Business and Economic Reform in China.* M. E. Sharpe, Armonk, NY.

Zhang, W. Y. 1999. *Enterprise Theory and Reform of Chinese Enterprises.* Peking University Press, Beijing, China.

Zhao, W., X. Zhou. 2004. Chinese organizations in transition: Changing promotion patterns in the reform era. *Organ. Sci.,* 15 (2), 186–199.

Zhou, X., N. B. Tuma, P. Moen. 1997. Institutional change and job shift patterns in urban China, 1949 to 1994. *Amer. Sociological Rev.,* 62, 339–365.

管理研究的自主性：打造新兴科学团体的未来* ①

徐淑英 （亚里桑那州立大学、北京大学）

摘要：过去二十多年来，中国管理学研究追随西方学术界的领导，关注西方情境的研究课题，验证西方发展出来的理论和构念，并借用西方的研究方法论；而旨在解决中国企业面临的问题，以及针对中国管理现象提出有意义的解释的理论的探索性研究却迟滞不前。围绕到底是要追求"中国管理理论"，即在中国管理情境中检验西方理论，还是"管理的中国理论"，即针对中国现象和问题提出自己的理论的争论，参与本论坛的十三位学者检讨了中国管理研究现状，并探索了未来之路。遵循科学探究的自主原则和保持对常规科学的局限的警觉，中国管理研究学术社团应从事既能贡献普遍管理知识，又能解决中国管理问题的研究，我们有能力打造属于自己的未来。

1. 引言

现在，中国的管理研究处于一个关键时刻。所面对的选择是，走康庄大道（中国管理理论），还是羊肠小道（管理的中国理论）。通过组织一批学者对话来讨论该问题，这一期论坛将致力于探讨中国管理研究的发展及其前景。两篇文章以及六篇评论都分别讨论了中国学者所面临的抉择：这些抉择可以帮助学者研究重要的问题，追求可以本土化的有效管理知识的发展，并同时对全球的知识和科学进展作出贡献。中国管理研究的发展轨迹不是独特的，其经验与教训对国际管理研究发展也将有所裨益。用Whetten的话来说，"对理论和情境进行的分析结果是广泛适用的"（2009:30）。

---

* Tsui, A. S. 2009. Editor's Introduction – Autonomy of Inquiry: Shaping the Future of Emerging Scientific Communities. *Management and Organization Review*, 5: 1–14. 译稿曾发表于组织管理研究第5卷第1期（Management and Organization Review, Volume 5, Issue1）。

① 本文初稿得到了郑伯埙、梁觉、Marshall Meyer, 曾荣光以及赵曙明的有益评论，在此表示感谢。

全球化商业活动的增加，不仅使得全球化的跨国公司对管理知识的需求大大增加，而且由于在国际市场上扮演越来越重要的角色，那些处于新经济体（比如俄罗斯、印度和中国）的公司也非常渴望得到管理实践所需的知识。除了这些新兴的经济体外，许多发达地区的管理研究也十分活跃。这些从新成立的或是重新焕发青春的管理学术协会便可窥见一斑，如亚洲（如亚洲管理学会、澳大利亚—新西兰管理学会、中国管理研究国际学会），欧洲（如欧洲管理学会、英国管理学会）和南美（巴西管理学会）。学者对全球化管理知识的兴趣日益浓厚表现为美国管理学会（Academy of Management，全球最大的管理学者和学生的专业协会）的国际会员逐渐增多。在过去的二十年中，该学会的国际会员比例从1990年的13%增加到了2008年的39%（会员总数大约是18500人）。致力于推动中国情境下的组织研究的中国管理研究国际学会（http://www.iacmr.org）成立于2002年，在2008年已有近4500个会员。到2008年，它的官方杂志《组织管理研究》（*Management and Organization Review*）已发行了四卷，并在该年进入了信息科学国际（Information Scientific International）的社会科学引用索引（SSCI）。

在这些对全球管理研究令人激动的日益增长的兴趣中，一些学者（Leung, 2007; Tsui, 2006; White, 2002）观察到了国际学者的一种明显的偏好：从主导的管理学文献（基本上是基于北美，特别是美国的）中借用已有的理论、构念和方法来研究本土的现象。这导致了March（2005: 5）所认为的组织研究的“趋同化”。这个趋势是值得注意的，因为它有可能放慢有效的全球管理知识的发展速度，也会阻碍科学的进步。这样的趋势在中国当然也是存在的（Tsui, 2006）。

在这篇介绍性的文章中，我首先总结了论坛参与者关于中国管理研究的现实本质的看法（当然也包括我自己的一些观察），以及他们所提供的、关于未来的其他可能性。他们对于现状的观察包括：在科学研究中，学者的开发性研究多于探索性研究；中国学者对于科学的哲学观和意义的不正确的理解；以及尚待发展的有关评价和奖励科学努力的制度规范。然后，我综合了他们对于打造中国管理研究未来的建议。他们的讨论基本围绕着两个主题：首先，对于中国管理或组织现象的理解和正确的解释，需要充分考虑与之相关的国家情境；其次，有必要在国家、学校和职业各层面改变现有的制度，我们需要鼓励学者研究一些在西方并不流行、但对中国来说意义重大且相关的问题。在文章的最后，我讨论了“探究的自主性”（Kaplan, 1964）原则；并提醒大家，现有的常规科学范式在研究新问题、寻找针对偶然事件的新解释时，是有局限性的。现在已经到了中国管理研究界应当把发展有效的知识、为科学进展作出贡献当做自己前进目标的时候了。只有这样，我们才能同时满足一个好的应用科学所要求的严谨性（rigor）和切题性（relevance）的双重标准。

2. 中国管理研究的现状与展望

2006年，当中国管理研究国际学会的第二届会议在南京举行时，Jay Barney和David Whetten在他们的演讲中，分别提供了一些对中国管理学研究如何健康发展的建议。他们在那次会议上的建议形成了这个论坛最重要的两篇文章（Barney & Zhang, 2009; Whetten, 2009），这也成为了2008年在广州举行的第三届会议的其中一个特别讨论会的主题。我们约请了六篇关于这两篇文章的评论。其中的两篇是由三位西方学者所完成（Child, 2009; Von Glinow & Teagarden, 2009），这些作者也正在进行有关中国管理的研究，并且曾经或正在一些国际性的杂志担任主编或编委。Child曾是《组织科学》（*Organization Science*）的主编，现在是《组织管理研究》（*Management and Organization Review*）的高级编委。Von Glinow现为《国际商务研究学刊》（*Journal of International Business Studies*）的顾问编委；Teagarden现任《雷鸟国际商务评论》（*Thunderbird International Business Review*）的主编。这三位作者提供了对于中国管理研究发展的“局外人”观点。另有两篇评论是由中国学者写作的。其中一篇短文是由三名台湾地区作者写的（Cheng, Wang, & Huang, 2009），另一篇短文则是由大陆的两位学者写的（Zhao & Jiang, 2009）。这两篇评论提供了“局内人”观点。余下的两篇评论则是由非常熟悉中国的情况，但是在西方获得博士学位的中国学者写的，他们都主要在英文杂志上发表文章。Leung（2009）居住在香港，Tsang（2009）居住在美国的得克萨斯。他们应该被认为是“局内的局外人”，可以使用不止一种视角来分析具体情况。我们并没有强迫作者选择其中的任何一种观点，只是约请这些作者对这两篇文章进行评论，并提供自己对这一话题的想法和观点。

2.1. 现阶段中国管理研究的本质

参与者一致认为，套用在西方发展起来的理论在中国进行演绎性的研究主导了中国的管理研究领域。Barney 和Zhang（2009: 17）认为这些研究是为了寻求一种“中国管理理论”。 用这种方法进行的研究倾向于把成果发表在国际性的期刊上，许多成果也的确被发表在国际顶尖的期刊上。这种方法的主要成果是验证了已有理论或者对其情境性边界进行了延伸研究。这种研究是有价值的，因为一般情况下，它可以满足顶尖期刊的编辑和评审人所期望的严谨性。这样的研究说明了如何使用现有的研究成果来解释一些在新的情境下所出现的独特现象和问题（Whetten, 2009）。尽管如此，这样的研究倾向于对现有的理论发展只提供有限的贡献（Whettern, 2009），因为它们的目的并不是寻找对地方性问题的新的解释。毫无意外地，Cheng 等（2009）以及Zhao和Jiang（2009: 110）认为这种方法“可能限制了对中国境内以及中国有关的重要现象的发掘和理解”，并提倡发展更多“管理的中国理论”的研究。

大部分采用这种“舶来”方法的研究也都情境化不足（under-contextulized）。根据Whetten（2009:49）的说法，“所有的组织理论均以各自方式依赖于情境”。如果研究者不考虑新的情境特点，而一味应用在其他情境中发展出来的理论，研究的发现就只能局限在该理论所能涉及的范围里了。那些潜在的高度相关并且十分重要的知识，仍然“未被发现”（Von Glinow & Teagarden, 2009: 78）。Whetten（2009）指出了两条可以有效利用情境因素的方法：一种方法是当发现某个理论的预测结果需要被修订时，通过定义这个理论的边界条件来“情境化理论”（contextualize theory）。这样会产生情境嵌入型理论（context-embedded theory）。另一种方法是通过定义那些可以影响个体和公司行为的情境因素，来“理论化情境”（theorize about context）。这样会产生情境效应型理论（context-effects theory）。我建议读者阅读Whetten（2009）的这篇文章，以了解每种类型情境化的例子。现实的情况依然如旧：大部分的中国管理研究倾向于在有限情境中使用已有的理论和概念（Li & Tsui, 2002）。进一步地来说，很少有研究进行了Tsui（2007）所提到的“深度情境化”，或者进行探索性的研究，以发展新的含有丰富情境信息的理论（context-rich theories）。Tsui, Schoonhoven, Meyer, Lau和Milkovich（2004）分析了106篇发表在2000年1月到2003年6月期间的、关于中国组织的研究论文，发现只有两篇提出了新的理论。我不是说学者的目标就是发展新的理论，而想说，令人惊讶和值得注意的是，现在绝大部分的中国研究都不约而同地采用西方已有理论来解释中国现象的这一事实。

采用开发性研究（exploitative research）模式的趋势的原因可以从几个方面进行解释：首先，这是因为缺乏先进的科学研究方法的训练和对科学目的的正确理解。一些（可能很多）研究者都错误地认为，科学的目的是发表文章，而不是寻找对重要现象的恰当理解和解释。中国学者都非常地聪明，他们可以很快学会如何正确使用研究方法，但这不代表他们一定理解了隐含其中的认识论（epistemology）和存在论（ontology）。他们常常囫囵吞枣地使用一些舶来的理论，包括对它的“历史根源”和“当前解释”的理解（Whetten, 2009: 46）。Zhao和Jiang（2009）报告了一个研究（Xu & Zhou, 2004），这个研究回顾了所有一年内发表在中国顶级管理学期刊上的所有关于战略研究的论文。该研究的结论是，这些论文的作者对于借来的（西方）理论的理解并不充分。但是，理解发展于西方的理论的情境假设这件事，说起来容易做起来难。这些理论是在特定的地点发展起来的，这些地点在理论发展的当时都有着独特的政治、经济和社会背景。进一步说，这样的情境假设很少被理论所提及，也很难被局外人或者后来人所理解（Barney & Zhang, 2009; Whetten, 2009）。缺乏对科学方法和科学哲学观的深入理解，以及对舶来理论的情境假设的适当认识，可能会导致对中国管理现象的有限的或者是错误的解释；最好的情况也至多是对现有的知识结构有适度的增量贡献。

另一个解释普遍使用所接受到的理论和方法的趋势的理由是强大的制度压力（以及其所对应的奖励系统）。这个制度鼓励在国际性的期刊，主要是那些名列社会科学引用索引（SSCI）的期刊上发表文章。最理想的就是可以发表在处于顶尖地位的期刊上，比如《美国管理学会学报》（*Academy of Management Journal*）、《应用心理学学刊》（*Journal of Applied Psychology*）、《国际商务研究学刊》（*Journal of International Business Studies*）以及《战略管理学报》（*Strategic Management Journal*）。所有这些期刊都是在美国出版的。Zhao和Jiang（2009）报告说，中国的商学院所采取的“期刊名录”和美国的商学院采取的是类似的。他们观察到，大部分的中国学者采取这条流行的路子，都是因为日益增加的制度压力，以及“当今的中国学术环境，对管理的中国理论存在明显的偏见”（2009：114）。这样的制度压力传递着一种信号：研究的主要目的是发表文章，而不是重要的科学发现；这样的压力也鼓励研究去选取那些在这些杂志上所流行的研究题目、研究理论和研究方法，而不去关注这些题目和理论与中国企业的切题性。基金机构，比如中国国家自然科学基金和社会科学基金也更偏好发表在英文期刊上的文章（Zhao & Jiang, 2009）。Leung（2009：127）也有类似的观察发现：“对中国管理研究者们来说，为了成功发表论文，修正知名西方管理理论的渐进路线太有诱惑力了”。缺少合格的审稿者，以及期刊客观审稿过程的缺失，也进一步阻碍了科学发展的步伐（Zhao & Jiang, 2009）。合格审稿者缺乏和客观评审过程不足的情况同样也存在于台湾地区（Cheng *et al*., 2009）。简而言之，制度的安排使中国学者选择了一条更流行的路——中国管理理论，而使得另一条更为重要的路——管理的中国理论，变得没有那么有吸引力了。

同时，讨论者也一致认为：现在有必要鼓励学者选择另外一条道路——羊肠小道。下面，我将整合由该论坛讨论者所提供的、有关于如何才能使中国管理研究更进一步的可行道路，这些方法也将有助于科学发展和管理实践改善。

2.2. 中国管理研究前进的其他方法

"你可以告诉我，我应该从哪条路走吗？"爱丽丝说。

"这取决于你想去哪了"，猫说。

"我并不是很在意地点"，爱丽丝说。

"这样的话，你走哪条路也无所谓了"，猫说。

"我只想去某个地方"，爱丽丝接着说。

"噢，你当然可以"，猫说，"只要你走得够远！"

——Lewis Carroll，《爱丽丝梦游记》（2000: 64–65）

没有目标或者没有目的地，每一条路都和其他路一样好，但是科学研究并不是漫无目的地追寻。科学探究总是有目的：它执着于寻找真相（reality）和追求"真理"（truth）（Babbie, 2007: 6; Kaplan, 1964: 3）。科学的研究方法确保了科学家的发现是接近于真理的，这也是所有的科学研究应该达到的严谨性（rigor）标准。然而，对于管理学这门应用科学来说，真理本身是不够的。所以，管理研究的第二个目标是获取有益于提高实践水平的知识，这也是所有的管理学者应该达到的切题性（relevance）标准。正如该论坛的许多作者所指出的，基于现有的成果，大部分的中国学者都是严谨有余，切题不足。这大概是因为国际性杂志的评审过程更注重严谨性，而不是切题性。不管怎么说，Von Glinow和Teagarden（2009）提醒我们说，那些严谨但走题的研究是造成第三类错误（Type III error）（Mitroff, 1998）——很好地解决了错误的问题——的主要原因。这两位作者鼓励我们"首先明确'意图'（purpose）问题，再着手研究设计"，并且一定要清楚这个意图"究竟是要提高中国企业的绩效（达到切题性的要求），还是要重复、延伸以及完善西方情境下发展起来的理论（达到严谨性的要求）"（Von Glinow & Teagarden, 2009:75）。他们认为"应用型管理研究能使我们发展出既严谨又切题（符合研究情境要求）的知识"（Von Glinow & Teagarden, 2009: 75）。该论坛讨论者所建议的前进道路将有助于未来的中国管理研究既严谨又切题。他们的意见总结起来主要是两点：首先要在所有的中国研究中认真对待情境因素，其次要改善对研究的现有制度环境。

2.2.1. 认真对待情境因素

Child（2009）认为情境由物质系统和观念系统组成。他详细阐述了情境因素对于理论发展和研究方法的影响。情境可以改变构念的涵义以及构念之间的关系。情境对于比较性分析（comparative analysis）来说，是非常必要的，对于普遍性理论（universal theories）也是很有用的。Child，以及Von Glinow和Teagarden，都提到了情境的动态本质。因此，发展有关于中国的、包含“组织与其情境的‘共同演化’”的动态理论，是很有必要的（Child, 2009: 69）。作为一个转型经济体，变化是定义中国的关键性特征。使企业行为发生重要变化的原因主要是法律与经济制度（Krug & Hendrischke, 2008），也包括因为中国企业吸收西方企业实践经验所带来的组织文化的显著变化（Cooke, 2008）。实际上，中国是一个正在进行的巨大的社会实验，它为管理与组织动态理论的发展提供了一个理想的情境。

Leung（2009）提出了另一种不同的、发生在理论和情境之间的动态性交互影响（dynamic interplay）。Leung描述了如何通过动态学习西方和中国的理论，以产生“创新的、具有文化普遍适用性的理论”的可能性。但是，这样的相互影响将依赖于中国理论的发展（2009: 121）。根据产生于美国的理论的文化特殊性（emic）本质，Leung认为，那些发展于中国、最初只在中国独特情境内的中国理论没有任何理由不能成为普遍性理论，继而被应用于非中国的情境，并被完善。根据他所言，Nonaka在1994年所发展出的知识创新框架就是一个很好的例子，这个理论是发展于日本、基于日本企业的，但它现在在西方也有很大的影响力。

所以，注意情境对于中国管理研究的未来发展是非常重要的。Whetten给那些处于新的研究情境中的、希望借用已被接受的理论来发展情境化研究的学者们，提供了四条对策建议。因为Whetten分析的出发点是基于已经存在的理论，所以，他所谈到的情境化有助于发展情境嵌入型理论、情境效应型理论以及情境无关理论（context-free theories），而不适用于情境专有型理论（context-specific）。事实上，他并没有过多地提及对情境非常敏感（context-sensitive）的情境专有型研究，但这恰恰是本土（indigenous）研究和理论的定义（Cheng *et al*., 2009; Tsui, 2004, 2006, 2007; Zhao & Jiang, 2009）。

两组“局内”评论者（Cheng *et al*., 2009; Zhao & Jiang, 2009）则强烈地表达了对能够发现管理的中国理论的、情境专有型的本土研究的需求，并鼓励中国学者步入这条羊肠小道。Cheng *et al*.（2009）提供了一个五步法，这个方法与现有文献中存在的归纳性的扎根理论方法很相似（Eisenhardt, 1989; Glaser & Strauss, 1967）。但是，刻意地去避免现有理论的影响，很有可能产生重复发明（reinventing the wheel）的危险。因此，在新理论完全发展之前，很有必要去查看已有文献。但即使新理论与现有理论相似，这样的研究结果，如果做得很好，是应该被发表的，因为它仍然对发展可能的普遍性理论有重要贡献。在这样的发展过程中，须时刻谨记Tsang（2009）所提到的注意事项：我们应当避免生产和传播那些不好的理论。一个有建设性和发展性的评审过程，加上奖励质量而非数量的制度条例，能够避免发表这些不良的理论。

2.2.2. 改善制度条件

制度设置的改变需要在国家、学校和职业各层面上同时进行。在国家层面上，Zhao和Jiang（2009: 117）极力建议“基金委员会，例如国家自然科学基金委员会，需要平衡对中国管理理论研究和管理的中国理论研究的支持。事实上，既然国家自然科学基金的宗旨是鼓励创造基础知识，那么或许它应当更多地资助那些管理的中国理论研究”。

Cheng *et al.*（2009: 100）认为，高质量的中文期刊是非常必要的，因为这样一来，在介绍给全球读者以前，我们可以用母语促进“发展‘**管理的中国理论**’以适切地诠释华人管理现象”。国际性的研究组织非常欢迎有新意的管理的中国理论。正如Barney和Zhang（2009: 24）所提到的，“我们鼓励研究人员把他们对管理的中国理论的深刻洞见在英文期刊中发表出来，使世界其他地区的学者也都能从这样的理论中汲取营养，为他们搭建把各自的研究议题与这些中国理论联系起来的桥梁”。Cheng *et al.*（2009）也表达了这样的意愿：希望国际性的期刊可以更加地欣赏中国本土的那些意在发展管理的中国理论的研究。借用Barney和Zhang（2009）的话，Cheng *et al.*（2009: 101）建议，“国际期刊的编委中至少应该包含一位‘熟知中文并对中国制度有足够了解……能识别和领会到这项工作的独特贡献’的编辑成员”。

在学校层面上，晋升和终身制的标准，以及博士生毕业的标准都应从对数量的关注上，转到对质量的关注上（Zhao & Jiang, 2009）。正如Zhao和Jiang（2009: 115）明确提到的那样：“我们需要一个全新的评估体系，这个体系必须强调质量而非数量，至少同等地重视本土有效理论的发展和西方理论的检验。”Cheng 等（2009）呼吁西方和中国的管理学者应该在博士教育上进行合作，以培养未来的学者。这是一个双向的学习过程：中国学生可以学习西方的理论和方法，西方学生也可以学习中国的历史、文化和管理制度。

国家层面和学校层面的变化都是外部的。最重要的变化，应该源于科学研究团体本身。每一个学者都可以根据自己的兴趣、技能和愿望，选择自己想走的路。应当鼓励中国的学者抵御走平常的路所带来的诱惑，去追求更高荣誉的研究生涯，而非走一条平常的路。在文章的开头，Cheng 等首先引用了一首中国著名的诗歌，这首诗描述了一个旅者路遇大雨的故事。正如他们对诗歌的解释一样，尽管“举步维艰……同行的伙伴们纷纷咒骂起天气的多变……可是，旅人不但没有一丝后悔，前行的意志反倒更加坚定”（Cheng *et al.*, 2009: 92）。Tsang（2009）就是一个选择了自己的路，并且取得了成功的学者。他选择了一个自己很有兴趣的题目（迷信和商业决策），这个题目在中国情境下也是很有趣的，但不是研究的主流。尽管同事都不鼓励他这么做，他依然满怀信心地进行着他的研究，并且，他很聪明地选择了合适的期刊，使得他的想法得到了一个公平的、能被学术界所知晓的机会。创造好的理论是非常困难的，而创造坏的理论并非如此。我和Tsang都认为，观察和记录事实规律是有价值的，但是，并不应该急于去发展不成熟的新理论。同样的建议，Hambrick（2007）对主流的研究学者也提到过。

对于身处这些新兴的研究学界的，比如中国的学者来说，有很多的困难需要克服。他们需要学习先进的研究方法，并且理解这些研究方法背后的哲学含义。他们必须要精通自己领域的理论，并且了解这些理论发展时的历史背景。即使已经很好地认识了方法和理论，也不能保证高质量的研究和理论化过程，除非学者同时对他们所研究的对象也有很好的认识。他们必须仔细地了解在他们所处的本地的情境中，组织所面临的问题，以发现最重要、最切题的问题，并且深刻洞察到这些问题的本质。正如Robert Park对那些希望理解社会问题的社会学者的建议一样，“既要去一家豪华宾馆的沙发上坐坐，也要去低等宾馆的阶梯上坐坐；既要坐坐黄金海岸的长椅，也要坐坐贫民窟颤抖的椅子；既要去演出厅欣赏管弦乐，也要去看星星和欣赏卡特滑稽戏。简言之，到你的研究中去真正地坐下来，不入虎穴，焉得虎子”（引用于Bulmer, 1984: 97）。有趣的是，对于现象的深刻理解是那些在过去的几十年来美国学者所发展的、最有影响的管理和组织理论的关键因素（Smith & Hitt, 2005）。Mintzberg（2005）回顾他自己的理论发展过程时总结到，其实理论发展并没有一个模型或者一条路。尽管如此，仍然是有一些共同的主题的，其中包括：对违反常识的偶然现象的好奇心，一双深透表象的眼睛，游弋于对问题的丰富描述和抽象出简单模式之间，以及重复叠代这个过程。理论的发展是一个独一无二的过程，因为直觉（隐匿在大多数理论之下）是一种个人特征。发展理论不是每个人都可以做的，但它可以是一种属于一些学者的、回报丰厚的活动，尤其是被要求走流行的路的压力能减小的话。

因此，中国学者面临的主要挑战不是他们能不能或者应不应该选择一条羊肠小道，而是他们“是否有勇气逆流而上、破浪而行”（Tsang, 2009: 141）。同样地，Leung（2009: 127）指出，“开展本土的和整合性的研究需要智慧和勇气”。至今为止，所有无论直接地或间接地参加该论坛的学者都认为，如果中国管理学者真的想要对学界和实践界有贡献的话，那么应该选择一条自己的羊肠小道。

3. 探究自主性：打造科学团体的自我未来

> 总体而言，各门科学都不是臣服于逻辑规制、方法论、科学哲学或者其他任何学科的殖民；它们是，而且应该是，自由与独立。根据约翰·杜威的观点，我应该把这种科学的独立性**当做探究自主性**的原则。该原则认为，对真理的追求不能依赖任何事或者任何人，能依赖的，只有追求者本身。
>
> ——Abraham Kaplan, *The Conduct of Inquiry*（1964: 3, 黑体是原文中即有的）

根据Kaplan（1964）所说的，对科学的追求是不能依赖任何人的，能依赖的只有科学团体。科学调查的规范是由团队规定的，而不是从外面引进的。科学以外的机构（比如大学的终身制和晋升委员会、基金会、专业协会）只能在获得同意的情况下，才能管理科学。换句话说，科学团体必须自己界定科学行为的规则。团体必须主动改变制度的设置，以支持它的科学追求。这包括，界定应当研究的重要和切题的问题，制定科学研究的规则，以及评定科学发现是否有价值的严谨性标准。因此，中国管理研究团体（包括中国的管理学者以及在其他任何地方的国际性学者），应当设计这个团体所从事的科学追求。科学进步源于那些为科学献身的人的探究自主性（Kaplan, 1964）。为避免读者感到困惑，我并不是否定规制北美研究活动的常规科学范式（normal science paradigm）（Popper, 1968），尽管美国的一些学者/主编对这种范式可能对推动组织研究发展所带来的可能局限也表示了忧虑（Daft & Lewin, 1990）。这种常规科学范式认为，寻找对现象的真实说明这一过程，逻辑和数据非常重要。这个范式也被广泛地认为是实证科学。它认为，知识是通过使用实证数据、重复验证或者证伪关于现实和现象的关系所产生的。Popper（1968）认为，理论只要是合理的、可以证伪的，就可以了；至于它是从哪里产生的、什么时候产生的，并不关键。与之类似，大部分的中国学者也是“波普尔主义者”（Popperians）（这个词是Minzberg（2005）创造的），他们只关注这个如何使用现有的理论，而没有相应的关注这个理论的适用程度，或者相关理论的发展。但是，基于论坛参加者的观点，后者对科学进步和发展本土化的知识，都是必要的。

中国管理研究团体怎样才能正确地认识到这一点，来更好地设计自己的未来之路呢？该论坛的参与者提出了许多有价值、可实践的建议。这些建议是给团体中每个人的，而不是给学校的管理层，或者是其他独立于科学团体的直接辖属以外的团体的。团体需要定义研究的范式，这些范式应该可以为Barney和Zhang（2009）所提出的两条路线，或者Leung（2009）和Tsang（2009）所提出的另一选择，提供必要的制度条件。这不能也不应当委托给任何人，否则，就是让别人决定了学术团体的命运。根据决策和投资的路径依赖本质，“这些个体和机构所做的选择，对中国管理研究的未来会有非常大的影响”，并且，对于中国学者来说，“其未来并非命中注定，而是由参与其创造过程的个体或机构所决定”（Barney & Zhang，2009: 16）。中国管理研究的未来掌握在学术团体自己的手中。

实质上，中国管理研究学界现在不加批判性地接受着常规科学范式（Kuhn, 1996）。常规科学范式由三个主要的、互相关联的活动组成：理论阐述，显著事实的确定，以及事实与理论匹配。在现有知识的基础上建立新的研究，任何一个科学团体都会承认过去的科学成果，包括主要的问题、普遍的理论、流行的方法；这是未来实践和研究的基础。但是，Kuhn观察到，“常规科学范式最显著的特点是他们很少以重要的创新为目的，无论是概念的还是现象的创新”（1996: 35）。这是因为常规科学引导学者去研究已经成功运用该范式的现象和理论。这个范式决定了题目、理论、工具和方法的选择。因此，在这个范式内的科学家并不以创造新的理论为目的，甚至不能容忍其他人创造的新理论。一个范式可能使得整个学界与那些不能被该范式所认可的理论框架或者实验方法陈述的重要问题（或者是疑问）相隔绝。这样，科学家变成了范式的奴隶，而不是主导者。我在这里想传达的信息不是说中国管理研究团体应当彻底抛弃常规科学范式；实际上，也不应该如此。我只是想鼓励学者，在中国情境下或是其他地方研究一些重要现象时，能批判地运用西方范式中主要的问题、理论和方法。也许一种库恩意义（Kuhnian）上的“科学革命”是非常有用的。也许，中国管理团体可以向苏轼学习，选择一条小道：“回首向来萧瑟处，归去，也无风雨也无晴”（Xu, 2007，引用自Cheng *et al.*, 2009: 92）。

4. 结论

《组织管理研究》提供了一个可以进行这样对话的、希望新兴学术团体的学者都可以参加的论坛。没有理由认为中国是独特的。中国管理研究团体的经历，以及在这个论坛中所讨论的思想，对那些同样新兴的其他国家和地区的学术团体，也提供了一些重要的启示和可以思考的相关内容。

参考文献

Babbie, E. R. 2007. *The practice of social research* (11th ed.) . Belmont, CA: Wadsworth Publication.

Barney, J. B., & Zhang, S. 2009. The future of Chinese management research: A theory of Chinese management versus a Chinese theory of management. *Management and Organization Review,* 5 (1) : 15–28.

Bulmer, M. 1984. *The Chicago school of sociology: Institutionalization, diversity, and the rise of sociological research.* Chicago, IL: University of Chicago Press.

Carroll, L. 2000. *Alice's adventures in wonderland.* New York: Signet Classic Printing.

Cheng, B.-S., Wang, A.-C., & Huang, M.-P. 2009. The road more popular versus the road less travelled: An "insider's" perspective of advancing Chinese management research. *Management and Organization Review,* 5 (1) : 91–105.

Child, J. 2009. Context, comparison and methodology in Chinese management research. *Management and Organization Review,* 5 (1) : 57–73.

Cooke, F. L. 2008. Enterprise culture management in China: Insiders' perspectives. *Management and Organization Review,* 4 (2) : 291–314.

Daft, R. L., & Lewin, A. Y. 1990. Can organization studies begin to break out of the normal science straightjacket? *Organization Science,* 1 (1) : 1–9.

Eisenhardt, K. 1989. Building theories from case study research. *Academy of Management Review,* 14 (4) : 532–550.

Glaser, B. J., & Strauss, A. 1967. The discovery of grounded theory: Strategies for qualitative research. Hawthorne, NY: Aldine de Gruyter.

Hambrick, D. C. 2007. The field of management's devotion to theory: Too much of a good thing? *Academy of Management Journal,* 50 (6) : 1348–1352.

Kaplan, A. 1964. *The conduct of inquiry: Methodology for behavioral sciences.* New York: Thomas Y. Crowell Company.

Krug, B., & Hendrischke, H. 2008. Framing China: Transformation and institutional change through co-evolution. *Management and Organization Review,* 4 (1) : 81–108.

Kuhn, T. 1996. *The structure of scientific revolution* (3rd ed.) . Chicago: University of Chicago Press.

Leung, K. 2007. The glory and tyranny of citation impact: An East Asian perspective. *Academy of Management Journal,* 50 (3) : 510–513.

Leung, K. 2009. Never the twain shall meet? Integrating Chinese and Western management research. *Management and Organization Review,* 5 (1) : 121–129.

Li, J. T., & Tsui, A. S. 2002. A citation analysis of management and organization research in the

Chinese context: 1984 to 1999. *Asia Pacific Journal of Management,* 19 (1) : 87–107.

March, J. G. 2005. Parochialism in the evolution of a research community: The case of organization studies. *Management and Organization Review,* 1 (1) : 5–22.

Mintzberg, H. 2005. Developing theory about the development of theory. In K. G. Smith & M. A. Hitt (Eds.) , Great minds in management: *The process of theory development:* 355– 372. Oxford: Oxford University Press.

Mitroff, I. 1998. *Smart thinking for crazy times:* The art of solving the right problems. San Francisco: Berrett-Koehler Publishers.

Nonaka, I. 1994. A dynamic theory of organizational knowledge creation. *Organization Science,* 5 (1) : 14–37.

Popper, K. R. 1968. *The logic of scientific discovery* (2nd ed.) . New York: Harper.

Smith, K. G., & Hitt, M. A. 2005. Great minds in management: *The process of theory development.* New York: Oxford University Press.

Tsang, E. W. K. 2009. Chinese management research at a crossroads: Some philosophical considerations. *Management and Organization Review,* 5 (1) : 131–143.

Tsui, A. S. 2004. Contributing to global management knowledge: A case for high quality indigenous research. *Asia Pacific Journal of Management,* 21 (4) : 491–513.

Tsui, A. S. 2006. Contextualization in Chinese management research. *Management and Organization Review,* 2 (1) : 1–13.

Tsui, A. S. 2007. From homogenization to pluralism: International management research in the Academy and beyond. *Academy of Management Journal,* 50 (6) : 1353–1364.

Tsui, A. S., Schoonhoven, C. B., Meyer, M., Lau, C. M., & Milkovich, G. 2004. Organization and management in the midst of societal transformation: The People' s Republic of China. *Organization Science,* 15 (2) : 133–144.

Von Glinow,M. A., & Teagarden,M. B. 2009. The future of Chinese management research: Rigour and relevance redux. *Management and Organization Review,* 5 (1) : 75–89.

Whetten, D. A. 2009. An examination of the interface between context and theory applied to the study of Chinese organizations. *Management and Organization Review,* 5 (1) : 29–55.

White, S. 2002. Rigor and relevance in Asian management research: Where are we and where can we go? *Asia Pacific Journal of Management,* 19 (2–3) : 287–352.

Xu, D., & Zhou, C. 2004. The current status of strategic management research in

China. *Management World,* 5: 76–87. (In Chinese) . 许德音，周长辉 (2004) , 中国战略管理学研究现状评估，《管理世界》，5: 76–87.

Xu, Y. 2007. *100 Tang and Song Ci Poems.* Beijing: China Translation and Publication Corporation.

Zhao, S., & Jiang, C. 2009. Learning by doing: Emerging paths of Chinese management research. *Management and Organization Review,* 5 (1) : 107–119.

第九章
科学的精神

作为这本书的结尾部分，我想和大家探讨一下我对科学精神的看法，并为重塑科学精神提出我的一点建议。在2009—2011年，我以这一章的内容为主题在多个地方做过演讲。这些地方主要包括中国现代化管理学会、国家自然科学基金会议、国立台湾大学、中国人民大学、北京大学、厦门大学以及浙江大学。我非常幸运能够在很早以前就接触到关于科学哲学方面非常好的书，例如Kaplan的《探究的行为：行为科学的方法论》（*The Conduct of Inquiry: Methodology for Behavioral Sciences*, 1964），Kuhn的《科学革命的结构》（*The Structure of Scientific Revolution*, 1996年第三版），以及 Popper的《科学发现的逻辑》（*The Logic of Scientific Discovery*, 1968年第二版）。也有许多优秀的老师在他们的职业生涯中向我诠释了高水平的科学精神。这种科学精神为我提供了智慧和精神的动力，使我在面对大规模研究项目的挑战时能够顺利地战胜这些挑战和磨难。我想和大家一起分享这种科学精神，并且希望大家在研究职业生涯中，可以活得有目的、有意义，充满喜悦和感恩。希望大家能够被这科学精神之火而点燃。

一、科学精神是什么？

要回答这个问题，我们需要先弄清“科学”是什么。Scientia是拉丁文，意思是知识。 科学（Science）是一项事业，是以创造和组织关于我们周围世界的知识为目标的一系列活动，既包括关于自然界的知识，也包括关于社会的知识。知识可以通过假设检验获得，而这些假设以理论为基础，用于解释自然或社会的难题。科学家可以通过系统的观察或实验等方法积累实证证据。因此，科学包括理论、系统严谨的方法以及数据等要素。

科学的目的是追求关于自然和社会现象的真理，解释我们所生活世界的难题。这种解释必须是可信的，与现实相结合的。作为管理学者，我们进行科学研究的目的是解释管理实践中的难题。例如为什么有些企业更成功，更具有创造力，更关注社会影响，而非仅仅是财务绩效？通过对这些管理问题的解释有助于企业生产更好的产品，提供更高质量的服务，对员工以及整个环境更加负责任。这些又会通过客户、员工和社会大众的积极体验，改善人类的生活。我们必须牢记我们研究的最终目的是通过改善企业的管理来改善人类的生活。阿尔伯特·爱因斯坦是一位理论物理学家。他研究光和粒子运动，这些话题与人类相距甚远。然而，爱因斯坦多次提醒我们，科学的主要目的是使普通人的生活更加美好，“当你在思考你的图表和方程式的时候，永远不要忘记这一点”。（Isaacson, 2007: 374）。因此，当我们在写案例、做调研、写报告的时候，不要忘记：我们为什么要做这些？我们的研究是否会对公司的经理和员工产生不利影响？我们的研究发现是否会指导实践？或者，我们是否关心通过我们的研究能帮助他人，改善他们的生活？

科学精神是对真理的纯粹追求。我们必须用一个强有力的理论来解释难题，并且用最严谨的研究方法来检验我们的假设。科学精神意味着我们将研究作为一种天职（calling），而不仅仅是当做一份工作或者谋生的手段。科学精神同时也强调自由的探索。我们进行研究是因为研究具有创造真知的内在价值，为此我们应遵循科学实践的标准，而不向任何外在因素妥协，这些外在因素可能包括政治、舆论、行政压力、工作、升职、发表压力、名誉和财富压力等。追求科学精神意味着我们在进行科学研究的同时需要具有人文关怀。在科学探索中，改善人类生活比我们自己的工作或收入更重要。追求科学精神还意味着我们愿意把对真理的追求置于个人利益之上。我们是否愿意把对真理的追求置于个人利益之上呢？例如，我们知道一篇文章有缺点，结论可能是错的。但我们已经在这个项目上投入了大量精力。我们需要按照要求发表很多文章。我们是否仍然把文章投到期刊，争取发表，即使我们知道这文章是没有价值的？我们愿意放下这篇文章，开始新的研究吗？我们是否把个人利益放在追求真理之上了呢？

我们大多数的人选择这个职业时，最开始是有着成为一名真正的科学家的理想的。我们知道我们有着学术自由的空间，因为科学是自由的探索。我们拥有对商业领域的好奇心。我们想了解许多令人既困惑又着迷的实践，或者想探究为什么某些企业用某种方式进行管理。我们知道这个职业能够提供施展才华的空间，发挥个人的潜能。我们希望通过创造重要的管理知识，做出一点贡献，改善管理实践。我们大多数的人一开始就有着这些想法。许多年轻人带着这些理想开始博士学习。但在今天的环境里，由于种种原因，很多学者都没能实现这些理想。

二、重塑科学精神的重要性

中国的管理研究已有三十年的历史了。在顶级期刊中，第一篇关于中国内地的研究是Tung 在1981年AMR上发表的，概述了中国工业企业的员工激励方法。1988

年Boisot和Child在《管理科学季刊》（ASQ）里的文章，引入了“网络资本主义”（network capitalism）的概念来描述中国企业的改革。大致同一时间，Victor Nee于1992年在该杂志发表了一篇关于中国经济改革的文章，阐述从分配（经济）到市场（经济）的市场转型过程中产生的多种组织形式。1996年，Xin和Pearce在《美国管理学会学报》（AMJ）上发表了关于关系（guanxi）的文章，向西方学者介绍了“关系”这个重要的概念。这些早期的文章可以说是中国管理研究的先锋，它们都是探索性研究（exploration），阐述了关于中国的新的认识。随后的研究大多为利用性研究（exploitation），缺乏关于中国企业的新见解。

过去三十年中国管理研究的主要动力是在国际期刊上发表文章。这很重要，因为我们需要与国际接轨、与国际交流。但这也造成了一个问题：这样的研究可能会失去科学精神。 我有一篇论文回顾了16年间在20本顶级英文期刊中有关中国研究的文章，综述了中国管理研究的特征（Li & Tsui, 2002）。最近，南京大学的贾良定老师也做了一篇综述分析（Jia, You, & Du, 2012），并达成了同样的结论：过去三十年中，中国的多数研究选取西方期刊中的流行问题；多数研究应用西方理论，没有任何修改；少有研究的目标是解释中国管理现象；大多的研究者关注论文的发表，以满足论文发表数量的要求。这样发展的结果是，解释中国特有现象的创新理论进展有限。有趣的是，追求发表数量，而不是质量的情况，爱因斯坦在六七十年前就有观察。他指出：“如果一个人在其学术生涯中不得不大量发表文章，那么就有可能带来知识上的肤浅（Isaacson, 2007: 79）。”现在我们领域里，确实有着大量知识肤浅的研究文章，失去科学精神已经成为一个普遍的现象，这在美国的学术界，也是一个公认的问题。这主要表现在以下方面：

第一，劣质的理论正在驱逐优良的管理实践，现状堪忧（Ghoshal, 2005）。许多研究不加修改地使用现有理论，缺乏对现有理论的有效性或潜在假设条件进行批判性的分析。Ghoshal以代理理论（agency theory）为例，说明其自利（追求私利）的基本假设并不适合每一个人。许多中国学者在使用这个理论时，没有考虑它的有效性。

第二，管理知识的同质化（March, 2005; Tsui, 2007）。对于在不同情境下的管理现象，发表的研究结果非常相似。这到底是对真相的揭示还是将现有的理论应用到不同情境的结果?

第三，对职业的关注替代了对知识的创造（Glick, Miller, & Cardinal, 2007）。很多管理学者现在思考的更多的是如何通过发表论文来谋生，而不是做有意义的研究。这些学者失去了他们的科学精神。他们不追求真相，没有自主的探索，没有把自己的工作看做一种天职，没有看到他们的工作对人类的意义。

三、通过关注情境重塑科学精神

如果重视研究的意义，我们就要重塑科学精神。我们必须从文献中“走出去”，“从外面”来思考我们所处的情境，获得灵感。“走出去”指我们观察自己所在的生活和工作的情境。思考我们为什么做研究？我们为谁做研究？我们所处的情境是想法和所要研究的问题的来源。我们应该思考，在我们周围的管理世界里，什么样的问题值得我们关注，值得投入精力和才华？当前，学者们大多使用三种方法选择研究主题：文献中的热点议题，文献中的不足，观察到的某个特殊的管理实践或困惑。前两种方法是博士生常用的，特别是没有工作经验的博士生。他们缺乏对重要管理问题的思考。然而，许多有经验的学者同样选择这两种方法，因为他们认为编辑和审稿人对中国问题不感兴趣。可是他们错了。源于情境的研究问题更有可能是有意义的、有用的研究。

迈克尔·波兰尼（Michael Polanyi）在《隐性维度》（*The Tacit Dimension*, 1966）一书中谈到，我们做研究应该从“我们知道的比我们能说出来的更多”这个事实开始。真理存在于情境中。换言之，任何解释或者理论均有其情境假设。在一个情境中建立的用于解释一个现象或问题的理论，在另一个情境中不一定有效。每一个理论都有很多隐性假定，是无法用语言描述清楚的。做中国管理研究一定要重视情境。因为中国情境与西方情境非常不同。大多的管理理论发展于西方情境，我们不能完全使用它们来理解中国的管理现象。一个本土或特定情境下的理论可以用来解释一个本土现象，但是可能无法解释其他情境下的同一个现象。一个理论可以使用本土的构念作为预测变量，是情境特有的构念，例如儒家思想。然而这些概念在其他情境下可能就没有意义了。

西方经历了近一百年的管理研究历史，其研究和理论的发展包含三个步骤：第一步，研究者注意到在情境中某个有趣的现象；第二步，发展一个或多个理论解释这个现象；第三步，在情境中，应用并完善理论。中国是一个新情境，我们注意到某个有趣的现象，我们将西方的理论应用到中国的情境下。现实中，大多数的研究没有关注实际现象，而是基于西方的研究，填补文献的空白。我们忽视了在中国情境下理论的发展。我们不去评判在西方情境下建立的理论是否与中国情境相关，现在我们需要回去，重新走西方走过的第二步和第三步。我们过去三十年的研究历史展现的是学术精神，但不是科学精神。因为研究的目的主要是满足学者的学习和事业的需求，而不是解释现状和贡献知识。

关注情景，是具有科学精神的基本条件。如何将情境融入管理的中国理论？有两种方法，一是情境化，二是本土化。前者从现有的理论着手，后者发展新的理论。前者属于利用式的研究；后者属于探索式的研究。发展新理论本质上就是高度情境化的，因为它必须包含一些关于文化、历史、法律和经济体制的情境假设。我们在文献中看到的所有理论都是在某个时间、某个地点的特定情境中发展出来的。

情境化研究将对追求真理、创造有效知识作出重要贡献。它能够解决重要的本土管理问题，帮助建立管理的中国理论；它能够通过提升现有理论在新情境下的预测性，完善现有的理论。通过关注本土情境的重要性和意义，能够创造有效的知识，改善本土情境下的管理实践。通过这种方式，研究者将体会到科学精神。

我们要坚信Kaplan在1964年的《探究的行为》（*The Conduct of Inquiry*）中提到的自由探索的思想。我们职业中最宝贵的是选择的自由。我们可以选择任何喜欢的课题。我们可以选择这个理论或那个理论。我们可以选择出一篇文章或10篇文章。当然，如爱因斯坦所说，如果你发表太多的文章，那可能有知识肤浅的风险。选择是你的。总括来说，我们的命运不在他人的手里，我们是这个社团的一部分，我们要定义自己的将来和命运。我们做什么，如何做，为什么做，都对彼此负有责任。

我们每个人都能为此而做出自己的努力。如果你是一名年轻的学者，选择社会中重要的问题去研究，而不要仅仅局限于你阅读的文献中的问题；如果你是一名资深的教授，你应起到楷模作用，鼓励和支持年轻学者追求真理；如果你是一名学校领导，你所选择的晋升与评估标准应该支持追求真理，而不是以追求发表文章数量为目标。唯有通过每个人的不懈努力，我们才能重塑科学精神，为社会创造更多有用的知识，进而真正改善人类的生活。

我鼓励我们每个人都要努力牢记科学精神。我们必须保护科学至高无上的价值，即追求真理。我们必须记住管理研究的最终目的是改善实践。我们必须确保科学界的神圣目标：改善人类生活，追求真理和道德的科研规范。在科学界，违反职业操守是不道德的。只是为了发表和个人职业成功而做没意义的研究，是不道德的。 我们的存在取决于我们作为科学家的行为。爱因斯坦说：“人类最重要的行为就是对道德责任感的追求。我们内在的平衡和日常行为都依赖于此。这种道德责任感赋予我们的生命以美感和尊严（Isaacson, 2007: 393）。”我们必须确保我们的科研工作是一种福祉，是对人类的礼物，而不是诅咒。 我相信在我们共同努力之下，我们一定会成为关注科学价值、有科学精神的科学家。

References

1. Boisot, M., & Child, J. 1988. The iron law of fiefs: Bureaucratic failure and the problem of governance in the Chinese economic reforms. *Administrative Science Quarterly,* 33: 507-527.

2. Ghoshal, S. 2005. Bad management theories are destroying good management practices. *Academy of Management Learning & Education,* 4: 75-91.

3. Glick, W. H., Miller, C. C., & Cardinal, L. B. 2007. Making a life in the field of organization science. *Journal of Organizational Behavior,* 28: 817– 835.

4. Isaacson, W. 2008. *Albert Einstein: His Life and Work.* Simon & Schuster.

5. Jia, L., You, S., & Du, Y.（2012）. Chinese context and theoretical contributions to management and organization research: A three-decade review. *Management and Organization Review.* 8（1）: 173-209.

6. Kaplan, A. 1964. *The conduct of inquiry: Methodology for behavioral sciences.* New York: Thomas Y. Crowell Company.

7. Kuhn, T. 1996. *The structure of scientific revolution*（3rd ed.）. Chicago: University of Chicago Press.

8. Li, J., & Tsui, A. S. 2002. A citation analysis of management and organization research in the Chinese context: 1984-1999, *Asia Pacific Journal of Management,* 19: 87-107.

9. March, J. G. 2005. Parochialism in the evolution of a research community: The case of organization studies. *Management and Organization Review,* 1: 5-22.

10. Nee, V. 1992. Organizational dynamics of market transition: Hybird firms, property rights, and mixed economy in China. *Administrative Science Quarterly,* 31: 1-27.

11. Polyani, M. 1966. *The tacit dimension.* Garden City, NY: Doubleday.

12. Popper, K. R. 1968. *The logic of scientific discovery*（2nd ed.）. New York: Harper.

13. Tsui, A. S. 2007. From homogenization to pluralism: International management research in the academy and beyond. *Academy of Management Journal,* 50: 1353-1364.

14. Tung, R. L. 1981. Patterns of motivation in Chinese industrial Enterprises. *Academy of Management Review,* 6（3）: 481-489.

15. Xin, K. R., & Pearce, J. L. 1996. Guanxi: Good connections as substitutes for institutional support. *Academy of Management Journal,* 39: 1641-1658.

第十章 结束语

当我们回顾往事时，记忆难免会出现偏差。人类是选择性记忆的受害者。我们的大脑通常会倾向于保留积极信息，这部分是源于一个无意识的防御机制。记住和揭示我们自己积极的方面会让我们对自己感觉更加良好。我对人类这个共同的弱点也没有任何免疫力。作为一个社会科学家，我意识到了这种选择性回忆偏差和社会构建倾向所产生的影响。因此，我愿意坦承自己研究历程中的失败和不足。这里我想和大家分享两个失败的研究项目，探讨失败是如何造成的，以及从这些失败的教训中所学到的东西。

项目1：一个准试验。那是我在杜克大学任助理教授的第三年。我正在根据博士论文的数据写绩效评价和反馈的论文。此时，我以前工作过的公司—控制数据公司（Control Data Company）—正在开发一个可以让用户开展在线调查的软件项目。它甚至拥有了一个触摸屏的终端。我想做一个实证研究，比较从下属那里得到自下而上评价反馈的经理们是否比那些没有得到这些类似反馈的经理们更能改进自己的绩效。我也可以比较利用计算机辅助做的在线调查和普通的纸笔调查是否具有一样的学习效果。这就是一个2×2的研究设计：自下而上的反馈（有或无）以及计算机辅助的反馈程序（有或无）。控制数据公司同意了这项研究，并分配了40个经理参与这个研究项目。我随机把这些经理分为四个同等人数的组。研究刚开始时，所有的经理们参加一个如何利用反馈来改进绩效的培训课程。我们利用他们下属的反馈测量了他们基本的领导有效性。三个月后，我们要求参加实验的经理们的下属从几个绩效维度评价了他们主管的绩效。我们把评价结果交给经理们。另外一组没有收到下属的反馈信息。在研究周期末（大概九个月后），我们测量了这四组经理们的实验过后的领导有效性。那时，一些经理已经离开了公司，有一个甚至离世了。每个组的人数都缩减了。我们没有得到任何显著的结果。或许是由于样本比较小，或许是由于实验操作比较弱，或许是由于理论不对，抑或三者都有。这个研究彻底地失败了。

项目2：一个行为模拟研究。大概在上面的失败研究后一年。我有一个讲授运营管理的同事，也是助理教授。他用行为模拟游戏给MBA学生讲课。在以前我教过的课上也用过一个不同的行为模拟实验。我们讨论了用一个研究去探讨领导在这些行为模拟团队中所起作用的可能性。我们有这些团队的客观绩效数据，这取决于他们在行为模拟实验中所做的决定。我们用一个问卷调查去测量这些团队的领导方式。我们为这个研究项目感到兴奋。结果支持了我们的研究假设，我们就此写了一篇题目为“领导对组织的影响效果：一个模拟研究”。我们在1985年决策科学协会（Decision Sciences Institute）的年会上报告了这篇文章，并在1986年的会议论文集上发表了。这样顺利的状态持续到了我们把它寄给了一家期刊。由于研究设计本身的缺陷，我们收到了一系列的拒信。我们试着投了两三家其他类型的期刊，最终还是不得不放弃。我虽然记不起这些期刊反馈的具体内容，但我知道这个研究的确存在三大问题：构念效度、内部效度以及外部效度问题。

这两个研究都发生于我在杜克大学做助理教授的前几年，也都消耗了很多的时间。为什么它们会失败呢？原因很简单。我被训练成了一个问卷调查的研究者，而对于实验和准实验设计却没有一点经验。我和我的合作者在这方面都没经验。我们很天真、很盲目地进行着研究。这是一个惨痛的教训和经验。很幸运，我们都有其他的比较成功的研究项目。

我从这些失败的研究项目中学到了什么呢？对我而言，这些失败让我知道了我的缺点，提醒我不要在我自己的专业领域以外盲目地冒险。这并不意味着我不能学习新的技能，而是我应该先把它们学好。只有一半的知识比没有知识更加糟糕。你认为自己已经懂得足以让你进行一下尝试，殊不知自己在这方面还不够擅长。这个经验让我认识到：整个研究团队中必须有个人具有最重要的专业知识，这是非常重要的。当研究涉及实验时，研究者必须有一个很坚实的知识积累，支撑开展实验。我学到的另外一点是，做研究要专注于自己的核心观点，而不被不适合自己的研究机会所诱惑。以上描述的两个研究项目其实都在我的研究兴趣之内，但我还不具备足够的技能去有效地开展这两个研究。我学到的第三点也是最重要的一点，就是在开展一个研究前有必要写一个研究计划。它的范围和内容其实与博士论文或研究资助的计划是差不多的。如果可能的话，把写好的研究计划提交到一个资助机构。你的目的不单是去获得资助的钱，也是获得严格的审查过程后给你的反馈。即使你没有机会把你的研究计划投到资助机构，你也应该向你学校内外的同事寻找反馈。在你收集数据之前你要确定你的想法和研究设计都得到了很好的发展。很匆忙地去收集数据往往不会导致很好的结果。这是我从这几年的失败经验中学到的非常重要的教训。在之后的研究生涯中，即使我还有一些小的失误，但类似的大的失败就没有了。

总体来说，我的研究生涯是一段有收获（rewarding）但也非常有挑战的历程。我希望我的故事可以让你认识到在任何领域，不仅仅是学术中，一个人并不需要是一个天才才能够成功。但是，要想成功有一点是必须的，那就是必须有一股想要改变世界的（make a different）、强烈的愿望。一旦你有了这个清晰的目标，那就带着激情去做吧。

对于那些从事研究生涯的人，我想重复我们最伟大的物理科学家爱因斯坦的那句忠告："使普通人的生活变得更加美好应该成为科学的主要目标。当你思考你的图表和方程时，永远不要忘记这一点"。

对所有从事其他职业的朋友们，我也想给予同样来自爱因斯坦的一句名言："只有为他人而活的人生才值得活下去"。

附录Ⅰ
徐淑英简介及生平

徐淑英简介

徐淑英教授出生于上海，幼年跟随母亲移居香港。随后赴美求学，开始了自己的学术生涯。截止到目前为止，她的研究成果多次发表在《美国管理学会学报》（*Academy of Management Journal*）、《管理科学季刊》（*Administrative Science Quarterly*）、《应用心理学学报》（*Journal of Applied Psychology*）等国际顶级学术期刊上。她合计发表各类学术作品（包括期刊文章，书的章节，书籍等）百余篇，在很多学术领域都作出了突出的贡献。她是唯一同时获得ASQ与AMJ最佳论文的华人管理学家，也是文章被引用率最高的管理学家之一。她还被誉为全球最有影响力的华人管理学家。

另外，她还是香港科技大学管理学系创系主任，亚利桑那州立大学凯里商学院的讲座教授（现为荣誉退休教授），是北京大学、上海交通大学、复旦大学等学校的杰出访问教授，南京大学的名誉教授。她曾担任《美国管理学会学报》（*Academy of Management Journal*）主编，是美国管理学会（Academy of Management）理事会成员，任2011—2012年度的主席。

徐淑英教授非常关心中国企业管理的发展，致力于推进中国的组织管理研究。她在香港科技大学创立了恒隆组织管理研究中心，先后举办了多期“中国企业管理研究方法培训班”，为中国培养了几百名组织管理研究学者。她创办了中国管理研究国际学会（IACMR）以及学会会刊《组织管理研究》（*Management and Organization Review*），为国内外的组织管理学者搭建了一个学术交流的平台。为促进研究结果到实践的速度，她创办了中英双语的杂志《中国管理新视野》，为国内外的管理人创造一个有坚实研究基础的学习平台。

个人生平

1948年9月　出生于上海

1958年5月　移居香港

1968—1970年　香港葛量洪教育学院

1958年，徐淑英与母亲，离开上海前所拍。

1970—1973年　美国明尼苏达大学，获得心理学和企业管理学士学位

1973—1975年　美国明尼苏达大学，获得人事劳资关系硕士学位

1977—1981年　美国控制数据公司，任人事部门人事专员

1978—1981年　美国加州大学、洛杉矶分校，获得行为和组织科学博士学位

1991，领养了徐晓梦，胖得像个小猪猪。

1981—1988年　美国杜克大学富科商学院，先后任助理教授、副教授

1988—1995年　美国加州大学欧文分校管理研究院，副教授

1991年5月　从上海孤儿院领养女儿徐晓梦（Amelia）

1993—1995年　当选为美国管理学会理事

1994—2003年　香港科技大学商学院管理系教授

1996—1999年　任《美国管理学会学报》主编

1998年　获得美国管理学会组织行为学部和人力资源学部学术成就奖，《美国管理学会学报》最佳论文奖，《管理科学季刊》学术贡献奖

1998—2003年　创建恒隆组织管理研究中心，任主任

2000年　《组织中的人口学差异：现状与未来》获得美国管理学会颁发的最佳图书奖前三名

2002年　创办中国管理研究国际学会（IACMR）

2004年　创办会刊《组织管理研究》（MOR）

2003—2011年　美国亚利桑那州立大学凯里商学院讲座教授，现为荣誉退休教授

2008年　获得沃尔特创造性领导研究中心的应用领导研究奖

2007年，徐晓梦十七岁生日。

2012年　创办IACMR新刊物《中国管理新视野》（*Chinese Management Insight*）

2011—2012年　美国管理学会主席

附录Ⅱ

引用次数超过10次的文章目录

附录II 引用次数超过10次的文章目录（40篇）

	文章标题	发表期刊	卷（期）：页码	年	所有作者	ISI Web of Knowledge 引用	Google Scholar 引用
1	Being different：Relational demography and organizational attachment （ASQ best paper）	*Administrative Science Quarterly*	37：549—579	1992	Tsui, A. S., Egan, T., and O'Reilly, C. A., III	639	1451
2	Beyond simple demographic effects：The importance of relational demography in superior-subordinate dyads	*Academy of Management Journal*	32：402—423.	1989	Tsui, A. S. and O'Reilly, C. A., III	477	967
3	Alternative approaches to employee-organization relationships：Does investment in employees pay off? （AMJ best paper）	*Academy of Management Journal*	40：1089—1121	1997	Tsui, A. S., Pearce, J. L., Porter, L. W., and Tripoli, A. M.	350	823
4	Configurational approaches to organizational analysis	*Academy of Management Journal*	36：1175—1195	1993	Meyer, A. D., Tsui, A. S., and Hinings, C. R	263	775
5	Self-regulation for managerial effectiveness：The role of active feedback seeking	*Academy of Management Journal*	34：251—280	1991	Ashford, S. and Tsui, A. S.	183	392
6	Where guanxi matters：Relational demography and guanxi in the Chinese context	*Work and Occupations*	24：56—79	1997	Tsui, A. S. and Farh, L.J.	125	324
7	The influence of relational demography and guanxi：The Chinese case	*Organization Science*	9：471—488	1998	Farh, J. L., Tsui, A. S., Xin, K., and Cheng, B. S.	108	379

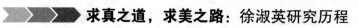

续 表

	文章标题	发表期刊	卷（期）：页码	年	所有作者	ISI Web of Knowledge 引用	Google Scholar 引用
8	A role set analysis of managerial reputation	*Organization Behavior and Human Performance*	34：64—96	1984	Tsui, A. S.	105	223
9	A role set analysis of gender differences in performance, affective relationships and career success of industrial middle managers	*Academy of Management Journal*	27（3）：619-635	1984	Tsui, A. S. and Gutek, B.	105	119
10	Multiple-constituency model of effectiveness：An empirical examination at the human resource subunit level	*Administrative Science Quarterly*	35：458—483	1990	Tsui, A. S.	93	233
11	Interpersonal affect and rating errors	*Academy of Management Journal*	29（3）：586—599	1986	Tsui, A. S. and Barry, B.	85	153
12	Cross-national cross-cultural organizational behavior research：Advances, gaps, and recommendations	*Journal of Management*	28（3）：277—305	2007	Tsui, A.S., Nifadkar, S. & Ou, Y.	76	171
13	Loyalty to supervisor versus organizational commitment：Relationship to employee performance in China	*Journal of Occupational and Organizational Psychology*	75：339—356	2002	Chen, Z.X., Tsui, A.S., and Farh, J.L.	75	192
14	Multiple assessment of managerial effectiveness：Interrater agreement and consensus in effectiveness models.	*Personnel Psychology*	41：779—803	1988	Tsui, A. S. and Ohlott, P.	65	110

续 表

	文章标题	发表期刊	卷（期）：页码	年	所有作者	ISI Web of Knowledge 引用	Google Scholar 引用
15	Dealing with discrepant expectations：Response strategies and managerial effectiveness.	*Academy of Management Journal*	38：1515—1543	1995	Tsui, A. S., Ashford, S. J., St. Clair, L., and Xin, K.	60	123
16	Contextualization in Chinese management research	*Management and Organization Review*	2（1）：1—13	2006	Tsui, A. S.	56	117
17	Examining organizations and management in periods of societal transformation：The People's Republic of China	*Organization Science*	15（2）：133—144	2004	Tsui, A.S., Schoonhoven, C.B., Meyer, M.W., Lau, C.M., and Milkovich, G.T.	55	115
18	Adaptive self-regulation： A process view of managerial effectiveness	*Journal of Management*	20：93—121	1994	Tsui, A. S. and Ashford, S.	49	119
19	Where brokers may not work：The culture contingency of social capital	*Administrative Science Quarterly*	52：1—31	2007	Xiao, Z.X. & Tsui, A. S.	44	103
20	From homogenization to pluralism：International management research in the Academy and beyond	*Academy of Management Journal*	50（6）：1353—1364	2007	Tsui, A.S.	43	97
21	When both similarity and dissimilarity matter：Extending the concept of relational demography	*Human Relations*	55：899—930	2002	Tsui, A.S., Egan, T.D., and Porter, L.W.	43	94

续 表

	文章标题	发表期刊	卷（期）：页码	年	所有作者	ISI Web of Knowledge 引用	Google Scholar 引用
22	Employment relationship and firm performance：Evidence from an emerging economy	*Journal of Organizational Behavior*	24（5）：511—535	2003	Wang，D.X.，Tsui，A.S.，Zhang, Y. and Ma, L.	43	86
23	Building effective international joint venture leadership teams in China	*Journal of World Business*	34：52—68	1999	Li, J.T., Xin, K.R., Tsui, A.S. and D. Hambrick.	39	99
24	Personnel department activities： Constituency perspectives and preferences	*Personnel Psychology*	40（3）：519—537	1987	Tsui, A. S. and Milkovich, G.	36	78
25	"Defining the activities and effectiveness of the Human Resource Department： A Multiple constituency approach."	*Human Resource Management*	26：35—69	1987	Tsui, A. S.	35	107
26	Composition and processes of international joint venture management groups：A new perspective on alliance effectiveness	*Strategic Management Journal*	22：1033—1053	2001	Hambrick，D.C.，Li，J.T.，Xin, K.R., and Tsui, A.S.	34	99
27	A citation analysis of management and organization research in the Chinese context：1984 to 1999	*Asia Pacific Journal of Management*	19：87—107	2002	Li, J.T. and Tsui, A.S.	29	68
28	Unpacking the relationship between CEO leadership behavior and organizational culture	*Leadership Quarterly*	17：113—137	2006	Tsui，A.S.，Zhang，Z.X.，Wang, H., Xin, K., & Wu, B.	27	66

续 表

	文章标题	发表期刊	卷（期）：页码	年	所有作者	ISI Web of Knowledge 引用	Google Scholar 引用
29	Personnel department effectiveness：A tripartite approach	*Industrial Relations*	23（2）：184—197	1984	Tsui, A. S.	27	58
30	Organizational culture in the PRC：An analysis of culture dimensions and culture types	*Management and Organization Review*	2（3）：345—376	2006	Tsui, A.S., Wang, H., & Xin, K.R.	24	66
31	The dynamics of guanxi in Chinese high-tech organizations：Implications for knowledge management and decision-making	*Management International Review*	46（3）：1—29.	2006	Fu, P.P., Tsui, A.S. and Dess, G.	22	49
32	Autonomy of inquiry：Shaping the future of emerging scientific communities	*Management and Organization Review*	5（1）：1—14	2009	Tsui, A.S.	20	41
33	Contributing to global management knowledge：A case for high quality indigenous research	*Asia Pacific Journal of Management*	21：491—513	2004	Tsui, A.S.	19	131
34	The "New Employment Relationship" versus the "Mutual Investment" approach：Implications for human resource management.	*Human Resource Management*	44（2）：115—121	2005	Tsui, A. S., & Wu, J. B.	19	74
35	Let a thousand flowers bloom：Variation of leadership styles in Chinese Firms	*Organization Dynamics*	33：5—20	2004	Tsui, A.S., Wang, H., Xin, K.R., Zhang, L.H., and Fu, P.P.	19	52

续 表

	文章标题	发表期刊	卷（期）：页码	年	所有作者	ISI Web of Knowledge 引用	Google Scholar 引用
36	Reputational effectiveness：Toward a mutual responsiveness framework	*Research in Organizational Behavior*	16：257—307	1994	Tsui, A. S.	17	52
37	Why do Chinese managers stay? Explaining employment relationships with social exchange and job embeddedness	*Journal of Applied Psychology*	94（2）：277—297	2009	Hom, P.W., Tsui, A.S., Wu, J.B., Lee, T.W., Zhang, A.Y., Fu, P.P., & Li, L.	16	33
38	Unpacking employee responses to organizational exchange mechanisms：The role of social and economic exchange perceptions	*Journal of Management*	35（1）：56—93	2009	Song, L.J., Tsui, A.S., & Law, K.	15	25
39	Blending traditional culture and modern leadership：The role of the printed news media in the People's Republic of China	*Asia Pacific Journal of Management*	20：423—446	2003	Fu, P.P., and Tsui, A.S.	15	5
40	Consequences of differentiated leadership in groups	*Academy of Management Journal*	94（2）：277—297	2010	Wu, J.B., Tsui, A.S., & Kinicki, A.	12	34
	Total citations of 40 articles					3567	8303
	Average citation per article					89.18	207.58

注：引用数据更新于2012年2月第一周。

附录Ⅲ 徐淑英在中国媒体

中国管理研究的现状及发展前景*

徐淑英

摘要：过去二十多年来，中国管理学研究关注西方情境的研究课题，验证西方发展出来的理论，并借用西方的研究方法论，而旨在解决中国企业面临的问题和针对中国管理现象提出有意义的理论解释，这方面的研究却迟滞不前。围绕到底是追求“中国管理理论”（在中国管理情境中检验西方理论）还是“管理的中国理论”（针对中国现象和问题出自己的理论）的争论，很多学者作出了积极探索。中国的管理学研究者应遵循科学探究的自主性原则，保持对常规科学局限性的警觉，从事既能贡献普遍管理知识，又能解决中国管理问题的研究。

国际管理学研究中的一个现象

全球化商业活动的增加，不仅使得全球化的跨国公司对管理知识的需求大大增加，而且那些处于新兴经济体（如俄罗斯、印度和中国）中的公司，由于在国际市场上扮演越来越重要的角色，也非常渴望得到管理实践所需的知识。除了新兴经济体外，许多发达地区的管理研究也十分活跃。有学者观察到了国际学者的一种明显偏好：从主流管理学文献（基本上是基于北美，特别是美国的文献）中套用已有的理论、构念和方法来研究本土的现象。这导致了詹姆斯·马奇（James March）所认为的组织研究的“趋同化”。这个趋势是值得注意的，因为它有可能放慢有效的全球管理知识的发展速度，也会阻碍科学的进步。这样的趋势在中国也是存在的。

* 本文刊登于《光明日报》2011年7月29日，第11版。

中国管理研究的现状与展望

科学研究总是有目的的：执著于寻找真相（reality）和追求真理（truth）。科学的研究方法确保了科学家的发现是接近于真理的，这也是所有科学研究应该达到的严谨性（rigor）标准。然而对于管理学这门应用科学来说，真理本身是不够的。管理研究的第二个目标是获取有益于提高实践水平的知识，这就是管理学者应该达到的切题性（relevance）标准。但现在大部分的中国学者都是严谨有余，切题不足。

目前，套用西方发展起来的理论在中国进行演绎性研究主导了中国管理学研究领域。用这种方法进行的研究倾向于把成果发表在国际性杂志上，尤其是国际顶尖杂志。这类研究成果验证了已有理论或者对其情境性边界进行了延伸研究，说明了如何使用现有研究成果来解释一些新情境下出现的独特现象和问题。但这样的研究倾向对现有的理论发展只能提供有限的贡献，因为它的目的并非寻找对地方性问题的新的解释。这种方法也限制了对中国特有的重要现象以及对中国有重要影响的事件的理解。

笔者并不认为学者的目标就是发展新的理论，而是提请注意这一事实：绝大部分中国的研究都不约而同地采用西方已有理论来解释中国现象。这一趋势形成的原因可以从两个方面进行解释：

首先是因为缺乏先进的科学研究方法的训练和对科学目的的正确理解。一些研究者错误地认为，科学的目的是发表文章，而非寻找对重要现象的恰当理解和解释。中国学者可以很快学会如何正确使用研究方法，但这并不代表他们一定理解了隐含其中的认识论（epistemology）和存在论（ontology）。要理解发展于西方的理论的情境假设并非易事，这些理论是在特定的地点发展起来的，在当时都有着独特的政治、经济和社会背景。缺乏对科学方法和科学哲学观的深入理解，以及对借来的理论的情境假设的适当认识，可能会导致对中国管理现象有限或是错误的解释。

其次是缘于强大的现状压力（及其所对应的激励机制）。目前的现状鼓励在国际性杂志发表文章，最理想的是发表在顶尖水平的杂志，而顶尖杂志基本都是在美国出版的。有学者观察到，大部分中国学者采取这种方式都是因为日益增加的现状压力，以及当前中国学术界对中国管理理论的独特偏见。这传递着一种信号：研究的主要目的是发表文章，而非重要的科学发现。这种压力也激励研究者去选取那些在这些杂志上所流行的研究题目、研究理论和研究方法，而不去关注这些题目和理论与中国企业的相关性。最终，现状安排使中国学者选择了一条更流行的路——中

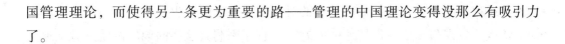

国管理理论，而使得另一条更为重要的路——管理的中国理论变得没那么有吸引力了。

中国管理研究前进的其他方法

未来的中国管理研究要做到既严谨又切题，就需要注重以下三方面的内容：

首先，要在研究中认真对待情境因素。情境可以改变构念的涵义及构念之间的关系。情境对于比较性分析（comparative analysis）来说非常必要，对于普遍性理论（universal theories）也很有用。因此，发展有关中国的、包含“组织与其情境的‘共同进化’”的动态理论是很有必要的。作为一个转型经济体，变化是中国经济的关键特征之一。使企业行为发生重要变化的原因主要是法律与经济制度，也包括因为中国企业吸收西方企业实践经验所带来的组织文化的显著变化。中国正在进行的巨大社会实验为管理与组织动态理论的发展提供了理想情境。Leung（梁觉）认为，那些发展于中国、最初只在中国独特情境内的中国理论没有理由不能成为普遍性理论，继而被应用于非中国的情境并被完善。比如，Ikujire Nonaka（野中郁次郎）在1994年所发展出的知识创新框架就是个很好的例子，这个理论是发展于日本、基于日本企业的，但现在在西方也很有影响力。所以，注意情境对于中国管理研究的未来发展是很重要的。

其次，应改善现状条件。现状环境的改变需要在国家、学校和职业各层面上同时进行。在国家层面上，建议“基金组织”，比如，考虑到国家自然科学基金的宗旨是鼓励创新基础知识，它应当更多地资助那些管理的中国理论研究。此外，高质量的中文杂志也非常必要，因为这样一来，在介绍给全球读者以前，我们可以用母语促进严谨的有关中国管理现象的理论化工作。国际性的研究组织非常欢迎有新意的管理的中国理论。在学校层面，晋升标准及博士生毕业的标准应从对数量的关注转到对质量的关注。国家层面和学校层面的变化都是外部的，最重要的变化应源于研究者本身。应当鼓励中国学者去追求更高荣誉的研究生涯，而非走一条平常之路。

最后，如果中国管理学者真的想要对学界和实践界有所贡献的话，那么应该勇于选择一条自己的羊肠小道。创造好的理论是非常困难的，面对新兴的研究领域，中国的学者还有很多困难需要克服。他们需要学习先进的研究方法，并且理解这些研究方法背后的哲学含义。他们必须要精通自己领域的理论，并且了解这些理论发展的历史背景。即使已经很好地认识了方法和理论，也不能保证高质量的研究和理论化过程，除非学者对他们所研究的对象也有很好的认识。他们必须仔细了解本地的情境，发现最重要、最切题的问题，并且深刻洞察这些问题的本质。对于现象的深刻理解是促成美国学者过去几十年来能够发展出最有影响的管理和组织理论的关键因素。理论的发展是一个独一无二的过程，因为发展理论不是每个人都可以做的。因此，中国学者面临的主要挑战是“他们有没有勇气去对抗现实”。

对常规科学范式的批判性接受

波普尔（Popper）认为，理论只要是合理的、可以证伪的，就可以了，至于它是从哪里产生的、什么时候产生的，并不关键。大部分中国学者也是“波普尔主义者”（Popperians），他们关注如何使用现有理论，而没有关注这个理论的适用程度，或者相关理论的发展。即现在中国管理研究学界是不加批判性地接受着常规科学范式。这种科学范式只是引导学者去研究已经成功运用该范式的现象和理论，因此，在这个范式内的科学家并不以创造新的理论为目的，甚至不能容忍其他人创造的新理论。这样，科学家就变成了范式的奴隶，而不是主导者。笔者并不是说中国管理研究应当彻底抛弃常规科学范式，而只是想提醒学者们，在中国或其他情境下研究一些重要现象时，应能批判性地运用西方范式中主要的问题、理论和方法。

中国管理研究应有本土特征*

作为一个典型的研究型学者，徐淑英不喜欢接受媒体采访。所以，虽然已经是华人管理研究领域公认的领袖，但在公开的媒体报道中，实在很难搜索到她的信息。一些媒体在引用她的学术观点时，甚至不知道她的中文名字，而是直接翻译成“徐安妮”(她的英文名是Anne Tsui)。

她确实不善于面对媒体，她把这归因于口才不好。但是现在，徐淑英却不得不要求自己与媒体合作，好让自己的理念和所做的事情让更多的人了解和接受。在北大光华管理学院她那间略显促狭的办公室里，徐淑英拿出整整十几页纸，上面是她根据记者事先提供的采访提纲所准备的详细答案。“我的普通话很不好，事先准备好，就不怕胡言乱语了，”她有些不好意思。

在徐淑英看来，自己的人生经历中有几个阶段很重要。小时候只有她和母亲两个人生活，六七岁开始就要帮助母亲捉菜虫、做手工，“我不是一个很聪明的人，但我做事情非常专注。可能因为抓虫和做手工需要很好的注意力，我的注意力就这样练出来了。”9岁的时候，徐淑英随母亲从上海去了香港，在那里长大并接受教育。“妈妈不爱讲话，也很少微笑，她唯一微笑的时候就是我把好的成绩单带回家，所以我读书很用功。”

1970年，21岁的徐淑英飞往美国最北部的一个城市求学。在一家中国餐馆打工赚学费的她常常要到深夜才能回到宿舍，从小生活在亚热带的她直到现在还忘不了夜晚独自一人在巴士站等车时遭遇的寒冷。但在后来和人聊起这段经历时，她总是庆幸地说，比起同时期中国那些被卷进“文革”漩涡的同胞，这样的痛苦就算不上什么了。

她坦承经历过很多次失败。比如她最初主修的并不是管理，而是心理学，考硕士的时候，因一门关于美国文化的考试考得不好，申请的10个学校都没有录取她。最后，她在一位老师的建议下，去读了和心理学联系很紧的人事管理专业。“我的

* 作者：张琪。本文刊登于《经济观察报》2011年8月8日，第42版。

个性是往前看的，总结一下失败的原因，学到了经验，注意力就马上回到该做的事情上去了。”她说。

硕士读完之后，徐淑英进入著名的Control Data公司（CDC，控制数据公司），但在从事人事工作时，她发现自己所学的远远不够，于是又回到加州大学洛杉矶分校读博士。在这期间，徐淑英对研究发生了更大的兴趣。所以，从1981年开始，她先后在美国杜克大学和加州大学欧文分校任教。1988年，美国几个大公司重组，裁员很严重。徐淑英对这个现象作了深入研究后开展了两个重要研究课题：企业雇佣关系和员工多样性问题。

1995年对于徐淑英来说，非常重要。她接受邀请回到香港科技大学创建组织管理系。这一年，美国管理学会主席也邀请徐淑英担任《管理学会学报》的主编，该期刊是世界管理学界最顶尖的期刊。就在同一时期，徐淑英关注到了中国内地管理学研究的情况，并开始致力于中国和国际的管理学交流工作。实际上，直到1995年回到香港之前，已经在美教了14年管理学课程的徐淑英对中国内地的情况还是一无所知。“我之前所做的研究完全是针对美国的。我不懂中国，对中国很陌生。我9岁时离开上海，在香港待了12年，1970年到美国之后，就一直生活在另一个文化当中。”徐淑英说。

在香港科技大学期间，徐淑英曾访问复旦大学和上海交通大学等几所大学，她发现内地大学对管理研究非常有热情，但不知道怎么做，由于起步比较晚，再加上语言等问题，国内的管理学研究与国际水平差距很大。于是，她向香港科技大学申请了一项基金，用于对内地的教师和学者进行国际水平研究方法论培训。

2000年，徐淑英到北京大学做了一年的学术休假。这期间，她筹备成立了中国管理研究国际学会(IACMR)，同时也开始创办《组织管理研究》期刊。之所以创办这样一个学会，徐淑英说，是为了系统地把中国的管理研究平台提高，将国内和国外的资源进行整合，为双方提供交流和沟通的渠道。由于语言的问题，中国学者的研究成果往往很难拿到国际一流的学术期刊上发表，所以《组织管理研究》不仅仅能帮助中国学者发表论文，同时还能起到指导作用。“每一篇论文投来，不管质量怎么样，我们都会很好地回馈，指导他们把研究做得更好。即使不能发表，也可以学到东西。”徐淑英说。

在她看来，除了提升中国管理研究的水平，一个更加迫切的问题是管理研究的本土化。“目前，全球管理知识的主要贡献者是那些研究美国本土企业的美国学者，然而，现有研究结果中的大部分并不能在其他国家简单地复制，这表明现有的管理知识还远远算不上普遍知识。”徐淑英在一篇倡导本土化研究的文章中写道，

“根据我们的经验，美国顶尖的管理学术杂志很欢迎对中国的研究，因为编辑和研究者们都喜欢了解中国管理，他们想知道在中国情境下的企业管理都有些什么特征，这也是我们中国学者的机会所在。十分可惜的是，目前已发表的中国管理研究文章几乎显示不出本土化的特征。”正因为这个原因，她目前所做的大部分工作都是积极推动中国情境下的本土化研究。在她和国内外众多研究中国管理学者的努力下，《组织管理研究》已经位列SSCI评选的全球最有影响力管理期刊的第15名。她说：“我做事情一直很坚持，不轻易放弃。每件事情我都会用120%的力量去做好，把事情交给别人之前就先问问自己有没有尽到我的能力，可不可以做得更好，这也是我对学生的要求。”

与之伴随的，则是徐淑英个人学术影响力的不断提升。根据一项统计，在1993年至2003年的十年间，徐淑英是世界商业和经济学领域中被引用最多的100位学者之一；在1981—2001年间，在世界管理学界，她被引用的次数排在第21位。在1981—2004年间，在全球前30本管理期刊发表过的25000个作者中，徐淑英排名49（下一个中国学者排名第99名）。她还被选为美国管理学会2011—2012年度的会长。该学会成立于1936年，至今拥有110个国家的19528名会员，是世界上历史最长、规模最大、地位最高的管理学协会。

从2003年开始，徐淑英开始担任美国亚利桑那州立大学商学院教授，同时作为国内几所重要大学的访问教授，继续致力于传播管理学研究方法，推动本土的管理学研究。北大光华管理学院前院长张维迎在评价徐淑英为光华近年的进步所起的作用时，称其为“最重要的功臣之一”。

徐淑英一直坚持着读博士时养成的工作习惯：上午6点起床运动(现在她改为晚上运动)，7点开始工作；平均一周工作六天半，星期五晚上奖励自己尽量不工作，星期天上午去教堂——她是个虔诚的天主教徒。

她很谦虚，采访的过程中几次提到自己遭遇的失败和能力上的不足。“年轻时，我常常不知道自己的局限，想到什么就去做，也不考虑有没有能力，有没有时间，所以有的事情最后做得很不好。年龄大些了，才慢慢学会说对不起，这个事情我做不了。”

采访结束时，记者提议为她拍照。她笑容优雅地拿起最新一期的《组织管理研究》放在胸前，“这里面的文章其实都很有趣，做得很扎实，希望越来越多的人能看到它，而不仅仅是少数几个做研究的学者。”

访谈

《经济观察报》：你是从什么时候开始关注中国的管理研究的？

徐淑英：1995年去香港之后。我对中国的研究，功劳要归樊景立老师，他是台湾人，比我早一年到香港科大。他邀请我共同做一个“关系”的研究，从那开始，我慢慢对中国文化中的“关系”概念有点了解。另外，我在科大所带的博士生大多都是大陆出来的，他们的研究样本都是中国的，所以，我从学生那里也可以了解到一些中国的情况。

《经济观察报》：这样看来，香港科技大学的经历对你来说非常重要？

徐淑英：是的。实际上，我刚去的时候，只是一心一意地想建成一个世界一流的管理系。从来没想到跟大陆的研究有什么关系。但是，科大当时对内地很关注，很支持和内地大学合作研究。有一次我们去访问几所内地大学，发现他们对管理研究非常热心，只是不知道怎么做，他们很希望跟国际接轨。我们就想到了做培训，主要针对内地高校的一些优秀学生和老师。我们申请了一项基金，1999年做了第一期培训班。结果发现，接受培训的老师们注意力并不在研究，而在教学上，总是问有什么案例可以拿来教学生、怎么教，等等。我们就说你们是来学习研究的，不是来学习教学的。第二班、第三班就好多了，他们会说，你们让我们大开眼界，真不知道研究原来是这样做的。

《经济观察报》：近几年，国内的管理学研究似乎有了一定的发展？

徐淑英：中国管理研究目前在全球学术界占据了一定的位置，所有顶尖的学术期刊都已经发表过有关中国的研究，中国学者也很努力，对理论和方法的把握都很好，但有两个严重不足：第一，已有的研究还没有找到中国管理的特征；第二，中国企业界对管理学院的研究不了解，也不满意。可以说，30年的中国管理研究在学术和实践上还没有作出有意义的贡献。

这样的情况不能全怪商学院和研究者，有制度的问题。商学院努力做和实践有关的研究，但还不够，还需要政府和科研制度、企业的配合。我希望企业界能够关心和支持商学院的研究，因为研究的最终目的还是要创造知识，帮助企业运作，提高管理和竞争力，它们是最终的受益者，但企业还没意识到。

《经济观察报》：企业应该是很乐意配合的，政府和制度方面的原因具体是指？

徐淑英：比如政府对高校研究只看数量。很多论文在学术上面的贡献一点都没有，大家不管什么课题都做，只要能发表，甚至不关心自己做的是什么。这是第一个问题。

第二个问题是政府对于商学院教学在制度上进行控制。比如MBA教育的问题，国内的商学院，除了老师和研究生要做科研，MBA学生也要出论文，每个商学院有几百个MBA学生，每个同学做一篇论文，要一个指导老师、三个评审老师，这是极大的投入，这些学生没有受过系统的如何做研究的培训，老师自己的研究水平也不理想，导致大部分论文质量低下。这样的项目非常浪费资源，太不值得了。我希望教育部能改革一下MBA的论文制度。

《经济观察报》：商学院自身的情况呢？

徐淑英：这30年来企业发展得很快，需要的职业经理数量大大超过商学院能提供的，所以现在商学院的教学量极大，老师的科研时间很少。除了一些海归，大部分老师都没有经过系统的研究培训，都是边学边做，要做高质量的研究是不太现实的。还是需要借助国际学者的资源，用合作的方法来进行比较有水平的研究。

我也希望每个商学院把自己定位在擅长的领域，集中重要的资源和团队用来探讨一个问题。目前我只看到几个商学院有自己的重点研究题目。比如南京大学商学院的人力资源管理研究项目，浙江大学有一个团队在研究创业创新的问题，北京大学光华管理学院有一批老师在做领导力的研究，这些队伍都已有重要的研究成果，但是我希望商学院能更多地关注一个或是两个专题的研究，把大量的科研资源放在这些项目上，鼓励老师一起去参与。这样我们就可以用很多方法和角度去做同一个题目，就会有很好的成果。现在的情况是，每个老师做很多题目，每个题目之间没多大关系，自己辛苦，做出来的东西也不够深入。这不是个人的原因，现在的制度下，老师只能这样做，努力评职称。

再一个就是我刚刚提到的MBA教育的问题，有些规定非常不合理，也浪费了国家的资源。

《经济观察报》：那么管理学者到底是应该专注于纯粹的理论研究呢，还是应该把精力放在培育企业中有实际需要的人呢？

徐淑英：大学的老师不管研究的是什么领域，他的研究最终是要对社会有帮助的。管理学也一样，而且管理是一个实践领域，跟工程、法律等学科一样，一定要考虑实践上的需求，然后给出方案。但老师的责任是研究，不是咨询，如果是为了解企业，没问题，但如果是为了赚钱就不对。所以我总提倡没有经验的老师可以去旁听EMBA课，了解一下什么是好企业，在台下听课的是50个身经百战的成功老总，听他们交流一定可以学到很多东西。但年轻老师最好不要去为企业做咨询或讲课，因为很容易赚钱赚得高兴了，就忘记自己的身份是个研究者。

《经济观察报》：在国内，上EMBA课的学生往往是抱着结识对自己有用的人的目的去学的。

徐淑英：没有问题，因为管理到底还是从经验里学习，我们做研究也是从好的经验里面总结原则。学员间互相交流是可以学到东西的。但是这不应该是他去读EMBA的唯一目的，读EMBA还是要去学习，虽然现在主要还是教国外的理论和管理方法，国内好的研究模式还没有被系统地放到课程中去，这种状况是我们的责任。从这方面讲，学员的那些个人经验就很重要了。

《经济观察报》：目前国内管理学研究的本土化方面做得比较好的学者都有哪些?

徐淑英：我认为樊景立老师是做得比较好的，还有几个其他的学者。现在正在做中国本土研究的真的不多，假如今天我能给你很多名字的话，我们就不用担心这个事情了。

《经济观察报》：真正的本土化有可能么?毕竟你所用的方法和概念都是西方的。

徐淑英：当然有可能。概念和方法确实受西方的影响，但科学的概念是说，你的测量要准确，叫信度，你得出来结论要可信，这叫效度。达到信度和效度这两个标准就是科学。

中国本土研究就是：第一，你要关注本土问题，不是人家的问题；第二，你解释这个问题时，逻辑可以用本土的逻辑，有些逻辑可能是通用的逻辑。比如企业分红，员工就努力工作，这符合社会交换理论，是通用的逻辑。但还有一种情况，雇主把员工当亲人，员工把企业当家，自发地为企业负责，而不提回报，这样的“关系”就是本土的，西方是没有的。如果你想搞清楚这个问题，只需要测量员工对雇主是家人的感觉重一些还是回报的愿望更强烈一些，用的测量方法是不是西方的无所谓，只要有效果、得到的结论符合现实就可以了。做学问就是要了解为什么，之后知道怎么做。了解了员工的动机，你才不会误解他们，才能采取正确的激励方法。

中国管理研究的关键时刻——专访徐淑英教授*

长期以来，人们似乎毫不费力地看轻甚至否定管理对于中国企业生存和发展的价值。在他们看来，研究一个流程再造，不如一个批文更货真价实；殚精竭虑地设计一句好的品牌宣传口号（slogan），不如和某个领导人合影更有号召力；谈领导力，不如随手拈来权术、厚黑各种“营养”；谈公司治理，不如请个有官方背景的经济学家谈宏观大势，透露玄机。

“中国现在能够有这样的发展，不可否认，经济政策起到了一定的作用，但企业操作（管理）就完全没有贡献吗？我觉得不可能。” 唯一同时获得《管理科学季刊》（*Administrative Science Quarterly*, ASQ）与《美国管理学会学报》（*Academy of Management Journal*, AMJ）最佳论文奖的华人管理学家徐淑英教授在接受本刊采访时指出。

但是，中国的管理学术和学人不得不面对这样的尴尬：被国外管理学者及其思想、研究、著作“占优”，被中国的企业家和经理人“抛弃”，闭门造车、以制造论文为主业。倒是许多“江湖郎中”，贩卖中国人的人性弱点及其对策，兜售以权谋为核心的“中国式领导”，推介向历史帝王将相学管理之类的管理故事读本，反而能大行其道。

当然，这背后的原因还有中国经济转型的时代背景和中国管理学术甚至中国学术的历史沉疴，也有制度性环境的扭曲——不尽合理的评价体系和升迁机制，不够公平和完善的研究经费申请体系。或许是我们的焦虑过于急迫，活像那揠苗助长的农人。

然而，本着反求诸已的精神，我们相信，中国的管理学人亦有必要深刻反思下列现象：研究技能欠缺，心态浮躁，好大喜功（譬如急于构建“中国式管理”），缺乏科学精神，好奇心钝化，官本位思想，诸如此类。

徐淑英教授与我们分享了她对上述现象和问题的看法。

---

* 作者：邓中华、闫敏。本文刊登于《管理学家》，2011年11月18日（http://manamaga.blog.163.com/blog/static/13367147620111101895243418.）

管理学术之用与美

《管理学家》：在中国，经济学家比管理学家似乎更受企业界的欢迎。在国外也是如此吗？

徐淑英：这个现象在美国也是如此。管理学对政府和社会的影响都不如经济学。从1978年开始，我就是全球最大的管理学会Academy of Management (AOM) 的会员，到现在已经有33年，并且有很多次都是它的理事会理事。目前，我是该管理学会的会长。AOM 的理事会也经常讨论这个问题：我们如何能增强管理研究对社会的影响？

随着时间的推移，这个问题正变得越来越严重。管理研究者似乎都是在为其他的管理学者写文章，专注于验证和完善理论，而不是开发和运用理论。这就导致了一个很自然的结果：缺少切题性。而经济学家，至少大多数的经济学家，着眼于解决社会问题。他们也更大胆地推广自己的想法。有一种可能性是，管理研究者对自己的研究缺乏信心，或者是他们太忠诚于他们的研究范式。过分强调严谨性而不是实用性。这也让我们的名声没那么高。但是，大多数经济学家同时注重了严谨性和实用性。现代管理开始于第一次世界大战结束之后。当时，管理研究还是具有很强的针对性的，相对来讲，严谨性弱一点。随着时间的推移，对严谨性的追求逐渐成为趋势，而对于实用性的追求却越来越弱化。

《管理学家》：詹姆斯·马奇教授认为，理论和思想的美不美比它是否有用更重要。您怎么看这个问题？

徐淑英：研究是要了解企业中的管理活动，为什么他们会有这样的操作？为什么他们成功或者失败？这样对于很多企业问题就可以给予解释。假如研究者观察到企业的某种管理实践觉得真的很有意义，查阅现有文献，发现没有办法解释这种实践，就说明它是值得去研究的。要试图了解它的根是怎么样的，内在逻辑是怎么样的。最美的理论也是最实用的理论。

《管理学家》：实际上，国外管理研究的范式也不是同一的。比如，德鲁克的方式、波特的方式、明茨伯格的方式，他们并不一致，为什么呈现出这种多样性？

徐淑英：“范式”是托马斯·S. 库恩 (Thomas Kuhn) 在《科学革命的结构》提出来的一个术语，指科学理论研究的内在规律及其演进方式。按照库恩的标准，管理学范式是划分管理科学共同体的标准，不同的范式影响了管理学的发展阶段，而某个特定研究方向或领域内所特有的共同世界观、共识及基本观点则形成了不同的管理学家群体。不同的管理学范式就是管理学家对他们的研究主题所表现出来的基本意向和潜在知识假设。由于学者们的意向和假设不一致，例如上述学者，所以管理学的研究范式呈现出诸如问题中所列举的多元化特征。

波普尔（Popper）认为，理论只要是合理的、可以证伪的，就可以了，至于它是从哪里产生的、什么时候产生的，并不关键。不是每个人都同意他的观点，但他强调证伪是一种证明理论价值的方式，已经被广泛接受了。大部分中国学者也是波普尔主义者（Popperians），他们关注如何使用现有理论，而没有关注这个理论的适用程度，或者相关理论的发展。即现在中国管理研究学界是不加批判地接受着常规科学范式。这种科学范式只是引导学者去研究已经成功运用该范式的现象和理论，因此，在这个范式内的科学家并不以创造新的理论为目的，甚至不能容忍其他人创造新理论。这样，科学家就变成了范式的奴隶，而不是主导者。我并不是说中国管理研究应当彻底抛弃常规科学范式，而只是想提醒同侪，在中国或其他情境下研究一些重要现象时，应能批判性地运用西方范式中的理论和方法。

中国管理学术之殇

《管理学家》：目前中国管理学术研究有什么典型的不足？您所接触的管理实践行为，又存在什么样的典型问题？这能否解释中国管理学术界和实践界巨大的鸿沟？

徐淑英：一些学者对全球管理研究的兴趣日益增长，他们观察到了国际学者一种明显的偏好：从主导的管理学文献（基本上是基于北美，特别是美国）中借用已有的理论、概念和方法来研究本土的现象。这导致了詹姆斯 · 马奇所认为的组织研究的“趋同化”。这个趋势是值得注意的，因为它有可能放慢有效的全球管理知识的发展速度，也会阻碍科学的进步。这样的趋势在中国当然也是存在的。

现实的情况是：大部分中国管理研究倾向于有限情境化地使用已有的理论和概念。进一步来说，很少有研究进行“深度情境化”的研究，以发展新的含有丰富情境信息的理论。

我对中国的管理文献做了两个回顾：第一个是与香港科技大学李家涛教授合作的 。我们分析了20本顶级管理期刊中的226篇文章。我们发现只有一个概念具有中国的特征——关系。几年以后，我又修订了之前的文献回顾，并和其他几个同事一起发表了一篇论文。我们分析了106篇发表在2000年1月到2003年6月期间的、关于中国组织的研究论文，发现只有2篇提出了新的理论。这两个理论没有被研究人员关注，他们从来没有再次在文献中出现。最近，南京大学贾良定教授回顾了7本顶级的管理期刊中的文献，发现280篇论文中只有10篇具有高度的中国情境。也就是说，这10项研究给出了中国管理的一些独特的见解，但目前还没有关于中国管理的新理论。我不是说学者的目标就是发展新的理论，而是想说，令人惊讶和值得注意的是：现在绝大部分的中国研究都不约而同地采用西方已有的理论来解释中国现象。

另外，大部分的中国学者迫于日益增加的制度压力，以及“当前的中国学术界所具有的对中国管理理论的独特偏见”，做研究的主要目的成为发表文章，而不是获得重要的科学发现；在这样的压力下，他们也去选取那些在流行杂志上所流行的研究题目、研究理论和研究方法，而不去关注这些题目和理论与中国企业的相关性。

对于管理学这门应用科学来说，严谨性是一个很重要的目标，但是其另一个目标是获取有益于提高实践水平的知识，这也是所有的管理学者应该达到的切题性（relevance）标准。目前大部分的中国学者都是关心严谨、忽略切题。另外，中国学者的开发性研究多于探索性研究，他们对于科学的哲学观和科学的意义存在不正确的理解，整个环境尚待发展出有关评价和奖励科学努力的制度规范。

我想对于如何打造中国管理研究的未来给出几条建议：首先，对于中国管理或组织现象的理解和正确解释，需要充分考虑与之相关的国家情境。其次，有必要在国家、学校和职业各层面改变现有的制度，我们需要鼓励学者研究一些在西方不一定流行，但对中国来说意义重大且相关的问题。有必要提醒大家，现有的常规科学范式在研究新问题、寻找针对偶然事件的新解释时，是有局限性的。现在已经到了中国管理研究界应当把发展有效的知识、为科学进展做出贡献当做自己前进目标的时候了。只有这样，我们才能同时满足一个好的应用科学所要求的严谨性（rigor）和切题性 (relevance) 的双重标准。

从管理实践的角度讲：中国的很多管理者是从实际中摸索管理经验，缺乏理论基础。

一般的实践者很难将普适性的理论转化为实践知识。管理理论来源于实践，但是高于实践，与具体的情境之间存在距离。需要实践者根据具体的情境、行业、企业等进行适当的调整，甚至改良。有些管理者只是了解理论的表面意义，不知其精髓，难以进行真正意义的调整应用。管理者在理论的产生过程中缺乏参与的积极性，在知识转化和传递环节也缺少兴趣。

《管理学家》：此外，国内的学者在研究能力方面，是不是也存在一定的欠缺？

徐淑英：这是很普遍的问题，中国大部分管理学院的老师，他们研究方法都未有专门的培训，这不能怪他们。就像做家具，没有系统学过，怎么去知道这个做得好？一定要去学这个基础，研究方法是非常基础的方法论，一定要去学。

我自己是做实证研究的，主要的工具是问卷调查。这些问卷的设计思路，我们起码要花一两年的时间，然后才能去做研究。一个问卷的背后有研究问题、研究框架、研究理论、研究的概念。不可能今天想到一个问题，马上就去问卷调查了，太仓促和草率了。

《管理学家》：一个优秀的研究者应该具备什么样的特质？

徐淑英：研究人员有两层含义：一是科学家，一是研究助理。科学家就是设计研究，问出好的问题，他的人生目标应是像牛顿一样，一个很大的、创新的想法，实现知识创造。一个研究助理就是帮助这些科学家去做辅助的工作：文献回顾、研究设计、面谈，并在科学家的指导下去做。

不是每一个研究者都会变成一个科学家，但是每一个研究者都需要有科学家的精神，这个科学家的精神就是保持客观的态度，不断地努力去学习，让自己研究能力不断提高。要懂得研究思路，这个框架里面要求的严谨性是什么意思。一定要非常有耐心，研究不是说一天半天出来的，好的研究成果是几年，几十年都有的，一定要有这个耐性。为什么大学有终身教授制度？其目的是保障你有工作安全，可以放心去做一些大的项目，让研究者有自由度。

卓越的科学家必须有无穷的好奇心，要将寻找答案的科学过程把握得非常好，去追求真理，因为科学的主要目的就是追求到真理。这个态度非常重要，没有这个态度，研究完全是为了符合一些外在的要求，这就失去科学家的精神了。

关于“民间管理学家”

《管理学家》：在中国，有许多民间管理学研究人员。他们可能并没有经过严格的学术训练，却乐此不疲。比如，他们从中国的国学中断章取义、从各种存在过的组织（比如“向王熙凤学管理”、“《三国演义》”等）活动去挖掘符合现代管理活动的东西。您怎么看这种努力？

徐淑英：研究人员应该使用各种想法，去表述他们对一个管理问题的分析。要从事情境的研究，人们必须去到情境中观察并思考。过去的情境可能影响当前的行为。从历史中可以学习到很多东西。文化是一个很长历史时期内的观念、习俗、价值观和实践的积累。要了解一种文化，我们必须回顾过去。因此通过对过去的研究来了解现在的行为模式是有价值的。正如波兰尼观察到的，“知识是情景化的”。

知识有多种来源。知识可以来自观察、体验或权威资源。我们有许多种方法来获得关于我们周围的世界的知识，包括自然的和社会的知识，科学是其中的一种方法。一些智者的思想，也可以是我们的另一种知识来源，比如苏格拉底、柏拉图、孔子、老子或者耶稣基督。即使我是一个科学家，我也相信《圣经》中的智慧，相信《圣经》是关于人类发展的最好的知识来源。例如，所有的社会都信奉金科玉律、互惠规范。金科玉律是“你希望别人善待你，你必须善待他人”，互惠规范是指人们会善意地响应彼此的一种社会期望。

历史也有助于我们了解在社会的各个群体之间发生的冲突的基础。历史是知识的来源之一。实践或观察则是另一种方式。我们通过观察或研究过去和现在的伟大领袖而获得知识。作为管理研究者，我们要学会用科学的方法来发展知识。这种科学的方法，包括通过定量和定性的数据来获得有效的证据支持我们对于主题知识的判断。用过去的知识来解释现在的实践是一个有趣的而且非常有前途的方法。这样做的挑战是要确保证据符合严谨性的标准。严谨性有两个标准，有效性和可信性。我们需要提供证据来使读者相信得出的结论是有效的和可信的。对于定性的数据，这通常是指文本数据，当你的解释是有说服力的，有效性就存在。不同的人的结论之间具有一致性（预测符合率），那么可信性就存在。我鼓励那些运用历史或者案例资料的研究人员阅读大量的优秀的定性研究书籍或论文，比如Yin、Miles、Huberman和Eisenhardt等人的。

中国管理研究的关键时刻

《管理学家》：您在《光明日报》撰文指出，围绕到底是追求“中国管理理论”（在中国管理情境中检验西方理论）还是“管理的中国理论”（针对中国现象和问题提出自己的理论）的争论，很多学者做出了积极探索。您如何看待两者的前景？管理理论是这样一种缺乏通约性的“理论”（而非科学）吗？为什么中国的特殊性会“催生”出“管理的中国理论”？如果他们要继续努力，是不是在核心概念的界定以及由此衍生的范式进行彻底的创新？方法是什么呢？应该借鉴国外同行什么？

徐淑英：现在，中国的管理研究处在一个关键时刻。所面对的是，走康庄大道（中国管理理论），还是羊肠小道（管理的中国理论）？

套用在西方发展起来的理论在中国进行演绎性的研究主导了中国的管理研究领域。Barney 和Zhang 认为这些研究是为了寻求一种“中国管理理论”。用这种方法进行的研究倾向于把成果发表在国际性的杂志上，许多也被发表在国际顶尖的杂志上。这种方法的主要成果是验证了已有理论或者对其情境性边界进行了延伸研究。但是其对现有的理论发展提供的贡献是有限的。大部分采用这种“借用”的方法的研究也都倾向于弱化情境因素。

同时由于前面提到的制度的安排，使中国学者选择了一条更流行的路——中国管理理论，而使得另一条更为重要的路——管理的中国理论，变得没那么有吸引力了。

现在很多学者一致认为，有必要鼓励学者选择另外一条道路——羊肠小道，一条可能会使中国管理研究更进一步的可行道路；这也将有助于科学的发展和管理实践的改善。

Von Glinow和Teagarden 提醒我们说，那些严谨但走题的研究是造成第三类错误(Type Ⅲ error)——很好地解决了错误的问题——的主要原因 。这两位作者鼓励我们“首先明确‘意图（purpose）’问题，再着手研究设计”，并且一定要清楚这个意图是“有利于提高中国组织的绩效（满足了切题性标准），还是可以重复、延伸以及完善在美国发展起来的理论（满足了严谨性标准）”。他们认为“应用型管理研究的长处在于允许我们创造那些同时满足严谨性和切题性标准的知识”。总结起来主要是两点：首先要在所有的中国研究中认真对待情境因素；其次要改善研究现有的制度环境。

情境可以改变概念的涵义以及概念之间的关系。情境对于比较性分析（comparative analysis）来说是非常必要的，对于普遍性理论(universal theories)也是很有用的。因此，发展有关于中国的、包含“组织与情境的共同进化”的动态理论，是很有必要的。作为一个转变中的经济体，变化是定义中国的关键性特征。实际上，中国正在进行巨大的社会实验，它为管理与组织动态理论的发展提供了一个理想的情境。

制度设置的改变需要在国家、学校和职业各层面上同时进行。在国家层面上，Zhao和Jiang极力建议“基金组织，比如国家自然科学基金的资助应该在中国管理理论研究和管理的中国理论研究两者间取得平衡。实际上，考虑到国家自然科学基金的宗旨是鼓励创新基础知识，它应当更多地资助那些管理的中国理论研究”。在学校层面上，晋升和终身制的标准，以及博士生毕业的标准都应从对数量的关注上，转到对质量的关注上。

最重要的变化，应该源于科学研究团体本身。每一个学者都可以根据自己的兴趣、技能和愿望，选择自己想走的路。应当鼓励中国的学者抵御走平常的路所带来的诱惑，去追求更高荣誉的研究生涯。

中国学者面临的主要挑战不是他们能不能或者应不应该选择一条羊肠小道，而是“他们有没有勇气去对抗现实”。同样的，Leung指出，“做本土和整合的研究需要智慧，也需要勇气”。如果中国管理学者真的想要对学界和实践界有贡献的话，那么应该选择一条自己的羊肠小道。

国际性的研究组织非常欢迎有新意的管理的中国理论。

《管理学家》：有一种看法是，中国的确存在管理思想和管理活动，尤其是古代国家和社会的治理行为，但是，缺乏管理学。许多美好的蓝图都从未实现过。在做中国管理理论的创新努力时，学者应该如何对待这些思想？

徐淑英：我们首先要分析这些过去的管理行为和模式，以了解其内在逻辑，以及为什么他们会在当时产生好的结果。我们需要了解历史背景，当时的情境，去解释为什么这些做法是可接受的而且是有效的。是什么情境假设支持当时建议的或使用的管理模式？然后，我们回到现状，看看有多少的情境假设今天仍然有效。让我们用一个小例子去解释一下。在中国历史上很长一段时间，情境假设之一是，学者们是社会上最有价值的人，是在农民，工人和商人之上的。因此，社会上最聪明的人就努力学习，以便在官场谋得一个职位，成为一个政府官员，甚至是在军队中的官员。许多伟大的思想家成为各个朝代的“将军”。在复旦大学的一些同事试图使用这种“官本位”的思想来解释为什么企业家（商人）希望在他们成功后得到政府的任命（例如，人大代表）。物质财富是不足以诠释他们在社会中的地位的。这种当代的趋势有可能有其深刻的历史根源，社会给了特定的一群人一种价值评价。因此，历史可以帮助我们理解现在。我也看到一些将过去的管理模式引入现代管理的可能性。

管理者和管理研究者应是最好的朋友

《管理学家》：管理时尚现象应该不是中国独有的。管理时尚的价值是什么？给我们的感觉是，一方面它们对管理知识的传播和普及具有较大意义；但是，另一方面，它们并不能真正解决企业面临的管理问题。

徐淑英：有两种方式来看待这种管理时尚：其一是经理们渴望尝试新的管理方式。他们知道，他们不能依靠自己的直觉和经验，需要专业人士的协助。其二是这种管理时尚方法可能不适合所有组织、所有工作或所有员工。这就需要进行调整。

我的建议是，企业不应该马上全盘接受任何新的方法。它们必须在小范围的员工或者部门先试行并进行客观系统地评价。负责评估的部门必须是独立的，不是未来做出广泛应用决定的部门，它必须有良好的评估研究的知识。该公司应该考虑让大学里从事研究的人员参与试行阶段。它就像在做一次实验。在采用了这一新方法的组和没有用新方法的组进行比对，尽量保证两组有尽可能多的东西具有可比性。一些新的项目失败，不是因为项目本身不好，而是由于执行不当。有时它会遭到员工的抵制。许多很好的项目都是因为执行不力而以失败告终。

《管理学家》：管理实践者应该如何学习管理，才能有效地与学术界互动起来？两者才不会彼此隔阂，甚至相轻？

徐淑英：管理者和管理研究者应该是最好的朋友。

这是因为管理研究的目标是产生有助于管理实践的知识。管理者们向管理研究者提供第一手的资料（他们的经验和做法）。管理研究者把这些经验和做法组织成有意义的框架，解释它是什么，它的效果，以及它从何而来。我鼓励每个管理研究员花一段时间待在一个公司里。在他们设计一项研究之前，必须和他们即将研究的人们聊聊，去了解这些经理和员工们工作的情境。同时，我也鼓励每一位经理都学一点研究方法，能够去欣赏科学方法中的严谨性。这样一来，经理也可以有一些知识，去评估他们即将采用的方案的质量。是什么证据能证明该方案将带来预期的效果?

管理者和研究者之间良好的合作关系可以得到最好的研究。但是两者必须有一个共识：研究是一项科学的活动。科学是追求真理。因此，研究可能会揭示一些经理人可能不喜欢的真理的。所以，管理者和研究人员需要保持一定的距离，以保证研究者是一名科学家，而不是一个经理聘请的研究助理，研究员。换句话说，在一个联合研究项目，即使由公司资助，管理者和研究人员之间合作的目的是为了找到管理的真理以为实践服务。

《管理学家》：管理学是离实践很近的一门学问。管理学学术研究应该和实践保持一种什么样的距离比较好？

徐淑英：管理学研究必须兼顾严谨性诉求和切题性诉求。严谨性诉求是要建立科学的知识体系。切题性诉求则是根据实践的需求将知识转化为可操作的实践知识。科学知识具有普遍性、抽象性，经样本验证性等特征。实践知识具有具体性、情境嵌入性等特征。管理研究来源于管理实践，但超越管理实践。因此在管理研究与管理实践之间保持一定的距离是必要的，是维系管理学研究的科学性和客观性的基础。但是管理研究与管理实践之间的距离不能过大，这是由于管理科学的属性决定的。管理学是一门实践性学科。在关注其理论科学价值的前提下，还需要关注其实践价值。管理研究成果的价值，不仅在于它们的理论贡献，也在于它们对实践的推动作用。